Robert Klaßen

Adobe Premiere Pro

Das umfassende Handbuch

Rheinwerk
Design

Liebe Leserin, lieber Leser,

der Filmschnitt ist das Herzstück der filmischen Gestaltung, das einem Film erst seinen ganz eigenen Charakter verleiht. Ein richtig guter Filmschnitt lässt Gegensätze aufeinandertreffen oder verschmelzen, baut Spannung auf oder besänftigt, verlangsamt Abläufe oder erzeugt Dynamik. Denken Sie nur an die berühmte Duschszene des großartigen Filmklassikers »Psycho« von Alfred Hitchcock – jeder Filmschnitt wie ein Messerstich!

Auch wenn Sie keine große Hollywoodproduktion planen, sondern erst einmal nur Ihre Urlaubsvideos bearbeiten wollen, ziehen Sie mit dem richtigen Schnitt Ihre Zuschauer in den Bann. Mit Adobe Premiere Pro lässt sich hier cineastisch eine ganze Menge zaubern. Sind die Szenen erst einmal im Kasten, kreieren Sie mit der Software und dem richtigen Know-how aus einzelnen Aufnahmen ein zusammenhängendes Video, das schlüssig und dabei auch noch spannend ist. Dabei ist die Software einfach zu bedienen, bietet aber trotzdem Profi-Funktionen, die das Videocutter-Leben erleichtern.

Wie Sie mit Premiere Pro Schritt für Schritt zu Ihrem ersten Film gelangen, zeigt Ihnen unser Autor Robert Klaßen in diesem Buch. Er begleitet Sie von der Aufnahme der Videos bis zur perfekten Ausgabe durch den gesamten Video-Workflow. Anhand zahlreicher Schritt-Anleitungen erlernen Sie alle Techniken und können diese anschließend problemlos auf Ihre eigenen Filme übertragen. Bitte laden Sie die Beispieldateien zu den Workshops unter *www.rheinwerk-verlag.de/5324* und dort unter »Materialien zum Buch« herunter.

Die benötigte Theorie, wichtige Grundlagen und technisches Hintergrundwissen werden kompakt und leicht verständlich in einem eigenen Fachkunde-Kapitel vermittelt. So sind Fernsehnormen, Formate, Pixel-Seitenverhältnisse, Kompressoren, Bitraten u. v. m. kein Problem mehr für Sie.

Nun bleibt mir noch, Ihnen viel Erfolg beim Videoschnitt zu wünschen. Sollten Sie Anmerkungen, Lob oder Kritik zum Buch haben, so sind wir gerne für Sie da.

Ihre Ruth Lahres
Lektorat Rheinwerk Design
ruth.lahres@rheinwerk-verlag.de

www.rheinwerk-verlag.de
Rheinwerk Verlag • Rheinwerkallee 4 • 53227 Bonn

Auf einen Blick

TEIL I Grundlagen

TEIL II Videoschnitt, Bearbeitung und Ausgabe

TEIL III Premiere Pro im Workflow

Inhalt

Teil II Videoschnitt, Bearbeitung und Ausgabe

Workshops

Import und Aufnahme

Korrekturen mit Audition

Premiere Pro und die Creative Cloud

Vorwort

Möchten Sie gleich in den Videoschnitt mit Adobe Premiere Pro einsteigen? Das ist gut. Doch vorab muss ich Ihnen ein Geständnis machen. Ich bin nämlich nicht nur überzeugter Premiere-Pro-Anwender, sondern liebe auch den internationalen Film. Da wäre es doch naheliegend, über beide Themen ein eigenes Buch zu schreiben, oder? Doch was soll ich Ihnen sagen: Leider habe ich dafür gar keine Zeit.

Deshalb beschränke ich mich auf Premiere Pro und hinterlasse (wenn Sie erlauben) an jedem Kapitelanfang einen klitzekleinen Hinweis auf einen Spielfilm, der mir besonders gut gefällt. Natürlich muss dieser Film im Zusammenhang mit dem Inhalt des jeweiligen Kapitels stehen. Ich versuch's gleich mal:

Das Vorwort ist ja gewissermaßen der Einstieg. Bei Einstieg fällt mir spontan Alice ein. Sie muss in das unterirdische Forschungslabor Raccoon City einsteigen, um die Machenschaften der allmächtigen Umbrella Corporation zu durchkreuzen. Den Film kennen Sie, oder? Klar, es ist die Eichinger-Produktion »Resident Evil« – die perfekte Filmadaption eines Computerspiels. In diesem Zusammenhang habe ich eine gute Nachricht für Sie: Sie müssen nämlich im Gegensatz zu Alice nicht gegen Zombies kämpfen, sondern allenfalls Voreinstellungen, Sequenzen und Steuerelemente zur Farboptimierung bewältigen. Und das kriegen Sie hin – mit diesem Buch.

Über dieses Buch

Bevor Sie in die Tiefen Ihrer Editing-Software abtauchen, gestatten Sie mir auf die Schnelle noch drei Hinweise – und zwar zu den Beispieldateien, Tastaturkürzeln und zu den verwendeten Begriffen.

Die Beispieldateien
Die Beispieldateien, die von der Verlagsseite *https://www.rheinwerk-verlag.de/5324* heruntergeladen werden können, sollten sich auf Ihrem Rechner befinden, damit flüssiges Arbeiten gewährleistet ist. Befinden diese sich nämlich beispielsweise auf einem Stick, kann Premiere Pro nur verzögert darauf zugreifen – und sollten Sie den Stick entfernen, ist ganz Schluss mit Videoschnitt. Premiere Pro bettet die Dateien nämlich nicht ein, sondern verweist auf die Originale. (Dazu später mehr.)

Die Tastatur
Sie werden es immer wieder mit Tastaturkürzeln zu tun bekommen, die sowohl für Windows als auch für Mac ausgelegt sind. Dabei bedeutet beispielsweise [Strg]/[⌘], dass Sie am Windows-Rechner [Strg] und am Mac [⌘] benutzen. Einfach, oder? Viel

wichtiger finde ich jedoch den Hinweis, dass Sie auf jeden Fall eine »vernünftige« Tastatur benötigen. Was ist vernünftig? Zunächst einmal eine mit Nummernblock. Ich weiß, der iMac-User hört das nicht gern – muss sich aber darüber im Klaren sein, dass der Nummernblock beim Videoschnitt von existentieller Bedeutung ist. (Auch dazu später mehr.)

Begriffsdefinition

Nun zu den Begriffen, die im Buch Verwendung finden. Da sie nicht unbedingt geläufig sind, zumindest dann nicht, wenn Sie sich bislang noch nicht intensiv mit dem professionellen Videoschnitt beschäftigt haben, hier eine kleine Zusammenstellung:

- **Asset:** Jedes Element, das im Videoprojekt eingesetzt wird, ist ein Asset. Damit gemeint sind also nicht nur Filme, sondern auch Audiodateien, Bilder, Titel usw.
- **Clip:** Hier gibt es unterschiedliche Formen. So haben Sie es beispielsweise mit einem AV-Clip zu tun, wenn das Asset aus Video und Audio besteht. Des Weiteren gibt es den reinen Videoclip (ohne Audio) und den Audioclip (ohne Video).
- **Codec:** Vom Begriff her handelt es sich hierbei um eine Zusammensetzung aus En**co**der und **Dec**oder. Damit werden Dateien beim Speichern komprimiert, damit sie weniger Platz einnehmen. Bei der Wiedergabe eines encodierten Films wird dieser decodiert, damit er abgespielt werden kann.
- **Footage:** Das ist das unbearbeitete Material, das dem Projekt zur Verfügung steht, also prinzipiell alle Assets gemeinsam. Ursprünglich bezeichnete Footage das ungeschnittene, in Fuß (engl. *foot*) gemessene Filmmaterial.
- **Frame:** Das Wort hat generell zwei Bedeutungen. Meist ist damit ein einzelnes Videobild innerhalb eines Clips gemeint. Mitunter werden allerdings auch einzelne Rubriken auf Registerkarten als Frame bezeichnet.
- **Hot-Text-Steuerelement:** Das ist ein Bedienelement, das unmittelbar durch Verschieben der Maus bei gedrückter linker Maustaste eingestellt werden kann. Also anklicken, Maustaste festhalten und nach links oder rechts schieben. Die Ziffern von Hot-Text-Steuerelementen sind unterschiedlich eingefärbt (hier meist blau).

Jetzt aber los!

So, das war's schon. – Ach, eins noch: Falls Sie Anmerkungen oder Kritik zu diesem Buch haben, schreiben Sie mir. Ich freue mich, wenn Sie mir mitteilen, was Ihnen besonders gut und was Ihnen weniger gut gefallen hat. Bitte beachten Sie aber, dass ich in diesem Zusammenhang keinen technischen Support leisten kann. Und jetzt wünsche ich Ihnen viel Spaß und gute Ergebnisse mit Adobe Premiere Pro und Anverwandten.

Robert Klaßen
info@dtpx.de
www.dtpx.de

Teil I
Grundlagen

1 First Contact – Sichtkontakt mit Premiere Pro

Der Weltraum – unendliche Weiten. Auch im 24. Jahrhundert ist die Star-Trek-Crew unter Leitung von Captain Jean-Luc Picard noch unterwegs, um unbekannte Zivilisationen zu entdecken. Eines haben Premiere-Pro-Einsteigerinnen und -Einsteiger mit der Besatzung der U.S.S. Enterprise gemein – sie wissen noch nicht, was sie erwartet. Das war's dann aber auch mit den Gemeinsamkeiten, denn ich kann Sie beruhigen: Wir werden weder auf gemeine Borgs stoßen, noch benötigen wir tatkräftige Unterstützung des Androiden Lieutenant Commander Data. Sicher können Sie es kaum erwarten, die Anwendung zu starten und mit dem Videoschnitt zu beginnen. Das ist absolut verständlich. Aber dennoch sollten Sie vorab einiges wissen.

Dieses Kapitel beantwortet folgende Fragen:

- Wie funktioniert das Abo-Modell?
- Welche Voraussetzungen werden an das Betriebssystem gestellt?
- Existiert die Authoring-Software Encore noch?
- Was muss ich im Zusammenspiel mit Premiere Pro und diesem Buch beachten?
- Was ist zu tun, wenn es Probleme mit den verknüpften Dateien gibt?
- Wie werden Projektverknüpfungen repariert?

◂ **Abbildung 1.1**
Jetzt geht's rund. Premiere Pro wartet mit einigen Veränderungen auf.

1.1 Gut zu wissen

Sie sollten auf diese kleine Einführung nicht verzichten, denn selbst wenn Sie bereits Erfahrungen mit der Software gemacht haben, werden Sie möglicherweise noch das eine oder andere in Erfahrung bringen können, was Sie bislang noch nicht wussten.

1.1.1 Das Creative-Cloud-Modell

Lassen Sie uns über Geld sprechen. Nein, keine Sorge. Weder Verlag noch ich erheben eine Nachforderung. Außerdem haben Sie das Buch ja bereits bezahlt – hoffe ich zumindest. Im Gegensatz zu diesem Buch können Sie aber weder Premiere Pro als Einzelapplikation noch die gesamte Creative Cloud käuflich erwerben, sondern nur noch mieten. Bevor Sie jedoch mieten, sollten Sie die Software ausführlich testen. Überzeugen Sie sich nicht nur davon, dass die Anwendungen Ihren Erwartungen entsprechen, sondern auch davon, dass sie auf Ihrem System ordentlich funktionieren – und zwar, bevor Sie ein Abo abschließen.

Nachdem Sie sich bei Adobe registriert haben, können Sie eine kostenlose, siebentägige Testphase der gesamten Creative Cloud beginnen, in der Ihnen sämtliche Apps zur Verfügung stehen (inklusive Premiere Pro, Audition, Photoshop, Illustrator & Co.). Voraussetzung ist, dass Sie eine Adobe-ID besitzen. Haben Sie noch keine? Macht nichts. Wenn Sie auf *https://www.adobe.com/de/creativecloud/catalog/desktop.html* gehen und anschließend auf KOSTENLOS TESTEN klicken, werden die nötigen Aktionen Schritt für Schritt erklärt.

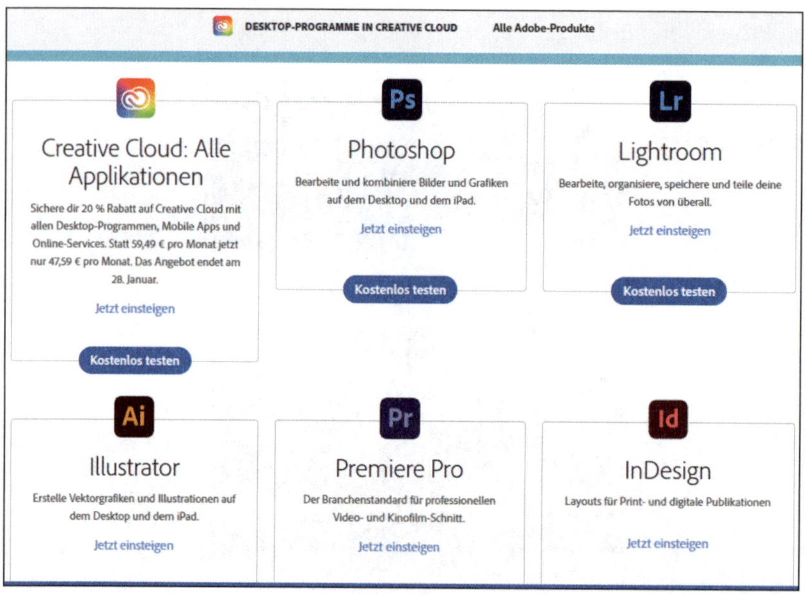

▲ **Abbildung 1.5** Starten Sie einen kostenlosen Test, bevor Sie ein Abonnement buchen.

Adobe-ID

Premiere Pro setzt die Anmeldung in Form einer Adobe-ID voraus. Sollten Sie noch keine ID haben, müssen Sie zunächst Mitglied im Adobe-Club werden. Die Mitgliedschaft ist kostenlos und ermöglicht den Zugang zu weiterer Adobe-Test-Software. Während der Installation werden Sie zur Eingabe Ihrer ID-Daten aufgefordert. Neukunden müssen an dieser Stelle einen neuen Account anlegen, ehe sich die Installation fortsetzen lässt.

Premiere Pro als Einzelanwendung inklusive Premiere Rush (das in erster Linie für den schnellen Cut unterwegs gedacht ist) kostet inklusive 100 GB Cloud-Speicherplatz EUR 23,79 bei Abschluss eines Jahresabos und monatlicher Zahlungsweise. Bei Vorauszahlung kann auch ein Jahresabo zum Preis von EUR 285,37 bzw. ein Monatsabo für EUR 35,69 erstanden werden.

Da stellt sich die Frage, ob man nicht besser die gesamte Creative Suite inklusive aller Apps für EUR 59,49 monatlich nimmt und dann auch Photoshop, Illustrator & Co. an Bord hat. Ab und an startet Adobe auch Aktionen. Im Januar 2021 beispielsweise gab es das gesamte Paket für EUR 47,59, wobei diese Aktionspreise in der Regel nur für die ersten 12 Monate gelten. Bei Vorauszahlung lassen sich sogar Jahresabos zum Preis von EUR 713,68 (Januar-2021-Aktion: EUR 568,20) erstehen – und wer nach sieben Tagen noch nicht weiß, ob er dabeibleiben soll, für den lohnt sich ein reines Monatsabo für EUR 89,24. Weitere Infos finden Sie unter *https://www.adobe.com/de/creativecloud/plans.html*. Klicken Sie dort auf ANGEBOT UND PREISE der jeweiligen App oder der gesamten Suite.

Eine gute Nachricht gibt es für Schülerinnen und Schüler, Studierende, Lehrkräfte, Dozentinnen und Dozenten, denn die sind mit EUR 19,34 im Monat oder EUR 232,05 pro Jahr dabei. Alle Preise verstehen sich übrigens inklusive Mehrwertsteuer und stammen vom Januar 2021. Um zu den Angeboten für Schülerinnen und Schüler, Studierende sowie Lehrkräfte zu gelangen, müssen Sie den gleichnamigen Reiter oben auf der zuvor erwähnten Website anwählen.

Creative-Cloud-Komplettpaket

Der Vorteil bei der Anmietung des Gesamtpakets gegenüber der Premiere-Pro-Einzelversion liegt klar auf der Hand: Sie erhalten damit ein Paket, mit dem Sie für alle anstehenden Aufgaben gewappnet sind – also nicht nur für den Videoschnitt, sondern auch für Illustration, Web und Druck. Denn damit haben Sie auch Photoshop, Illustrator, InDesign und nicht zuletzt auch After Effects und Audition im Gepäck (um nur einige zu nennen).

1.1.2 Für Umsteigerinnen und Umsteiger

Noch vor einigen Jahren sprach Adobe auch speziell Videocutter an, die ihre Schnittprojekte mit AVID Media Composer, Final Cut Pro oder DaVinci Resolve bearbeiteten. Die Strategie ist jedoch inzwischen etwas in den Hintergrund getreten. Wer umsteigen möchte, muss jetzt in der Hilfe suchen. So ist beispielsweise eine Anleitung für den Wechsel vom AVID Media Composer auf Premiere Pro unter *https://helpx.adobe.com/de/premiere-pro/how-to/switch-from-avid-to-premiere.html* zu finden. Für DaVinci Resolve sind offenbar nur noch alte, englischsprachige Beiträge aus dem Jahr 2018 zu finden. Entsprechendes gilt für Final Cut Pro, wobei hier zumindest noch ein paar deutschsprachige Anleitungen auszumachen sind. Nutzen Sie bei Bedarf bitte die Suchfunktion der Seite *https://helpx.adobe.com/de/premiere-pro*.

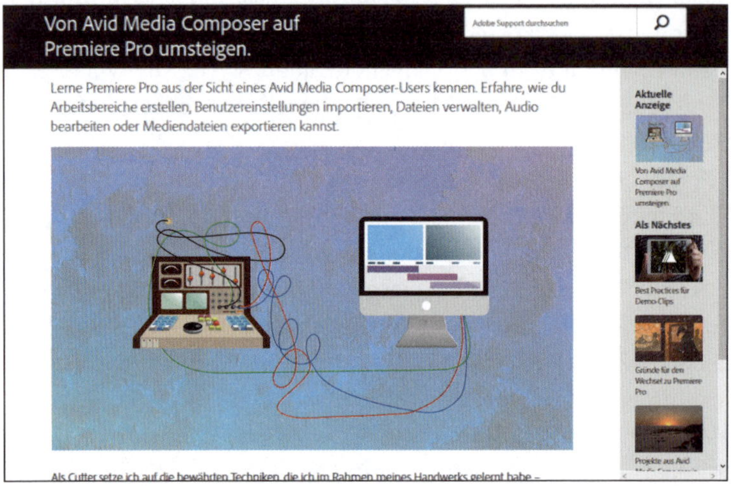

◂ **Abbildung 1.3**
Umzug leicht gemacht – mit den Infos zum Softwarewechsel

Wollen Sie dennoch den Umstieg wagen oder Videoprojekte der zuvor erwähnten Anwendungen in Premiere Pro realisieren, beachten Sie, dass der Umstieg auf XML-Basis stattfindet. Dadurch geht zwar eine ganze Menge, aber leider nicht alles. Einzelne Filter beispielsweise können Probleme verursachen. Bevor Sie endgültig umsteigen, sollten Sie anhand Ihrer eigenen Projekte ausgiebig testen, ob die Konvertierung wunschgemäß funktioniert. Weitere Infos zu diesem Thema finden Sie übrigens in Kapitel 16, »Premiere Pro und die Creative Cloud«.

1.1.3 Voraussetzung: Windows 10, 64 Bit und viel Speicher

Premiere Pro hat sich bereits in der Version CS5 zur nativen 64-Bit-Anwendung gemausert. Das war zunächst einmal begrüßenswert, denn damit ließen sich erheblich beschleunigte Prozesse realisieren. HD-Material konnte dank der *Mercury-Wiedergabe-Engine* genauso flüssig abgespielt werden wie SD. Außerdem durfte der Rechner dank der 64-Bit-Technologie wirkungsvoll mit RAM aufgerüstet werden, was wiederum nicht nur dem Betriebssystem, sondern letztendlich auch Premiere Pro richtig guttat. Mittlerweile bedarf es aber laut Adobe mindestens eines Intel-Prozessors der 6. Generation oder eines gleichwertigen AMD-Prozessors (nur Windows) der Serie Ryzen 1000. Die Empfehlung ist sogar ein Intel-Prozessor der 7. Generation oder AMD Ryzen 3000 (Windows). Am Mac gilt die Empfehlung: 6. Generation Intel.

Zudem ist Windows 10 (mindestens Version 1803) bzw. macOS 10.14 vorgeschrieben, während 8 GB RAM generell nur noch als Minimum angesehen werden. Wer HD verarbeiten will, benötigt mindestens doppelt so viel Arbeitsspeicher, und für 4K müssen es gar 32 GB oder mehr sein – sowohl am Windows-PC als auch am Mac. Auch die GPU (also die Prozessoreinheit der Grafikkarte) sollte mindestens 2 GB an Bord haben – besser sind 4. Das alles können Sie auch noch einmal ausführlich unter *https://helpx.adobe.com/de/premiere-pro/user-guide.html/de/premiere-pro/system-requirements.ug.html* nachlesen. Das Thema wird im folgenden Kapitel noch einmal vertieft. Lesen Sie dazu bitte den Abschnitt 2.2.1, »Allgemeine Projekteinstellungen«.

Möchten Sie noch einen gewaltigen Schritt weitergehen und 3D- oder VR-Filme bearbeiten (Virtual Reality), gelten andere, zusätzliche Regeln. Auf der zuvor genannten Seite finden Sie aber auch hierzu einen Link. Beachten Sie hier die VR-Systemanforderungen.

1.1.4 System optimieren

Falls Sie sich mit dem Gedanken tragen, einen neuen Rechner anzuschaffen, sollten Sie genau überlegen, was für Sie infrage kommt, also was genau Sie damit machen wollen. Wenn Sie kreativ und ambitioniert Videos bearbeiten wollen, vielleicht auch After Effects einsetzen werden, schauen Sie sich die Systemanforderungen sämtlicher Applikationen genau an, bevor Sie den Rechner ordern. Zusätzlich empfehle ich Ihnen, sich über den Aufbau eines Systems für die Videoproduktion zu informieren. Adobe hilft Ihnen auch hier weiter, wenn Sie auf die Seite *https://helpx.adobe.com/de/premiere-pro/kb/hardware-recommendations.html* gehen. Dort wird sogar ein herunterladbares PDF angeboten, das aber leider zur Drucklegung dieses Buches nur in englischer Sprache ausgegeben wurde.

◂ **Abbildung 1.4**
Lassen Sie sich online unter die Arme greifen!

Die Anschaffung eines Videoschnittrechners ist letztendlich auch eine Budgetfrage. Deshalb gibt es auch nicht pauschal »den einen Rechner«. Prinzipiell gilt beim Videoschnitt jedoch das Motto: Klotzen statt kleckern! Sie brauchen, wie man so schön sagt, »richtig fette Teile«, um gut gerüstet zu sein. Damit meine ich jetzt nicht den PC, mit dem sich der 3-Minuten-Clip vom letzten Zoobesuch cutten lässt, sondern die Arbeit an echten, professionellen Videoschnittprojekten mit sämtlichem Schnickschnack. Keine Frage – hier bedarf es eines Fachmannes. Ich persönlich habe immer wieder festgestellt, dass Hardware-Dealer dazu neigen, einen Gamer-PC anzubieten. Nichts gegen Gamer-PCs, sie sind meist rasant schnell und ausgesprochen leistungsstark, aber nicht automatisch auch für den Videoschnitt geeignet. Leider ist auch längst nicht jedes Online-Angebot so gut wie sein Name. Sagen Sie dem Fachmann, was Sie machen wollen und welche Systemvoraussetzungen von Adobe empfohlen sind. Checken Sie den Preis und schauen Sie, wo gespart werden kann und wo es vielleicht noch etwas mehr sein darf.

1.1.5 Grafikkartenunterstützung testen

Um in Erfahrung zu bringen, welche Grafikkarten seitens Premiere Pro nativ unterstützt werden, benutzen Sie den zuvor angegebenen Link und scrollen in den Systemanforderungen ein wenig nach unten. Mittlerweile ist die Liste schon ordentlich angewachsen.

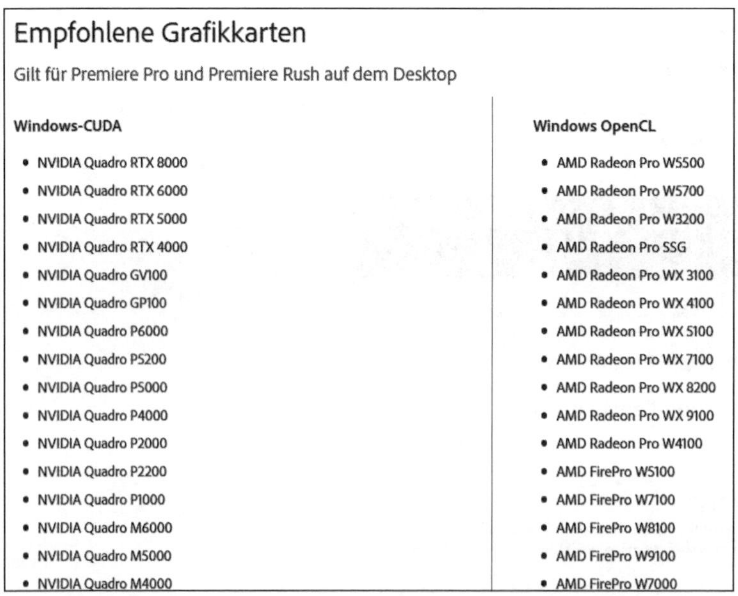

◂ **Abbildung 1.5**
Hier ist nur ein Teil der GPU-beschleunigten Grafikkarten zu sehen.

Sie wollen wissen, ob Ihre Karte unterstützt wird, ohne **lange** im Internet zu suchen? Dann schauen Sie direkt in Premiere Pro nach. Dazu muss allerdings ein Projekt geöffnet sein (wie das geht, erfahren Sie im folgenden Kapitel). Gehen Sie im Menü auf

Datei • Projekteinstellungen • Allgemein, und kontrollieren Sie das oberste Pull-down-Menü Renderer. Sollte hier Mercury Playback Engine – Nur Software stehen, versuchen Sie, auf Mercury Playback Engine – GPU-Beschleunigung ... umzustellen. Wenn dies möglich ist und dem Eintrag ein Haken vorangestellt ist, wissen Sie, dass Ihre Grafikkarte native Unterstützung von Premiere Pro erhält. Das bedeutet: Der Grafikkarten-Prozessor wird mit benutzt, wenn Sie Filme abspielen oder rendern (neu berechnen).

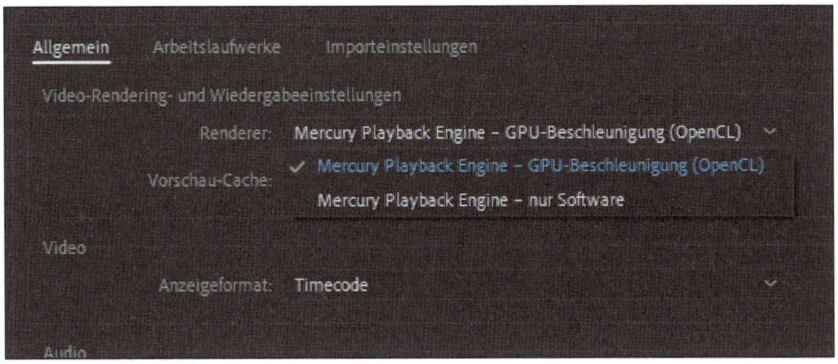

◂ **Abbildung 1.6**
Sollte eine Hardware-Unterstützung zur Disposition stehen, wird Ihre Grafikkarte unterstützt.

Nun gibt es keinen Grund zur Betrübnis, wenn Ihre Grafikkarte nicht gelistet sein sollte und Sie nicht auf GPU-Beschleunigung umstellen können. Denn auch dann steht der Arbeit mit Premiere Pro nichts im Wege – wenngleich Sie ab und an nicht ganz so schnell vorankommen werden wie mit kompatiblen Grafikkarten. Die Gesamtleistung ist dennoch beeindruckend.

Umfangreiche native Unterstützung

Neben zahllosen professionellen und semi-professionellen Film- und Videoformaten lässt sich auch das Material gängiger DSLR-Kameras nativ (also ohne Konvertierung/Transcodierung) verarbeiten.

1.1.6 Encore une fois

Es ist lange her. Aber ich weiß, dass viele Leser der klassischen DVD oder Blu-ray noch immer Treue schwören. Ich selbst bin übrigens auch noch immer ein Fan – nicht nur, was das Brennen selbst erzeugter Filme angeht, sondern auch beim Kauf von Filmen und Serien in Form von DVDs und Blu-rays. Klar, man kann all diese schönen Produkte mieten. Aber ich finde noch immer Gefallen daran, Dinge nach dem Kauf mein Eigen nennen zu können, was ich ja bei den unzähligen Streaming-Angeboten nicht habe. Wenn ich irgendwann nicht mehr bezahle, ist mein Zugang dicht und ich stehe mit leeren Händen da.

Doch zurück zum Thema: Die Zeiten werden für uns immer härter, und adäquate Brennsoftware ist rar. Encore hieß ursprünglich die Lösung aus dem Hause Adobe. Doch was übersetzt »noch einmal« bedeutet, trifft leider auf die Authoring-Software

Encore nicht mehr zu. Encore ist nicht mehr Bestandteil der Creative Cloud. Leider funktioniert auch der so beliebte, kleine Umweg über eine Nachinstallation von Premiere Pro CS6 und den dadurch bedingten Zugewinn von Encore schon lange nicht mehr.

1.1.7 Zusätzliche Plug-ins

Für Premiere Pro gibt es noch zahlreiche Third-Party-Plug-ins, die für den einen oder anderen etwas sein könnten. Wenn Sie sich dafür interessieren, schauen Sie doch einmal auf der Internetseite *www.adobe.com/de/products/plugins/premiere/* vorbei.

1.1.8 Ich kucke

Wer sich das Videomaterial zum Buch ansehen möchte, kann das natürlich in Premiere Pro tun. Dazu muss er aber Premiere Pro erst einmal öffnen, dann ein Projekt anlegen und zuletzt das Footage in den Quellmonitor bringen. Das setzt schon ein bisschen was an Vorkenntnissen voraus. Natürlich bringen die zeitgemäßen Betriebssysteme auch adäquate Abspiel-Apps mit, doch leider sind nicht alle wirklich gut. Deswegen empfehle ich Ihnen den **VLC Media Player**. Er ist nicht nur ein intuitiv zu bedienender Allesfresser (sowohl im Video- als auch im Audiobereich), sondern verfügt auch über zahlreiche On-Board-Codecs, die bei der Installation der Software automatisch mit auf den Rechner kommen. Der Player ist kostenlos und kann unter *https://www.vlc.de/* heruntergeladen werden.

▲ **Abbildung 1.7** Der VLC Media Player sollte auf keinem Rechner fehlen.

1.2 Was tun, wenn ...?

Bevor Sie sich auf Premiere Pro einlassen oder gar eigene Projekte beginnen, möchte ich Ihnen empfehlen, sich mit den Eventualitäten vertraut zu machen, die eine flüssige (und vor allem Spaß bringende) Arbeit von jetzt auf gleich ausbremsen könnten. Was ist z. B. nach einem Absturz zu tun, oder wie kann ich verlorengegangene Verknüpfungen reparieren? Wie lassen sich Einstellungen synchronisieren? Auf derartige Fragen müssen Sie jederzeit reagieren können. Deshalb ist es wichtig, dass Sie sich von Anfang an mit diesem Thema beschäftigen.

1.2.1 Systemprobleme beheben

Premiere Pro analysiert Ihr System automatisch, wenn Sie die Anwendung starten. Sollte es zu Problemen kommen, wird das sofort (meistens binnen Sekunden) vermeldet.

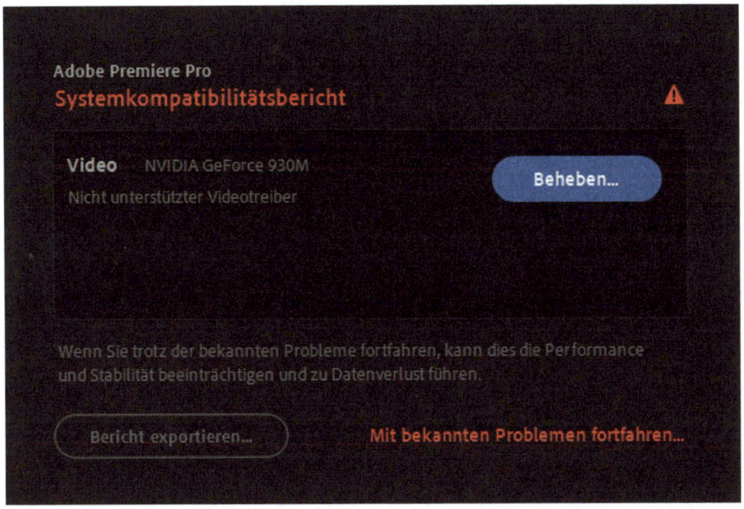

▲ **Abbildung 1.8** Hier stimmt irgendetwas mit der Grafikkarte nicht.

Schauen Sie sich den Fehlerbericht an. Im obigen Beispiel wird auf einen nicht unterstützten Videotreiber hingewiesen. Das Beste, was Sie jetzt tun können, ist, auf BEHEBEN zu klicken. Sollte Premiere Pro selbst in der Lage sein, das Problem in den Griff zu bekommen, wird es das auch tun. Ist das nicht der Fall, erhalten Sie in der Regel detaillierte Anleitungen dazu, was Sie tun können. So kann es beispielsweise sein, dass Sie einen veralteten Treiber für Ihre Grafikkarte benutzen und den neuen selbst herunterladen und installieren müssen. Bevor Sie das machen, sollten Sie Premiere Pro schließen, dann den Treiber installieren und den Rechner gegebenenfalls neu starten. Nach dem erneuten Start von Premiere Pro sollte die Fehlermeldung ausbleiben.

Für den Fall, dass sich das Problem auf diese Weise nicht lösen lässt, verfügen Sie glücklicherweise über einen Plan B. Denn statt des Klicks auf BEHEBEN dürfen Sie auch gerne unten rechts auf MIT BEKANNTEN PROBLEMEN FORTFAHREN gehen. Meist lässt sich die Anwendung dann trotzdem starten – nur eben bleibt das Problem in diesem Fall bestehen.

Premiere Pro checkt auch zwischendurch permanent, ob potentielle Probleme vorliegen. Tritt ein Problem auf, oder wurde eines (wie zuvor beschrieben) nicht behoben, finden Sie oben links auf dem Interface einen entsprechenden Hinweis. Wie gesagt: In der Regel können Sie trotzdem weiterarbeiten und die Lösung des Problems zunächst einmal nach hinten verschieben.

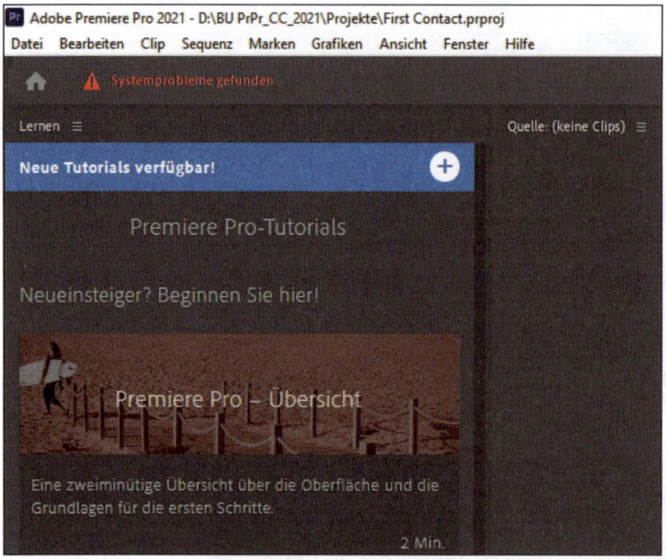

◂ Abbildung 1.9
Premiere Pro zeigt an, dass Systemprobleme vorhanden sind.

Wollen Sie genauere Infos zum Problem oder einfach einmal wissen, was so alles geprüft wurde, klicken Sie auf SYSTEMPROBLEME GEFUNDEN. Premiere Pro zeigt daraufhin erneut den eingangs erwähnten Dialog an. Sie sollten nun SYSTEMBERICHT EXPORTIEREN wählen und einen geeigneten Speicherort angeben. Dort finden Sie anschließend eine recht umfangreiche Textdatei (Endung .txt), die Sie sich unbedingt genauer ansehen sollten. An der relevanten Stelle des Dokuments erfahren Sie in der Regel nicht nur, um welches Problem es sich handelt, sondern auch, zu welchen Problemen es dadurch mit Premiere Pro kommen kann und was Sie dagegen tun können. In unserem Beispiel wird deutlich, dass Premiere Pro abstürzen kann, wenn der Grafikkartentreiber nicht aktualisiert wird. In Abbildung 1.10 habe ich den Text einmal entsprechend markiert.

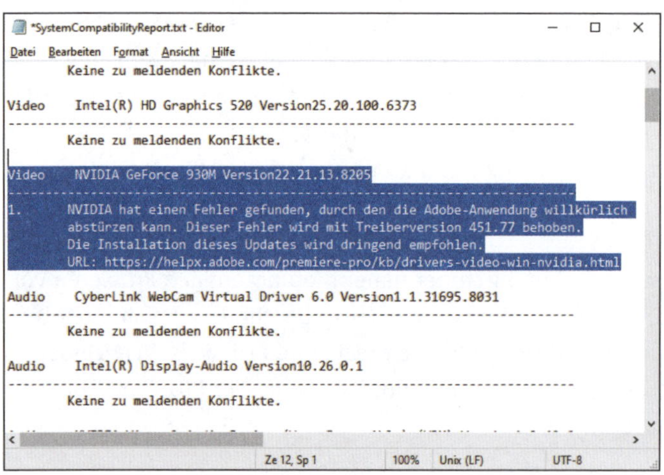

◂ Abbildung 1.10
Aha, ich muss mir also Treiberversion 451.77 besorgen.

Keine Probleme – kein Dialog?

»Gemein«, sagen Sie? Jetzt haben Sie gar keine Probleme und können deshalb auch nicht nachvollziehen, wovon ich hier lamentiere? Doch, können Sie. Sie müssen nur bei geöffneter Anwendung auf den Menüeintrag HILFE gehen und anschließend SYSTEMKOMPATIBILITÄTSBERICHT selektieren – schon sehen Sie den eingangs erwähnten Dialog – nur leider ohne Fehler.

1.2.2 Info-Dialog zurückholen

Ach ja. Wo wir einmal dabei sind: Erinnern Sie sich noch an diese Tafel, auf der Premiere Pro nach dem Start tolle Erklärungen zu Neuheiten der Software angeboten hat? Die haben Sie vielleicht eilig weggeklickt, weil Sie es kaum erwarten konnten, mit der Anwendung zu arbeiten. Es ist lange her und die Hoffnung, dass der Dialog irgendwann wiederkommt, haben Sie längst begraben. Bleiben Sie fröhlich, denn sie ist keinesfalls verloren. Wenn Sie oben links auf das kleine Häuschen klicken und anschließend unten links NEUE FUNKTIONEN wählen, ist wieder alles so wie gehabt – zumindest, was die Neuheiten-Tafel betrifft.

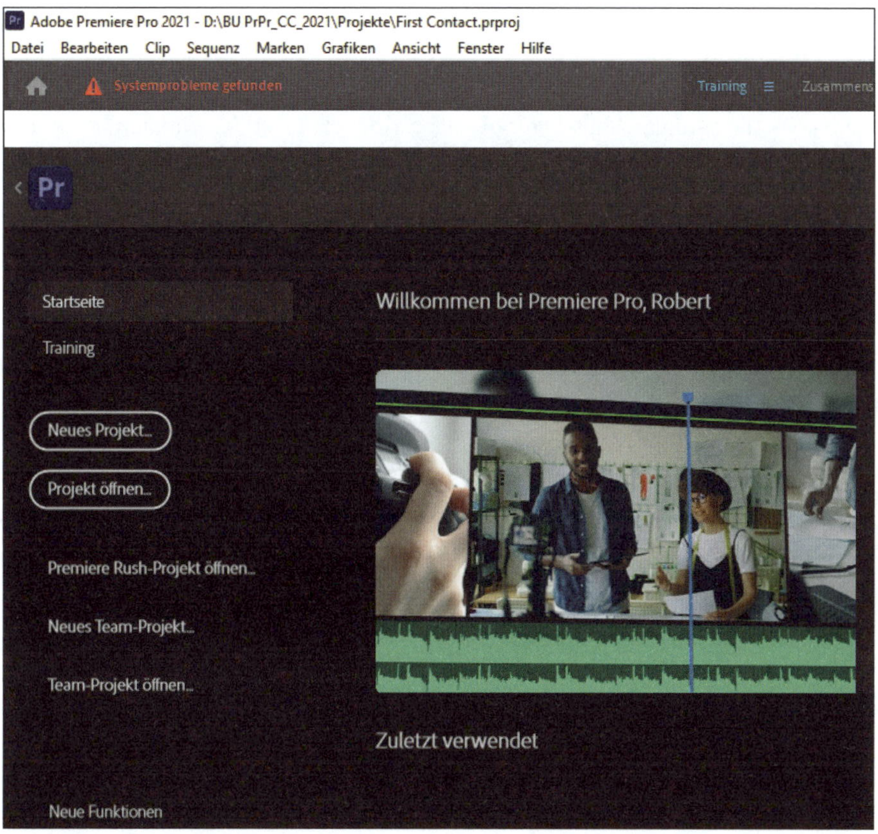

▲ **Abbildung 1.11** Das Häuschen bringt Sie immer zurück zum Startbildschirm.

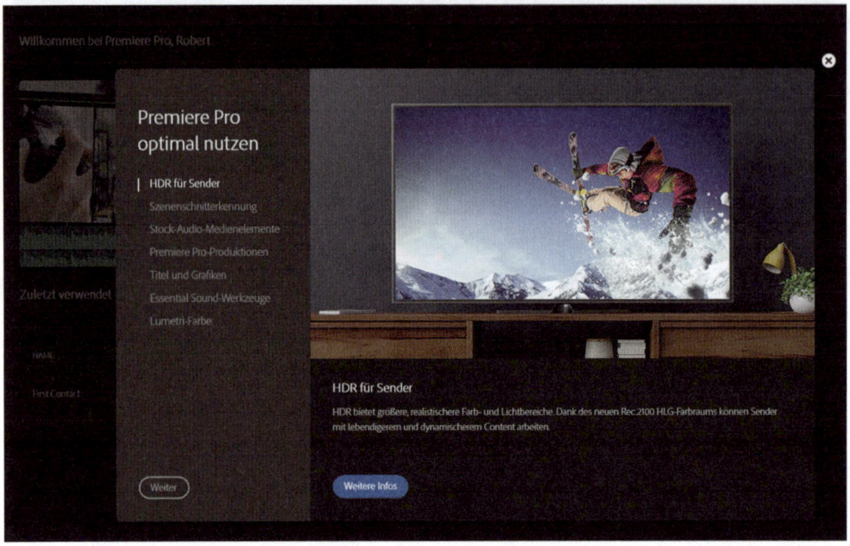

▲ **Abbildung 1.12** Hurra, die Info-Seite ist wieder da!

1.2.3 Mit Projektdatei starten

Der Startbildschirm ist ja wirklich eine nützliche Einrichtung. Wann immer Sie ihn benötigen – ein Klick auf das Haus-Symbol reicht. Aber muss ich ihn wirklich bei jedem Programmstart sehen? Schließlich ist es doch so, dass wir in den allermeisten Fällen gleich am zuletzt geöffneten Projekt weiterarbeiten wollen. Wer den Startbildschirm demnächst umgehen möchte, entscheidet sich für BEARBEITEN/PREMIERE PRO • VOREINSTELLUNGEN • ALLGEMEIN und schaltet ganz oben im Selektionsfeld BEIM START von STARTSEITE ANZEIGEN um auf NEUESTE DATEI ÖFFNEN.

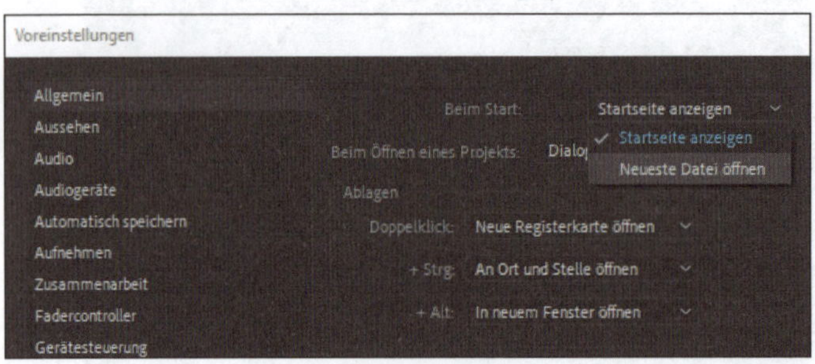

◂ **Abbildung 1.13** Ab sofort ist der Startbildschirm Geschichte – und wenn Sie ihn doch brauchen: Auf das Häuschen klicken!

1.2.4 Einstellungen synchronisieren

Eine praktische Funktion in Premiere Pro ist die Möglichkeit, die eigens gestaltete Arbeitsumgebung (siehe Kapitel 2, »First Man – Die Arbeitsoberfläche kennenlernen«)

inklusive der von Ihnen vergebenen Tastaturkürzel und Voreinstellungen zu speichern. Und nicht nur das, denn Sie können diese Daten auch auf andere Creative-Cloud-Applikationen übertragen bzw. in anderen Applikationen gültige Einstellungen nach Premiere Pro übertragen. (Sie sollten das nach Möglichkeit machen, bevor Sie die Arbeit beginnen oder wenn Sie sie beenden, da Premiere Pro das aktuelle Projekt dazu kurz schließen muss.) Gehen Sie auf den Menüeintrag DATEI, und zeigen Sie anschließend auf EINSTELLUNGEN SYNCHRONISIEREN. Danach entscheiden Sie sich für SYNCHRONISATION VON EINSTELLUNGEN VERWALTEN und haken an, was übertragen werden soll. Zuletzt verlassen Sie den Dialog mit Klick auf OK.

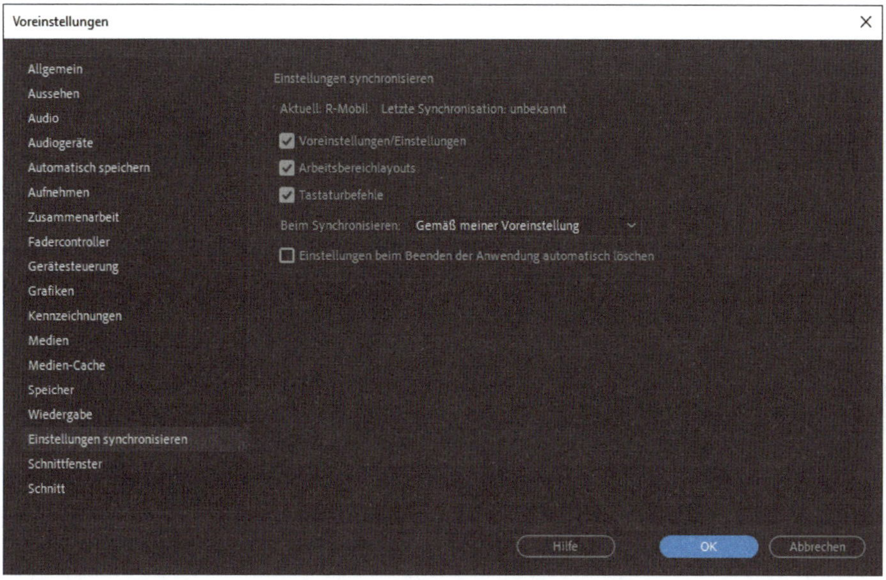

▲ **Abbildung 1.14** Wählen Sie aus, welche Einstellungen gespeichert werden sollen.

Gehen Sie erneut auf DATEI • EINSTELLUNGEN SYNCHRONISIEREN. Diesmal wählen Sie allerdings EINSTELLUNGEN JETZT SYNCHRONISIEREN und bestätigen den Folgedialog mit OK. Lassen Sie die Checkbox aktiviert, wird das Projekt anschließend erneut geöffnet.

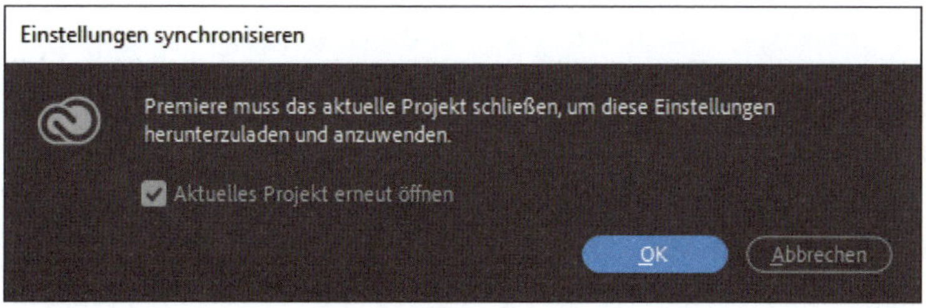

▲ **Abbildung 1.15** Kurze Unterbrechung

Änderung im Menü

Bitte beachten Sie, dass nach erfolgreicher Synchronisation der Listeneintrag Einstellungen synchronisieren (Menü: Datei) durch Ihren bei Adobe registrierten Nutzernamen ersetzt worden ist.

Möchten Sie die Einstellungen eines anderen Creative-Cloud-Kontos verwenden – möglicherweise verfügen Sie ja über mehrere Registrierungen –, lassen sich auch die dort gültigen Einstellungen migrieren. Der Befehl dazu heißt Einstellungen aus anderem Konto. Noch einfacher geht das Ganze übrigens außerhalb des Menüs. Dann nämlich reicht ein Klick auf das kleine Creative-Cloud-Symbol unten links in der Anwendung. Auch hier stehen die zuvor erwähnten Alternativen zur Disposition.

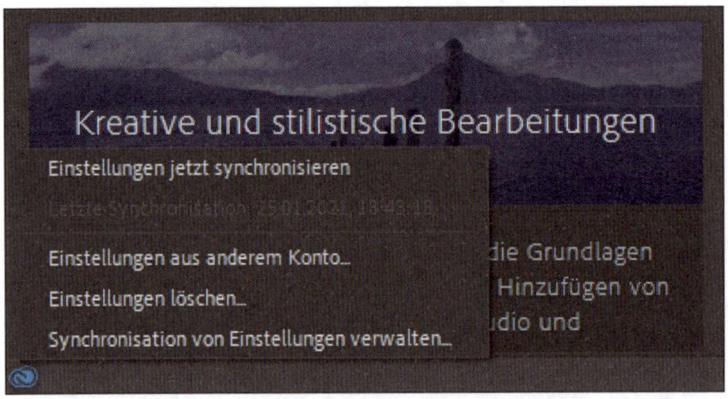

◂ **Abbildung 1.16**
Die Synchronisation ist auch außerhalb des Menüs möglich.

1.2.5 Dateien wiederherstellen

Premiere Pro läuft stabil, da gibt es nichts zu meckern. Dennoch ist nicht auszuschließen, dass sich die Anwendung einmal verabschiedet. Zwar sorgt Premiere Pro in der Regel selbstständig dafür, dass ein Crash abgefangen und das Projekt noch schnell gespeichert werden kann, doch bei einem schweren Fehler oder gar einem Systemabsturz ist das oft nicht mehr möglich. Im günstigsten Fall passiert Folgendes: Sie fahren den Rechner wieder hoch, starten Premiere Pro und können dann in der Liste Zuletzt verwendet des Willkommen-Dialogs auf das letzte Projekt zurückgreifen und dieses wieder starten.

So weit zu den fröhlichen Dingen des Lebens. Im ungünstigsten Fall jedoch wird sich der Name des zuletzt bearbeiteten Projekts gar nicht mehr in der Liste befinden. Möglicherweise ist diese sogar komplett leer. Selbst dann müssen Sie jedoch nicht befürchten, viele Stunden umsonst gearbeitet zu haben. Denn Ihr Projekt ist nicht, wie es zunächst scheint, verlorengegangen. Navigieren Sie zu dem Ordner, der Ihre Projektdateien enthält, und widmen Sie sich dem darin enthaltenen Verzeichnis *Adobe Premiere Pro Auto-Save*.

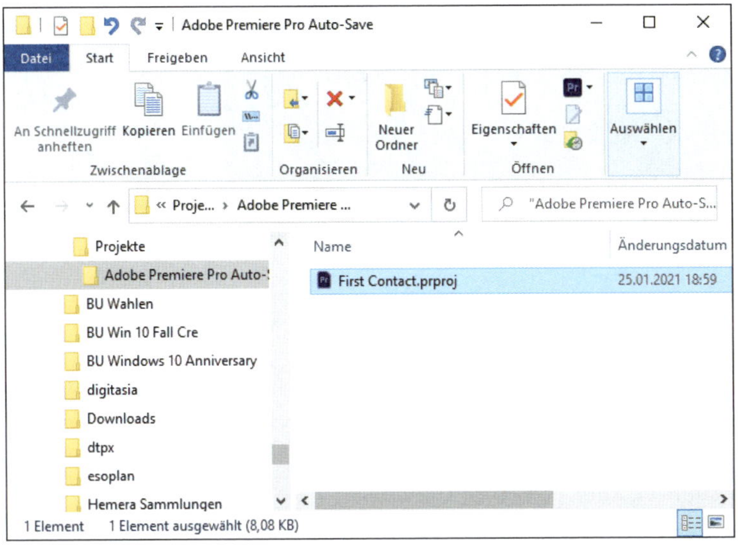

◂ **Abbildung 1.17**
Innerhalb des Projektordners findet sich auch ein Verzeichnis, das Sicherungsdateien anlegt.

Dateipfad des Auto-Save-Ordners

Den Ordner *Adobe Premiere Pro Auto-Save* finden Sie in der Regel auf Ihrer Hauptfestplatte (z. B. C:/) unter *Benutzer\[Benutzername]\Dokumente\Adobe\Premiere Pro*. Darin ist ein weiterer Unterordner verborgen, der den Titel der Premiere-Pro-Versionsnummer trägt (im Beispiel 14.0). Darin befindet sich letztendlich unter anderem besagtes Verzeichnis mit den Sicherungsdateien.

Platzieren Sie einen beherzten Doppelklick darauf, und schauen Sie sich den Inhalt genau an. Standardmäßig dürften sich hier bis zu 20 Dateien befinden. Wählen Sie die neueste (Sie erkennen sie an Bezeichnung, Änderungsdatum und Uhrzeit), und öffnen Sie diese Projektdatei mit einem Doppelklick. Bevor Sie jetzt irgendetwas anderes tun (z. B. am Projekt weiterarbeiten), sollten Sie die Datei am ursprünglich vorgesehenen Speicherort unter einem anderen Namen absichern. Jetzt können Sie nach Herzenslust fortfahren. Sehr wahrscheinlich sind nur die letzten Aktionen verlorengegangen. Da haben wir aber noch mal Glück gehabt, was?

1.2.6 Automatische Sicherung

Für die Erzeugung derartiger Auto-Save-Dateien ist eine Voreinstellung in Premiere Pro verantwortlich. Diese finden Sie im Menü Bearbeiten/Premiere Pro • Voreinstellungen • Automatisch speichern. Hier ist zunächst einmal die Checkbox Projekte automatisch speichern interessant. Ist diese inaktiv, werden keine Sicherungsdateien erstellt. Gleich unterhalb der Box legen Sie fest, in welchen Intervallen eine derartige Datei produziert werden soll. Wie viele Dateien aufbewahrt werden, regelt das unterste Steuerelement. In der Praxis bedeutet dies: Sobald die 21. Sicherungsdatei erzeugt wird, wird die erste gelöscht.

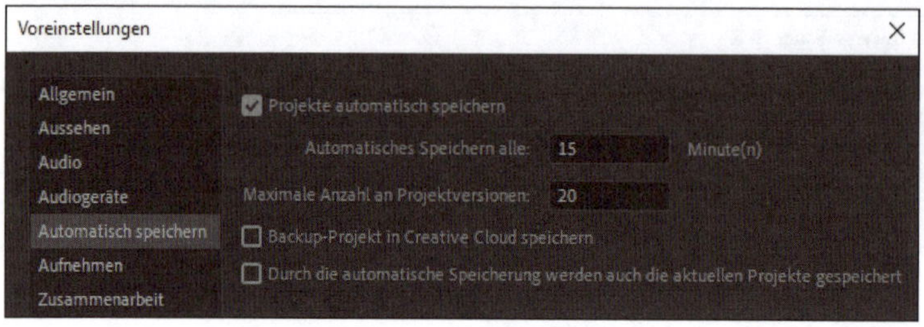

◂ **Abbildung 1.18** Eine Voreinstellung sorgt für regelmäßiges Abspeichern der Projektdateien.

1.2.7 Projektverknüpfungen reparieren

Premiere Pro verwendet in Projekten keine Original-**Assets** (= Originalvideos, -bilder, -Sounddateien o. Ä.), sondern stellt lediglich Pfade zu ihnen her. Diese Pfade werden natürlich konsequent beibehalten und gehen unter normalen Umständen auch niemals verloren. Nun kann es aber passieren (etwa wenn Sie mit mehreren externen Festplatten arbeiten), dass die Laufwerksbuchstaben der angeschlossenen Festplatten verändert werden. In diesem Fall kann Premiere Pro den Pfad ebenso wenig wiederherstellen, wie wenn Ordner oder Verzeichnisse manuell umbenannt werden. Ihre Videoschnittanwendung reagiert darauf mit einem eindrucksvollen Dialog. Das Fenster MEDIEN VERKNÜPFEN hilft Ihnen dabei, verschobene, umbenannte oder ähnlich abhandengekommene Dateien zu finden und neu zu verknüpfen.

Das kann sogar passieren, während Premiere Pro geöffnet ist. Die Anwendung reagiert sofort, wenn sich ein Pfad nicht wiederherstellen lässt. In diesem Fall ist Folgendes zu tun: Klicken Sie auf SUCHEN ❶, und navigieren Sie über den daraufhin erscheinenden Dialog zu dem Speicherort, an dem sich die vermissten Assets befinden. Prüfen Sie jetzt genau, *welche* Datei aktuell vermisst wird. Wenn Sie nicht sicher sind oder einfach zu viele potentielle Resultate angeboten werden, aktivieren Sie die Checkbox NUR EXAKTE TREFFER ANZEIGEN ❷. Markieren Sie das gesuchte Asset, und betätigen Sie OK.

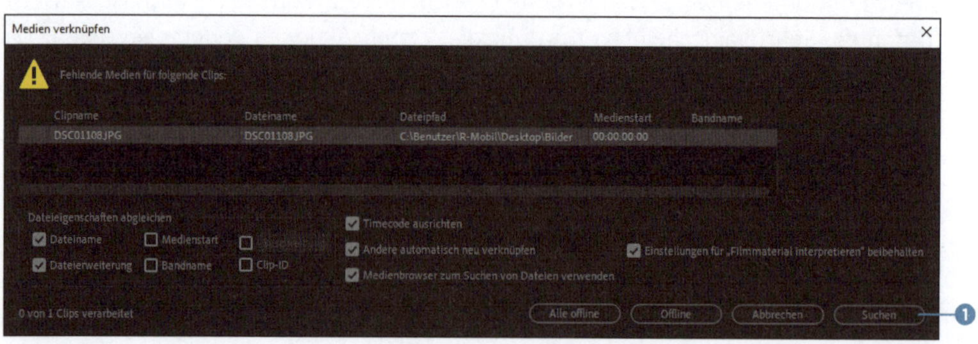

▲ **Abbildung 1.19** Mithilfe dieses Dialogs finden Sie die verlorengegangenen Assets schnell wieder.

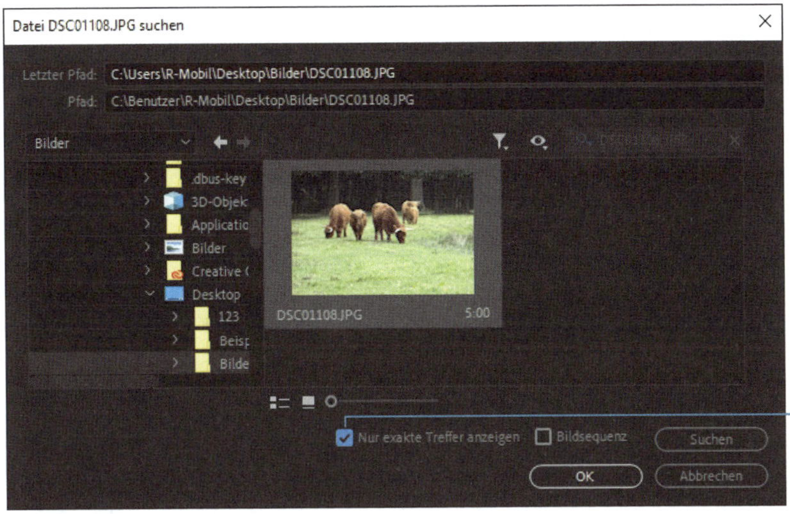

▲ **Abbildung 1.20** Zuletzt bleibt nur noch ein einziges Asset übrig.

Einzelnes Asset verknüpfen

Verlorengegangene Assets werden im Projektfenster durch ein Offline-Symbol gekennzeichnet. Führen Sie einen Rechtsklick darauf aus, und entscheiden Sie sich für MEDIEN VERKNÜPFEN. Auch das bringt Sie in den soeben erwähnten Dialog.

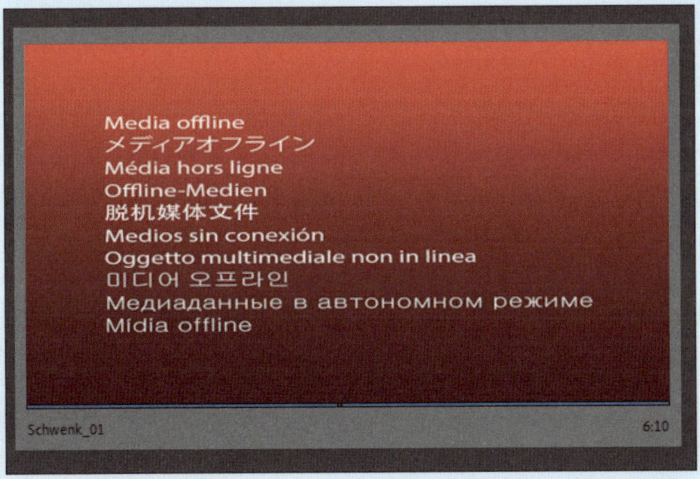

◂ **Abbildung 1.21** Das Standardsymbol für Offline-Dateien

Sobald das erledigt ist, wird Premiere Pro mit der Neuverknüpfung beginnen – und dabei nicht nur das markierte Asset berücksichtigen, sondern alle, die sich im gleichen Verzeichnis befinden. Sie müssen also nicht jede Datei einzeln neu einbinden. Würden auch noch Dateien aus anderen Ordnern vermisst, würde sich der Dialog abermals selbstständig öffnen und erneut nach einer vermissten Datei fragen.

Projekte archivieren

Möglicherweise wollen Sie ein Projekt komplett mit allen Assets verschieben. Das lässt sich prima realisieren, indem Sie im Menü Datei den Eintrag Projektmanager wählen. Welche Einstelloptionen in diesem Zusammenhang wichtig sind, erfahren Sie in Kapitel 12, »Export«.

Alternative: Keine Unterordner | Das Erzeugen von Unterordnern innerhalb des Projektordners dient natürlich der besseren Orientierung. Wer es aber weniger »ordentlich« mag, ist in einer Hinsicht klar im Vorteil: Er muss sich um unterschiedliche Verknüpfungen keine Sorgen machen. Wenn Sie also sämtliche Filme, Clips, Bilder und Sounds direkt in den Ordner befördern, der auch Ihr Premiere-Pro-Projekt beherbergt, wird Ihre Schnittsoftware die Verknüpfung zu allen verwendeten Dateien jederzeit mit einer einzelnen Aktion wiederherstellen können – egal, wohin Sie den Ordner verschieben. Das ist zwar nicht gerade chic, aber in Sachen Dateiverknüpfung die unkomplizierte Variante.

1.2.8 Helle Arbeitsoberfläche

An dieser Stelle noch ein vorgezogener Hinweis. Standardmäßig kommt Premiere Pro mit einer dunklen Arbeitsoberfläche daher. Das ist auch gut so, da die Augen geschont werden und die visuelle Einschätzung in Sachen Helligkeit eines Clips besser vonstattengeht. Dennoch haben wir uns dafür entschieden, eine möglichst helle Oberfläche einzustellen (damit die Abbildungen in diesem Buch besser zu erkennen sind). Wenn Sie diese Einstellung ebenfalls wünschen, gehen Sie auf Bearbeiten/Premiere Pro • Voreinstellungen • Aussehen, und ziehen Sie den Regler Helligkeit ganz nach rechts, ehe Sie den Dialog mit OK verlassen. Wenn Ihnen das zu hell ist, klicken Sie anschließend im erwähnten Dialog wieder auf Standard (weitere Infos zur Oberfläche finden Sie in Kapitel 2, »First Man – Die Arbeitsoberfläche kennenlernen«).

1.2.9 Medien-Cache

Wie andere Adobe-Anwendungen verfügt auch Premiere Pro über eine sogenannte Medien-Cache-Datenbank. Darin werden Dateien abgelegt, die speziell zur Verarbeitung Ihrer Assets mit Premiere Pro benötigt werden (z. B. angepasste Sounddateien). Allerdings sammeln sich je nach Projektgröße dort unter Umständen riesige Datenmengen an. Nun möchte man diese Mengen meist nicht irgendwo auf dem Rechner liegen haben, sondern selbst bestimmen, wo diese archiviert werden sollen.

Dazu ein Beispiel: Viele Anwenderinnen und Anwender benutzen auf ihrem Rechner eine Festplatte, auf der sowohl das Betriebssystem als auch die Programme untergebracht sind (also auch die Adobe-Anwendungen). Alles andere, wie z. B. Bilder, Videos und Dokumente, landen auf einer separaten Festplatte. Das macht Sinn, denn dadurch bleibt die Betriebssystem-Festplatte schön schlank. Speicherplatz bleibt für wichtige Programm-Updates erhalten, und die Gefahr, dass die Platte mit zunehmender Menge an Datensätzen immer langsamer wird, ist reduziert. (Ich nutze beispielsweise die vom System vorgesehenen Bild- und Videoordner gar nicht, da sie die Betriebssystem-Festplatte nur unnötig aufblähen.)

Wenn Sie dieses Prinzip auch für erstrebenswert halten, sollten Sie eingreifen. Navigieren Sie einmal via Explorer zum Cache-Ordner, um die Größe anzeigen zu lassen. Wenn Sie nicht wissen, wo Ihre Medien-Cache-Dateien untergebracht sind, schauen Sie in Premiere Pro nach. Dazu wählen Sie BEARBEITEN/PREMIERE PRO • VOREINSTELLUNGEN • MEDIEN-CACHE und schauen im Frame MEDIEN-CACHE-DATEIEN auf den Pfad, der neben SPEICHERORT angezeigt wird ①. Er sollte übrigens identisch mit dem Pfad zur MEDIEN-CACHE-DATENBANK sein ②.

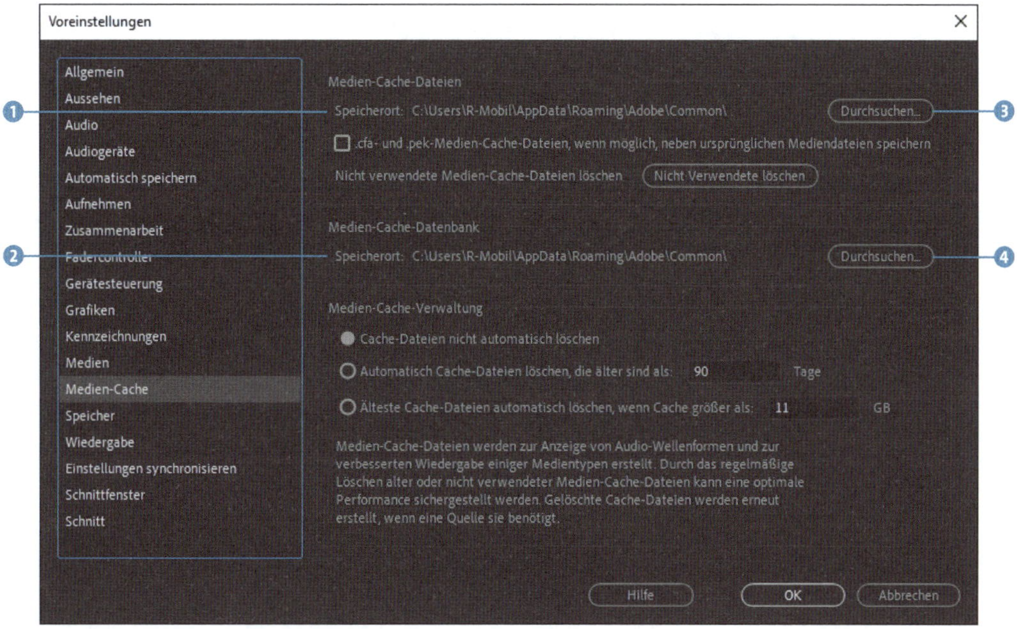

▲ **Abbildung 1.22** Dieser Speicherort ist unter Umständen gar nicht gewünscht. Verlegen Sie die Cache-Datenbank in diesem Fall auf eine andere Festplatte.

AppData

Der Ordner APPDATA ist unter Windows standardmäßig nicht zu finden, da es sich dabei um einen versteckten Ordner handelt. Wenn das bei Ihnen auch der Fall ist, geben Sie im Windows-Suchfeld zunächst »sys« ein. Entscheiden Sie sich in der Auswahl für die Desktop-App SYSTEMSTEUERUNG. Doppelklicken Sie anschließend auf den Eintrag EXPLORER-OPTIONEN, und öffnen Sie das Register ANSICHT. Im Bereich ERWEITERTE EINSTELLUNGEN scrollen Sie ganz nach unten und aktivieren den Radiobutton AUSGEBLENDETE DATEIEN, ORDNER UND LAUFWERKE ANZEIGEN. Jetzt noch auf OK klicken, und alles ist gut.

Ändern Sie beide Speicherorte mithilfe der nebenstehenden Tasten DURCHSUCHEN ❸ und ❹ (siehe Abbildung 1.22). Suchen Sie in beiden Bereichen jeweils einen Speicherort, der auf einer anderen physischen Festplatte liegt als Ihr Haupt-Speicherwerk. (Selbstverständlich dürfen beide Pfade identisch sein.) Sie werden gefragt, was mit den bereits vorhandenen Datenbanken geschehen soll. Klicken Sie auf VERSCHIEBEN, damit diese am neuen Speicherplatz untergebracht werden und der bisherige Platz (auf der Hauptfestplatte) wieder freigegeben wird.

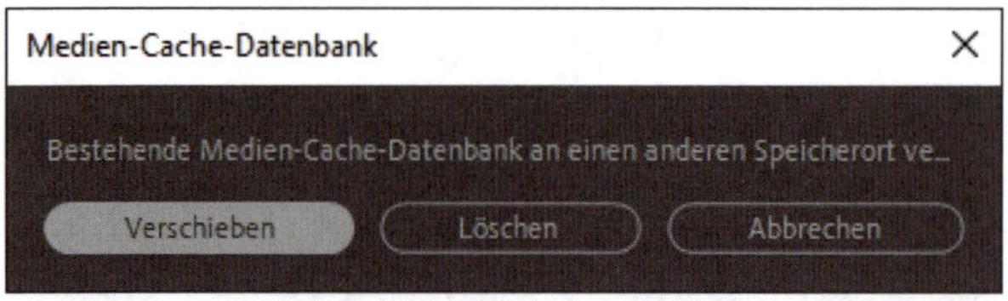

▲ **Abbildung 1.23** Nehmen Sie die Cache-Dateien mit, wenn Sie es wollen.

Vorhandene Cache-Dateien löschen

Wenn Sie noch kein großes Premiere-Pro-Projekt erzeugt haben, können Sie auch gerne auf LÖSCHEN klicken. Dann werden die Dateien am bisherigen Speicherplatz entfernt, ohne dass diese an den neuen Speicherort verschoben werden. Das macht aber nichts, denn Premiere Pro erzeugt automatisch neue – und zwar an dem Speicherort, den Sie soeben festgelegt haben.

Bevor Sie auf OK klicken, sollten Sie der Taste NICHT VERWENDETE LÖSCHEN noch kurze Aufmerksamkeit schenken. Denn wann immer Sie diesen Schalter benutzen, werden alte Cache-Dateien entfernt (die in Projekten genutzt worden sind, deren Premiere-Pro-Dateien inzwischen in den Papierkorb befördert wurden).

2 First Man – Die Arbeitsoberfläche kennenlernen

In dem Weltraumdrama »First Man« betritt Neil Armstrong (gespielt von Ryan Gosling) als erster Mensch die bis dahin unbekannte Mondoberfläche – eine zweifellos brandgefährliche Mission. Ganz so gefährlich wird es hier nicht werden, wenn Sie erstmals die Arbeitsoberfläche Ihrer Videoschnittsoftware erkunden – dennoch dürfte sich zumindest für einige von Ihnen bei Premiere Pro unbekanntes Terrain erschließen. Lassen Sie es uns gemeinsam erkunden. Ich möchte Ihnen dieses Kapitel auch dann ans Herz legen, wenn Sie bereits erste Schritte unternommen haben (nicht auf dem Mond, versteht sich), denn hier können auch fortgeschrittene Anwenderinnen und Anwender noch einige interessante Features entdecken.

In diesem Kapitel erfahren Sie Folgendes:

- Wie ist der Arbeitsbereich von Premiere Pro aufgebaut?
- Wie werden Fenster, Paletten und Register bedient?
- Wie wird der Media-Browser bedient?

2.1 Projekte öffnen und speichern

Premiere-Pro-Projekte bestehen, wie sollte es anders sein, aus einer Premiere-Pro-Projektdatei und dem verwendeten Material, dem sogenannten Footage. Als Footage bezeichnet man nicht nur die Filme und Audiodateien, sondern generell alles, was sich als Material zur Verarbeitung in Premiere Pro eignet. Photoshop-Dateien gehören ebenso dazu wie Titel, Grafiken, Texte usw.

2.1.1 Vorhandene Projekte öffnen

Sollten sich bereits Premiere-Pro-Projekte auf Ihrem Rechner befinden, können Sie diese einfach öffnen, indem Sie einen Doppelklick auf der Projektdatei ausführen. Projektdateien erkennt man an der Dateiendung *.prproj*.

◂ **Abbildung 2.1**
Neuerdings sind die Adobe-Icons wunderschön abgerundet.

Vom Begrüßungsbildschirm (Startseite) aus gelangen Sie ebenfalls an die begehrten Projektdateien, indem Sie auf PROJEKT ÖFFNEN gehen und dann zu dem Ordner navigieren, der die Projektdatei enthält. Sollte das Projekt bereits in Premiere Pro geöffnet gewesen sein, wird es auch unten in der Liste ZULETZT VERWENDET angezeigt.

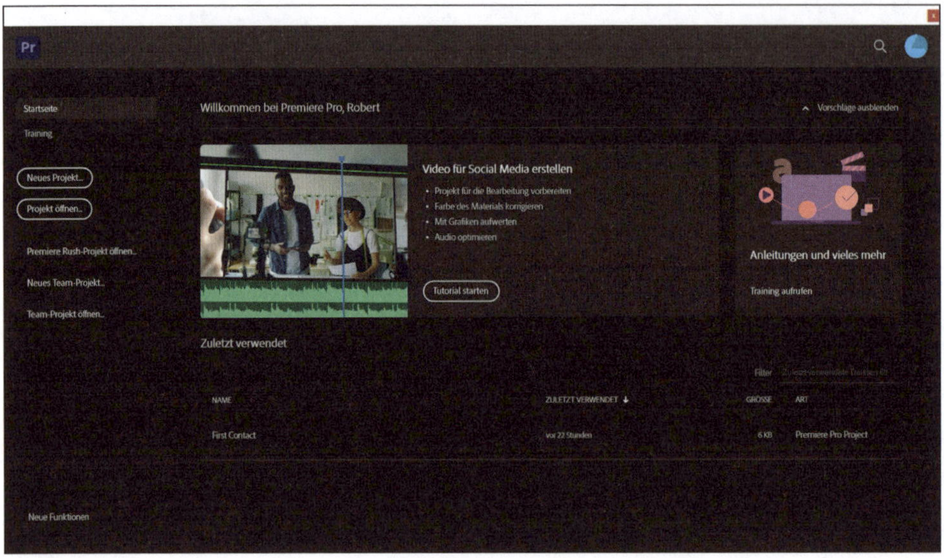

▲ **Abbildung 2.2** Premiere Pro listet aktuelle Projekte auf dem Startbildschirm auf.

2.1.2 Projekte aus Vorgängerversionen öffnen

Wer schon länger mit Premiere Pro arbeitet und jetzt zu einer neueren Softwareversion wechselt, möchte selbstverständlich den Zugriff auf seine bereits vorhandenen Projektdateien weiterhin gewährleisten. Kann er auch – denn auch ältere Projekte lassen sich mit der aktuellen Software öffnen. Allerdings müssen die Daten möglicherweise konvertiert werden. Ein entsprechender Dialog signalisiert das, sobald Sie versuchen, die alte Projektdatei bereitzustellen.

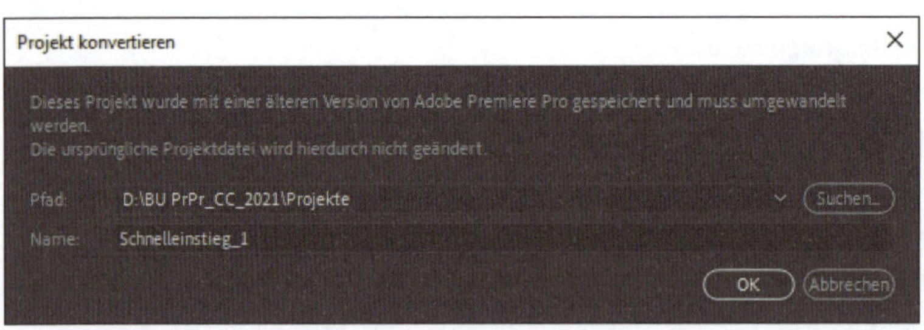

▲ **Abbildung 2.3** Premiere Pro »hilft« beim Umstieg.

Bemerkenswert ist dabei, dass die alte Datei nicht überschrieben wird. Vielmehr legt Premiere Pro, wenn Sie auf OK klicken, eine neue Datei am gleichen Speicherort an. Im obigen Beispiel wird »_1« an den alten Dateinamen angehängt und so ein Überschreiben der Ursprungsdatei vermieden. Wozu? Nun, möglicherweise testen Sie die aktuelle Premiere-Pro-Version nur und wollen sich die Option offenlassen, jederzeit wieder zum alten Zustand zurückkehren zu können. Dies wäre nach einem Überschreiben der vorhandenen Datei jedoch nicht mehr möglich – zumindest nicht mit einer vorangegangenen Premiere-Pro-Version.

Wenn Sie die neue Projektdatei am gleichen Speicherort ablegen wie die Ursprungsdatei, bleiben die Verknüpfungen zu den Assets gewöhnlich erhalten. Sollte sich jedoch am Pfad etwas geändert haben, müssen die Assets aktualisiert werden. (Wie das geht, haben Sie ja bereits in Kapitel 1, »First Contact – Sichtkontakt mit Premiere Pro«, erfahren.) Premiere Pro stellt in diesem Fall den Dialog MEDIEN VERKNÜPFEN automatisch zur Verfügung.

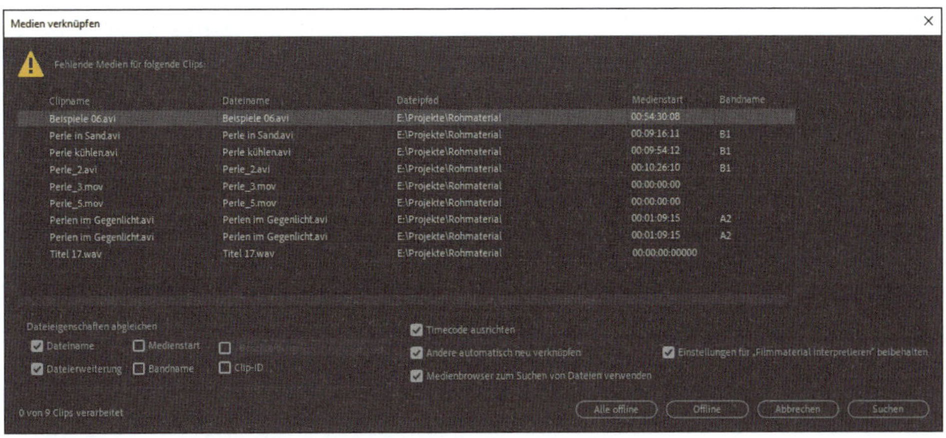

▲ **Abbildung 2.4** Keine Sorge – Sie müssen nicht alle Pfade manuell verknüpfen. Einer reicht in der Regel.

2.1.3 Projekte speichern und schließen

Denken Sie daran, Ihre Projekte von Zeit zu Zeit zu sichern. Zwar erstellt Premiere Pro standardmäßig alle 15 Minuten eine Auto-Sicherung (auch dieses Thema ist in Kapitel 1 bereits angesprochen worden), jedoch sollten Sie nicht allein darauf vertrauen. Ich empfehle, die Projektarbeit regelmäßig über DATEI • SPEICHERN bzw. [Strg]/[⌘]+[S] zu sichern. Wollen Sie die Arbeit unter einem neuen Namen absichern, wählen Sie DATEI • SPEICHERN UNTER bzw. [Strg]/[⌘]+[⇧]+[S]. Das Intervall für die Auto-Sicherung können Sie zudem anpassen, indem Sie über BEARBEITEN/PREMIERE PRO • VOREINSTELLUNGEN • AUTOMATISCH SPEICHERN gehen.

2.2 Die Projekteinstellungen

Wenn Sie eine komplett neue Projektarbeit in Premiere Pro starten wollen, müssen Sie zunächst eine Projektdatei erstellen. Das erreichen Sie entweder über Klick auf NEUES PROJEKT auf der Startseite oder indem Sie auf den Menüeintrag DATEI klicken, danach auf NEU zeigen und zuletzt den Eintrag PROJEKT wählen. Alternativ betätigen Sie schlicht [Strg]/[⌘]+[Alt]+[N].

2.2.1 Allgemeine Projekteinstellungen

Konsequenterweise öffnet sich jetzt der Dialog NEUES PROJEKT. Auf der Registerkarte ALLGEMEIN ❶ finden Sie den RENDERER. Dieser sagt etwas darüber aus, ob Ihre Grafikkarte(n) mit Premiere Pro kompatibel ist/sind. Das bedeutet: Ist das Feld ausgegraut, hilft die in der Anwendung verbaute *Mercury Playback Engine* nur programmintern dabei, dass Videos bei der Wiedergabe flüssig abgespielt werden. Im Idealfall wird der Eintrag nicht ausgegraut angezeigt. Das heißt dann, dass Sie auf die Unterstützung der GPU (Grafikkartenprozessor) zählen können. Filme mit zahlreichen, rechenintensiven Effekten beispielsweise werden ohne Rendern (also ohne Erstellung einer Vorschaudatei) flüssig abgespielt. Aber selbst wenn Sie keine Hardwareunterstützung genießen, ist das noch keine Hiobsbotschaft. Denn in der Regel werden die Clips trotzdem flüssig abgespielt. Sollte es jedoch einmal ruckeln, erzeugen Sie einfach eine Vorschaudatei. Mehr dazu finden Sie in Abschnitt 7.1.1, »Unterstützte Grafikkarten«.

Etwas weiter unten finden Sie noch die Video- und Audio-Anzeigeformate sowie das Aufnahmeformat. In der Regel müssen Sie hier nichts ändern – zumal sich sämtliche Einstellungen ohnehin später noch innerhalb der Software anpassen lassen.

2.2.2 Projekteinstellungen für die Arbeitslaufwerke

Gehen Sie anschließend auf die Registerkarte ARBEITSLAUFWERKE ❹. Hier können Sie bestimmen, wo Aufnahmen und Vorschaudateien gespeichert werden sollen. Mit Aufnahmen sind übrigens Video- und Audioaufnahmen gemeint, die von Ihrem Band-Camcorder kommen (z. B. HDV oder DV). Sollten Sie nicht mehr mit Bändern arbeiten, dürfen Sie die Einstellungen überspringen. Falls doch, teilen Sie Premiere Pro unter VIDEOAUFNAHME ❷ mit, wo diese Aufnahmen gespeichert werden sollen. Grundsätzlich gibt es zunächst zwei Möglichkeiten, nämlich DOKUMENTE oder WIE PROJEKT. Das bedeutet, entweder landen die Aufnahmen im Dokumentordner des Betriebssystems oder gesellen sich zu den Projektdateien. Und wo die gelagert sind, haben Sie ja bereits im Register ALLGEMEIN festgelegt. Prinzipiell ist WIE PROJEKT eine gute Wahl, denn so bleiben Aufnahmen und Projektdaten stets beisammen. Erst wenn Sie auf DURCHSUCHEN ❺ klicken und einen beliebigen anderen Speicherort festlegen, wird von WIE PROJEKT auf BENUTZERDEFINIERT umgeschaltet.

▲ **Abbildung 2.5** Die Arbeitslaufwerke werden ebenfalls in den Projekteinstellungen festgelegt.

Nicht weniger wichtig sind die Vorschaudateien VIDEOVORSCHAU und AUDIOVORSCHAU. Dabei handelt es sich um die eingangs erwähnten Vorschaudateien, die immer dann berechnet werden müssen, wenn es darum geht, Filmmaterial zu erzeugen, das es so noch nicht gibt, also beispielsweise eine Überblendung oder ein Effekt. Aber auch die sind idealerweise mit der Einstellung WIE PROJEKT versehen. Dann nämlich landet alles neben der Projektdatei im Ordner *Adobe Premiere Pro Preview Files*.

Ganz unten existieren noch weitere Kategorien, nämlich PROJEKT AUTOMATISCH SPEICHERN ❸, CC-BIBLIOTHEKS-DOWNLOADS und MEDIEN FÜR ANIMATIONSVORLAGE. Mit zuerst genannter bestimmen Sie, wo die Dateien abgelegt werden sollen, die von der Anwendung im standardmäßigen 15-Minuten-Rhythmus gesichert werden. WIE PROJEKT bedeutet hier, dass der Ordner *Adobe Premiere Pro Auto-Save* dafür verwendet wird. Entsprechend verhält es sich auch mit den Dateien, die Sie aus der Creative-Suite-Bibliothek herunterladen – inklusive der dort bereitgestellten oder in After Effects erzeugten Animationsvorlagen (das Thema vertiefen wir im Kapitel über die Arbeit mit Titeln in Abschnitt 11.4.1).

Schauen Sie zuletzt noch auf das Register IMPORTEINSTELLUNGEN. Hier wird festgelegt, wie mit Dateien (Filme, Audio, Fotos usw.) verfahren werden soll, die in das Premiere-Pro-Projekt integriert werden. Standardmäßig ist die Checkbox IMPORTIEREN inaktiv. Das ist auch gut so, denn dann greift Premiere Pro stets auf die Originaldateien zu (ohne diese jedoch zu verändern oder gar zu überschreiben). Führen Sie Änderungen an einer Datei durch, werden diese Änderungen separat in Premiere Pro gesichert. Das Original bleibt also immer unangetastet.

Wer die Dateien beim Import hingegen kopieren möchte (beispielsweise, weil diese sich auf einer externen Festplatte befinden, die nicht bei jeder Arbeit am Projekt angeschlossen werden soll), empfiehlt es sich, IMPORTIEREN anzuwählen. Anschließend können Sie festlegen, auf welche Weise und vor allem »wo« die Dateien abgelegt werden sollen. WIE PROJEKT bedeutet auch hier, dass die Assets im Projektordner abgelegt werden. Wer es noch individueller möchte, der stellt PFAD AUSWÄHLEN im Steuerelement PRIMÄR-ZIELSPEICHERORT ein, um einen frei zu definierenden Speicherort festzulegen. Die externe Festplatte mit den Originalen wird fortan nicht mehr benötigt. – Wie gesagt, ist das aber immer dann nicht vonnöten, wenn sich die Assets bereits auf dem Rechner befinden.

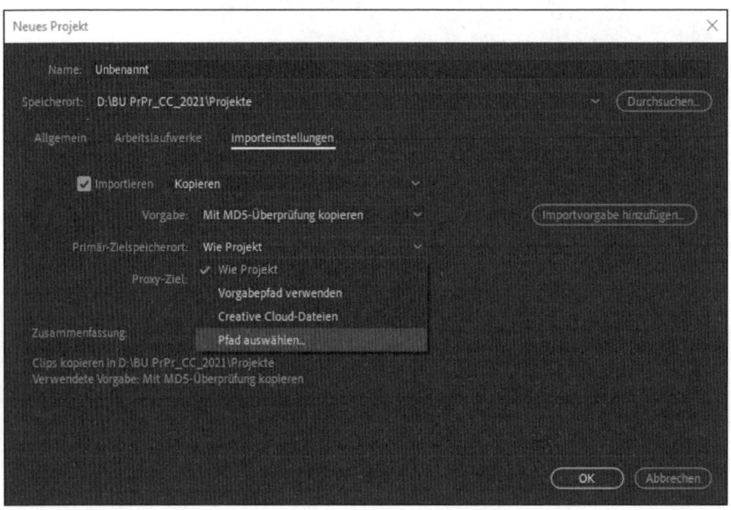

◂ **Abbildung 2.6**
Falls erforderlich, importieren Sie die Assets, die sich aktuell noch auf externen Laufwerken befinden.

2.2.3 Projekteinstellungen nachträglich anpassen

Nach einem Klick auf OK steht Ihnen die schöne neue Arbeitswelt von Premiere Pro zur Verfügung – obwohl: So schön ist sie gar nicht – jedenfalls *noch* nicht. Denn bislang ist die Anwendung noch inhaltslos und gähnend langweilig. Doch das ändert sich gleich – versprochen. Bevor wir uns diesem Thema jedoch widmen, noch eine letzte

Kleinigkeit: Was müssen Sie tun, wenn Sie nach Erstellung der Projektdatei doch noch einmal etwas ändern wollen? Vielleicht war ja zu Beginn der Arbeit noch gar nicht bekannt, dass Assets von einer externen Festplatte importiert werden müssen. Nun, wann immer Sie einen der drei Teilbereiche der Projekteinstellungen reaktivieren wollen, gehen Sie über DATEI • PROJEKTEINSTELLUNGEN.

Team-Projekte

Die Funktion TEAM-PROJEKTE ist für Agenturen und sonstige Unternehmen interessant, in denen die Projektarbeiten gewöhnlich auf mehrere Schultern verteilt werden. Einzelne Mitarbeitende können gleichzeitig an verschiedenen Teilbereichen des Projekts arbeiten. Über DATEI • NEU • TEAM-PROJEKT geben Sie dem Projekt zunächst einen Namen sowie optional eine Beschreibung und klicken anschließend auf BEARBEITEN, um weitere Mitarbeiterinnen und Mitarbeiter einzuladen. Anschließend erhalten die Kolleginnen und Kollegen eine Einladung zur Zusammenarbeit und können ihrerseits auf die Arbeit zugreifen. Sie wählen dazu schlicht DATEI • TEAM-PROJEKT ÖFFNEN.

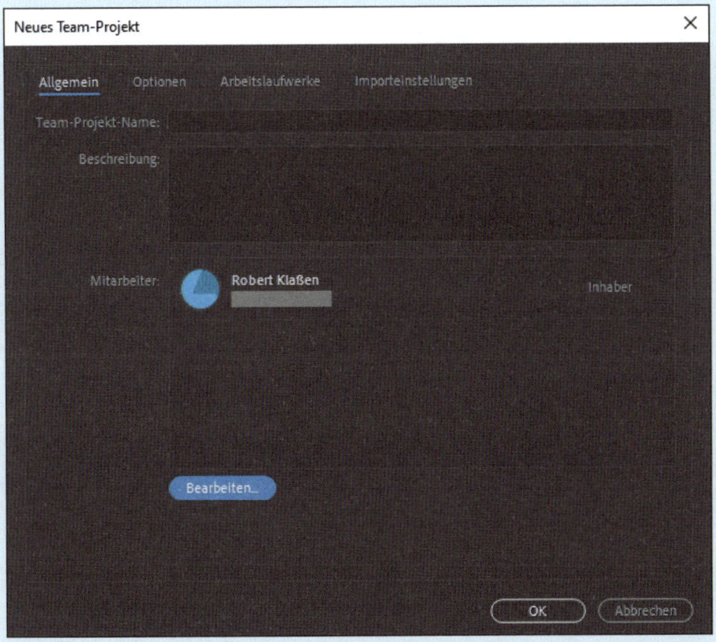

◂ **Abbildung 2.7**
Für Unternehmen bietet sich die Arbeit mit Team-Projekten an.

2.3 Die Arbeitsoberfläche

Nach dem Öffnen der Anwendung wird sich möglicherweise noch keine rechte Begeisterung einstellen, sieht die Oberfläche doch relativ nüchtern aus.

Helle Arbeitsoberfläche

Bitte beachten Sie, dass die Arbeitsoberfläche zur besseren Darstellung der Abbildungen in diesem Buch so weit wie möglich erhellt worden ist (siehe Kapitel 1, »First Contact – Sichtkontakt mit Premiere Pro«). Sie müssen das bei Ihrer Software nicht machen, da sich ein stark abgedunkelter Hintergrund zur Videobearbeitung bestens eignet. Falls Sie dennoch geneigt sind, die Arbeitsoberfläche etwas aufzuhellen, gehen Sie auf Bearbeiten/Premiere Pro • Voreinstellungen • Aussehen und schieben den Regler Helligkeit ganz nach rechts, ehe Sie den Dialog mit OK verlassen. Ein späterer Klick auf den Button Standard dunkelt die Arbeitsoberfläche wieder ab.

Damit es in diesem Buch nicht zu Missverständnissen kommt, werfen wir einen Blick auf die einzelnen Baugruppen des Interfaces (Arbeitsoberfläche) und deren Bezeichnungen. Bitte stören Sie sich nicht daran, dass die Fenster noch nicht mit »Leben« gefüllt sind. Das erfolgt später. Um die Standardansicht einzustellen, klicken Sie bitte oben in der Spalte einmal auf Bearbeitung ❾.

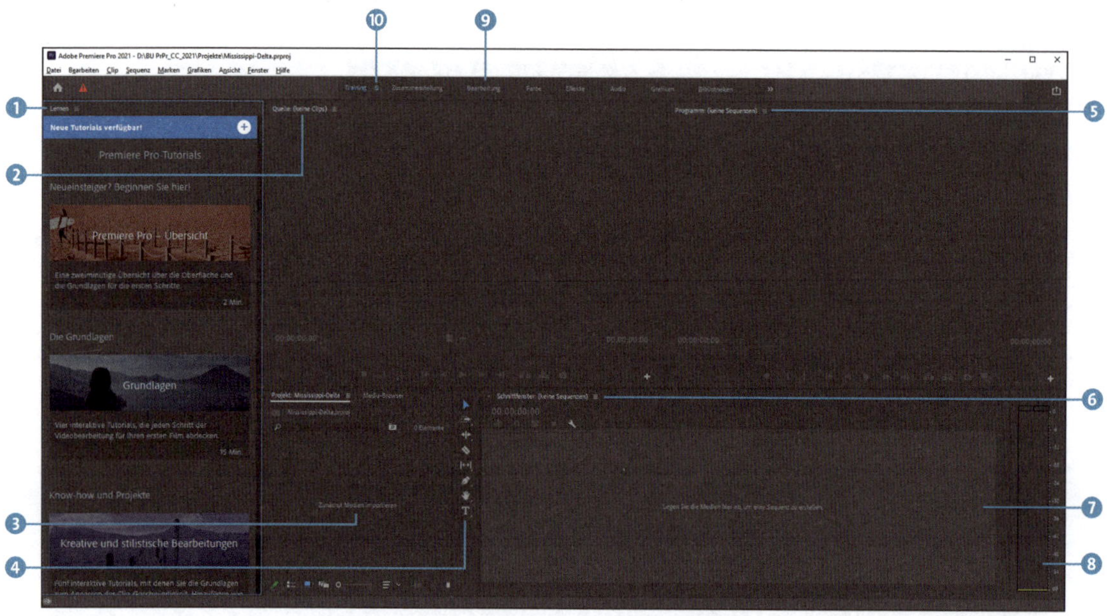

▲ **Abbildung 2.8** Nicht gerade anmutig – die Oberfläche von Premiere Pro

❶ Lernen – Dieser Bereich der Anwendung richtet sich vor allem an Einsteigerinnen und Einsteiger, die keine oder wenig Erfahrung mit Videobearbeitung haben. Weitere Informationen entnehmen Sie bitte Abschnitt 2.4, »Premiere Pro interaktiv kennenlernen«.

❷ Quellmonitor – (auch *Quellenmonitor*) zeigt den Inhalt eines Clips an, der zuvor im Projektfenster selektiert worden ist.

❸ Projektfenster – zeigt alle dem Projekt zugehörigen Assets.

4. Werkzeuge – (auch *Werkzeugleiste*, *Tools* oder *Toolbox*) zeigt eine Übersicht der bereitstehenden Werkzeuge (meist zur Anpassung und Bearbeitung eines oder mehrerer Videoclips).
5. Programmmonitor – (auch *Sequenzmonitor, Programmfenster*) zeigt den Inhalt der Timeline an.
6. Schnittfenster – (auch *Sequenzfenster*) repräsentiert den Inhalt der Sequenz (sprich des eigentlichen Films).
7. Timeline – zeigt alle dem Film zugehörigen Clips in zeitlicher Reihenfolge an.
8. Aussteuerung – (auch *Pegel*) zeigt den Lautstärkeumfang der Audiokanäle an.

Fenster vs. Bedienfelder

Die vorgestellten Elemente befinden sich in der Regel in sogenannten Fenstern (die räumlich von anderen Fenstern getrennt sind und noch individuell angepasst werden können). Für diese Objekte ist auch der Begriff *Bedienfelder* geläufig.

Paletten und Register

Mitunter sind innerhalb eines Fensters mehrere Bereiche integriert – die sogenannten Paletten. Um sie innerhalb eines Fensters nach vorne zu stellen, betätigen Sie die sogenannten Reiter (oder Register), wie z. B. MEDIA-BROWSER, BIBLIOTHEKEN, INFORMATIONEN, EFFEKTE usw., unten links im Projektfenster.

2.3.1 Vordefinierte Arbeitsbereiche

Premiere Pro bringt vordefinierte Bereiche mit, die für jeweils unterschiedliche Aufgaben optimiert sind. Der Bereich TRAINING ist standardmäßig aktiviert und soll Einsteigerinnen und Einsteigern einen leichten Überblick über die ersten Schritte verschaffen. Generell können Sie diesen Arbeitsbereich auch eingestellt lassen, allerdings werden Sie schon sehr bald den Platz, den der Bereich LERNEN auf der linken Seite der Anwendung beansprucht, für wichtigere Dinge brauchen. Deshalb ist es sinnvoll, die Arbeitsoberfläche zu wechseln. Nun gibt es zwei mögliche Strategien. Möglichkeit 1: Sie richten sich Ihre eigene, ganz individuelle Arbeitsoberfläche ein und arbeiten fortan mit dieser. Möglichkeit 2: Sie greifen auf die für unterschiedliche Arbeiten vorgesehenen Arbeitsbereiche zurück, indem Sie die Menüleiste in der zweiten Zeile der Anwendung bedienen. Wollen Sie Ihre Filme beispielsweise mit Effekten versehen, wählen Sie vorab den gleichnamigen Arbeitsbereich. Dann werden die einzelnen Teilbereiche der Oberfläche entsprechend angeordnet, und die Arbeit fällt leichter.

▲ **Abbildung 2.9** Der Arbeitsbereich lässt sich mit nur einem Mausklick ändern.

Nun können Sie die Arbeitsbereiche auch prima mithilfe des Menüs erreichen. Wenn Ihnen dieser Weg lieber ist, klicken Sie zunächst auf FENSTER und entscheiden sich anschließend beispielsweise für ARBEITSBEREICHE • EFFEKTE. Dieser Weg hat gegenüber zuerst genanntem einen unschlagbaren Vorteil: Wer seine Software gerne per Tastatur bedient, kann hier schnell die Tastenkombination ablesen, die zur Aktivierung des Arbeitsbereichs bereitgehalten wird. Sie steht ganz rechts.

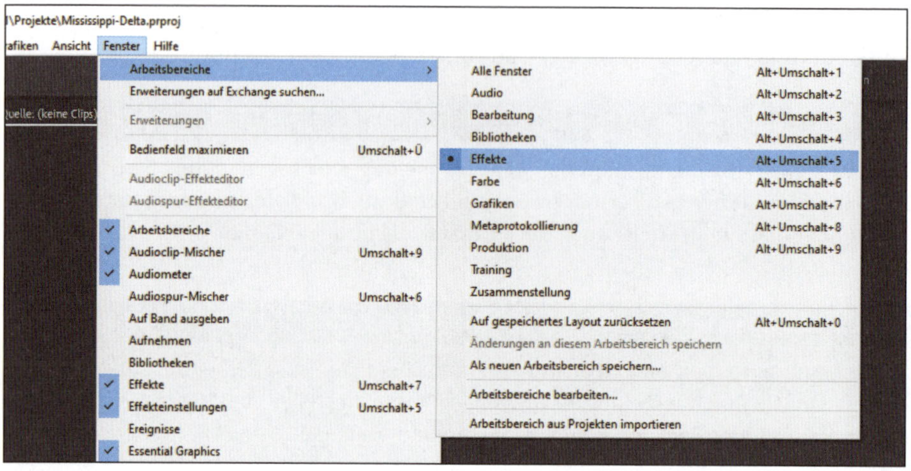

▲ **Abbildung 2.10** Die Arbeitsbereiche lassen sich mithilfe von Tastaturkürzeln aktivieren.

2.3.2 Arbeitsoberfläche umgestalten

Premiere Pro verfügt über eine dynamische Oberfläche. Das bedeutet, kein Fenster wird von einem anderen verdeckt – selbst dann nicht, wenn Sie einzelne Fenster skalieren. Es ist also möglich, Fenster und Bedienfelder gemeinsam zu verschieben und zu skalieren. Auf diese Weise lässt sich jeder Arbeitsbereich den eigenen Wünschen und Bedürfnissen anpassen. Setzen Sie den Mauszeiger an einen Zwischensteg, der zwei Fenster voneinander trennt. Die richtige Position ist gefunden, wenn der Mauszeiger zum Doppelpfeil mutiert. Wenn Sie jetzt den Zwischensteg bei gedrückter linker Maustaste verziehen, werden beide Fenster entsprechend reagieren.

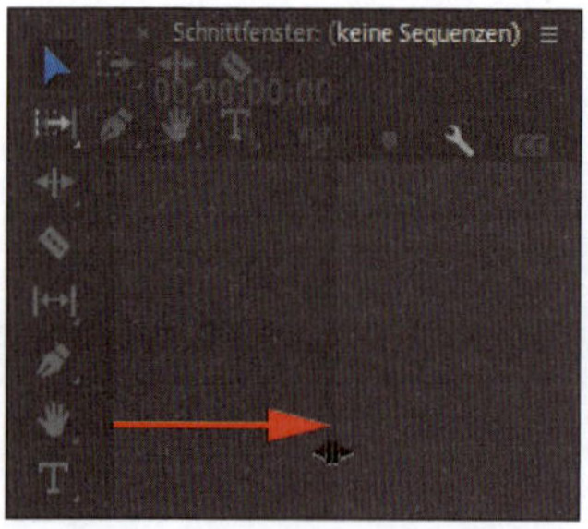

◂ **Abbildung 2.11**
Diese Technik funktioniert bei horizontalen und vertikalen Stegen.

Auf diese Weise lassen sich auch drei oder sogar vier Fenster gleichzeitig verstellen. Dazu bewegen Sie den Mauszeiger nicht an einen Zwischensteg, sondern auf eine »Kreuzung«.

2.3.3 Änderungen an der Oberfläche speichern

Bitte bedenken Sie, dass jede Veränderung an der Oberfläche beibehalten wird. Sollten Sie also, wie soeben beschrieben, die Werkzeugleiste in die Breite ziehen, wird dieses neue Layout künftig beibehalten – und zwar auch dann, wenn Sie einen anderen Arbeitsbereich wählen und dann wieder zum zuvor ausgesuchten Arbeitsbereich zurückkehren. Die ursprünglichen Einstellungen bekommen Sie nur dann zurück, wenn Sie auf die kleine Listenschaltfläche ⑩ in Abbildung 2.8 gehen und im Menü Auf gespeichertes Layout zurücksetzen einstellen oder indem Sie [Alt]+[⇧]+[0] (Null) drücken. Sollte Ihnen allerdings der von Ihnen »selbst erschaffene« Arbeitsbereich derart zusagen, dass Sie ihn sichern wollen, dann entscheiden Sie sich bitte im erwähnten Fenstermenü für Als neuen Arbeitsbereich speichern. Ein nachgeschalteter Dialog gestattet die Vergabe eines Namens für diesen Arbeitsbereich.

2.3.4 Bedienfeldbereiche scrollen

Bestimmt sind Ihnen schon die kleinen grauen Balken ① unterhalb der Bedienfelder aufgefallen. Falls nicht, deaktivieren Sie doch kurz den Maximierungsmodus der Anwendung oder ziehen eines der größeren Fenster einmal ziemlich weit zusammen (hier Projektfenster). Diese Balken verändern sich in der horizontalen Ausdehnung, je nachdem, wie viel Platz für die jeweilige Gruppe zur Verfügung steht. Das Geheimnis dieser Balken: Es handelt sich um Scrollleisten. Wenn also eine Registerkarte nicht zugänglich ist, weil dem jeweiligen Fenster zu wenig Platz zur Verfügung steht, können Sie die Leiste per Drag & Drop verschieben und so die verborgenen Registerkarten erreichen.

◂ **Abbildung 2.12**
Mithilfe dieser Leiste lassen sich verdeckte Register zugänglich machen.

2.3.5 Bedienfelder verschieben

Wenn Sie eine Palette oder ein Fenster komplett vom vordefinierten Ort lösen und an anderer Stelle einsortieren möchten, klicken Sie einfach auf den Kopf der Registerkarte und ziehen das gute Stück mit gedrückter linker Maustaste an die gewünschte Position. Dort lassen Sie die Taste dann los. Achten Sie darauf, dass farbige Rechteckflächen symbolisieren, wo die Palette eingeordnet werden kann. Dabei ist Folgendes zu beachten: Wird die Färbung in der Fenstermitte präsentiert, wird sie den bereits vorhandenen Registern hinzugefügt. Erscheint sie am Rand, wird stattdessen ein neues Fenster geöffnet.

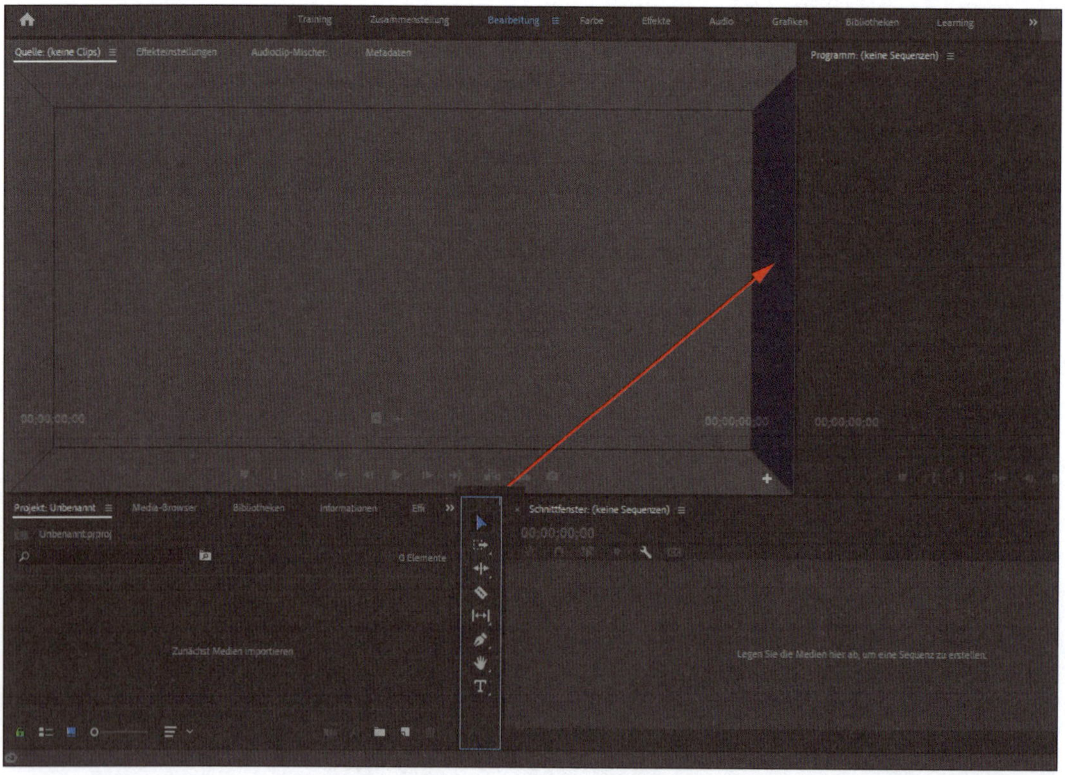

▲ **Abbildung 2.13** Diese Aktion hätte zur Folge, dass die Toolbox zwischen Quell- und Programmmonitor verschoben würde.

2.3.6 Bedienfelder herauslösen

Nun ist diese Art der Dynamisierung von Oberflächen natürlich ganz reizvoll – in der Praxis werden aber noch längst nicht alle Gestaltungswünsche erfüllt. Wenn Sie beispielsweise mit zwei Monitoren arbeiten, werden Sie den Wunsch verspüren, Paletten komplett herauszulösen und als eigenständige Fenster anzuordnen. Auch das ist kein

Problem: Ziehen Sie das zu separierende Fenster an eine beliebige Position, während Sie [Strg]/[⌘] gedrückt halten.

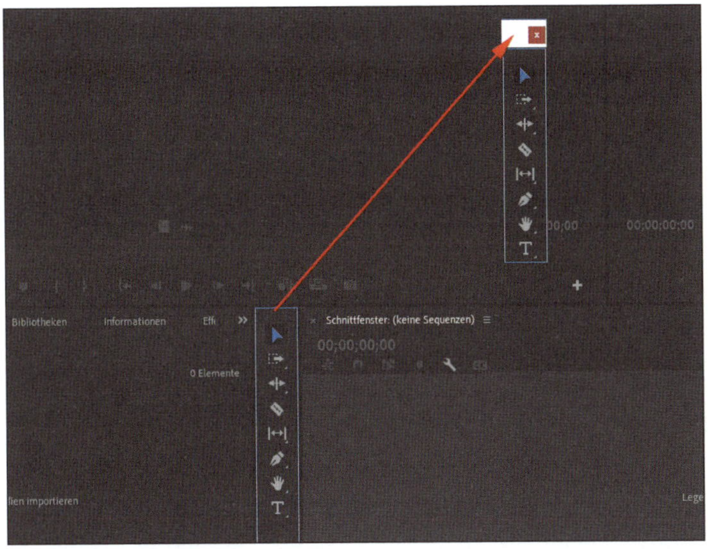

◀ **Abbildung 2.14**
Das Fenster wird nach dem Herausziehen überlagernd angezeigt. An seinem ursprünglichen Ort wird es danach dann jedoch nicht mehr angezeigt.

2.3.7 Arbeitsbereich löschen

Glücklicherweise lassen sich Arbeitsbereiche aber auch löschen – sogar die zuvor selbst angelegten. Dazu müssen Sie nichts weiter tun, als FENSTER • ARBEITSBEREICHE • ARBEITSBEREICHE BEARBEITEN auszuwählen oder auf das Bedienfeldmenü des jeweiligen Arbeitsbereichs zu klicken (und dort ARBEITSBEREICHE BEARBEITEN zu selektieren). Im nachgeschalteten Dialog markieren Sie zunächst jenen Eintrag, den Sie entfernen wollen, ehe Sie unten links auf LÖSCHEN klicken. Den Dialog verlassen Sie mit OK.

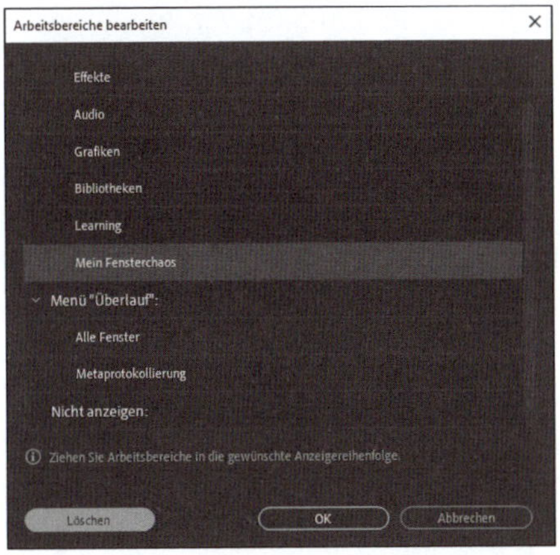

◀ **Abbildung 2.15**
Markieren Sie den zu löschenden Eintrag zunächst (hier ein zuvor selbst definierter und entsprechend benannter Arbeitsbereich).

2.3.8 Arbeitsbereich aus Projekten importieren

Die Sache mit den Arbeitsbereichen funktioniert übrigens auch projektübergreifend. Wenn Sie nämlich ein vorhandenes Projekt oder das eines anderen öffnen, wird der dort gültige Arbeitsbereich automatisch übernommen. Wenn Sie derartige Eigenmächtigkeiten jedoch auf gar keinen Fall hinnehmen wollen, müssen Sie sich dem Menüeintrag FENSTER • ARBEITSBEREICHE • ARBEITSBEREICH AUS PROJEKTEN IMPORTIEREN widmen. Diesem ist nämlich standardmäßig ein Häkchen vorangestellt. Das bedeutet: Die Arbeitsbereiche werden mit importiert. Wählen Sie das Häkchen ab, indem Sie erneut auf diesen Eintrag klicken, sind Sie fortan vor derartigen Importen geschützt. Ein erneuter Klick darauf würde die Option wieder aktivieren.

Fenster vergrößern

Sollten Sie einmal umfangreichere Arbeiten in einem einzelnen Fenster vornehmen müssen (z. B. das Sortieren von Clips im Projektfenster), können Sie jedes beliebige Fenster temporär auf die Größe des gesamten Anwendungsbereichs bringen. Dazu drücken Sie lediglich [Ü] auf Ihrer Tastatur. Entscheidend ist in diesem Zusammenhang aber, auf welchem Fenster sich aktuell der Mauszeiger befindet. Die erneute Betätigung von [Ü] hat zur Folge, dass wieder die gesamte Arbeitsoberfläche angezeigt wird.

2.4 Premiere Pro interaktiv kennenlernen

Jetzt werden wir uns die einzelnen Fenster der Programmoberfläche genauer ansehen. Beginnen möchte ich mit dem Tutorial-Fenster – auch wenn Sie es nie zum Arbeiten benutzen werden, sondern dort lediglich interaktive Erklärungen abgreifen können, lohnt sich ein kurzer Blick.

2.4.1 Tutorials ansehen

Aktivieren Sie zunächst den Arbeitsbereich TRAINING ❶, indem Sie oben in der Mitte der Anwendung auf den gleichnamigen Eintrag klicken. Für den Fall, dass neue Tutorials abrufbar sind, zeigt Premiere Pro einen blauen Balken im oberen Bereich des Lernen-Bedienfeldes an. Wenn Sie auf das Plus-Symbol ❷ klicken, werden die Bedienfeld-Inhalte aktualisiert. Richtig interessant wird es aber erst, wenn die Maus auf einer der bebilderten Kacheln geparkt wird. Dann nämlich erscheint der Button ERSTE SCHRITTE ❸, den Sie markieren müssen, wenn Sie das jeweilige Thema aufrufen wollen. Schauen Sie sich die Animation an, lesen Sie die Texte dazu, und klicken Sie in der Fußleiste der Anwendung auf WEITER, wenn Sie bereit für den nächsten Schritt sind.

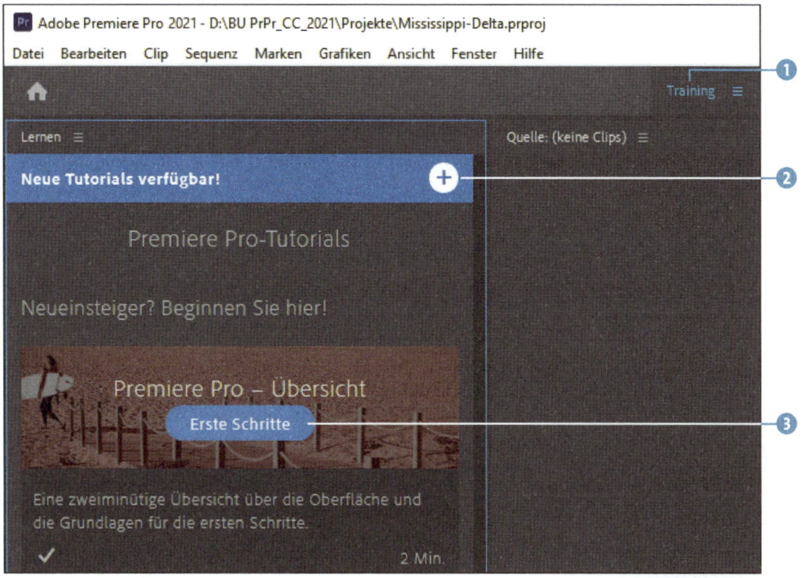

▲ **Abbildung 2.16** Premiere Pro ist bis zu einem gewissen Grad »selbsterklärend«.

Ich hoffe nur, dass Sie jetzt nicht von diesem befremdlichen Gefühl heimgesucht werden, das Ihnen suggerieren will: »Eigentlich hätte ich doch dann gar kein Buch gebraucht.« Glauben Sie mir – Sie brauchen es. Daran ändert auch die Tatsache nichts, dass Sie irgendwann, wenn Sie oft genug auf Weiter geklickt haben, sogar mit eigens für diesen Zweck bereitgestellten Videoprojekten arbeiten können. Im Grundlagen-Training beispielsweise erscheinen schon sehr bald durchnummerierte Lerninhalte. Eine Sprechblase (Beginnen Sie hier) zeigt Ihnen sogar, »wo« Sie jetzt als Nächstes hinklicken müssen. Ist das nicht genial? Aber es kommt noch besser: Folgen Sie dieser Bitte, öffnet Premiere Pro sogar ein Beispielprojekt für Sie. Ob Sie dadurch nun in Erfahrung bringen konnten, wie ein eigenes Projekt angelegt wird, weiß ich nicht. Aber ich würde ja sowieso eher zum Buch tendieren. ;-)

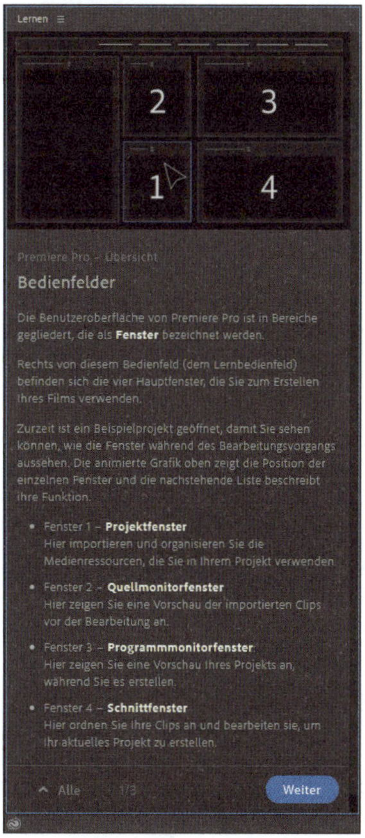

▶ **Abbildung 2.17**
Die Anwendung führt vor, wie es geht.

2.4.2 Mit dem Premiere-Pro-Beispielmaterial arbeiten

Falls Sie mit dem angebotenen Beispielmaterial experimentieren wollen, sollen Sie natürlich auch erfahren, wo die Originalclips zu finden sind; das verraten die Tutorials nämlich nicht. Aber zum Glück haben Sie ja ein Buch. Das Beispielprojekt nennt sich **Going Home project** und wird standardmäßig zusammen mit der Videoschnittsoftware installiert. Navigieren Sie zu der Festplatte, auf der Premiere Pro installiert ist (unter Windows üblicherweise Laufwerk *C:*), und begeben Sie sich in den Ordner *Benutzer*. Von dort aus geht es weiter über *Öffentlich\Öffentliche Dokumente\Adobe\Premiere Pro\14.0\Tutorial\Going Home project*. Hier finden Sie zunächst einmal die Premiere-Pro-Projektdateien (Dateiendungen *.prproj*) und einen Ordner, der mit *Footage* bezeichnet ist! Darin finden Sie nun letztendlich die Videoclips. Audio und Grafiken sind hingegen in eigenen Ordnern abgelegt.

◂ **Abbildung 2.18**
Ein Klick auf Schritt 1 öffnet ein Beispielprojekt.

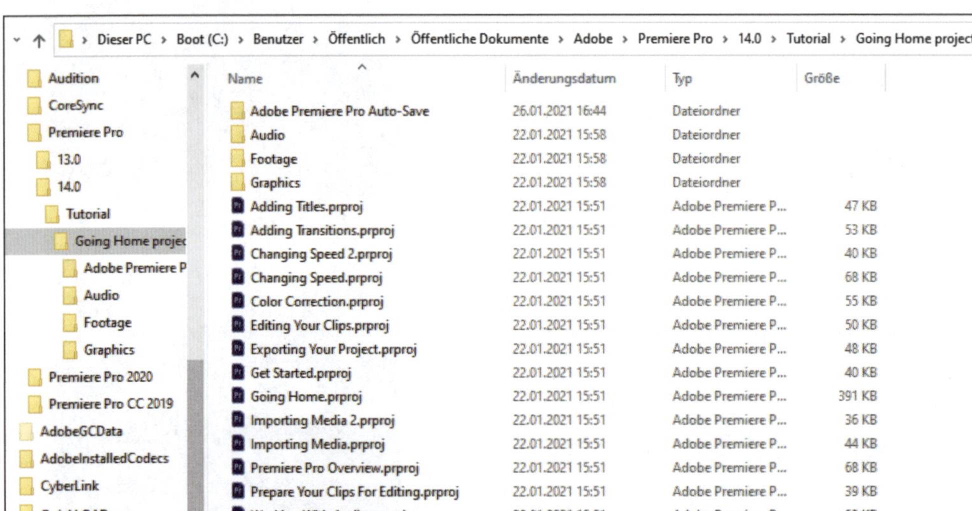

▴ **Abbildung 2.19** Da sind sie ja – die Projektdateien, Filme, Grafiken und Audios.

2.5 Der Media-Browser

In Adobe Premiere Pro existiert ein sogenannter *Media-Browser*, der sich in der Bearbeitungsansicht unten links befindet. (Sollte er nicht sichtbar sein, wählen Sie ihn über FENSTER • MEDIA-BROWSER an, oder drücken Sie [⇧]+[8].) Alternativ klicken Sie oben in der Mitte der Anwendung auf den Arbeitsbereich BEARBEITUNG. Der Media-Browser ist quasi die Verbindungsbrücke zwischen Ihren Videos, Bildern, Audiodateien usw., die sich auf Ihrer Festplatte befinden, und Premiere Pro. Damit die Assets im Film eingesetzt werden können, müssen sie zunächst dem Projektfenster hinzugefügt werden. Zwar können Assets auch außerhalb von Premiere Pro markiert und per Drag & Drop in das Projektfenster gebracht werden, doch ist der Einsatz des Media-Browsers in vielerlei Hinsicht optimal, wie Sie in diesem Abschnitt erfahren werden.

2.5.1 Ansicht des Media-Browsers optimieren

Um Assets via Media-Browser ins Projektfenster zu befördern, bietet sich vor allem die Ansicht METAPROTOKOLLIERUNG an. Aktivieren Sie diese über FENSTER • ARBEITSBEREICHE, oder wählen Sie die Option im Ansicht-Browser an. Sollte der Eintrag nicht gleich sichtbar sein, betätigen Sie zunächst die Schaltfläche mit den beiden Pfeilspitzen ❶.

▲ **Abbildung 2.20** Möglicherweise werden nicht alle Einträge angezeigt.

Auflösungsabhängige Darstellung

Die Bildschirmauflösung ist maßgeblich dafür verantwortlich, ob alle zur Verfügung stehenden Bereiche der Premiere-Pro-Oberfläche angezeigt werden oder nicht. Die zuvor beschriebene Schaltfläche erscheint immer dann, wenn nicht genug Platz für alle zur Verfügung stehenden Optionen ist.

Arbeitsbereichsbalken vergrößern

Sie können dem Arbeitsbereichsbalken auch mehr Platz einräumen. Ziehen Sie dazu den vertikalen Trennstrich links neben der Schaltfläche mit den beiden Pfeilspitzen mit gedrückter Maustaste nach rechts. Ziehen Sie nach links, um ihn zu verkleinern.

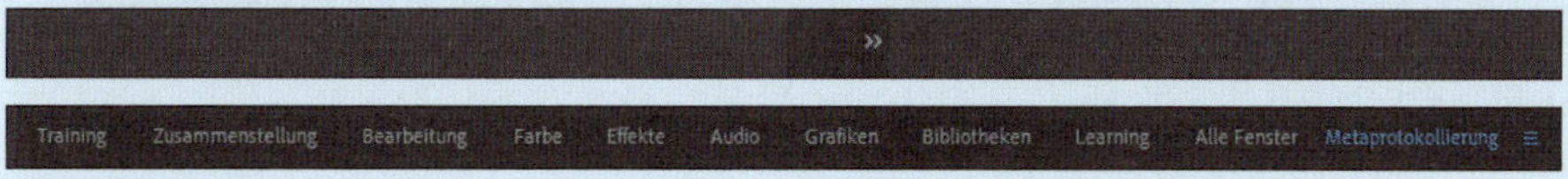

▲ **Abbildung 2.21** Sie allein bestimmen, wie viel Platz der Balken einnehmen darf.

Die Oberfläche METAPROTOKOLLIERUNG hat den Vorteil, dass dem Browser-Bedienfeld mehr Platz eingeräumt wird als in anderen Arbeitsumgebungen und darüber freie und somit nutzbare Fläche entsteht. Denn leider gibt es keine Oberfläche mehr, die von Hause aus die Bedienfelder MEDIA-BROWSER und PROJEKT in unterschiedlichen Bedienfeldgruppen darstellt. Da Sie sich aber bereits bestens mit der individuellen Gestaltung der Arbeitsumgebung auskennen, schlage ich vor, Sie vergrößern die unten links befindliche Bedienfeldgruppe etwas. Danach ziehen Sie einfach das Projektfenster in die darüber befindliche, recht trist anmutende Fläche. Sie wissen ja: Auf den Reiter PROJEKT klicken, die Maustaste gedrückt halten und nach oben ziehen. Sobald die große, freie Fläche lila erscheint, lassen Sie die Maustaste los.

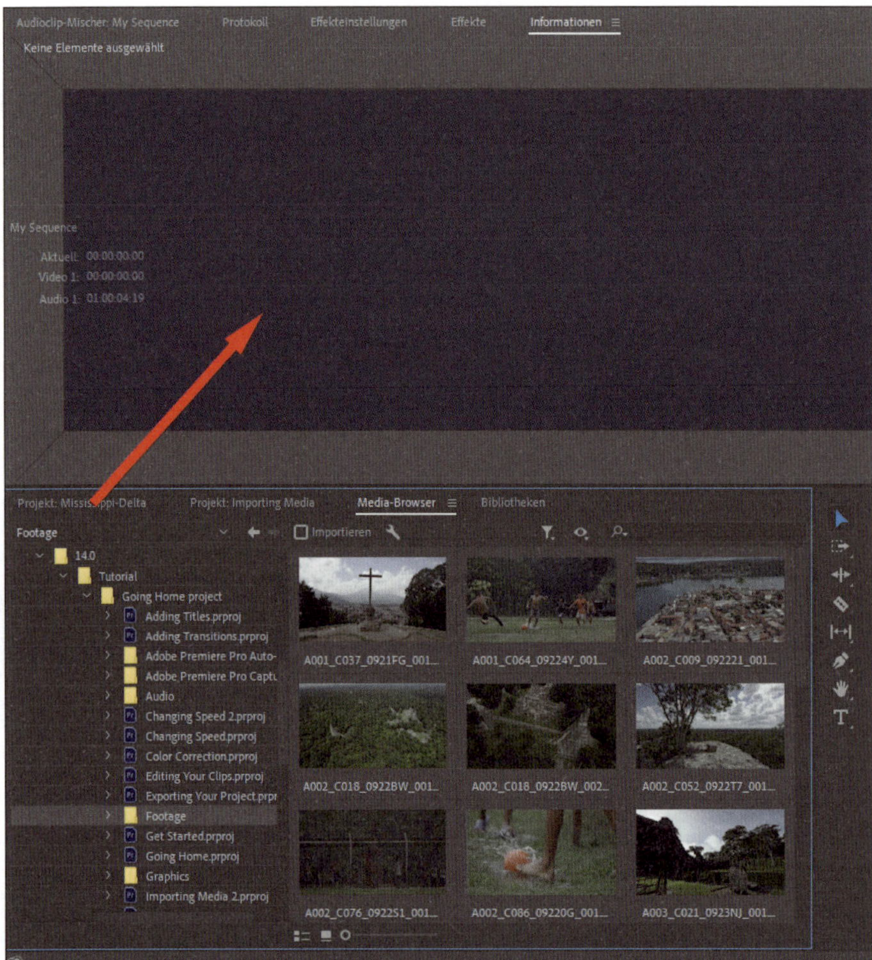

▲ **Abbildung 2.22** Vom Media-Browser aus lassen sich die Assets in das oberhalb befindliche Projektfenster ziehen.

Innerhalb des Media-Browsers lassen sich die Festplattenverzeichnisse öffnen, indem Sie die vorangestellten Pfeilspitzen markieren. Navigieren Sie weiter bis zum Ordner, der die gewünschten Arbeitsdateien enthält, und markieren Sie diesen links in der Spalte. Die Dateien werden dann auf der rechten Seite des Media-Browsers angezeigt und können von dort aus bequem in das Projektfenster gezogen werden.

So haben Sie aus Premiere Pro heraus Zugriff auf sämtliche Festplattenverzeichnisse und können diese Ihren Projekten hinzufügen, ohne Premiere Pro verlassen zu müssen. Die Dateien werden bei diesem Vorgehen übrigens nicht verschoben. Die Option hat lediglich zur Folge, dass Verweise auf die Assets nun im Projektfenster zu finden sind. Die Originaldateien bleiben unangetastet – auch in der weiteren Bearbeitung.

2.5.2 Mehrere Media-Browser benutzen

Sie werden in der Praxis sicher häufig erleben, dass unterschiedliche Speicherorte geöffnet werden müssen, um sämtliche Projekt-Assets zusammenzutragen. Besonders ärgerlich: Man navigiert in der linken Spalte des Media-Browsers zu einem anderen Ordner und stellt später entsetzt fest, dass man doch noch das eine oder andere Asset aus dem zuerst geöffneten Browser benötigt hätte. Also zurück das Ganze. Nein, nicht nötig. Denn Sie können gern mit mehreren Media-Browser-Bedienfeldern gleichzeitig arbeiten. Klicken Sie dazu auf die Listenschaltfläche des Bedienfeldmenüs, und entscheiden Sie sich für NEUES MEDIA-BROWSER BEDIENFELD.

Das Problem: Beide Media-Browser befinden sich nun im selben Bedienfeld. Sie müssten also stets zwischen den Browsern umschalten. Das ersparen Sie sich, wenn Sie auf den Reiter des neu hinzugewonnenen Feldes klicken und es mit gedrückter `Alt`-Taste aus der Bedienfeldgruppe herausziehen. Es überlagert dann alle anderen Fenster und kann etwas zur Seite geschoben werden, sodass auch das ursprüngliche Bedienfeld sichtbar bleibt.

2.5.3 Assets importieren

Der eigentliche Import von Assets ist wahrlich kein Hexenwerk: Zuerst wird der Clip im Media-Browser angeklickt und die Maustaste festgehalten. Danach ziehen Sie ihn ins Projektfenster und lassen ihn dort fallen.

Für den Fall, dass Sie sich in der Ansicht BEARBEITUNG befinden, müssen Sie einen geringfügig anderen Weg gehen. Der Grund: Media-Browser und Projektfenster befinden sich in der gleichen Bedienfeldgruppe – sprich: ein Fenster verdeckt das andere. Macht aber nichts, denn in diesem Fall zeigen Sie während des Ziehens (Maustaste weiterhin gedrückt halten) auf das Register PROJEKT und warten dort so lange, bis dieses Fenster im Vordergrund angezeigt wird. Ziehen Sie die Maus (mit immer noch gehaltener linker Taste) nach unten. Sobald Sie einen vertikalen, grauen Balken sehen (das Indiz dafür, dass ein Platz für das Asset im Media-Browser gefunden worden ist), lassen Sie los.

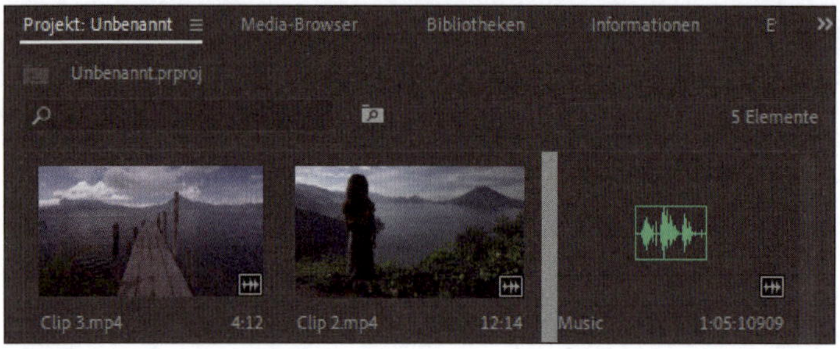

▲ **Abbildung 2.23** Der Import von Assets funktioniert auch, wenn Projektfenster und Media-Browser »übereinander« liegen. Sie müssen in diesem Fall lediglich den kleinen Umweg über das Projekt-Register in Kauf nehmen.

Clips einsortieren

Ein auf diese Weise transportierter Clip kann auch direkt einsortiert und somit eine logische Clip-Reihenfolge eingestellt werden. In diesem Fall ziehen Sie das Asset zwischen zwei andere (siehe Abbildung 2.23). An Positionen, an denen der Clip eingelagert werden kann, taucht der angesprochene vertikale Balken auf.

2.5.4 Importe aus Projektdateien

Eine weitere interessante, leider etwas versteckte Option ist die Möglichkeit, bereits vorhandene Premiere-Pro-Projektdateien nach Assets zu durchsuchen. Sollten Sie also bereits ein Asset in einem anderen Projekt verwendet haben, können Sie es auch im aktuellen Projekt zugänglich machen. Sie müssen lediglich die Projektdatei anwählen – und sich einen Augenblick gedulden, bis Premiere Pro die Verbindung via Dynamic-Link-Server hergestellt hat. Danach erscheinen alle im Projekt verwendeten Assets auf der rechten Seite des Browsers.

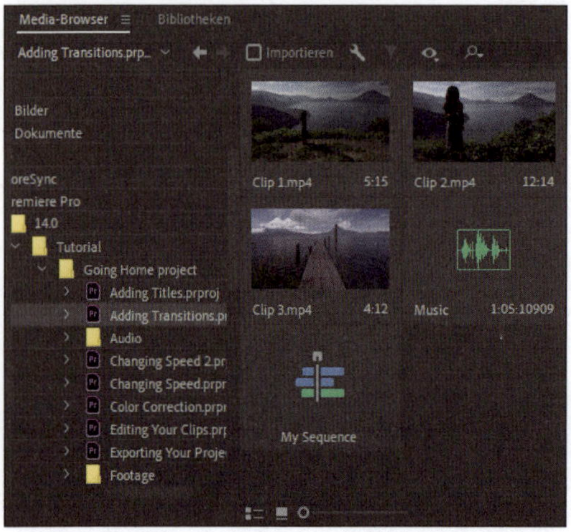

◂ **Abbildung 2.24**
… ah, da sind ja die Filme.

2.5.5 Importe aus Sequenzen

Noch ein Highlight: Diese Methode funktioniert sogar mit Assets, die bereits in einzelnen Sequenzen eines anderen Projekts verwendet worden sind. Sollten Sie also bereits in einer anderen Datei einen Videoschnitt realisiert haben, können Sie nun alle darin benutzten Assets mit nur einem Arbeitsgang auch ins aktuelle Projekt befördern – eine enorme Arbeitserleichterung, oder?

Probieren Sie das doch selbst mal anhand eines kleinen Beispiels aus. Begeben Sie sich dazu in den Ordner, der die Übungsvideos enthält, die zusammen mit Premiere Pro installiert worden sind. Der Pfad lautet:

[Laufwerk]\Benutzer\Öffentlich\Öffentliche Dokumente\Adobe\Premiere Pro\[Versionsnummer]\Tutorial\Going Home project ❶. Entscheiden Sie sich in der linken Spalte des Browsers z. B. für *Adding transitions.prpoj* ❷, und klicken Sie auf My Sequence ❸. Halten Sie die Maustaste gedrückt, und ziehen Sie das Sequenz-Symbol nach oben in das Projekt-Bedienfeld ❹. Dort angekommen lassen Sie los. Nun sehen Sie, dass sämtliche Assets der Sequenz Teil Ihres Projekts geworden sind ❺. Ist das cool?

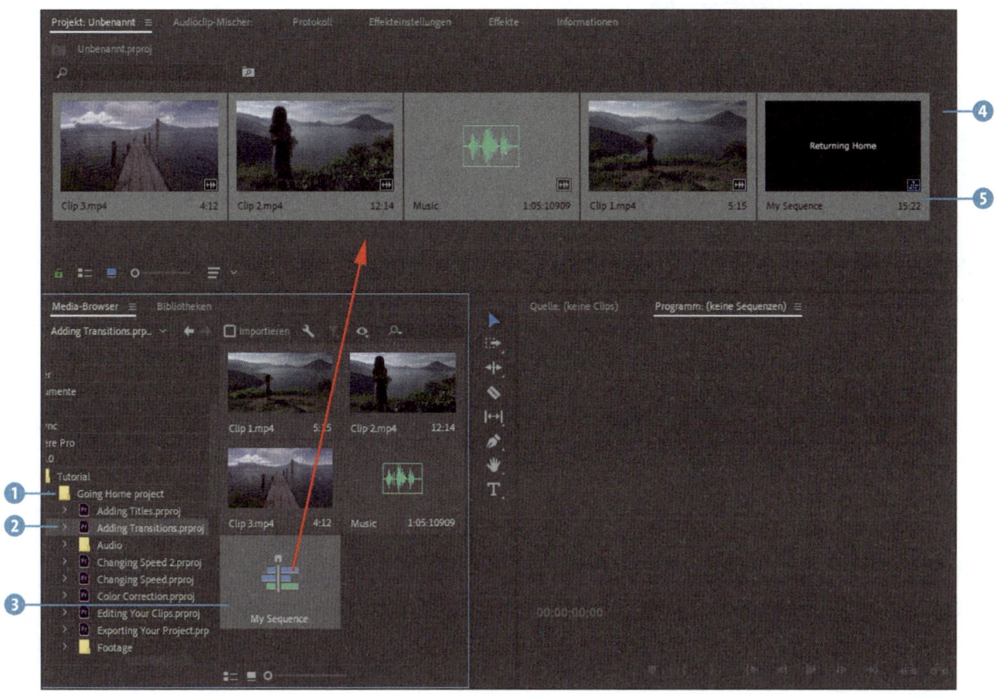

▲ **Abbildung 2.25** Der Import von Sequenz-Assets ist kein Problem.

2.5.6 Individualisierte Importe

Auf die beschriebene Weise lassen sich übrigens nicht nur Clips, Bilder usw. einfügen, sondern auch Sequenzen und Projekte. Navigieren Sie beispielsweise zu einer

Premiere-Pro-Projektdatei (*.prproj*) und ziehen diese auf die beschriebene Weise herüber, erscheint allerdings noch ein Dialog, mit dessen Hilfe sich festlegen lässt, ob nur die Sequenz selbst oder sogar das gesamte Projekt (eventuell mit weiteren darin enthaltenen Sequenzen) integriert werden soll.

Noch individueller wird es, wenn Sie eine Projektdatei (mit der Endung *.prproj*) von der rechten Seite des Media-Browsers aus in das Projektfenster ziehen. Dann nämlich wird ein Dialog zwischengeschaltet, der verschiedene Importoptionen zulässt. Klicken Sie gleich auf OK, wird das gesamte Projekt (also sämtliche Assets und Sequenzen) importiert. Mit Ausgewählte Sequenzen importieren lassen sich nur bestimmte Sequenzen vorselektieren, während Als gemeinsames Projekt importieren aus beiden Projekten (dem geöffneten und dem soeben in das Projektfenster gezogenen) ein kombiniertes Projekt generiert. Sämtliche Sequenzen sowie das dazugehörige Footage (Assets) aus beiden Projekten bleiben erhalten.

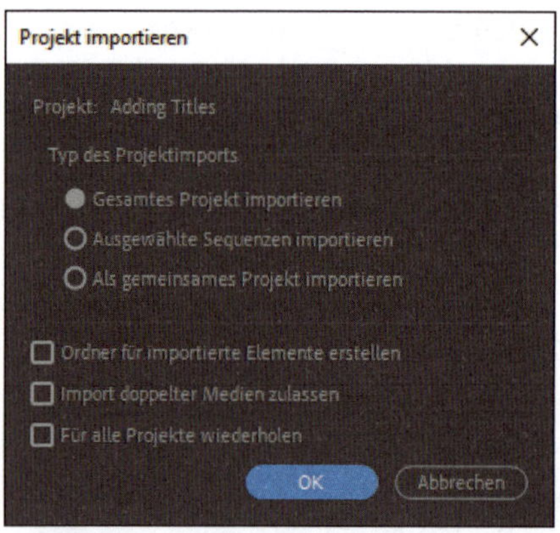

◂ **Abbildung 2.26**
Dieser Dialog gestattet individualisierte Importe.

2.5.7 Favoriten sichern

Oft lagern Assets in einem bestimmten Ordner, auf den man dann logischerweise auch immer wieder zugreifen muss. Erschwerend kommt hinzu, dass es recht zeitaufwendig ist, sich immer wieder durch ellenlange Pfade zu klicken, bis man endlich am gewünschten Ordner angelangt ist. Denken Sie nur an den eben beschriebenen Pfad zum Going-Home-Projekt. Wenn Sie diesen beschwerlichen Weg nicht jedes Mal neu gehen wollen, legen Sie sich davon einen Favoriten an. So geht's: Klicken Sie den Ordner, der zu favorisieren ist, mit rechts an, und selektieren Sie Zu Favoriten hinzufügen. Danach scrollen Sie ganz nach oben. Voilà, fortan wird eine Instanz des Ordners gelistet – und zwar permanent. Ein Klick darauf bringt Sie direkt zum Ordner.

◂ **Abbildung 2.27**
Häufig benutzte Ordner sollten zu Favoriten erklärt werden.

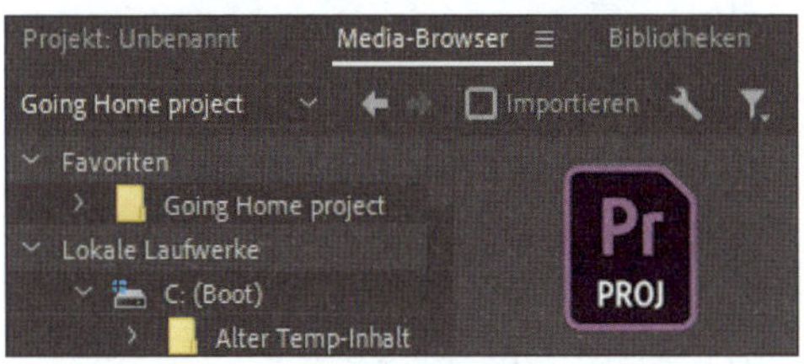

◂ **Abbildung 2.28**
Die Ordner erscheinen daraufhin dauerhaft ganz oben im Media-Browser.

2.5.8 Clips abspielen und scrubben

Bei sehr vielen ähnlichen Clips (und somit auch mehr oder weniger identischen Miniaturen) ist es nicht immer ganz einfach, den gewünschten Filmschnipsel gleich zu finden. Deshalb ist in Ihrem Rundum-sorglos-Schnittpaket Premiere Pro eine Funktion verbaut, mit der sich der Inhalt eines Videoclips besser beurteilen lässt. Stellen Sie die Maus auf die Vorschauminiatur, und bewegen Sie das Zeigegerät nach rechts und links. So sind Sie imstande, den Clip-Inhalt grob zu »durchfahren« (das sogenannte Scrubbing). Entsprechendes funktioniert auch, indem Sie den kleinen Abspielkopf **1** verziehen. Wer sich anstelle des Scrubbings eine Wiedergabe in Echtzeit wünscht, kann nach Anwahl des Assets die Leertaste betätigen. Ein erneuter Druck darauf beendet die Wiedergabe.

◂ **Abbildung 2.29**
Clips können nicht nur im Projektfenster, sondern schon im Media-Browser angesehen werden.

Clips einzelbildweise abspielen

Ein Feature ermöglicht es, die Clips auch einzelbildweise durchzusehen. Dazu halten Sie permanent [K] gedrückt. Betätigen Sie zusätzlich noch [L], geht es ein Bild nach vorne. Mit [J] springen Sie ein Einzelbild zurück.

2.5.9 Miniaturen vergrößern

Nun ist die Darstellung recht klein, was sich in Premiere Pro problemlos und sehr einfach lösen lässt: Wer eine größere Bildfläche wünscht, kann sich des Schiebereglers in der Fußleiste bedienen ❸. Nach rechts hin lassen sich die Miniaturen vergrößern. Allerdings gelangen Sie damit nicht unbedingt zur Maximalgröße; die ist auch von der Größe des Fensters abhängig. Ziehen Sie den Regler doch einmal ganz nach rechts, und vergrößern Sie das Fenster (Mauszeiger darauf und [Ü] betätigen).

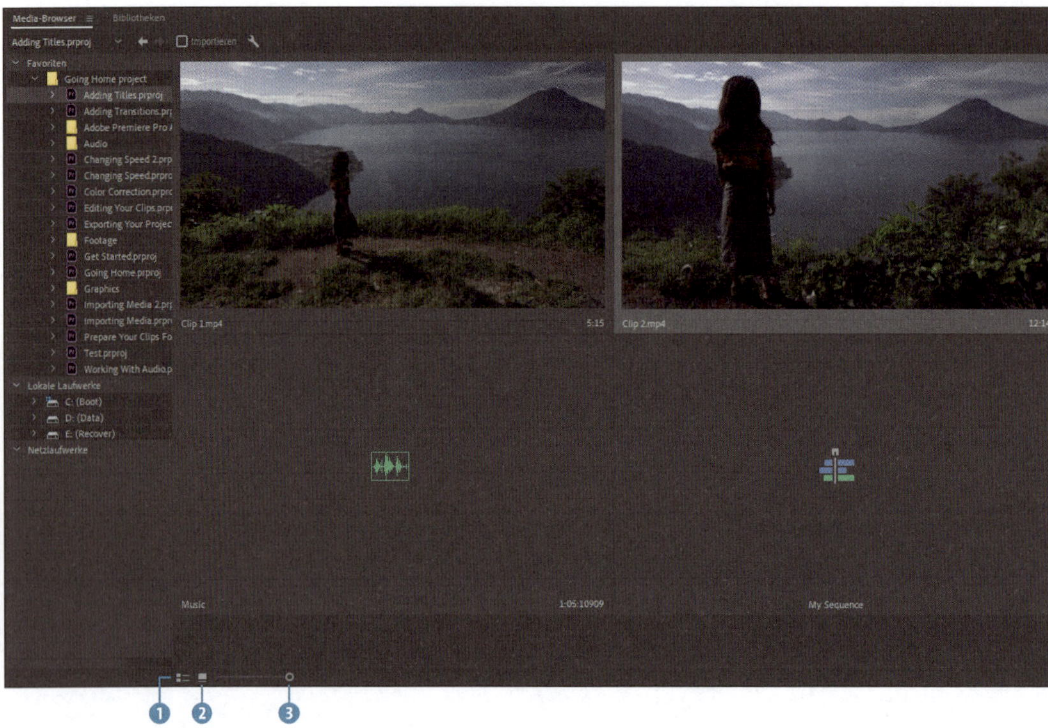

▲ **Abbildung 2.30** Den Media-Browser sowie die darin enthaltenen Assets gibt es auch »in Groß«.

2.5.10 Listen- und Miniaturansicht

Links neben dem Schieberegler sind zwei Schaltflächen zu finden, von denen die rechte ❷ standardmäßig aktiv ist. Das ist auch gut so, denn nur diese ermöglicht es, die einzelnen Assets als Miniaturen zu sehen. Schalten Sie auf LISTENANSICHT ❶ um, taucht zwar in der Regel mehr Content auf, jedoch ist die schnelle Begutachtung, wie zuvor beschrieben, nicht möglich.

2.5.11 Clips im Quellmonitor abspielen

Manche Assets unterscheiden sich mitunter ja nur in Nuancen voneinander, beispielsweise, wenn eine Szene mit Schauspielern mehrfach wiederholt worden ist. In einem solchen Fall kann es sinnvoll sein, den Clip im Quellmonitor zu begutachten. Um das zu ermöglichen, reicht übrigens ein Doppelklick auf das Asset im Media-Browser.

2.5.12 Assets filtern

Grundsätzlich werden im Media-Browser alle mit Premiere Pro kompatiblen Dateien angezeigt. Wenn Sie allerdings bestimmte Dateien aus einem ansonsten prall gefüllten Ordner heraussuchen wollen, wird die Sache ganz schnell unübersichtlich. Deshalb ist es möglich, die Auswahl auf bestimmte Dateitypen zu beschränken. Dazu klicken Sie auf das kleine Trichter-Symbol ④ in Abbildung 2.31 (in der QuickInfo heißt es ANGEZEIGTE DATEITYPEN) und entscheiden sich für das Dateiformat, das angezeigt werden soll.

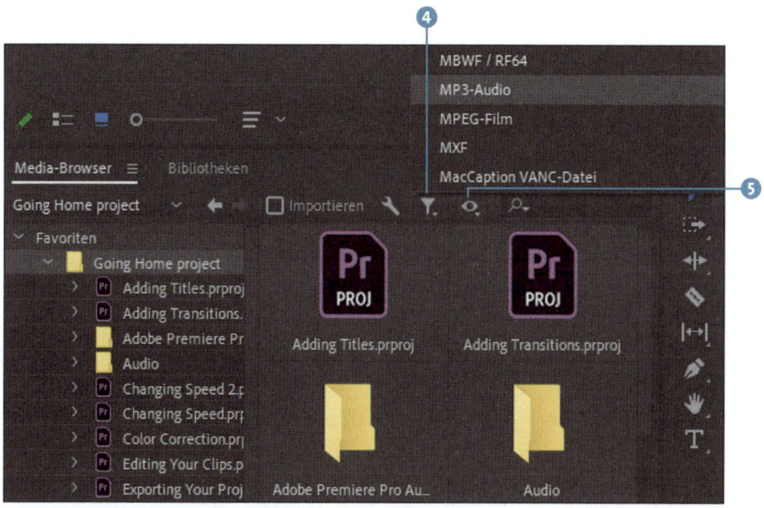

◄ **Abbildung 2.31**
Der Trichter ④ bringt Sie zu Ihrem bevorzugten Dateiformat.

Importieren und Importeinstellungen

Interessant: Die Anwahl des Häkchens IMPORTIEREN bewirkt, dass eine Kopie des Assets, das Sie in das Projekt integrieren, in den Projektordner gebracht wird. Davon sollten Sie nur Gebrauch machen, wenn Sie Footage von externen Festplatten o.Ä. holen oder auf Kameraspeicher zugreifen. Denn nach Trennung der Kamera oder Festplatte vom System ist Premiere Pro kein Zugriff mehr auf die Dateien möglich. – Klicken Sie auf das Schraubenschlüssel-Symbol, gelangen Sie in die Importeinstellungen (innerhalb der Projekteinstellungen).

2.5.13 Anzeige für Kameras optimieren

Rechts neben dem Trichter befindet sich ein weiteres Auswahlfeld (Augen-Symbol 5), mit dem Sie die Möglichkeit haben, kameraspezifische Anzeigen zu wählen. Was hat es nun damit auf sich? Solange DATEIVERZEICHNIS eingestellt ist, sehen Sie stets alle Dateien, die sich innerhalb eines Ordners befinden. Das ist ja prinzipiell auch so in Ordnung. Aber wenn Sie beispielsweise auf die Verzeichnisse einer angeschlossenen, bandlosen Kamera zugreifen wollen, wird das sehr schnell unübersichtlich: Hier sind nämlich üblicherweise zahllose Daten integriert, die für den Videoschnitt gar nicht benötigt werden. Und genau die werden durch Anwahl eines anderen Listeneintrags ausgeblendet. Premiere Pro erkennt übrigens in der Regel selbstständig, um welche Formate es sich handelt, und schaltet dann eigenmächtig um.

3 Basic – Das sollten Sie wissen, bevor Sie Filme schneiden

Im US-Thriller »Basic« lässt »Stirb langsam!«-Regisseur John McTiernan seinen Hauptdarsteller John Travolta nach einem Sergeant (Samuel L. Jackson) suchen, der im Regenwald verschollen ist. Unsere Suche wird bereits am Ende dieses Kapitels von Erfolg gekrönt sein, wenn Sie sich die letzten Basics angeeignet haben. Danach (also ab Kapitel 4) sind Sie in der Lage, den praktischen Videoschnitt ganz locker anzugehen.

In diesem Kapitel widmen wir uns jenen Grundlagen, die stark mit dem Videoschnitt im Zusammenhang stehen:

- Was ist das Projektfenster, und wie wird der Schnitt im Schnittfenster organisiert?
- Wie werden Filme in Premiere Pro integriert?
- Was sind Metadaten und was kann ich mit ihnen machen?
- Wie funktionieren die Monitore?
- Welche Elemente sind im Schnittfenster vorhanden?
- Wie funktioniert die Protokoll-Palette?
- Wie kann ich eigene Tastaturkürzel vergeben?

3.1 Das Projektfenster

Betrachten Sie das Projektfenster als das Archiv Ihrer jeweiligen Projektarbeit. Hier lagern alle Utensilien, die für den zu erstellenden Film benötigt werden, und zwar, man kann es nicht oft genug sagen, lediglich in Form einer Verknüpfung zu den Originalen. Dabei spielt es überhaupt keine Rolle, ob Sie Videoclips, Audioclips, Titel, Bilder oder sonstiges Footage verwenden. Zwar gibt es Ausnahmen, doch liegt in der Regel alles, was Inhalt Ihres Projekts werden soll, zunächst einmal hier als Datei vor. Wie Sie inzwischen erfahren haben, sollten sämtliche Assets auf Festplatten liegen, zu denen der Rechner ständigen Zugriff hat.

Bedienung wie im Media-Browser

Mit dem zuvor beschriebenen Media-Browser haben Sie ja bereits Einblick in diverse Funktionen erhalten, die auch hier im Projektfenster zu finden sind. So dürften die Steuerelemente unten links in der Fußleiste bereits alte Bekannte sein. Entsprechendes gilt übrigens für sämtliche Wiedergabefunktionen innerhalb des Projektfensters. Um es kurz zu machen: Hier funktioniert zunächst einmal alles genauso wie im Media-Browser.

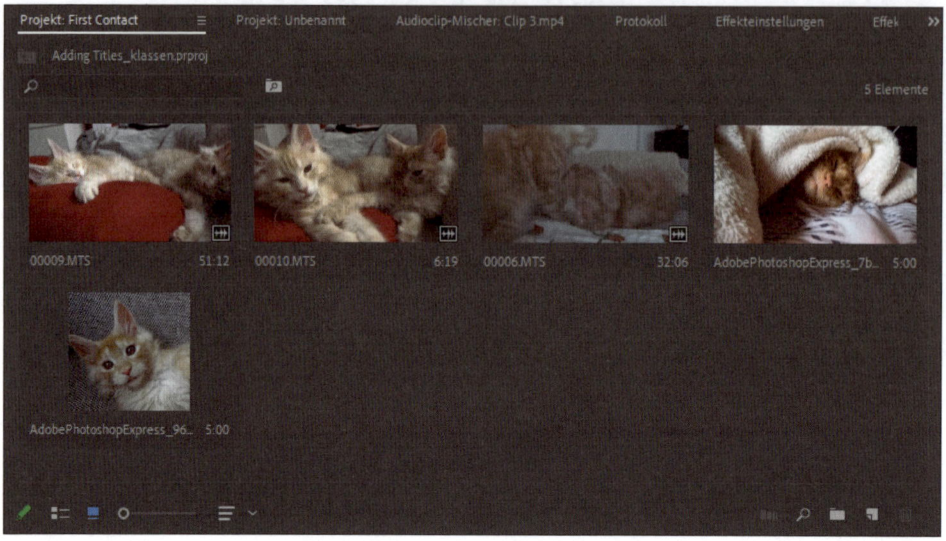

▲ **Abbildung 3.1** Das Projektfenster bildet das Archiv für Ihren Film.

3.1.1 Assets importieren

Im vorangegangenen Abschnitt haben Sie bereits erfahren, dass sich Dateien per Drag & Drop vom Media-Browser in das Projekt bringen lassen. Wenn Sie die Assets jedoch lieber ohne Browser (direkt über das Projektfenster) integrieren wollen, können Sie das ebenfalls machen. Am einfachsten geht das, indem Sie einen Doppelklick in einen freien Bereich des Projektfensters setzen. Wenn Ihnen das Menü mehr liegt, wählen Sie DATEI • IMPORTIEREN, während Tastaturkürzelfans sich mit [Strg]/[⌘]+[I] begnügen. Im folgenden Dialog können dann einzelne Dateien per Anwahl und anschließendem Klick auf ÖFFNEN hinzugefügt werden.

Mehrere Dateien gleichzeitig hinzufügen

Wenn Sie mehrere nebeneinanderliegende Assets importieren wollen, markieren Sie die erste Datei, halten dann [⇧] gedrückt und klicken anschließend auf die letzte Datei. Mit [Strg]/[⌘] können mehrere nicht untereinanderliegende Dateien markiert bzw. bereits selektierte Assets wieder abgewählt werden.

3.1.2 Ordner importieren

Mitunter kann es sinnvoll sein, komplette Ordner zu importieren. Starten Sie dazu den Importvorgang, wie zuvor beschrieben. Navigieren Sie zum Zielordner, der in das Projekt eingeführt werden soll, und entscheiden Sie sich anschließend für die Schaltfläche ORDNER IMPORTIEREN ❶. Sollten sich in diesem Ordner keine Premiere-Pro-Projektdateien befinden (dazu gleich mehr), werden die Assets geladen, wobei sie jedoch auch im Projektfenster innerhalb des Ordners verbleiben.

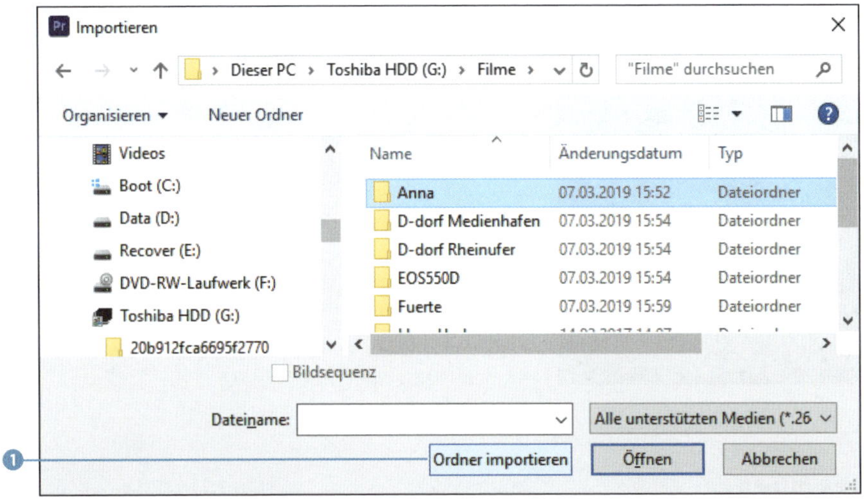

▲ **Abbildung 3.2** Mithilfe der Schaltfläche 1 ganz unten im Dialog lassen sich ganze Ordner in das Projektfenster importieren.

▲ **Abbildung 3.3** Der importierte Ordner bleibt auch innerhalb des Projektfensters als solcher erhalten.

Sie haben soeben erfahren, wie der Import funktioniert, wenn sich innerhalb des Verzeichnisses keine Projektdateien (z. B. Premiere-Pro-Dateien mit der Endung *.prproj*) befinden. Ist eine derartige Datei jedoch vorhanden, geht die Anwendung davon aus, dass nicht nur Assets, sondern auch Projekte integriert werden sollen, und schickt auch hier den bereits vom Media-Browser bekannten Dialog hinterher.

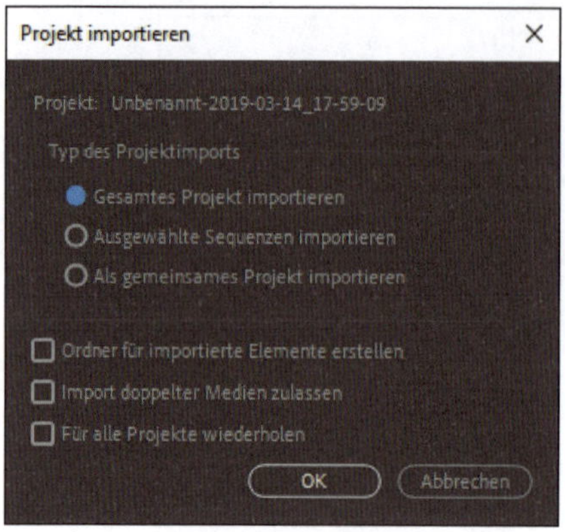

◂ **Abbildung 3.4**
Die Anwendung schickt einen Dialog hinterher.

3.1.3 Ablagen öffnen

Wollen Sie auf den Inhalt eines Ordners (hier nennt er sich Ablage) zugreifen, platzieren Sie einen Doppelklick darauf. Der Inhalt des Ordners wird nun im Projektfenster angezeigt. Sie gelangen zurück (also eine Ebene höher), indem Sie das Ordner-Symbol mit dem 90°-Pfeil oben links im Projektfenster anklicken.

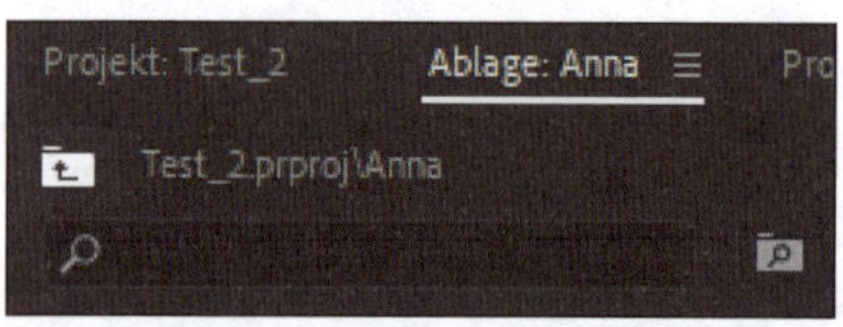

◂ **Abbildung 3.5**
Mithilfe dieser Schaltfläche gelangen Sie zurück in die übergeordnete Projektebene.

Doppelklick-Optionen einstellen

Wenn Sie einen Doppelklick auf eine Ablage ausführen, wird der Inhalt des Ordners standardmäßig in einer neuen Registerkarte geöffnet. Wollen Sie ihn hingegen an Ort und Stelle öffnen, halten Sie Strg/⌘ gedrückt, während Alt bewirkt, dass ein neues Fenster geöffnet wird. All das lässt sich aber in den Voreinstellungen (Menü Bearbeiten/Premiere Pro CC) auch individuell verändern. Gehen Sie dazu in den Bereich Allgemein, und beachten Sie die Steuerelemente im Frame Ablagen.

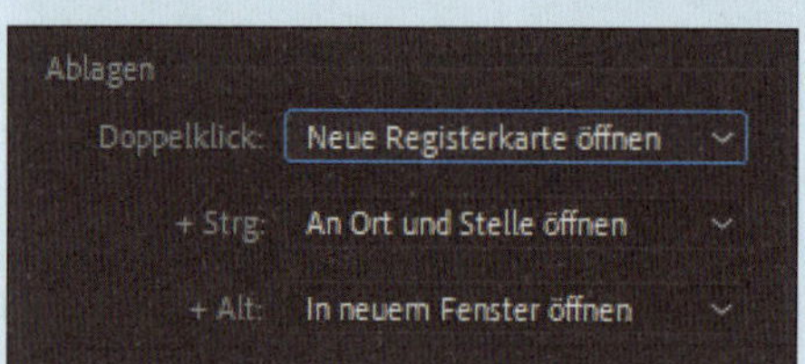

◂ **Abbildung 3.6**
Die Voreinstellungen zu den Ablagen

Oftmals will man sich gern beider Ordner bedienen, um die Filmschnipsel zu sichten oder die Timeline zu füllen. Deshalb bietet es sich an, das Öffnen der Ablage in einem separaten Fenster zu erzwingen. Sie erreichen das, indem Sie das Ablage-Symbol im Projektfenster doppelklicken, während Sie [Alt] gedrückt halten.

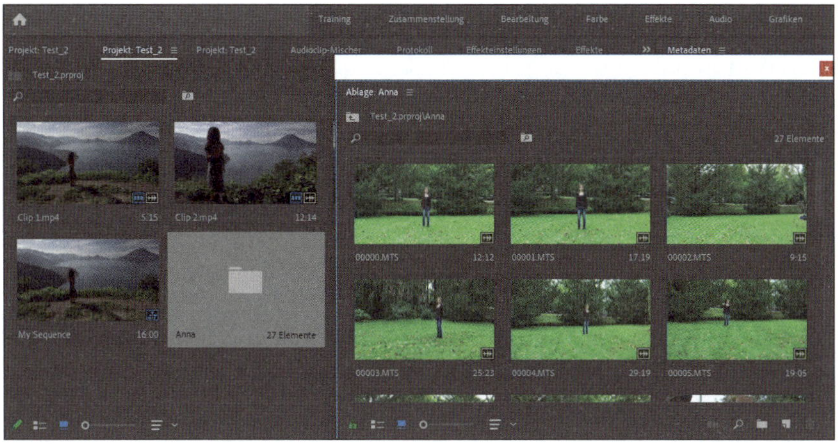

▲ **Abbildung 3.7** Die Ablage wird in einem separaten Overlay-Fenster geöffnet.

3.1.4 Projektfenster-Funktionen

Sowohl in der Listen- ❷ als auch in der Miniaturansicht ❸ lässt sich sehr gut ablesen, um welche Art von Footage es sich handelt. Die angezeigten Symbole spielen dabei eine entscheidende Rolle. Wird sowohl ein Film- als auch ein Wellenform-Symbol präsentiert ⓫, handelt es sich um Filmdateien inklusive Sound. Wenn hingegen nur eines der beiden Symbole angezeigt wird, liegt entweder nur Filmmaterial oder nur eine Sounddatei ⓬ vor.

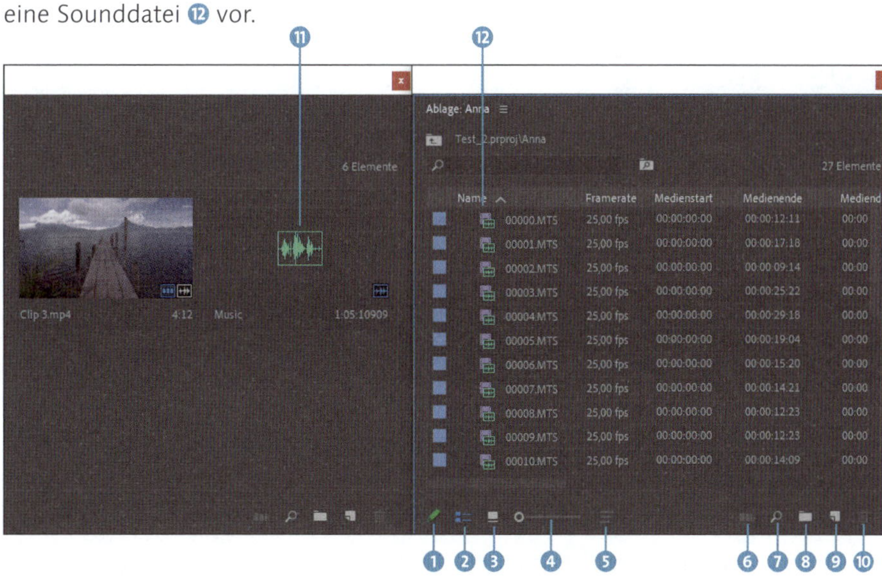

▲ **Abbildung 3.8** Links sehen Sie die Symbol-, rechts die Listenansicht.

Weitere Funktionen (siehe Abbildung 3.8) sind:

- ❶ **Schreibschutz aktivieren** – zum Schutz des Projekts vor unbeabsichtigter Bearbeitung.
- ❹ **Symbolgröße anpassen** (nur in der Symbolansicht verfügbar).
- ❺ **Symbole sortieren** (nur in der Symbolansicht verfügbar) – Sortieren Sie die Assets z. B. nach Name, Größe, Medientyp oder Mediendauer.
- ❻ **In Sequenz einfügen** (nur verfügbar, wenn bereits eine Sequenz erzeugt worden ist) – Selektierte Assets können mit nur einem Mausklick in die Sequenz eingefügt werden.
- ❼ **Suchen** – Suchen Sie Material z. B. anhand von Namen, Metadaten, Framerate oder Dauer.
- ❽ **Neue Ablage** – Fügen Sie dem Projektfenster oder der Ablage eine neue Ablage (= Ordner/Unterordner) hinzu.
- ❾ **Neues Objekt** – Fügen Sie dem Projektfenster oder der Ablage ein neues Element hinzu (z. B. Sequenz, Einstellungsebene, Farbfläche oder Untertitel).
- ❿ **Löschen** – Entfernen Sie zuvor markierte Assets.

Sobald ein Asset in eine Sequenz integriert wird, also Gegenstand des Schnittfensters wird, zeigen sich unten rechts auf der Miniatur im Projektfenster unterschiedliche Sequenz-Symbole. Damit wissen Sie auch beim Blick auf das Projektfenster, dass dieser Clip bereits in der Timeline Verwendung gefunden hat. Unbeabsichtigte Mehrfachverwendung innerhalb eines Projekts lässt sich also weitgehend ausschließen. Zeigen Sie mit der Maus auf ein Symbol, erhalten Sie sogar Infos bezüglich Häufigkeit der Verwendung.

◂ **Abbildung 3.9**
Wenn Sie dieses Symbol sehen, wissen Sie: Dieser Clip ist innerhalb einer Sequenz bereits in Verwendung.

3.1.5 Miniaturen ändern – Titelframe einstellen

Wie sich die einzelnen Clips abspielen lassen, haben Sie ja bereits in Abschnitt 2.5.8, »Clips abspielen und scrubben«, erfahren. Sie wissen ja: Was in Bezug auf die Clips im Media-Browser geht, das funktioniert genauso im Projektfenster. Letzteres verfügt jedoch über eine löbliche Eigenschaft, die Sie im Media-Browser vergeblich suchen werden – nämlich das Einstellen eines sogenannten *Titelframes*. Grundsätzlich sehen Sie in der Clip-Miniatur den ersten Frame (= Einzelbild) des Videos. Selbst nach dem

Scrubbing springt die Anzeige zurück auf Bild 1. Eine zuverlässige Beurteilung des Clip-Inhalts ist somit oft gar nicht möglich. Besonders bei langen Clips kann es sinnvoll sein, ein anderes Einzelbild zu verwenden, das wesentlich repräsentativer für den Clip ist.

Zur Änderung des Titelframes gehen Sie so vor: Scrubben Sie, wie beschrieben, durch den Clip. Auch der Einsatz der Leertaste zum Abspielen und Stoppen des Clips ist legitim. Navigieren Sie, falls erforderlich, einzelbildweise durch den Clip (K gedrückt halten und J oder L betätigen). Sobald das gewünschte Bild sichtbar ist, klicken Sie mit rechts auf die Miniatur und wählen TITELFRAME EINSTELLEN.

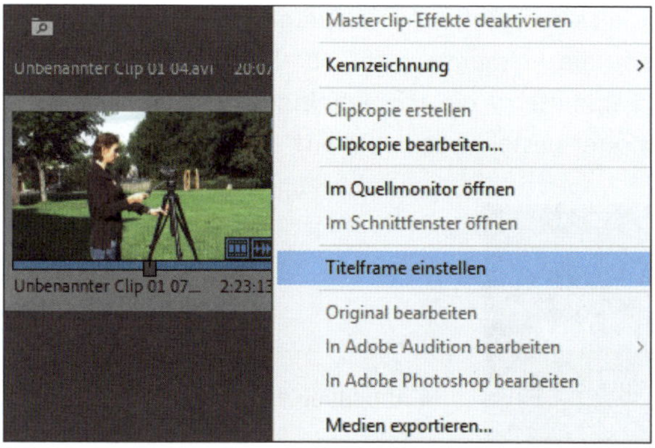

◂ **Abbildung 3.10**
Frieren Sie das aktuell gezeigte Einzelbild ein. Fortan wird es den Clip repräsentieren.

3.2 Metadaten

Die Verarbeitung von Metadaten, auch im Zusammenhang mit Video-Editing, wird immer wichtiger und populärer. Damit gemeint sind Beschreibungen und Informationen, die in die dazugehörige Quelldatei, z. B. ein Video, eingebettet werden können. Nun bestehen derartige Daten aus zwei unterschiedlichen Kategorien. Zum einen finden sich bereits vorhandene Informationen, beispielsweise über die Beschaffenheit eines Clips, dessen Dauer oder Framerate. Zum anderen können Sie selbst Metadaten hinzufügen. Doch das herausragende Kriterium ist, dass einige Metadaten anwendungsübergreifend während des gesamten Workflows erhalten bleiben. Dazu ein Beispiel: Sie geben in Premiere Pro Metadaten vor und können darauf auch in Encore noch zugreifen. Oder Sie produzieren Metadaten in Adobe Story und schleifen diese bis zum Projektende mit. Sie sind also zu jedem Zeitpunkt des Workflows vorhanden.

Und jetzt zur Praxis: Für die Arbeit mit Metadaten gibt es einen eigenen Arbeitsbereich. Sie haben ihn bereits kennengelernt; er heißt METAPROTOKOLLIERUNG und kann sowohl in der Arbeitsbereichsleiste als auch im Menü (FENSTER • ARBEITSBEREICHE) aktiviert werden.

3.2.1 Clip-Daten

Ganz oben rechts in der Ecke befindet sich das Bedienfeld METADATEN. Darin sind die sogenannten *Clip-Daten* enthalten, womit wiederum Eigenschaften gemeint sind, die der jeweiligen Clip-Instanz zugrunde liegen. Diese Daten werden direkt mit der Projektdatei von Premiere Pro gespeichert und stehen demzufolge auch nur in Premiere Pro zur Verfügung (das ist bei Datei-Metadaten bzw. XMP-Metadaten anders, wie Sie gleich noch sehen werden).

Wenn in der rechten Spalte nichts angezeigt wird, liegt das daran, dass kein Clip markiert ist. Holen Sie das nach, indem Sie eine beliebige Datei (aus dem Projekt- oder Schnittfenster) per einfachen Mausklick auswählen. Viele Parameter sind nicht veränderbar. Sie können ja beispielsweise die Framerate nicht per Tastatureingabe verändern. Anders verhält es sich bei Parametern, die in Textfeldern platziert sind. Hier können eigene Metadaten verfasst oder bestehende verändert werden.

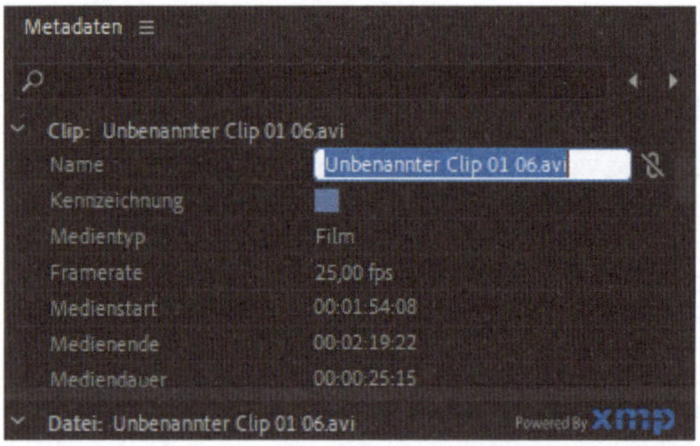

◂ **Abbildung 3.11**
Platzieren Sie beispielsweise einen Dreifachklick auf den Namen des Clips, kann dieser anschließend per Tastatur neu eingegeben werden. Bestätigen Sie die Eingabe mit [↵].

Namen verändern?

Nun fragen Sie sich vielleicht, ob das gestattet ist, den Namen eines Clips zu ändern. Ja, ist es. Denn die Daten haben nur innerhalb von Premiere Pro Gültigkeit. Der Name des Originalclips wird dabei nicht verändert. Deshalb ist es auch legitim, die Dateiendung bei der Umbenennung wegzulassen.

3.2.2 Dateidaten/XMP-Daten

Im Gegensatz zu Clip-Daten zeigen die Dateidaten (XMP-Daten) die Eigenschaften der Quelldatei auf. Demzufolge werden sie auch direkt in die Quelldateien eingebettet, was es letztendlich ermöglicht, Dateidaten auch anwendungsübergreifend zu verwenden bzw. darauf zuzugreifen (z. B. in Bridge, After Effects oder Encore). Auch hier gibt es veränderbare und nicht veränderbare Daten. Die Dateieigenschaften selbst beispielsweise, die sich hinter dem obersten Eintrag verbergen, können nicht geändert werden, während sich andere Listen, wie z. B. die DUBLIN CORE, editieren lassen.

◂ **Abbildung 3.12**
Weiter unten finden Sie weitere, zum Teil editierbare Clip-Eigenschaften, wie z. B. die Dublin Core. Dort lassen sich eigene Metadaten verfassen.

3.2.3 Metadaten filtern

Gleich unter dem Reiter Metadaten, ganz oben im Bedienfeld, befindet sich eine Eingabemaske ❶, mit der Sie nach Metadaten-Eingabefeldern suchen können. Geben Sie beispielsweise »Name« ein, reduziert sich die Maske auf jene Bereiche, die mit einem Namen zu tun haben (z. B. Projektname, Dateiname, Bandname).

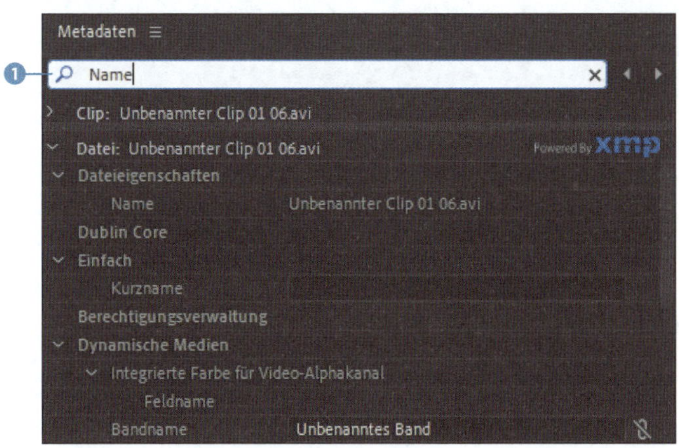

◂ **Abbildung 3.13**
Jetzt tauchen nur noch Zeilen auf, die etwas mit Namen zu tun haben.

3.2.4 Metadaten anzeigen

Metadaten halten Sie in vielerlei Hinsicht auf dem Laufenden. Deshalb ist es sinnvoll, sie anzeigen zu lassen, wann immer man sie braucht – und zwar ohne Zuhilfenahme des Metadaten-Bedienfeldes. Stellen Sie sich vor, Sie haben bereits zahllose Clips in das Schnittfenster integriert und wollen nun etwas über einen dieser Clips in Erfahrung bringen. Dann sollten Sie die Metadaten auf dem Monitor anzeigen lassen. Welchen Monitor Sie benutzen (Quell- oder Programmmonitor), bleibt dabei Ihnen überlassen. Sie müssen lediglich zunächst auf das Schraubenschlüssel-Symbol unterhalb des Videobildes klicken. Zeigen Sie im Kontextmenü zunächst auf ÜBERLAGERUNGSEINSTELLUNGEN, und betätigen Sie anschließend EINSTELLUNGEN. Im folgenden Dialog legen Sie einmalig fest, was Ihnen wichtig ist, und bestätigen mit OK. Im nächsten Schritt gehen Sie abermals auf den Schraubenschlüssel und wählen ÜBERLAGERUNGEN. Je nach Voreinstellung werden jetzt unterschiedliche Daten auf dem Monitor präsentiert.

▲ **Abbildung 3.14** Lassen Sie Metadaten direkt auf dem Monitor erscheinen.

3.2.5 Ablagen aus Metadaten erstellen

Ich weiß – Metadaten sind nicht so spannend wie Videoschnitt. Dennoch möchte ich Ihnen, ehe wir uns endlich um die Monitore kümmern, noch eine weitere wichtige Funktion vorstellen. Sie haben nämlich die Möglichkeit, anhand von Metadaten komplette Ablagen (also Footage-Ordner) zu erzeugen. Darauf sollten Sie nicht verzichten, denn auf diese Weise bleibt auch in einem umfangreichen Projektfundus stets die Übersicht erhalten. Was Sie dazu tun müssen? Ganz einfach – gehen Sie in das Projektfenster, und tippen Sie einen beliebigen Begriff (er muss natürlich in den Metadaten vorhanden sein) in das Suchfeld ein. Danach klicken Sie auf das rechts daneben befindliche Ordner-Symbol.

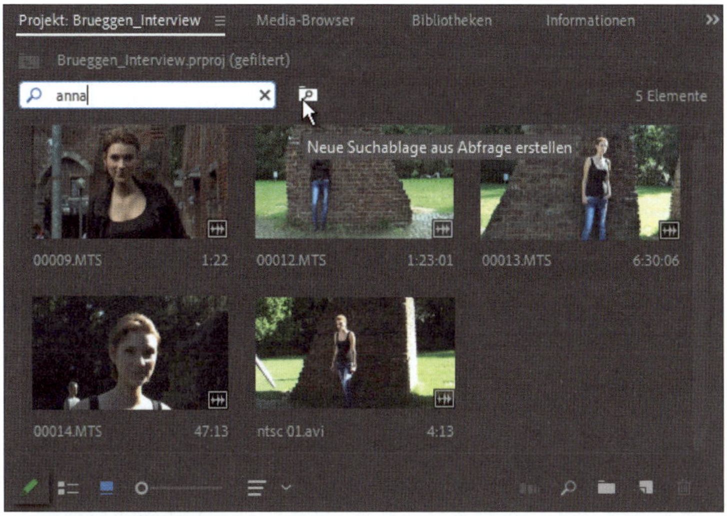

▲ **Abbildung 3.15** Produzieren Sie ein neues (instanzielles) Verzeichnis.

Die Folge: Es wird eine Ablage erzeugt, die all jenes Footage beinhaltet, das zum Suchbegriff passt. Sie dürfen die Ablage auch gern umbenennen, denn der Name ist bereits markiert. Sind Sie mit der Bezeichnung zufrieden, betätigen Sie [↵]. Übrigens werden keine Materialien dupliziert oder dergleichen. Vielmehr ist die Ablage als eine Art »Speichern der Suchparameter« zu verstehen. Die neu erzeugte Ablage können Sie indes bedienen, als handele es sich tatsächlich um einen eigenständigen Ordner mit eigenem Footage. Sie bleibt dauerhaft in Ihrem Projektordner erhalten. Wenn Sie sie nicht mehr benötigen, schmeißen Sie sie weg. Es geht dabei kein Material verloren.

▲ **Abbildung 3.16** Ein Doppelklick öffnet das Verzeichnis, in dem sich alle Materialien befinden, die dem zuvor eingegebenen Suchbegriff entsprechen.

3.3 Die Monitore

Im Arbeitsbereich BEARBEITUNG präsentiert sich Premiere Pro mit zwei Monitoren. Der linke ist der Quellmonitor, der rechte der Programmmonitor. Wie die Namen schon andeuten, begutachten Sie mit dem linken in der Regel das Quellenmaterial, das dem Projektfenster entstammt, während der Programmmonitor (auch Sequenzmonitor) das wiedergibt, was sich innerhalb der Timeline (unten rechts) befindet. Nach dem Start der Software oder der Erzeugung eines neuen Projekts ist der Quellmonitor noch leer. Das ändert sich, wenn Sie einen Doppelklick auf einen beliebigen Clip innerhalb des Projektfensters setzen. Um den rechten Monitor mit Leben zu füllen, muss sich ein Clip im Schnittfenster befinden.

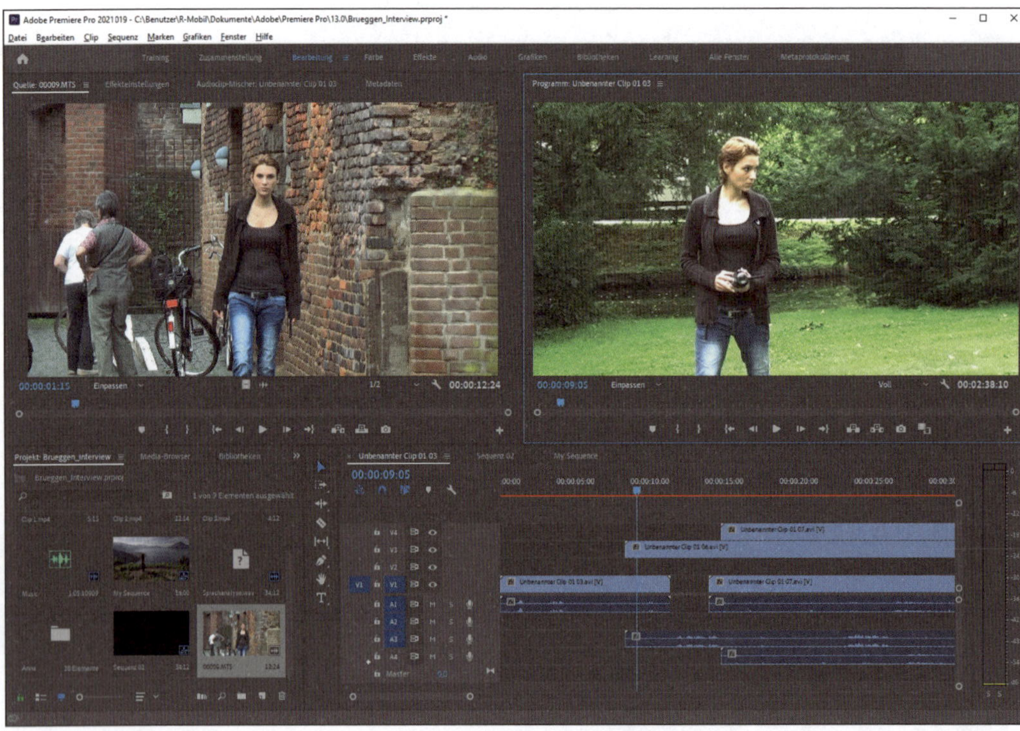

▲ **Abbildung 3.17** Zwei Monitore sind Voraussetzung, um eine adäquate Videobearbeitung durchzuführen.

Beide Monitore haben ihre ganz individuellen Funktionen:

- Betrachten Sie den **Quellmonitor** (links), auch **Quellenmonitor** genannt, als Verbindung zu Ihrem Projektfenster. Hier sichten Sie die Clips, setzen In- und Out-Points und bereiten die Assets für die spätere Verwendung im Schnittfenster vor.

- Der **Programmmonitor** (rechts) hingegen ist Repräsentant Ihres Schnittfensters und zeigt an, was sich aktuell in der Sequenz befindet, genau genommen, wo sich gerade die Abspielmarke befindet.

3.3.1 Probleme mit der Anzeige?

Vereinzelt sprachen Anwenderinnen und Anwender von Problemen mit der Darstellung. Auch wenn in letzter Zeit keine derartigen Berichte mehr auftauchten und davon auszugehen ist, dass das Problem inzwischen behoben ist, möchte ich diesen kurzen Abschnitt dennoch an Sie weiterreichen. Sollte der Ton während der Wiedergabe eines Clips abgespielt werden, ohne dass das dazugehörige Bild sichtbar wird, könnte es daran liegen, dass Konflikte zwischen mehreren verbauten Grafikkarten bestehen. Das Problem tauchte offenbar nur im Zusammenhang mit Intel-Grafikkarten auf (ohne dass ich dies mit Sicherheit sagen kann) und kann dadurch behoben werden, dass die Intel-Grafik temporär deaktiviert wird.

Sollte dieses Problem bei Ihnen auch auftauchen, empfehle ich folgende Vorgehensweise: Aktualisieren Sie sämtliche Grafikkartentreiber, und starten Sie Ihren Rechner anschließend neu. Sollte das keine Abhilfe schaffen, öffnen Sie die Windows-Systemsteuerung, indem Sie »sys« unten links in das Eingabefeld tippen und mit [↵] bestätigen. Danach aktivieren Sie Systemsteuerung (Desktop-App). Suchen Sie den Eintrag Geräte-Manager, und öffnen Sie die Liste Grafikkarten, indem Sie auf die vorangestellte Pfeilspitze klicken. Danach betätigen Sie den relevanten Eintrag (hier: Intel(R) HD Graphics 520) mit rechts und entscheiden sich im Kontextmenü für Gerät deaktivieren. Die Folge: Der Monitor wird kurz schwarz, ehe die Anzeige erneut erscheint.

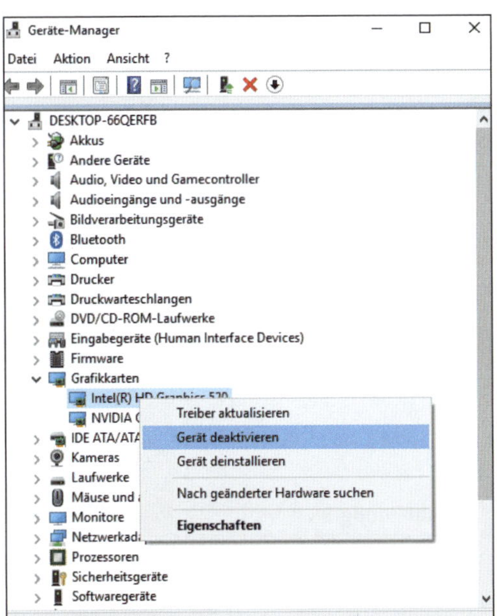

◂ **Abbildung 3.18**
Schalten Sie die Intel-Grafikkarte kurz aus.

Danach wiederholen Sie den Rechtsklick auf der gleichen Zeile und schalten die Grafikkarte wieder ein. Voilà, auch die Monitore in Premiere Pro sollten jetzt ein Bild zeigen.

3.3.2 Die Monitorsteuerelemente

Bis auf den zweiten und dritten Button von rechts sind die Steuerelemente unterhalb beider Monitore identisch:

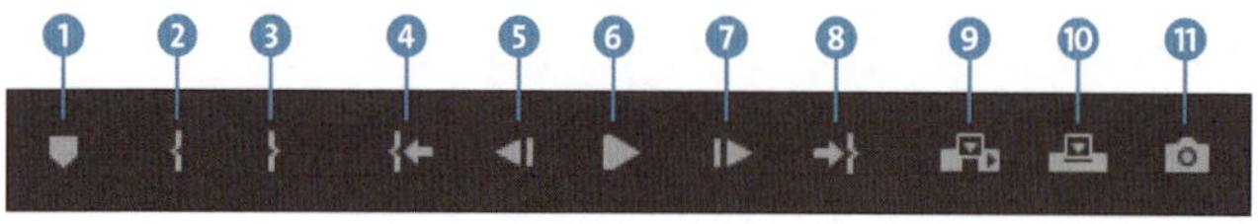

▲ **Abbildung 3.19** Die meisten Bedienelemente sind in beiden Monitoren gleich (hier Quellmonitor).

1. Marke hinzufügen – fügt an der aktuellen Position eine Marke ein, an der u.a. Clips ausgerichtet werden können. Weitere Hinweise dazu finden Sie in Kapitel 4, »The Final Cut – Schneiden und Trimmen«.
2. In setzen – legt fest, ab welchem Punkt der Clip berücksichtigt werden soll.
3. Out setzen – legt fest, bis zu welchem Punkt der Clip berücksichtigt werden soll.
4. Zu In gehen – springt zum In-Point eines Clips (ist noch kein In-Point gesetzt worden, wird zum Clip-Anfang gesprungen).
5. Ein Frame zurück – springt ein einzelnes Bild (Frame) zurück.
6. Abspielen/Stopp – gibt den Inhalt des Clips wieder bzw. stoppt die Wiedergabe.
7. Ein Frame vorwärts – springt ein einzelnes Bild (Frame) vor.
8. Zu Out gehen – springt zum Out-Point eines Clips (ist noch kein Out-Point gesetzt worden, wird zum Clip-Ende gesprungen).
9. Frame exportieren – Hiermit lässt sich das aktuell im Monitor angezeigte Einzelbild speichern (den Dateipfad legen Sie über Durchsuchen fest).

Quellmonitor | Folgende Schaltflächen gibt es nur im Quellmonitor:

10. Einfügen – Der Clip wird an der aktuellen Position der Einfügemarke in das Schnittfenster eingebettet. Nachfolgende Clips verschieben sich.
11. Überschreiben (vormals *Überlagern*) – Der Clip wird an der aktuellen Position der Einfügemarke in das Schnittfenster eingebettet. Nachfolgende Clips werden überdeckt.

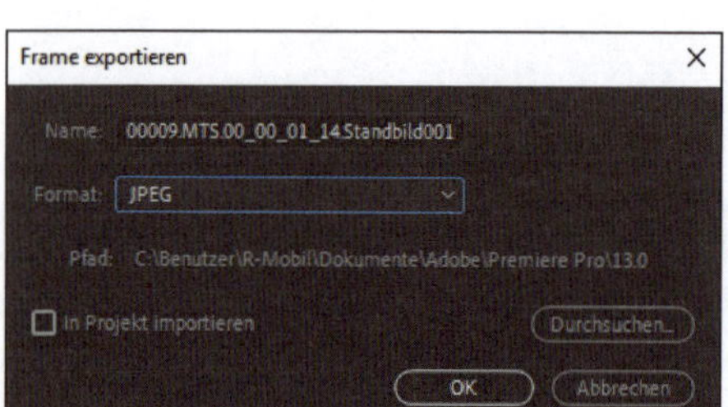

◄ **Abbildung 3.20**
JPEG ist ein platzsparendes, aber leider auch verlustbehaftetes Bildformat. TIFF sorgt hingegen für optimale Bildqualität.

▲ **Abbildung 3.21** Weitere Schaltflächen im Programmmonitor

Programmmonitor | Im Programmmonitor gibt es drei Schaltflächen, die nur dort zu finden sind:

⓬ HERAUSNEHMEN – Ein zuvor im Schnittfenster markierter Clip wird von dort entfernt. An dieser Stelle bleibt eine Lücke zurück.

⓭ EXTRAHIEREN – Ein zuvor im Schnittfenster markierter Clip wird von dort entfernt. Die dadurch entstandene Lücke wird geschlossen, indem dahinter befindliche Clips nach links verschoben werden.

⓮ VERGLEICHSANSICHT – Die Vergleichsansicht ermöglicht den direkten Vergleich von unterschiedlichen Positionen eines Clips oder die Begutachtung einer Korrektur (z. B. Farbkorrektur). Nähere Hinweise zum Umgang mit diesem Modus erhalten Sie in Kapitel 9, »Bildkorrekturen«.

3.3.3 Schaltflächen hinzufügen – der Schaltflächeneditor

Mit diesen Schaltflächen müssen Sie sich keinesfalls zufriedengeben. Per Klick auf das kleine Plus-Symbol unten rechts im Monitorfenster gelangen Sie nämlich zum SCHALTFLÄCHENEDITOR. Und dieser gestattet die individuelle Anpassung des Schaltflächenbereichs. Ein wirklich cooles Feature. Und so geht's: Nach Öffnen des Schaltflächeneditors klicken Sie auf einen Button, den Sie hinzufügen möchten, und ziehen ihn per Drag & Drop an die gewünschte Stelle. Dort angekommen, lassen Sie los. Dabei ist es auch legitim, eine zweite Zeile zu eröffnen.

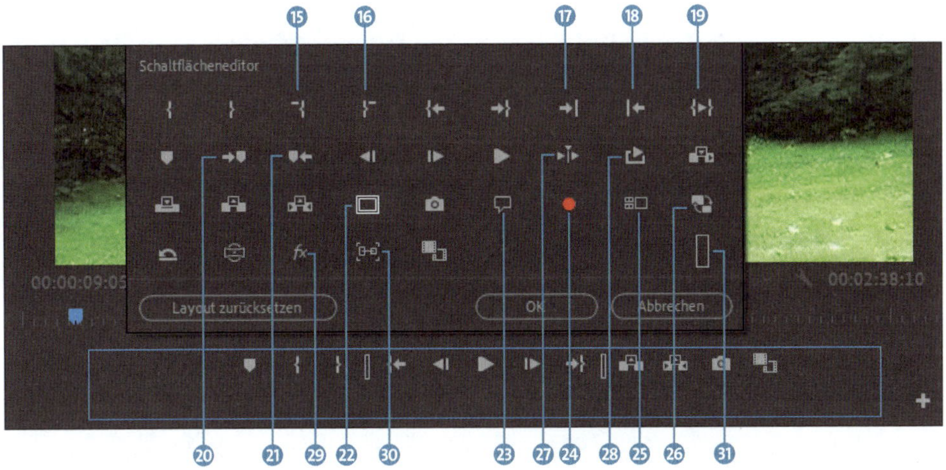

▲ **Abbildung 3.22** Hier wird gerade SICHERE BEREICHE in die Schaltflächenleiste des Programmmonitors integriert.

Übrigens lässt sich die Reihenfolge der einzelnen Buttons ganz intuitiv per Drag & Drop ändern. Sollten Sie einmal einen Abstand zwischen zwei Buttons erzeugen wollen, ziehen Sie ㉛ (siehe Abbildung 3.22) an die gewünschte Stelle der Schaltflächenleiste. Wer einen Button wieder loswerden möchte, zieht ihn bei gedrückter linker Maustaste zurück in den SCHALTFLÄCHENEDITOR oder aus dem jeweiligen Monitorfenster heraus (dabei muss der Editor geöffnet sein). Am Ende bestätigen Sie mit OK. Falls nun alles durcheinandergeraten ist, öffnen Sie den Editor abermals, und betätigen Sie LAYOUT ZURÜCKSETZEN, gefolgt von OK. Hier noch die bislang nicht angesprochenen Buttons des Schaltflächeneditors (hier der Programmmonitor):

- ⑮ IN-POINT LÖSCHEN – Nachdem Sie die Abspielmarke auf dem In-Point platziert haben (z. B. durch ZU IN-POINT GEHEN), kann dieser mithilfe dieser Schaltfläche gelöscht werden.
- ⑯ OUT-POINT LÖSCHEN – Nach Platzierung der Abspielmarke auf dem Out-Point (z. B. durch ZU OUT-POINT GEHEN) lässt sich dieser mit dieser Taste löschen.
- ⑰ ZUR NÄCHSTEN SCHNITTKANTE GEHEN (nur Programmmonitor) – wählt bei jedem Klick den nach rechts hin nächsten Punkt an, an dem zwei Clips aneinandergrenzen.
- ⑱ ZUR VORHERIGEN SCHNITTKANTE GEHEN (nur Programmmonitor) – wählt bei jedem Klick den nach links hin nächsten Schnittpunkt an.
- ⑲ VIDEO VON IN BIS OUT WIEDERGEBEN – spielt den Clip zwischen In- und Out-Point ab.
- ⑳ ZUR NÄCHSTEN MARKE GEHEN – springt zur nächsten Marke, die rechts von der Abspielmarke positioniert ist.
- ㉑ ZUR VORHERIGEN MARKE GEHEN – springt zur nächsten Marke, die links von der Abspielmarke positioniert ist.
- ㉒ SICHERE BEREICHE – schaltet den Bereich für geschützte Titel und den Bereich für geschützte Aktionen ein/aus. Nähere Hinweise dazu finden Sie in Kapitel 17, »Fachkunde«.
- ㉓ ANZEIGE VON UNTERTITELN (nur Programmmonitor) – zeigt eventuell vorhandene Untertitel an bzw. blendet sie aus. Untertitel werden von Fremdsoftware (CPC oder Scenarist) generiert (Dateiendungen *.mcc* oder *.scc*). Weitere Hinweise zu Untertiteln finden Sie in Kapitel 5, »Mit Sequenzen arbeiten«.
- ㉔ MULTIKAMERA-AUFNAHME EIN/AUS – aktiviert den Multikamera-Schnitt.
- ㉕ MULTIKAMERA-ANSICHT EIN/AUS – aktiviert die Multikamera-Ansicht (weitere Hinweise zu Multikamera finden Sie in Kapitel 5, »Mit Sequenzen arbeiten«).
- ㉖ PROXYS EIN/AUS – sorgt dafür, dass eine niedrig auflösende Datei zur weiteren Verarbeitung der Clips erzeugt wird. Die Aktivierung dieser Funktion macht Sinn, wenn Sie mit großen Daten arbeiten (z. B. 4K- oder 8K-Filme). Die Verarbeitung dieser Filme (z. B. Effekte hinzufügen) würde einfach zu lange dauern. Deshalb erzeugt Premiere Pro temporär eine niedrig auflösende Arbeitsdatei. Bei der späteren Ausgabe des Films wird anstelle des Proxys das Original berechnet und ausgegeben.

㉗ Trim-Vorgang zurücksetzen – Zuvor vorgenommene Kürzungen am Anfang und/oder Ende von Clips oder Sequenzen werden mithilfe dieser Taste rückgängig gemacht.

㉘ VR-Videoanzeige ein/aus – Aktivieren Sie die Real-3D-Anzeige (Virtual Reality), sofern entsprechendes Equipment an Ihrem Rechner zur Verfügung steht.

㉙ FX global deaktivieren – Schalten Sie mit einem einzigen Klick alle zugewiesenen Effekte aus. (Die Funktion macht vor allem dann Sinn, wenn der Rechner beim Abspielen buchstäblich in die Knie geht, weil bereits zahlreiche Effekte zugewiesen worden sind.)

㉚ Grafiken ausrichten – Mehrere vorhandene Grafiken können mit diesem Schalter geometrisch ausgerichtet werden.

㉛ Abstand – fügt einen Leerbereich ein, damit unterschiedliche Schaltflächen nicht zu dicht beieinanderstehen.

Scrollrad benutzen

Falls Ihre Maus über ein Scrollrad verfügt, lässt sich dieses auch zur Navigation nutzen. Dabei ist aber – einmal mehr – zu entscheiden, welches Fenster gerade markiert ist. Haben Sie beispielsweise den Quellmonitor ausgewählt, können Sie mithilfe des Rades bildweise vor- oder zurückscrollen. Wenn hingegen das Schnittfenster ausgewählt ist, wird dessen Ansicht nach links oder rechts verschoben.

Profi-Tipp: Schaltflächen ausblenden

Wer sich richtig gut mit den Tastaturkürzeln auskennt und auf eine Button-Leiste verzichten kann, der geht im Bedienfeldmenü oben rechts des jeweiligen Monitors auf Transportsteuerung anzeigen. Dadurch wird nicht nur das dort vorangestellte Häkchen deaktiviert, sondern auch die Schaltflächenleiste ausgeblendet. Den Monitoren steht dadurch wieder mehr Platz zur Verfügung.

3.3.4 Monitoreinstellungen

Wichtig für die Arbeit mit den Monitoren ist auch die Möglichkeit, diese genau an Ihre Bedürfnisse anpassen zu können. Dazu zählt vor allem die Qualität der Wiedergabe.

Wiedergabeauflösung anpassen | Im Zeitalter von Full HD, 4K und 8K kann es (besonders bei Nicht-High-End-PCs) schwierig werden, ein Video in voller Qualität zu präsentieren. Sollte es während der Wiedergabe zu »Ruckelbildern« kommen, können Sie die Wiedergabeauflösung herabsetzen. Klicken Sie dazu auf das Pulldown-Menü, das sich rechts unterhalb des Monitorbildes befindet. Dort können Sie mit der Auflösung heruntergehen.

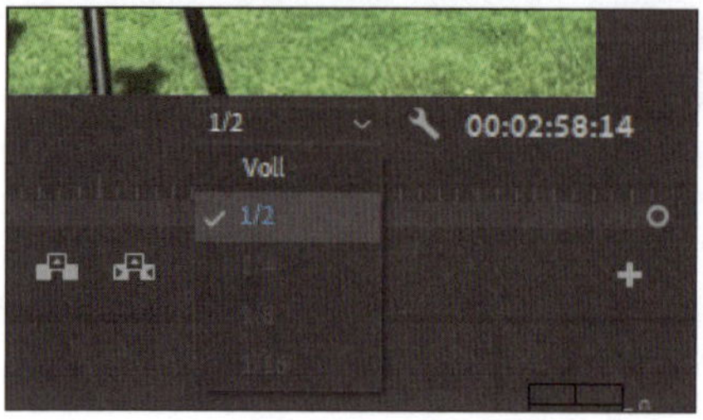

◂ **Abbildung 3.23**
Eine geringere Auflösung wirkt sich nicht auf die tatsächliche Qualität des Films aus, sondern lediglich auf dessen Wiedergabequalität.

Zeitlineal einblenden | Der Schraubenschlüssel ❷ ist seit der Version CS6 in Premiere Pro integriert. Nicht dass die sich dahinter verbergenden Features alle nur dort zu finden wären (viele davon befinden sich auch im Bedienfeldmenü des Monitors ❶), doch eröffnet sich dadurch eine Art Schnellzugriff auf wichtige Befehle.

▴ **Abbildung 3.24** Der Schraubenschlüssel ist Ihr direkter Draht zu den Einstellungen.

Ein Beispiel: Das unterhalb des Bildes angeordnete *Zeitlineal* ❸ muss ohne Zeitangaben auskommen. Wenn Sie das ändern wollen, können Sie nach Klick auf den Schraubenschlüssel ZEITSKALA-TIMECODE anwählen. Dann wird diese Linie beziffert. Führen Sie die Aktion abermals aus, werden die Nummern wieder entfernt.

▴ **Abbildung 3.25** Jetzt sehen Sie eine Art Timecode auf dem Balken.

Ausgelassene Frames | Eine interessante Funktion soll an dieser Stelle noch angeführt werden, die zwar in beiden Monitoren vorhanden ist, meist aber vor allem im Programmmonitor Verwendung findet. Bei Vorhandensein zahlreicher Clips in der Timeline und eventuell noch etlicher Effekte kann es passieren, dass die Anwendung den einen oder anderen Frame (Einzelbild) einmal »überspringt«. Ob Frames ausgelassen werden, können Sie überwachen lassen, indem Sie via Schraubenschlüssel oder Bedienfeldmenü DROP-FRAME-INDIKATOR ANZEIGEN aktivieren. Fortan erscheint unten links im Monitor ein kleiner grüner Punkt ❹. Wird dieser während des Abspielens rot, wissen Sie, dass nicht alle Frames angezeigt worden sind. Zu Beginn jeder Wiedergabe wird die Anzeige wieder auf Grün zurückgesetzt.

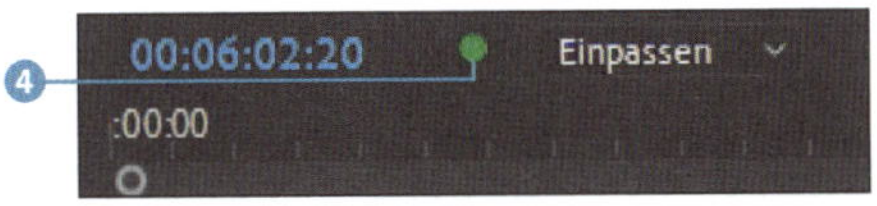

◄ **Abbildung 3.26**
Der kleine Punkt zeigt an, ob alles ordnungsgemäß abgelaufen ist.

3.3.5 Mehrere Clips im Quellmonitor bereitstellen

Nun haben Sie ja lediglich die Möglichkeit, einen einzelnen Clip aus dem Projektfenster im Quellmonitor zu begutachten. Das Gute daran ist, dass sich Premiere alle Clips merkt, die Sie im Quellmonitor angeschaut haben. Um diese nun abermals zugänglich zu machen, können Sie sich den Doppelklick im Projektfenster sparen. Klicken Sie einfach auf die Registerkarte QUELLE, und wählen Sie den Clip aus, den Sie abermals im Quellmonitor abspielen wollen. Mit SCHLIESSEN bzw. ALLE SCHLIESSEN können Sie einzelne oder alle Clips aus dieser Liste entfernen.

▲ **Abbildung 3.27** Bereits begutachtete Clips werden über das Pulldown-Menü QUELLE zugänglich gemacht. Diese lassen sich auch alle auf einmal schließen.

Clip-Gruppen bereitstellen

Die Funktion ist vor allem dann praxisnah einsetzbar, wenn Sie kleinere Gruppen von Clips begutachten und vorschneiden wollen. So sorgen Sie dafür, dass die Übersicht erhalten bleibt. Markieren Sie zunächst (während Sie [Strg]/[⌘] gedrückt halten) mehrere Clips im Projektfenster, und ziehen Sie diese dann auf den Quellmonitor. Führen Sie die gewünschten Arbeiten aus (z. B. In- und Out-Points setzen), und wählen Sie anschließend ALLE SCHLIESSEN, ehe Sie mit der nächsten Clip-Gruppe ebenso verfahren.

3.4 Organisation im Schnittfenster

Das Herzstück Ihrer Software ist das Schnittfenster. Was sich hier befindet, wird später im fertigen Film berücksichtigt. Deshalb sollten Sie sich hier besonders gut mit den einzelnen Steuerelementen auskennen. In diesem Abschnitt werden wir uns mit zwei Arten von Bedienelementen befassen, nämlich den Timeline-Elementen sowie den Schnittfenster-Elementen.

3.4.1 Die Schnittfenster-Elemente

Die Schnittfenster-Steuerelemente wirken generell spurübergreifend. Während sich mithilfe der Spurköpfe einzelne Timeline-Bereiche anpassen lassen, bedeutet eine Veränderung im Schnittfenster-Bereich meist auch eine Veränderung für die Spuren. Wenn Sie beispielsweise den Magneten aktivieren (dazu kommen wir gleich), gilt das für alle Spuren gleichermaßen.

Einfügeoptionen für Sequenzen | Ganz links im Kopf des Schnittfensters finden Sie ein Steuerelement ❶, das die Möglichkeit bietet, Sequenzen nicht nur als einen zusammengefügten Clip, sondern auch als Einzelclips einzufügen (weitere Infos dazu finden Sie in Abschnitt 5.3.3, »Sequenzen verschachteln«).

◂ **Abbildung 3.28**
Die Verschachtelungsoption

Ausrichten | Schauen Sie doch einmal nach, ob der Magnet-Button AUSRICHTEN ❷ eingeschaltet ist (er ist dann farbig hinterlegt). In diesem Fall sind Clips, Abspielkopf, Timeline-Anfang und Marken magnetisch. Das bedeutet: Führen Sie ein Asset oder Werkzeug in deren Nähe, springt das Element automatisch heran. Diese Funktion ist ausgesprochen nützlich. Immerhin verhindert man so, dass beispielsweise Clips nahtlos aneinandergereiht werden können. Allerdings kann das sogenannte *Snapping* auch mal hinderlich sein, z. B. wenn Sie direkt neben dem Abspielkopf einen Schnitt ausführen wollen. Damit der nun nicht in Höhe der roten Linie erfolgt, sondern exakt dort, wo Sie mit der Rasierklinge hinklicken, sollte der Taster ❷ deaktiviert werden.

Verknüpfte Auswahl | Dieser Schalter ❸ bewirkt, sofern er aktiviert ist, dass zusammengehörige Elemente auch stets gemeinsam ausgewählt werden. Liegt ein Videoclip mit zugehöriger Audiospur im Schnittfenster, reicht es, wenn Sie nur die Video- bzw. nur die Audiospur anklicken, um das Asset komplett zu markieren. Das ist in den meisten Fällen auch sinnvoll, denn es beugt versehentlichem Verschieben von Audio und Video zueinander vor. Allerdings kann es auch angebracht sein, die Funktion zu deaktivieren. Dann nämlich kann nur das Audio (unabhängig vom Video) oder umgekehrt verschoben werden. Besonders sinnvoll ist die Funktion beim sogenannten J- und L-Schnitt, mit dem wir uns im folgenden Kapitel beschäftigen werden. (Hier werden beispielsweise die Startpunkte des Videos und des Tons unterschiedlich positioniert.)

Marke hinzufügen | Ein Klick auf ❹ fügt der Timeline eine Markierung hinzu. Weitere Infos dazu finden Sie in Abschnitt 5.4, »Marken«.

Anzeigeeinstellungen für das Schnittfenster | Diese Funktion ermöglicht Ihnen die individuelle Gestaltung unterschiedlicher Schnittfenster-Elemente. Klicken Sie den Schraubenschlüssel ❺ einmal an, wird ein umfangreiches Menü angezeigt. Hier können beispielsweise die Spuren vergrößert werden (Alle Spuren erweitern) und sogar Buttons integriert werden (z. B. Video-Header anpassen). Weitere Hinweise dazu finden Sie in Abschnitt 5.2, »Sequenzspuren«.

Schnittfenster skalieren | Bei größeren Projekten wird der Platz im Schnittfenster natürlich schnell eng. Ohne eine Änderung der Ansicht wären Sie gezwungen, ständig hin- und herzuscrollen, um den gewünschten Bereich einsehen zu können. Nutzen Sie stattdessen die Skalierungsmöglichkeiten der Software. Entsprechende Steuerelemente stellt Premiere Pro unten links im Schnittfenster zur Verfügung. Klicken Sie auf einen freien Bereich links oder rechts neben dem Balken (❻ und ❿), um den Inhalt der Timeline nach links oder rechts zu verschieben. Ziehen Sie die äußeren Anfasser (die kleinen Kreise ❼ und ❾) weiter nach außen, um die Timeline-Ansicht zu vergrößern, bzw. nach innen, um sie zu verkleinern (so funktioniert die Skalierung übrigens auch in den Monitoren, denn auch dort sind derartige Balken enthalten). Um den Ausschnitt zu verschieben, bewegen Sie einfach den Balken selbst ❽ mit gedrückter Maustaste zur gewünschten Seite. Nach links hin wird ein früherer Zeitpunkt in der Timeline sichtbar, nach rechts ein späterer.

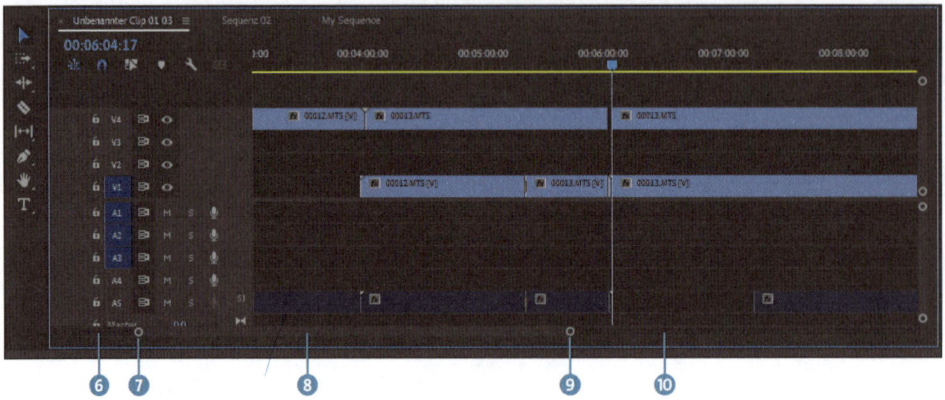

▲ **Abbildung 3.29** Nutzen Sie die Zoom- und Verschiebefunktionen des Schnittfensters.

Zoomen per Tastatur | Die einfachste Art und Weise, den Inhalt eines Schnittfensters zu vergrößern oder zu verkleinern, sind [+] und [-] auf der Tastatur (nicht auf dem Nummernblock!). Damit können Sie schnell an eine Stelle heranzoomen, um diffizile Arbeiten zu erledigen, und anschließend wieder auf eine verkleinerte Ansicht zurückkehren. Dabei müssen Sie jedoch berücksichtigen, dass der Abspielkopf stets den Mittelpunkt des neuen Bildausschnitts darstellen wird.

Bildlauf | Der Inhalt einer Sequenz lässt sich bei aktivem Schnittfenster mit der Leertaste abspielen und wieder anhalten – genauso wie innerhalb der Monitore. Bei Verwendung der Leertaste ist somit entscheidend, welches Fenster gerade aktiv ist. Wenn Sie auf das Schnittfenster schauen, werden Sie zudem feststellen, dass der Abspielkopf am Ende überspringt. Der Inhalt des Fensters wird erneuert, und die Abspielmarke bewegt sich wieder von vorn. Diese Methode wird als *Seitenbildlauf* betitelt.

Wer das nicht mag, der kann Bearbeiten/Premiere Pro • Voreinstellungen • Schnittfenster selektieren und das Steuerelement Schnittfensterwiedergabe Auto-Rollen umstellen. Wählen Sie Langsamer Bildlauf, bleibt der Abspielkopf immer in der Mitte. Kein Bildlauf sorgt dafür, dass die Abspielmarke über das Ende des sichtbaren Timeline-Bereichs hinausläuft. Nach Wiedergabestopp befindet sie sich jedoch wieder in der Bildmitte.

Horizontal scrollen

Sollte Ihre Maus über ein Scrollrad verfügen, lässt sich damit der Ausschnitt innerhalb der Timeline verschieben. Diese Funktion ist sehr interessant, da es mitunter schwierig ist, den genauen Ausschnitt mithilfe der Balken in der Fußleiste zu finden. Das Scrollrad ist da wesentlich sensibler.

3.4.2 Die Timeline-Elemente

Die Timeline ist, wie Sie ja bereits wissen, Teil des Schnittfensters. Während die Schnittfenster-Steuerelemente spurübergreifend fungieren, lassen sich die einzelnen Spuren der Timeline mithilfe des Spurkopfes individuell einstellen.

Spuren erweitern | Platz ist ein kostbares Gut auf der Arbeitsoberfläche einer jeden umfangreichen Software. Deshalb kann es in Premiere Pro mitunter sinnvoll sein, Spuren in der Höhe zu verändern. Das realisieren Sie, indem Sie innerhalb des Spurkopf-Bereichs die untere Begrenzungslinie einer Audiospur nach unten ziehen bzw. die obere Begrenzung einer Videospur nach oben ziehen.

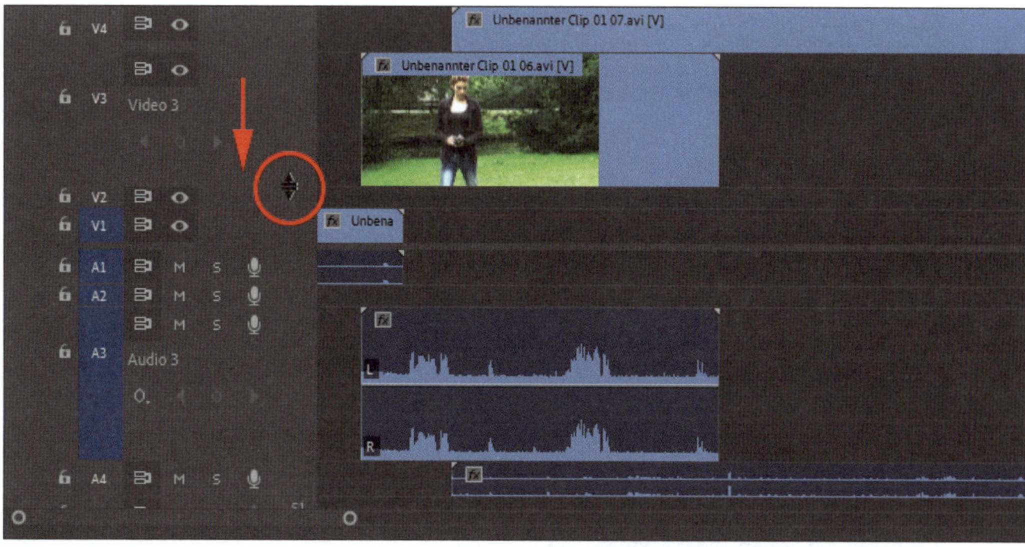

▲ **Abbildung 3.30** Die Spuren lassen sich per Klick durch Ziehen der Begrenzungslinien im Spurkopf-Bereich vertikal vergrößern und verkleinern.

Für den Fall, dass Sie alle Spuren gleichermaßen in der Höhe verändern wollen, können Sie sich auch der beiden Balken (nebst kreisförmigen Anfassern) ganz rechts in der Video- und der Audiospur bedienen. Je mehr die beiden Kreise zueinanderbewegt werden, desto größer werden die einzelnen Spuren angezeigt. In diesem Zusammenhang ist Folgendes noch ganz wichtig: Benutzen Sie das Scrollrad, können Sie sich in horizontaler Richtung durch die Timeline bewegen. Halten Sie jedoch [Strg]/[⌘] gedrückt, können Sie vertikal scrollen. Bei großen Spurhöhen ist diese Funktion unverzichtbar.

▲ **Abbildung 3.31** Ziehen Sie die Spuren mithilfe der Balken-Steuerelemente in die Höhe.

Spurausgabe deaktivieren | Falls Sie eine Spur ausblenden wollen – sie wird dann bei der Wiedergabe ignoriert –, klicken Sie einfach auf das Augen-Symbol. Diese Funktion benutzt man häufig, um eine Spur vorübergehend auszublenden, damit man einen Effekt oder eine Bewegung auf einer anderen Spur besser beurteilen kann. Beachten Sie in diesem Zusammenhang aber, dass ausgeschaltete Spuren auch bei der Ausgabe des fertigen Videos ignoriert werden. Vergessen Sie also nicht, das Auge nach getaner Arbeit durch einen erneuten Klick auf diese Schaltfläche wieder sichtbar zu machen.

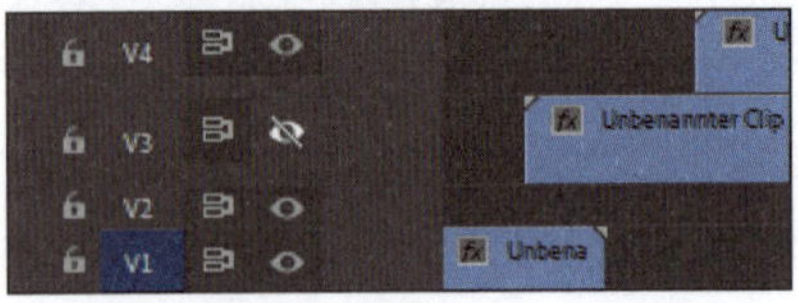

◂ **Abbildung 3.32**
Das Auge sorgt für die Sichtbarkeit einer Spur. Wenn es durchgestrichen ist, bleibt die Spur unsichtbar.

Audiospuren deaktivieren | Entsprechendes gilt im Übrigen auch für die Audiospuren. Um eine Spur zu deaktivieren, klicken Sie auf das **M** (für »mute«). Wer nur eine einzige Spur aktiv lassen will und alle anderen von der Wiedergabe ausnehmen möchte, der klickt beherzt auf **S**. Das bedeutet: Diese Spur legt ein Solo aufs Parkett.

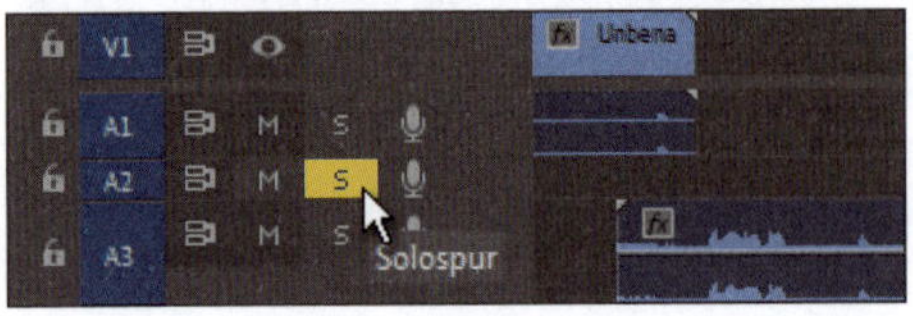

◂ **Abbildung 3.33**
Jetzt haben alle anderen Audiospuren Sendepause.

Voiceover aufnehmen | Voiceover steht für die klassische Nachvertonung eines Films mit Sprache. Wer also seine Videos kommentieren möchte, drückt einfach auf das kleine Mikrofon-Symbol, und schon kann er seine Anmerkungen einsprechen. (Wie das genau funktioniert, schauen wir uns in Kapitel 10, »Audio«, an.)

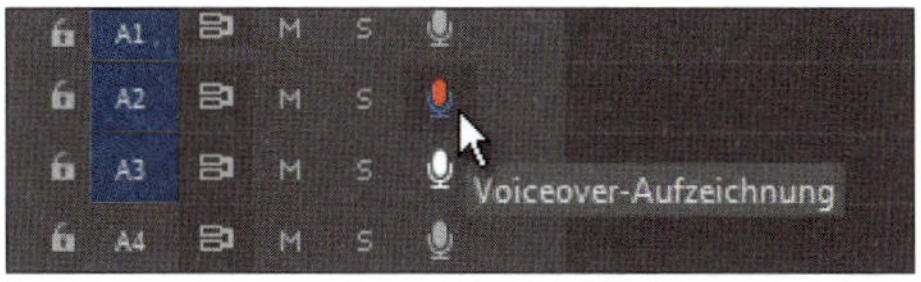

◂ **Abbildung 3.34**
Kommentare lassen sich direkt im Schnittfenster aufzeichnen.

Synchronisationssperre | Bei EINFÜGEN UND LÖSCHEN sowie bei LÖSCHEN UND LÜCKE SCHLIESSEN verschieben sich nachfolgende Clips entsprechend. Das bedeutet: Wenn Sie beispielsweise eine Lücke schließen, rücken alle rechts von dieser Lücke befindlichen Clips nach links auf. Mit der Synchronisationssperre können Sie nun bestimmen, wie sich die Clips auf den anderen Spuren verhalten sollen, also auf den Spuren, die nicht unmittelbar von der Aktion betroffen sind. Bei aktivierter Synchronisationssperre werden auch diese Clips entsprechend verschoben. Wenn Sie also realisieren möchten, dass sich bestimmte Clip-Inhalte außerhalb der Zielspuren nicht mit verschieben, müssen Sie für diese Spuren die Synchronisationssperre vorab deaktivieren.

◂ **Abbildung 3.35**
Die Synchronisationssperre kann über ein kleines Icon im Spurkopf aktiviert bzw. deaktiviert werden.

Quellpatching einstellen | Im Zusammenhang mit der Synchronisationssperre verdient auch das Quellpatching eine Erwähnung. Um zu verstehen, was es damit auf sich hat, müssen wir jedoch ein wenig ausholen: Wenn Sie in die freien Felder ganz links im Kopf des Schnittfensters klicken, passiert gar nichts. Ebenso fehlt es an einer Anzeige – die Felder sind komplett leer. Das ändert sich, sobald Sie ein Asset im Projektfenster auswählen. Sollte es sich dabei um einen Audio-/Videoclip handeln, wird vor einer Audio- und einer Videospur, in die das Asset integriert werden könnte, jeweils eine farbige Füllung angezeigt (V für Video, A für Audio). Diese Füllungen lassen sich nun mit gedrückter Maustaste verschieben. Sie können damit vorherbestimmen, auf welcher Spur das Asset landen soll. Fügen Sie das Projektfenster-Asset ein (indem Sie mit rechts darauf klicken und EINFÜGEN oder ÜBERLAGERN wählen), werden Audio und Video an den markierten Spuren eingefügt – und zwar immer an der Stelle, an der sich gerade die Einfügemarke befindet. (Im folgenden Kapitel werden wir uns noch eingehender mit dieser Technik befassen.)

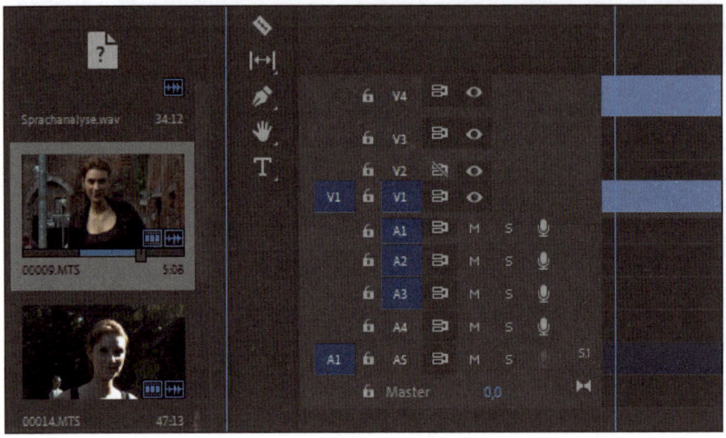

◂ **Abbildung 3.36**
Bestimmen Sie, wo Projekt-Assets eingefügt werden sollen.

Spur schützen | Links im Spurkopf befindet sich ein kleines Schloss-Symbol. Wenn Sie daraufklicken, wird das Schloss verriegelt. Jetzt lässt sich die Spur nicht mehr bearbeiten. Dies verdeutlichen auch die diagonalen Linien in der Spur selbst.

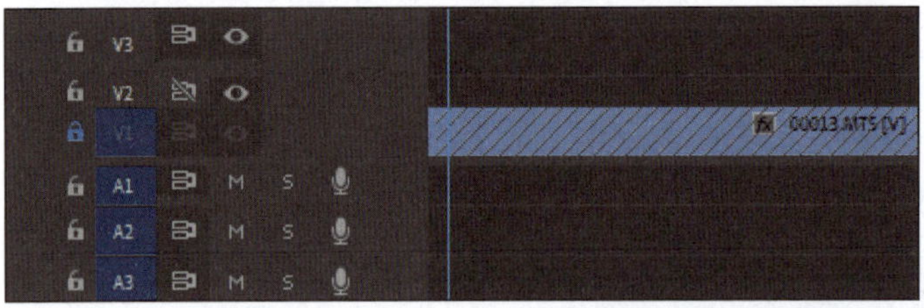

◂ **Abbildung 3.37**
Die Spur V1 (steht für Video 1) ist jetzt gegen Bearbeitung geschützt.

Schutz nur für ausgewählte Spur

Beachten Sie, dass dieser »Spurschutz« nur auf die ausgewählte Spur angewendet wird. Im konkreten Fall würde das bedeuten, dass die zu dieser Videospur gehörige Audiospur weiterhin bearbeitbar bliebe.

Keyframe-Steuerelemente

Sobald Sie eine Video- oder Audiospur in der Höhe strecken, erscheinen weitere Buttons, wie z. B. die Raute. Diese kommen zum Einsatz, wenn Sie es mit Keyframe-Animation zu tun haben (Hinweise dazu entnehmen Sie bitte Abschnitt 7.5, »Keyframes – Effekte animieren«).

3.5 Die Protokoll-Palette

Sofern Sie sich in der Standardansicht (BEARBEITUNG) befinden, wird hinter dem Media-Browser und dem Projektfenster eine Registerkarte mit der Bezeichnung PROTOKOLL zur Verfügung gestellt. Wählen Sie den gleichnamigen Reiter an (wenn nicht genügend Platz für alle Reiter zur Verfügung steht, müssen Sie zunächst die beiden Pfeilspitzen anklicken), oder gehen Sie direkt über das Menü: FENSTER • PROTOKOLL.

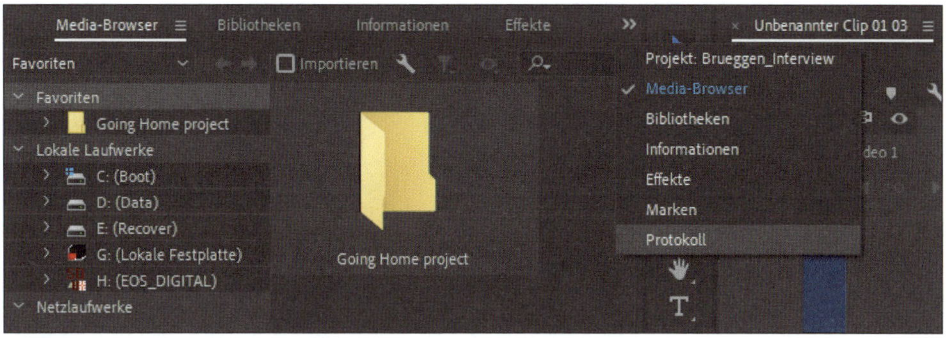

▲ **Abbildung 3.38** Verborgene Bereiche werden in einem Menü bereitgehalten, das über die Doppelpfeil-Schaltfläche zugänglich ist.

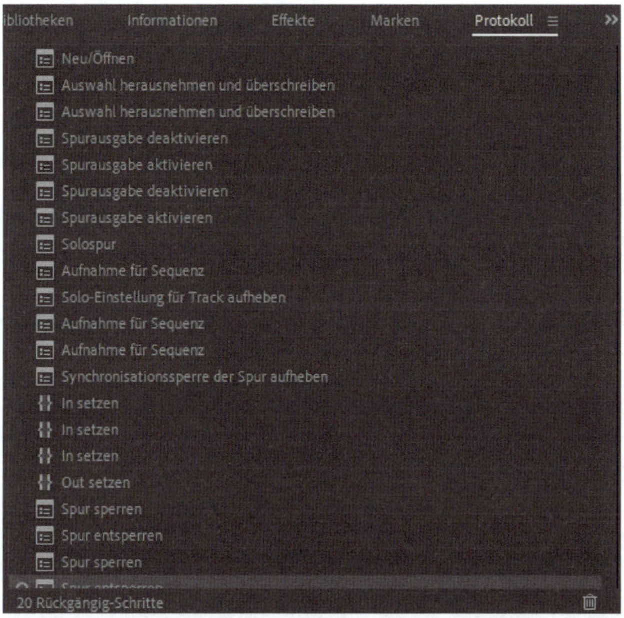

◂ **Abbildung 3.39**
Eine Funktion mit Überwachungscharakter: Alle Ihre Schritte werden protokolliert.

Wenn Sie bereits mit Adobe-Produkten (z. B. Photoshop) arbeiten, wird das Bedienfeld ein alter Bekannter für Sie sein. Hier werden nämlich die letzten Schritte gelistet, und zwar in der Reihenfolge ihrer Ausführung von oben nach unten. Sie sehen, Premiere Pro entgeht nichts. Klicken Sie auf einen übergeordneten Eintrag, um zu diesem Punkt zurückzugelangen. Erst wenn Sie anschließend einen neuen Schritt ausführen, werden unterhalb befindliche Einträge unwiderruflich gelöscht.

Undo per Tastatur rückgängig machen

Die letzten Schritte lassen sich widerrufen, indem Sie die Tastenkombination Strg/⌘+Z benutzen. Um jedoch rückgängig gemachte Schritte wiederherzustellen, verwenden Sie Strg/⌘+⇧+Z. Das ersetzt dann den Gang zur Protokoll-Palette.

3.6 Tastaturanpassung

Wenn Sie viel mit Adobe-Produkten arbeiten, wird Ihnen die Tastenkombination zum Wiederherstellen (siehe Kasten) vertraut sein. Sie ahnen es: Auch so etwas lässt sich in Premiere Pro anpassen. Zeit für einen kleinen Workshop.

Schritt für Schritt: Tastaturkürzel anpassen

Die Tastenkombination Strg/⌘+Z zum Rückgängigmachen der jeweils letzten Aktion soll in diesem Workshop mit dem zusätzlichen Befehl Strg/⌘+Y erweitert bzw. gegen ihn ausgetauscht werden. Keine Sorge – auch wenn Sie aktuell gar nichts ändern wollen, können Sie diesen Workshop mitmachen. Am Schluss lassen sich alle Änderungen verwerfen.

1 Tastaturanpassung aktivieren

Entscheiden Sie sich zunächst für Bearbeiten • Tastaturbefehle oder Strg/⌘+Alt+K, wodurch Sie direkt in den Dialog Tastaturbefehle gelangen.

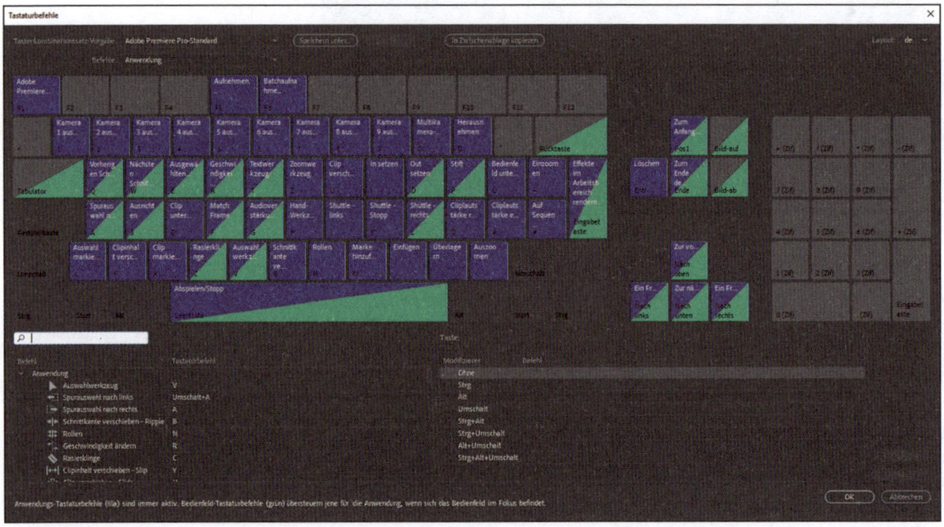

▲ **Abbildung 3.40** Der Dialog Tastaturbefehle lässt eigentlich kaum Wünsche offen.

Umstieg von Avid Xpress und Final Cut Pro

Sollten Sie bisher mit Schnittlösungen wie **Avid Media Composer**, **Final Cut Pro** oder der Vorgängerversion **Premiere Pro CS6** gearbeitet haben, können Sie die dort allgemeingültigen Tastenkombinationen auch in Premiere Pro verwenden. Dazu müssen Sie lediglich den entsprechenden Eintrag im Selektionsfeld TASTENKOMBINATIONSSATZ-VORGABE aktivieren und den gewünschten Satz auswählen.

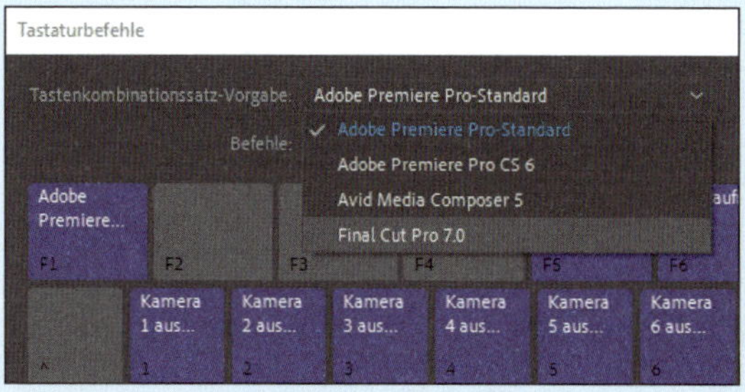

◂ **Abbildung 3.41**
Umsteigerinnen und Umsteiger anderer Editing-Anwendungen können den bekannten Tastaturbefehlssatz einstellen. So fällt der Wechsel zu Premiere Pro ein bisschen leichter.

2 Befehl suchen

In Premiere Pro gibt es nicht gerade wenige Shortcuts – was schon allein an der abgebildeten Tastatur ersichtlich ist. Doch damit ist noch lange nicht Schluss. Zwar ließe sich mithilfe des Selektionsfeldes BEFEHLE oberhalb dieser Tastatur eine engere Vorauswahl treffen, doch wollen wir es uns noch leichter machen. Klicken Sie in das Eingabefeld links unterhalb der virtuellen Tastatur, und geben Sie dort »rückgängig« ein. Dabei müssen Sie noch nicht einmal die Groß- und Kleinschreibung beachten.

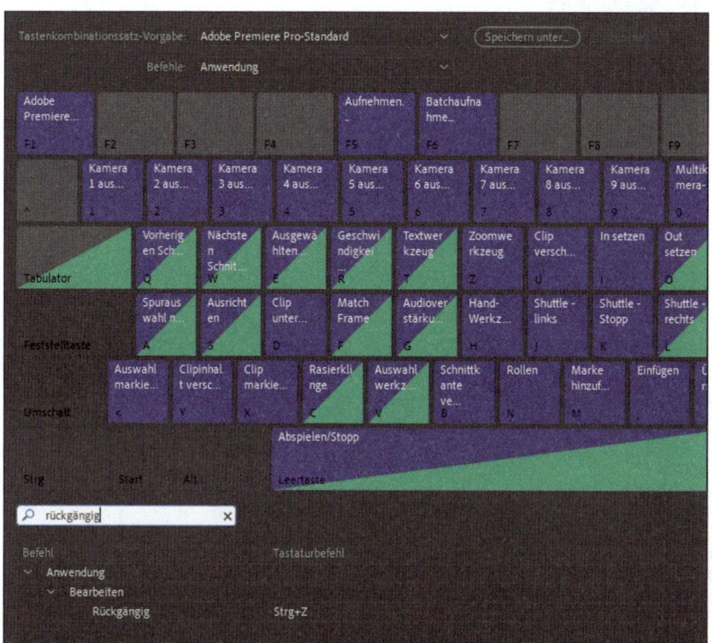

◂ **Abbildung 3.42**
Geben Sie die Bezeichnung des Befehls ein, den Sie ändern wollen.

Nur Suchbegriff eingeben!

Bitte beachten Sie, dass Sie anschließend *nicht* [↵] drücken dürfen. Das hätte nämlich zur Folge, dass der Dialog geschlossen wird.

3 Befehl hinzufügen

Schauen Sie jetzt auf das Feld unterhalb des Suchfeldes. Dort in der Spalte TASTATURBEFEHL finden Sie nur einen einzigen Eintrag, nämlich STRG+Z. Führen Sie direkt rechts daneben einen Mausklick aus. Daraufhin zeigt sich ein zweites, noch leeres Feld.

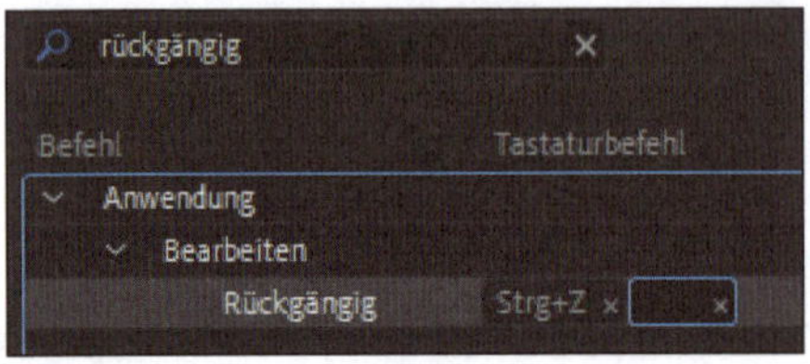

◂ **Abbildung 3.43**
Es erscheint ein kleines Tastaturfeld.

4 Befehl ändern

Achten Sie darauf, dass das Feld angewählt bleibt, das sich rechts neben dem ursprünglich vergebenen Tastaturbefehl befindet, und drücken Sie den neuen Tastaturbefehl [Strg]/[⌘]+[Y]. Wollen Sie beide Befehle beibehalten, können Sie jetzt schon zum nächsten Schritt übergehen. Wer jedoch lieber den ursprünglich zugewiesenen Befehl entfernen möchte, also nur den neuen behalten will, muss noch auf das dort angebrachte kleine Kreuzchen klicken.

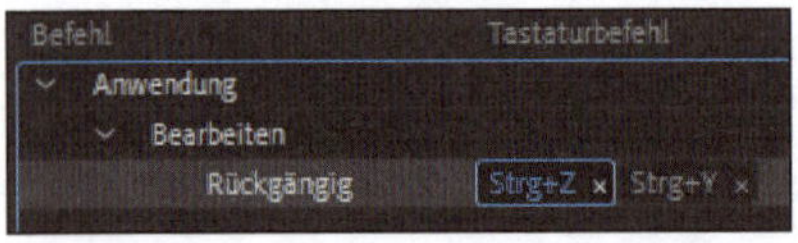

◂ **Abbildung 3.44**
Falls gewünscht, löschen Sie den ursprünglichen Befehl.

Zuletzt richten Sie sich Ihren eigenen, ganz individuellen Tastaturbefehl-Satz ein, indem Sie die Schaltfläche SPEICHERN UNTER (rechts neben der Liste TASTENKOMBINATIONSSATZ-VORGABE) betätigen und einen neuen Namen vergeben. Die automatisch von Premiere Pro vergebene Bezeichnung [BENUTZERDEFINIERT] wird dann mit einem logischeren Namen versehen.

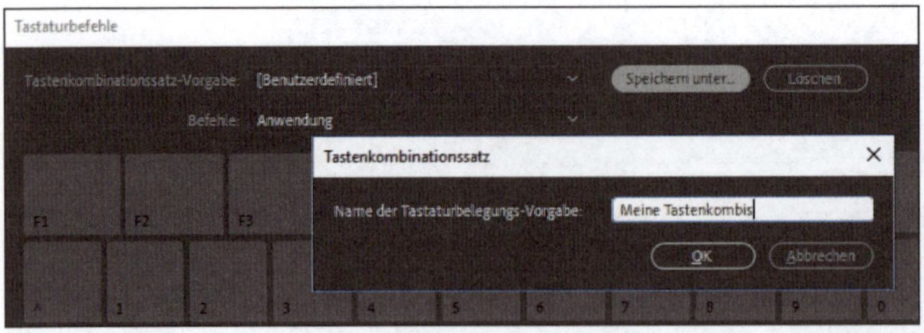

▴ **Abbildung 3.45** Benennen Sie den neuen Befehlssatz.

Kein Überschreiben des Premiere-Pro-Standardsatzes

Premiere Pro überschreibt grundsätzlich nicht den ursprünglichen Tastaturbefehlssatz, sondern erstellt immer einen neuen. Wenn Sie keinen Namen vergeben, weist die Anwendung selbstständig [BENUTZERDEFINIERT] zu.

5 Aktion beenden

»Bitte gehen Sie weiter – es gibt hier nichts zu sehen. Dies ist nur eine Übung.« Wer es bei diesem Exkurs belassen möchte und den Befehlssatz nicht mehr wirklich benötigt, der sorgt dafür, dass im Selektionsfeld TASTENKOMBINATIONSSATZ-VORGABE ausgewählt ist, und betätigt anschließend LÖSCHEN. Wer den Satz hingegen behalten will, klickt auf OK oder wählt [↵].

6 Änderungen kontrollieren

Die Änderungen lassen sich (sofern Sie den Satz behalten haben) prima kontrollieren, indem Sie das entsprechende Menü öffnen. Dort sollte neben dem relevanten Eintrag auch das neue Tastaturkürzel ① auftauchen.

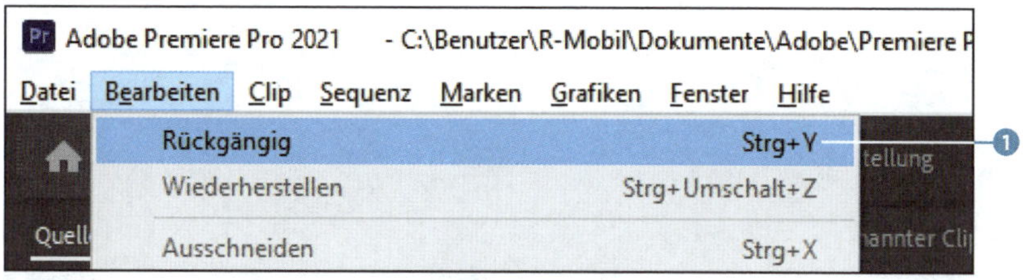

▲ **Abbildung 3.46** Die Tastenkombination (RÜCKGÄNGIG) wurde von Premiere Pro übernommen und im Menü entsprechend ausgewiesen.

Werkseinstellungen wiederherstellen | Im Dialog TASTATURBEFEHLE haben Sie jederzeit die Möglichkeit, wieder zu den ursprünglich festgelegten Tastaturkombinationen zurückzukehren. Wenn Sie nämlich das Selektionsfeld TASTENKOMBINATIONSSATZ-VORGABE ganz oben öffnen, finden Sie auch den Eintrag ADOBE PREMIERE PRO-STANDARD. Wenn Sie diesen auswählen und den Dialog mit OK bestätigen, ist alles wieder so wie früher.

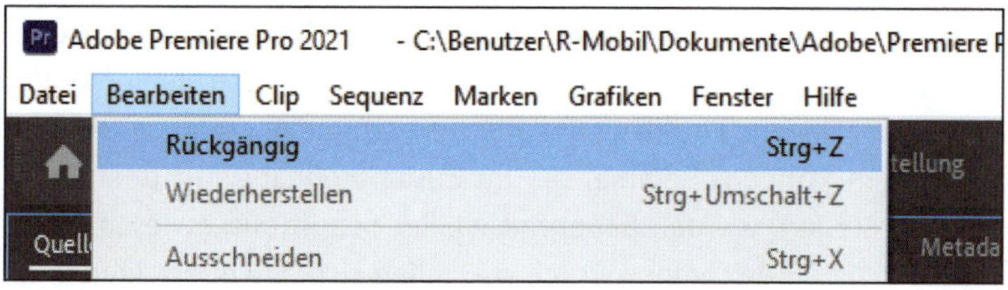

▲ **Abbildung 3.47** Nichts passiert

3.6.1 Tastaturbefehle visuell zuordnen

Zuletzt möchte ich Ihnen vorstellen, wie Sie Tastaturbefehle ganz einfach durch Ziehen und Fallenlassen belegen können. Doch bevor wir uns daran zu schaffen machen, noch ein paar Hinweise: Zunächst einmal sind die Farbcodierungen wichtig. Lila eingefärbte Tasten der visuellen Tastatur sind sogenannte anwendungsweite Tastaturbefehle. Sie gelten immer. Bei grün eingefärbten Tasten ist das anders. Sie erfüllen je nach selektiertem Bedienfeld unterschiedliche Aufgaben. Werden auf einer Taste beide Farben angezeigt, gibt es für diese Taste sowohl einen anwendungsübergreifenden als auch einen bedienfeldspezifischen Befehl. Hellgraue Tasten sind aktuell nicht mit einem Kürzel belegt – dunkelgraue *können* nicht (allein) mit einem Kürzel belegt werden.

In der Praxis sieht das Zuweisen einer Taste folgendermaßen aus: Lassen Sie ganz oben im Listenfeld BEFEHLE entweder ANWENDUNG stehen (dann wird der Befehl anwendungsübergreifend zugewiesen), oder stellen Sie um auf einen der zahlreichen Bedienfeld-Einträge. Im Beispiel verwenden wir das EFFEKTE BEDIENFELD.

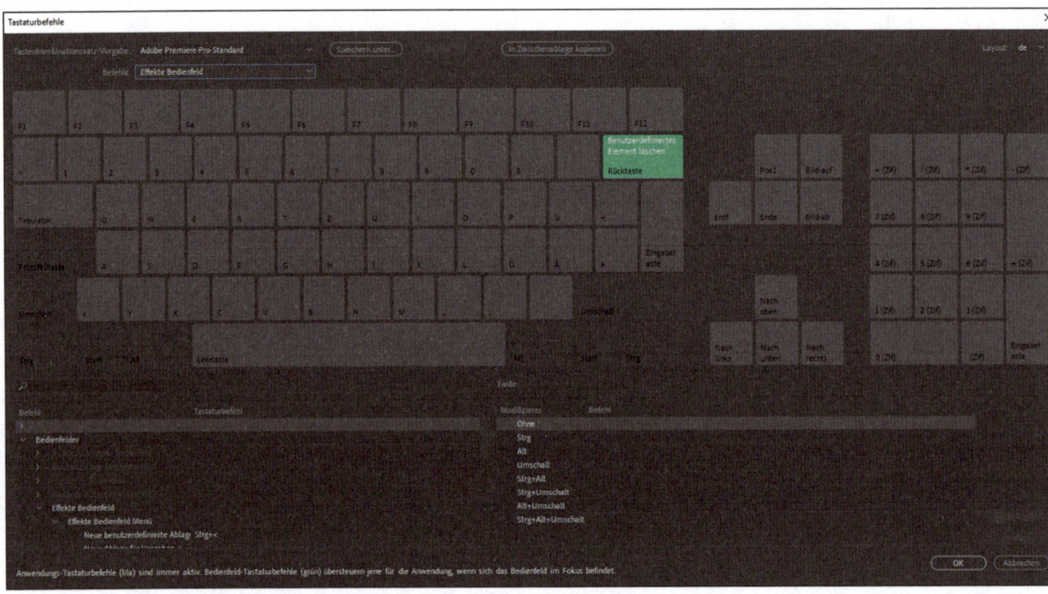

▲ **Abbildung 3.48** Jetzt lichten sich die Reihen der belegten Tasten.

Unten links im Bedienfeld BEFEHL suchen Sie einen Befehl aus, den Sie auf eine beliebige Taste legen wollen. (Dies können sowohl Anwendungs- als auch Bedienfelder-Befehle sein.) Hier stehen übrigens sämtliche Befehle zur Verfügung, die in irgendeiner Weise zugewiesen werden können. Befehle, die im Zusammenhang mit dem zuvor eingestellten Bedienfeld stehen, werden dabei mit weißer Schrift ausgewiesen, während alle anderen schwachgrau erscheinen. Auch die ließen sich zuweisen, jedoch ist das in der Regel nicht sehr sinnvoll.

Wir entscheiden uns in diesem Beispiel für die Routine Neue Ablage für Vorgaben, die wir auf die Taste [N] legen wollen. Wann immer wir später bei aktiviertem Effekte-Bedienfeld [N] betätigen, wird eine Art Unterordner (Ablage) für Effekt-Vorlagen erzeugt. Klicken Sie sich erforderlichenfalls durch die untere Liste, bis Sie den Befehl gefunden haben. Der Rest ist Drag & Drop. Klicken Sie auf die betreffende Zeile ❷, und halten Sie die Maustaste gedrückt. Bewegen Sie die Maus auf das N ❶, und lassen Sie los, sobald Sie dort angekommen sind. Interessanterweise reagiert Premiere Pro sofort, falls es einen Konflikt gibt ❸. Beurteilen Sie anhand dieser Beschreibung, ob Sie damit leben können. Falls nicht, gehen Sie rechts auf Rückgängig ❹.

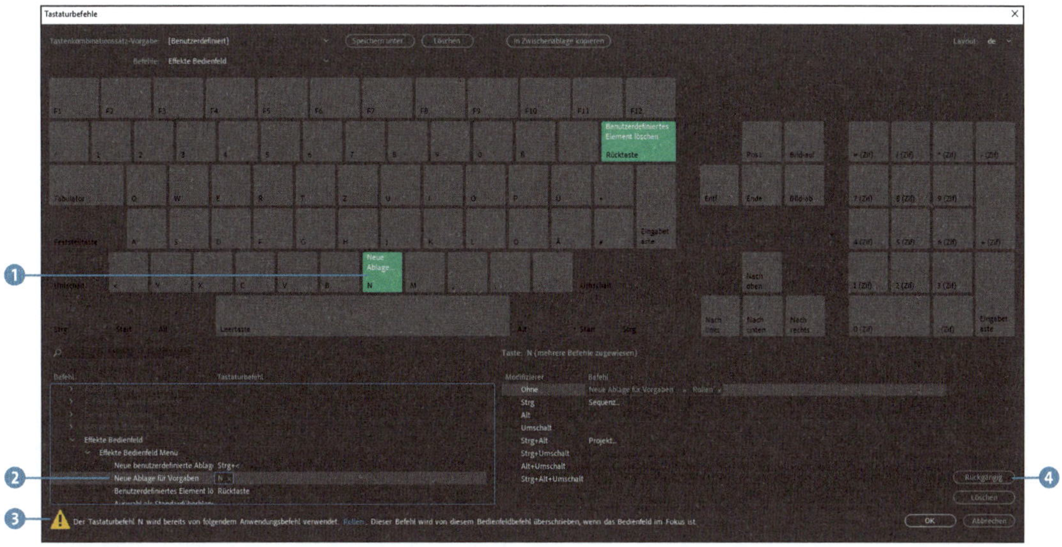

▲ **Abbildung 3.49** Weisen Sie Befehle per Drag & Drop zu.

Sie können auf zweifache Weise feststellen, dass der Befehl zugewiesen worden ist: Zum einen erscheint die Zieltaste (im konkreten Fall das **N**) in Grün, zum Zweiten finden Sie unten links den Befehl in der Zeile, die Sie zuvor gezogen haben.

Tastenkombinationen zuweisen

Im konkreten Fall entsteht kein Konflikt, wenn Sie statt [N] einfach die Tastenkombination [Alt]+[N] zuweisen. Um dies zu realisieren, gehen Sie so vor wie zuvor beschrieben, wobei Sie [Alt] während des Ziehens permanent festhalten müssen.

Teil II
Videoschnitt, Bearbeitung und Ausgabe

4 The Final Cut – Schneiden und Trimmen

Robin Williams brilliert in dem 2004 erschienenen Science-Fiction-Thriller »The Final Cut«, der es trotz des reißerischen Untertitels »Dein Tod ist erst der Anfang« nicht in die deutschen Kinos schaffte. In der Story dreht sich tatsächlich alles um den Filmschnitt, allerdings mit weitreichenden Folgen für die Protagonisten. Ich hoffe, dass für Sie die weitreichenden Folgen satte Zugewinne an Fachwissen sind, denn mit den hier beschriebenen Techniken tauchen Sie tief in die Welt von Profi-Cutterinnen und -Cuttern ein. Sie lernen, Spezialschnitte anzuwenden, die das Leben am virtuellen Schneidetisch beträchtlich erleichtern und zudem noch richtig gute Ergebnisse liefern. Immerhin gehört zu einem guten Schnitt weit mehr, als nur In- und Out-Points zu setzen.

Sie erhalten in diesem Kapitel Antworten auf die Fragen:

- Wie werden Clips im Quellmonitor und im Projektfenster geschnitten?
- Wie wird ein Clip im Schnittfenster geschnitten?
- Wie wird Premiere Pro mittels Timecode bedient?
- Wie werden Clips getrimmt?
- Wie führe ich 3-Punkt- und 4-Punkt-Schnitte aus?
- Wie führe ich L- und J-Schnitte aus?

4.1 Clips vorschneiden

Natürlich werden Sie für Ihre Projekte nicht immer das gesamte zur Verfügung stehende Clip-Material benötigen. Beim Filmen werden zudem sicherheitshalber interessante Motive länger als nötig gefilmt, um später genügend Auswahlmaterial zu haben. In der Postproduktion, also zum Zeitpunkt der Bearbeitung am Rechner, müssen Sie sich dann von redundantem Material trennen. Dazu müssen Sie sogenannte In- und Out-Points setzen. Mithilfe dieser teilen Sie Premiere Pro mit, welcher Teil eines jeden Clips verwendet und welcher vernachlässigt werden soll. Alles, was sich zwischen einem In- und einem Out-Point befindet, wird benutzt; alles jenseits der Points bleibt außen vor.

4.1.1 Clips im Projektfenster vorschneiden

Wie Sie bereits wissen, lassen sich Clips direkt aus dem Projektfenster heraus in das Schnittfenster ziehen. Dabei wird jedoch prinzipiell der gesamte Clip des Films verwendet. Im Schnittfenster ließe er sich zwar einkürzen, doch ist das mitunter zu aufwendig.

Schritt für Schritt: Rohschnitt im Projektfenster

Beispielhaft wollen wir einen recht langen Clip am Anfang und Ende einkürzen. Zusätzlich schauen wir uns noch an, wie ein Direktimport ins Schnittfenster mittels Drag & Drop realisiert werden kann.

1 Neues Projekt erzeugen

Erzeugen Sie bitte zunächst ein neues Projekt.

2 Clips importieren

Aktivieren Sie die Ansicht BEARBEITUNG, und platzieren Sie einen Doppelklick auf den freien Bereich des Projektfensters. (Dort steht ZUNÄCHST MEDIEN IMPORTIEREN.) Wählen Sie alle Clips des Beispielordners *04* aus (indem Sie z. B. die erste Datei markieren und danach mit gehaltener Taste [⇧] auf die letzte Datei innerhalb des Ordners klicken). Sie können die Beispieldateien unter *http://www.rheinwerk-verlag.de/5324* herunterladen, dort unter »Materialien zum Buch«. Zuletzt aktivieren Sie ÖFFNEN.

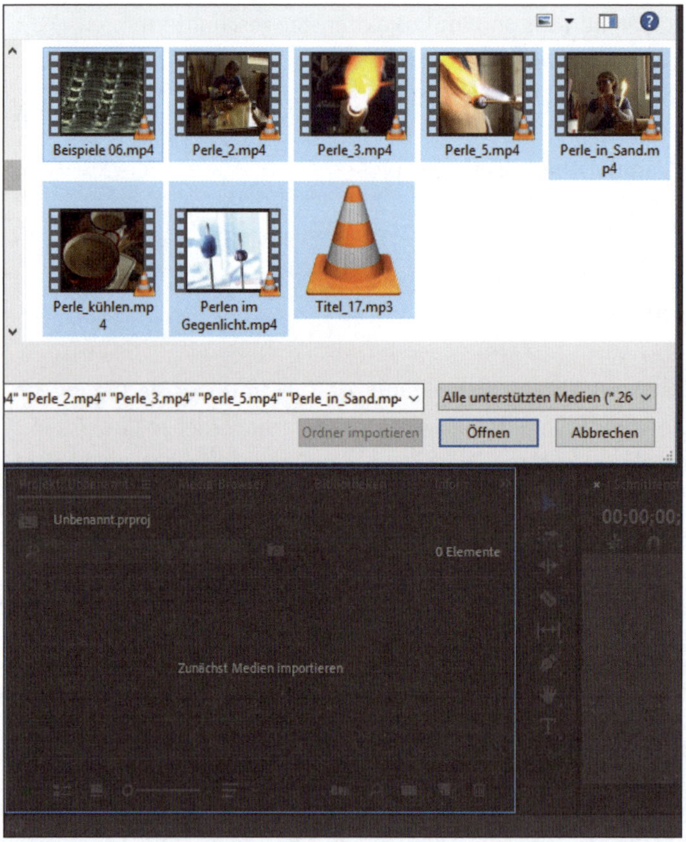

▲ **Abbildung 4.1** Importieren Sie die Beispieldateien.

3 Ansicht optimieren

Zur besseren Übersicht parken Sie den Mauszeiger auf dem Projektfenster und drücken [Ü]. Ziehen Sie zudem den Schieberegler für die Miniaturgröße unten links im Fenster ganz nach rechts.

4 Clip scrubben

Stellen Sie den Mauszeiger auf die Clip-Miniatur *Perle_in_Sand.mp4*, und bewegen Sie das Zeigegerät (ohne Mausklick) langsam nach rechts. Auf diese Weise können Sie den Inhalt des Films sichten. Gerne dürfen Sie auch anschließend eine Bewegung nach links machen, was zur Folge hat, dass der Clip-Inhalt rückwärts wiedergegeben wird. Beachten Sie den kleinen horizontalen Farbbalken, der sich direkt unterhalb der Clip-Miniatur befindet. Wenn der Abspielkopf ❶ von links aus gesehen ca. ein Viertel der Gesamtlänge des Balkens vorangekommen ist, stoppen Sie. Klicken Sie kurz auf das Asset im Projektfenster.

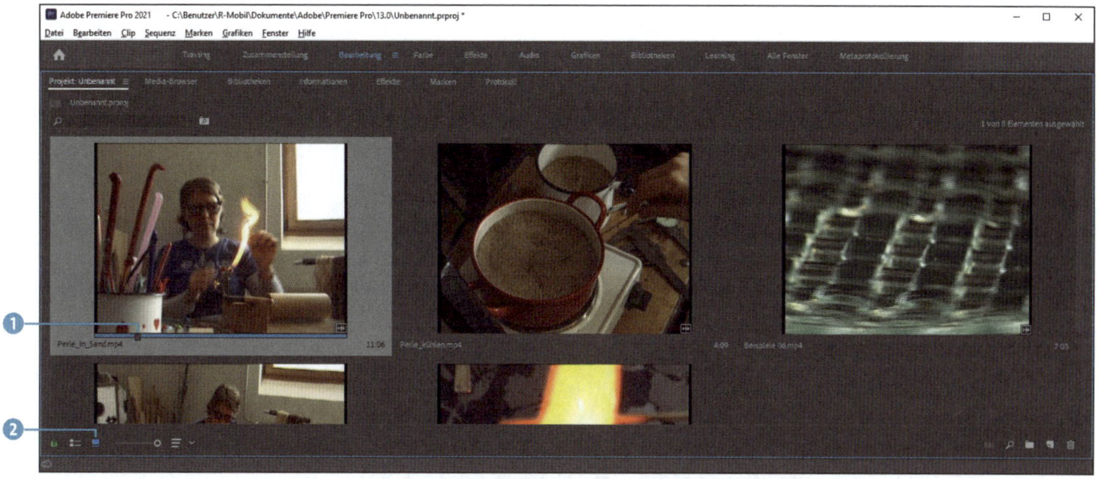

▲ **Abbildung 4.2** Dies ist die richtige Position für den In.

Miniaturen nicht sichtbar?

Sollten die Bildminiaturen nicht sichtbar sein, befinden Sie sich in der LISTENANSICHT. Diese ist jedoch für den Vorschnitt ungeeignet, weshalb Sie auf SYMBOLANSICHT ❷ umschalten sollten.

5 In setzen

Jetzt drücken Sie [I] auf Ihrer Tastatur, wodurch ein sogenannter In-Point oder kurz **In** platziert wird. Der Clip soll später erst ab dieser Position Verwendung finden. Kontrollieren Sie den Balken. Sie werden feststellen, dass alles links von der Abspielmarke grau ausgezeichnet wird – ein Indiz dafür, dass dieser Bereich vernachlässigt wird.

▲ **Abbildung 4.3** Der Teil links der Abspielmarke wird ignoriert.

6 JKL-Navigation benutzen

Sie können die kleine Abspielmarke unterhalb der Miniatur ziehen. Alternativ benutzen Sie [L] oder die Leertaste zum Vorwärtsabspielen, während es mit [J] rückwärts geht. Mehrfaches Drücken einer der beiden Tasten beschleunigt das Abspielen. Mit [K] halten Sie den Clip an. Drücken Sie [L], während [K] festgehalten wird, können Sie einzelbildweise im Bild nach vorne gehen. [J] (während [K] gedrückt ist) bewirkt hingegen, dass Sie sich Bild für Bild zurückbewegen können.

7 Out setzen

Bewegen Sie den Schieberegler jetzt weiter nach rechts (z. B. durch Druck auf die Leertaste). Stoppen Sie, unmittelbar nachdem die Darstellerin im Video auf die Gradzahl hingewiesen hat (z. B. erneut Leertaste drücken). Betätigen Sie [O], was zur Folge hat, dass auch der rechte Bereich ❶ grau angezeigt wird.

◂ **Abbildung 4.4**
Der farbige Bereich des Clips zeigt, welche Stelle des Films verwendet wird – nämlich exakt der zwischen In- und Out-Point.

8 Clip abspielen

Wollen Sie das Resultat einmal im Quellmonitor begutachten? Dann setzen Sie einen Doppelklick auf die Miniatur. Das sorgt nicht nur dafür, dass der Clip im Quellmonitor angezeigt wird, sondern auch für die Rückkehr zur Standardansicht der Arbeitsoberfläche (anstelle von [Ü]). Zuletzt betätigen Sie [Strg]/[⌘]+[⇧] + Leertaste. Das hat zur Folge, dass der Clip zwischen den beiden zuvor gesetzten Punkten abgespielt und anschließend wieder gestoppt wird. Auch hier werden In und Out übrigens angezeigt, wenngleich sie hier eher Ähnlichkeit mit einer Mengenklammer haben. Allerdings haben beide Ansichten (im Projektfenster und Quellmonitor) gemeinsam, dass Bereiche jenseits von In und Out auf der Zeitleiste ausgegraut dargestellt werden.

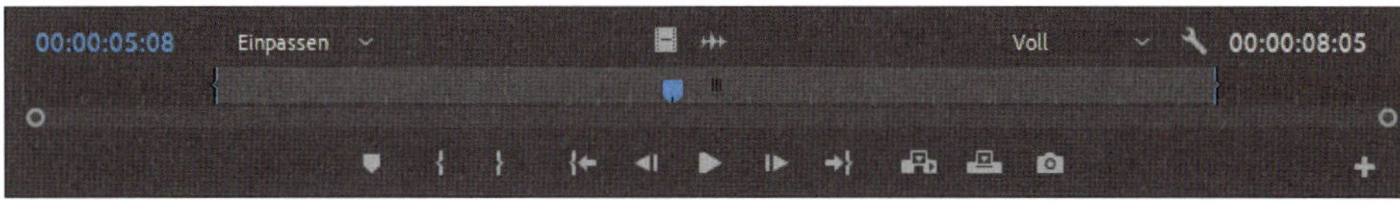

▲ **Abbildung 4.5** In und Out sind auch hier gut zu sehen.

Clips duplizieren

Falls Sie einen Clip im Projektfenster mehrfach benötigen, kann dieser mit rechts angeklickt und per Anwahl von Duplizieren vervielfältigt werden. Das Gleiche funktioniert per Drag & Drop, während Sie Strg/⌘ festhalten. Dabei werden In und Out übrigens mit kopiert, können jedoch auf der Kopie dann individuell verändert werden, ohne dass die Punkte am Originalclip verändert werden. Diese Vorgehensweise ist von Vorteil, wenn aus längeren Clips mehrere Passagen verwendet werden sollen.

4.1.2 Clips weiterverarbeiten

Das Zuschneiden von Clips im Quellmonitor dürfte durch die herausragenden Funktionen innerhalb des Projektfensters ein wenig in den Hintergrund treten. Dennoch ist auch hier das Festlegen eines bestimmten Clip-Bereichs sehr gut möglich.

Schritt für Schritt: In- und Out-Points im Quellmonitor setzen

In diesem Workshop werden (wie zuvor auch) In- und Out-Points gesetzt. Allerdings werden wir das diesmal im Quellmonitor machen. Außerdem werden Sie erfahren, wie das Schnittfenster mit den fertig markierten Clips versehen wird.

1 Projekt vorbereiten

Lassen Sie uns noch einmal von vorn anfangen. Entfernen Sie In und Out, indem Sie mit rechts auf das Lineal innerhalb des Quellmonitor-Bedienfeldes klicken und sich im Kontextmenü für In- und Out-Point löschen entscheiden. Genauso können Sie auch innerhalb des Quellmonitors vorgehen. In welchem Arbeitsbereich Sie also das Löschen der Points vornehmen, bleibt Ihnen überlassen.

2 Assets importieren

Reduzieren Sie vorab die im vorangegangenen Workshop vergrößerten Miniaturen wieder, indem Sie den entsprechenden Schieberegler unten links im Projektfenster wieder ganz nach links ziehen. Drücken Sie Strg/⌘+I, und integrieren Sie alle in dem Ordner *04* befindlichen Clips in das Projektfenster. Dazu öffnen Sie ihn während des Importvorgangs, markieren einen darin befindlichen Clip, betätigen anschließend Strg/⌘+A und klicken auf Öffnen (Windows) bzw. Importieren (Mac).

3 Clips in den Quellmonitor stellen

Für den Fall, dass Sie den vorangegangenen Workshop nicht gemacht haben, setzen Sie zunächst einen Doppelklick auf die Datei *Perle_in_Sand.mp4* innerhalb des Projektfensters. Die Folge: Der Film wird im Quellmonitor bereitgestellt. Außerdem wird das Bedienfeld Quellmonitor automatisch ausgewählt.

4 Clips abspielen

Die nächsten Schritte machen wir vollkommen ohne Zuhilfenahme der Maus. Immerhin wollen wir ja so schneiden, wie es die Cutterinnen und Cutter im Tagesgeschäft auch machen. Stellen Sie die Abspielmarke ganz nach vorne, also an den Anfang des Clips. Das erledigen Sie mit Druck auf [Pos1] auf Ihrer Tastatur. Spielen Sie mit [L] ab, und stoppen Sie mit [K]. Müssen Sie vielleicht noch ein wenig zurück? Dann betätigen Sie [J], gefolgt von [K].

5 In- und Out-Point setzen

Wenn sich die Abspielmarke auf dem gewünschten In-Point befindet, drücken Sie einfach [I]. Ähnlich setzen wir den In. Drücken Sie [L], damit sich die Abspielmarke wieder in Bewegung setzt. Platzieren Sie den Finger über der Taste [O], und hören Sie der Handwerkerin zu. Unmittelbar nach ihrem Statement »… hat um die achtzehnhundert Grad« drücken Sie die Taste – fertig sind die In- und Out-Punkte. Auch wenn das Video noch bis zu Ende abgespielt wird – die Points sind festgelegt.

▲ **Abbildung 4.6** Punktlandung: In und Out sind gesetzt – ohne Maus.

Somit haben Sie den Bereich, den Sie für Ihr Projekt verwenden wollen, vorselektiert. Unterhalb des Monitors wird dieser Bereich ebenfalls angezeigt (farbig). Genau dieser Teil wird jetzt verwendet, und alles, was sich links und rechts daneben befindet, wird fein säuberlich ignoriert.

Profi-Tipp: Exakte Navigation

Fortgeschrittene Anwenderinnen und Anwender setzen für die exakte Bestimmung von In- und Out-Point die Tastatur ein. Halten Sie bei aktiviertem Quellmonitor-Fenster [←] oder [→] gedrückt, um sich dem gewünschten Punkt (In oder Out) zu nähern. Die exakte Positionierung des Abspielkopfes erfolgt dann durch mehrfache kurze Betätigung von [←] und [→]. Ist die Position gefunden, drücken Sie [I] oder [O].

Schritt für Schritt: Clip in Sequenz umwandeln

Durch das Umwandeln eines Clips in eine Sequenz wird die Grundlage für den späteren Film geschaffen. Denn alles, was Sie später als Film ausgeben wollen, muss vorab chronologisch in einer Sequenz gesammelt werden.

1 Sequenz erstellen

Damit vorgeschnittene Clips Teil unseres Films werden können, muss eine Sequenz erzeugt werden. Das ist eine Art Timeline, in der die Filmschnipsel chronologisch einsortiert werden. Markieren Sie den soeben vorgeschnittenen Clip ❶ im Projektfenster, und ziehen Sie ihn mit gedrückter Maustaste auf das Blatt-Symbol Neues Objekt ❷ im Fuß des Bedienfeldes.

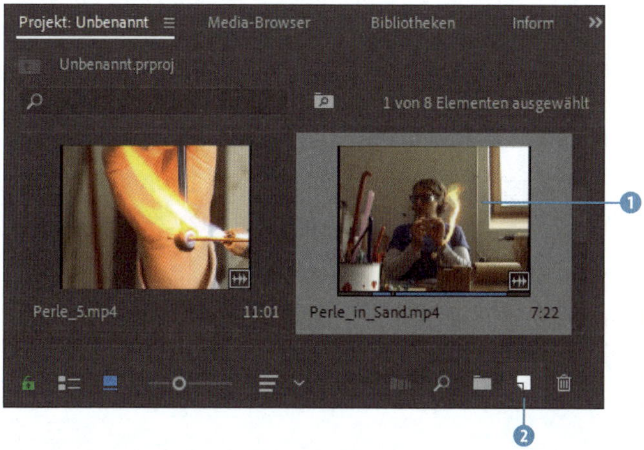

◀ **Abbildung 4.7**
Das Erzeugen einer Sequenz mit den benötigten Einstellungen gelingt am schnellsten per Drag & Drop im Projekt-Bedienfeld.

Sequenzen erzeugen

Sequenzen können auch erzeugt werden, indem Sie auf das Blatt ❷ klicken. Allerdings müssen Sie anschließend die korrekten Sequenzeinstellungen vornehmen. Dazu müssen Sie z. B. wissen, welche Auflösung das Videomaterial hat, in welchem Seitenverhältnis es vorliegt und vieles mehr. Durch die zuvor beschriebene Drag-&-Drop-Methode ersparen Sie sich diesen erheblichen Mehraufwand, da Premiere Pro den Clip analysiert und automatisch die darauf basierenden Sequenzeinstellungen vornimmt.

2 Sequenz abspielen

Die Folge: Es wird ein Schnittfenster erzeugt ❶. Drücken Sie die Leertaste, damit der Sequenzinhalt im Programmmonitor abgespielt wird. Sie werden feststellen, dass der Clip ❷ wiedergegeben wird – und zwar nur der Teil zwischen In und Out. Ebenfalls wichtig: Im Projektfenster ist ein Asset dieser Sequenz erzeugt worden – erkennbar an dem Symbol ❸ unten rechts auf der Miniatur.

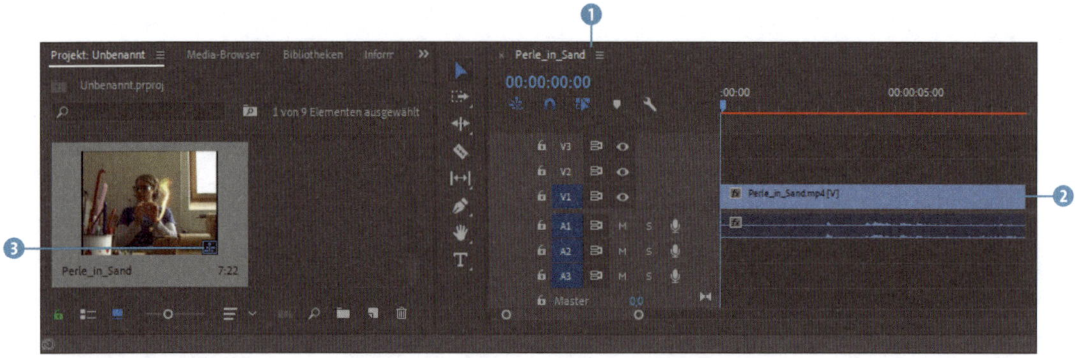

▲ **Abbildung 4.8** Jede Sequenz ist als eigenständiges Asset im Projektfenster vorhanden.

3 Optional: Points verändern

Die vorherige Festlegung von In und Out ist keinesfalls etwas für die Ewigkeit, denn der Clip lässt sich auch im Schnittfenster noch weiter kürzen oder auch verlängern (sofern noch Material jenseits der Points zur Verfügung steht). Um das zu bewerkstelligen, klicken Sie an den Anfang oder das Ende des Clips im Schnittfenster und ziehen mit gedrückter Maustaste in die gewünschte Richtung. Übrigens haben derartige Aktionen keinerlei Einfluss auf die In- und Out-Points des vorgeschnittenen Clips im Projektfenster. Dort bleiben die Points so erhalten, wie sie ursprünglich festgelegt worden sind. Die Feinheiten dieser Technik lernen Sie noch in einem ausführlicheren Workshop kennen.

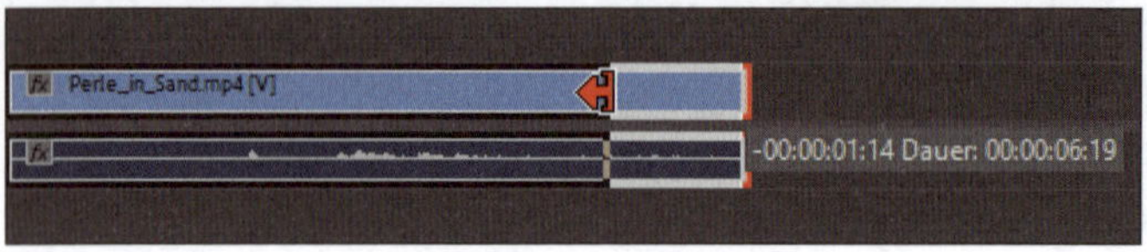

◂ **Abbildung 4.9**
Hier wird das Ende des Clips gekürzt, also der Out-Point nach links verschoben.

In der Anzeige rechts neben dem Clip-Balken sehen Sie übrigens links die Kürzung, die Sie gerade vornehmen, während die rechte Zahlenkombination (DAUER) anzeigt, wie lang der Clip unter den gegebenen Voraussetzungen noch sein wird. Bitte beachten Sie, dass sich die In- und Out-Points im Projektfenster und im Quellmonitor immer synchron verhalten. Verändern Sie einen Point in dem einen Fenster, wird dieser in dem anderen automatisch angepasst. Das ist im Schnittfenster anders. Hier können Sie mit dem Clip machen, was Sie wollen, ohne dass es Einfluss auf die Ins und Outs im Quellmonitor oder Projektfenster hat.

Schritt für Schritt: Mehrere Clips in Sequenz umwandeln

Sie haben eben erfahren, wie leicht es ist, aus einem Clip die passende Sequenz zu erzeugen. Zudem wissen Sie bereits, dass sich Clips im Quellmonitor und im Projektfenster komfortabel vorschneiden lassen. Da wäre es doch nur konsequent, wenn anschließend weitere Clips mit In und Out versehen werden könnten und sich dann gemeinsam in die vorhandene Sequenz übertragen ließen, oder? Noch besser, wenn wir auch noch gleich die Reihenfolge der Clips anpassen könnten. Kein Problem. Hier ist die Lösung:

1 Optional: Neue Sequenz erzeugen

Für den Fall, dass Sie den vorangegangenen Workshop nicht gemacht haben, erzeugen Sie zunächst eine Sequenz. Das erreichen Sie, indem Sie einen beliebigen Clip auf das Blatt-Symbol im Fuß der Anwendung ziehen und dort fallen lassen.

2 Einfügemarke positionieren

Nun gibt es zwei Möglichkeiten: Wollen Sie den Clip behalten und anschließend weitere Clips hinzufügen, drücken Sie `Ende` auf dem Ziffernblock Ihrer Tastatur. Das sorgt dafür, dass die Einfügemarke an das Ende der Timeline gesetzt wird – also hinter dem soeben eingefügten Clip steht. Alternativ spielen Sie die Sequenz einmal bis zu Ende ab (Leertaste). Möchten Sie hingegen mit komplett neuen Clips beginnen, markieren Sie den Clip im Schnittfenster und betätigen `Entf`. Danach betätigen Sie `Pos1`, um die Einfügemarke an den Anfang der Sequenz zu setzen. Die Position der Einfügemarke ist immer sehr wichtig, da sie bestimmt, ab welcher Position die Clips gleich eingefügt werden sollen.

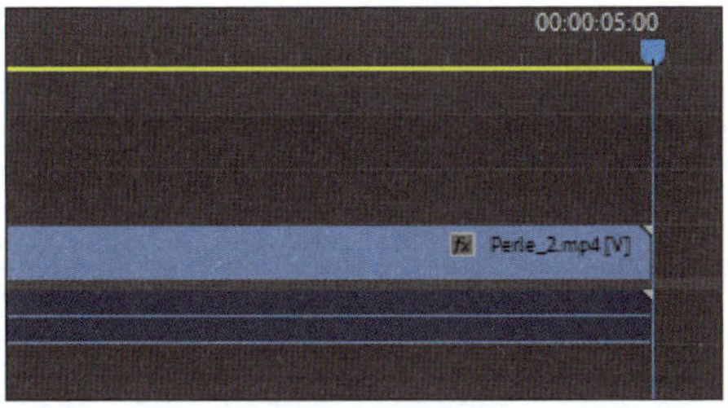

◂ **Abbildung 4.10**
Achten Sie auf die Position der Einfügemarke.

3 Ansicht optimieren

Jetzt sollten Sie die Maus auf dem Projekt-Bedienfeld parken und `Ü` drücken. Diese Vorgehensweise bringt das Projektfenster im wahrsten Sinne des Wortes »ganz groß raus« und gestattet somit einen besseren Überblick über die vorhandenen Assets.

4 Clips vorschneiden

Danach können Sie Clip für Clip im Projektfenster schneiden. Sie wissen ja, dass Sie dazu den kleinen Balken unterhalb der Bildminiaturen benutzen können und an der jeweils relevanten Position entweder [I] oder [O] betätigen. (Voraussetzung dafür ist natürlich, dass im Fuß des Fensters die SYMBOLANSICHT gewählt ist.) Möchten Sie einen Clip lieber im Quellmonitor schneiden, doppelklicken Sie auf die Miniatur. Danach setzen Sie In und Out dort und wiederholen anschließend Schritt 3.

5 Clips sortieren

Wenn Sie alle Points gesetzt haben, sollten Sie dazu übergehen, die Filme in die richtige Reihenfolge zu bringen. (Es existiert zwar eine Alternative, doch dazu später mehr.) Erledigen Sie die Anordnung einfach per Drag & Drop im Projektfenster. Achten Sie auf die senkrechten Balken, wodurch symbolisiert wird, an welcher Position Sie einen Clip fallen lassen können.

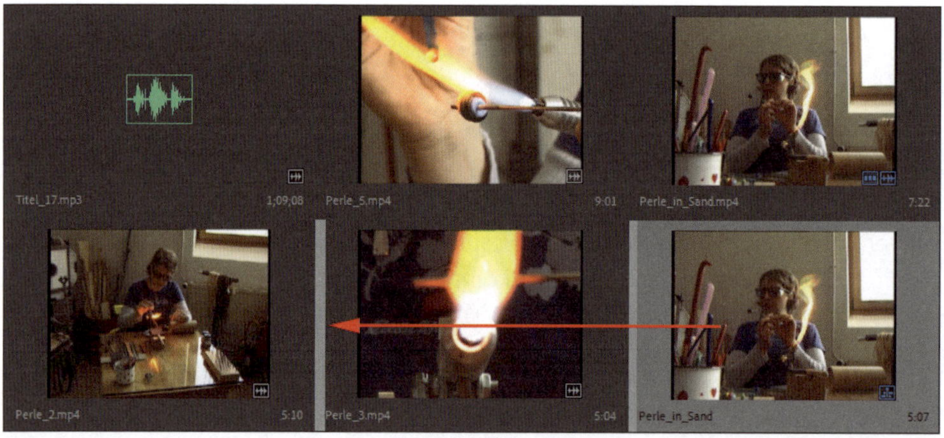

▲ **Abbildung 4.11** Bringen Sie die Clips durch Ziehen und Fallenlassen in die gewünschte Reihenfolge.

6 Clips markieren

Im Anschluss daran sollten Sie die relevanten Clips markieren. Wenn mehrere unmittelbar nebeneinander angeordnete Clips ausgewählt werden sollen (was ja bedingt durch die vorherige Sortierung in der Regel der Fall ist), klicken Sie zunächst nur den ersten an. Danach halten Sie [⇧] gedrückt und wählen den letzten ebenfalls per Mausklick aus. Wollen Sie hingegen mehrere Clips markieren, die nicht nebeneinanderliegen, müssen Sie zunächst [Strg]/[⌘] festhalten und dann nacheinander alle Clips anklicken, die in die Auswahl aufgenommen werden sollen.

7 Clip-Einfügung starten

Klicken Sie unten rechts auf den Schalter IN SEQUENZ EINFÜGEN, wobei Sie wissen sollten, dass dieser Button nur zur Disposition steht, wenn bereits eine Sequenz erzeugt worden ist (siehe Schritt 1).

▲ **Abbildung 4.12** Jetzt werden die Clips ins Schnittfenster gebracht.

8 Attribute vergeben

Im folgenden Dialog können Sie nun bestimmen, wie es weitergehen soll. Schalten Sie die ANORDNUNG auf SORTIERREIHENFOLGE (da Sie die Assets ja zuvor bereits in eine bestimmte Reihenfolge gebracht haben). Die Checkboxen STANDARDÜBERBLENDUNG ANWENDEN und STANDARD-VIDEOÜBERBLENDUNG ÜBERNEHMEN deaktivieren Sie bitte, da es ansonsten zwischen den Clips generell zur Überblendung kommt. Bestätigen Sie mit OK.

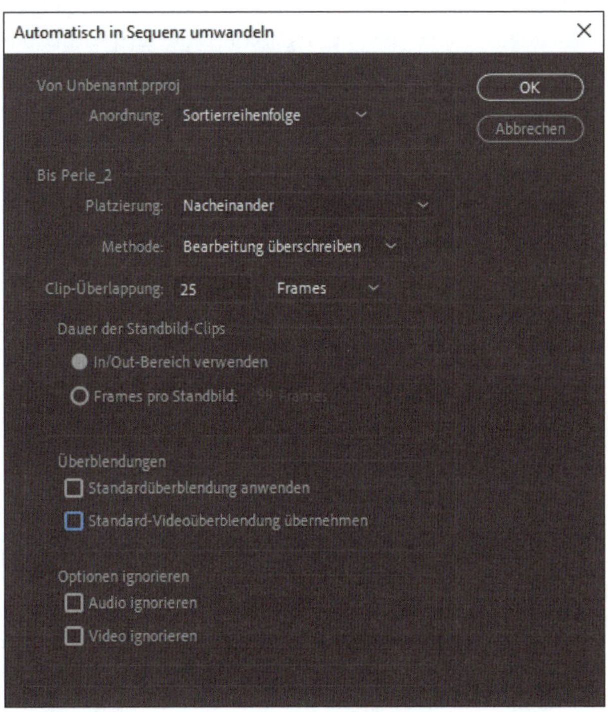

◂ **Abbildung 4.13**
Die zuvor per Maus festgelegte Reihenfolge ist bei der Sortierung der Clips im Schnittfenster berücksichtigt worden.

9 Clips abspielen

Drücken Sie erneut [Ü], während die Maus auf dem Projektfenster angeordnet ist, und klicken Sie auf das Schnittfenster, damit dieses aktiviert wird. Danach spielen Sie die Sequenz ab (Leertaste).

Automatisch in Sequenz umwandeln | Schauen wir uns den Dialog Automatisch in Sequenz umwandeln etwas genauer an:

- Anordnung: Hier entscheiden Sie sich für die Sortierreihenfolge, wenn die Clips in der Reihenfolge übernommen werden sollen, in der sie im Projektfenster vorliegen. Mit Auswahlreihenfolge würden sie in der Reihenfolge eingefügt, in der sie zuvor im Projektfenster mittels Mausklick markiert worden sind.
- Platzierung: Zunächst einmal steht hier nur Nacheinander zur Verfügung. Die Clips reihen sich also hintereinander auf. Sollten Sie zuvor Sequenzmarken gesetzt haben, steht auch An nicht nummerierten Marken zur Auswahl.
- Methode: Wählen Sie Einfügen, wenn nachfolgende Clips im Schnittfenster artig Platz machen sollen, sobald die Clips integriert werden. Mit Überschreiben würden eventuell schon vorhandene Clips überdeckt. Deren Inhalt ginge also verloren.
- Clip-Überlappung: Eine Clip-Überlappung findet nur dann statt, wenn Sie Standard-Videoüberblendung übernehmen angewählt haben. In diesem Fall überlappen sich angrenzende Clips, um eine Überblendung zu realisieren. Wenn dies die standardmäßig definierte sein soll, muss Standardüberblendung anwenden ebenfalls angehakt sein. Wie viele Einzelbilder dafür herangezogen werden, legen Sie mit dem Wert für die Clip-Überlappung fest. Entscheiden Sie ferner, ob die Clips ineinander überblendet werden sollen. (Es ist etwas verwirrend, doch mit Standardüberblendung sind lediglich die Audioüberblendungen gemeint.)
- Optionen ignorieren: Setzen Sie ein Häkchen vor Audio ignorieren, wenn Sie nur die Videos, nicht jedoch die dazugehörige Soundspur integrieren wollen. Wenn hingegen nur die Audiospur Verwendung finden soll, aktivieren Sie Video ignorieren.

4.1.3 Clips nachträglich kürzen

Im vorangegangenen Workshop haben Sie Clips Ihren Vorstellungen nach mit In- und Out-Points angepasst. Oftmals werden Sie aber nach Sichtung des Filmmaterials noch gar nicht genau wissen, wo denn ein Schnitt erfolgen soll und wo nicht. In einem solchen Fall dürfen Sie die Assets zunächst auch »ungefähr« vorschneiden. Befinden sich die Clips in der Timeline, können Sie an den Feinschnitt gehen.

Die einfachste Art und Weise, einen Clip nachträglich im Schnittfenster zu kürzen, ist das Verziehen des Anfangs oder des Endes. Diese Technik haben Sie ja bereits kennengelernt. Wenn Sie allerdings lieber den Quellmonitor zur Hilfe nehmen, ist das auch kein Problem. Setzen Sie einfach einen Doppelklick auf den Clip im Schnittfenster, um ihn im Quellmonitor anzeigen zu lassen. Dort können Sie nun In- oder Out-Point nach innen verschieben. Der Clip wird daraufhin im Schnittfenster automatisch angepasst. Sie müssen allerdings berücksichtigen, dass an der Stelle, an der Sie den Clip kürzen, eine Lücke entsteht, die anschließend per Rechtsklick in die Lücke mit anschließender Selektion des einzigen zur Verfügung stehenden Befehls geschlossen werden muss. Rechts daneben befindliche Clips rücken entsprechend auf. (Auch diese Technik schauen wir uns später noch genauer an.)

▲ **Abbildung 4.14** Im Schnittfenster entstehen Lücken.

Das Ausdehnen der Clips ist hingegen auf die beschriebene Weise nicht möglich. Versuchen Sie beispielsweise, den Out-Point eines Clips im Quellmonitor weiter nach rechts zu verschieben, wird diese Aktion nicht von Erfolg gekrönt sein. Wie Sie hier vorgehen müssen, erfahren Sie in Abschnitt 4.4, »Clips im Schnittfenster trimmen«.

4.2 Der Timecode

Timecode ist vom Ursprung her die Bezeichnung von Zeiteinheiten, die zusammen mit der Videoaufnahme auf Band oder auf sonstige Speichermedien gesichert werden. Der Timecode sollte fortlaufend sein und bleibt auch beim Import in die Videoschnittsoftware erhalten. Dort kann er hilfreiche Dienste verrichten. So lässt sich anhand des Timecodes eine bestimmte Stelle der Aufnahmen gezielt ansteuern.

Innerhalb von Premiere Pro befinden sich zahlreiche Steuerelemente, die den Timecode ausweisen. Das trifft beispielsweise auf die Zeitanzeigen unten links in den Monitoren zu. Korrekterweise muss man zwar sagen, dass damit die Position des Abspielkopfes wiedergegeben wird, doch orientiert sich diese am Original-Timecode. Das ist auch der Grund dafür, dass möglicherweise nicht jeder Clip bei 00:00:00:00 beginnt.

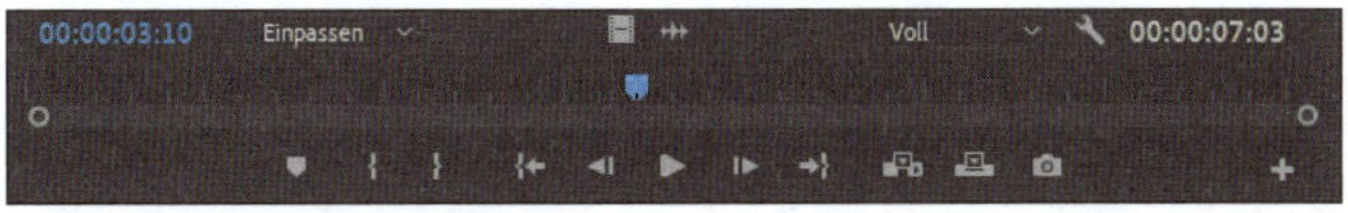

▲ **Abbildung 4.15** Während der linke Zahlencode veränderbar ist, bleibt der rechte starr.

4.2.1 Aufbau des Timecodes

Alle vorgenannten Anzeigen beziehen sich auf den jeweils zugehörigen Clip. Anders ist das beim Schnittfenster-Timecode. Dieser bezieht sich stets auf die gesamte Sequenz, also den Inhalt des Schnittfensters, und beginnt von Haus aus immer bei 00:00:00:00 (im Gegensatz zum Clip-Timecode).

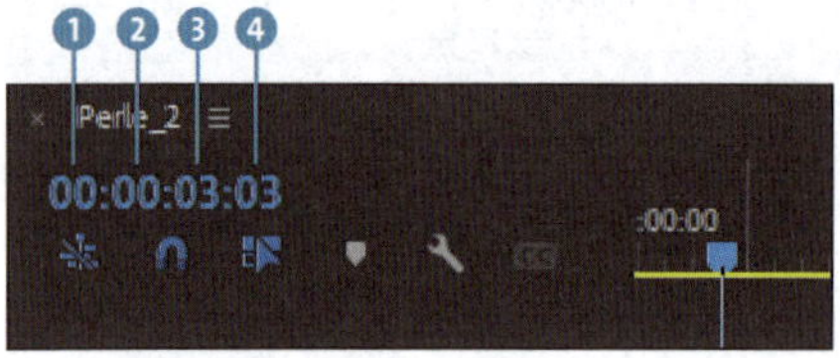

◂ **Abbildung 4.16**
Der Timecode innerhalb des Sequenzfensters gibt immer die Position der Abspielmarke innerhalb der Sequenz an.

Die Zahlenpärchen haben folgende Bedeutung:

1. Stunden
2. Minuten
3. Sekunden
4. Frames

Die ersten drei Zahlenpärchen sind wenig spektakulär und erklären sich von selbst. Anders sieht es mit den Frames aus. Hier wird nämlich die Anzahl von Bildern pro Sekunde als Maßeinheit herangezogen. In einem PAL-Projekt, das aus 25 Einzelbildern pro Sekunde besteht, werden auch hier nur 25 Einheiten benutzt, bei einem NTSC-Projekt wären es hingegen 30 Einheiten. Beachten Sie in diesem Zusammenhang aber, dass das erste Bild einer Sekunde immer das Bild 00 ist. Die Zählung beginnt also nicht bei 1, sondern bei 0. Demzufolge ist das letzte Bild einer Sekunde auch stets Bild Nummer 24. Anfangs mag dies etwas befremdlich wirken, Sie werden sich aber schnell daran gewöhnen.

Nicht standardmäßige Frameraten

Für Experten: Premiere Pro unterstützt seit Januar 2021 (Version 14.8) auch Timecodes, die außerhalb des Standards liegen, also auch 120 und 240 Frames pro Sekunde, sowie VFR-Clips.

4.2.2 Timecode-Eingabe

Sie haben verschiedene Möglichkeiten, den Wert des Timecodes zu ändern und damit, speziell im Schnittfenster, zu erreichen, dass die Einfügemarke an die Stelle springt, die Sie mithilfe des Timecodes angeben. Hierzu gibt es drei Methoden: Sie können die Hot-Text-Steuerelemente bedienen, den jeweiligen Abspielkopf verschieben oder den Timecode per Tastatur eingeben. Dazu klicken Sie den Timecode-Wert einfach an und lassen die Maustaste los. Geben Sie nun den gewünschten Timecode über die Tastatur ein, und schließen Sie die Eingabe mit [↵] ab.

Eingabe über den Nummernblock | Noch einfacher geht es, wenn Sie den Nummernblock Ihrer Tastatur benutzen. Dieser funktioniert übrigens nicht nur in den Monitorfenstern, sondern auch im Schnittfenster. Das vorherige Selektieren des Steuerelements entfällt. Beenden Sie die Eingabe aber bitte stets mit [↵] auf Ihrem Nummernblock. Andernfalls wird der Clip oder der Inhalt des Schnittfensters abgespielt.

Schreibweise bei der Eingabe des Timecodes | Bei der Eingabe können Sie getrost die Doppelpunkte ignorieren. Selbst vorangestellte Nullen dürfen Sie missachten. Wenn Sie also z. B. zu Sekunde 1, Frame 05 springen wollen, reicht es, wenn Sie die Zahlenkombinationen »105« eingeben. Praktisch, oder? Sie müssen dabei allerdings stets den Wert bis zum letzten Frame auffüllen. Wenn Sie also genau auf Sekunde 1 springen möchten, reicht es keinesfalls, nur die Zahl »1« einzugeben. Das würde die Einfügemarke nämlich auf Sekunde 0, Frame 1 positionieren. Premiere Pro ermittelt den Wert stets von der letzten Ziffer aus. Um Sekunde 1 zu erreichen, müssen Sie also »100« eingeben. Bestätigen Sie derartige Werte nach deren Eingabe stets mit [↵].

PAL- und NTSC-Timecode

Achten Sie bitte auf die unterschiedliche Darstellung des Timecodes in PAL und NTSC. Während die Zahlenpärchen bei 25 Einzelbildern (PAL) stets mit Doppelpunkten voneinander getrennt sind, stellt sich der Timecode mit 30 Einzelbildern (NTSC) mit Semikola dar.

4.3 Clips dem Schnittfenster hinzufügen und anordnen

Sie haben in diesem Kapitel bereits erfahren, wie Clips in Bezug auf In- und Out-Points vorbereitet werden können – und zwar sowohl im Projektfenster als auch im Quellmonitor. Nun müssen die Clips aber auch irgendwie in das Schnittfenster befördert werden.

4.3.1 Clips per Drag & Drop einfügen

Ziehen Sie Clips direkt aus dem Projektfenster in das Schnittfenster. Aus dem Quellmonitor heraus funktioniert das auch. Hier setzen Sie den Mauszeiger einfach auf den Monitor selbst und ziehen das gute Stück herunter in Ihr Schnittfenster. Falls Sie den Clip direkt am Anfang der Sequenz integrieren wollen, achten Sie darauf, dass sich eine vertikale schwarze Linie zeigt.

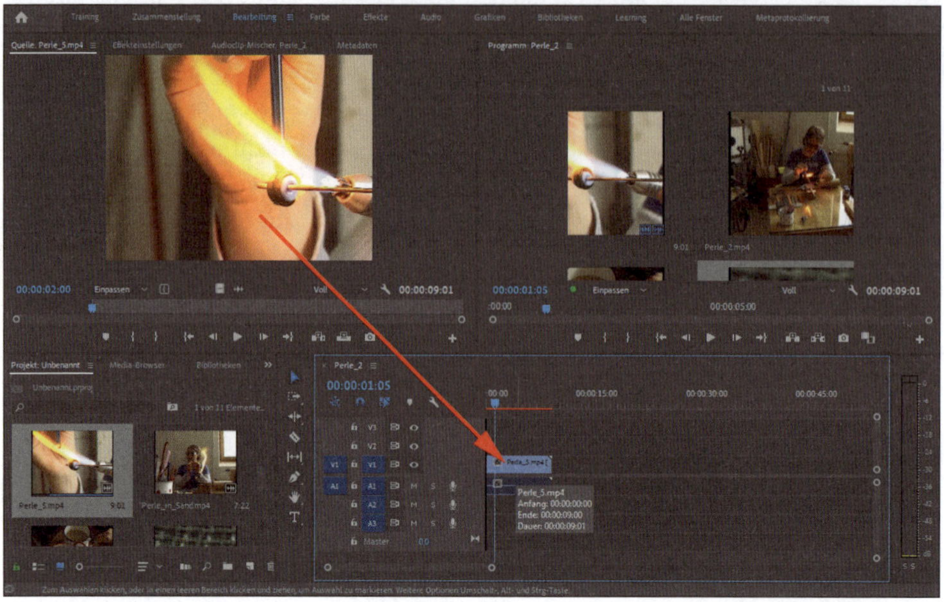

▲ **Abbildung 4.17** Drag & Drop vom Quellmonitor aus ist ein probater Weg ins Schnittfenster.

Während des Ziehens korrigieren

Sollte Ihnen während des Ziehens auffallen, dass Sie vielleicht doch den falschen Clip ausgewählt oder eine falsche Position angewählt haben, können Sie die Aktion verwerfen, solange die Maustaste noch gedrückt ist. Entweder ziehen Sie den Clip wieder zurück in den Monitor, oder – viel galanter – Sie drücken [Esc], bevor Sie die Maustaste loslassen. Haben Sie bereits losgelassen, geht es nur noch über [Strg]/[⌘]+[Z] zurück.

Nur Audio oder nur Video ziehen | Beim Ziehen eines AV-Clips (also aus Audio und Video bestehend) wird stets beides transportiert – Audio und Video. Was aber, wenn nur eines von beiden Verwendung finden soll und Sie nicht bereit sind, von der Drag-&-Drop-Methode abzuweichen? Nun, dann ziehen Sie den Clip nicht aus dem Monitor heraus, sondern aus dem kleinen Film-Symbol ❶ (befördert nur die Videospur) bzw. dem Wellenform-Symbol ❷ (befördert nur die Audiospur).

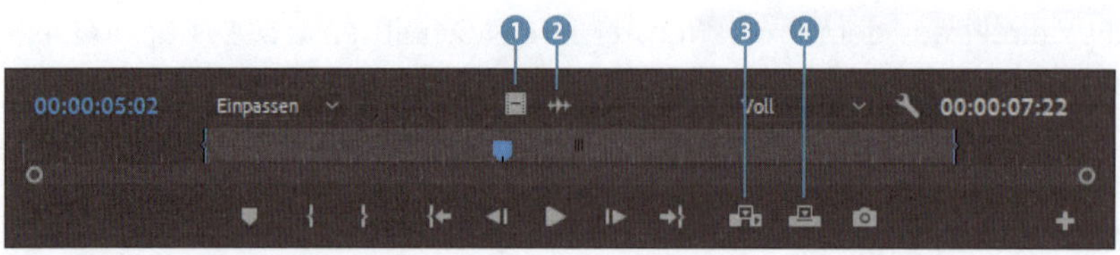

▲ **Abbildung 4.18** Das Film- bzw. das Wellenform-Symbol gleich unterhalb des Monitors kann ebenfalls gezogen werden.

Clips in den Programmmonitor ziehen | Eine weitere Möglichkeit, Clips in das Schnittfenster zu bringen: Drag & Drop unter Zuhilfenahme des Programmmonitors. Dazu bringen Sie den Abspielkopf des Schnittfensters zunächst an die Position, an der der Clip integriert werden soll. Ziehen Sie den Clip danach aus dem Quellmonitor oder dem Projektfenster direkt auf die Monitorfläche des Programmmonitors. Bewegen Sie die Maus (während die Maustaste gedrückt bleibt) auf das Feld, das die gewünschte Art der Einfügung repräsentiert. Danach lassen Sie los. Bei diesem Verfahren kommt es übrigens auch darauf an, welche Spur ausgewählt worden ist (auch dieses Thema wird gleich noch vertieft).

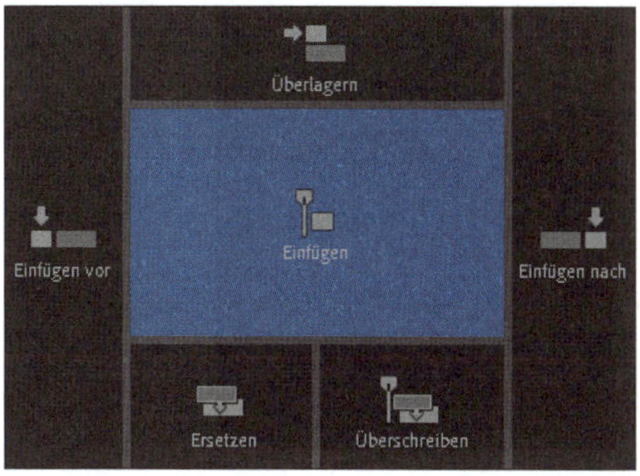

▲ **Abbildung 4.19** Ziehen Sie einen Clip auf den Programmmonitor, können Sie entscheiden, wie der Clip ins Schnittfenster integriert werden soll.

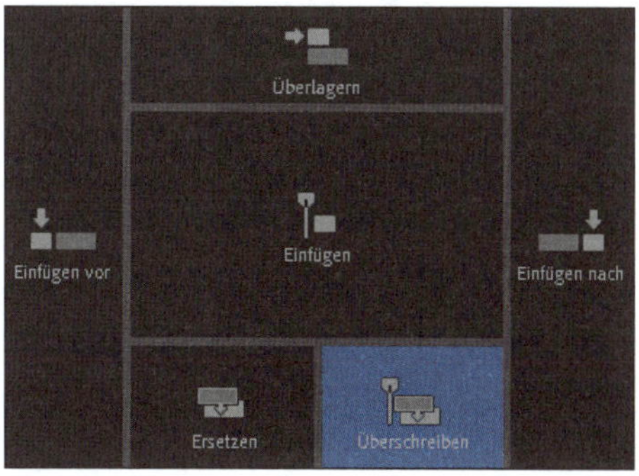

▲ **Abbildung 4.20** Der einzufügende Clip würde bei Anwahl dieser Option bereits vorhandene Clips überdecken.

Einfügen, Überlagern, Überschreiben | Es bestehen sechs verschiedene Möglichkeiten, einen Clip per Drag & Drop via Programmmonitor in das Schnittfenster zu bringen. Wie sich die einzelnen Funktionen auswirken, ist auch an den Abbildungen zu erkennen. (Der integrierte Clip ist zur Verdeutlichung rot gekennzeichnet.)

- **Einfügen** – Der Clip wird an der aktuellen Position der Einfügemarke eingefügt. Dabei werden bereits im Schnittfenster vorhandene Clips an dieser Position geschnitten. Rechts der Einfügemarke befindliche Clips oder Clip-Teile werden entsprechend der Länge des einzufügenden Clips nach rechts verschoben. Die Gesamtlänge ändert sich.
- **Überlagern** – Der zu integrierende Clip wird auf eine übergeordnete Videospur gelegt, sodass bereits im Schnittfenster vorhandene Clips unangetastet bleiben.

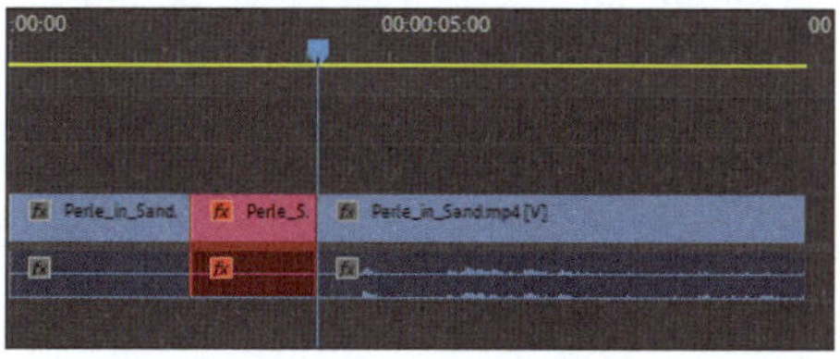

▲ **Abbildung 4.21** Clip einfügen

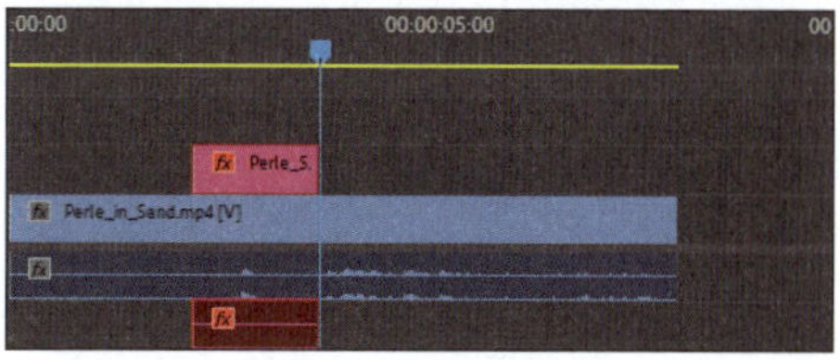

▲ **Abbildung 4.22** Clip überlagern

- **Einfügen vor** – Der einzufügende Clip wird nicht an der Position der Einfügemarke integriert, sondern vor dem Clip, auf dem die Einfügemarke aktuell platziert ist. Die Clips werden entsprechend der Länge des einzufügenden Clips nach rechts verschoben.
- **Einfügen nach** – Der einzufügende Clip wird hinter dem Clip positioniert, auf dem sich aktuell die Einfügemarke befindet. Sollten sich hinter diesem Clip weitere Clips befinden, werden diese entsprechend nach rechts verschoben.

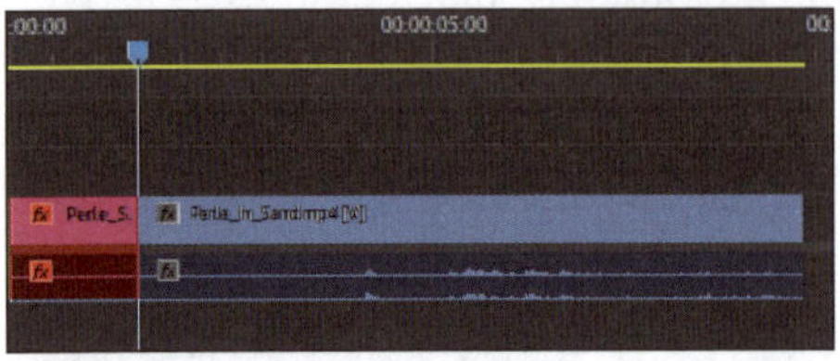

▲ **Abbildung 4.23** Clip einfügen vor

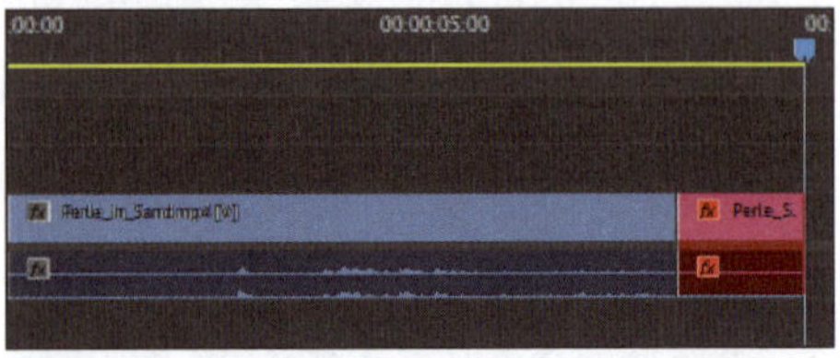

▲ **Abbildung 4.24** Clip einfügen nach

- **Ersetzen** – Der einzufügende Clip nimmt die Position des Clips ein, der sich aktuell an der Position der Einfügemarke befindet. In- und Out-Points des einzufügenden Clips werden dabei ignoriert.
- **Überschreiben** – Der Clip wird an der aktuellen Position integriert. Der bereits vorhandene Clip wird geschnitten (wie beim Einfügen), jedoch wird der rechts neben der Einfügemarke befindliche Clip-Teil nicht nach rechts verschoben, sondern behält seine ursprüngliche Position bei. Die Gesamtlänge ändert sich somit nicht.

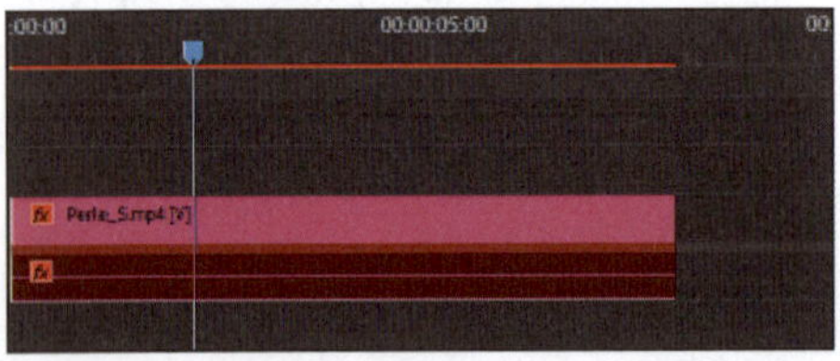

▲ **Abbildung 4.25** Clip ersetzen

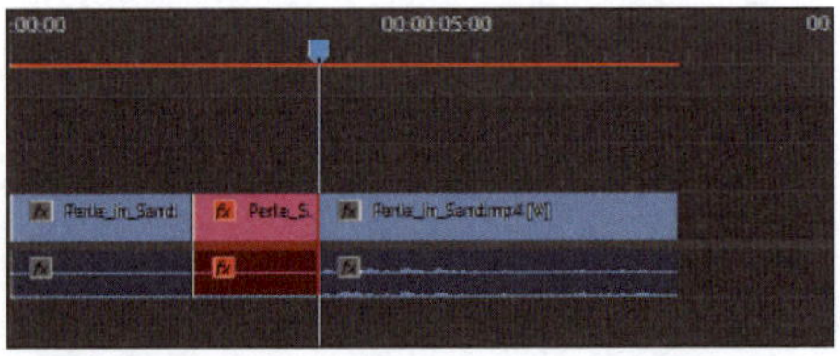

▲ **Abbildung 4.26** Clip überschreiben

4.3.2 Clips per Tastatur einfügen

Wem das mit dem Ziehen und Fallenlassen nicht so liegt, der kann selbstverständlich auch die Tastatur oder die Steuerelemente des Quellmonitors benutzen. Sie haben die Wahl, ob Sie lieber die Buttons EINFÜGEN ❸ bzw. ÜBERSCHREIBEN ❹ (Abbildung 4.18) in der Schaltflächenleiste des Quellmonitors oder [,] bzw. [.] benutzen, um die Clips in das Schnittfenster zu bringen. Für die Position der Einfügung sind jedoch grundsätzlich zwei Dinge entscheidend (sowohl bei der hier beschriebenen Methode als auch bei der Integration über den Programmmonitor):

1. Wo befindet sich die Einfügemarke?
2. Welche Videospur ist gerade ausgewählt (Spurauswahl)?

Spurauswahl (Zielführung und Quellpatching) | Bei zuletzt genannter Art der Einfügung müssen Sie also darauf achten, welche Spurköpfe im Schnittfenster markiert sind (die Spurköpfe, auch *Zielführung* genannt, sind die Flächen mit den Spurbezeichnungen V1, V2, A1, A2 usw.). Ganz links innerhalb der Spur befinden sich zudem noch zwei kleine, blaue Schaltflächen, mit denen Sie markieren können, welche Spuren für die nächste Einfügung bzw. Überlagerung berücksichtigt werden sollen. Das ist das sogenannte *Quellpatching*.

Dazu folgendes Beispiel: Sie wollen ein Video auf Spur V1 integrieren, während das Audio auf Spur A2 eingebettet werden soll. In diesem Fall müssen Sie zunächst das Quellpatching von A2 ❶ aktivieren, sofern dieses nicht bereits aktiviert ist (ein erneuter Klick darauf würde die Funktion übrigens wieder abwählen). Sie sehen, dass auch der Spurkopf von A1 aktiviert bleibt. Das bedeutet prinzipiell, dass jetzt jede der beiden Spuren zur Einfügung berücksichtigt werden könnte. Welche aber nun Ihre Zielspur ist, legen Sie mithilfe der Quellpatching-Flächen ❶ fest. Diese Flächen lassen sich übrigens nicht nur anklicken, sondern auch per Drag & Drop verschieben.

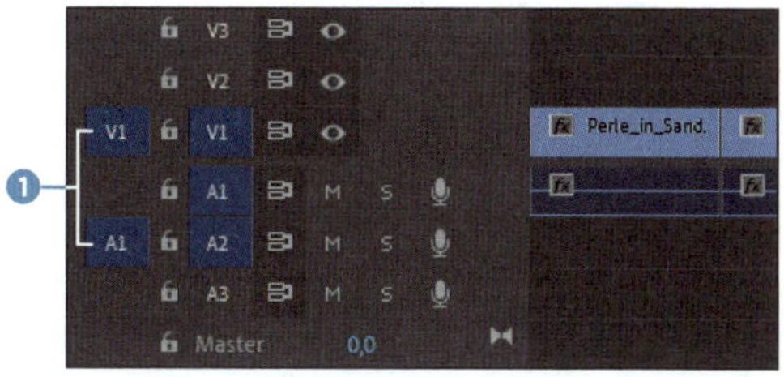

◂ **Abbildung 4.27**
Markieren Sie die Zielspur, bevor Sie den Clip aus dem Quellmonitor integrieren.

Keine Buttons wählen

Bitte achten Sie darauf, dass Sie zur Markierung nicht auf einen der im Spurkopf integrierten Buttons klicken. Damit würden Sie die jeweilige Funktion aus- oder einschalten, den Spurkopf jedoch nicht markieren.

Nur Video einfügen | Und noch ein wichtiges Beispiel: Sie haben die Spur Audio 1 (A1) zur Einfügung ausgewählt, diese jedoch gleichzeitig mithilfe des Schloss-Symbols gesperrt. Was passiert? – Richtig. Wenn Sie jetzt einen Clip einfügen, wird nur die Videospur integriert; das Audio bleibt außen vor. Diese Technik ist vor allem dann interessant, wenn Sie Ihre Videoclips später mit einem Sound nachvertonen und deshalb schon von Beginn an auf den Originalton verzichten möchten.

Integration von In bis Out

Beachten Sie, dass bei jeder Art von Clip-Transport in das Schnittfenster nur der Bereich zwischen In- und Out-Point Berücksichtigung findet, den Sie zuvor festgelegt haben – also nicht der gesamte Clip. Einzige Ausnahme ist hier die Funktion Ersetzen.

4.4 Clips im Schnittfenster trimmen

Wenn Sie den Anfang bzw. das Ende eines Clips Ihren Erfordernissen anpassen, indem Sie den Clip kürzen, handelt es sich um das sogenannte *Trimmen*. Zwar besteht die Möglichkeit, Clips im Quellmonitor oder im Projektfenster exakt vorzubereiten, jedoch wird es immer wieder vorkommen, dass Sie innerhalb der Sequenz (also im Schnittfenster) doch noch Anpassungen vornehmen müssen. Möglicherweise wollen Sie genau auf den Takt der Musik schneiden. Da ist eine nachträgliche Korrektur des Schnittpunktes unausweichlich.

4.4.1 Clips kürzen oder erweitern

Zum Verkürzen oder Erweitern stellen Sie die Einfügemarke an den Anfang oder an das Ende des Clips (der Mauszeiger mutiert zu einer roten Klammer) und ziehen ihn mit dem standardmäßig aktivierten Verschieben-Werkzeug in die gewünschte Richtung.
Wenn Sie beim Verkürzen nur die Maustaste benutzen, wird eine Lücke entstehen. Halten Sie hingegen [Strg]/[⌘] gedrückt (der Mauszeiger mutiert zur gelben Klammer), wird die Lücke geschlossen, und nachkommende Clips rücken entsprechend auf (entspricht der Funktion des Werkzeugs LÖSCHEN UND LÜCKE SCHLIESSEN). Achten Sie jedoch bei dieser Vorgehensweise immer darauf, die Maus nicht exakt auf den Schnittpunkt zwischen den beiden Clips zu stellen (denn dies würde das Rollen-Werkzeug aktivieren), sondern platzieren Sie das Werkzeug ein wenig in Richtung des Clips – also weg vom Schnittpunkt.

Ebenfalls wichtig: Achten Sie stets auf die Richtung der Klammern (sowohl die Klammer des Mauszeigers als auch die Klammer, die sich auf dem Clip befindet). Weist die Öffnung nach links, wird das Clip-Ende des linken Clips bearbeitet, zeigt sie nach rechts, wird der Anfang des rechten Clips verändert.

Mitunter ist nicht ganz leicht, die richtige Seite zu treffen. Bei stark ausgezoomtem Schnittfenster wird beispielsweise anstelle des In-Points des rechten Clips der Out-Point des linken markiert. Die Korrektur gestaltet sich schwierig. Setzen Sie in diesem Fall einen Rechtsklick auf die Stelle, und wählen Sie die korrekte Einstellung.

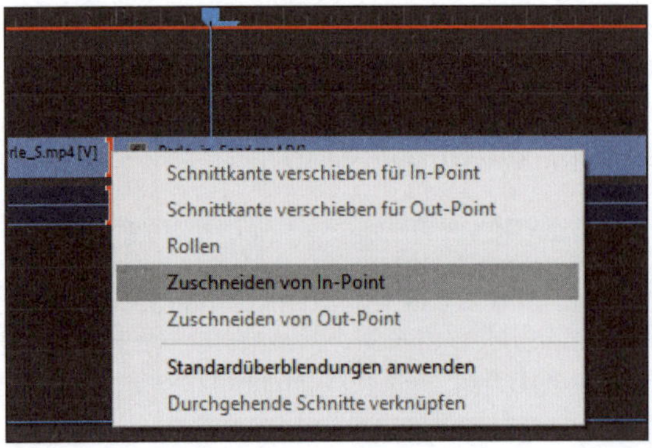

◀ **Abbildung 4.28**
Falsch positionierte Klammern lassen sich per Kontextmenü berichtigen.

Clip-Enden per Tastatur bearbeiten | Wie Clip-Anfang oder -Ende bearbeitet werden können, wissen Sie ja bereits. Zusätzlich existiert auch die Möglichkeit, Anfang oder Ende eines Clips zu markieren und anschließend mittels Strg/⌘+← bzw. Strg/⌘+→ Bild für Bild zu verschieben. Dadurch arbeiten Sie nicht nur schnell, sondern auch exakt. Und wenn es noch schneller gehen soll, betätigen Sie Strg/⌘+⇧ und die entsprechende Pfeiltaste. Dann geht es um jeweils fünf Frames vor oder zurück.

4.4.2 Löschen und Lücke mit dem Werkzeug schließen

Sollten Sie eine größere Anzahl von Clips nacheinander kürzen und die entstehenden Lücken schließen wollen, dürfen Sie auf das Werkzeug LÖSCHEN UND LÜCKE SCHLIESSEN (B) zurückgreifen (die Funktion ist identisch mit dem Halten von Strg/⌘ bei aktiviertem Verschieben-Tool). Hier müssen Sie nur Clip-Anfang oder -Ende ziehen. Das Halten einer Taste entfällt. Beachten Sie in diesem Zusammenhang aber, dass Sie anschließend wieder auf das Auswahl-Werkzeug (V) wechseln müssen. Benutzen Sie das Werkzeug LÖSCHEN UND LÜCKE SCHLIESSEN zusammen mit Strg/⌘, findet temporär der Wechsel zum Verschieben-Werkzeug statt. In diesem Fall würde also wieder eine Lücke entstehen.

Bevor Sie nun das Rollen-Werkzeug kennenlernen, mit dem Anfang und Ende gleichermaßen verschoben werden, noch ein wichtiger Punkt zur Beschaffenheit des Schnittmaterials.

4.4.3 Genügend Material ist wichtig

Die gängigsten Bearbeitungsmöglichkeiten innerhalb des Schnittfensters möchte ich Ihnen in Form von Mini-Workshops präsentieren. Welches Videomaterial Sie dazu benutzen, ist prinzipiell unerheblich. Sie sollten aber dafür sorgen, dass ausreichend Material innerhalb der einzelnen Clips zur Verfügung steht. Ist dies nicht der Fall, lassen sich diese Funktionen nicht anwenden.

Wenn das Ende eines Clips erreicht ist, kann dieses nur noch verkürzt, nicht aber verlängert werden, da der Clip ja dann über kein Material mehr verfügt. Haben Sie hingegen einen Clip mit In- und Out-Points versehen, die sich quasi im Mittelteil des Clips befinden, bleibt immerhin noch »verdecktes« Material erhalten, das zur Anwendung der folgenden Techniken auch dringend erforderlich ist.

Dass ein Clip am Anfang oder Ende »ausgereizt« ist, erkennen Sie an den kleinen mittelgrauen Dreiecken ❶ oben links oder rechts ❷. In diesem Fall sollten Sie die Clips zuvor mit dem Verschieben-Werkzeug (V) kürzen und dabei das Entstehen von Lücken verhindern. Sie wissen ja, Strg/⌘ gedrückt halten.

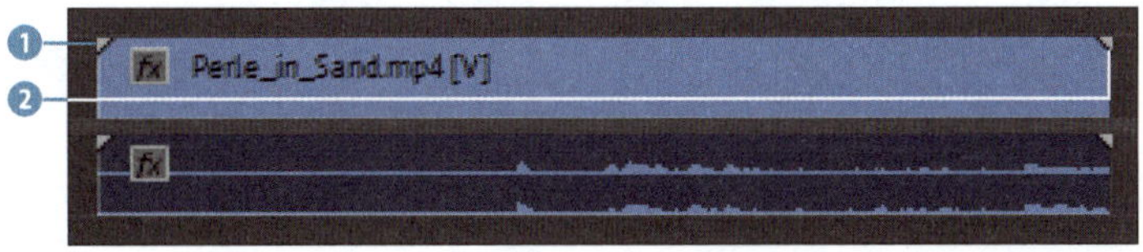

◀ **Abbildung 4.29**
Die kleinen grauen Ecken zeigen an, dass das Clip-Ende erreicht ist. Hier kann nichts mehr verlängert werden.

Achtung bei gesammelten Clips!

Es ist gut möglich, dass Sie irgendwann einmal mit einem Projekt zu tun bekommen, bei dem die Clips ausgereizt sind und dennoch keine Ecken angezeigt werden. So etwas passiert bei sogenannten »gesammelten Projekten«. Dabei handelt es sich um Projekte, bei denen die Clips auf Grundlage der Original-Assets neu erstellt wurden. Die Folge: Es sieht aus, als sei noch Material vorhanden, der Clip lässt sich jedoch nicht mehr auseinanderziehen. Im Übrigen erfahren Sie in Kapitel 12, »Export«, wie derartige Sammlungen zu bewerkstelligen sind.

Werkzeugsymbol durchgestrichen?

Ein diagonal durchgestrichenes Werkzeugsymbol bedeutet, dass das entsprechende Werkzeug an dieser Stelle nicht angewendet werden kann. So lassen sich einzelne Werkzeuge z. B. nicht in der Clip-Mitte, sondern nur am Anfang oder Ende verwenden. Korrigieren Sie in diesem Fall die Position des Werkzeugs, was zur Folge haben sollte, dass das Werkzeug wieder bedienbar wird.

4.4.4 Clips rollen

Das Rollen-Werkzeug (auch zu aktivieren über [N]) erlaubt es, Schnittpunkte zwischen zwei Clips zu verschieben, ohne dass die Clips selbst verschoben werden.

Schritt für Schritt: Einsatz des Rollen-Werkzeugs

Wie versprochen, kommen wir nun zum Rollen-Werkzeug. Damit ist es möglich, die Position der beiden Clips beizubehalten und dennoch den Schnittpunkt zwischen beiden zu verschieben.

1 Rollen vorbereiten

Um das Rollen nachvollziehen zu können, benutzen Sie bitte zwei Clips, die Sie zuvor mit In- und Out-Points versehen haben, und legen Sie diese (hintereinander) auf eine Spur. Anstelle der Ein- und Ausstiegspunkte können Sie die Clips vorab selbstverständlich auch mit dem Auswahl-Werkzeug im Schnittfenster einkürzen und wieder fest aneinanderlegen.

2 Rollen-Werkzeug einsetzen

Aktivieren Sie anschließend das Rollen-Werkzeug in der Werkzeugleiste ([N]), und stellen Sie es auf den Schnittpunkt zwischen beiden Clips. Alternativ lassen Sie das Verschieben-Werkzeug aktiv und halten [Strg]/[⌘] gedrückt. Nähern Sie sich anschließend dem Schnittpunkt, und verschieben Sie diesen mit gedrückter linker Maustaste in die gewünschte Richtung.

◂ **Abbildung 4.30**
Das Rollen-Werkzeug verschiebt den Schnittpunkt zwischen zwei Clips, ohne deren eigentliche Position zu verändern.

3 Veränderungen im Programmmonitor beobachten

Die Verschiebung des Schnittpunktes lässt sich sehr schön im Programmmonitor beobachten. Hier wird sogar der Timecode mit eingeblendet. Des Weiteren sehen Sie anhand des geteilten Monitors sofort, wie sich der Schnittpunkt verändert. Sobald Sie die Maustaste loslassen, wird hier wieder der aktuell durch die Einfügemarke bestimmte Frame angezeigt.

◂ **Abbildung 4.31**
Beobachten Sie die Verschiebung auch im Programmmonitor.

4.4.5 Mehrere Schnittpunkte gemeinsam bearbeiten

Premiere Pro macht es möglich, mehrere Schnittpunkte gemeinsam zu verschieben. Das funktioniert sowohl mit dem Werkzeug Löschen und Lücke schliessen als auch mit Rollen. Und so geht's: Setzen Sie den Mauszeiger bei aktiviertem Werkzeug (Löschen … oder Rollen) außerhalb der Clips an, deren Schnittpunkte verschoben oder gerollt werden sollen. Halten Sie die linke Maustaste gedrückt, und ziehen Sie durch Verschieben der Maus einen Rahmen auf, der alle Clips markiert. Danach lassen Sie los und ziehen einen der markierten Schnittpunkte in die gewünschte Richtung.

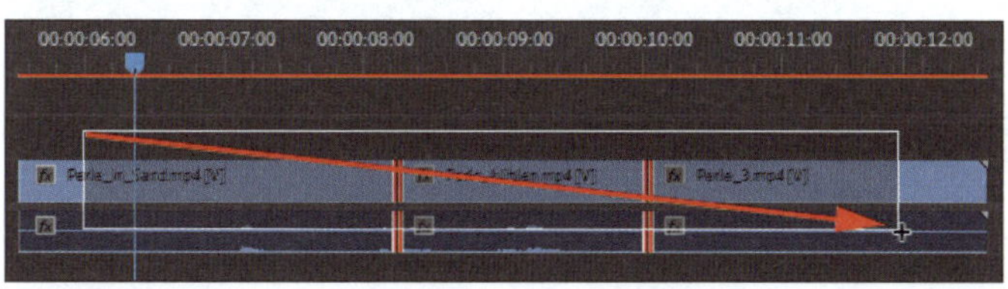

▴ **Abbildung 4.32** Durch das Überfahren werden alle Schnittpunkte markiert.

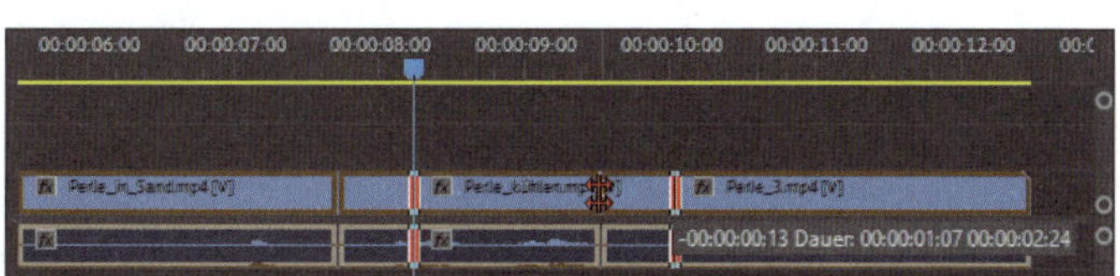

▴ **Abbildung 4.33** Wenn Sie jetzt einen Schnittpunkt ziehen (hier wird der rechte nach links verschoben), folgen alle ebenfalls markierten nach.

4.4.6 Schnittpunkte exakt bearbeiten

Nun ist das Bearbeiten der Schnittpunkte per Drag & Drop natürlich nichts Genaues. Exakter arbeiten Sie, wenn Sie den gewünschten Schnittpunkt beispielsweise mit dem Rollen-Tool markieren und diesen dann mittels [Strg]/[⌘]+[←] oder [→] an die gewünschte Stelle befördern. Sie kennen das ja bereits vom Verschieben-Werkzeug und den Clip-Enden. Auch die Fünferschritte unter Zuhilfenahme von [⇧] sind bereits erklärt worden.

In diesem Zusammenhang ist aber auch noch das Trimmen im Zuschneiden-Fenster interessant, das in Abschnitt 4.5 ausführlich behandelt wird. Wer nämlich statt der angebotenen Tastaturkürzel doch lieber erst mal mit Buttons arbeitet (die Shortcuts erfordern ja ein wenig Übung), kann den Schnittpunkt anklicken oder die Einfügemarke grob in der Nähe des Schnittpunktes platzieren und dann [T] drücken (dadurch springt die Abspielmarke zum Schnittpunkt, wobei dieser gleichzeitig markiert wird). Nun öffnet sich der Zuschneiden-Bereich, der die besagten Tasten im Programmmonitor anbietet. Und mit denen geht es dann ebenfalls ganz genau. Übrigens erreichen Sie den Zuschneiden-Monitor auch, wenn Sie einen Doppelklick auf eines der Clip-Enden setzen.

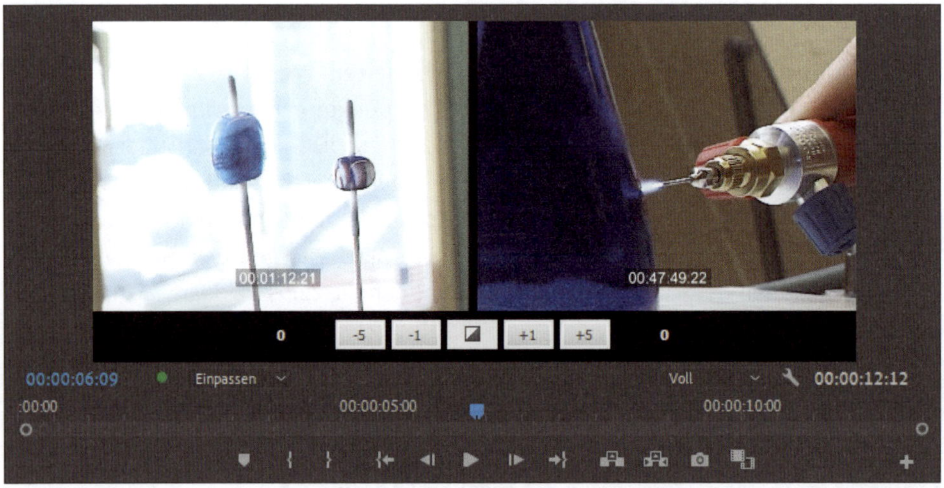

▲ **Abbildung 4.34** Machen Sie den Programmmonitor zum Zuschneidemonitor.

4.4.7 Slide Edit – Clips überschieben

Mit der Überschieben-Funktion ist es möglich, einen Clip, der sich zwischen zwei anderen befindet, zu verschieben, ohne dass sich die Startposition des ersten bzw. die Endposition des dritten Clips verändert.

Schritt für Schritt: Einsatz des Verschieben-Werkzeugs

Um dieses Beispiel nachvollziehen zu können, benötigen Sie insgesamt drei Clips (hier im Buch wurden von links nach rechts *Perle kühlen.mp4*, *Perle in Sand.mp4* und *Perlen im Gegenlicht.mp4* aus dem Ordner *04* verwendet). Sorgen Sie auch hier dafür, dass zumindest an den Schnittpunkten die jeweiligen Clip-Enden noch nicht erreicht sind.

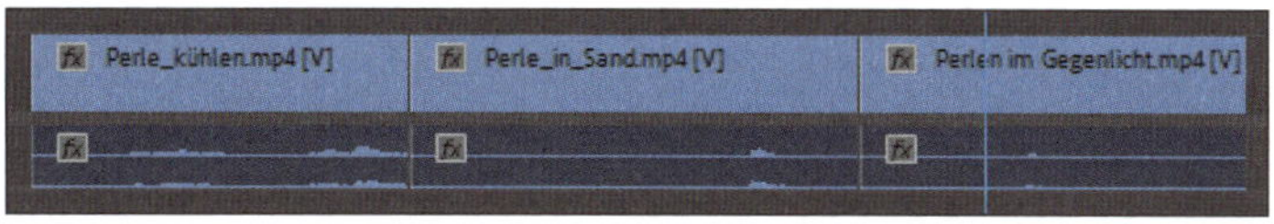

◂ **Abbildung 4.35**
So sollen die Clips angeordnet werden.

1 Überschieben anwenden

Drücken Sie jetzt [U], um das Verschieben-Werkzeug zu aktivieren. Danach klicken Sie auf den mittleren Clip, halten die linke Maustaste gedrückt und schieben das Videomaterial in die gewünschte Richtung. Der Anfang des ersten Clips sowie das Ende des letzten Clips werden dabei nicht verändert. Auch wird keine Veränderung in der Länge des mittleren Clips erreicht, wohl aber in dessen Position.

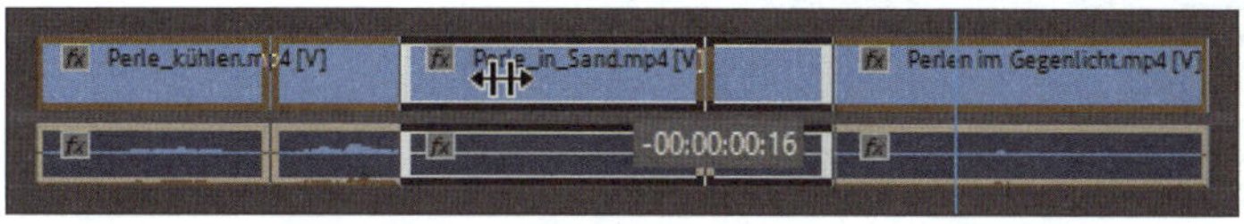

◂ **Abbildung 4.36**
Der mittlere Clip wird nach links verschoben.

2 Kontrolle im Programmmonitor

Achten Sie beim Verziehen auch einmal auf den Programmmonitor. Hier finden sich verschiedene Ansichten, die Ihnen dabei helfen sollen, den perfekten Schnittpunkt ausfindig zu machen:

- Oben links: In-Point des mittleren Clips
- Unten links: Out-Point des linken Clips
- Oben rechts: Out-Point des mittleren Clips
- Unten rechts: In-Point des rechten Clips

◂ **Abbildung 4.37**
Während des Ziehens werden vier Vorschauen angezeigt.

Äußere Clips verschieben | Nun ist es aber durchaus denkbar, anstelle des mittleren auch den linken oder rechten Clip zu verschieben. Nehmen wir als Beispiel den linken: Setzen Sie das Werkzeug darauf, wird sich der mittlere Clip entsprechend verkürzen oder verlängern (je nachdem, ob Sie nach links oder rechts ziehen). Der Clip-Inhalt des linken Clips wird sich dabei verändern. Probieren Sie es aus. Was Sie jetzt unten rechts im Programmmonitor sehen, ist der Schnittpunkt zwischen Clip 1 und 2. Dieser verändert sich natürlich durch das Verschieben und wird entsprechend auch im Programmmonitor fortlaufend aktualisiert. Im oberen Bereich sehen Sie wieder den In- und den Out-Point des Clips, der gerade verschoben wird.

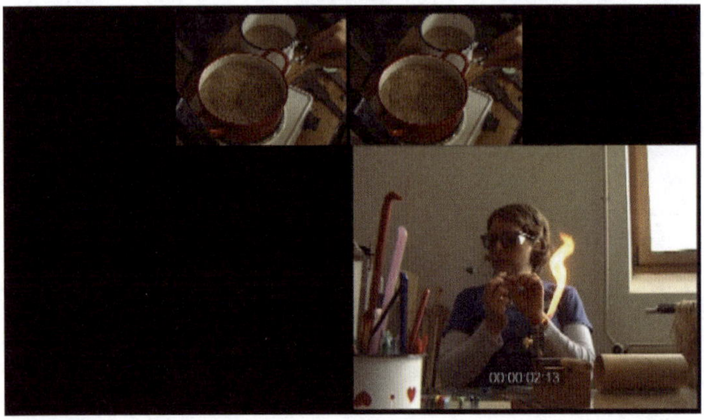

▲ **Abbildung 4.38** Da der vorderste Clip gezogen wird, kann unten links keine Vorschau angeboten werden.

4.4.8 Slip Edit – Clips unterschieben

Das Interessante am Unterschieben ist, dass sich Clip-Inhalte verändern lassen (im Beispiel der Inhalt des mittleren Clips), ohne die Länge des zu unterschiebenden oder benachbarten Clips in irgendeiner Weise zu verändern.

Schritt für Schritt: Einsatz des Unterschieben-Werkzeugs

Positionieren Sie erneut mehrere Clips hintereinander, deren Clip-Enden noch nicht erreicht sind. Es dürfen also auch hier keine grauen Dreiecke an den oberen Ecken der Clips sichtbar sein.

1 Clips unterschieben

Aktivieren Sie anschließend das Unterschieben-Werkzeug in der Werkzeugleiste (es befindet sich in einer Gruppe mit dem zuvor beschriebenen Tool), oder drücken Sie [Y] auf der Tastatur.

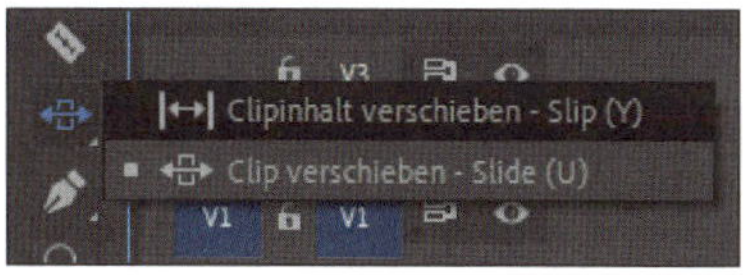

◂ **Abbildung 4.39**
Aktivieren Sie das Werkzeug mittels Shortcut oder per Mausklick in der Liste.

2 Clip unterschieben

Stellen Sie das Werkzeug auf den gewünschten Clip (im Buchbeispiel den mittleren), und bewegen Sie ihn in die gewünschte Richtung. Richten Sie dabei Ihr Augenmerk auch auf die Schnittpunkte zwischen den Clips. Diese bleiben (im Gegensatz zum Überschieben) an ihren ursprünglichen Positionen.

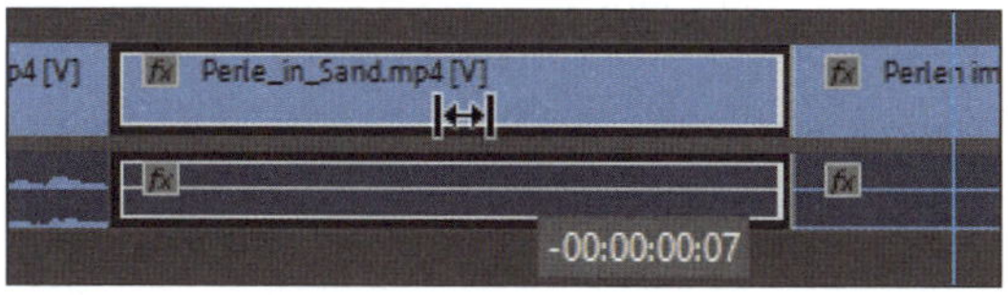

◂ **Abbildung 4.40**
Die Schnittpunkte bleiben an ihren ursprünglichen Positionen, obwohl der Inhalt des mittleren Clips verschoben wird.

3 Veränderungen im Programmmonitor beobachten

Sie sehen, dass sich hier weder die Positionen der Clips noch die Schnittpunkte verschieben. Lediglich In-Point und Out-Point des unterschobenen Clips verändern sich permanent, wie ein Blick auf den Programmmonitor beweist. Weil sich der Out-Point des ersten und der In-Point des letzten Clips durch diese Vorgehensweise nicht ändern, bleiben auch hier die oberen Monitore unverändert. Ansichten im Programmmonitor:

- Oben links: Out-Point des linken Clips
- Unten links: In-Point des mittleren Clips
- Oben rechts: In-Point des rechten Clips
- Unten rechts: Out-Point des mittleren Clips

▴ **Abbildung 4.41** Die Miniaturen für In- und Out-Point (oben links und rechts) werden außen angezeigt (beim Überschieben stehen diese innen).

4.4.9 Clips strecken, stauchen und rückwärts ablaufen lassen

GESCHWINDIGKEIT ÄNDERN (ehemals RATE AUSDEHNEN) bezeichnet das Strecken bzw. Stauchen von Clips. Dies bedeutet, dass Sie damit die Laufzeit ändern, ohne die Inhalte der Clips zu verändern. Wenn Sie also einen Clip strecken, erreichen Sie gewissermaßen eine *Zeitlupe*, während beim Stauchen ein *Zeitraffer* erzeugt wird.

Schritt für Schritt: Einsatz des Werkzeugs »Geschwindigkeit ändern«

Der Clip, dessen Geschwindigkeit Sie ändern möchten, benötigt an der entsprechenden Stelle Platz im Schnittfenster. Wenn Sie im vorgenannten Beispiel also versuchen, den mittleren Clip zu strecken, wird das nicht gelingen. Sie könnten jedoch den ersten Clip am Anfang bzw. den letzten am Ende ausdehnen, selbst wenn eine graue Ecke verdeutlichen sollte, dass eine Erweiterung an dieser Stelle nicht mehr möglich ist.

1 Geschwindigkeit ändern

Wechseln Sie auf das Werkzeug GESCHWINDIGKEIT ÄNDERN in der Werkzeugleiste, oder drücken Sie [R]. Ziehen Sie jetzt den ersten Clip am Anfang oder den letzten am Ende nach außen. Im Beispiel wird *Perle im Gegenlicht.mp4* am Ende gestreckt.

▲ **Abbildung 4.42** Das Ende wird ausgedehnt.

Tastaturbefehle für »Geschwindigkeit ändern«

Wenn Sie schon lange mit Premiere Pro schneiden, werden Sie sich erinnern, dass man seinerzeit das Tool RATE AUSDEHNEN mit [X] aktivieren konnte. Lang ist's her, denn damit lassen sich inzwischen Sequenz-In- und -Out-Points erzeugen (mehr dazu in Abschnitt 5.4, »Marken«).

2 Render-Hinweis

Bringen Sie die Einfügemarke anschließend vor den Clip, und spielen Sie ihn ab. Unterhalb der Schnittfensterskala werden Sie eine rote Linie ❶ ausfindig machen, die anzeigt, dass der Clip gerendert werden muss (aber das ist ja bei all unseren Beispielclips aus dem Ordner *04* der Fall), sofern dieser beim Abspielen nicht flüssig wiedergegeben wird. Sie erreichen das, indem Sie [↵] betätigen. Mehr zum Rendern erfahren Sie in Kapitel 12, »Export«.

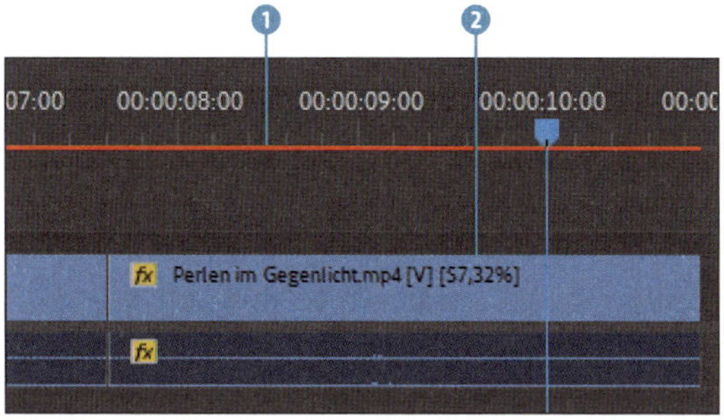

◂ **Abbildung 4.43**
Rote Linien markieren Bereiche, die bei Bedarf durch Produktion einer Vorschaudatei (Rendern) flüssiger abgespielt werden können. Die auf dem Clip befindliche Prozentangabe in eckigen Klammern verdeutlicht: Hier geht es jetzt ein wenig langsamer zu.

3 Geschwindigkeit ablesen

Doch zurück zum Clip: Interessant ist hier nämlich, dass eine kleine Prozentangabe ② auf dem Clip im Schnittfenster darauf hinweist, dass der Clip nun nicht mehr mit der Originalgeschwindigkeit abgespielt wird. Im Beispiel ist er auf 57,32 % verlangsamt worden. Besonders beim Verlängern von Clips, also bei der Simulation einer Zeitlupe, wird jedes der 25 Einzelbilder, aus denen eine Sekunde Clip besteht, geringfügig länger ausgestrahlt als sonst üblich.

Ton beachten | Ein Problem gibt es noch mit dem Ton. Der ist nämlich jetzt mit gestreckt worden und läuft ebenfalls zu langsam. Deshalb ist im Einzelfall darauf zu achten, ob die Audiospur überhaupt eine zeitliche Ausdehnung verkraften kann. Beim gesprochenen Wort kommt es nämlich ganz schnell zu unerwünschten Verfremdungen. Im nächsten Workshop möchte ich Ihnen aber eine Alternative anbieten, mit der das eventuell funktioniert. Zudem gehen wir noch einen Schritt weiter und lassen den Clip rückwärts abspielen.

Schritt für Schritt: Zeitlupe, Zeitraffer und rückwärts abspielen

1 Schritte verwerfen

Falls Sie den letzten Workshop nachgebaut und den Clip gedehnt haben, machen Sie diesen Schritt bitte zunächst rückgängig, indem Sie [Strg]/[⌘]+[Z] drücken. Der Clip sollte am Ende ohne Geschwindigkeitsveränderung angezeigt werden – die Prozentangabe auf dem Clip ist somit verschwunden.

2 Geschwindigkeit/Dauer verändern

Anstelle des Werkzeugs Geschwindigkeit ändern, das Sie im vorangegangenen Workshop kennengelernt haben, ist auch ein Rechtsklick auf den gewünschten Clip möglich. Aus dem Kontextmenü wählen Sie den Eintrag Geschwindigkeit/Dauer. Im folgenden Dialog ist das oberste Eingabefeld bereits markiert. Hier können Sie nun die gewünschte Geschwindigkeit angeben. Na klar: Geschwindigkeiten über 100 % sorgen für einen Zeitraffer, unter 100 % wird eine Zeitlupe erzeugt.

3 Platz einräumen

Nun kann es ja sein, dass der Clip im Schnittfenster bereits zwischen zwei anderen sitzt. Wenn Sie ihn jetzt verlangsamen, müsste er dort mehr Platz einnehmen, was nachfolgende Clips allerdings verhindern würden. Umgekehrt entstünde eine Lücke, wenn Sie ihn mit mehr als 100 % abspielen ließen. Wenn Sie beides unterbinden wollen und beispielsweise gestatten möchten, dass nachfolgende Clips im Schnittfenster verschoben werden dürfen, müssen Sie die unterste Checkbox, LÖSCHEN UND LÜCKE SCHLIESSEN, SPUR-CLIPS VERSCHIEBEN, anwählen.

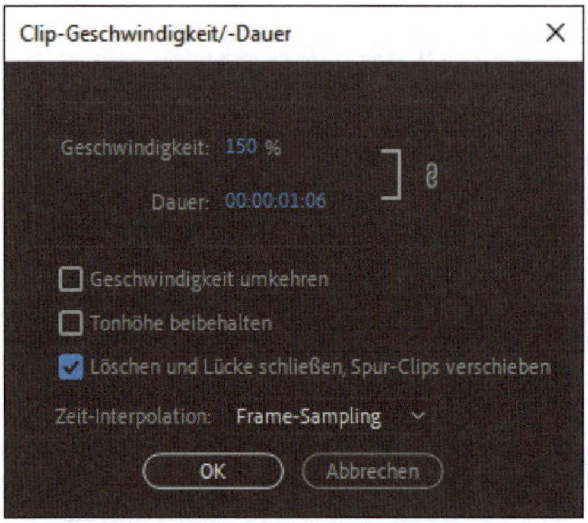

◂ **Abbildung 4.44**
Wer nachfolgende Clips nach rechts verschieben will, muss die unterste Checkbox aktivieren.

4 Tonhöhe beibehalten

Sollte es sich um einen Clip handeln, der eine Audiospur mitbringt, wird diese natürlich ebenfalls beschleunigt oder verlangsamt. Wenn Sie aber möchten, dass dabei keine Erhöhung oder Absenkung der Stimmlage stattfindet, sondern der Sprecher lediglich schneller (oder langsamer) sprechen soll, aktivieren Sie TONHÖHE BEIBEHALTEN.

5 Clip rückwärts abspielen lassen

Wenn der Clip rückwärts abgespielt werden soll, wählen Sie die Checkbox GESCHWINDIGKEIT UMKEHREN noch an.

6 Zeit-Interpolation festlegen

Mit der Zeit-Interpolation legen Sie Folgendes fest:

- FRAME-SAMPLING – Bei dieser Methode werden Einzelbilder (sogenannte Frames) wiederholt, wenn der Clip verlangsamt wird, bzw. Frames herausgenommen, wenn er beschleunigt wird, sodass immer die benötigte Anzahl von Einzelbildern zur Verfügung steht (im Standard-PAL-Modus 25 Bilder pro Sekunde).
- FRAME-ÜBERBLENDUNG – Auch hier werden Bilder hinzugefügt (Zeitlupe) bzw. entfernt (Zeitraffer). Allerdings werden die Bilder untereinander angepasst, um ein flüssigeres Gesamtbild zu erreichen.

- Optischer Fluss – Das funktioniert ähnlich wie die Frame-Überblendung und sorgt häufig für die besten Ergebnisse. Sollte das Resultat jedoch nicht Ihren Wünschen entsprechen, versuchen Sie es mit der Frame-Überblendung oder dem Frame-Sampling.

4.4.10 Clips ersetzen

Clips können natürlich jederzeit ausgetauscht werden. Weil das Anpassen des neuen Clips aber mehr als lästig ist, lassen sich die Filmstreifen direkt in der Timeline mithilfe des Kontextmenüs austauschen. Dabei haben Sie sogar die Wahl, ob Sie als Quelle den aktuell eingestellten Clip aus dem Quellmonitor oder aus der Zwischenablage verwenden wollen.

Austausch über die Zwischenablage | Beim Austausch eines Clips über die Zwischenablage gehen Sie folgendermaßen vor: Markieren Sie den Clip, den Sie kopieren möchten, indem Sie Strg/⌘+C drücken oder Bearbeiten • Kopieren einstellen. Sie dürfen auch gerne einen Clip aus dem Projektfenster verwenden. Im Anschluss selektieren Sie im Schnittfenster den Clip, der ersetzt werden soll, und öffnen das Kontextmenü mit einem Rechtsklick. Stellen Sie Durch Clip ersetzen • Aus Ablage ein.

Falls der neue Clip länger ist, passiert mit den im Schnittfenster benachbarten Clips gar nichts. Der eingesetzte Clip-Ausschnitt wird an den zur Verfügung stehenden Platz angepasst und lässt sich anschließend mithilfe von Unterschieben korrigieren. Sollte der neue Clip jedoch zu kurz sein, wird die ursprüngliche Länge dennoch beibehalten, um die Anordnung in der Timeline nicht zu zerstören. Natürlich fehlen an dieser Stelle jetzt Ton- und Bildmaterial, was durch diagonale Linien auf dem Clip angezeigt wird. An dieser Stelle kommt es beim Abspielen zu Schwarzbildern.

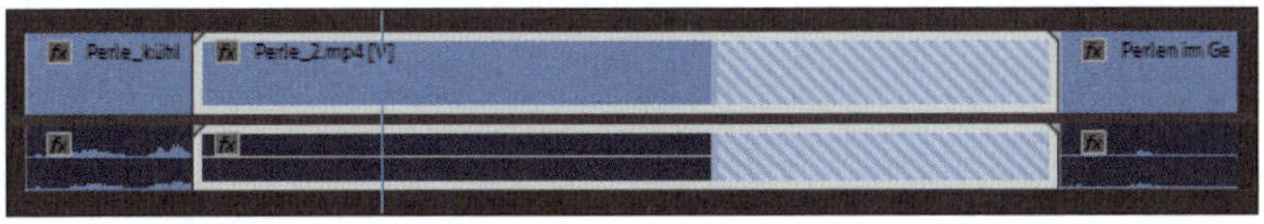

▲ **Abbildung 4.45** Die Diagonalen deuten auf Inhaltslosigkeit hin.

Geschwindigkeit wird beibehalten

Nun hat eine derartige Option noch einen überaus angenehmen Nebeneffekt. Wenn Sie dem Clip nämlich zuvor eine Ausdehnung der Rate spendiert haben und nun an dessen Stelle einen neuen Clip platzieren, wird die Geschwindigkeitsveränderung des alten Clips im neuen übernommen. Das ist nicht schlecht, oder?

Austausch über Quellmonitor | Die zweite Möglichkeit, einen Clip zu tauschen, besteht darin, dass Sie den einzusetzenden Zielclip zunächst im Quellmonitor bereitstellen (Doppelklick auf den Clip im Projektfenster). Nachdem dies geschehen ist, öffnen Sie das Kontextmenü auf dem Clip im Schnittfenster, der getauscht werden soll, und nehmen hier den Eintrag DURCH CLIP ERSETZEN • AUS QUELLMONITOR. Bedienen Sie sich des zweiten Eintrags, AUS QUELLMONITOR, FRAME-MATCH, wird die Länge des Quellclips mit der des Zielclips abgeglichen. Dabei ist auch entscheidend, ob der auszutauschende Clip von Anfang an in der Timeline berücksichtigt wurde oder nicht.

4.5 Das Zuschneiden-Fenster

Sie haben bisher eine Fülle von Möglichkeiten kennengelernt, die Clips innerhalb des Schnittfensters zu bearbeiten und einander anzupassen. Wenn es aber um das Feintuning geht, können Sie das Zuschneiden-Fenster benutzen. Dazu gleich mal ein Workshop, der die generelle Bedienung aufzeigt.

Schritt für Schritt: Clips im Zuschneiden-Fenster trimmen

Auch für dieses Beispiel dürfen Sie natürlich Ihr eigenes Videomaterial verwenden. Alternativ wählen Sie zwei beliebige Dateien aus dem Beispielordner *04* (z. B. *Perle_3.mp4* gefolgt von *Perle_2.mp4*). Achten Sie jedoch darauf, dass Sie keine zu ruhigen Clips verwenden. Ein bisschen Bewegung sollte schon zu erkennen sein, damit Sie die Auswirkungen des Zuschnitts besser beurteilen können.

1 Clips kürzen

Sorgen Sie abermals dafür, dass in den Clips an den Stellen, an denen sie sich berühren, genügend Material vorhanden ist. Kürzen Sie die Clips also entsprechend ein (den linken mit einem Out-Point, den rechten mit einem In-Point).

2 Clips markieren

Bringen Sie die beiden (mit In- und Out-Points versehenen) Clips ins Schnittfenster. Platzieren Sie den Abspielkopf grob in der Nähe des Schnittpunktes, und drücken Sie ⇧+T. Die Zuschneideansicht öffnet sich.

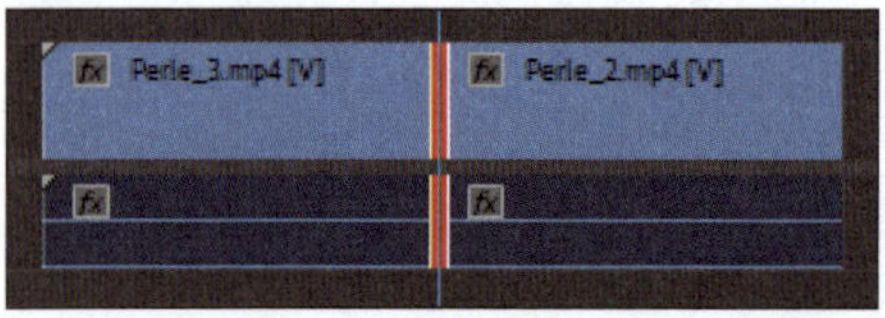

◂ **Abbildung 4.46**
Die Abspielmarke springt automatisch zum Schnittpunkt, der zudem markiert wird.

3 Schnittpunkt verschieben

Grundsätzlich bieten sich zwei Möglichkeiten der Nachbearbeitung an. Sie können nämlich die einzelnen Clips trimmen (genauer gesagt den Out-Point des ersten oder alternativ den In-Point des zweiten), indem Sie den Mauszeiger auf eines der beiden Bilder setzen und mit gedrückter linker Maustaste nach links oder rechts ziehen (der Mauszeiger wird dabei zum gelben Pfeil) ❶.

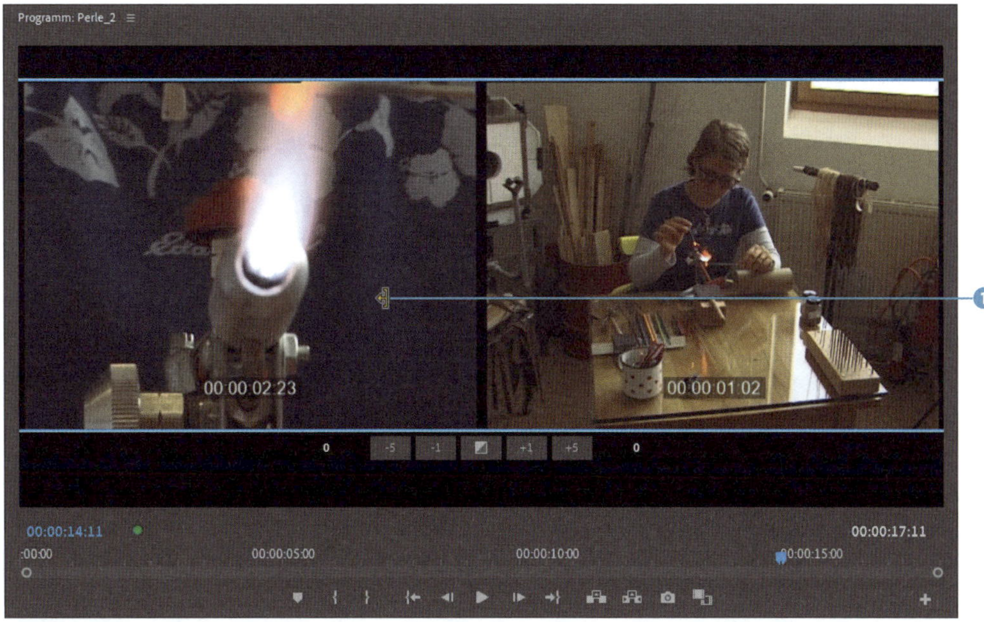

▲ **Abbildung 4.47** Im Programmmonitor präsentiert sich die Zuschneideansicht.

4 Schnittpunkt rollen

Alternativ dazu lässt sich auch die bereits bekannte Rollen-Funktion nutzen, bei der beide Punkte (In-Point des linken und Out-Point des rechten Clips) gleichmäßig verzogen werden. Dazu platzieren Sie den Mauszeiger mitten zwischen beide Bilder ❷ und ziehen mit gedrückter linker Maustaste nach links oder rechts. Entsprechendes gelingt übrigens auch, indem Sie [Strg]/[⌘]+[←] bzw. [Strg]/[⌘]+[→] betätigen.

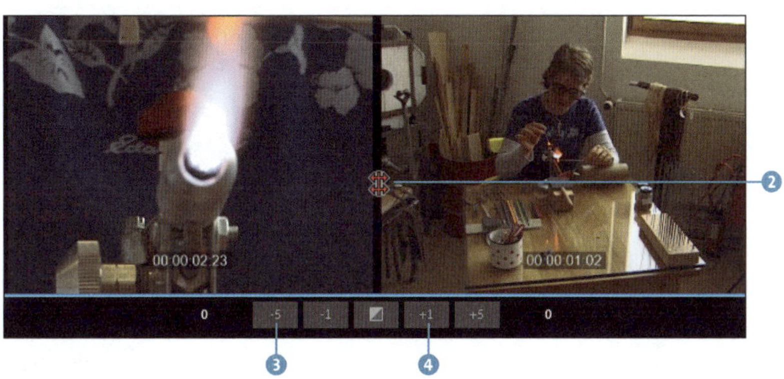

▲ **Abbildung 4.48** Das Trimmen lässt sich ganz einfach durch Rollen des Mauszeigers bewerkstelligen.

5 Kleine und große Verschiebung einrichten

Wenn Sie es ganz genau haben möchten, benutzen Sie doch die Zifferntasten in der Fußleiste des Fensters. Klicken Sie auf –5 ❸, wird der Schnittpunkt um fünf Bilder nach links verschoben; nach Betätigung der Taste +1 ❹ würde dieser Punkt sich um ein Bild nach rechts verlagern. Sie ahnen es bereits: Mit [Strg]/[⌘]+[⇧]+[←] bzw. [Strg]/[⌘]+[⇧]+[→] läuft es ebenso gut.

Betrag für die große Verschiebung ändern

Die kleine Verschiebung (Tasten +1 und –1) erfolgt immer pro Einzelbild. Die große Verschiebung (Tasten +5 und –5) lässt sich hingegen individuell anpassen. Wollen Sie diesen Wert beispielsweise auf +10 und –10 setzen, wählen Sie BEARBEITEN/PREMIERE PRO • VOREINSTELLUNGEN • ZUSCHNEIDEN. Im Eingabefeld GROSSE VERSCHIEBUNG: [X] FRAMES legen Sie daraufhin den gewünschten Wert fest. Im Zuschneiden-Fenster werden diese beiden Tasten dann sowohl in Funktion als auch Beschriftung aktualisiert.

6 Schnittpunkt ansteuern

Das Zuschneiden-Fenster ist natürlich auch ideal, um mehrere Schnittpunkte zu korrigieren. Ein manuelles Umpositionieren des Abspielkopfes wäre aber so gar nicht Premiere-Pro-like. Benutzen Sie deshalb [↓] bzw. [↑], um zum vorherigen oder nächsten Schnittpunkt zu springen. So lassen sich prima alle relevanten Punkte nacheinander korrigieren, ohne die Hand von der Tastatur nehmen zu müssen oder gar mit der Maus umherzuirren.

Tasten hinzufügen

Wer lieber mit Tasten arbeitet, kann die Tasten ZUM NÄCHSTEN SCHNITTPUNKT GEHEN und ZUM VORHERIGEN SCHNITTPUNKT GEHEN über den Schaltflächeneditor hinzufügen.

7 Zuschneideansicht verlassen

Nach getaner Arbeit klicken Sie einfach auf einen anderen Bereich der Arbeitsoberfläche, um die Zuschneideansicht zu verlassen. Noch einfacher geht es übrigens, indem Sie erneut [⇧]+[T] auf Ihrer Tastatur betätigen.

4.6 Spezielle Schnitttechniken

Neben den klassischen Schnittvarianten, die Sie bestimmt schon aus dem Effeff beherrschen, existieren noch verschiedene Spezialschnitte. Die ersten beiden, die ich Ihnen gerne vorstellen möchte, konfrontieren Sie erstmals mit In- und Out-Points innerhalb des Schnittfensters: eine Technik, die das präzise Einfügen von Clips innerhalb eines bereits gefüllten Schnittfensters ermöglicht.

4.6.1 Der 3-Punkt-Schnitt

Wie der Name schon sagt, benötigen Sie drei Punkte, um diese Art des Schnitts zu realisieren. Aber was sage ich: Bestimmt sehen Sie sich das lieber in einem Workshop an.

Schritt für Schritt: Einen 3-Punkt-Schnitt ausführen

Beim 3-Punkt-Schnitt werden nicht nur In- und Out-Points des Clips bestimmt. Zusätzlich wird hier nämlich noch ein Sequenz-In-Point benötigt.

1 Projekt vorbereiten

Platzieren Sie zunächst einen etwas längeren Clip im Schnittfenster. Falls Sie einen eigenen Clip verwenden, benutzen Sie einen AV-Clip, also einen, der über eine Audiospur verfügt. Diese benötigen wir zwar für die folgenden Beispiele nicht, jedoch lassen sich hieran die Auswirkungen der Schnitttechnik sehr schnell erkennen. Legen Sie den Clip auf Spur V1 des Schnittfensters.

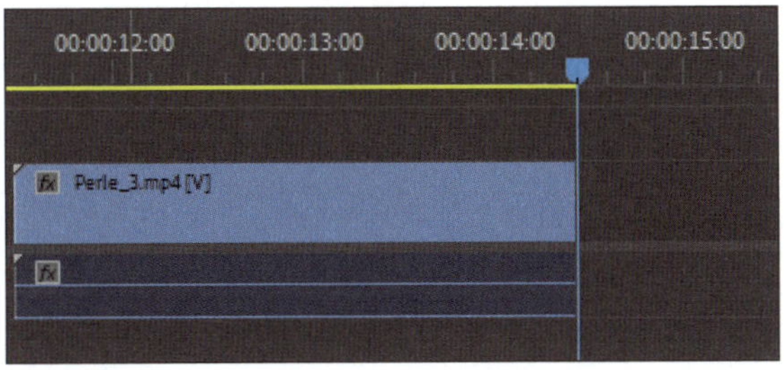

◂ **Abbildung 4.49**
Perle in Sand.avi ist soeben im Schnittfenster gelandet.

2 Zweiten Clip vorbereiten

Doppelklicken Sie auf einen weiteren Clip im Projektfenster. Daraufhin sollte er im Quellmonitor zur Verfügung gestellt werden. Setzen Sie (sofern noch nicht geschehen) in bereits gewohnter Weise sowohl einen In-Point als auch einen Out-Point. Vorne und hinten sollte jeweils ein Viertel des Clips ausgegrenzt werden. Voilà, die ersten beiden Punkte des 3-Punkt-Schnitts sind gesetzt.

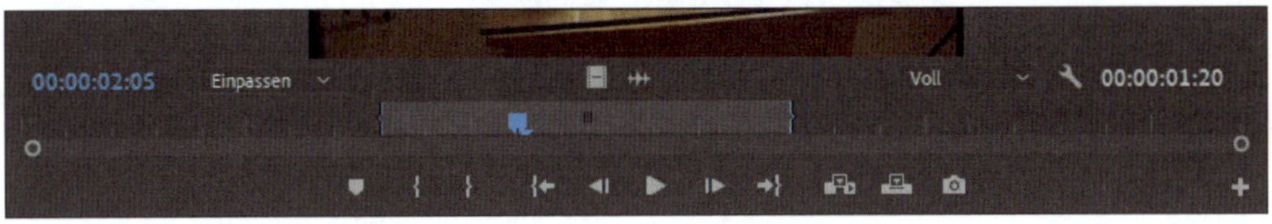

▴ **Abbildung 4.50** In- und Out-Point sind gesetzt, wie die Skala zeigt.

3 In-Point im Schnittfenster setzen

Den dritten Punkt platzieren Sie jetzt innerhalb des Schnittfensters. Dieser regelt, an welcher Stelle *Perle_5. mov* eingefügt werden soll. Achten Sie zunächst jedoch darauf, dass die gleiche Spur aktiviert ist, die auch den Clip enthält (im Beispiel V1 für Videospur 1). Platzieren Sie anschließend die Einfügemarke auf dem bereits vorhandenen Clip. Drücken Sie [I] auf Ihrer Tastatur.

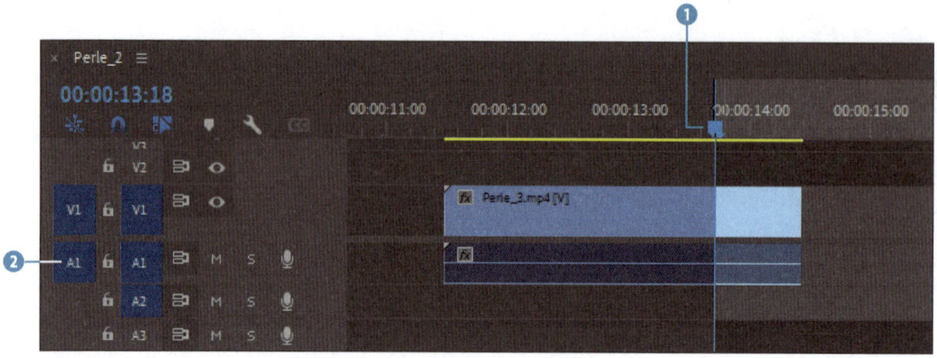

▲ **Abbildung 4.51** In der Zeitskala taucht der In-Point ❶ auf – und zwar genau an der Position des Abspielkopfes.

4 Clip einfügen oder überschreiben

Deaktivieren Sie zunächst die Spur A1 ❷ ganz vorne im Spurkopf. Dadurch wird unterbunden, dass das Audio mit eingefügt werden kann. Widmen Sie sich anschließend wieder dem Quellmonitor, und klicken Sie dort auf EINFÜGEN oder ÜBERLAGERN. Alternativ betätigen Sie [,] oder [.]. Beim Einfügen wird der Clip im Schnittfenster an der Position des Sequenz-In-Points geschnitten und der Rest nach rechts verschoben. Sie können das anhand der geteilten Audiospur sehr gut sehen. Beim Überschreiben ([.]) wird er hingegen für die Dauer des einzufügenden Clips überdeckt.

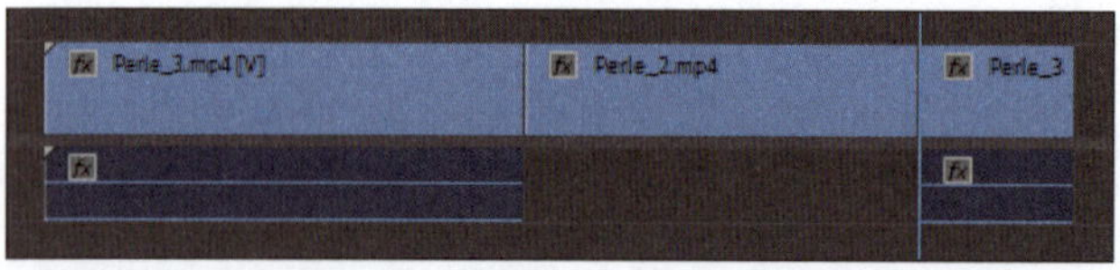

◀ **Abbildung 4.52** Beim Einfügen wird die Audiospur des vorhandenen Clips geschnitten.

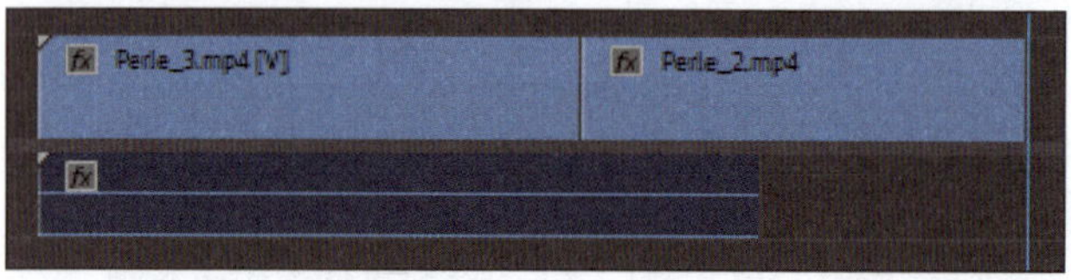

◀ **Abbildung 4.53** Beim Überlagern bleibt die Audiospur unangetastet.

4.6.2 Der 4-Punkt-Schnitt

Beim 4-Punkt-Schnitt bestimmen Sie im Vergleich zum 3-Punkt-Schnitt, in welchem Bereich sich der hinzuzufügende Clip ausdehnen darf. Da dadurch mehrere unterschiedliche Resultate erzielt werden können, schiebt Premiere Pro einen individuellen

Dialog hinterher. Darin können Sie bestimmen, wie mit dem einzufügenden und den nachfolgenden Clips verfahren werden soll.

Schritt für Schritt: Einen 4-Punkt-Schnitt ausführen

Ein 4-Punkt-Schnitt bietet sich immer dann an, wenn irgendwo in der Mitte der Timeline noch ein bestimmter Clip integriert werden soll, der dort keine Auswirkungen auf nachfolgende Inhalte haben darf.

1 Datei vorbereiten

Wenn Sie den letzten Workshop nachgebaut haben, machen Sie doch den letzten Schritt rückgängig, indem Sie [Strg]/[⌘]+[Z] drücken. Sorgen Sie dafür, dass ein In-Point im Schnittfenster vorhanden ist (siehe Schritt 3 des letzten Workshops).

2 Clip im Quellmonitor vorbereiten

Platzieren Sie einen weiteren Clip im Quellmonitor, und vergeben Sie, sofern nicht bereits geschehen, In- und Out-Point auf die zuvor beschriebene Art (Schritt 2 des vorangegangenen Workshops).

3 Out-Point im Schnittfenster setzen

Gehen Sie mit der Einfügemarke innerhalb des Schnittfensters weiter nach rechts, und drücken Sie [O]. Sollte zu wenig Platz vorhanden sein, ziehen Sie vorab den In-Point mit gedrückter Maustaste ein wenig nach links.

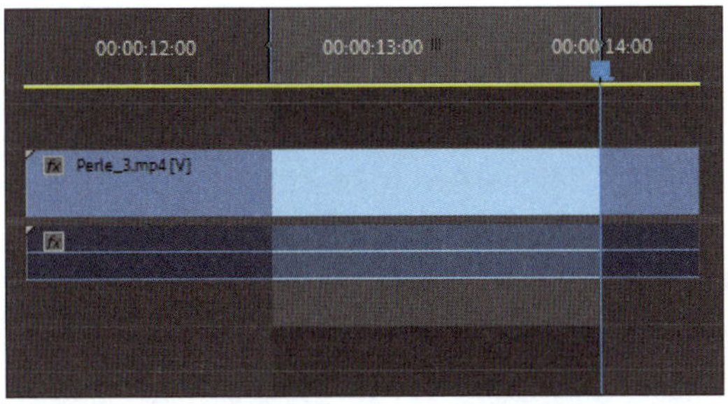

◂ **Abbildung 4.54**
In- und Out-Point sind gesetzt. Die Strecke dazwischen ist auch auf dem Clip markiert worden.

4 Clip hinzufügen

Drücken Sie jetzt auf Ihrer Tastatur [.] (Punkt), um den Clip, der sich aktuell noch im Quellmonitor befindet, in das Schnittfenster zu stellen (alternativ ist natürlich auch nichts dagegen einzuwenden, auf ÜBERSCHREIBEN zu klicken). Daraufhin öffnet sich ein Dialog, der Ihnen zahlreiche Optionen zur Verfügung stellt. Er ist mit CLIP EINPASSEN betitelt.

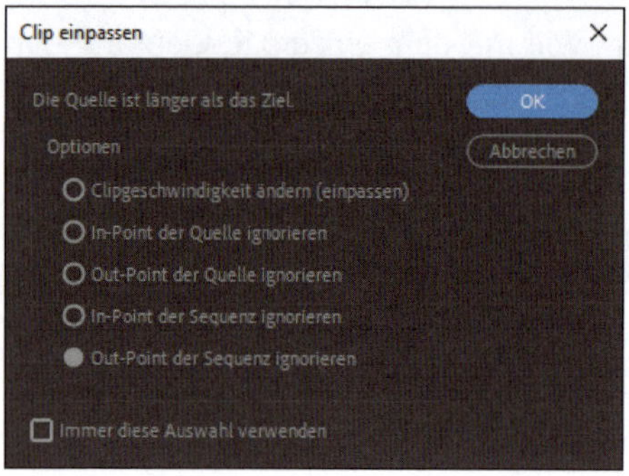

◂ **Abbildung 4.55**
Der unscheinbare Dialog zum Einpassen von Clips hat mehr drauf, als man zunächst vermutet.

5 Einfügeoptionen festlegen

Sie werden jetzt ganz oben im Dialog darüber informiert, dass der einzufügende Clip länger ist als der zur Verfügung stehende Bereich im Schnittfenster. Das bedeutet: Sie können die Geschwindigkeit ändern oder einen der beiden Points innerhalb des Schnittfensters ignorieren. Falls der Clip selbst länger ist als der zwischen den Points zur Verfügung stehende Platz im Schnittfenster, werden jetzt auch die Funktionen In-Point der Quelle ignorieren und Out-Point der Quelle ignorieren angeboten (lassen Sie in diesem Fall Out-Point der Quelle ignorieren wirksam werden, und bestätigen Sie mit OK).

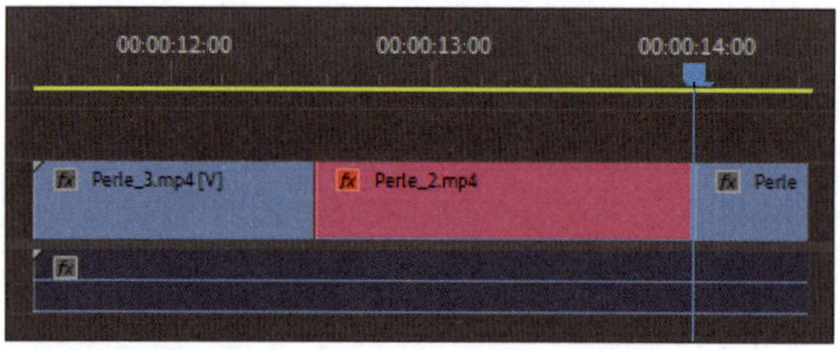

◂ **Abbildung 4.56**
An der zuvor markierten Position ist der ursprüngliche Videoclip überschrieben worden. (Zur besseren Ansicht wird der hinzugefügte Clip hier farbig hervorgehoben.)

Der Clip wird nun genau in den durch die Points zur Verfügung stehenden Platz integriert. Des Weiteren spielt die Position der Einfügemarke beim Einfügen des Clips keine Rolle mehr, da diese bereits durch den In-Point definiert worden ist.

6 Optional: Einfügeoptionen erneut festlegen

Machen Sie doch den letzten Schritt noch einmal rückgängig, und verschieben Sie In- und Out-Point des Quellmonitor-Clips so weit nach innen, dass der einzufügende Clip erheblich kürzer ist als der Bereich, der zwischen den Sequenz-In- und -Out-Points zur Verfügung steht.

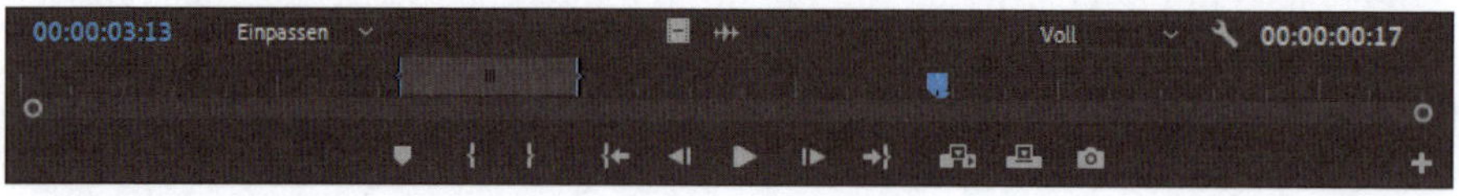

▴ **Abbildung 4.57** Jetzt ist der Clip (zwischen In- und Out-Point) wesentlich kleiner als der im Schnittfenster bereitgestellte Einfügebereich.

Klicken Sie auf Überschreiben, oder drücken Sie [.]. Sie sehen: Wenn die Distanz zwischen In- und Out-Point im Schnittfenster größer ist als im Quellmonitor, sind die Optionen In-Point der Quelle ignorieren und Out-Point der Quelle ignorieren nicht mehr anwählbar. Was jetzt noch bleibt, ist nämlich entweder eine Zeitänderung oder die Option, einen der Sequenzpunkte ganz einfach zu ignorieren. Logisch, oder? Am besten wird es sein, dass Sie den Out-Point der Sequenz ignorieren.

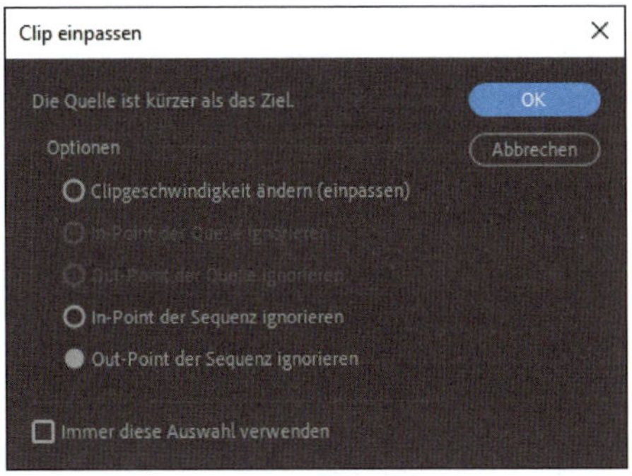

▲ **Abbildung 4.58** Es können keine Clip-Teile mehr abgeschnitten werden.

Sie haben vollkommen recht. Technisch gesehen, haben Sie jetzt wieder einen 3-Punkt-Schnitt realisiert. Aber gut, dass die Anwendung grundsätzlich auf derartige Probleme aufmerksam macht, denn die Hauptsache ist ja, dass sich die nachfolgenden Clips nicht verschieben. Übrigens müssen Sie sich nach einer solchen Aktion nicht um das Löschen der Sequenzmarken kümmern. Diese werden von Premiere Pro automatisch entfernt, sobald der Clip integriert worden ist.

Herausnehmen und Extrahieren | Eine weitere Schnittfunktion wird durch zwei Buttons erreicht, die nur im Programmmonitor zu finden sind. Mit deren Hilfe lassen sich nämlich bereits in das Schnittfenster integrierte Teile wieder entfernen – auch wenn sich diese mitten im Clip befinden. Markieren Sie den zu entfernenden Bereich mithilfe zweier Sequenz-Points (Abspielkopf im Schnittfenster an die gewünschten Positionen bringen und [I] bzw. [O] betätigen). Danach drücken Sie auf Herausnehmen ❶ oder betätigen [ß]. Der Bereich wird entnommen, und in der Timeline entsteht an der markierten Stelle eine Lücke. Klicken Sie hingegen auf Extrahieren ❷ [^], wird die Lücke nach der Entnahme geschlossen.

▲ **Abbildung 4.59** Die Entnahme ist mithilfe von Sequenz-In- und -Out-Point markiert worden. Entscheiden Sie anschließend, ob Sie den Bereich herausnehmen oder extrahieren wollen.

4.6.3 Schnittfenster-Points löschen

Wer es sich anders überlegt und weder extrahiert noch herausnimmt, sollte auf jeden Fall die Schnittfenster-Points entfernen. Das erledigen Sie mittels Rechtsklick auf die Schnittfenster-Skala, gefolgt von IN- UND OUT-MARKEN LÖSCHEN.

4.6.4 L-Schnitt und J-Schnitt

Beim L- und J-Schnitt werden Audio und Video zu unterschiedlichen Zeiten überblendet. Beim L-Schnitt ragt der Ton des ersten Clips noch in das Video des zweiten hinein. Beim J-Schnitt ist das umgekehrt. Der Ton des zweiten Clips ist bereits zu hören, während das Video des ersten noch sichtbar ist. Beide Techniken werden im professionellen Film sehr gerne eingesetzt, um den Zuschauer mal gefühlvoll, mal spannungsgeladen in die nächste Szene hinüberzugeleiten.

Wenn Sie derartige Schnitte auch realisieren wollen, stehen Sie zunächst vor dem Problem, dass Sie Audio und Video nicht unabhängig voneinander verschieben können. Das ist ja auch gut so, da sonst beide Elemente allzu schnell asynchron liefen.

Schritt für Schritt: Einen L- und J-Schnitt ausführen

Sorgen Sie zunächst dafür, dass Ihr Schnittfenster leer ist, oder benutzen Sie eine freie Stelle. Danach importieren Sie zwei AV-Clips aus den Beispieldateien und legen diese im Schnittfenster nebeneinander ab. Kürzen Sie das Ende des ersten und den Anfang des zweiten Clips wieder etwas ein, damit beiden Clips noch ausreichend Material zur Ausdehnung zur Verfügung steht.

1 Einen J-Schnitt durchführen

Aktivieren Sie das Rollen-Werkzeug (`N`), und setzen Sie es auf den Schnittpunkt der beiden Audiodateien. Halten Sie danach `Alt` gedrückt, und ziehen Sie den Schnitt nach rechts. Dabei müssen Sie aber zunächst die Taste Ihrer Tastatur betätigen und erst im Anschluss den Mausklick ausführen. Wenn Sie das missachten, werden Sie beide Clips (also auch das Video) verziehen. Ob Sie nach dem Verziehen dann zuerst die Maustaste oder `Alt` loslassen, spielt hingegen keine Rolle. Die Tonspur des rechten Clips ist daraufhin bereits zu hören, während das Bild des linken noch zu sehen ist.

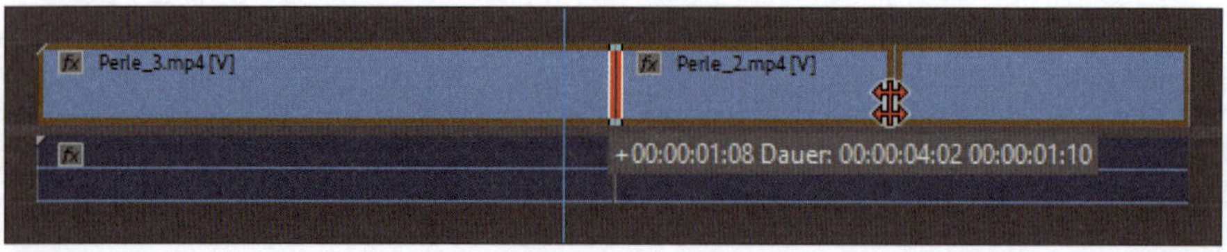

▲ **Abbildung 4.60** Damit haben Sie einen L-Schnitt erzeugt.

2 Optional: Limit erreicht

Für den Fall, dass das Clip-Ende erreicht ist, werden Sie von Premiere Pro ausgebremst. Sollte also beispielsweise während des Rollens nach links nicht mehr ausreichend Material im rechten Clip zur Verfügung stehen, können Sie auch nicht weiter ziehen. Premiere Pro zeigt das anhand der QuickInfo zusätzlich noch an. Hier ist also Schluss – mehr geht nicht.

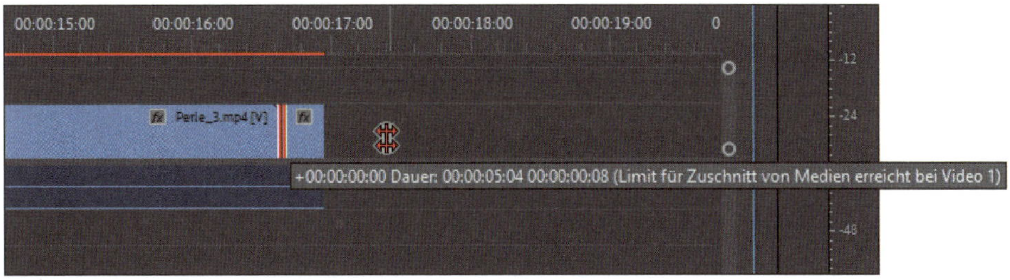

▲ **Abbildung 4.61** Das Limit für den Zuschnitt ist erreicht.

3 Einen L-Schnitt durchführen

Um einen L-Schnitt anzuwenden, ziehen Sie die Schnittkante innerhalb der Videospur nach links oder den Audio-Schnittpunkt nach rechts, während Sie [Alt] gedrückt halten.

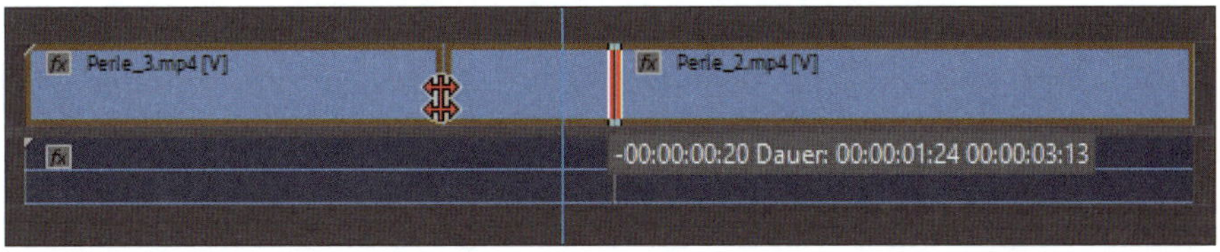

▲ **Abbildung 4.62** Nach dem Verschieben eines Clips bleiben Audio und Video dennoch zusammen.

4 Clips anschließend verschieben

Wenn Sie im Anschluss einen der Clips mit dem Auswahl-Werkzeug umpositionieren, bleiben Audio und Video in der gewählten Form zusammen.

Sollten Sie sich entscheiden, die Audiodatei nun doch wieder auf die Länge des Videos zu bringen (oder umgekehrt), müssen Sie das mit dem Verschieben-Werkzeug und [Alt] tun. Andernfalls würden Audio und Video erneut gleichermaßen verschoben, und der Versatz bliebe erhalten.

4.6.5 Gesamte Spur auswählen

Auch im Schnittfenster lassen sich – Sie kennen das vom Projektfenster – mehrere Clips markieren und gleichzeitig verschieben. Halten Sie einfach [⇧] gedrückt, während Sie die Markierungen vornehmen. Um schnell eine ganze Spur auszuwählen, benutzen Sie am besten das Spurauswahl-Werkzeug ([A]). Stellen Sie das Tool an den Anfang der

Spur, und klicken Sie diese an. Die zugehörige Audiospur wird übrigens ebenfalls markiert. Dabei ist aber entscheidend, wo innerhalb des Schnittfensters Sie das Werkzeug ansetzen. Grundsätzlich werden nämlich nur Clips rechts neben dem Tool markiert. So ist es auch möglich, Clips am Anfang der Spur außen vor zu lassen.

4.6.6 Gesamte Sequenz auswählen

Halten Sie bei der zuvor beschriebenen Vorgehensweise zusätzlich [⇧] gedrückt, lässt sich der komplette Inhalt des Schnittfensters in einem Arbeitsgang auswählen – also auch die Clips der anderen Spuren. Auch hier gilt übrigens: Es werden nur Clips markiert, die sich rechts neben dem Werkzeug befinden. Sie können also bei dieser Art der Auswahl Clips am Anfang auslassen.

4.7 Noch mehr Schnitte

Zum Ende dieses Kapitels möchte ich Ihnen noch zwei relativ »junge« Erweiterungen vorstellen, die vor allem das Arbeiten mit umfangreichem Videomaterial vereinfachen können. Das eine sind die sogenannten wachsenden Dateien, das andere ist die Szenenbearbeitungserkennung.

4.7.1 Wachsende Dateien

Wachsende Dateien? Was soll das denn sein? Nun, in der heutigen Zeit muss alles rasend schnell gehen. Niemand hat mehr Zeit zu vergeuden – schon gar nicht das Personal in den Agenturen dieser Welt. Deshalb kommt es gerade dort immer häufiger vor, dass bereits mit dem Videoschnitt begonnen wird, während der Upload im Hintergrund noch läuft. Sie können zwar aktuell nur das bearbeiten, was bereits hochgeladen ist, jedoch wächst die Videodatei im Hintergrund ständig an. Die aktuelle Dauer des jeweiligen Footages wird sowohl im Projektfenster als auch im Quellmonitor angezeigt. Die Aktualisierung erfolgt jedoch nicht ständig, sondern von Hause aus in Intervallen von 60 Sekunden. Verantwortlich dafür ist eine Voreinstellung, die im Register Medien der Voreinstellungen (Menü: Premiere Pro/Bearbeiten) bereitsteht.

Im unteren Drittel finden Sie den Frame Wachsende Dateien. Damit das Footage aktualisiert werden kann, ist es erforderlich, Wachsende Dateien automatisch aktualisieren aktiv zu lassen. Die zweite Checkbox ermöglicht die Wiedergabe des gewachsenen Materials im Quellmonitor, während das Zeitintervall der Aktualisierung in der dritten Zeile des Frames eingestellt werden kann – hier also die eingangs erwähnten 60 Sekunden. Sie können sich vorstellen, dass Premiere Pro dafür Rechnerleistung benötigt. Aus diesem Grund ist es nicht empfehlenswert, die Aktualisierung alle paar Sekunden durchführen zu lassen. Ich denke, die Vorgabe von 60 Sekunden passt ganz gut. Natürlich werden nicht alle Dateiformate unterstützt, sondern nur die in der Branche üblichen Schwergewichte:

- AVC-Intra Class 50/100
- IMX 30/40/50
- XDCAM HD 50/35/25/18 RDD9

Zu Letzterem ist noch zu sagen, dass XDCAM HD mit niedriger Latenz nicht unterstützt wird.

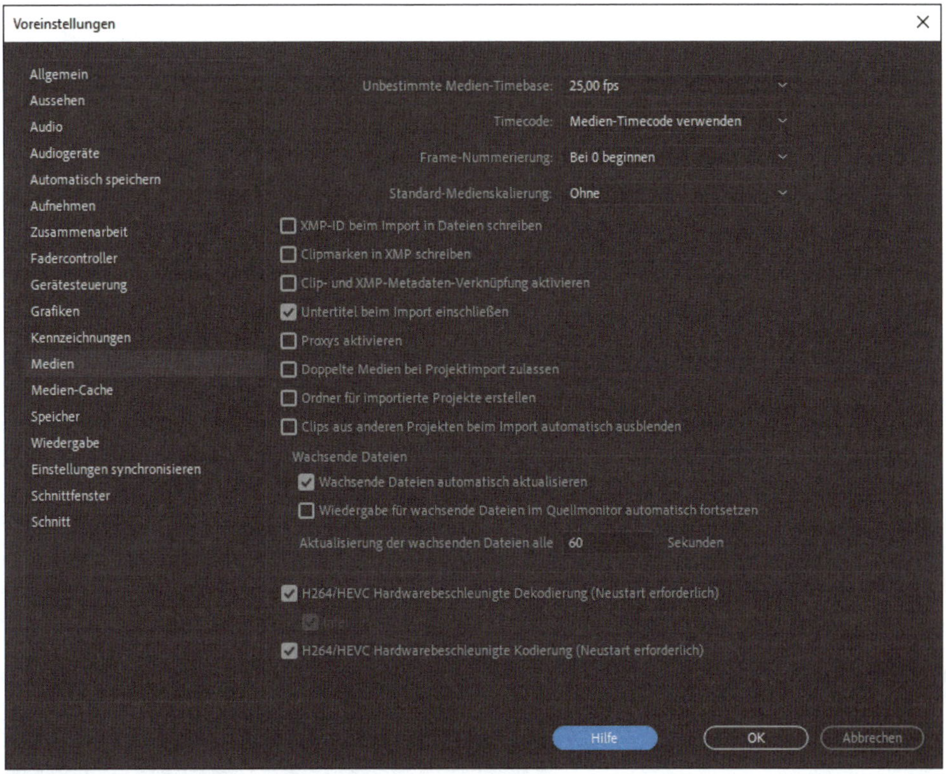

▲ **Abbildung 4.63** Wachsendes Footage ist für Premiere Pro kein Problem.

4.7.2 Szenenbearbeitungserkennung

Nachdem wir uns im vorangegangenen Abschnitt mit Materialien beschäftigt haben, die in der Zukunft liegen, weil sie ja erst noch den Weg in den Rechner finden müssen, gehen wir jetzt in der Zeit zurück – wie einst Doc Brown und Marty McFly in ihrem berühmten DeLorean.

Mal angenommen, Sie hätten in der Vergangenheit ein umfangreiches Schnittprojekt realisiert. Den Film mit hunderten von Schnittpunkten haben Sie, wie es sich gehört, als einzelne Filmdatei ausgegeben (mehr zu diesem Thema in Kapitel 12, »Export«). Nun wollen Sie einzelne Szenen aus diesem Film in einem neuen Projekt verwenden. Die erste, zugegeben recht mühsame Möglichkeit wäre, die Originalclips auf Ihren zahllosen Festplatten zu suchen. Und mal ehrlich: Sollten Sie die Clips dann irgendwann gefunden haben, müssten Sie alle zuerst in das neue Projekt einbinden, sie dann noch einmal schneiden und eventuell sogar mit den gleichen Effekten bearbeiten, die Sie ursprünglich verwendet hatten. Zu anstrengend, sagen Sie? Da bin ich ganz bei Ihnen. Deshalb kommt für uns nur Möglichkeit 2 in Betracht: Wir binden den fertigen Film als Footage in unser Projekt ein und lassen Premiere Pro das Videomaterial überall dort schneiden, wo zuvor ein Schnitt erzeugt worden ist. Wer jetzt sagt: »Der Klaßen kann ja viel schreiben. Das will ich sehen!«, sollte diesen kleinen Workshop nicht verpassen:

Schritt für Schritt: Szenen automatisch schneiden

Wir nehmen als Beispiel mal einen fertigen Film aus dem Ordner *Ergebnisse* der Beispieldateien. Der Clip *Perlen.mpg* eignet sich ganz hervorragend, obwohl ich gestehen muss, dass MPEG-Dateien weitaus mehr Zeit zum Erkennen der Szenen benötigen als beispielsweise Full-HD-Material. Aber egal. Wir sind ja nicht zum Vergnügen hier.

1 Clip bereitstellen

Sorgen Sie zunächst einmal dafür, dass besagter Clip in das Projektfenster von Premiere Pro gelangt. Ich mache es mir gemütlich und ziehe ihn vom Ordner aus direkt in das Projektfenster der Anwendung.

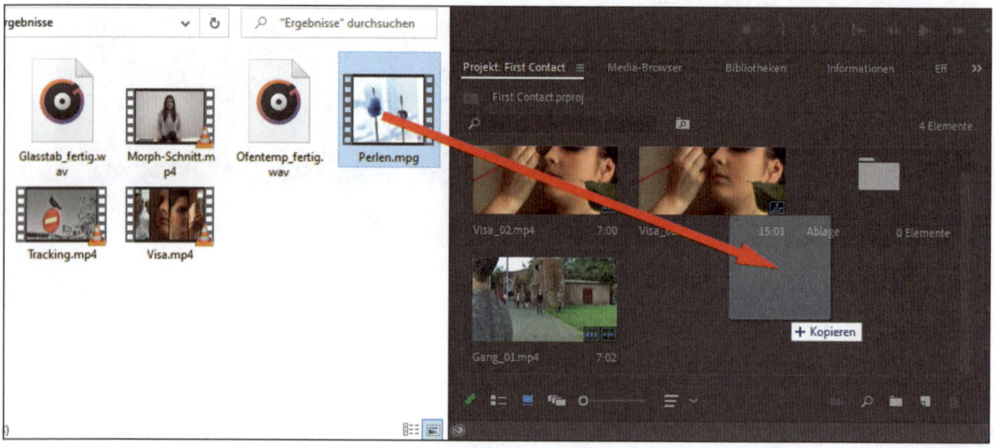

▲ **Abbildung 4.64** Ziehen Sie den Clip vom Ordner aus in das Projektfenster.

2 Sequenz erzeugen

Nachdem Sie die Maustaste losgelassen haben, machen Sie einen Rechtsklick auf dem Clip und entscheiden sich im Kontextmenü für Neue Sequenz aus Clip. (Das Thema Sequenzen wird übrigens im folgenden Kapitel ausführlich behandelt.)

3 Szenenbearbeitungserkennung starten

Nachdem wie von Geisterhand ein neues Schnittfenster (mit den passenden Sequenzeinstellungen) erzeugt worden ist und der Clip auch gleich eingebettet wurde, geht es nun daran, die Szenenbearbeitungserkennung zu aktivieren. Das machen Sie, indem Sie den Clip nun auch im Schnittfenster rechtsklicken und SZENENBEARBEITUNGS-ERKENNUNG auswählen.

4 Clip schneiden lassen

Aktivieren Sie die ersten beiden Checkboxen (zu den einzelnen Funktionen im Anschluss an diesen Workshop mehr), und betätigen Sie die Schaltfläche ANALYSIEREN. Genießen Sie die Show.

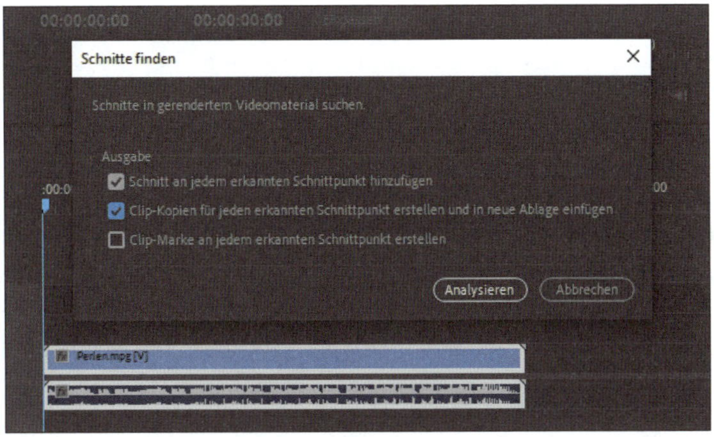

◂ **Abbildung 4.65**
Fertig! Mehr müssen Sie nicht tun.

Premiere Pro rechnet jetzt ein wenig (wie gesagt, bei »schnittfähigerem« Material als MPEG wäre die Zeit deutlich geringer), um Ihnen am Ende einen fertigen Schnitt zu liefern. Wie gut es funktioniert hat, können Sie gern einmal in Augenschein nehmen. Prüfen Sie, wo Premiere Pro die Schnitte platziert hat. Sie werden feststellen, dass es vorzüglich funktioniert hat.

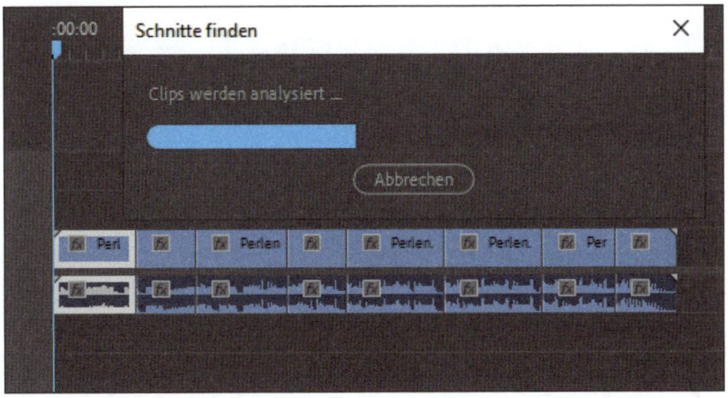

◂ **Abbildung 4.66**
Premiere Pro zerteilt den Clip, so wie es sich gehört.

Lassen Sie mich noch kurz auf die drei Optionen eingehen, die im Dialog SCHNITTE FINDEN angeboten werden. Zumindest eine davon sollten Sie unbedingt noch kennen:

- **Schnitt an jedem erkannten Schnittpunkt hinzufügen** – Hiermit sorgen Sie schlicht und ergreifend dafür, dass Premiere Pro analysiert, wo ein Einstellungswechsel stattgefunden hat, und dort eine Clip-Trennung einsetzt. Wenn Ihnen das reicht, können Sie in Zukunft die beiden anderen Checkboxen inaktiv lassen.
- **Clip-Kopien für jeden erkannten Schnittpunkt erstellen und in neue Ablage einfügen** – Na klar! Das wollen wir, wenn wir die Clips anschließend in unserem Projekt individuell weiterverarbeiten möchten. Schauen Sie einmal in Ihr Projektfenster. Dort wurde eine Ablage erzeugt, die sämtliche Einzelclips enthält.
- **Clip-Marke an jedem erkannten Schnittpunkt erstellen** – An jedem Schnittpunkt wird eine Clip-Marke platziert. (Mehr zu Marken in Kapitel 5, »Mit Sequenzen arbeiten«.)

Noch ein Tipp zum Schluss: Wenn Sie wie zuvor beschrieben vorgehen, zerschneidet Premiere Pro nicht nur die Videospur, sondern auch das Audio. Wer das nicht will, sollte Audio und Video vor der Analyse voneinander trennen (Rechtsklick gefolgt von VERKNÜPFUNG AUFHEBEN). – Ich weiß. »Jetzt ist es zu spät!«, sagen Sie. Immerhin ist nun schon alles zerfetzt. Macht aber nichts. Heben Sie die Verknüpfung trotzdem wie beschrieben auf. Danach markieren Sie alle Audioclips (am schnellsten geht das, indem Sie mit gedrückter Maustaste einen Rahmen erzeugen, der alle Audioclips berührt) und klicken anschließend erneut mit rechts auf einen der Audioclips. Jetzt entscheiden Sie sich für GRUPPIEREN und können fortan sämtliche Audioclips so behandeln, als sei es ein einziger.

5 Mit Sequenzen arbeiten

Glückwunsch – in Sachen Schneiden und Trimmen macht Ihnen ja nun niemand mehr etwas vor – Zeit, sich mit Sequenzen zu befassen. Sequenzen sind zunächst einmal in sich geschlossene filmische Abschnitte eines Gesamtwerks. Dass Sequenzen auch mal eine halbe Ewigkeit dauern können, zeigt Quentin Tarantinos Meisterwerk »Pulp Fiction« auf unnachahmliche Weise. Die schier endlosen Dialoge – nicht nur zwischen John Travolta und Samuel L. Jackson – sind wohl bis heute unübertroffen.

In diesem Kapitel widmen wir uns den Sequenzen aus technischer Sicht. Erfahren Sie, welche Vorteile sich durch gezielten Einsatz von Sequenzen ergeben. Außerdem werden Sie weitere interessante Schnittfunktionen kennenlernen. Sie erfahren in diesem Kapitel:

- Wie arbeite ich mit Sequenzen?
- Wie werden Sequenzen ineinander verschachtelt?
- Wie verändere ich die Sequenzstartzeit?
- Wie können Clip-Marken und Sequenzmarken die Arbeit erleichtern?
- Was sind Clip-Kopien und Clip-Instanzen?
- Wie schneide ich eine Sequenz mit der Multikamera-Funktion?
- Was ist bei der Verarbeitung von Bildern zu beachten?

5.1 Eine neue Sequenz erzeugen

Zunächst wollen wir einen Blick auf das Schnittfenster werfen. Hier werden nämlich noch einige interessante Funktionen bereitgehalten, welche die Arbeit mit Sequenzen beträchtlich erleichtern. Wenn Sie ein neues Projekt beginnen (Datei • Neu • Projekt), müssen Sie zunächst das Fenster Neues Projekt bewältigen. Hier legen Sie, wie Sie ja längst wissen, u.a. Speicherort und Namen fest. In Vorgängerversionen von Premiere Pro wurden Sie nach Klick auf OK in den Dialog Neue Sequenz geleitet. Das ist nun nicht mehr der Fall. Sobald Sie mit OK bestätigen, befinden Sie sich in der Premiere-Pro-Arbeitsumgebung.

5.1.1 Sequenz durch Clip erzeugen

Die einfachste Art und Weise, eine neue Sequenz zu erzeugen, haben Sie ja bereits selbst in Angriff genommen. Hier noch einmal zur Wiederholung: Importieren Sie einen zu verarbeitenden Clip in das Projektfenster. Danach ziehen Sie diesen Clip mit gedrückter Maustaste auf das Symbol Neues Objekt in der Fußleiste des Projektfensters.

Die Alternative wäre ein Rechtsklick auf dem Clip und die anschließende Auswahl von NEUE SEQUENZ AUS CLIP.

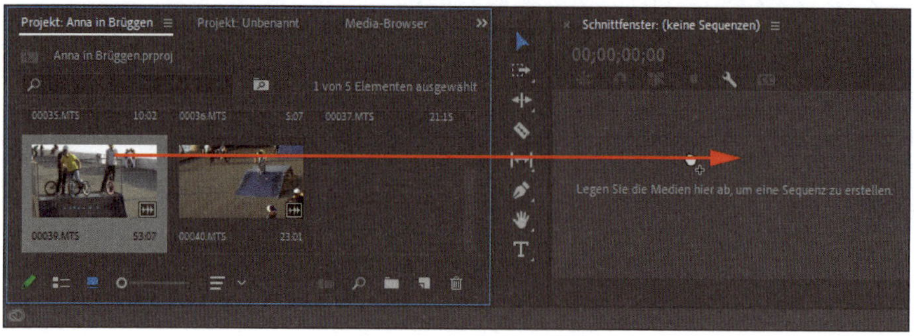

▲ **Abbildung 5.1** So einfach lassen sich Sequenzen erzeugen.

Sie erreichen damit, dass eine neue Sequenz auf Basis der Clip-Daten erzeugt wird – sind also immer auf der sicheren Seite, wenn es um die, zugegebenermaßen nicht ganz leicht zu definierenden, Sequenzeinstellungen geht – na, zumindest fast immer. Dazu gleich mehr. Fakt ist, dass Sie nach dieser Aktion ein weiteres Asset im Projektfenster vorfinden, nämlich die soeben erzeugte Sequenz. Verwechseln Sie diese Sequenz bitte nicht mit dem Clip – auch wenn beide sich zum Verwechseln ähnlich sehen. Achten Sie auf die Symbole (2 = AV-Clip, 1 = Sequenz-Asset).

◀ **Abbildung 5.2**
Auch wenn es so aussieht: Der Clip ist nicht kopiert worden. Vielmehr wurde eine Sequenz erzeugt, die nun ebenfalls Teil des Projektfensters ist.

Bearbeitung von Sequenz-Assets

Das Sequenz-Asset lässt sich übrigens bearbeiten wie ein Clip. Sie können die Sequenz beispielsweise in den Quellmonitor ziehen und dort mit In- und Out-Points versehen, schneiden und sogar in eine andere Sequenz einfügen.

5.1.2 Sequenz manuell erzeugen

Es gibt Situationen, in denen Sie die Sequenzeinstellungen manuell vornehmen müssen. Denn wenn Sie die Sequenzen manuell erzeugen, haben Sie vollkommene Freiheit in Bezug auf die Beschaffenheit der Sequenz. Sie bestimmen selbst, welche Framegrößen, Interpolationsverfahren, Bildwiederholraten usw. verwendet werden sollen. Beachten Sie dazu auch bitte die Hinweise in Kapitel 17, »Fachkunde«. Im folgenden Workshop erfahren Sie, wie man Sequenzeinstellungen manuell vornimmt und worauf es dabei ankommt. Vier Szenarien bzw. Gründe, warum es sinnvoll sein kann, eine Sequenzeinstellung manuell zu erzeugen, möchte ich Ihnen an dieser Stelle nennen:

1. Bei exotischen Videoformaten kann es passieren, dass Premiere Pro die falschen Einstellungen nimmt. Das passiert zwar so gut wie nie, dennoch bleibt ein minimales Restrisiko.
2. Ein weiteres Szenario, bei dem das manuelle Erstellen einer Sequenz sinnvoll sein könnte: Die Clips sind aktuell noch gar nicht vorhanden. Stellen Sie sich vor, Sie müssen einen brandeiligen Beitrag schneiden, jedoch ist Ihr Kameramann noch auf dem Weg zu Ihnen. Sie könnten, sofern Ihnen das Filmformat bekannt ist, nun bereits sämtliche Vorbereitungen treffen.
3. Das dritte Motiv: Letztlich ist es für Ihre gesamte Arbeit mit dem nonlinearen Videoschnitt sehr von Vorteil, wenn Sie wissen, was bei Sequenzeinstellungen überhaupt vonstattengeht.
4. Aber das Allerwichtigste: Es kann durchaus vorkommen, dass Sie gemischtes Material (unterschiedliche Beschaffenheit der Filme) verarbeiten müssen. Dann müssen Sie »zu Fuß« zur fertigen Sequenz gelangen. Spätestens dann ist zu entscheiden, welchem der Formate Sie den Vorzug geben wollen.

Schritt für Schritt: Eine AVCHD-Sequenz erzeugen

Im folgenden Beispiel wollen wir eine AVCHD-Sequenz erzeugen – genauer gesagt eine Sequenz, in der Full-HD-Material (1.920 × 1.080) verarbeitet werden kann. Dieses Format nehmen wir beispielhaft für alle weiteren Formate, da sich Sequenzen im Prinzip immer auf dieselbe Weise erzeugen lassen. Man muss lediglich darauf achten, dass man die korrekte Vorgabe aussucht.

1 Neue Sequenz erzeugen

Der erste Schritt auf dem Weg zur neuen Sequenz besteht darin, dass Sie auf das Blatt-Symbol (Neues Objekt) in der Fußleiste des Projektfensters klicken und Sequenz aus dem Popup-Menü wählen. Alternativ geht es auch mit der Tastenkombination Strg/⌘+N.

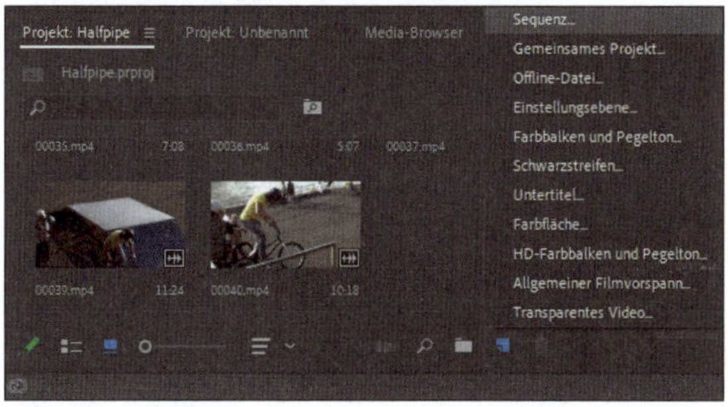

◂ **Abbildung 5.3**
So erzeugen Sie manuell eine Sequenz.

2 Vorgaben-Ordner wählen

Auf der linken Seite des Dialogs NEUE SEQUENZ öffnen Sie zunächst den Vorgaben-Ordner, der Ihren Filmaufnahmen bzw. Ihrem gewünschten Ausgabeziel entspricht. Im Beispiel ist das AVCHD. Betätigen Sie das vorangestellte Dreieck-Symbol ❶.

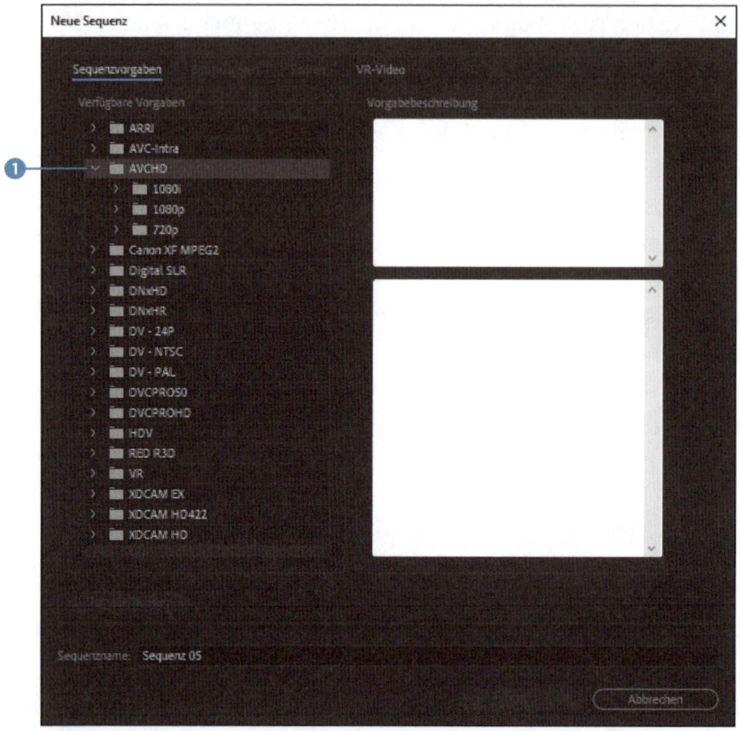

◂ **Abbildung 5.4**
Zunächst müssen Sie die Vorgabe wählen, mit der Sie arbeiten wollen.

Unterschiedliche Darstellung

Möglicherweise stellt sich der Inhalt des Fensters ein wenig anders dar als hier gezeigt. Das hängt davon ab, ob Sie bereits mit Vorgaben gearbeitet haben bzw. welche Sequenzeinstellungen zuvor benutzt worden sind. Sollte auf der rechten Seite (Vorgabebeschreibung) Text enthalten sein, macht das nichts. Dieser wird sich gleich ohnehin ändern.

3 Format-Ordner öffnen

Innerhalb dieses Ordners werden noch weitere Unterordner gelistet. Suchen Sie denjenigen aus, der Ihren Aufnahmen entspricht (hier: 1080i). Bei HD-Formaten wie AVCHD, DVCPRO oder XDCAM o. Ä. werden Sie ausschließlich mit 16:9 zu tun haben. Wenn Sie aber einmal in den Ordner DV-PAL schauen, finden Sie zum einen STANDARD und zum anderen WIDESCREEN. STANDARD wählen Sie immer dann, wenn Sie es mit einem Seitenverhältnis von 4:3 zu tun haben (also das ehemalige TV-Format). WIDESCREEN hingegen bezeichnet das modernere Breitbild, wobei beide Vorgaben niedrige

Auflösungen haben. Doch zurück zum AVCHD-Projekt: Zum Öffnen des Unterordners klicken Sie auf das vorangestellte Dreieck-Symbol (hier AVCHD 1080i). »i« steht übrigens für »interlaced«, also Halbbildmaterial. Sollte Ihre Kamera Vollbilder aufgezeichnet haben, entscheiden Sie sich für das Verzeichnis 1080P oder 720P (»p« steht für »progressive«, also Vollbildmaterial).

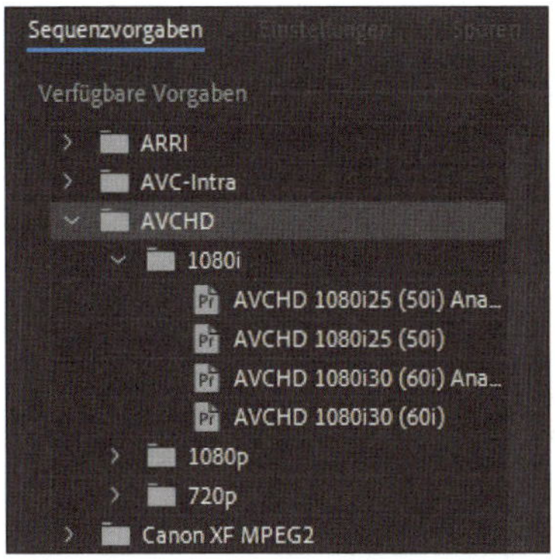

◂ **Abbildung 5.5**
Die Vorgaben stecken in der Regel in Unterordnern.

4 Format festlegen

Da wir es real mit Full HD (1.920 × 1.080) zu tun haben, wählen Sie zudem noch den Eintrag AVCHD 1080i25 (50I) an. Sie werden feststellen, dass es zwei dieser Einträge gibt – einer von beiden ist mit ANAMORPHISCH beschrieben. Dieser scheidet aus (weitere Infos dazu nachfolgend im unteren Kasten). Benutzen Sie also jenen Eintrag, der **nicht** mit dieser Bezeichnung versehen ist. Nachdem Sie die gewünschte Vorgabe (in Abschnitt 17.3, »Von Bildpunkten und Seitenverhältnissen«, wird dieses Thema noch einmal ausführlich behandelt) angewählt haben, vergeben Sie unten einen Sequenznamen und bestätigen mit OK. Die drei anderen Registerkarten dieses Dialogs (EINSTELLUNGEN, SPUREN und VR-VIDEO) stelle ich Ihnen im folgenden Abschnitt vor.

Vorgabebeschreibung

Auf der rechten Seite des Dialogs befindet sich im Übrigen eine detaillierte Beschreibung der jeweils gewählten Vorgabe. Hier können Sie noch einmal kurz checken, ob auch alles Ihren Wünschen entspricht bzw. ob die Vorgabe mit Ihrem Filmmaterial harmoniert.

Anamorphisch/Anamorphotisch

ANAMORPHISCH oder ANAMORPHOTISCH beschreibt eine Art Verzerrung des Videobildes in horizontaler Richtung. Bei nicht-anamorphotischem Videomaterial werden in Full HD 1.920 × 1.080 Bildpunkte verwendet, deren Höhe und Breite in der Regel identisch ist. Das Ergebnis sorgt für ein Seitenverhältnis von 16:9. Anamorphotisches Videomaterial hat im Ergebnis die gleichen Abmessungen. Allerdings wird vorab ein kleineres (verzerrtes) Bild aufgezeichnet (nämlich 1.440 × 1.080). Dieses Bild wird am Ende horizontal gestreckt. So kommt auch anamorphotisches Videomaterial am Ende auf das Seitenverhältnis von 16:9.

5.1.3 Allgemeine Sequenzvorgaben einstellen

Oben links in der Ecke des Dialogs NEUE SEQUENZ befinden sich vier Registerreiter, von denen der linke aktiv ist. Wenn Sie hier auf EINSTELLUNGEN umschalten, können Sie die Vorgaben Ihren Erfordernissen anpassen. Davon ist generell abzuraten, da die Vorgaben selbst schon alle zur Vorgabe passenden Einstellungen mitbringen.

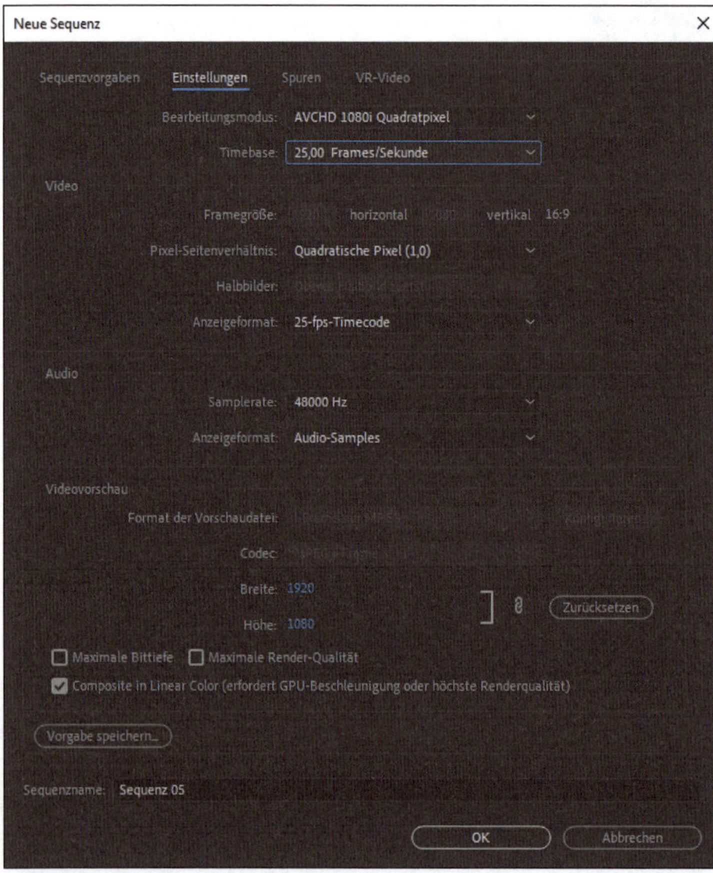

◂ **Abbildung 5.6**
Sobald Sie hier etwas ändern, ist die Normvorgabe dahin.

Desktop-Filme erstellen

Wer beispielsweise vom Monitor abgefilmte Assets (Sreencasts) bearbeiten möchte oder mit Animationen arbeitet, kann den BEARBEITUNGSMODUS auf BENUTZERDEFINIERT stellen und anschließend alle unterhalb befindlichen Steuerelemente individuell einstellen. Verzichten Sie bei derartigen Aufgaben grundsätzlich auf Halbbilder.

5.1.4 Spuren hinzufügen

Auch der dritte Reiter bedarf noch einer Erwähnung. Hier legen Sie nämlich fest, mit wie vielen SPUREN ❶ Ihr Projekt bestückt sein soll. Premiere Pro ist dahingehend wirklich bestens ausgerüstet. Sie können einer einzelnen Sequenz nämlich bis zu 99 Videospuren hinzufügen. Nun ist nicht immer von Anfang an abzuschätzen, wie viele denn nun letztendlich wirklich benötigt werden. Das ist auch nicht weiter schlimm, denn Spuren können auch später noch hinzugefügt oder entfernt werden. Wie das geht, erfahren Sie gleich.

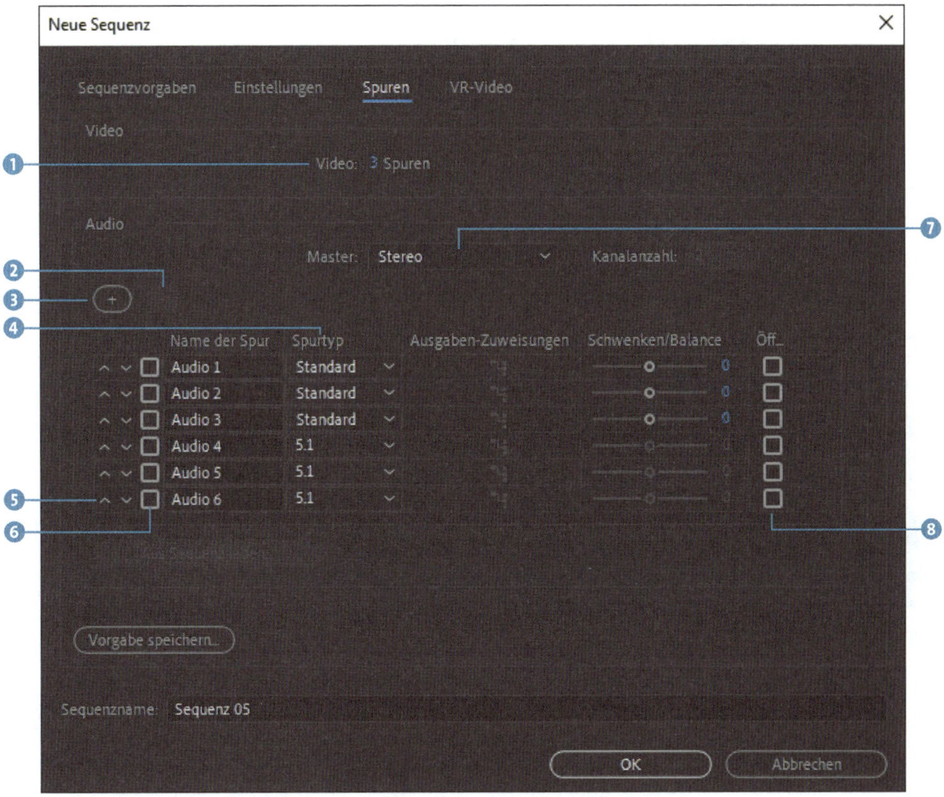

▲ **Abbildung 5.7** Das Register SPUREN bringt interessante Features mit.

Spureinstellungen vornehmen | Im Frame AUDIO des Dialogs lässt sich zunächst festlegen, wie der MASTER (also die fertige Ausgabedatei) beschaffen sein soll ❼. Hier können Sie bestimmen, dass der fertige Film beispielsweise in STEREO oder MEHRKANAL ausgegeben werden soll (obwohl sich dies auch am Ende, zum Zeitpunkt der Filmausgabe, noch anpassen ließe, siehe Kapitel 12, »Export«).

Mit welchen Arten von Audiospuren (MONO, STEREO, 5.1) Sie arbeiten möchten, legen Sie übrigens im Bereich SPURTYP ❹ fest. Sie können also bereits jetzt unterschiedliche Spureigenschaften bestimmen. Ein Beispiel: Sie arbeiten mit 5.1-Dolby-Digital-Material, wollen Stereomusik von CDs verwenden und eine Monokommentarspur integrieren. In diesem Fall können Sie all diese Spuren bereits jetzt definieren.

Die Reihenfolge vorhandener Spuren legen Sie mit ❺ fest. Weitere Spuren fügen Sie mit ❸ hinzu. Aktivieren Sie eines der Kontrollkästchen ❻ und klicken anschließend auf ❷, wird die markierte Spur entfernt. In der letzten Spalte ❽ bestimmen Sie, welche Spuren in dem fertigen Sequenzfenster automatisch geöffnet dargestellt werden sollen.

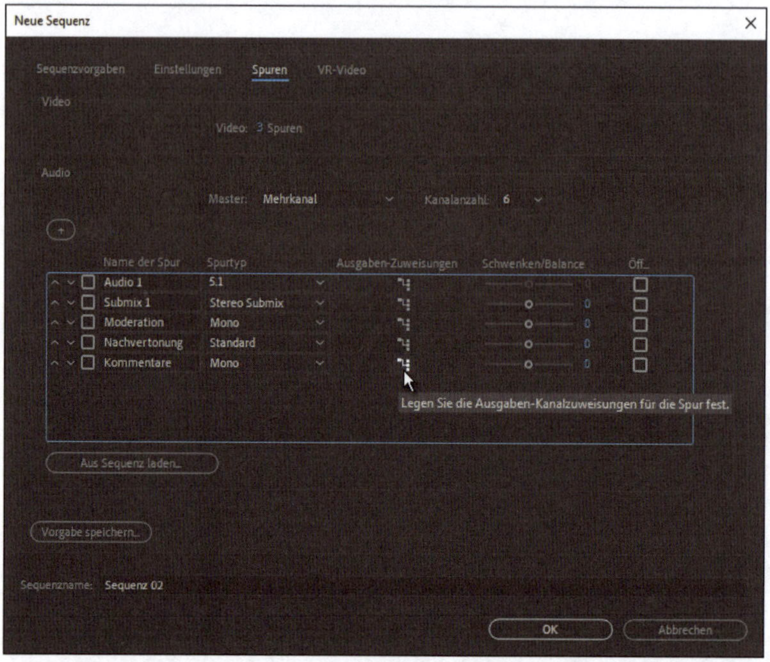

▲ **Abbildung 5.8** Passen Sie die Audiospuren Ihren individuellen Bedürfnissen an.

5.1.5 VR-Video

Sollten Sie VR-Videomaterial erzeugen (also Virtual Reality, sprich: 360°-Filme), müssen Sie die PROJEKTION einschalten. Dazu wählen Sie ÄQUIREKTANGULÄR aus. Die weiteren VR-Eigenschaften passen Sie an das von Ihnen eingesetzte Material an, ehe Sie mit OK bestätigen.

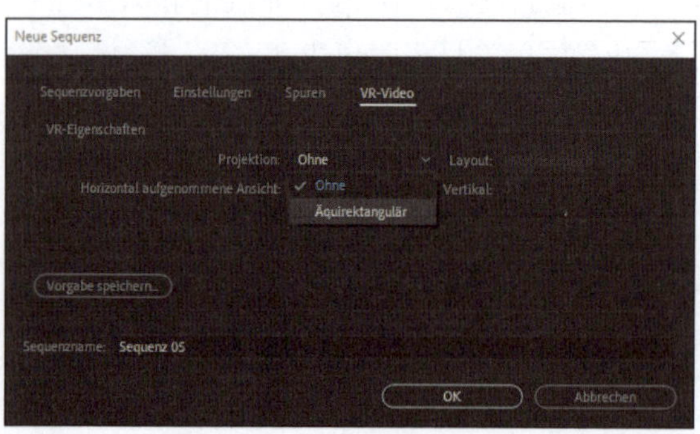

◂ **Abbildung 5.9**
Wer 360°-Filmmaterial verarbeitet, benötigt eine spezielle Projektionsvorgabe.

Systemanforderungen beachten

Bitte beachten Sie, dass die Bearbeitung von VR-Material besonderes Equipment voraussetzt, das über die herkömmlichen Systemvoraussetzungen hinausgeht. Was genau benötigt wird, hängt letztendlich von dem VR-System bzw. den Headset-Typen ab, mit denen Sie arbeiten (z. B. Oculus Rift, HTC Vive oder Windows Mixed Reality). Weiterführende Informationen finden Sie unter *https://helpx.adobe.com/de/premiere-pro/system-requirements/2020.ug.html#vr-system-requirements*.

5.1.6 Vorgabe speichern

Sollten Sie Ihre ganz persönliche Vorgabe definiert haben, lohnt es sich, diese zu speichern. Denn immerhin wollen Sie diese Arbeitsgänge ja nicht bei jedem Projekt wiederholen. Wenn Sie einen Mausklick auf VORGABE SPEICHERN unten links setzen, können Sie dem Ganzen im Folgedialog einen Namen sowie eine Beschreibung zuordnen. Sobald Sie auf OK klicken, gelangen Sie automatisch zur ersten Registerkarte zurück. Hier ist zudem ganz unten ein Ordner mit dem Namen EIGENE erzeugt worden, der Ihre ganz persönliche Vorgabe beinhaltet. Die Beschreibung finden Sie oben rechts und die eingestellten Parameter darunter.

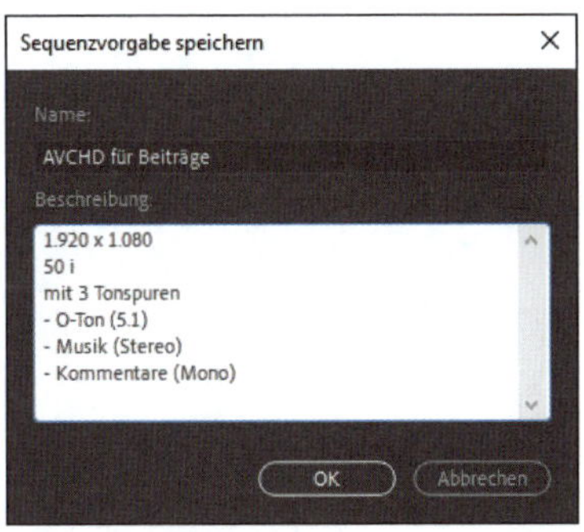

▲ **Abbildung 5.10** Benennen Sie die Vorgabe aussagekräftig, und geben Sie, falls gewünscht, auch noch eine Beschreibung an.

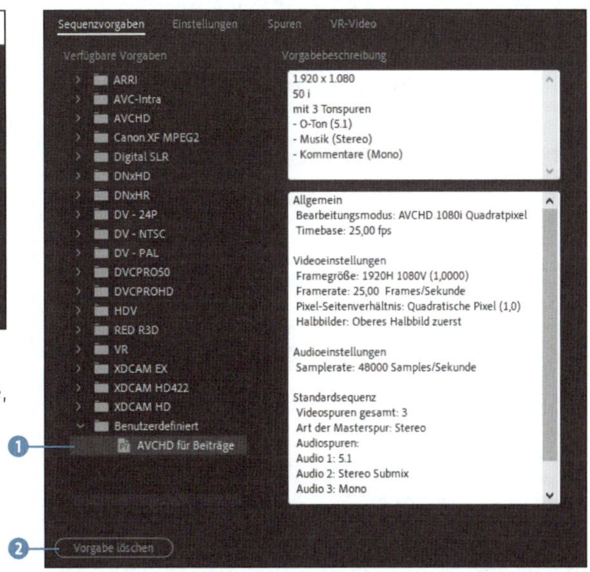

▶ **Abbildung 5.11** Ihre individuelle Vorgabe ❶ erscheint in den SEQUENZVORGABEN.

Vorgabe löschen

Wenn Sie eine Vorgabe nicht mehr benötigen, markieren Sie diese in der Liste der eigenen Vorgaben, und betätigen Sie danach VORGABE LÖSCHEN ❷ unten links in den SEQUENZVORGABEN. Sollte anschließend keine weitere Vorgabe übrig sein, wird das Verzeichnis EIGENE gleich mit gelöscht.

5.1.7 HD oder Full HD?

Im AVCHD-Verzeichnis finden Sie drei Unterordner, die eventuell noch einer Erwähnung bedürfen: Welchen Vorgabenordner Sie öffnen müssen, ergibt sich daraus, ob Sie mit Full-HD-Material arbeiten oder mit der kleineren Variante (Full HD 1080p = 1.920 × 1.080 Bildpunkte, 720p = 1.280 × 720 Bildpunkte).

Danach müssen Sie entscheiden, ob Sie es mit anamorphotischem Material zu tun haben, bei dem das Pixelseitenverhältnis stets <> 1:1 ist, oder mit Quadratpixeln, die, wie der Name schon sagt, einem Pixelseitenverhältnis von 1:1 unterliegen.

Die letzte zu treffende Entscheidung ist: 50i oder 60i bei Halbbildmaterial bzw. 24, 25 oder 30 bei Vollbildern (siehe dazu auch Kapitel 17, »Fachkunde«). Nun, im hiesigen Raum sind 50 Hz angesagt (in den Staaten und Japan 60 Hz). Deshalb müssen Sie bei Kameras, die für den europäischen Markt gebaut sind, auch ein entsprechendes Vorgabeformat einstellen. Das wäre beim Halbbildverfahren 50i (= 2 × 25 halbe Einzelbilder pro Sekunde) und beim Vollbild 25 (= 1 × 25 volle Einzelbilder pro Sekunde). Wenn Sie spätestens an dieser Stelle ins Stocken geraten – kein Problem. Raten Sie einfach. Sie können das später noch korrigieren.

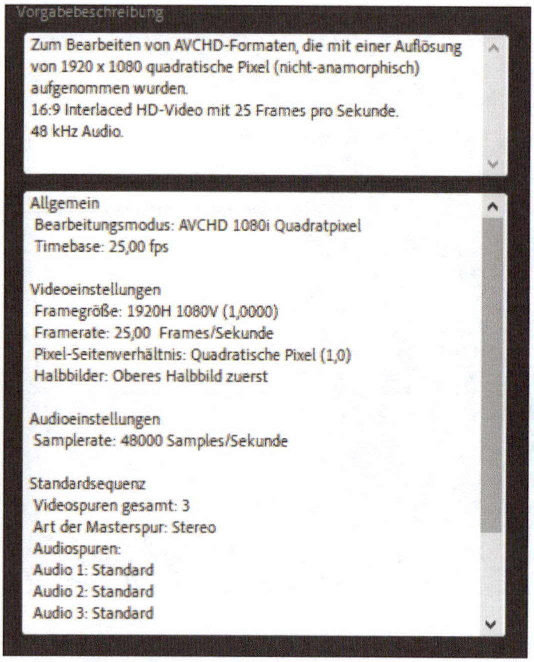

◂ **Abbildung 5.12**
Hier ist mit AVCHD 1080i:25 (50i) eine gängige Full-HD-Vorlage selektiert worden.

5.1.8 Vorgabe prüfen

Nach dem Klick auf OK sollten Sie prüfen, ob Sie alles richtig gemacht haben. Dazu importieren Sie einen entsprechenden Videoclip und ziehen ihn ins Schnittfenster.

Sollte sich unterhalb der Schnittfensterskala kein oder ein gelber Balken zeigen **1**, haben Sie die korrekte Sequenzvorgabe ausgesucht. Glückwunsch!

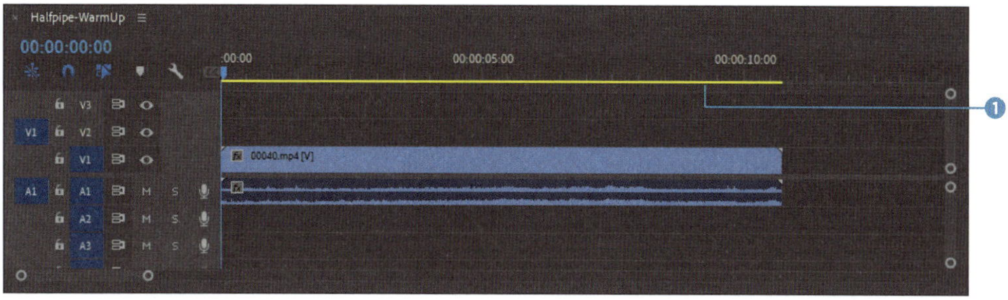

▲ **Abbildung 5.13** Ein Balken **1** deutet darauf hin, dass Sie Material benutzen, das nicht mit der Sequenzvorgabe harmoniert.

Aber selbst wenn hier ein roter Balken angezeigt wird, ist das noch lange kein Grund zum Verzweifeln, wie Sie dem folgenden Kasten entnehmen können.

Render-Leiste

Bei dem angesprochenen Balken handelt es sich um die sogenannte Render-Leiste, die zeigt, ob ein Bereich in Echtzeit und bei voller Framerate abgespielt werden kann. Anhand der Farben lässt sich erkennen, was an dieser Stelle der Sequenz zum Tragen kommt:

- **Kein Balken:** Der Bereich muss nicht gerendert werden.
- **Gelber Balken:** Das bedeutet, der Bereich ist nicht gerendert und kann trotzdem flüssig wiedergegeben werden.
- **Roter Balken:** Bereich muss wahrscheinlich gerendert werden.
- **Grüner Balken:** Es ist eine Vorschaudatei erzeugt worden. Der Clip kann flüssig abgespielt werden.

Rendern bedeutet, dass eine Vorschaudatei von einem bestimmten Bereich erzeugt werden muss, damit dieser flüssig abgespielt werden kann. Premiere Pro fertigt also einen eigenen Filmclip an, der im Ordner *Adobe Premiere Pro Preview Files\[Projektname].prv* (Unterordner des Projektordners) abgelegt wird.

5.1.9 Asset-Eigenschaften abrufen

Für den Fall, dass Sie einmal nicht genau wissen, welches Filmmaterial vorliegt (vielleicht haben Sie die Aufnahmen ja gar nicht selbst gemacht), stehen Sie natürlich vor einem Problem. Welche Sequenzeinstellungen soll ich benutzen?

Setzen Sie in diesem Fall einen beherzten Rechtsklick auf eines der Film-Assets im Projektfenster, und betätigen Sie EIGENSCHAFTEN. Im Dialog lässt sich nun einiges über die Beschaffenheit des Materials in Erfahrung bringen.

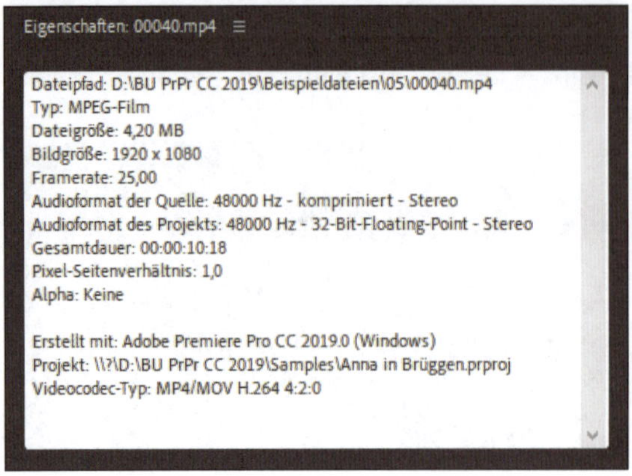

◂ **Abbildung 5.14**
In den EIGENSCHAFTEN eines Clips kann man u. a. BILDGRÖSSE, FRAMERATE und PIXEL-SEITENVERHÄLTNIS ablesen – wichtige Hinweise für die Wahl der korrekten Sequenzvorgabe.

Eine Angabe fehlt hier allerdings; und das ist die Halbbildreihenfolge (siehe Abschnitt 17.1.1, »Halbbilder«). Da sie in den Sequenzeinstellungen ebenfalls festgelegt werden muss, sollten Sie in Erfahrung bringen, ob das untere oder obere Halbbild zuerst ausgesendet wird – oder ob dem Videomaterial statt Halbbildern vielleicht sogar Vollbilder zugrunde liegen. Klicken Sie mit rechts auf einen der Clips im Projektfenster, und entscheiden Sie sich im Kontextmenü für ANPASSEN • FILMMATERIAL INTERPRETIEREN. Im Frame FELDREIHENFOLGE finden Sie die erforderliche Angabe ❶.

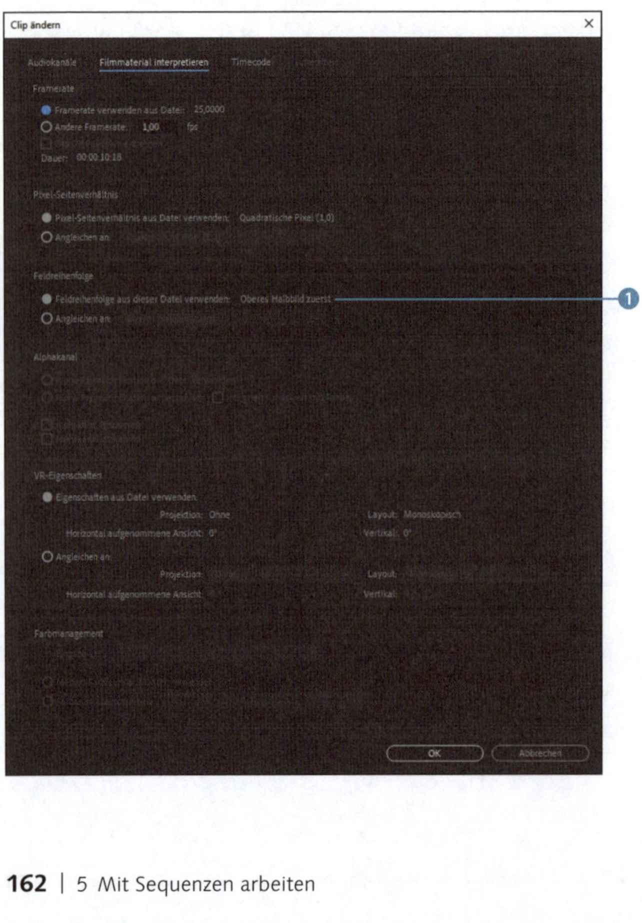

◂ **Abbildung 5.15**
Prinzipiell lassen sich Filmmaterialien in diesem Dialog ändern. Hier benötigen Sie ihn jedoch nur zur Ermittlung der FELDREIHENFOLGE.

Filmmaterial interpretieren

Mithilfe dieses Dialogs lassen sich FRAMERATE, HALBBILDREIHENFOLGE oder PIXEL-SEITENVERHÄLTNIS anpassen. Ihre Filme sollten jedoch nicht ohne triftigen Grund »umgestrickt« werden, da dies auch zur Verschlechterung des Materials beitragen kann. Erst wenn der Film falsch dargestellt wird (z. B. mit einem falschen Seitenverhältnis), sollten Sie hier korrigieren.

5.1.10 Sequenzeinstellungen kontrollieren

Nachdem die Sequenz erzeugt worden ist, können deren Parameter noch eingesehen werden. Auch wenn so gut wie nichts mehr änderbar ist, bietet SEQUENZ • SEQUENZEINSTELLUNGEN dennoch viel an Informationen. (Bitte achten Sie darauf, dass der Befehl nur zur Verfügung steht, wenn das Schnittfenster ausgewählt ist.) Gerade wenn Sie mit mehreren Sequenzen arbeiten und nicht mehr genau wissen, welche Parameter zuvor festgelegt worden sind, werden Sie hier schnell fündig. Die angezeigten Einstellungen beziehen sich allerdings stets auf die derzeit aktive Sequenz. Sollte die gewünschte Sequenz geschlossen sein, öffnen Sie diese vorab mit einem Doppelklick auf das betreffende Sequenz-Asset im Projektfenster.

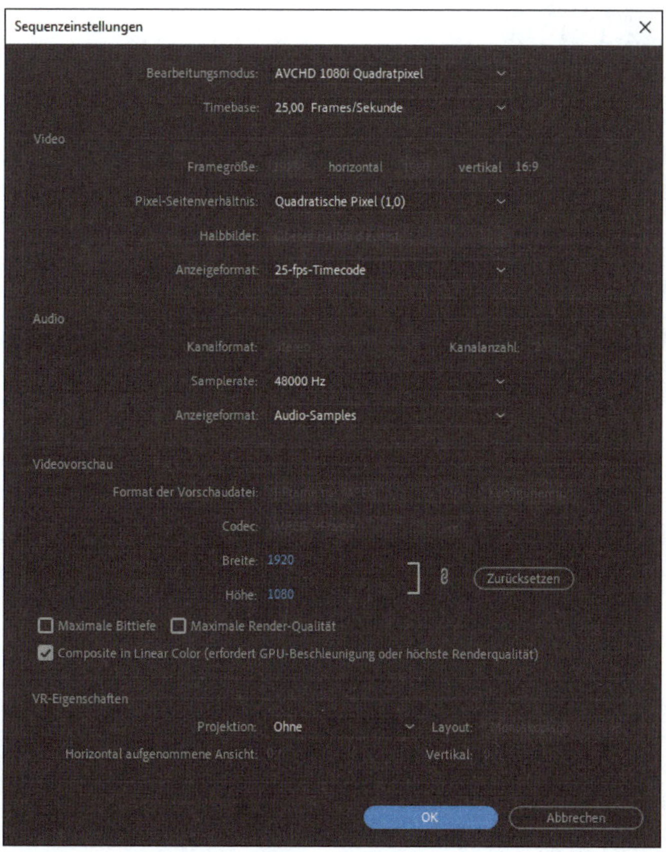

◂ **Abbildung 5.16**
Hier lassen sich kaum noch Einstellungen vornehmen.

5.2 Sequenzspuren

Wenn Sie ein Projekt bzw. eine neue Sequenz anlegen, können Sie die Anzahl der Spuren mithilfe des Registers SPUREN innerhalb des Dialogs NEUE SEQUENZ direkt festlegen. Wie Sie dazu vorgehen und wie Sie mit den Spuren im Sequenz- bzw. Schnittfenster umgehen, erfahren Sie in diesem Abschnitt.

5.2.1 Spuren hinzufügen

Zu Beginn eines Projekts ist nicht immer abzusehen, wie viele Spuren denn wirklich benötigt werden. Daher lässt sich jederzeit Einfluss darauf nehmen, indem Sie SEQUENZ • SPUREN HINZUFÜGEN selektieren. Im Folgenden legen Sie fest, um wie viele und vor allem um welche Spuren (Audio und/oder Video) das aktuelle Schnittfenster erweitert werden soll. Wenn Sie also aktuell keine neuen Audiospuren benötigen, verstellen Sie die Hot-Text-Steuerelemente mit gedrückter linker Maustaste oder klicken sie an und tragen dort »0« ein.

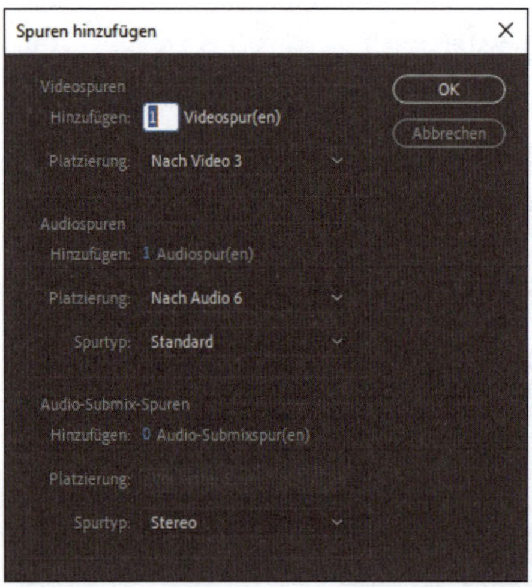

◂ **Abbildung 5.17**
Das Schnittfenster kann mithilfe des Dialogs nach Wunsch erweitert werden.

Im Selektionsfeld PLATZIERUNG können Sie noch bestimmen, wo die neuen Spuren angeordnet werden sollen:

- NACH VIDEO/AUDIO [X] – fügt die neuen Spuren oberhalb der im Dialog ausgewählten ein.
- VOR ERSTER SPUR – fügt die neuen Spuren unterhalb von VIDEO 1 ein. Dabei werden die vorhandenen Spuren allerdings numerisch erhöht (Video 1 wird zu Video 2 usw.).

Es gibt aber eine wesentlich komfortablere Methode, die sich auf der Oberfläche der Anwendung per Drag & Drop realisieren lässt. Meist wird ohnehin zunächst nur eine weitere Spur benötigt. Ziehen Sie deshalb einfach einen Clip aus dem Projektfenster oder dem Quellmonitor auf die Leiste ❶, die sich unmittelbar über der obersten

Videospur befindet. Dort lassen Sie den Clip dann los. Dies hat zur Folge, dass automatisch eine neue Spur erzeugt wird. Gleiches könnten Sie mit der Audiospur machen, wobei Sie den Audioclip dann in den Bereich unterhalb der Master-Spur ziehen müssten. Ziehen Sie einen AV-Clip (Video mit Audiospur), wird zeitgleich auch eine neue Audiospur erzeugt.

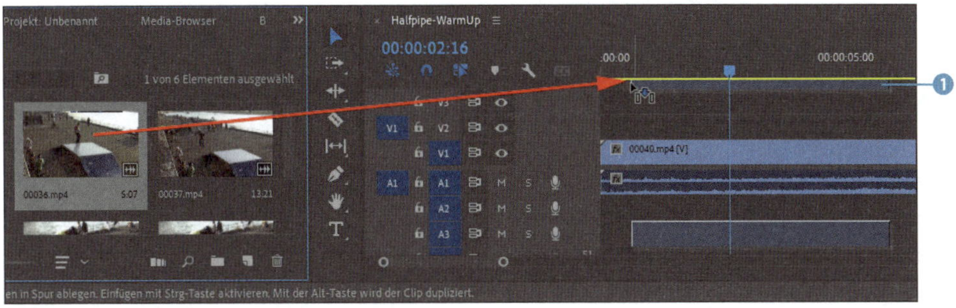

▲ **Abbildung 5.18** Lassen Sie den Clip hier los, damit Premiere Pro eine neue Spur erzeugen kann.

5.2.2 Spurhöhe vergrößern

Die Spuren sind in der Vertikalen oftmals sehr gedrungen. (Im vorangegangenen Beispiel war die neu zu erzeugende Spur Video 4 kaum noch auszumachen.) Räumen Sie dem Schnittfenster vertikal zunächst mehr Platz ein, indem Sie den Steg zwischen Schnittfenster und Programmmonitor ein wenig nach oben ziehen. Danach lassen sich bei Bedarf auch einzelne Spuren vertikal strecken, was Sie an den Zwischenstegen zwischen zwei Spuren erledigen. Führen Sie den Mauszeiger dazu zwischen zwei Spurköpfe. Wenn Sie die richtige Position gefunden haben, wird dieser zum Doppelpfeil ② mit zwei horizontalen Linien. In dieser Position können Sie nun die Trennungslinie verziehen. Dabei wird die untere Spur vergrößert, während alle darüberliegenden nach oben verschoben werden. Bei Audiospuren ist es umgekehrt. Hier müssen Sie die untere Begrenzung einer Spur nach unten verziehen.

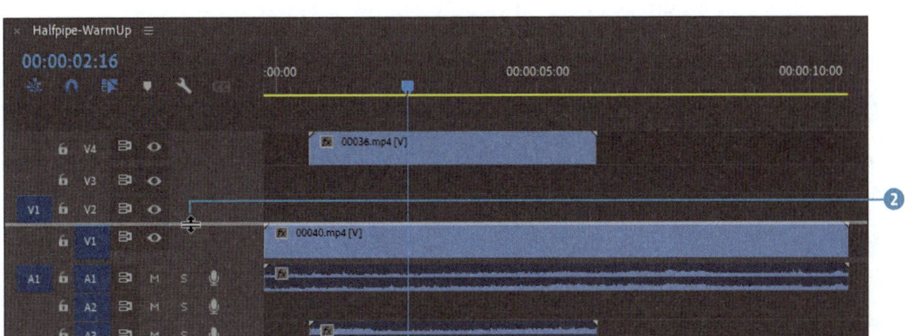

▲ **Abbildung 5.19** Ziehen Sie zur Erweiterung der Videospurhöhe die obere Spurbegrenzung weiter hoch.

Des Weiteren können Sie die Fläche der Spurköpfe horizontal ausdehnen (das empfiehlt sich vor allem bei Vergabe langer Spurkopfnamen). Dazu stellen Sie die Maus auf die vertikale Begrenzungslinie zwischen Spurkopf und Spur. Ziehen Sie die Linie nach rechts.

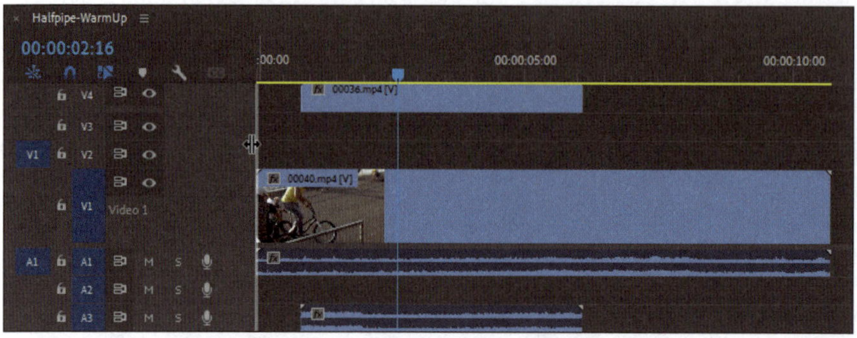

▲ **Abbildung 5.20** Auch die Begrenzung zwischen Spur und Spurkopf lässt sich per Drag & Drop verziehen.

Alle Spuren vergrößern

Wenn Sie sämtliche Spuren in einem einzigen Arbeitsgang vergrößern wollen, klicken Sie zunächst auf das Schraubenschlüssel-Symbol im Schnittfenster (Anzeigeeinstellungen für das Schnittfenster) und entscheiden sich für Alle Spuren erweitern. Um erweiterte Spuren wieder einzufahren, benutzen Sie Alle Spuren minimieren.

5.2.3 Spuren benennen

Spuren lassen sich seit Premiere Pro CC nicht mehr direkt in der Zielführung (Spurkopf-Spalte V1, V2, A1, A2 usw.) umbenennen. Wer seiner Spur dennoch einen Namen geben möchte, muss die Spurhöhe zunächst ausdehnen, wie zuvor beschrieben. Daraufhin wird der aktuell zugewiesene Name eingeblendet (hier: Video 1). Setzen Sie einen Rechtsklick darauf, und entscheiden Sie sich für Umbenennen. Anschließend lässt sich die Spur mit einem aussagekräftigeren Namen versehen.

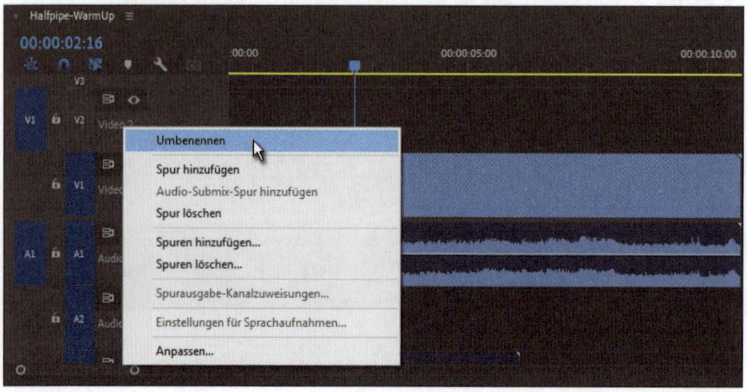

◄ **Abbildung 5.21** Die vorgegebenen Namen sagen nichts aus. Mitunter ist es sinnvoll, das zu ändern.

5.2.4 Spuren löschen

Sie wollen sich von einer oder mehreren Spuren trennen? Dann müssen Sie einen Rechtsklick auf einen der Spurköpfe setzen und zunächst SPUREN LÖSCHEN auswählen. Beachten Sie, dass Sie den Mausklick innerhalb des Spurkopfes, jedoch weder im Quellpatching-Bereich ❷ noch auf der Zielführung ❶ ausführen dürfen. Dort ist der gewünschte Menüeintrag nämlich nicht enthalten. Entscheidend ist, welche der beiden Checkboxen Sie anwählen (VIDEOSPUREN und/oder AUDIOSPUREN LÖSCHEN). Öffnen Sie dann das entsprechende Pulldown-Menü (im Beispiel AUDIOSPUREN), und wählen Sie die Spur aus, die Sie nicht weiter verwenden wollen. Grundsätzlich macht es nichts aus, ob in Ihrem Projekt leere Spuren vorhanden sind. Wenn Sie sich der besseren Übersicht halber jedoch von ihnen trennen wollen, entscheiden Sie sich für den jeweils obersten Eintrag.

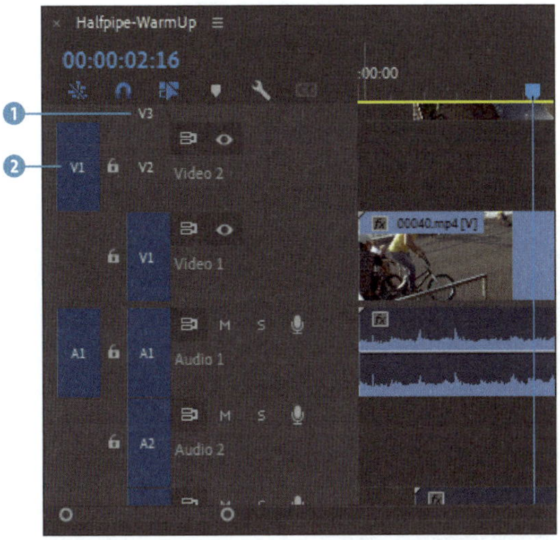

▲ **Abbildung 5.22** Lassen Sie den Rechtsklick weder im Quellpatching-Bereich noch in der Zielführung erfolgen.

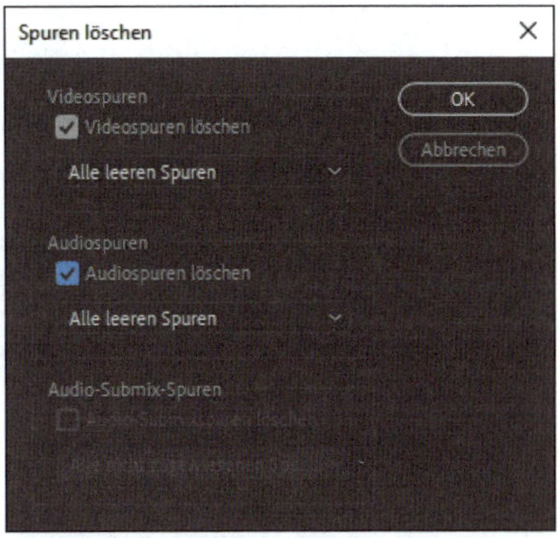

▲ **Abbildung 5.23** In diesem Beispiel werden alle leeren Video- und Audiospuren gelöscht.

5.3 Mehrere Sequenzen einsetzen

Wenn Sie ein großes Projekt in mehrere Abschnitte unterteilen wollen oder wenn Sie mit unterschiedlichem Filmmaterial arbeiten (z. B. DV und AVCHD), bietet es sich an, mehrere Sequenzen zu verwenden.

5.3.1 Dem Projekt eine Sequenz hinzufügen

Eine neue Sequenz erzeugen Sie, indem Sie [Strg]/[⌘]+[N] drücken oder indem Sie das kleine Blatt-Symbol in der Fußleiste des Projektfensters anklicken und im Pulldown-Menü auf SEQUENZ gehen – aber das wissen Sie ja bereits. Im Anschluss daran müssen Sie erneut den mittlerweile bestens bekannten Dialog NEUE SEQUENZ abarbeiten. Hier dürfen Sie aber, wenn Sie es denn wollen, sogar eine ganz andere Vorgabe wählen als die zuerst erzeugte. Damit lassen sich also unterschiedliche Formate komfortabel in einem Projekt bearbeiten. Wenn Sie das Projekt allerdings in mehrere kleine Bereiche unterteilen wollen, sollten Sie die ursprünglich verwendete Vorgabe erneut benutzen. Konkret hieße dies, Sie würden abermals AVCHD 50i verwenden.

Material mischen

Grundsätzlich dürfen Sie Material mischen. Unterschiedliche Ausgangsmaterialien (z. B. AVCHD, HDV, DV) dürfen also durchaus in einer einzigen Sequenz verarbeitet werden, jedoch müssen Sie unter Umständen Qualitätseinbußen hinnehmen – insbesondere dann, wenn niedrig auflösendes Material (z. B. DV) in hochauflösendem verwendet wird (z. B. AVCHD) und dieses niedrig auflösende entsprechend vergrößert werden soll.

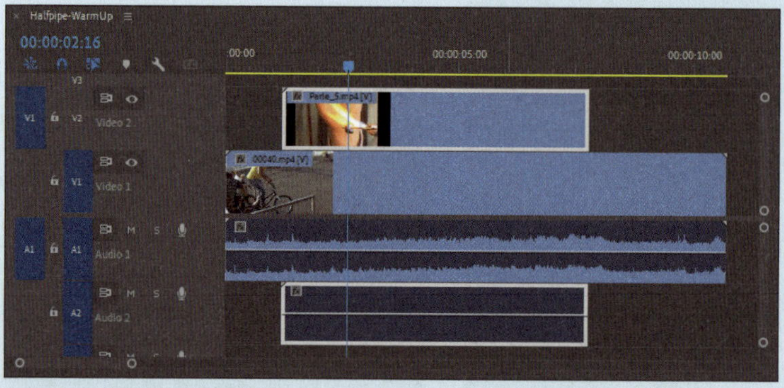

▲ **Abbildung 5.24** Hier befindet sich ein DV-Clip (obere Spur) in einer AVCHD-Sequenz.

▲ **Abbildung 5.25** So stellt sich ein DV-Clip im Format 4:3 (aus den Beispieldateien zu Kapitel 4) in einer AVCHD-Sequenz (Beispieldateien zu Kapitel 5) dar.

Sequenzen öffnen | Die Sequenzen werden im Übrigen ebenfalls als einzelne Einträge im Projektfenster gelistet. Das macht es möglich, eine Sequenz, die Sie im Schnittfenster bearbeiten wollen, mit einem Doppelklick zu versehen. Das Wechseln zwischen zwei Sequenzen erreichen Sie, indem Sie die betreffende Registerkarte im Kopf des Schnittfensters aktivieren.

◂ **Abbildung 5.26**
Die einzelnen Sequenzen lassen sich über Registerreiter anwählen.

Register öffnen und umsortieren

Sollte ein Register einmal nicht im Schnittfenster präsent sein, setzen Sie einen Doppelklick auf die Sequenz im Projektfenster. Und die Reihenfolge der Register lässt sich im Übrigen auch bestimmen. Ziehen Sie eines der Register mit gedrückter linker Maustaste nach links oder rechts.

5.3.2 Sequenzen importieren

Sollten Sie es auf den Sequenzimport abgesehen haben, lässt sich das auch prima mit Premiere Pro realisieren. Wann ist so etwas erforderlich? Zum Beispiel dann, wenn Sie eine immer wieder benötigte Sequenz (z. B. ein animiertes Logo oder eine markante Dialogszene) in einem künftigen Projekt erneut benötigen. Und das geht genauso wie der Import eines jeden anderen Assets (z. B. durch Doppelklick auf einen freien Bereich des Projektfensters, wobei Sie die Premiere-Pro-Projektdatei (*.prproj*) auswählen müssen). Jetzt reagiert die Anwendung jedoch mit einer Abfrage (siehe Abbildung 5.27).

Das gesamte Projekt zu importieren, macht in diesem Fall wenig Sinn. In unserem Beispiel wird zudem nur eine einzige Sequenz und nicht das gesamte Projekt benötigt. Aktivieren Sie demzufolge die Option AUSGEWÄHLTE SEQUENZEN IMPORTIEREN. Möchten Sie, dass die zur Sequenz gehörenden Assets in einer eigenen Ablage erscheinen, aktivieren Sie auch die Checkbox ORDNER FÜR IMPORTIERTE ELEMENTE ERSTELLEN. Bestätigen Sie Ihre Auswahl mit OK. Im folgenden Dialog entscheiden Sie sich nun für die Sequenz, auf die Sie es abgesehen haben, und wählen abermals OK. Möglicherweise steckt die gewünschte Sequenz in einem Unterordner, der dann vorab mittels Klick auf die vorangestellte Pfeilspitze zu öffnen ist.

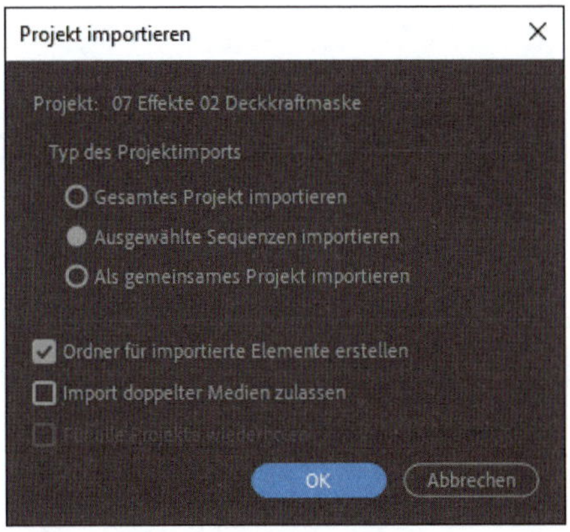

◂ **Abbildung 5.27**
Was soll importiert werden?

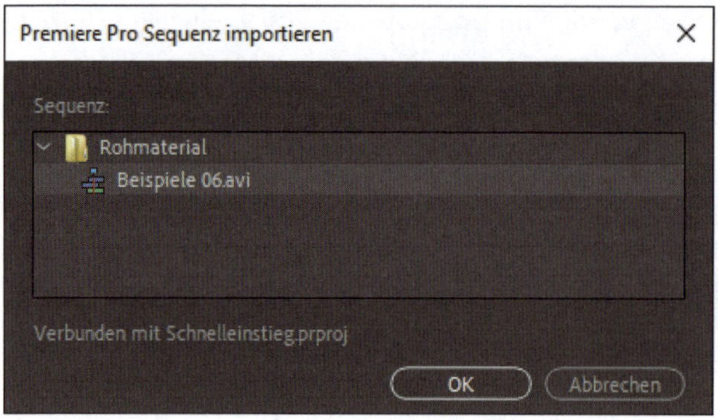

◂ **Abbildung 5.28**
Eine einzelne Sequenz wird importiert.

Der Lohn aller Mühen: Ihr Projektfenster wird um einen Ordner erweitert, in dem nun die gewünschte Sequenz sowie sämtliche dazugehörigen Assets zu finden sind. Doppelklicken Sie auf den Ordner, um die Sequenz sowie die darin enthaltenen Assets (in einer separaten Ablage) angezeigt zu bekommen. Die Sequenz selbst öffnen Sie, wie Sie wissen, mit einem Doppelklick. Ein cooles Feature. Was will man mehr?

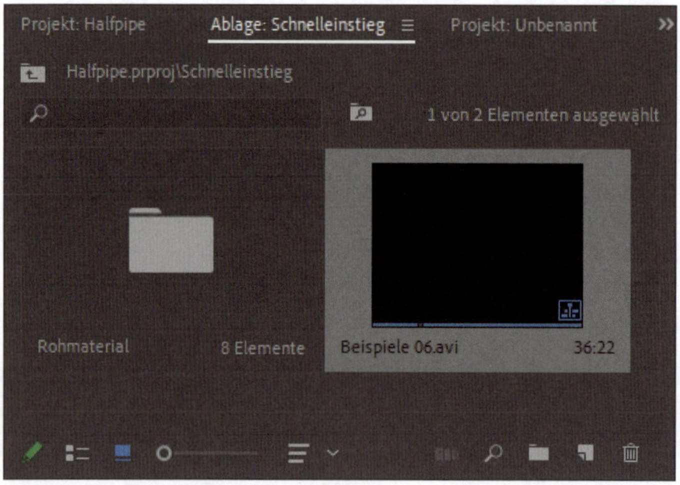

◂ **Abbildung 5.29**
Die neue Sequenz befindet sich neben dem zugehörigen Asset-Ordner in einer separaten Ablage.

5.3.3 Sequenzen verschachteln

Sie sehen also, dass sich mit Sequenzen eine ganze Menge machen lässt. Richtig interessant wird die Sache aber erst dadurch, dass sich Sequenzen ineinander verschachteln lassen.

In der Praxis sieht das so aus: Sie arbeiten mit einer Sequenz, die den eigentlichen Film ausmacht – nennen wir sie einmal »Master«. Irgendwann stellen Sie eine zweite Sequenz zur Verfügung, in der Sie beispielsweise eine Logo-Animation produzieren. Wenn Sie damit fertig sind, werden Sie nicht die einzelnen Assets der Animation, sondern die gesamte Sequenz in die Master-Sequenz stellen. Die Vorteile: Änderungen müssen nicht im Master durchgeführt werden, sondern werden direkt in der Logo-Sequenz vorgenommen. Außerdem können Sie innerhalb des Masters die gesamte Logo-Animation vergrößern, verkleinern, verschieben, mit Effekten versehen usw. Das müssten Sie ansonsten für jeden Clip des Logos einzeln machen.

Und noch ein Vorteil sollte in diesem Zusammenhang dringend herausgestellt werden: Wenn Sie besagte Logo-Animation auch in anderen Projekten wiederverwenden wollen, sollte diese als einzelne Sequenz vorliegen. Dann nämlich reicht der Import dieser Sequenz. Würden Sie das Logo nur in der Master-Sequenz zur Verfügung stellen, müsste folgerichtig auch immer die gesamte Master-Sequenz importiert werden. Doch das bläht zukünftige Projekte nur unnötig auf.

Schritt für Schritt: Sequenzen verschachteln

Damit Sie das Prinzip der verschachtelten Sequenzen kennenlernen, folgt hier ein kurzer Workshop.

1 Sequenzen erstellen und benennen

Ziehen Sie einmal wahllos einige Videoclips in eine neue, leere Sequenz. Anschließend klicken Sie auf den Namen der Sequenz im Projektfenster, was zur Folge hat, dass dieser komplett markiert wird. Geben Sie den gewünschten Namen ein (hier: Event), und schließen Sie die Aktion mit [↵] ab.

▲ **Abbildung 5.30** Benennen Sie die Sequenz im Projektfenster.

2 Weitere Sequenz erzeugen

Danach gibt es mehrere Möglichkeiten. Die unkomfortabelste: Sie erzeugen manuell eine weitere Sequenz mit der gleichen Vorgabe und benennen diese direkt im Dialog mit »Master«. Die intuitive Methode: Schließen Sie alle Sequenzen im Schnittfenster. Danach ziehen Sie das Sequenz-Asset EVENT in das nunmehr leere Schnittfenster, was zur Folge hat, dass dort eine neue Sequenz erzeugt wird. Diese beinhaltet nun die Sequenz EVENT. Sie stellt sich dort dar wie ein Clip. Die schnellste Methode: Klicken Sie mit rechts auf das Sequenz-Asset (EVENT) im Projektfenster, und wählen Sie aus dem Kontextmenü NEUE SEQUENZ AUS CLIP.

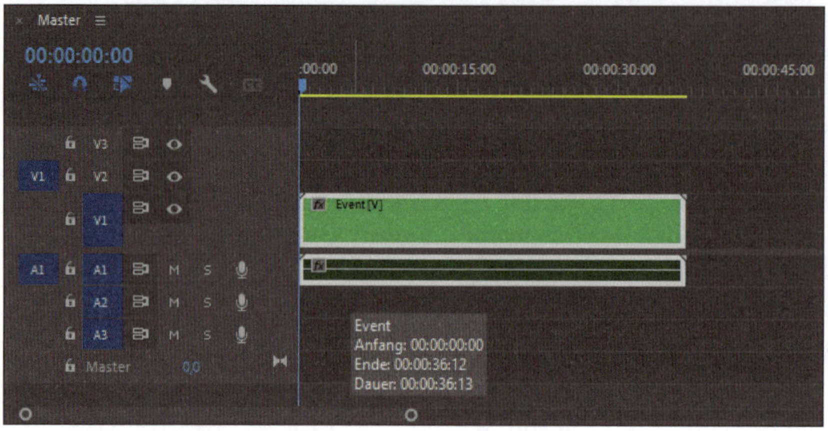

▲ **Abbildung 5.31** Die Sequenz liegt nun wie ein Clip in einer neuen Sequenz.

3 Optional: Sequenz umbenennen

Für den Fall, dass Sie sich für Methode 2 oder 3 entschieden haben, müssen Sie jetzt noch den Namen der neuen Sequenz anpassen. Denn wenn Sie einen Blick auf das Projektfenster werfen, werden Sie nun zweimal das gleichnamige Sequenz-Asset »Event« vorfinden. Das letzte Asset ist die neue Sequenz, die jetzt noch in »Master« umbenannt werden muss.

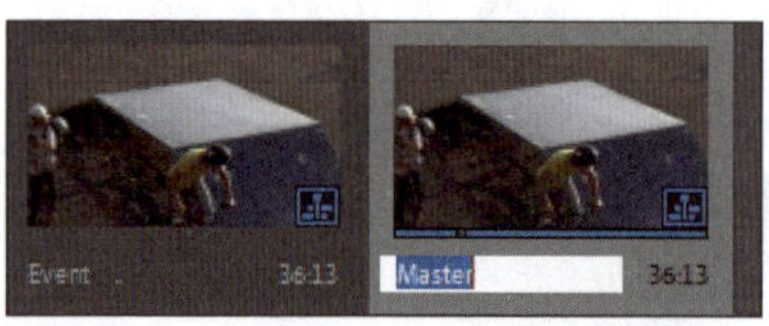

◄ **Abbildung 5.32**
Wenn Sie die neue Sequenz nicht gleich umbenennen, wird das Projekt unübersichtlich, da zwei unterschiedliche Sequenzen mit dem gleichen Namen vorhanden sind.

4 Master-Sequenz öffnen

Sollte die Master-Sequenz aktuell nicht im Schnittfenster angezeigt werden (das ist der Fall, wenn Sie sich zuvor für Methode 1 entschieden haben), doppelklicken Sie auf das Sequenz-Asset »Event« im Projektfenster.

5 Sequenz manuell verschachteln

Bitte bedenken Sie, dass Sie jedes Sequenz-Asset zu jeder Zeit wie einen herkömmlichen Clip in jede x-beliebige Sequenz hineinziehen können. Einzige Ausnahme: Eine Sequenz kann nicht mit sich selbst verschachtelt werden. Der Versuch, die Sequenz EVENT in das Schnittfenster der Sequenz EVENT zu ziehen, misslingt. Ansonsten ist alles erlaubt – auch das Kürzen und Schneiden von eingebetteten Sequenzen.

◄ **Abbildung 5.33**
Sequenzclips werden immer grün dargestellt.

Sie sehen, dass aus sämtlichen Clips, die sich innerhalb der Sequenz »Event« befunden haben, nun ein einzelner Clip entstanden ist. Das ist eine tolle Sache, denn damit sind Sie imstande, die Aufgaben eines großen Projekts in mehrere kleine Teilbereiche zu zergliedern. Auch nicht zu vergessen: Effekte u. Ä. können mit einem einzigen Arbeitsgang auf die gesamte verschachtelte Sequenz angewendet werden.

Optional: Clips erhalten | Was aber, wenn Sie genau das einmal nicht möchten? Was tun, wenn Sie die verschachtelte Sequenz als einzelne Clips erhalten wollen? Dann müssen Sie »vorab« umstellen. Das bedeutet konkret: Sie müssen zunächst die verschachtelte Sequenz, sprich den grünen Clip aus dem Schnittfenster, entfernen (eine nachträgliche Änderung bei bereits hinzugefügten Sequenzen ist leider nicht mehr möglich). Im Anschluss daran deaktivieren Sie die Taste SEQUENZEN ALS VERSCHACHTELUNGEN ODER EINZELCLIPS EINFÜGEN ODER ÜBERSCHREIBEN ❶ und ziehen den Clip abermals hinein.

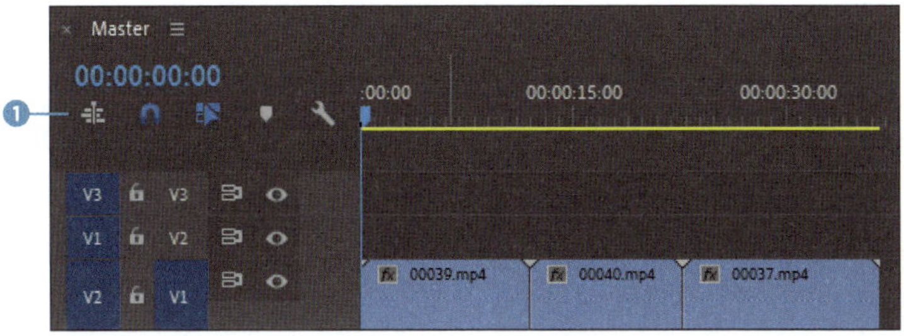

◂ **Abbildung 5.34** Deaktivieren Sie zunächst den Button SEQUENZEN ALS VERSCHACHTELUNGEN ... ❶. Die verschachtelte Sequenz wird daraufhin in Form einzelner Clips in das Schnittfenster integriert.

Vorteile von verschachtelten Sequenzen | Sie können verschachtelte Sequenzen (sofern sie nicht, wie zuletzt beschrieben, als Einzelclips importiert worden sind) verschieben, kürzen, schneiden und was auch immer Sie damit anstellen wollen. Sie dürfen sogar Überblendungen, Effekte und dergleichen auf das verschachtelte Sequenz-Asset anwenden. Wenn Sie die Inhalte der Sequenz noch einmal bearbeiten wollen, ist es Ihnen zudem gestattet, einen Doppelklick auf das Sequenz-Asset im Projektfenster zu setzen, was den direkten Wechsel in diese Sequenz ermöglicht.

Und was noch viel besser ist: Wenn Sie jetzt dort Änderungen vornehmen, werden diese auch innerhalb der Master-Sequenz übernommen. Stellen Sie sich vor, welchen Vorteil Sie genießen, wenn Sie die besagte Logo-Animation bauen, die im Film immer wieder an unterschiedlichen Stellen auftauchen soll (wie z. B. eine Bauchbinde – mehr dazu in Kapitel 11, »Titel erzeugen«). Dann können Sie an dieser Stelle jeweils die verschachtelte Sequenz nutzen. Und wenn Sie am Logo einmal etwas ändern wollen – nur zu. Sie müssen das lediglich in der ursprünglichen Sequenz tun. Im Master wird der Inhalt dann an allen Stellen aktualisiert – ganz automatisch.

Sequenzstartzeit verändern | Eine weitere gängige Vorgehensweise ist es, verschiedene Handlungsabläufe innerhalb eines Projekts auf verschiedene Sequenzen aufzuteilen. Am Schluss hängen Sie alle Sequenzen in einem Master aneinander. Das wird beispielsweise im professionellen Schnitt sehr gerne gemacht, wenn mehrere Cutterinnen und Cutter an einem Gesamtwerk arbeiten und alle am Ende ihre eigenen Sequenzen beisteuern. Um hier die Orientierung zu behalten, empfiehlt es sich, mit verschiedenen Sequenzstartzeiten zu arbeiten (früher Sequenz-Nullpunkt).

Ein Beispiel: Der allgemeine Vorspann beginnt wie gewöhnlich bei 00:00:00:00. Der erste Cutter beginnt seine Sequenz bei 01:00:00:00, die zweite verwendet 02:00:00:00 als Startpunkt usw. Damit dies auch auf der jeweiligen Zeitskala ersichtlich wird, ändern Sie einfach den Sequenz-Nullpunkt. Öffnen Sie dazu das Bedienfeldmenü im Schnittfenster. Alternativ reicht auch ein Rechtsklick auf den Reiter der Sequenz. Wählen Sie den Kontextmenüeintrag SEQUENZSTARTZEIT aus. Um die Sequenz genau bei einer Stunde beginnen zu lassen, müssten Sie »1000000« eingeben und mit OK bestätigen.

Kontrollieren Sie den Timecode, indem Sie den Abspielkopf an den Anfang der Sequenz stellen (Pos1 bzw. ← drücken, sofern auf der Tastatur vorhanden).

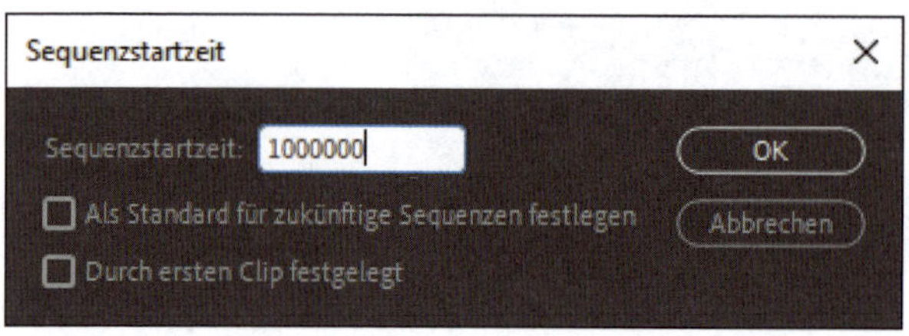

▲ **Abbildung 5.35** Beginnen Sie bei Stunde 1.

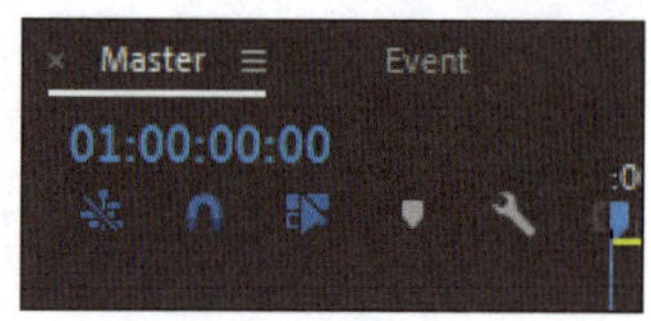

▲ **Abbildung 5.36** Kontrollieren Sie die Eingabe im Schnittfenster-Timecode.

5.4 Marken

Nicht nur im Quell- und Programmmonitor, sondern auch im Schnittfenster ist der Einsatz von Marken möglich. Diese haben unterschiedliche Funktionen. So lassen sich an ihnen beispielsweise Objekte ausrichten oder Teile markieren, die wichtig sind. Des Weiteren können hier auch Anmerkungen verfasst werden. Wir unterscheiden zunächst zwischen Clip-Marken, Sequenzmarken oder Kapitelmarken.

5.4.1 Sequenzmarken setzen

Bringen Sie die Einfügemarke an die gewünschte Position des Schnittfensters, und betätigen Sie M. Alternativ öffnen Sie das Kontextmenü, indem Sie mit rechts auf die Zeitskala (bzw. geringfügig darüber oder darunter) klicken und MARKE HINZUFÜGEN wählen. Beachten Sie, dass nicht die Position des Mausklicks, sondern die der Einfügemarke über die Platzierung der Marke entscheidet. Das Gleiche wird erreicht, wenn Sie zunächst die Einfügemarke platzieren und dann auf das Marken-Symbol im Kopf des Schnittfensters ❶ oder das des Programmmonitors ❷ klicken.

▲ **Abbildung 5.37** Mit einem Klick auf das Marken-Symbol wird eine neue Sequenzmarke eingefügt.

Marken dienen in erster Linie dazu, Objekte an ihnen auszurichten. Wenn Sie eine Marke gesetzt und die Ausrichten-Funktion ([S]) aktiviert haben, lassen sich Clips prima anordnen, da auch Marken die Magnetfunktion (Snapping) unterstützen. Ziehen Sie einen Clip unter die Marke, rastet er ein.

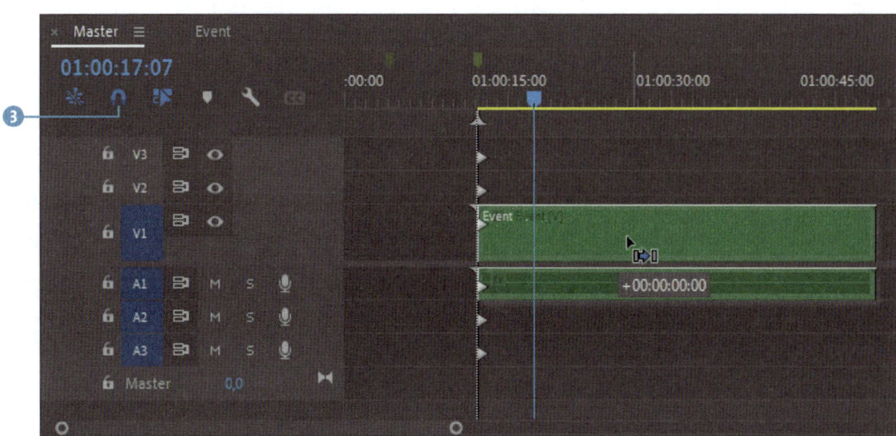

▲ **Abbildung 5.38** Die senkrechte schwarze Linie verdeutlicht, dass der Clip an der Sequenzmarke ausgerichtet wird. Voraussetzung: Das Magnet-Symbol Ausrichten im Kopf des Schnittfensters ❸ ist aktiviert.

5.4.2 Sequenzmarken verschieben und löschen

Sie können Sequenzmarken ganz einfach per Drag & Drop verschieben. Zum Löschen einer Marke müssen Sie diese zunächst anklicken. Das hat zur Folge, dass der Abspielkopf an diese Position springt. Ist das nicht der Fall, kann die Marke auch nicht gelöscht werden. Dass Sie sich mit dem Abspielkopf auf einer Marke befinden, wird nicht nur durch eine kleine gestrichelte Verbindungslinie zwischen Abspielkopf und Marke ❶ dargestellt, sondern auch durch ein Symbol im Programmmonitor ❷.

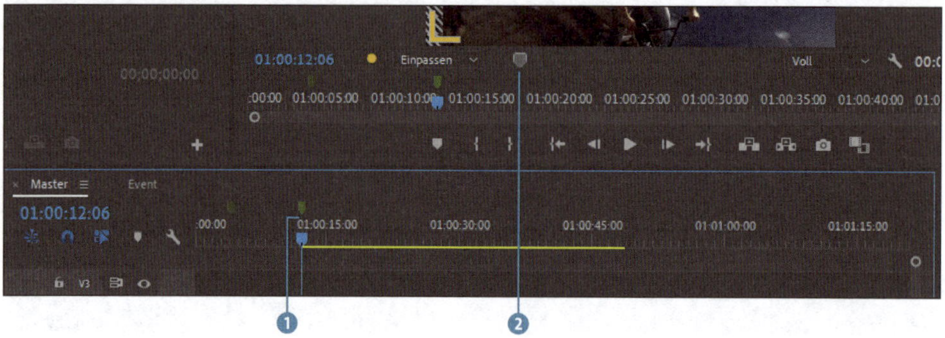

▲ **Abbildung 5.39** Es gibt zwei Hinweise darauf, dass Abspielkopf und Marke an der gleichen Position sind.

Klicken Sie mit rechts auf die Marke, und wählen Sie AUSGEWÄHLTE MARKE ENTFERNEN. Falls es mehrere Marken gibt, die nun alle entfernt werden sollen, betätigen Sie ALLE MARKEN LÖSCHEN. Um vorhandene Marken anzuspringen, hält das Kontextmenü die Einträge ZUR NÄCHSTEN MARKE GEHEN und ZUR VORHERIGEN MARKE GEHEN bereit. Die gleichen Funktionen werden übrigens auch nach einem Rechtsklick auf das Bild des Programmmonitors bereitgestellt, oder Sie verwenden die Shortcuts [⇧]+[M] (vor) sowie [Strg]/[⌘]+[⇧]+[M] (zurück). Der Schaltflächeneditor beherbergt zudem entsprechende Buttons.

5.4.3 Anmerkungen hinzufügen

Marken können grundsätzlich auch zu Kapitelmarkierungen oder Flash-Cue-Points umgewandelt werden. Häufiger ist jedoch der Einsatz von Kommentaren. Dazu öffnen Sie auf der Marke erneut das Kontextmenü, gefolgt von MARKE BEARBEITEN. Alternativ setzen Sie einen Doppelklick auf die Marke. Im Folgedialog können Sie zunächst einen Namen vergeben (bei Projekten, die von mehreren Personen bearbeitet werden, empfiehlt sich der eigene) sowie den Kommentar verfassen. Bitte beachten Sie auch, dass sich den Marken bestimmte Farben zuordnen lassen (MARKENFARBE). Auf den Sinn und Zweck dieser Farben kommen wir gleich noch zu sprechen. So viel schon mal vorab: Marken lassen sich nach Farben sortiert anzeigen. – Nachdem Sie auf OK geklickt haben, reicht das bloße Verharren mit der Maus auf der Marke, um den Kommentar mitsamt Namen und Position via QuickInfo sichtbar zu machen.

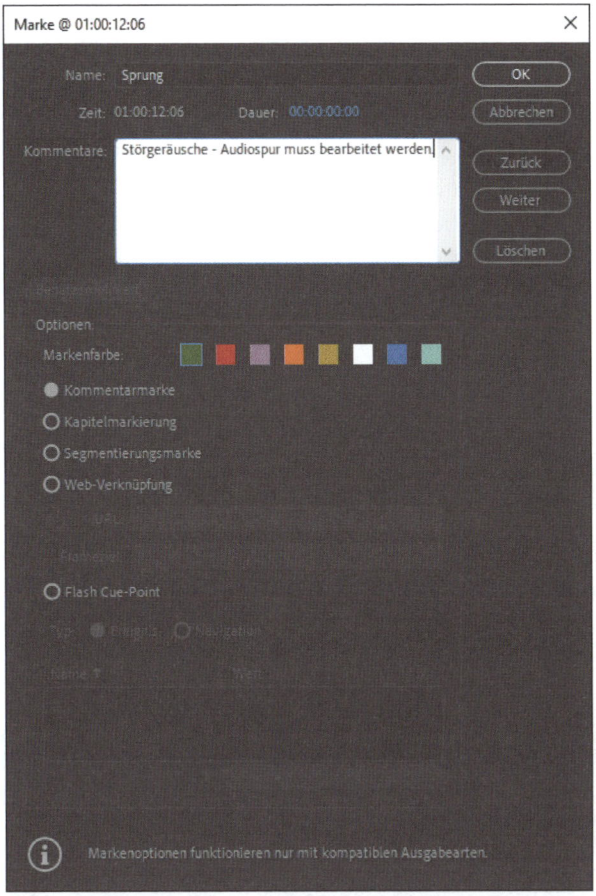

◀ **Abbildung 5.40**
Hier wurde eine Anmerkung verfasst.

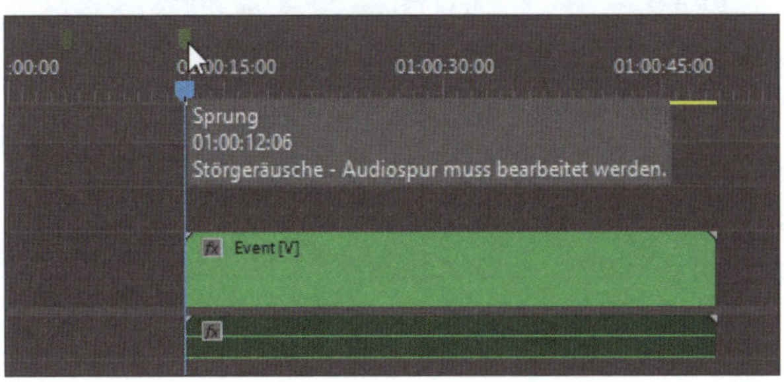

◀ **Abbildung 5.41**
Der Kommentar wird sichtbar, sobald Sie mit dem Mauszeiger auf die Marke zeigen.

5.4.4 Clip-Marken setzen

Neben Sequenzmarken existieren noch die sogenannten *Clip-Marken*. Einziger Unterschied zu Sequenzmarken: Die Marke sitzt nicht in der Skala des Schnittfensters, sondern im Clip selbst. Demzufolge wird sie auch im Quellmonitor hinzugefügt. Auch hier funktioniert die Platzierung mittels [M] oder über einen Rechtsklick auf die Zeitskala, gefolgt von MARKE HINZUFÜGEN. Möchten Sie eine Marke auf einen Clip anwenden, der sich bereits im Schnittfenster befindet, gibt es zwei Möglichkeiten: Entweder Sie bringen ihn zunächst per Doppelklick in den Quellmonitor und setzen dort die Marke mithilfe des Schalters MARKE HINZUFÜGEN (bzw. mittels Druck auf [M]), oder Sie platzieren zunächst den Abspielkopf an der gewünschten Stelle des Schnittfensters, markieren dann dort den Clip und betätigen zuletzt [M]. Hierbei müssen Sie sich lediglich merken: Ist ein Clip markiert, wird eine Clip-Marke erzeugt, ist kein Clip markiert, wird eine Sequenzmarke erzeugt. Alle weiteren Optionen, das Handling betreffend, entsprechen denen der Sequenzmarken. Die Besonderheit: Der Name der Marke sowie deren Beschreibung sind überall präsent – im Quellmonitor, im Schnittfenster und sogar im Programmmonitor.

▲ **Abbildung 5.42** Auch im Quellmonitor können Anmerkungen hinzugefügt werden.

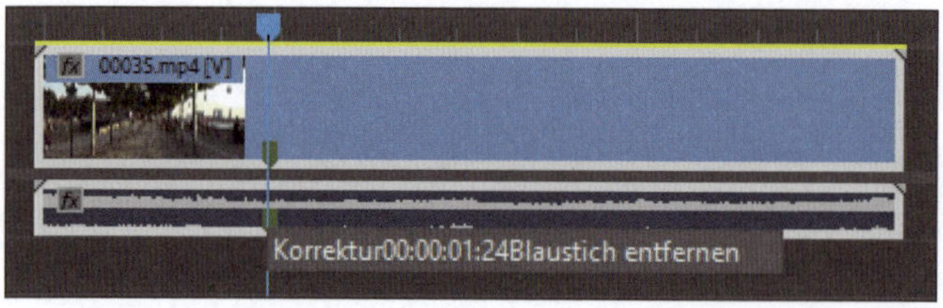

▲ **Abbildung 5.43** Clip-Marken sind auch im Schnittfenster sichtbar.

▲ **Abbildung 5.44** Ein Hinweis erfolgt auch im Programmmonitor – vorausgesetzt, der Abspielkopf befindet sich auf der Position der Marke.

5.4.5 Das Marken-Bedienfeld

Die bisher beschriebenen Vorgehensweisen sind immer dann zu empfehlen, wenn nur wenige Marken eingesetzt werden müssen. Werden die Marken jedoch zahlreicher, sollten Sie auf das Marken-Bedienfeld zurückgreifen, das Sie standardmäßig unten links finden (hinter dem Projekt- und Effekte-Fenster). Hier lassen sich sowohl Clip- als auch Sequenzmarken anzeigen.

◀ **Abbildung 5.45**
Hier werden die zuvor angelegten Marken übersichtlich gelistet.

Was angezeigt werden soll, regeln Sie mit den farbigen Quadraten oben rechts neben dem Suchfeld. Hierbei handelt es sich um Checkboxen, mit denen Sie Marken anhand ihrer zuvor vergebenen Farbe anzeigen lassen können. Aktivieren Sie beispielsweise Rot, werden alle andersfarbigen Marken ausgeblendet. Ist keine der Checkboxen aktiv, werden grundsätzlich alle Marken präsentiert.

Marken im Marken-Bedienfeld bearbeiten | Vom Marken-Bedienfeld aus können sämtliche Marken im Schnittfenster direkt angesprungen werden. Klicken Sie dazu auf die entsprechende Zeile (nicht auf die Timecodes). Im rechten Feld können Sie nun, so Sie es denn wollen, eine Info verfassen.

So weit, so gut. Die Hinweise sind verfasst und können per Klick auf die Marke im Schnittfenster jederzeit eingesehen werden. Zu schade nur, dass man die Texte nicht direkt im Schnittfenster lesen kann. Oder doch? Ja, denn eine Clip-Marke darf durchaus eine gewisse Länge haben. Links sehen Sie, dass sich In- und Out-Points definieren lassen. Erhöhen Sie beispielsweise den Out-Point-Timecode einer Marke, bekommt diese im Schnittfenster eine gewisse Breite – und der Text kann dort angesehen werden ❷. Einziger Nachteil: Im Schnittfenster steht nicht beliebig viel Platz zur Verfügung. Das kann aber prima dadurch verschmerzt werden, dass der gesamte Text im unteren Bereich des Programmmonitors angezeigt wird ❶.

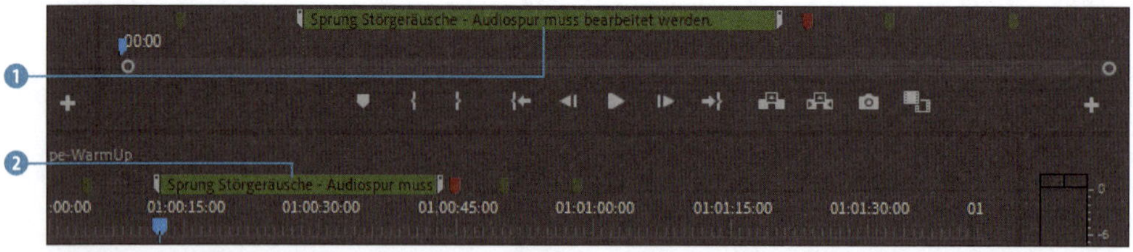

▲ **Abbildung 5.46** Der Markentext ist sowohl im Schnittfenster als auch im Programmmonitor lesbar.

Marke benennen

Um eine Marke zu benennen, setzen Sie einen Doppelklick auf die Miniatur. Dadurch öffnet sich der bereits bekannte Marken-Dialog. Beachten Sie jedoch bitte, dass im Schnittfenster vorrangig der Kommentartext präsentiert wird. Der Name der Marke wird nur dann ausgewiesen, wenn kein Hinweistext vorhanden ist.

5.5 Untertitel

Und da wären noch die Untertitel, die sich in Premiere Pro noch intuitiver erstellen und bearbeiten lassen als bisher, denn mit dem 2021er-Update wurde die Untertitel-Technik auf komplett neue Füße gestellt. Vergessen Sie alles, was Sie möglicherweise bis dato über die Erstellung von Untertiteln gehört haben, und beginnen Sie komplett von vorn.

5.5.1 Untertitel erzeugen

Im ersten Schritt sorgen wir dafür, dass Untertitel hinzugefügt und individuell angepasst werden. Im Anschluss daran erfahren Sie, welche Möglichkeiten bei der Verarbeitung der Untertitel noch zur Disposition stehen.

Schritt für Schritt: Untertitel erstellen

Zunächst sollten Sie die erforderlichen Einstellungen auf der Arbeitsoberfläche vornehmen, da Premiere Pro spezielle Fenster zur Untertitel-Gestaltung benutzt.

1 Arbeitsoberfläche vorbereiten

Für die Untertitel existiert eine eigene Arbeitsoberfläche. Aktivieren Sie idealerweise ganz oben in der Leiste die Arbeitsoberfläche Untertitel. Wer lieber mit seiner bisherigen Oberfläche arbeiten möchte, kann diese natürlich gerne beibehalten, muss dann jedoch das Bedienfeld Text aktivieren, das sich im Menü Fenster befindet.

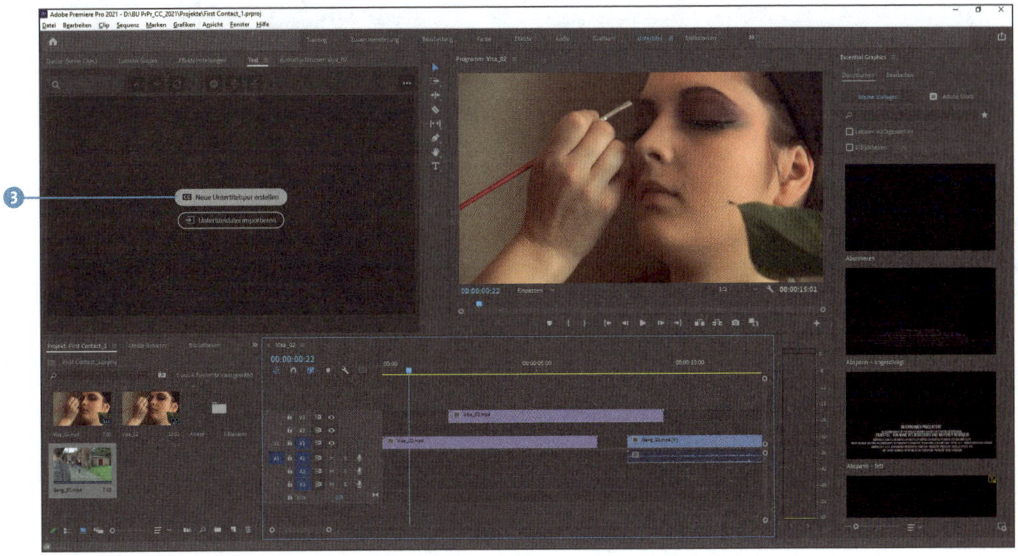

▲ **Abbildung 5.47** Aktivieren Sie die Arbeitsoberfläche Untertitel.

2 Untertitelspur erstellen

Klicken Sie jetzt im Fenster Text auf den Button Neue Untertitelspur erstellen ❸, was zunächst einen entsprechenden Dialog zutage fördert. Achten Sie darauf, dass Untertitel im Pulldownmenü Format gelistet ist, ehe Sie auf OK klicken.

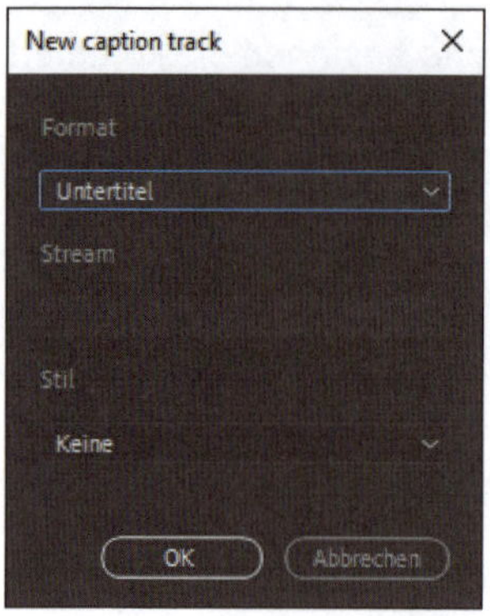

◂ **Abbildung 5.48**
Wir beginnen mit einem ganz schlichten Untertitel.

3 Untertiteltext eingeben

Jetzt sollte Ihr Augenmerk auf dem Bedienfeld TEXT liegen. Klicken Sie zunächst oben auf die Taste mit dem Plus-Symbol, um ein neues Textelement hinzuzufügen – das sogenannte Untertitel-Segment. Daraufhin erscheint gleich unterhalb ein Feld, das auf die Texteingabe wartet. Während Sie den Text eintippen ①, sollten Sie auch einmal auf den Programmmonitor blicken, denn dort wird der Text ebenfalls angezeigt ②.

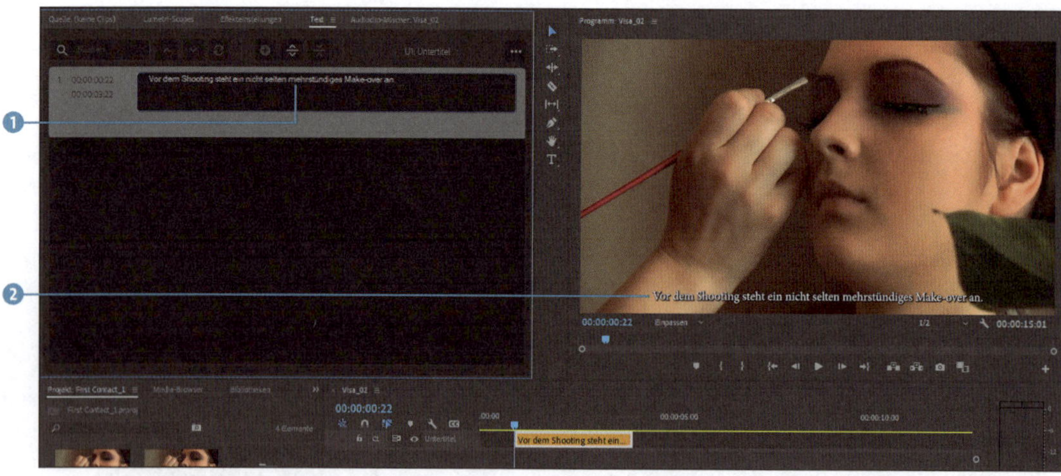

▴ **Abbildung 5.49** Geben Sie den Untertitel ein.

4 Optional: Weitere Untertitel hinzufügen

Nun ließen sich weitere Untertitelblöcke hinzufügen, indem Sie erneut auf das Plus-Symbol im Bedienfeld TEXT tippen. Achten Sie jedoch auf die Position des Playheads im Schnittfenster. Sollte sich dieser nämlich auf einem bereits vorhandenen Untertitel befinden, ist die erneute Produktion eines Untertitels nicht möglich. Ziehen Sie in diesem Fall den Playhead an eine andere, freie Position. Danach ist auch die Plus-Taste wieder bedienbar und der Erstellung eines neuen Untertitelsegments steht nichts mehr im Wege.

5 Mehrere Titel übereinander platzieren

Für den Fall, dass Sie einen weiteren Titel an der gleichen Position eines bereits vorhandenen Untertitels platzieren wollen (beispielsweise um Untertitel in verschiedenen Sprachversionen zu erzeugen), müssen Sie zunächst eine weitere Untertitelspur hinzufügen. Das machen Sie, indem Sie mit der rechten Maustaste auf den Kopf der Untertitelspur klicken und sich im Kontextmenü für SPUR HINZUFÜGEN entscheiden. Nun erhalten Sie abermals den in Schritt 2 beschriebenen Dialog und definieren eine zweite Untertitelspur. Das bedeutet: Auf unterschiedlichen Untertitelspuren dürfen sich die Untertitel dann auch überschneiden. Achten Sie jedoch darauf, dass immer nur »eine« Spur sichtbar ist, während alle anderen Spuren im Kopf des Schnittfensters ausgeblendet sind.

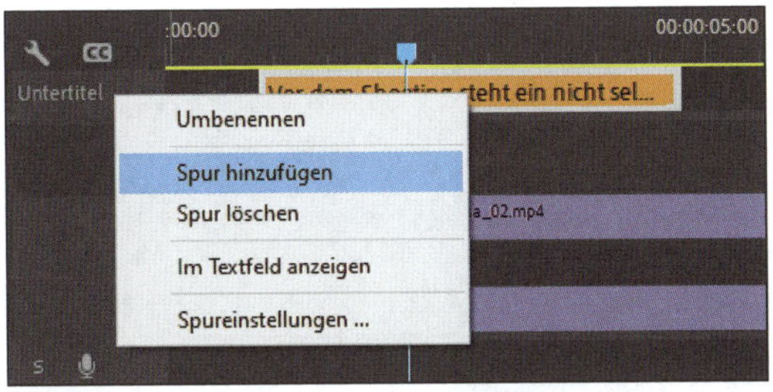

▲ **Abbildung 5.50** Wenn Sie einen weiteren Untertitel an derselben Stelle hinzufügen wollen, müssen Sie zunächst eine neue Spur erstellen.

6 Untertitel verschieben und Länge anpassen

Untertitel werden prinzipiell genauso gehandhabt wie herkömmliche Videoclips im Schnittfenster. Sie können den Untertitel im Schnittfenster verschieben, indem Sie auf ihn klicken, die Maustaste gedrückt halten und den Titel nach links oder rechts bewegen. Passen Sie die Länge an, indem Sie die Maus an den Anfang oder das Ende des Untertitels stellen. Leider ist nicht pauschal zu sagen, wie lange ein Untertitel stehen bleiben soll. Je mehr Text der Zuschauer lesen muss, desto länger sollte er sichtbar sein. Generell muss der Zuschauer, der den Text im Gegensatz zu Ihnen ja noch nicht kennt, ausreichend Zeit haben, ihn in Ruhe erfassen zu können. Als Richtwert gilt: Sie müssen ihn zweimal hintereinander lesen können, ehe er verschwinden darf. Je nach Textmenge bieten sich also komplett unterschiedliche Zeiträume an.

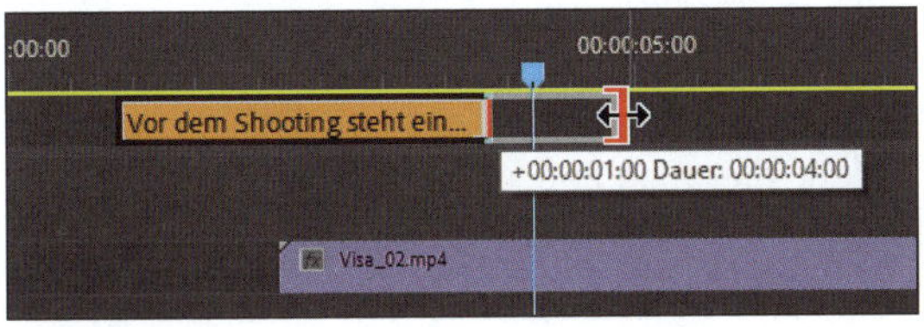

▲ **Abbildung 5.51** Ziehen Sie den Clip in die Länge.

7 Titel individuell bearbeiten

Premiere Pro erzeugt die Titel so, dass sie gut lesbar sind. So wird beispielsweise eine fette und zudem helle Schrift verwendet, die mit einem kleinen, harten Schatten versehen ist. Alles gut, also. Doch Premiere Pro wäre nicht Premiere Pro, wenn es nicht auch dafür noch entsprechende Einstelloptionen gäbe. Wichtig ist: Wenn Sie einen Titel editieren wollen, müssen Sie ihn zunächst im Schnittfenster aktivieren – denn nur dann lässt er sich auf der rechten Seite der Anwendung im Fenster ESSENTIAL GRAPHICS bearbeiten. Möchten Sie die Farbe einer Schrift ändern (um nur ein Beispiel von unzählig vielen Optionen zu wählen), klicken Sie auf das standardmäßig weiß eingefärbte Rechteck der Zeile FÜLLUNG im Segment AUSSEHEN ①. Nun können Sie via Farbwähler eine andere Farbe zuweisen.

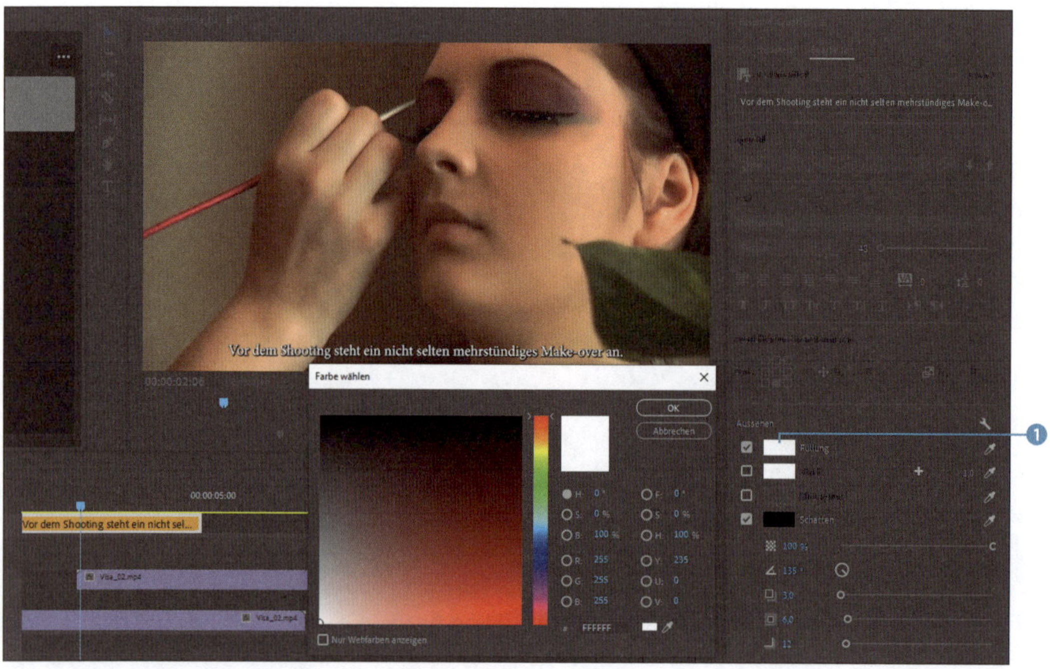

▲ **Abbildung 5.52** Wer beispielsweise einen anderen Schriftstil, eine andere Farbe oder Ausrichtung wünscht, ist mit den Essential Graphics bestens beraten.

5.5.2 Sichere Bereiche

Bevor Sie weitere Einstelloptionen anwenden, sollten Sie die sogenannten *sicheren Bereiche* aktivieren. Dies sind kleine Linien, die anzeigen, welche Bereiche des Bildschirms auch auf einem TV noch sichtbar sind (dort werden die Bildränder nämlich ein wenig abgeschnitten – siehe Abschnitt 17.2.2, »Sichere Ränder«). Sie erreichen das mithilfe des Schaltflächeneditors (im Programmmonitor) und des darin befindlichen Buttons SICHERE BEREICHE. Bringen Sie ihn auf Ihre Arbeitsoberfläche, und schalten Sie die sicheren Bereiche ein. Alles, was jenseits des äußeren Rechtecks liegt, wird höchstwahrscheinlich auf dem Fernsehbild vernachlässigt. Damit Sie aber immer genügend Abstand zum Bildrand haben, sollten sich sämtliche Elemente innerhalb des inneren Rahmens befinden.

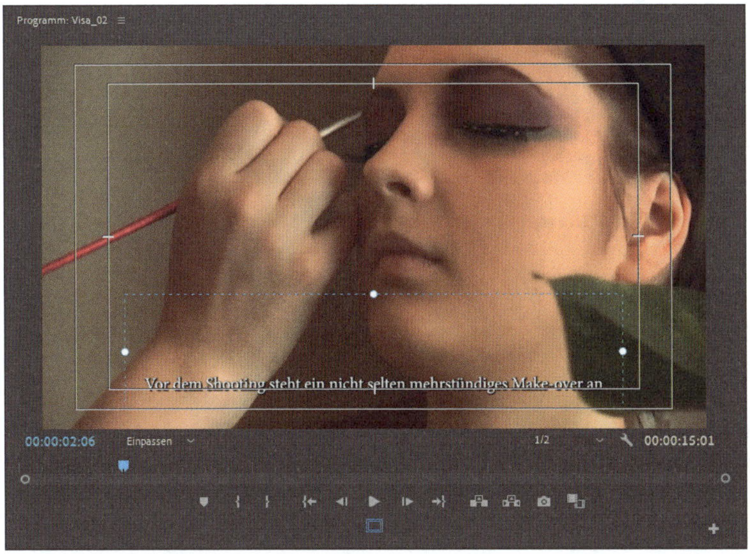

▲ **Abbildung 5.53** Wenn Text ins Spiel kommt, müssen die sicheren Bereiche beachtet werden.

Nun stellt sich die Frage: Wie bekomme ich denn den Text (wie in der Abbildung 5.53 zu sehen) in den Rahmen hinein? Denn nach Aktivierung der sicheren Bereiche wird ja offensichtlich, dass der Text zu tief angeordnet ist. Nun, dazu gibt es zwei Möglichkeiten: Entweder gehen Sie in das Bedienfeld TEXT, setzen Sie die Einfügemarke hinter den dort vorhandenen Text und führen eine Zeilenschaltung aus. Sie fügen gewissermaßen eine Leerzeile unter dem Text ein, wodurch der Text letztendlich um eine Zeile angehoben wird. Alternativ klicken Sie schlicht und ergreifend auf den Text im Programmmonitor und schieben ihn mit gedrückter Maustaste ein wenig nach oben. Dass sich der Text schieben lässt, wird auch durch den Rahmen verdeutlicht, der mit kreisrunden Anfasserpunkten ausgestattet ist. Hiermit könnten Sie das Textfeld bei Bedarf noch begrenzen, also dafür sorgen, dass die einzelnen Zeilen nicht zu lang werden.

5.5.3 Weitere Untertitel-Optionen

Werfen Sie noch einmal einen Blick auf weitere Optionen im Zusammenhang mit Untertiteln. Im Bedienfeld TEXT haben Sie die Möglichkeit, einen bereits vorhandenen Untertitel aufzuteilen (beispielsweise, wenn er zu lang ist). Genau genommen wird der Untertitel nicht zerteilt (wie man vermuten sollte, wenn Sie ein Segment markieren und anschließend auf den Schalter SEGMENT AUFTEILEN klicken), sondern lediglich dupliziert. Nun können Sie beide Segmenttexte individuell anpassen.

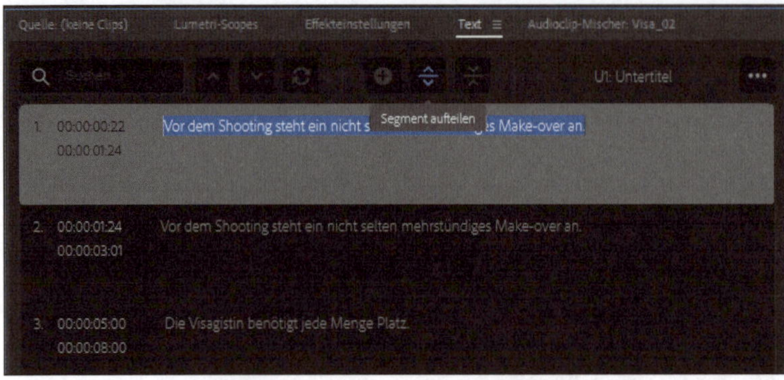

▲ **Abbildung 5.54** Mit SEGMENT AUFTEILEN wird das zuvor markierte Segment dupliziert.

Letztendlich ist die Bezeichnung SEGMENT AUFTEILEN gar nicht so verkehrt. Zwar wird der Text selbst nicht zerschnitten, jedoch der Untertitel im Schnittfenster. Dort sind nämlich jetzt zwei (nur noch halb so lange) Titel vorhanden. Berücksichtigen Sie also, dass Sie nach einer solchen Aktion die Dauer und Positionen der Untertitel gegebenenfalls anpassen müssen.

Markieren Sie, während [Strg] oder [⇧] gehalten wird, mehrere Untertitel im Fenster TITEL, können diese Untertitel mithilfe des Schalters SEGMENTE ZUSAMMENFÜGEN (rechts neben dem Button SEGMENT AUFTEILEN) zu einem einzelnen Untertitel verschmolzen werden.

Wer mit seiner Untertitel-Arbeit durch ist, möchte vielleicht wieder sämtlichen im Schnittfenster zur Verfügung stehenden Platz für seine Videoclips verwenden. Wenn es Ihnen ähnlich ergeht, klicken Sie auf das kleine CC-Symbol ❶ im Kopf des Schnittfensters. Danach können Sie alle UNTERTITELSPUREN AUSBLENDEN. Bedenken Sie, dass dabei lediglich die Spuren im Schnittfenster ausgeblendet werden, nicht jedoch die Untertitel selbst. Diese lassen sich optional im Export-Dialog aus dem Film verbannen, wie der übernächste Abschnitt verdeutlicht.

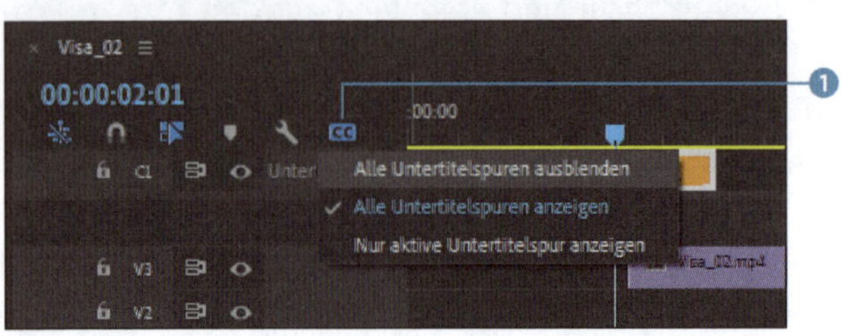

◂ **Abbildung 5.55** Blenden Sie die Untertitelspuren bei Bedarf im Schnittfenster aus.

5.5.4 Untertitel importieren

Mit den bereits angesprochenen Untertitelfunktionen ist noch lange nicht Schluss, denn eingebettete Untertitel können ganz einfach in Premiere Pro integriert werden. Dazu gehen Sie entweder bei Produktion der Untertitelspur auf den Button

Untertiteldatei importieren (siehe Abbildung 5.47), oder importieren den Untertitel wie ein herkömmliches Asset mittels Datei • Importieren. Wird festgestellt, dass sich in dem Asset ein eingebetteter Bilduntertitel befindet, wird dieser automatisch importiert. Damit diese Art des Imports funktionieren kann, müssen Sie einmalig Ihre Voreinstellungen checken. Wählen Sie Bearbeiten/Premiere Pro • Voreinstellungen • Medien, und kontrollieren Sie, ob die Funktion Untertitel beim Import einschliessen auch aktiv ist.

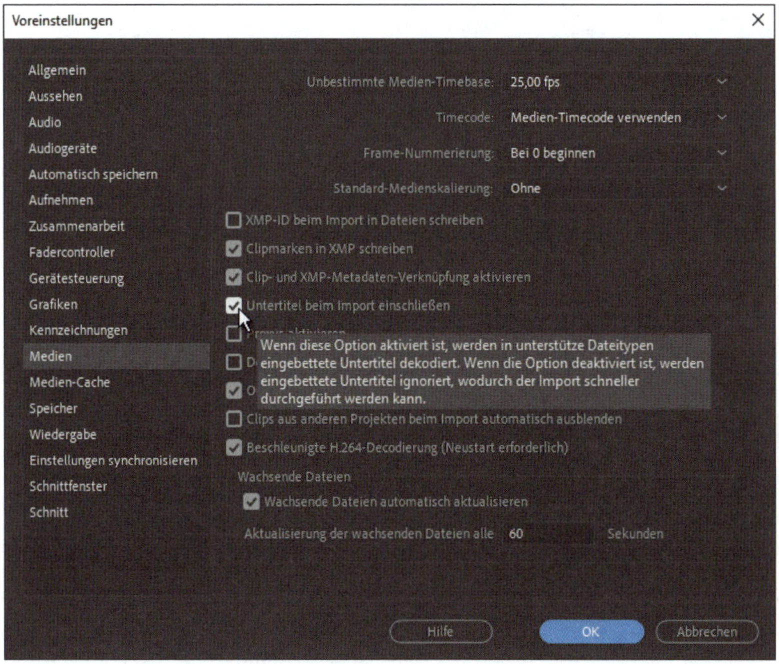

▲ **Abbildung 5.56** Diese Voreinstellung sorgt dafür, dass eingebettete Untertitel integriert werden können.

5.5.5 Untertitel exportieren

Ob der Untertitel im Video ausgegeben wird oder nicht, legen Sie in den Exporteinstellungen des Films fest. Ich möchte an dieser Stelle nicht zu sehr in die Exportoptionen eindringen, da diesem Thema ein eigenes Kapitel gewidmet ist, jedoch bereits hier eine wichtige Info hinterlassen:

Wenn Sie das Video über Datei • Exportieren • Medien (oder Strg/⌘+M) ausgeben, müssen Sie unten rechts im Export-Dialog die Registerkarte Untertitel anwählen und dort im Feld Exportoptionen auf Sidecar-Datei erstellen umschalten. Sie erreichen damit, dass eine separate Filialdatei neben dem Film erzeugt wird. Stellen Sie hingegen Untertitel in Video brennen ein, wird der Film untrennbar mitsamt Untertiteln ausgegeben. Wählen Sie Ohne, wird der Untertitel komplett ignoriert.

Schnittfenster markieren

Bitte beachten Sie, dass der Export-Dialog nur geöffnet wird, wenn das Schnittfenster angewählt ist. Sollte der Dialog also nicht angezeigt werden, klicken Sie einmal auf das Schnittfenster und versuchen Sie es erneut.

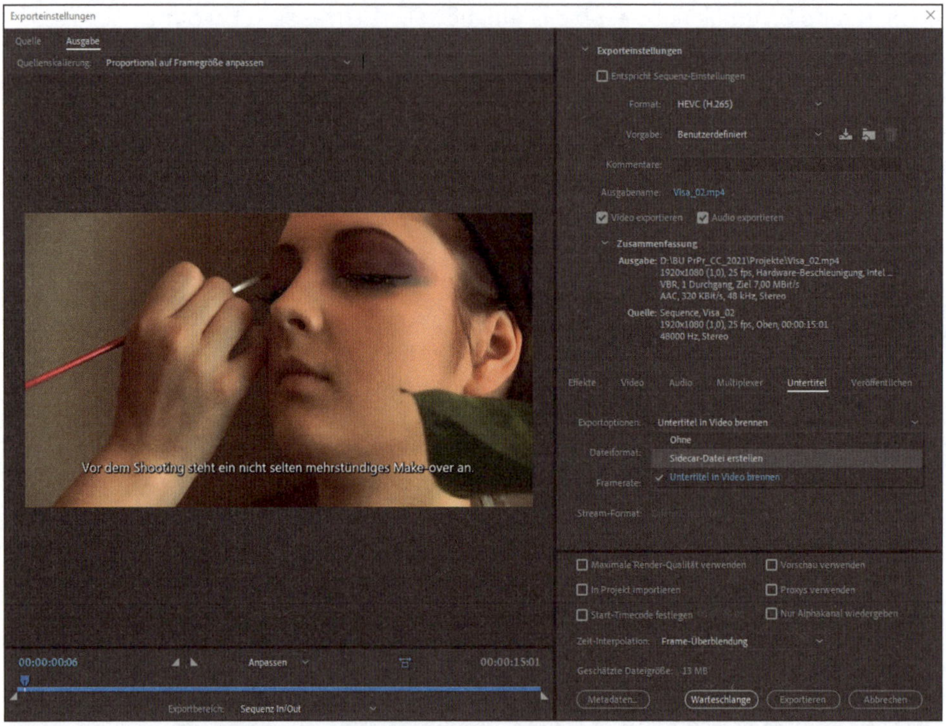

▲ **Abbildung 5.57** Legen Sie fest, wie beim Export mit Untertiteln verfahren werden soll.

5.6 Clip-Kopien und Clip-Instanzen in Sequenzen verwenden

Klar, dass Sie einen Clip mehrmals verwenden können. So ist es z. B. denkbar, dass Sie bei Verwendung eines längeren Clips zunächst im vorderen Bereich einen In- und Out-Point setzen. Das machen Sie im Quellmonitor. Danach befördern Sie das gute Stück ins Schnittfenster. Berücksichtigung findet ja jetzt nur der Bereich, der innerhalb der In- und Out-Points hervorgehoben ist.

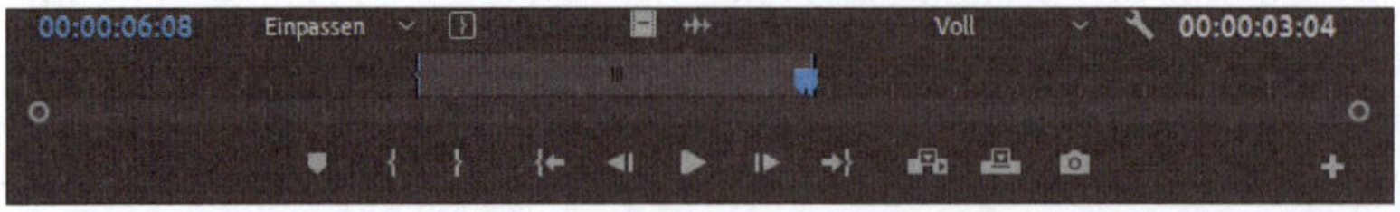

▲ **Abbildung 5.58** Nur der Bereich zwischen den beiden Klammern wird in die Schnittfenster-Sequenz eingefügt.

5.6.1 Clip-Instanzen erstellen

Wenn Sie jetzt auf das Quadrat zwischen den beiden Klammern klicken (der Mauszeiger mutiert zur Hand), können Sie den gesamten Bereich an eine andere Stelle verschieben. Damit haben Sie eine Instanz des Originalclips erzeugt. Instanz deshalb, weil es den Clip nicht ein zweites Mal innerhalb des Projektfensters gibt.

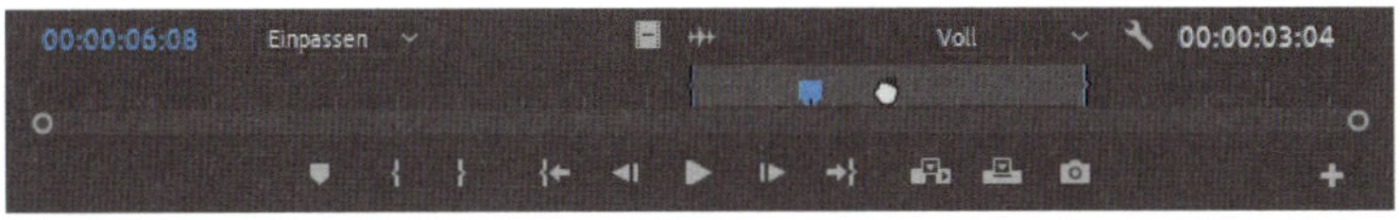

▲ **Abbildung 5.59** Während des Ziehens wird die Position des In-Points (linke Klammer) und Out-Points (rechte Klammer) ständig aktualisiert.

5.6.2 Clip-Kopien erstellen

Nun ist es jedoch auch möglich, anstelle von Clip-Instanzen Clip-Kopien zu erzeugen. Derartige Kopien stellen eigene Assets im Projektfenster dar und werden somit auch separat mit der Originaldatei verknüpft. Der größte Vorteil einer Clip-Kopie: Wenn Sie das Original löschen, bleibt die Kopie dennoch erhalten.

Um eine Clip-Kopie zu erzeugen, müssen Sie den Clip zunächst im Quellmonitor platzieren. Dort legen Sie anschließend mithilfe von In- und Out-Point fest, über welchen Bereich sich die Clip-Kopie erstrecken soll, und wählen dann im Menü Clip • Clipkopie erstellen. Alternativ betätigen Sie [Strg]/[⌘]+[U]. Benennen Sie die Kopie, so Sie es denn wünschen, und bestätigen Sie mit OK. An unterster Position des Projektfensters bzw. der aktiven Ablage finden Sie daraufhin die Clip-Kopie.

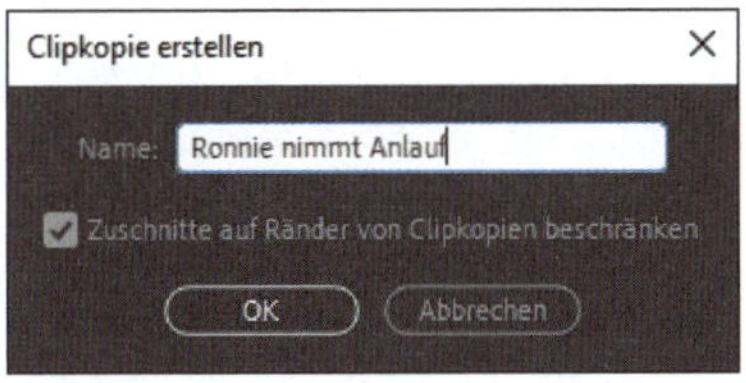

▲ **Abbildung 5.60** Der Dialog zur Benennung öffnet sich automatisch.

▲ **Abbildung 5.61** Aus dem Originalclip (hier »00040.mp4«) ist eine Clip-Kopie erstellt worden (hier »Ronnie nimmt Anlauf«). Diese erstreckt sich jetzt aber nur auf den Bereich zwischen In und Out. Deswegen ist auch die Vorschauminiatur eine andere.

Aber wann ist es nun sinnvoll, statt des Originals Kopien zu verwenden? Wenn Sie z. B. lange Originalclips (Master-Clips) haben, ist es sinnvoll, mehrere kleine Kopien mit unterschiedlichen In- und Out-Points zu erstellen. So wird nicht nur das Projekt übersichtlich gehalten, sondern zusätzlich auch das Handling der Clips verbessert.

Clip-Kopien nicht nur von Videos

Clip-Kopien können übrigens nicht nur von Videodateien, sondern auch von Sounds und Bildern erstellt werden.

Clip-Kopien im Schnittfenster erstellen | In Premiere Pro gibt es die Möglichkeit, gleich aus dem Schnittfenster heraus eine Clip-Kopie zu erstellen. Dazu müssen Sie nichts weiter tun, als den Clip in ein Projektfenster zu ziehen. Wollen Sie die Instanz in diesem Zusammenhang auch gleich benennen, verziehen Sie den Clip, während Sie Strg/⌘ gedrückt halten.

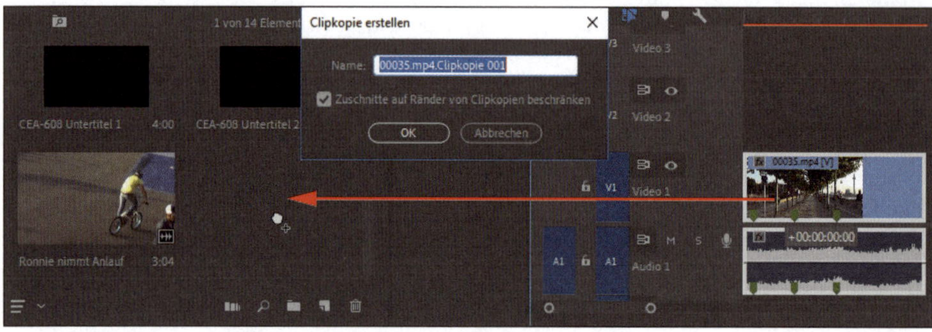

▲ **Abbildung 5.62** Bei Produktion der Kopie kann gleich ein Name eingegeben werden – sofern Sie die Tastatur mit einsetzen.

5.6.3 Clips wiederfinden

Ein Problem, das bei umfangreichen Projekten zum Tragen kommt, soll hier nicht unerwähnt bleiben. Wenn ich den Originalclip im Projektfenster finden muss (um beispielsweise eine Instanz zu erzeugen), dann kann ich einen Rechtsklick auf den Clip im Schnittfenster platzieren und IN PROJEKT ANZEIGEN wählen. Der Originalclip wird dann im Projektfenster markiert. Und wenn ich einmal wissen will, wo auf meinen Festplatten sich das Original-Asset befindet, dann klicke ich den Clip im Projektfenster mit rechts an und entscheide mich für IN EXPLORER ANZEIGEN. Die Folge: Der Zielordner wird geöffnet.

5.6.4 Sequenz-Infos

Zum Abschluss des Themas »Clips innerhalb von Sequenzen« möchte ich Sie noch auf einige grafische Elemente aufmerksam machen, die eine Navigation innerhalb einer Sequenz erheblich vereinfachen. Wann immer nämlich der Anfang oder das Ende eines Clips innerhalb der aktuellen Sequenz erreicht ist, wird dies auch im Programmmonitor angezeigt. Achten Sie auf die gelben Ecken am unteren Rand des Videos ❷. Befindet sich die Ecke unten links, steht die Abspielmarke am Anfang eines Clips. Ist die Klammer unten rechts angeordnet, ist das Ende eines Clips erreicht. Sollte die Abspielmarke auf einem Schnittpunkt stehen, wird ein Clip-Anfang angezeigt. Sie können das ausprobieren, indem Sie mit der Einfügemarke navigieren. Sie wissen ja: [↑] springt zum nächsten Schnittpunkt, während [↓] den vorherigen ansteuert.

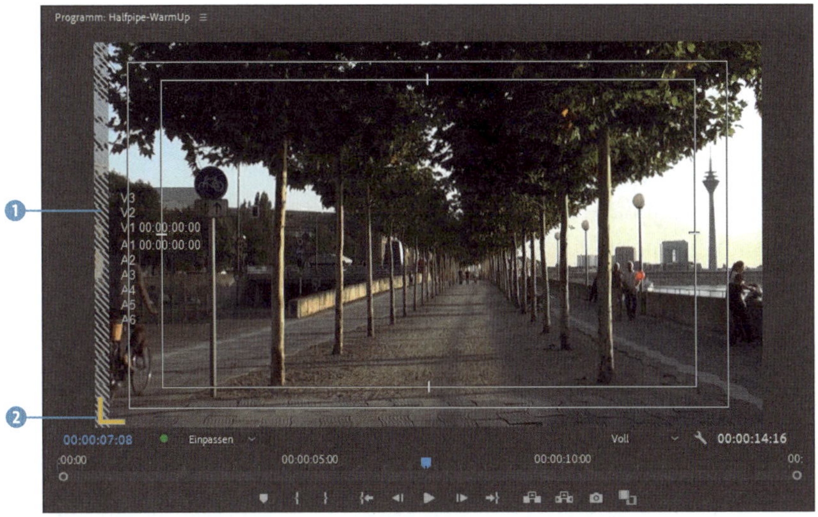

▲ **Abbildung 5.63** Hier wird der Anfang eines Clips angezeigt.

Mitunter werden Sie diagonale Linien links oder rechts am Bild ausmachen ❶. Dies ist ein Indiz dafür, dass der Clip komplett ausgereizt ist, dass er also mitsamt seinem tatsächlichen In- oder Out-Point innerhalb der Sequenz verwendet worden ist. Der Clip kann nicht mehr gestreckt werden, da kein Material mehr vorhanden ist. Fehlt die diagonale Kennzeichnung, liegen In- und/oder Out-Point weiter innen. Der Clip könnte also noch gestreckt werden. – Zuletzt wäre da noch der lila Balken am rechten Ende des Monitorbildes. Sobald Sie diesen sehen, wissen Sie: Hier ist das Ende der Sequenz erreicht.

▲ **Abbildung 5.64** Ende der Vorstellung – hier ist das Ende der Sequenz.

5.7 Multikamera-Bearbeitung

Im Zusammenhang mit Sequenzen ist auch das Thema Multi-Cam-Editing von ausschlaggebender Bedeutung. Mit dem Multikamera-Modus haben Sie nämlich die Möglichkeit, aus unterschiedlichen Kamerapositionen gefilmte Handlungen aufeinander abzustimmen und wie in der professionellen Bildregie selbst abzumischen. Sie bestimmen, welche Kamera zu welchem Zeitpunkt »on air« ist. Im Prinzip wird also ein Live-Kamerawechsel simuliert, wie er von Übertragungen aller Art (Sport-Events, Shows, Nachrichten) bekannt sein dürfte.

Einziges Problem: Das Filmmaterial muss zunächst synchronisiert werden. In der Praxis verwendet man dafür meist eine Filmklappe. Damit wird ein optisch und akustisch wahrnehmbarer Punkt erzeugt, an dem das Material aufeinander abgestimmt werden kann. Leider ist das bei unserem Beispielmaterial nicht der Fall, sodass wir uns etwas anderes überlegen müssen. Wir wollen es uns ja nicht zu leicht machen.

Schritt für Schritt: Clips mit der Multikamera schneiden

In diesem Workshop erfahren Sie, wie Clips importiert und synchronisiert werden. Zuletzt wird beschrieben, wie der Schnitt in der eigens dafür bereitgestellten Multikamera-Ansicht bearbeitet wird.

1 Clips importieren

Zunächst importieren Sie alle Clips, die per Multikamera-Editing verarbeitet werden sollen. In unserem Beispiel ist das der Ordner *Multi-Cam*, den Sie in den Beispieldateien zu Kapitel 5 finden. Markieren Sie den Ordner *05*, und wählen Sie anschließend ORDNER IMPORTIEREN. So ersparen Sie sich die Produktion einer eigenen Ablage innerhalb des Premiere-Pro-Projekts.

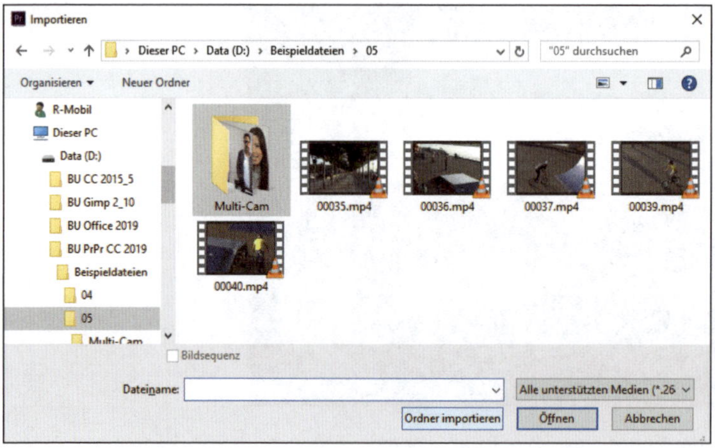

◂ **Abbildung 5.65**
Importieren Sie den gesamten Ordner.

2 Ordner öffnen

Danach doppelklicken Sie bitte den soeben importierten Ablageordner, um die beiden darin enthaltenen Clips zugänglich zu machen. Jetzt geht es an die Synchronisation. Generell gilt hierbei: Sollten die Clips bereits synchronisiert sein (also alle exakt am gleichen Einzelbild beginnen oder über den gleichen Timecode verfügen), können Sie mit Schritt 6 fortfahren. Ist das nicht der Fall (wie in unserem Beispielmaterial), machen Sie bitte mit dem folgenden Schritt weiter.

3 Synchronisation vorbereiten

Clips müssen vom zeitlichen Ablauf her aneinander angepasst werden. Dazu gilt es, zunächst einen markanten Punkt zu finden, der in allen Videos auszumachen ist. Idealerweise ist dieser Punkt optischer Natur. Akustische eignen sich zwar auch, können jedoch je nach Beschaffenheit des Quellmaterials Probleme verursachen (siehe Kasten). Im vorliegenden Fall ist ein geeigneter Punkt an der Stelle gefunden, an der unsere Moderatorin Tanja mit ihrer Ansage beginnt.

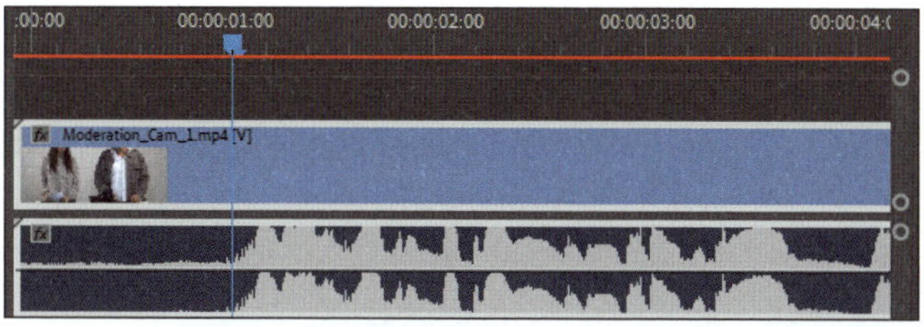

◂ **Abbildung 5.66**
Vergrößern Sie die Audiospur etwas. Dann sehen Sie genau, wo die Moderatorin einsetzt.

Wann akustische Ausrichtung problematisch sein könnte

Kameras sind oft unterschiedlich weit vom aufzunehmenden Objekt entfernt. Also dauert die Schallübertragung von dort aus auch unterschiedlich lange. Das Ausrichten, beispielsweise der hörbare Schlag einer Filmklappe, könnte je nach Entfernung der Kameras zu geringfügig unterschiedlichen Zeiten zu hören sein. Folglich würde ein falscher Punkt gesetzt. Bei geringen Entfernungen (wie in unserem Beispielmaterial) fällt das jedoch nicht ins Gewicht.

4 Ersten Synchronisationspunkt finden

Jetzt zur Technik: Doppelklicken Sie auf den ersten Videoclip, damit dieser im Quellmonitor zur Verfügung gestellt wird. Lassen Sie den Film abspielen. Unmittelbar nach Beginn der Anmoderation (»Hallo …«) stoppen Sie. Fahren Sie mit [←] einzelbildweise zurück bis zu dem Punkt, an dem der erste Ton zu hören ist. Dann halten Sie [⇧] gedrückt und betätigen noch dreimal [←]. Jeder Druck auf [←] bewirkt (bei gehaltener [⇧]-Taste) eine Verschiebung der Abspielmarke um fünf Einzelbilder nach links. Die Marke befindet sich also jetzt 15 Bilder vor dem Beginn der Moderation. So viel Vorlauf sollte die Moderation mindestens bekommen, damit der Wortbeitrag nicht gleich bei Bild 1 beginnt. Betätigen Sie [I], um exakt an dieser Position einen In-Point zu erzeugen.

▲ **Abbildung 5.67** An diesem Punkt beginnt die Moderation. Von dieser Stelle aus wollen wir noch 15 Einzelbilder nach vorne springen.

5 Zweiten Synchronisationspunkt finden

Nun ist der zweite Clip an der Reihe. Befördern Sie deshalb *Moderation_Cam_2.mp4* in den Quellmonitor, und selektieren Sie auch hier zunächst den Punkt, an dem die Moderatorin startet. Auch hier gehen Sie wieder 15 Einzelbilder zurück und setzen einen In-Point.

▲ **Abbildung 5.68** Hier soll der In-Point eingesetzt werden.

6 Sequenz erzeugen

Nun benötigen Sie eine neue Sequenz, die dem Quellmaterial entspricht. Glücklicherweise müssen Sie die Einstellungen gar nicht selbst vornehmen, sondern lassen das von Premiere Pro erledigen. Und das geht so: Zunächst müssen beide Clips im Projektfenster markiert werden (beide anklicken und dabei [Strg]/[⌘] gedrückt halten). Wenn das erledigt ist, lassen Sie einen Rechtsklick auf einem der markierten Clips folgen und selektieren MULTIKAMERA-QUELLSEQUENZ ERSTELLEN.

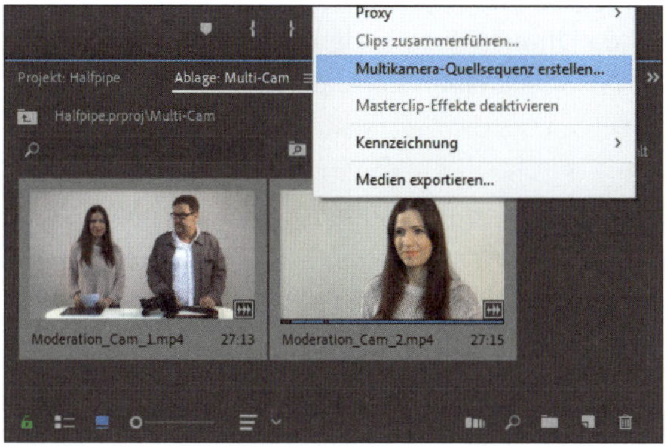

◂ **Abbildung 5.69**
Bevor Sie den Befehl aufrufen, müssen alle benötigten Clips markiert sein.

7 Sequenzeinstellungen vornehmen

Schauen Sie sich den folgenden Dialog genau an. Ganz oben dürfen Sie zunächst eine Benennung vornehmen. Wichtiger ist jedoch der Abschnitt PUNKT SYNCHRONISIEREN, den Sie zwingend auf IN-POINTS stellen müssen. Immerhin haben Sie genau diese Punkte ja soeben definiert. (Sollten Sie mit Material arbeiten, das über identische Timecodes verfügt, würden Sie indes hier natürlich TIMECODE wählen.)

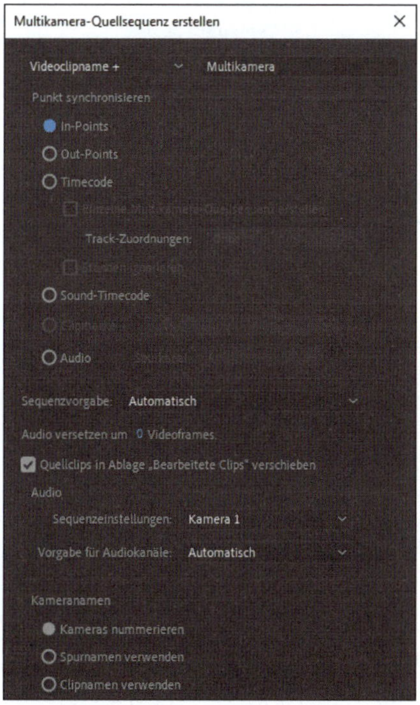

◂ **Abbildung 5.70**
Die wichtigste Einstellung ist die Synchronisation auf In-Points.

Zuletzt ist noch entscheidend, welche Audioeinstellungen Sie vornehmen wollen. Lassen Sie SEQUENZEINSTELLUNGEN auf KAMERA 1 stehen. Wenn Sie AUDIO MITUMSCHALTEN einstellen würden, käme es bei jedem Schnitt, den Sie nachfolgend vornehmen, auch zu einem Wechsel des Quellaudios (also mal Kamera 1 und mal Kamera 2). Das ist meist nicht sonderlich harmonisch (da Unterschiede in den Quellen unvermeidlich sind). Ändern Sie hier also nichts, und lassen Sie einen Klick auf OK folgen.

8 Multikamera-Sequenz erzeugen

Schauen Sie jetzt noch einmal auf das Projektfenster. Dort ist soeben ein neues Asset entstanden – ein Multicam-Asset. Achten Sie auf das Symbol ①. Klicken Sie mit rechts auf die Miniatur, und wählen Sie NEUE SEQUENZ AUS CLIP.

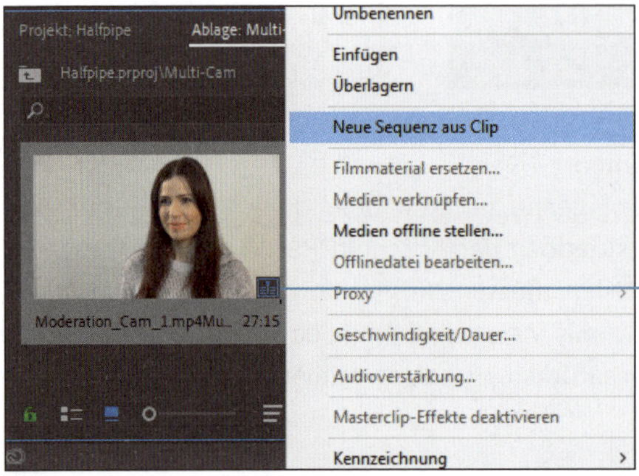

◂ **Abbildung 5.71**
Jetzt wird eine neue Sequenz erzeugt.

9 Optional: Startclip ändern

Aktuell ist nun als Startclip »Cam_1« gewählt. Das soll auch so bleiben. Wollten Sie das jedoch ändern, müssten Sie mit rechts auf den Clip im Schnittfenster klicken und auf MULTIKAMERA zeigen. Danach ließe sich auf KAMERA 2 umschalten. Bei der Gelegenheit können Sie auch gleich prüfen, ob dem Eintrag AKTIVIEREN ein Häkchen vorangestellt ist. Sollte das nicht der Fall sein, holen Sie das jetzt bitte nach.

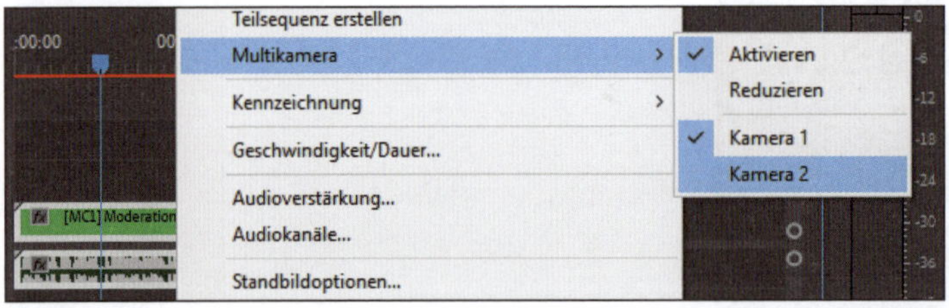

◂ **Abbildung 5.72**
Schalten Sie bei Bedarf auf einen anderen Startclip um.

10 Multikamera-Ansicht einstellen

Auf zum nächsten Schritt: Damit Sie einen vernünftigen Multikamera-Schnitt vornehmen können, sollte die Ansicht des Programmmonitors noch entsprechend angepasst werden. Sie können dazu entweder (via Schaltflächeneditor) den Button MULTIKAMERA-ANSICHT EIN/AUS hinzufügen oder schlicht und ergreifend [⇧]+[0] (= Zahl Null) betätigen.

◂ **Abbildung 5.73** Benutzen Sie entweder eine der bereitstehenden Schaltflächen, oder arbeiten Sie mit Tastaturbefehlen.

11 Ansicht vergrößern

Wenn Sie es noch komfortabler mögen, parken Sie die Maus auf dem Programmmonitor und drücken [Ü]. Dann wird das Multikamera-Fenster flächendeckend angezeigt.

12 Sequenz schneiden – Vorbereitung

Nun ist es endlich an der Zeit, unseren Videoschnitt in Angriff zu nehmen; obwohl – ein paar Kleinigkeiten wären da noch: Schauen Sie auf die linke Hälfte des Monitors. Dort befinden sich aktuell zwei Miniaturen. Das liegt daran, dass wir nur zwei Clips in die Sequenz einbezogen haben (mehr als zwei sind aber durchaus möglich). Zudem ist das derzeit eingestellte Startvideo gelb umrandet. Kontrollieren Sie, ob der Abspielkopf ❸ ganz am Anfang der Sequenz steht. Falls nicht, ziehen Sie ihn dorthin. Achten Sie auch auf die gelbe Markierung ❷ im Hauptmonitor, die ja stets Indiz dafür ist, dass sich der Abspielkopf am Clip-Anfang befindet (in diesem Fall am Anfang des Multikamera-Clips).

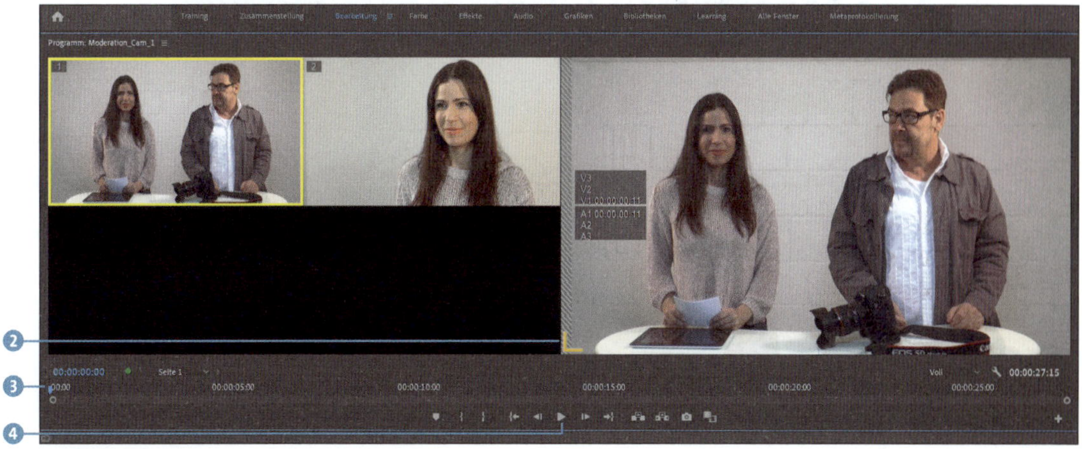

▴ **Abbildung 5.74** Jetzt kann es losgehen.

13 Sequenz schneiden

Zum eigentlichen Schnitt gibt es – Sie ahnen es – wieder einmal verschiedene Möglichkeiten. Drücken Sie zunächst die Play-Taste ❹, und klicken Sie auf der linken Seite des Monitors auf die Miniatur, die Sie an der jeweiligen Stelle des Films sehen wollen. Den Profis unter Ihnen wird das natürlich nicht reichen. Sie gönnen Ihrer Maus eine kleine Pause, starten den Film mit der Leertaste und drücken, wenn Sie Video 1 einstellen wollen, [1] und schalten mit [2] auf das rechts angezeigte Video um, wenn dieses im Bild zu sehen sein soll. Wechseln Sie die Kameraquelle, sooft Sie wollen. Der Film stoppt, wenn das letzte Videobild erreicht ist.

Achtung bei der Spurauswahl per Tastatur!

Wie Sie soeben erfahren haben, lassen sich die Spuren mithilfe der Tastatur auswählen ([1], [2], [3] oder [4]). Doch Vorsicht: Die Ziffern des Nummernblocks sind dem Timecode vorbehalten. Benutzen Sie diese also bitte nicht.

14 Schnitt nachträglich anpassen

Parken Sie die Maus auf dem Programmmonitor, und betätigen Sie erneut [Ü]. Jetzt sollten Sie sich den Clip im Schnittfenster ansehen. Wenn Sie die Videospur vertikal ein wenig ausdehnen, werden auch die Miniaturen angezeigt, an denen sofort zu sehen ist, welche Filmquelle an welcher Position Gültigkeit hat. Wollen Sie hier noch etwas ändern, ist das kein Problem. Mithilfe des Rollen-Tools ([N]) könnten Sie nun die Schnittpunkte noch individuell verschieben – falls die eine oder andere Umschaltung noch nicht Ihren Erwartungen entspricht. Sie dürfen den Clip aber auch komplett austauschen, indem Sie ihn wieder mit rechts anklicken und eine andere Quelle wählen (siehe Schritt 9).

▲ **Abbildung 5.75** Falls nötig, passen Sie die Schnittpunkte noch an.

5.7.1 Weiterverarbeitung

Generell sollten Sie den Multikamera-Schnitt, wie zuvor beschrieben, in einer eigenen Sequenz durchführen und anschließend das Sequenz-Asset in Ihre Master-Spur (also Ihren eigentlichen Film) ziehen. Er liegt dann dort wie ein eigenständiger Clip und kann auch als solcher bearbeitet werden. Sollte beispielsweise ein Effekt zugewiesen werden (siehe Kapitel 7, »Side Effects – Effekteinstellungen und Bewegungsanimationen«), muss dieser nicht auf jedes Einzelteil der Multikamera-Sequenz angewendet werden. Und was noch besser ist: Wann immer Sie an der Sequenz etwas ändern, wird diese Änderung auch auf den Clip in der Master-Sequenz übertragen.

5.8 Fotos in Sequenzen verarbeiten

Natürlich ist Premiere Pro in erster Linie dazu gedacht, Videos zu bearbeiten. Dennoch lassen sich auch Fotos importieren, bearbeiten und, falls gewünscht, auch ganze Diashows erzeugen. Ob Sie nun eine neue Sequenz erzeugen wollen (bei Produktion einer Diashow) oder eine bereits in Gebrauch befindliche Sequenz mit Fotos bestücken wollen (Film zusätzlich mit einzelnen Fotos ausstatten), spielt keine große Rolle. Natürlich ist hier auch nicht maßgeblich, wie groß die Fotos sind, sondern wie groß das Filmmaterial ist, das es zu verarbeiten gilt, bzw. zu welchem Zweck die fertige Datei verwendet wird.

HD-Diashow erzeugen

Verfügen Sie über ein HDTV, sollten Sie sich bei Neuerstellung einer Sequenz einer Vorgabe bedienen, die dieses Format unterstützt. Hier wäre z. B. H.264 in Verbindung mit einer HDTV-Vorgabe empfehlenswert (z. B. HDTV 1080P 25 – HOHE QUALITÄT) oder auch H.264 BLU-RAY. Bei Letzterem ist natürlich zu beachten, dass zur Erzeugung und Wiedergabe ein herkömmlicher DVD-Brenner bzw. -Player nicht ausreicht. Sie benötigen dazu Blu-ray-Geräte.

5.8.1 Fotos importieren

Wenn Sie die Datei, wie jedes andere Asset auch, in das Schnittfenster integrieren, werden Sie zumeist feststellen, dass sich das Foto nicht in den Programmmonitor eingepasst hat. Stattdessen sehen Sie dort nur einen Ausschnitt. Das liegt daran, dass selbst HD- und eventuell sogar 4K-Videos von den Abmessungen her kleiner sind als herkömmliche Fotos.

▲ **Abbildung 5.76** Vom Foto ist im Programmmonitor nur ein kleiner Ausschnitt zu sehen.

Entfernen Sie das Bild in diesem Fall wieder aus dem Projektfenster. Die Kontrollabfrage, die darauf hinweist, dass das Asset bereits innerhalb einer Sequenz verwendet wird, bestätigen Sie mit Ja.

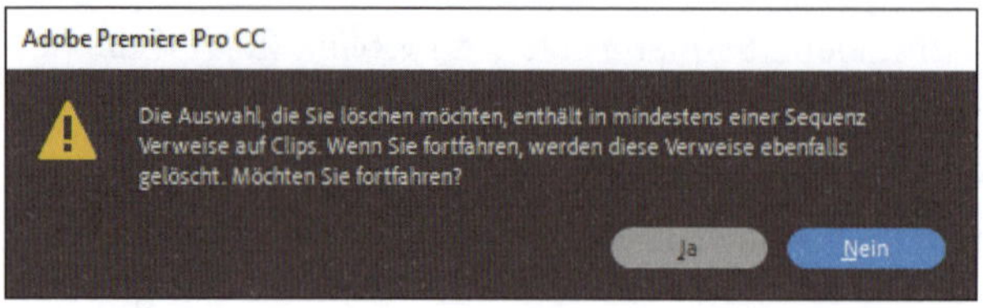

◀ **Abbildung 5.77**
Danke für den Hinweis, aber wir wissen Bescheid.

Das vorherige Entfernen ist nötig, weil Premiere Pro die Einstellung, die Sie gleich vornehmen werden, nur für neu zu importierende Clips berücksichtigt – nicht aber für bereits in das Projektfenster integrierte. Wählen Sie nach dem Entfernen Bearbeiten/Premiere Pro • Voreinstellungen • Medien, und wählen Sie im Selektionsfeld Standard-Medienskalierung die Option Auf Framegrösse skalieren.

Bestätigen Sie mit OK, importieren Sie das Bild abermals, und ziehen Sie es in das Schnittfenster. Es wird dort nun so eingepasst, dass das komplette Foto zu sehen ist – und zwar ohne es zu verzerren (proportional). Doch Vorsicht! Es ist grundsätzlich zu empfehlen, besagte Voreinstellung unmittelbar nach dem Bildimport wieder zu deaktivieren. Warum, erfahren Sie im folgenden Kasten.

▲ **Abbildung 5.78** So passt das Bild komplett hinein.

Standardwert für alle Assets

Die Einstellung Auf Framegrösse skalieren wirkt sich auch auf Filme aus. Wenn Sie, um ein Beispiel zu nennen, einen DV-Clip integrieren (720 × 576) und diesen anschließend an eine AVCHD-Sequenz übergeben (1.920 × 1.080), wird der Clip ebenso angepasst wie zuvor das Foto, also proportional auf die Größe eines Full-HD-Films skaliert. Die Qualität des Clips würde jedoch drastisch abnehmen. Deshalb bitte immer daran denken: Diese Funktion nur temporär verwenden!

6 Der Übergang – Überblendungen einsetzen

Wer oder was ist die geheimnisvolle Kraft, durch die sich eine eingeschworene Highschool-Clique immer mehr voneinander entfernt und zuletzt sogar mit allen Mitteln bekämpft? Wer das wissen will, sollte sich den kanadischen Horror-Thriller »Der Übergang« ansehen. Der Lichtkorridor, der die Freunde ins Verderben stürzt, wird in diesem Kapitel nicht thematisiert, wohl aber die Übergänge von Premiere Pro. Überblendungen geleiten den Zuschauer nicht nur von einem Handlungsstrang zum nächsten, sondern sorgen auch für unterschiedliche Stimmungen. Eine Überblendung ist also weit mehr als nur eine Handlungsüberleitung. Dabei gilt als Grundregel: Setzen Sie Überblendungen sparsam und gezielt ein – zeigen Sie nicht, wie viele Ihre Schnittsoftware in petto hat. Erst dann nämlich können stimmungsvolle Übergänge ihre Wirkung entfalten.

In diesem Kapitel erfahren Sie Folgendes:

- Wie werden Standardüberblendungen definiert?
- Wie werden Überblendungen im Schnittfenster bearbeitet?
- Wie werden Überblendungseffekte eingestellt?
- Wie lassen sich mehrere Überblendungen schnell zuweisen?
- Wie funktioniert der Morph-Effekt?
- Wie werden Überblendungen gerendert?

6.1 Wissenswertes zu Überblendungen

So effektvoll die eine oder andere Überblendungstechnik auch sein mag – letztendlich ermüdet sie das Auge des Zuschauers. Kommt sie an der falschen Stelle zum Einsatz, reißt sie die Handlung auseinander. Zwei unterschiedliche Handlungsstränge hingegen lassen sich meist prima mittels Überblendungen anzeigen.

6.1.1 Die Standardüberblendung: Weiche Blende

Bei der weichen Blende werden zunächst einmal zwei aneinander angrenzende Clips mithilfe der Deckkraftveränderung weich ineinander überblendet. Die weiche Blende kann allerdings auch als sogenannte Auf- oder Abblende eingesetzt werden. Wird sie am Anfang des ersten im Schnittfenster befindlichen Clips eingefügt, wird von Schwarz zum Videobild überblendet (Aufblende). Am Ende des letzten Clips ergibt sich hingegen eine Abblende vom Bild zum schwarzen Hintergrund. Dazu gibt es gleich einen Mini-Workshop. Doch zunächst wollen wir noch ein weiteres Thema hinzufügen:

6.1.2 Standardüberblendung ändern

Premiere Pro listet die WEICHE BLENDE als Standardüberblendung auf. Sie finden diese übrigens im Effekte-Bedienfeld im Ordner VIDEOÜBERBLENDUNGEN, Unterordner BLENDE. Dort ist der Eintrag WEICHE BLENDE mit einem Quadrat ❶ umrandet – ein Hinweis darauf, dass es sich hierbei um die Standardüberblendung handelt. (Wir bleiben übrigens im Arbeitsbereich BEARBEITUNG.) Wechseln Sie die Standardüberblendung, indem Sie eine beliebige andere Blende innerhalb des Effekte-Bedienfeldes mit rechts anklicken und AUSWAHL ALS STANDARDÜBERBLENDUNG EINSTELLEN selektieren. Fortan wird diese anstelle der weichen Blende als Standardüberblendung angesehen. Dies dient übrigens nur zur Erklärung. Ich möchte Ihnen empfehlen, aktuell noch die WEICHE BLENDE als Standard zu belassen.

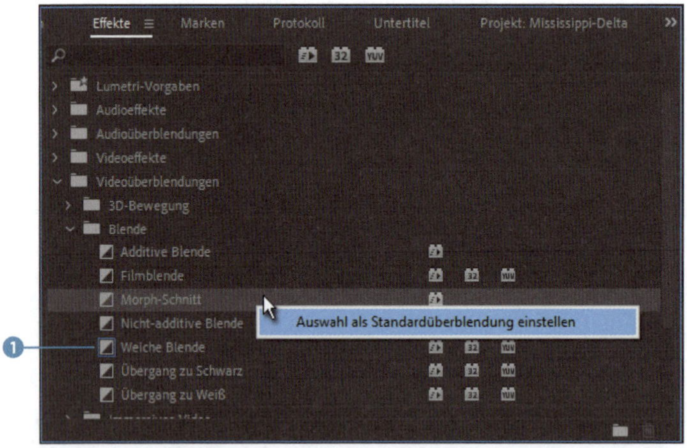

◀ **Abbildung 6.1**
Wenn Sie mögen, ändern Sie die Standardüberblendung.

Effekte-Bedienfeld einblenden

Das Effekte-Bedienfeld befindet sich, sofern Sie den Standardarbeitsbereich BEARBEITUNG eingestellt haben, hinter den Registern MEDIA-BROWSER und INFORMATIONEN. Sollte das Effekte-Bedienfeld auf Ihrer Arbeitsoberfläche nicht angezeigt werden, aktivieren Sie es über FENSTER • EFFEKTE.

Bedeutung der Symbole

Einige Überblendungen sind rechts neben ihrem Namen mit Symbolen ausgezeichnet. Diese deuten darauf hin, dass eine Überblendung beschleunigt ist – also flüssiger abgespielt wird. Oberhalb der Ordner tauchen diese Symbole ebenfalls auf. Durch einen Klick darauf lassen sich diese vorselektieren. Nähere Hinweise dazu finden Sie in Kapitel 7, »Side Effects – Effekteinstellungen und Bewegungsanimationen«.

6.1.3 Überblendungen automatisch zuweisen

Wozu ist denn die Definition einer Standardüberblendung überhaupt nötig? Wenn Sie auf die Schnelle die Standardüberblendung zuweisen wollen, machen Sie das mit einer Tastenkombi. Wie das geht, schauen wir uns gleich an. Und wenn Sie die Funktion AUTOMATISCH IN SEQUENZ UMWANDELN benutzen, kommt die zuvor eingestellte Standardüberblendung ebenfalls zum Tragen. Im Dialog ist das Benutzen der Standardvideoüberblendung nämlich optional. Deshalb ist entscheidend, was zuvor als Standardüberblendung definiert worden ist.

Schritt für Schritt: Überblendungen zuweisen

In diesem kleinen Workshop schauen wir uns gleich mehrere Optionen an – das manuelle Hinzufügen per Drag & Drop, das automatische Hinzufügen von Überblendungen und die Sequenzumwandlung.

1 Projekt vorbereiten

Erzeugen Sie zunächst ein neues Projekt. Importieren Sie anschließend bitte alle Beispieldateien aus dem Ordner *06*. Danach nehmen Sie zwei beliebige MP4-Clips (ich habe mich für *Schwenk_01.mp4* und *Schwenk_03.mp4* entschieden). Kürzen Sie den ersten Clip am Ende etwas ein (Sie wissen ja: Doppelklick, gefolgt von Positionierung der Abspielmarke sowie Druck auf [O] zur Verwendung eines Out-Points). Den zweiten Clip bringen Sie ebenfalls mittels Doppelklick in den Quellmonitor und kürzen ihn am Anfang etwas ein ([I] für In-Point).

2 Sequenz erzeugen

Markieren Sie zunächst den mit dem Out-Point versehenen Clip (Schwenk_01) und anschließend, während [Strg]/[⌘] gehalten wird, auch den zweiten. Danach klicken Sie mit rechts auf einen der beiden Clips und wählen NEUE SEQUENZ AUS CLIP.

▲ **Abbildung 6.2** Erzeugen Sie eine Sequenz aus beiden Clips.

3 Standardüberblendung einsetzen

Widmen Sie sich jetzt dem Schnittfenster. Wie Sie sehen, steht der Play-Head (Abspielmarke) ganz am Anfang der Sequenz. Bringen Sie ihn auf den Schnittpunkt zwischen den beiden Clips, indem Sie bei selektiertem Schnittfenster [↓] drücken. Jetzt betätigen Sie den Tastaturbefehl [Strg]/[⌘]+[D]. Das fügt zwischen beiden Clips die weiche Blende ein (vorausgesetzt, diese Blende ist noch immer als Standard definiert).

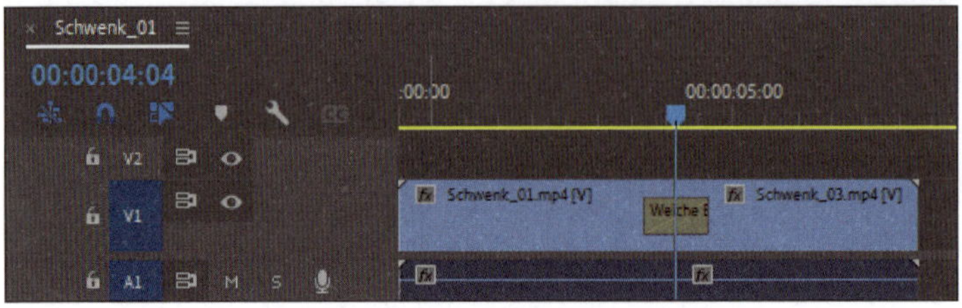

▲ **Abbildung 6.3** Die erste Überblendung ist platziert.

4 Überblendung entfernen

Spielen Sie den Film ab, und begutachten Sie die Überblendung. Danach klicken Sie auf die soeben eingefügte weiche Blende im Schnittfenster und betätigen [Entf]. Dies sorgt dafür, dass die Überblendung verworfen wird.

5 Mehrere Standardüberblendungen hinzufügen

Markieren Sie jetzt alle im Schnittfenster befindlichen Clips. Am einfachsten gelingt das, indem Sie mit gedrückter Maustaste einen Rahmen aufziehen, der alle Clips berührt. Danach lassen Sie die Maustaste los. Betätigen Sie jetzt [⇧]+[D], und spielen Sie die Sequenz ab. Sie sehen, dass sich auf diese Weise ganz schnell jede Menge Überblendungen zuweisen lassen.

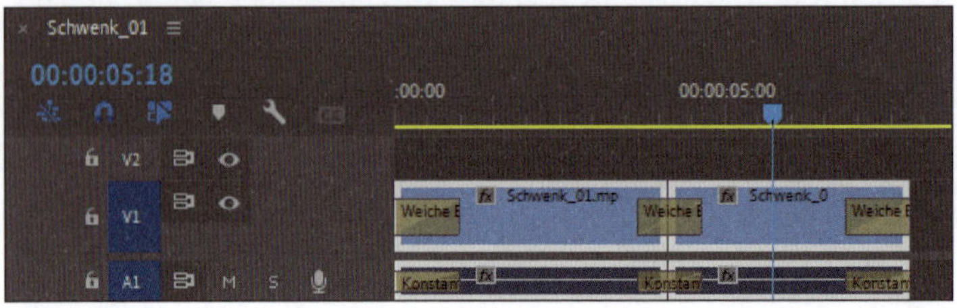

▲ **Abbildung 6.4** Soeben wurde neben der Standardüberblendung zwischen den beiden Clips auch eine Auf- und eine Abblende erzeugt.

6 Sequenz mit Überblendung erzeugen

Lassen Sie uns noch einen Schritt weitergehen. Entfernen Sie zunächst alle Clips aus dem Schnittfenster. Markieren Sie danach erneut die beiden Clips im Projektfenster – und zwar genauso, wie es in Schritt 2 beschrieben wurde, wobei Sie jedoch diesmal nicht NEUE SEQUENZ AUS CLIP selektieren, sondern [Strg]/[⌘] gedrückt halten und dann im Fuß des Projektfensters auf IN SEQUENZ EINFÜGEN klicken.

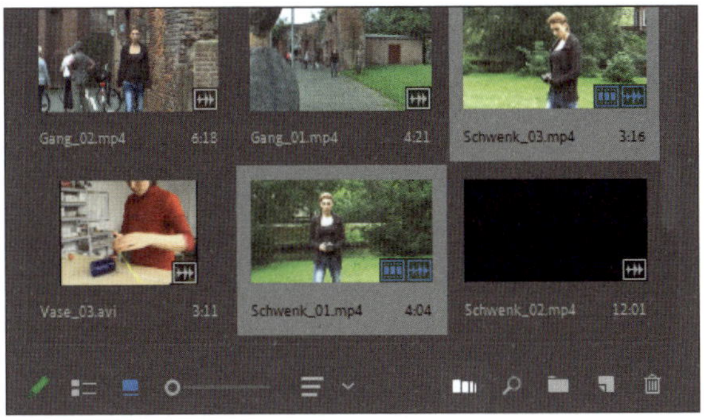

◂ **Abbildung 6.5**
Nach der Markierung der Clips betätigen Sie den Sequenz-Schalter in der Fußleiste des Bedienfeldes.

7 Standardüberblendung hinzufügen

Da Sie während des Klicks auf den Schalter [Strg]/[⌘] festgehalten haben, wird nun nicht sofort eine Sequenz erzeugt, sondern zunächst ein Dialog zwischengeschaltet – nämlich AUTOMATISCH IN SEQUENZ UMWANDELN. In diesem Dialog entscheiden Sie sich nun dafür, im Frame ÜBERBLENDUNGEN beide Checkboxen anzuwählen. Das bewirkt, dass an den Schnittpunkten sowohl die Video- als auch die Audioüberblendung eingefügt wird, sobald auf OK geklickt wird.

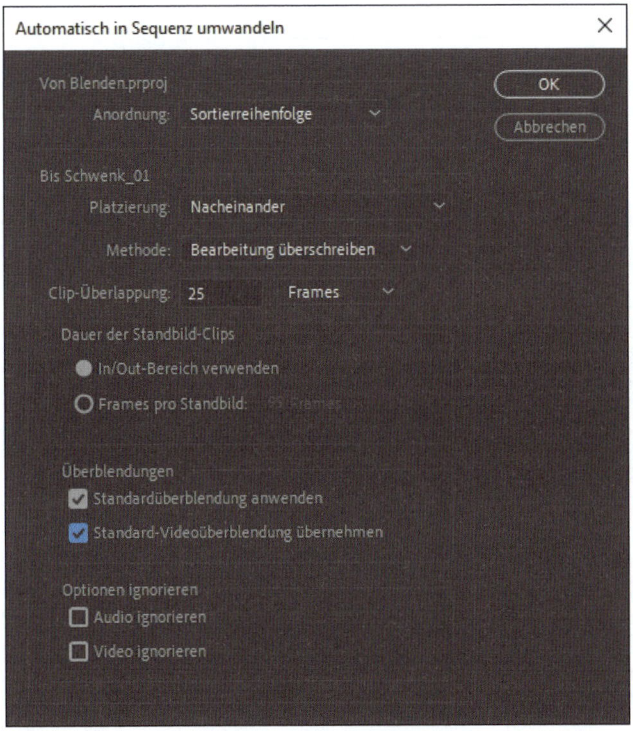

◂ **Abbildung 6.6**
Die zuvor im Projektfenster selektierten Clips werden im Anschluss automatisch ineinander überblendet.

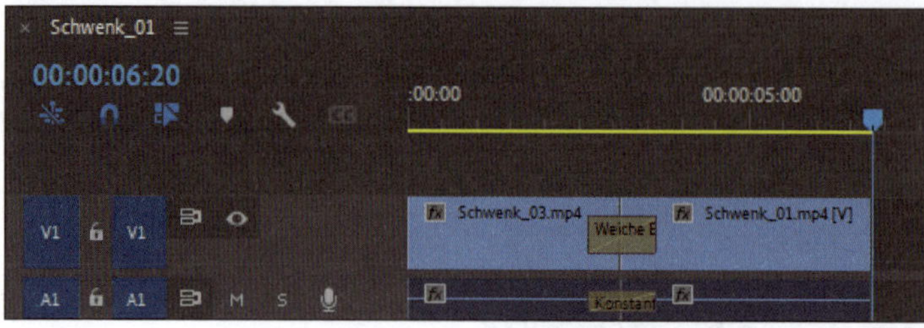

◂ Abbildung 6.7
Diesmal ist neben der Videoüberblendung auch eine Audioüberblendung hinzugefügt worden.

Audioüberblendungen

So wie in Premiere Pro stets eine Videoüberblendung als Standardblende angesehen wird, ist auch eine Standard-Audioüberblendung vorgesehen. Dabei handelt es sich um die Überblendung KONSTANTE LEISTUNG, die Sie im Ordner AUDIOÜBERBLENDUNGEN • CROSSFADE finden (nähere Hinweise hierzu in Abschnitt 10.7, »Audioüberblendungen«). Ansonsten lassen sich Audioüberblendungen prinzipiell genauso handhaben wie Videoüberblendungen.

Wie lange eine Überblendung standardmäßig dauern soll, legen Sie übrigens in den Voreinstellungen fest. Der korrekte Pfad lautet: BEARBEITEN/PREMIERE PRO • VOREINSTELLUNGEN • SCHNITTFENSTER. Ändern Sie hier den Wert STANDARDDAUER DER VIDEOÜBERBLENDUNG [X] FRAMES ❶. Ebenso können Sie eine Zeile tiefer die STANDARDDAUER DER AUDIOÜBERBLENDUNG ❷ nach Wunsch anpassen.

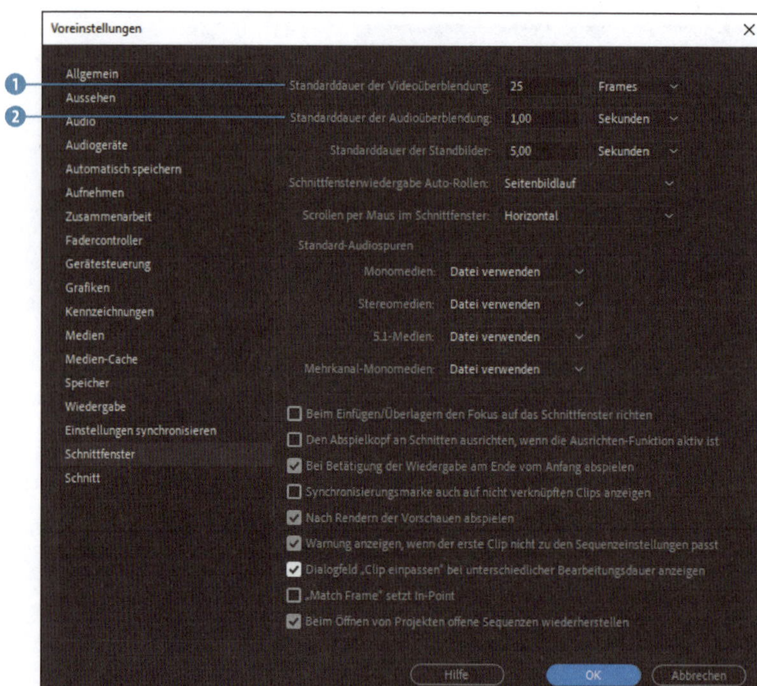

◂ Abbildung 6.8
Doppelklicken Sie in das Eingabefeld, und geben Sie den neuen Wert ein.

Standarddauer der Standbilder

Für den Fall, dass Sie Diashows mit Premiere Pro erzeugen wollen, ist auch die Standarddauer der Standbilder interessant für Sie. Bitte beachten Sie dabei unbedingt, dass der Wert angepasst werden muss, *bevor* die Bilder ins Projektfenster gebracht werden.

6.2 Überblendungen im Schnittfenster bearbeiten

Natürlich haben Sie auch die Möglichkeit, Überblendungen separat zuzuweisen. Positionieren Sie dazu wie zuvor beschrieben zwei Clips auf derselben Spur nebeneinander. Auch hier sollte der erste Clip am Ende und der zweite am Anfang etwas eingekürzt werden, damit es nicht zu vervielfältigten (wiederholten) Frames kommt. Was es damit auf sich hat, werden Sie gleich erfahren. Wenn das erledigt ist, ziehen Sie die gewünschte Überblendung aus dem Effekte-Bedienfeld heraus und befördern sie per Drag & Drop auf den Schnittpunkt zwischen beiden Clips. Bitte achten Sie darauf, dass die Blende (braune Fläche) wirklich auf *beiden* Clips liegt, wenn Sie loslassen.

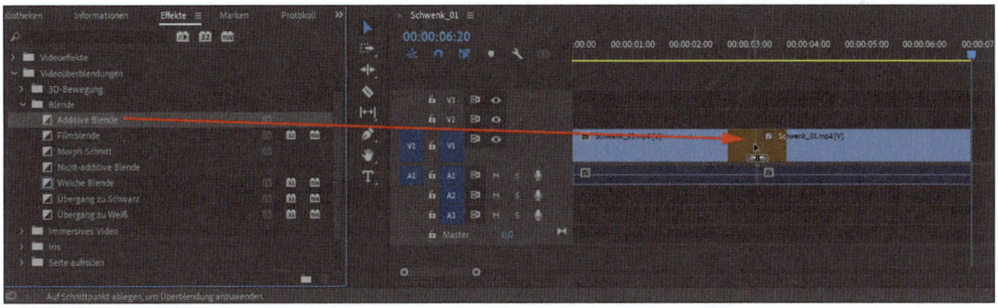

▲ **Abbildung 6.9** Achten Sie darauf, dass sich die Überblendung auf beide Clips erstreckt.

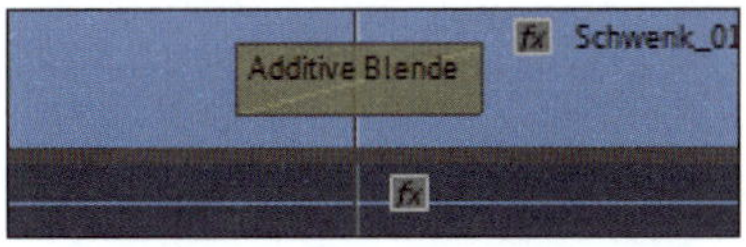

▲ **Abbildung 6.10** Sobald Sie die Maustaste loslassen, legt sich die Überblendung auf den Schnittpunkt.

6.2.1 Überblendung verschieben

Eine Überblendung lässt sich per Drag & Drop auf den Clips hin- und herschieben. So können Sie veranlassen, dass die Überblendung eher oder später beginnt. Voraussetzung dafür ist aber, dass beide Clips noch über ausreichend Material jenseits der In- und Out-Points verfügen.

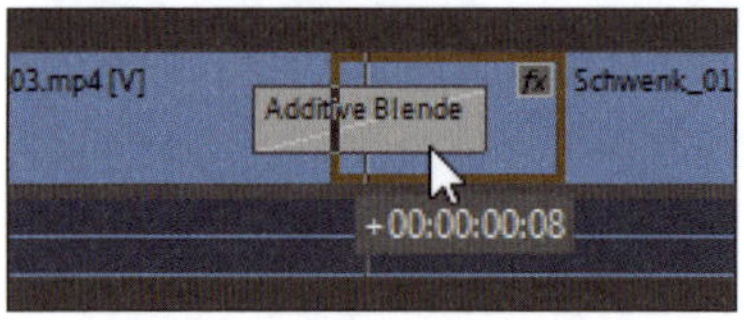

◂ **Abbildung 6.11**
Hier wird die Überblendung gerade nach links geschoben.

6.2.2 Auf- und Abblende – einseitige Überblendungen

Sie dürfen, wie Sie ja bereits gelesen haben, auch den Anfang oder das Ende eines Clips mit einer Überblendung versehen (also eine Auf- und Abblende erzeugen). Ziehen Sie die gewünschte Überblendung an den Anfang des ersten Clips, wird dieser von Schwarz ausgehend eingeblendet. Eine Überblendung am Ende des letzten Clips sorgt hingegen für das Ausblenden nach Schwarz.

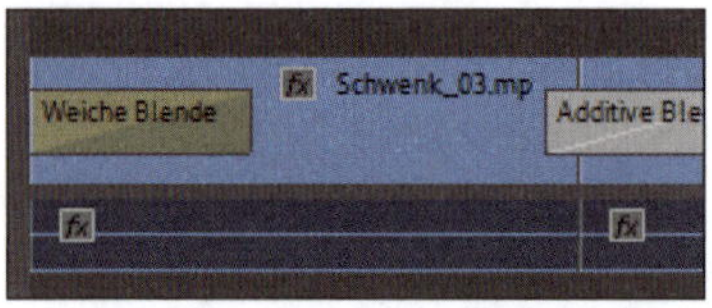

◂ **Abbildung 6.12**
Der Anfang des Clips ist mit einer weichen Blende versehen worden.

6.2.3 Überblendung entfernen

Wenn Sie eine Überblendung wieder entfernen wollen, markieren Sie sie einfach per Mausklick (sie erscheint jetzt wesentlich heller), und drücken Sie [Entf] bzw. [←] auf der Tastatur (alternativ BEARBEITEN • LÖSCHEN oder Rechtsklick gefolgt von LÖSCHEN).

6.2.4 Dauer der Überblendung verändern

Außerdem können Sie die Länge verändern. Auch das gelingt per Drag & Drop, indem Sie den Mauszeiger an eines der Überblendungsenden führen und nach Wunsch verziehen. Sie erhalten wieder die bereits bekannte Klammer. Achten Sie darauf, dass in der Werkzeugleiste das Verschieben-Werkzeug aktiv ist. Seit Premiere Pro CC werden übrigens Anfang und Ende synchron verschoben. Das bedeutet: Wenn Sie das Ende kürzen, wird der Anfang entsprechend mit gekürzt. So bleibt die Überblendung stets in der Mitte beider Clips. Wenn Sie eine Überblendung nur einseitig bearbeiten wollen, müssen Sie während des Ziehens [⇧] gedrückt halten.

▴ **Abbildung 6.13** Ziehen Sie die Überblendungen wie Clips in Form.

Wer die Dauer der Überblendung ganz exakt festlegen möchte, dem sei ein Doppelklick auf der Überblendung im Schnittfenster empfohlen, wodurch ein entsprechender Dialog zur Verfügung gestellt wird. Zur Veränderung der angezeigten Dauer gibt es nun wieder zwei Möglichkeiten: Entweder Sie geben den Wert sofort über die Tastatur ein, oder Sie klicken kurz auf einen freien Bereich des Dialogs und wählen den Wert dann erneut an, wobei Sie die Maustaste jedoch gedrückt halten. Danach bewegen Sie das Zeigegerät nach links (um die Dauer zu verkürzen) bzw. nach rechts (um sie zu verlängern). Mit OK wird die neue Dauer dann übernommen.

Doch Vorsicht: Was Ihnen beim Ziehen im Schnittfenster nicht passieren kann, nämlich dass die Überblendung länger wird als das zur Verfügung stehende Videomaterial, kann beim Verlängern der Überblendung mithilfe des Dialogs durchaus passieren – und zwar ohne eine entsprechende Warnung! (Siehe Kasten »Für ausreichendes Überblendungsmaterial sorgen!« in Abschnitt 6.4.) Wenn nicht genügend Material vorhanden ist, kommt es auch hier zu sich wiederholenden Frames. Im Schnittfenster wird das Problem deutlich. Die Bereiche, in denen Premiere Pro aufgrund fehlenden Videomaterials Einzelbilder »hineininterpretieren« musste, sind dort diagonal grau-gestreift dargestellt.

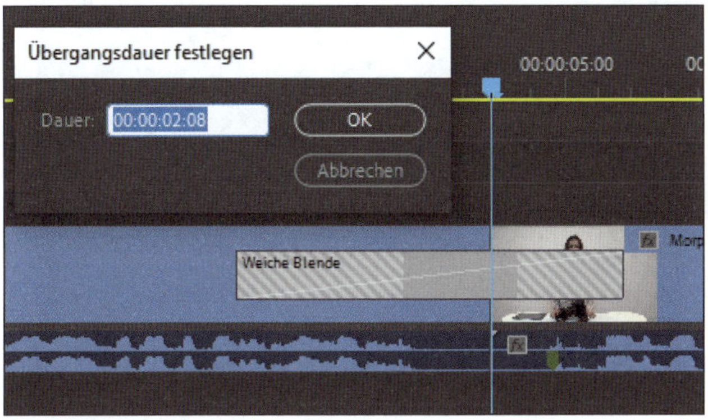

▲ **Abbildung 6.14** Wenn zu wenig Videomaterial vorhanden ist, werden sich wiederholende Frames eingesetzt.

6.2.5 Überblendung austauschen

Für den Fall, dass Sie Dauer und Position einer Überblendung bereits eingestellt haben, nun aber doch lieber eine andere Überblendung hinzufügen wollen, ist das keine große Sache. Ziehen Sie einfach die neue Überblendung aus dem Effekte-Bedienfeld auf die Überblendung im Schnittfenster, und lassen Sie sie auf dem auszutauschenden Übergang fallen. Dauer und Position der ursprünglichen Überblendung werden dabei auf die neue übertragen.

6.3 Überblendungen in den Effekteinstellungen bearbeiten

Neben den zuvor beschriebenen Möglichkeiten, Überblendungen innerhalb des Schnittfensters zu verändern, verfügen unterschiedliche Überblendungen auch über unterschiedliche Einstellparameter. Diese Parameter finden Sie im Bedienfeld EFFEKTEINSTELLUNGEN, das sich in der Bearbeitungsansicht von Premiere Pro hinter dem Quellmonitor befindet. Sollte das Fenster geschlossen sein, können Sie es über FENSTER • EFFEKTEINSTELLUNGEN wieder zum Vorschein bringen. Dazu muss die Überblendung allerdings im Schnittfenster markiert sein.

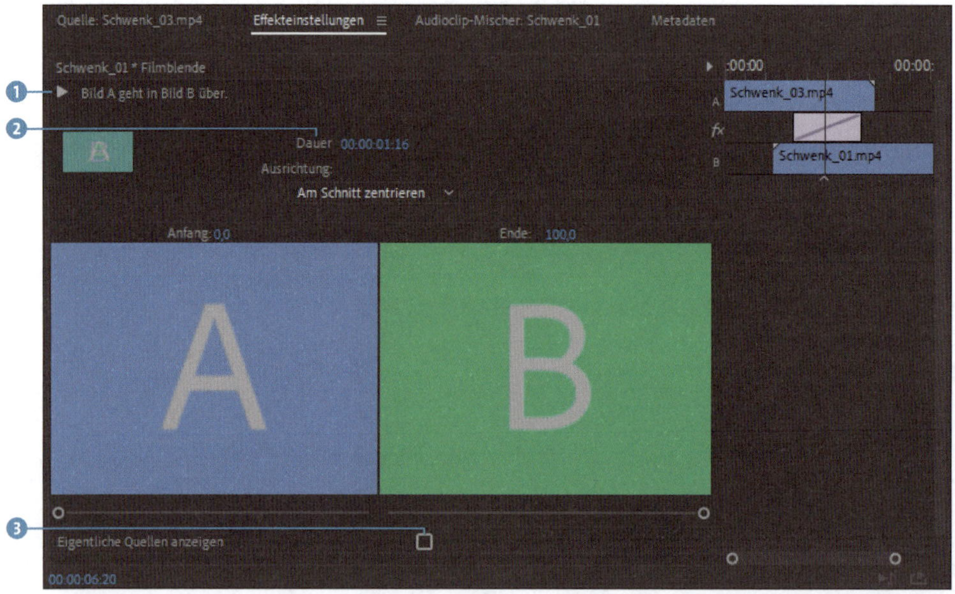

▲ **Abbildung 6.15** Die Überblendungen im Fenster EFFEKTEINSTELLUNGEN sind nur sichtbar, wenn eine Überblendung im Schnittfenster aktiviert worden ist.

In den EFFEKTEINSTELLUNGEN haben Sie die Möglichkeit, die Wirkungsweise der Überblendungen zu begutachten. Klicken Sie dazu einfach auf die Abspielschaltfläche ❶. Die direkt unterhalb befindliche Miniatur repräsentiert die Wirkungsweise. Wenn Sie statt der Platzhalter A und B lieber die Originalclips sehen wollen, aktivieren Sie die Checkbox EIGENTLICHE QUELLEN ANZEIGEN ❸ (falls erforderlich, vergrößern Sie den Bedienfeldausschnitt etwas, indem Sie den Zwischensteg zum Effekte-Bedienfeld ein wenig nach unten ziehen). Des Weiteren lässt sich die Dauer der Überblendung verändern. Scrubben Sie dazu die Zeitanzeige ❷ entsprechend.

6.3.1 Start und Ende der Überblendung einstellen

Sie haben auch die Möglichkeit, eine Überblendung mittendrin beginnen zu lassen. Dazu stellen Sie den Regler ❺ nach rechts bzw. ändern den Anfangsbetrag ❹. Soll die

Überblendung nicht bis ganz zum Schluss ausgeführt, sondern vorzeitig abgebrochen werden, schieben Sie den Regler ❼ nach links oder geben im Steuerelement Ende ❻ einen anderen Wert ein.

Oft wird einer der Regler zur Begutachtung der Überblendung verwendet. Das ist auch in Ordnung, da es schnell geht und eine recht zuverlässige Begutachtung der Einstellungen gestattet. Allerdings wird im Eifer des Gefechts häufig vergessen, den Regler wieder an die Ausgangsposition zurückzustellen. Später fragt man sich dann vielleicht, warum das Ganze so »unsanft« läuft, und denkt zunächst nicht an eine falsche Einstellung dieses Steuerelements. Deshalb sollte für Sie grundsätzlich gelten: Wenn Sie die Schieberegler bewegen, dann nur kurz! Danach gehört Regler A unbedingt wieder ganz nach links und Regler B ganz nach rechts. Außerdem sind die Überblendungen zumeist echtzeittauglich, weshalb Sie ihre Wirkung auch gleich im Schnittfenster testen können.

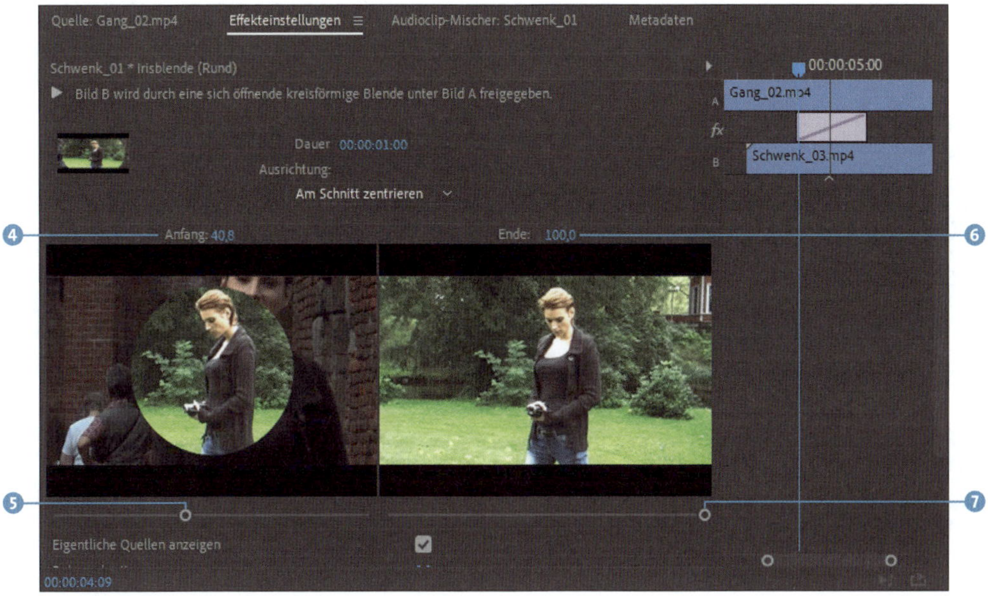

▲ **Abbildung 6.16** Auch bei Überblendungen ist die Anzahl der Optionen nicht zu verachten (hier am Beispiel der neuen Überblendung Wegschieben).

6.3.2 Die weiteren Bedienelemente der Überblendungseffekte

Grundsätzlich ist nicht jedes Steuerelement in allen Überblendungen enthalten. Was genau bedeutet das? Bestimmte Überblendungen bringen auch eigene Steuerelemente mit (wie z. B. Rahmenfarbe und Rahmenbreite). Die Steuerelemente in der Fußleiste des Effektfensters sind hingegen stets identisch und beziehen sich auf das Schnittfenster. So lässt sich z. B. mit der Timecode-Anzeige ganz unten links die Einfügemarke des Schnittfensters bewegen – und damit synchron auf der rechten Seite des Effekteinstellungsfensters. Das ist so, weil dieser Bereich des Effektfensters gewissermaßen ein Abbild der Timeline darstellt – zumindest im Bereich der Überblendung. Sollten Sie diesen Bereich gerade nicht einsehen können oder wollen (Platz ist ja immer ein kostbares Gut), klicken Sie zum Ausblenden dieses Bereichs einfach auf Schnittfenster anzeigen/ausblenden ❶.

Damit wären wir bei den Möglichkeiten, Überblendungen per Drag & Drop anzupassen. Der rechte Bereich des Fensters ist durchgehend in dieser Form bedienbar. Außerdem dürfte Anwenderinnen und Anwendern, die Premiere noch in der alten Version 6 oder 6.5 (vor der Umbenennung von *Premiere* in *Premiere Pro*) kennengelernt haben, die AB-Spuransicht bekannt vorkommen. Sie können hier die Clips (wie im Schnittfenster selbst) kürzen, die Clips oder die Überblendung selbst verschieben oder deren Länge verändern. Selbst der eigentliche Schnittpunkt lässt sich noch verschieben, indem Sie den Mauszeiger auf die Linie bzw. das darunter befindliche Dreieck ❷ führen. Ach ja, falls Sie den Schnittfensterbereich innerhalb der Effekteinstellungen vergrößern wollen, stellen Sie den Mauszeiger einfach an den Rand ❸ und ziehen die Ansicht nach Wunsch auf.

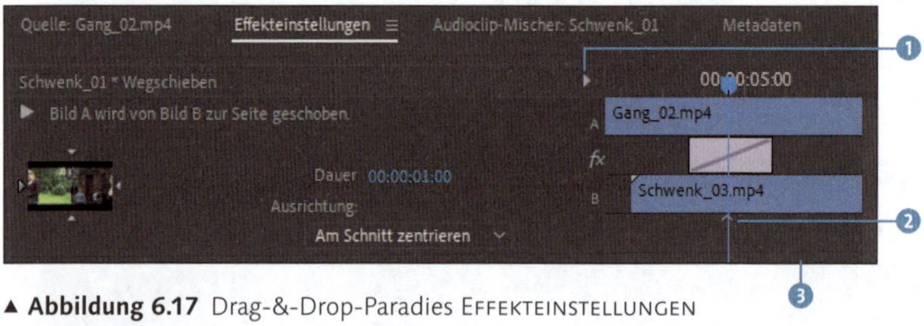

▲ **Abbildung 6.17** Drag-&-Drop-Paradies Effekteinstellungen

◂ **Abbildung 6.18** Mithilfe der Richtungspfeile, die rund um die oben links befindliche Miniatur angeordnet sind (nur bei Bewegungsüberblendungen vorhanden – hier: Wegschieben aus dem Ordner Überschieben), lässt sich die Richtung der Überblendung anpassen.

6.3.3 Überblendung am Schnitt zentrieren

Nachdem Sie die Überblendung auf die gewünschte Länge gebracht haben, sitzt diese natürlich nicht mehr mittig. Korrigieren Sie das gegebenenfalls, indem Sie Am Schnitt zentrieren im Pulldown-Menü Ausrichtung anwählen.

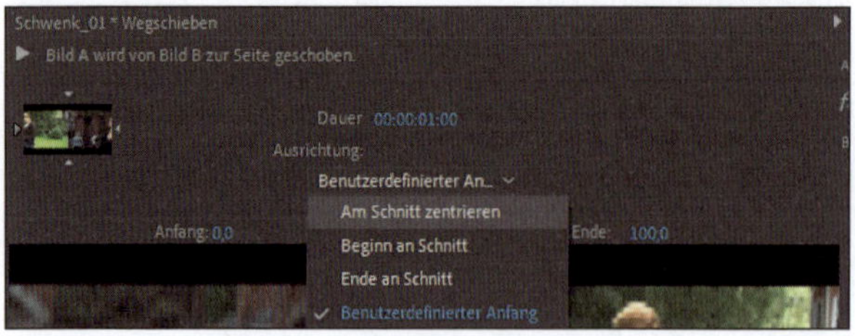

◂ **Abbildung 6.19** Zentrieren Sie die Überblendung, sodass sie gleichmäßig auf beiden Clips liegt.

6.3.4 Überblendungsmittelpunkt verändern

Einige Überblendungen, wie z. B. die Irisblenden, verfügen über einen verstellbaren Mittelpunkt. Was es damit auf sich hat, soll der folgende Mini-Workshop zeigen.

Schritt für Schritt: Irisblende einstellen

Die Irisblende ist vielseitig einsetzbar und lässt sich nicht nur als Übergang, sondern auch als Auf- und Abblende verwenden. Allerdings hat sie von Hause aus einen entscheidenden Nachteil: Sie beginnt oder endet immer in der Bildmitte. Wer das nicht will, muss ein bisschen tricksen.

1 Clip hinzufügen

Kürzen Sie den Clip *Vase_03.avi* am Anfang etwas ein (Quellmonitor, In-Point). Danach erzeugen Sie eine NEUE SEQUENZ AUS CLIP. Damit ist bereits alles an nötiger Vorarbeit erledigt.

2 Irisblende hinzufügen

Öffnen Sie den Ordner IRIS in den VIDEOÜBERBLENDUNGEN des Effekte-Bedienfeldes. Entscheiden Sie sich für IRISBLENDE (RUND), und ziehen Sie diesen Listeneintrag an den Anfang des Clips.

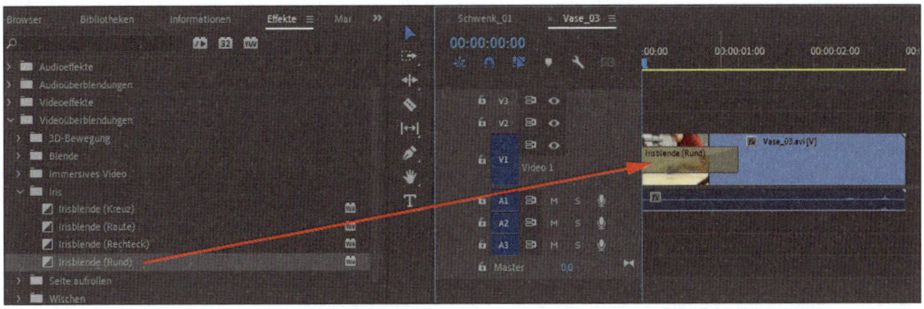

▲ **Abbildung 6.20** Weisen Sie dem Video die entsprechende Blende zu.

3 Clip abspielen

Lassen Sie die Sequenz abspielen. Zwei Dinge sind zu bemängeln: 1. Die Überblendung läuft zu schnell und 2. sie öffnet sich in der Bildmitte. Es wäre sicher spannender, wenn sie sich über dem Glas öffnen würde, oder? Gut, dann erledigen wir das – und zwar im Bedienfeld EFFEKTEINSTELLUNGEN.

4 Dauer verändern

Stellen Sie die Abspielmarke zunächst an den Anfang der Sequenz (Pos1). Danach markieren Sie die Überblendung und widmen sich dem Bedienfeld EFFEKTEINSTELLUNGEN.

Klicken Sie auf die Zeitanzeige im Bereich DAUER, und ziehen Sie die Maus vorsichtig nach rechts. Stoppen Sie, wenn 00:00:02:00 angezeigt wird, unsere Aufblende also zwei Sekunden lang ist.

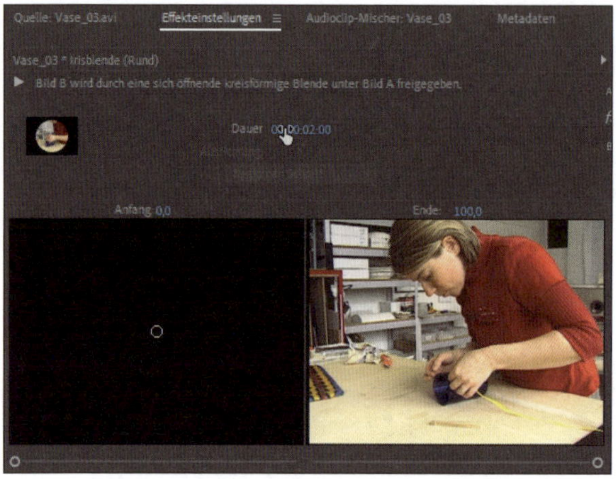

◀ **Abbildung 6.21**
Zunächst wird die Überblendungsdauer eingestellt.

5 Ansicht optimieren

Prinzipiell müssen wir den Anfang der Überblendung auf der linken Miniatur einstellen. Das Problem ist aber, dass dieses Bild schwarz ist. Wir können also derzeit allenfalls schätzen, wo sich das Glas in etwa befinden könnte. Da Premiere Pro aber nichts für »Schätzer« ist, müssen wir einen besseren Weg finden. Die Lösung: Wir machen das Bild sichtbar. Ziehen Sie dazu den unter der linken Vorschau befindlichen Slider ganz nach rechts – also an die Position, die das Ende unserer Überblendung zeigt.

6 Startpunkt festlegen

Jetzt klicken Sie auf den kleinen weißen Kreis ①, der sich links auf der Bildminiatur befindet, und ziehen ihn auf das Glas. Kleiner Tipp: Die Überblendung kommt schlussendlich am besten zur Geltung, wenn Sie ihn unterhalb der Handfläche parken.

◀ **Abbildung 6.22**
Die Irisblende soll sich nicht in der Bildmitte öffnen.

7 Ansicht zurücksetzen

Ganz wichtig: Vergessen Sie nicht, den Slider unter der linken Vorschau am Ende wieder ganz nach links zu ziehen. Anderenfalls würde keine Überblendung im Video angezeigt. Spielen Sie die Sequenz ab.

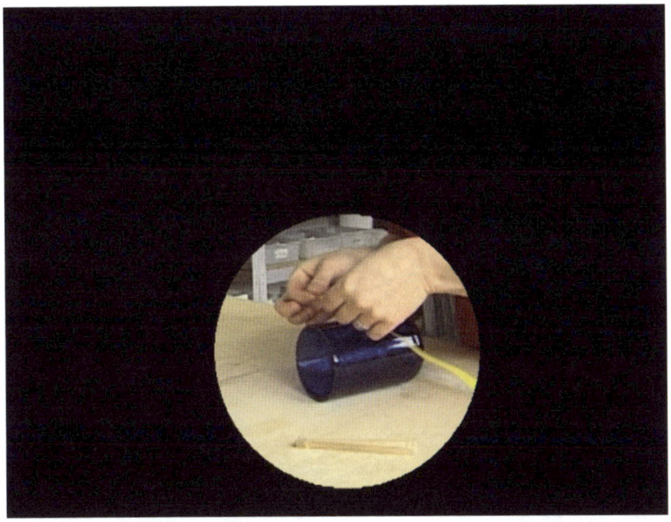

◂ **Abbildung 6.23**
Das Video wird zunächst außermittig angezeigt.

8 Optional: Überblendung umkehren

Damit ist bereits alles erledigt. Der Vollständigkeit halber möchte ich Ihnen aber noch zeigen, was passiert, wenn Sie die Checkbox UMKEHREN in den Effekteinstellungen aktivieren. Dann nämlich löst sich das Schwarzbild in Richtung Mittelpunkt auf. Mitunter kann man damit ebenfalls gute Effekte erzielen, wenngleich es zu unserer Beispielsequenz nicht so richtig passt.

◂ **Abbildung 6.24**
Jetzt wird anstelle des Videobildes ein schwarzer Punkt angezeigt.

Rahmenfarben verwenden | Wollen Sie der Irisblende noch einen Rahmen geben? Dann haben Sie dazu zwei Möglichkeiten. Beide werden im folgenden Workshop vorgestellt.

Schritt für Schritt: Überblendungsrahmen definieren

Die Überblendung erfolgt ziemlich schmucklos nach Schwarz. Schön wäre aber, wenn ein kleiner farbiger Rahmen auftauchen würde, oder?

1 Optional: Farbe per Farbwähler definieren

Wenn Sie die Farbe mittels Farbwähler definieren wollen, dann betätigen Sie zunächst die kleine Farb-Schaltfläche ❶. Im Folgedialog lässt sich die Zielfarbe dann aussuchen. Fahren Sie anschließend mit dem übernächsten Schritt fort.

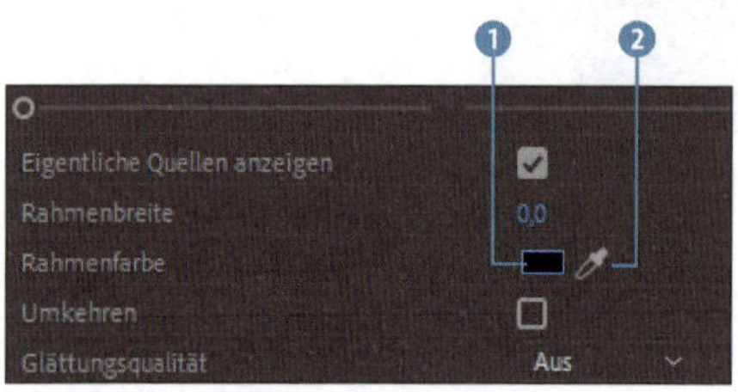

▲ **Abbildung 6.25** Die Rahmenfarbe kann per Farbwähler oder Pipette bestimmt werden.

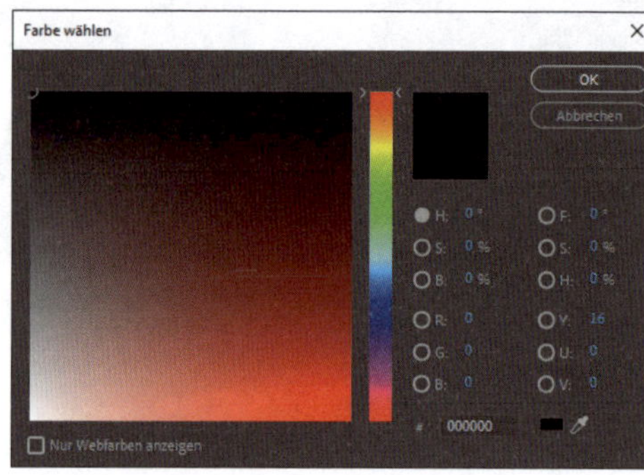

▲ **Abbildung 6.26** Stellen Sie die gewünschte Farbe hier ein.

Farbwähler bedienen

Zur Vorauswahl eines Farbbereichs klicken Sie zunächst auf den schmalen Spektralbalken. Danach lässt sich der Farbwert im großen quadratischen Farbfeld exakter bestimmen. Wollen Sie eine Farbe anhand ihrer Werte bestimmen, benutzen Sie die Hot-Text-Steuerelemente auf der rechten Seite.

2 Optional: Farbe aufnehmen

Wenn Sie aber lieber eine Farbe aus dem Video aufnehmen wollen, dann sollten Sie die Einfügemarke des Schnittfensters zunächst so weit nach rechts ziehen, dass sie sich hinter der Überblendung befindet. So erreichen Sie, dass das Video im Programmmonitor nicht durch die Überblendung verdeckt wird. Betätigen Sie danach die kleine Pipette ❷ in den Effekteinstellungen der Überblendung. Jetzt gehen Sie auf den Programmmonitor und setzen die Spitze der Pipette auf Ihre Wunschfarbe (beispielsweise das gelbe Klebeband). Führen Sie einen Mausklick auf der gewünschten Farbe aus. Die Folge ist, dass sich auch die Farbfläche neben der Pipette entsprechend ändert.

3 Rahmen definieren

Damit allein haben Sie aber noch keinen Rahmen erzeugt. Zunächst müssen Sie nämlich noch die Breite angeben. Und das machen Sie, indem Sie das Steuerelement RAHMENBREITE ❸ verstellen, das sich gleich oberhalb der Farbfläche befindet. Stellen Sie hier 2,5 Pixel ein, und lassen Sie das Video abspielen.

◂ **Abbildung 6.27**
Die Definition des Rahmens setzt sich aus zwei Parametern zusammen, der RAHMENFARBE und der RAHMENBREITE.

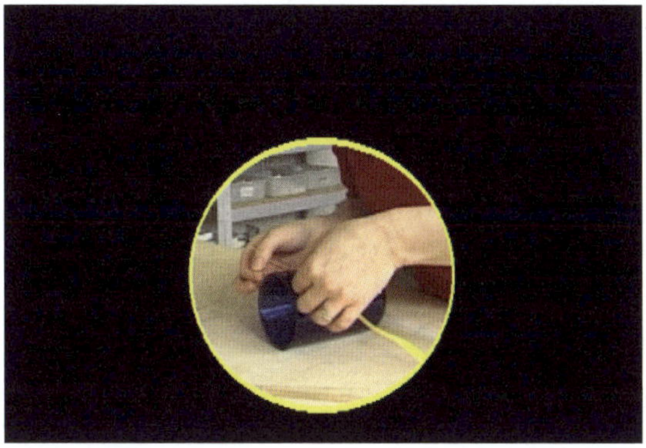

◂ **Abbildung 6.28**
Jetzt erscheint die Irisblende mit Rahmen.

6.3.5 Überblendung kopieren

Überblendungen lassen sich auch prima per Copy & Paste duplizieren. Und das geht so: Weisen Sie die erste Überblendung zu, wie beschrieben. Danach markieren Sie die Überblendung im Schnittfenster (sie wird wieder hell dargestellt), drücken [↓] (das lässt die Einfügemarke zum nächsten Schnittpunkt springen) und drücken [Strg]/[⌘]+[V]. Dabei wird die kopierte Überblendung eingefügt. Die zuvor eingestellten Parameter, wie Länge oder Richtung der Überblendung, bleiben erhalten.

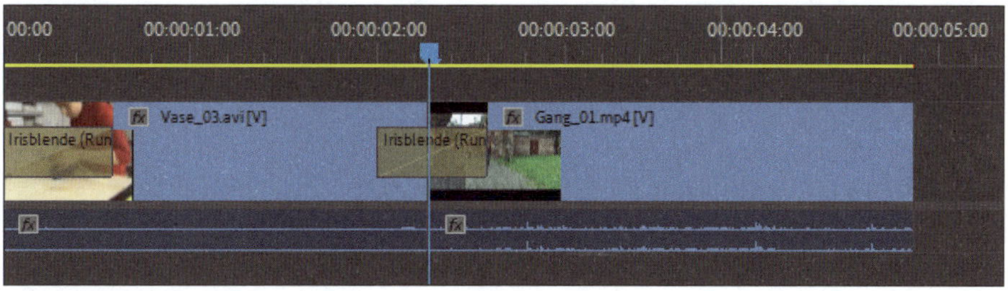

▲ **Abbildung 6.29** Testen Sie das Kopieren einer Überblendung doch einmal mit der zuvor erzeugten Irisblende aus.

6.4 Morphing

Am Ende wollen wir uns noch mit einer speziellen Überblendungstechnik befassen – dem sogenannten Morph-Schnitt. Wenn Sie sich nun fragen, was denn eine Schnitttechnik im Überblendungen-Kapitel zu suchen hat, ist die Antwort denkbar einfach: Weil die Morph-Technik mit einer Überblendung realisiert wird.

Der Morph-Schnitt beschreibt eine Technik, mit der der Vortrag eines Moderators optimiert werden soll. Hat der beispielsweise einen Aussetzer, oder benutzt er hin und wieder das störende »... äähh ...«, wird die Aufnahme in der Post-Produktion einfach »refreshed«. Man setzt einen Schnitt, fügt anschließend beide Teile wieder zusammen und überblendet sie. Premiere Pro analysiert das Videomaterial daraufhin derart, dass der Zuschauer den Schnitt gar nicht bemerkt.

Moralische Bedenken

Leider wird der Morph-Effekt heutzutage auch oftmals zu unseriösen Zwecken eingesetzt. Denn immerhin lässt sich dadurch ein Vortrag manipulieren – sei es durch inhaltliche Neuzusammensetzung oder durch Auslassungen, die das gesprochene Wort anschließend in einem verfälschten Kontext erscheinen lassen. Setzen Sie dieses Tool ausschließlich zur technischen Korrektur ein, und verwenden Sie es niemals zur Verfremdung eines Beitrags!

Schritt für Schritt: Eine Morph-Überblendung realisieren

Das Beispielmaterial zu diesem Workshop musste geschnitten werden, da die Moderatorin zwischendurch einen klitzekleinen Texthänger hatte. So etwas passiert – da muss man nicht den gesamten Beitrag neu aufzeichnen. Wenn Sie vorab bereits einmal sehen wollen, wie der Effekt wirkt, gehen Sie doch mal in den Ordner *Ergebnisse* Ihrer Beispieldateien, und schauen Sie sich *Morph-Schnitt.mp4* an. Dort sehen Sie zunächst die geschnittene und anschließend die »gemorphte« Szene. Es lohnt sich.

1 Sequenz erzeugen

Jetzt sind Sie an der Reihe. Importieren Sie, sofern noch nicht geschehen, das benötigte Videomaterial (*Morph_01.mp4* und *Morph_02.mp4*), und erzeugen Sie aus dem zuerst genannten Asset eine neue Sequenz.

2 Morph-Schnitt vorbereiten

Das Ende des Clips sollten Sie im Schnittfenster ein wenig einkürzen. Setzen Sie dazu die Abspielmarke auf Sekunde 00:00:04:14, und ziehen Sie das Ende des Clips an die Marke heran.

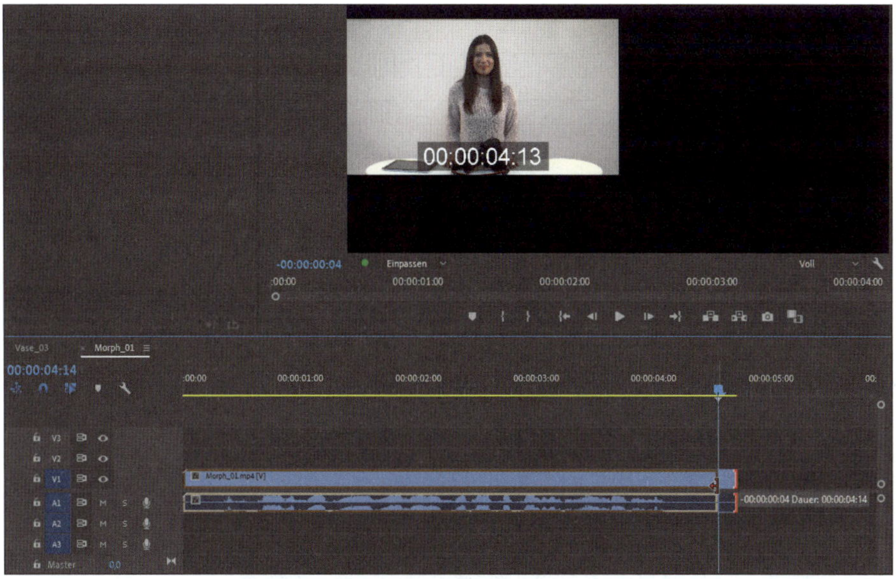

▲ **Abbildung 6.30** Ziehen Sie das Ende des Clips an den Play-Head heran.

3 Zweiten Clip hinzufügen

Anschließend ziehen Sie den zweiten Clip in das Schnittfenster. Kürzen Sie diesen am Anfang ein wenig ein, damit auch hier ein wenig Material für die Überblendung zur Verfügung steht. Sorgen Sie dafür, dass beide Clips aneinanderstoßen.

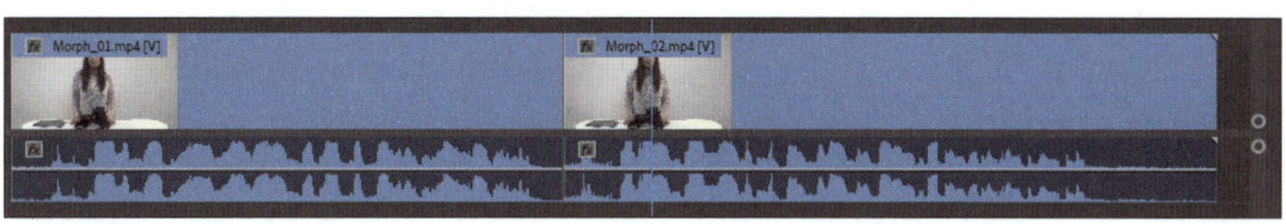

▲ **Abbildung 6.31** Die Clips berühren sich.

Für ausreichendes Überblendungsmaterial sorgen!

Aneinanderstoßende Clips müssen, wie Sie ja bereits wissen, über ausreichend Material zur Überlappung verfügen. Anderenfalls müssten Einzelbilder hinzugefügt werden, und die Überblendung würde nicht wie gewünscht funktionieren. Aus diesem Grund haben wir die Clips an den Stoßkanten ein wenig eingekürzt. Machen Sie das nicht, reagiert die Anwendung bei Zuweisung der Überblendung mit einer entsprechenden Meldung.

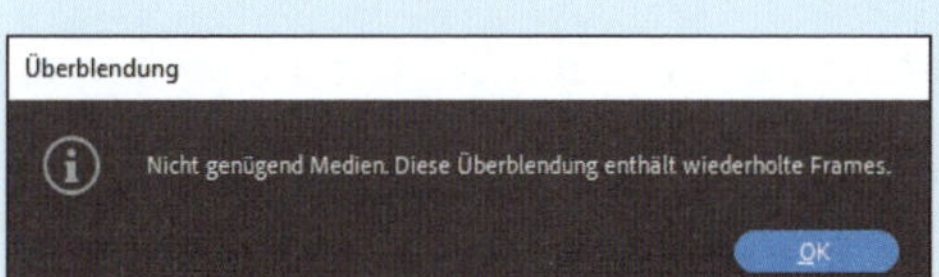

◂ **Abbildung 6.32**
In diesem Fall werden vorhandene Frames einfach »gedoppelt«.

4 Überblendung zuweisen

Begeben Sie sich in das Effekte-Bedienfeld, und ziehen Sie die Überblendung MORPH-SCHNITT, die im Verzeichnis BLENDE der VIDEOÜBERBLENDUNGEN zu finden ist, mittig auf den Schnittpunkt beider Videos im Schnittfenster.

5 Überblendung einkürzen

Morph-Schnitte sollten möglichst kurz sein, damit sie weniger auffallen. Kürzen Sie die Überblendung daher auf etwa 10 Frames ❶, und zentrieren Sie die Blende am Schnitt ❷. Am besten erledigen Sie beides im Fenster EFFEKTEINSTELLUNGEN.

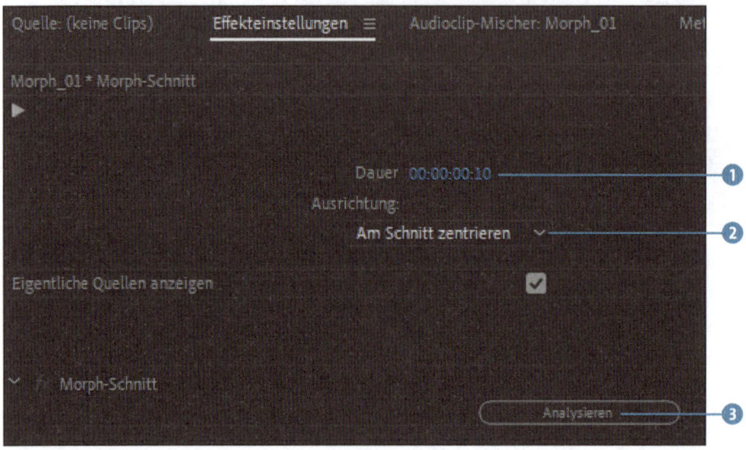

▲ **Abbildung 6.33** Nehmen Sie die Anpassung der Überblendung in den Effekteinstellungen vor.

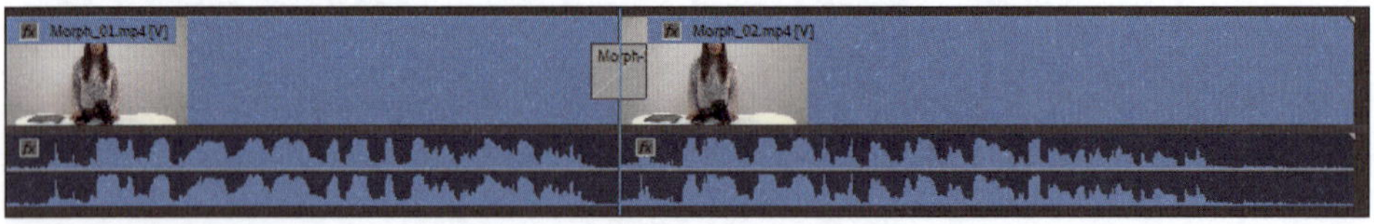

▲ **Abbildung 6.34** Die Morph-Überblendung ist in Position.

6 Sequenz rendern

Der Morph-Schnitt muss zunächst von Premiere Pro analysiert werden, ansonsten lässt sich das Ergebnis nämlich nicht beurteilen. Sie sollten daher auf ANALYSIEREN klicken ❸. Machen Sie das nicht, wird das Video zum Zeitpunkt der Überblendung entsprechend markiert.

Nachdem die Analyse durchlaufen wurde, sollten Sie ein tolles Gesamtwerk sehen, das den Schnitt nicht mehr erkennen lässt. Bevor Sie das Videomaterial zur Weiterverarbeitung ausgeben, sollten Sie es noch rendern (siehe folgenden Abschnitt 6.5, »Überblendungen rendern«).

▲ **Abbildung 6.35** Hier sieht man, dass eine Analyse des Videos stattfindet.

6.5 Überblendungen rendern

Wenn Sie die Sequenz abspielen, könnte es mitunter dazu führen, dass die Wiedergabe dabei ruckelt. In diesem Fall müssen die Bereiche der Überblendungen gerendert werden. Darauf weisen dann auch rote Balken unterhalb der Schnittfensterskala hin. Sie müssen sich das so vorstellen: Prinzipiell kann Premiere Pro ständig auf die Original-Assets zurückgreifen, die sich irgendwo auf Ihrer Festplatte befinden. Das Filmmaterial, das zum Zeitpunkt der Überblendung angezeigt wird (kurzzeitig sind ja beide Clips gleichzeitig zu sehen), gibt es noch gar nicht. Es muss theoretisch erst noch erstellt werden. Genau das machen Sie, indem Sie die rot markierten Bereiche rendern lassen.

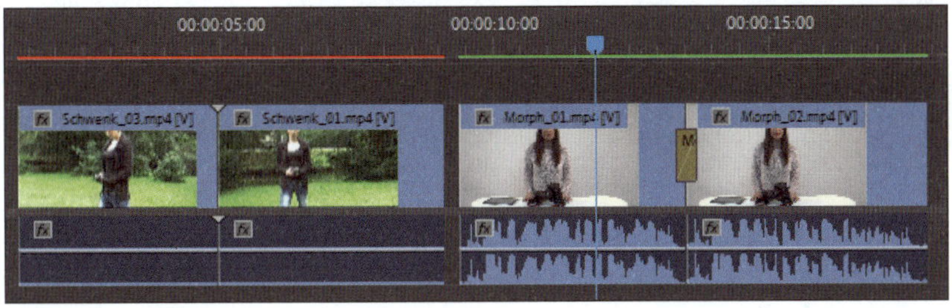

▲ **Abbildung 6.36** Die beiden Clips auf der linken Seite müssen gerendert werden (falls sie im Programmmonitor nicht flüssig wiedergegeben werden). Die beiden Clips rechts sind bereits gerendert worden.

6.5.1 Eine komplette Sequenz rendern

Das leiten Sie ein, indem Sie [↵] betätigen. Die roten Balken werden kurz darauf gegen grüne ausgetauscht. Sollten Sie im Anschluss irgendetwas an der Überblendung verändern, ist das erneute Berechnen einer Vorschaudatei erforderlich. Der grüne Balken wird wieder rot. Allerdings ist die Echtzeitvorschau der Anwendung so leistungsfähig, dass Ihr Video in der Regel auch ohne Rendering flüssig abgespielt werden dürfte.

Keine Arbeitsbereichsleiste mehr

Benutzer von Versionen vor Premiere Pro CC werden an dieser Stelle die altbekannte Arbeitsbereichsleiste schmerzlich vermissen. Doch der Kummer sollte sich in Grenzen halten. Wollen Sie nur einen Teil der Sequenz rendern, folgen Sie den weiteren Anweisungen.

6.5.2 Teile einer Sequenz rendern

In Sachen Vorschauberechnung müssen Sie wissen: Grundsätzlich wird die gesamte Sequenz gerendert. Bei langen Filmen kann das die Arbeit unnötig verzögern, denn meist möchte man ja nur das begutachten, was soeben produziert worden ist – und eben nicht den gesamten Film. Wollen Sie also nur einen bestimmten Bereich rendern, setzen Sie zuvor Sequenz-In- und -Out-Points. Und das geht so: Platzieren Sie den Abspielkopf ein Stück vor der ersten Überblendung, und betätigen Sie [I]. Danach gehen Sie mit dem Kopf hinter die vierte Überblendung und drücken [O]. Damit ist dieser Bereich durch In ❶ und Out ❷ markiert. Zuletzt müssen Sie nur noch [↵] betätigen oder SEQUENZ • EFFEKTE IM IN/OUT-BEREICH RENDERN anklicken.

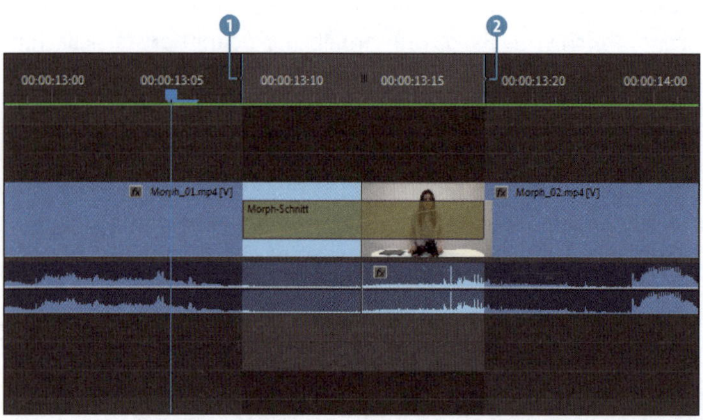

◂ **Abbildung 6.37**
Bei Positionierung von Sequenz-In- und -Out-Marken wird nur der dazwischen befindliche Bereich gerendert.

Wenn Sie fertig sind und die roten Balken durch grüne ersetzt worden sind, sollten Sie den markierten Bereich wieder aufheben. Sie wissen ja: Dazu klicken Sie mit rechts auf die Zeitskala des Schnittfensters, gefolgt von IN- UND OUT-MARKEN LÖSCHEN. Weitere nützliche Hinweise zum Rendern und den damit verbundenen beschleunigten Effekten erfahren Sie gleich zu Beginn des folgenden Kapitels.

7 Side Effects – Effekteinstellungen und Bewegungsanimationen

Im Fokus des Thrillers »Side Effects« von Kult-Regisseur Steven Soderbergh steht ein Medikament mit verheerenden Nebenwirkungen. Rasch stellt sich die Frage, ob Dr. Victoria Siebert, gespielt von Catherine Zeta-Jones, hier weiterhelfen kann. – Jetzt habe ich eine gute und eine schlechte Nachricht für Sie. Zunächst die gute: Auch Sie werden beim Lesen dieses Kapitels Nebenwirkungen davontragen; allerdings nur im positiven Sinne, denn Ihr Bewusstsein in Sachen Effektanimation wird sich beachtlich erweitern. Die schlechte Nachricht: Catherine Zeta-Jones kommt in diesem Kapitel nicht mehr vor. Stattdessen erfahren Sie:

- Was sind GPU-beschleunigte Effekte?
- Wie werden Videoeffekte auf Clips angewendet?
- Wie werden Einstellungsebenen eingesetzt?
- Wie werden Clips stabilisiert und wie animiert man Videoeffekte?
- Wie realisiert man einen Bild-in-Bild-Effekt?
- Wie werden Animationspfade verändert?
- Wie bearbeitet man Keyframes im Schnittfenster?
- Wie können Zeitabläufe verändert werden?
- Wie werden Überblendmodi sinnvoll eingesetzt?

7.1 GPU-beschleunigte Effekte

Bevor wir in die Effekt-Technik einsteigen, noch ein paar grundlegende Dinge zum Thema Wiedergabe und Rendern in Premiere Pro. Wenn Sie viele Effekte an der gleichen Position verwenden (mehrere übereinanderliegende Clips mit unterschiedlichen Effekten und Einstellungen), kann die Wiedergabe der Sequenz eventuell beeinträchtigt werden. Es kann vorkommen, dass nicht alle Einzelbilder wiedergegeben werden. Meist tritt dann nicht nur eine Verschlechterung der Wiedergabequalität ein, sondern es kommt zum Ruckeln oder zur Verlangsamung der Abspielgeschwindigkeit. Immerhin müssen sehr viele, zum Teil enorm rechenintensive Aufgaben zur gleichen Zeit erledigt werden. Besonders kritisch wird das Ganze, sobald Sie es mit Transparenz, Schatten o. Ä. zu tun bekommen. Um die kritischen Stellen dann ruckelfrei abspielen zu können, bedarf es eines Renderings, also der Erzeugung von Vorschaudateien (siehe Ende des vorherigen Kapitels).

Marke für ausgelassene Frames

Premiere Pro gibt einen Hinweis aus, wenn Einzelbilder bei der Wiedergabe ausgelassen wurden. Achten Sie auf den Punkt, der im Programmmonitor rechts neben dem Sequenz-Timecode angezeigt wird. Bleibt dieser grün, ist alles in Ordnung. Ein gelber Punkt ❶ hingegen deutet auf ausgelassene Einzelbilder hin.

▲ **Abbildung 7.1** Falls gewünscht, können Sie ausgelassene Frames auch von Premiere Pro anzeigen lassen.

Genau hier setzt Premiere Pro an und sorgt für eine GPU-Beschleunigung (GPU = Graphics Processing Unit). Das bedeutet: Im Prinzip hilft die Grafikkarte mit, die Wiedergabe des kritischen Bereichs möglichst flüssig darzustellen. Dazu wird die in Premiere Pro enthaltene *Mercury Playback Engine* verwendet. Die sorgt aber nicht nur dafür, dass auch mehrere aufwendige Effekte ohne Rendern zum Teil in Echtzeit wiedergegeben werden können, sondern auch für eine megaschnelle Berechnung der zugewiesenen Effekte. Diese lassen sich dann in der Regel sogar ohne Erstellung einer Vorschaudatei in Topqualität abspielen.

Unterstützung für mehrere GPUs

Um schnelles Arbeiten zu ermöglichen, kann Premiere Pro gleichzeitig mit mehreren in Ihrem Rechner verbauten Grafikkarten arbeiten – natürlich nur, sofern diese unterstützt werden.

7.1.1 Unterstützte Grafikkarten

Mit der Einführung der Mercury Playback Engine wurden seinerzeit nur einige wenige NVIDIA-Grafikkarten unterstützt. Der Support wird jedoch mit jeder neuen Premiere-Pro-Version erweitert. Neben zahlreichen NVIDIA-Karten werden zunehmend auch AMD-Karten unterstützt. Eine Liste dieser Grafikkarten finden Sie unter *https://helpx.adobe.com/de/premiere-pro/system-requirements.html#gpu-acceleration*.

Ein Test direkt in der Software bringt ebenfalls Gewissheit. Dazu gehen Sie über das Menü Datei • Projekteinstellungen • Allgemein und schauen nach, wie sich das oberste Pulldown-Menü (Renderer) darstellt. Ist das Menü ausgegraut, kann die Mercury Playback Engine nicht auf die Hilfe Ihrer Grafikkarte hoffen. Falls doch, finden Sie hier den Hinweis auf CUDA-Unterstützung oder Open CL, je nachdem, welche Karte Sie verwenden.

◂ **Abbildung 7.2**
Die Grafikkarte hilft mit, Effekte werden beschleunigt.

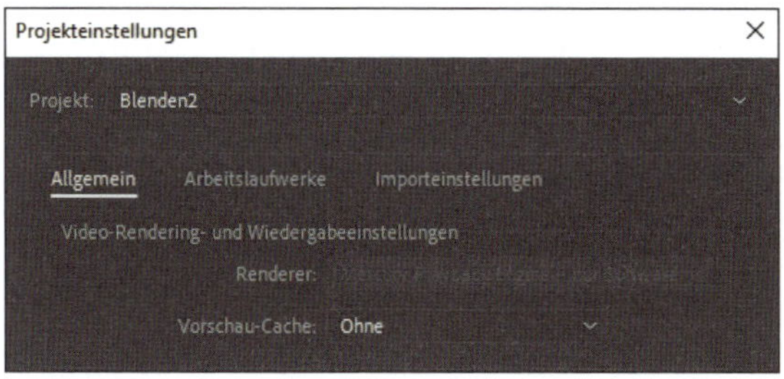

◂ **Abbildung 7.3**
Hier kann die Mercury Playback Engine nur mit CPUs (Computerprozessoren) und Software wirken.

Die GPU-Beschleunigung steht natürlich nur dann zur Verfügung, wenn Sie auch über eine entsprechende Grafikkarte verfügen. Dennoch müssen Sie Premiere Pro nicht für alle Zeiten meiden, wenn keine derartige Grafik verbaut ist. Sie können diese Effekte trotzdem nutzen.

7.1.2 Effekt im Schnittfenster

Üblicherweise werden ja unterhalb der Schnittfensterskala rote Balken angezeigt, über die immer eine Vorschaudatei erstellt (gerendert) werden kann. Bei den GPU-beschleunigten Effekten ist das anders. Hier präsentiert die Anwendung gelbe Balken ❷ – sofern Clips und Sequenzeinstellungen von den Vorgaben her zueinanderpassen. Außerdem zeigt Premiere Pro auch auf dem jeweiligen Schnittfenster-Clip an, dass ein Effekt vorhanden ist. Da Videoclips grundsätzlich mit Effekten versehen sind (die sogenannten fixierten Effekte – dazu gleich mehr), verfügt auch jeder Audioclip sowie jeder Videoclip über ein Effekte-Symbol ❸. Dieses ist jedoch zunächst einmal grau (unabhängig von der eingestellten Helligkeit der Arbeitsoberfläche). Wird nun ein weiterer Effekt hinzugefügt, wird das Symbol lila.

◂ **Abbildung 7.4**
Effekte werden auch auf dem Clip sichtbar.

7.2 Grundsätzliches Effekt-Handling

Zunächst sind in Sachen Videoeffekte zwei unterschiedliche Gruppierungen auszumachen:

- **Fixierte Effekte** (bzw. **spezifische Effekte** oder **proprietäre Effekte**): Diese werden jedem Clip automatisch zugewiesen, sobald er in das Schnittfenster integriert wird. Dabei handelt es sich um die Videoeffekte BEWEGUNG, DECKKRAFT und ZEIT-VERZERRUNGEN sowie um die Audioeffekte LAUTSTÄRKE, LAUTSTÄRKE PRO KANAL und BALANCE, sofern Sie es mit einem Audio- oder AV-Clip zu tun haben.
- **Standardeffekte**: Diese befinden sich im Ordner VIDEOEFFEKTE und können per Drag & Drop auf den Clip gezogen und so zugeteilt werden.

Arbeitsbereich wechseln

Wenn Sie viel mit Effekten arbeiten, ist es eventuell sinnvoller, auf den eigens dafür gestalteten Arbeitsbereich EFFEKTE umzuschalten.

7.3 Die fixierten Videoeffekte (proprietäre Effekte)

Markieren Sie einen Clip innerhalb des Schnittfensters, und öffnen Sie die Registerkarte EFFEKTEINSTELLUNGEN. Dieses Bedienfeld haben Sie ja bereits im vorangegangenen Kapitel kennengelernt. Wenn sich das Bedienfeld übrigens nicht auf der Arbeitsoberfläche befindet, entscheiden Sie sich für FENSTER • EFFEKTEINSTELLUNGEN oder drücken [⇧]+[5]. Die Liste für die Effekteinstellungen sieht zunächst wenig spektakulär aus.

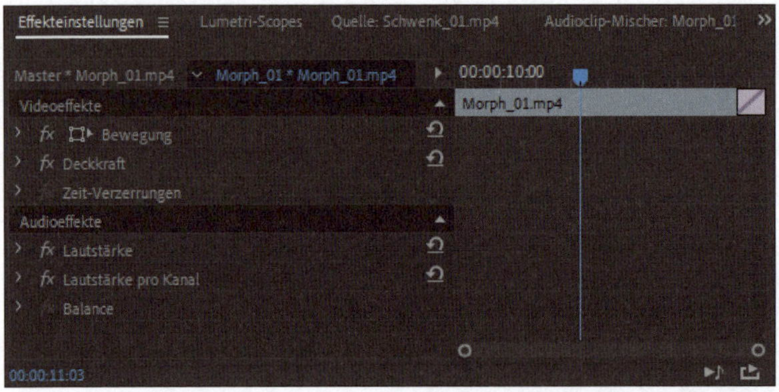

▲ **Abbildung 7.5** Die Liste der EFFEKTEINSTELLUNGEN sieht zunächst einmal recht unspektakulär aus.

Hier sehen Sie bereits, dass die Effekte BEWEGUNG, DECKKRAFT und ZEIT-VERZERRUNGEN zugewiesen sind. Sollte es sich um einen AV-Clip handeln, kommen noch Audioeffekte hinzu. Öffnen Sie die Liste BEWEGUNG, indem Sie die vorangestellte Pfeilspitze ❶ markieren. Daraufhin offenbart sich eine Liste mit zahlreichen Steuerelementen, mit deren Hilfe sich Clips in allen erdenklichen Formen bewegen lassen.

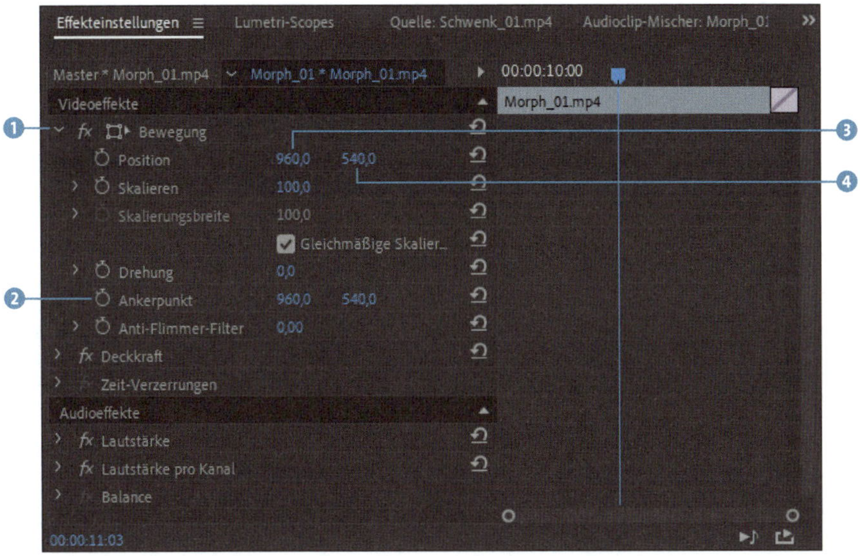

▲ **Abbildung 7.6** Die Liste BEWEGUNG ist hier geöffnet dargestellt.

7.3.1 Position eines Clips verändern

So ließe sich z. B. die POSITION ändern, indem Sie auf eines der beiden rechts daneben aufgeführten Hot-Text-Steuerelemente ❸ und ❹ klicken und den Wert mit gedrückter linker Maustaste verändern. Halten Sie zusätzlich [⇧] gedrückt, geht die Verschiebung wesentlich schneller.

Nehmen Sie den linken der beiden Werte ❸, wird das Video in X-Richtung, also horizontal, verschoben. Der rechte Wert ❹ verschiebt den Clip in Y-Richtung, also vertikal. Dabei ist zu beachten, dass sich derartige Veränderungen stets auf den gesamten Clip auswirken. Später werden Sie noch sehen, wie Sie das auch zeitlich steuern können.

Koordinaten bei DV-PAL | Die Koordinaten selbst geben die Position des Clip-Mittelpunktes wieder, gemessen von der oberen linken Ecke des Bildschirmbereichs – und zwar in Pixel. Bei einem Projekt, das in der Horizontalen aus 1.920 und vertikal aus 1.080 Bildpunkten besteht (Full HD), liegt die horizontale Mitte demzufolge bei 960,0 und die vertikale bei 540,0 – also genau bei den standardmäßig eingestellten Werten. Wer noch mit SD-Material (720×576) unterwegs ist, findet die Mitte bei 360,0 horizontal und 288,0 vertikal, bei 4K (3.840×2.160) sind es logischerweise 1.920,0 horizontal und 1.080,0 vertikal.

Wir wissen also, dass der Clip immer dann mittig auf der Arbeitsfläche liegt, wenn wir jeweils die Hälfte der horizontalen und vertikalen Bildauflösung in den Effekteinstellungen wiederfinden. Als Beispiel führen wir eine Änderung dieser Parameter durch: Wenn Sie die X- und Y-Koordinaten beide auf 0 setzen, wird der Mittelpunkt des Clips anschließend mit dem oberen linken Punkt der Bildfläche identisch sein.

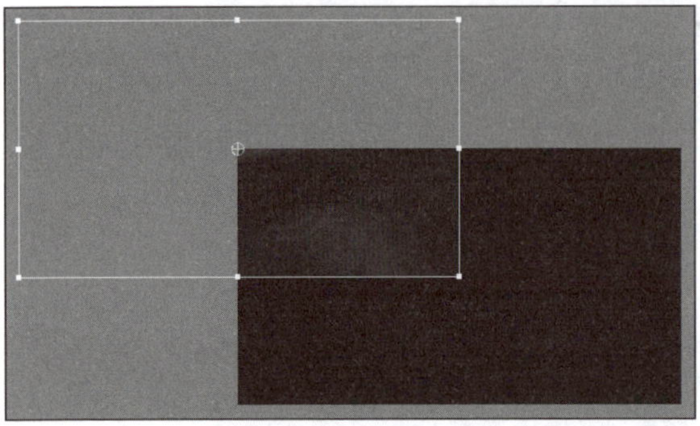

◂ **Abbildung 7.7**
Wenn beide Koordinaten mit 0 angegeben werden, liegt der Mittelpunkt des Clips genau an der oberen linken Ecke.

Ankerpunkt verändern | Was ist zu tun, wenn Sie die Position eines Assets nicht anhand seines Mittelpunktes, sondern lieber anhand seiner oberen linken Ecke bestimmen wollen? Dann müssten Sie ja zunächst einmal ausrechnen, wohin Sie den Mittelpunkt verschieben müssen, damit die Ecke passt. Das geht einfacher: Schauen Sie sich zunächst einmal die weiteren Zeilen des Bewegungseffekts an. Hier gibt es auch den Eintrag ANKERPUNKT ❷ (Abbildung 7.6). Und dieser ist genau auf den Mittelpunkt eingestellt (960,0 und 540,0 bei Full HD). Wenn Sie hier 0,0 und 0,0 festlegen, wird der Clip nach unten rechts verschoben, und die obere linke Ecke liegt genau auf dem Mittelpunkt der Bildfläche. Versuchen Sie das mit einem Beispielclip (hier: *Morph_01.mp4*).

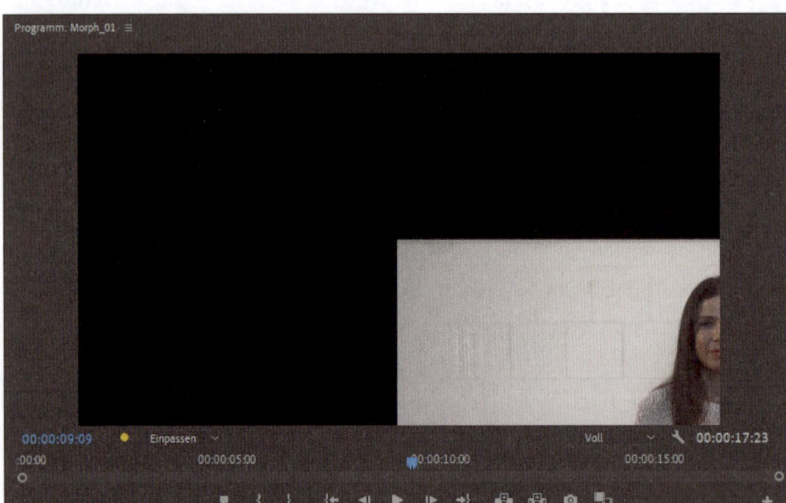

▴ **Abbildung 7.8** Der Clip ist nach unten rechts gerutscht.

Warum ist das gute Stück denn jetzt überhaupt verschoben worden? Na, weil die Bewegungsparameter der POSITION noch immer auf 960,0 und 540,0 stehen, nicht aber der Ankerpunkt. Um das auszugleichen, müssten auch die Positionssteuerelemente (x und y) auf 0,0 gesetzt werden. Weitere Infos zur Positionierung erhalten Sie in Abschnitt 7.5, »Keyframes – Effekte animieren«.

7.3.2 Clips skalieren

Wollen Sie ein Video vergrößern oder verkleinern, erreichen Sie dies proportional (also unter Einhaltung des Seitenverhältnisses), indem Sie den Wert SKALIEREN ❶ entsprechend Ihren Wünschen verändern.

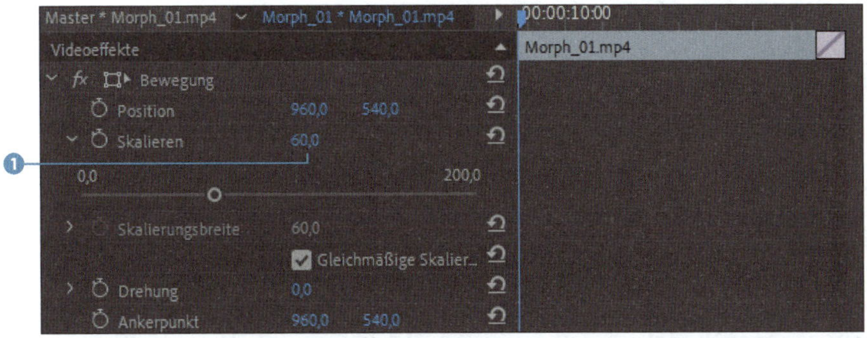

▲ **Abbildung 7.9** Veränderungen der Skalierung wirken sich proportional auf den Clip aus.

Wenn Sie allerdings beabsichtigen, einen Clip nur in horizontaler bzw. vertikaler Richtung zu skalieren, sollten Sie die Checkbox GLEICHMÄSSIGE SKALIERUNG ❺ zuvor abwählen. Das Steuerelement SKALIERUNG wird dadurch automatisch zu SKALIERUNGSHÖHE ❸. Darunter finden Sie, separat regelbar, SKALIERUNGSBREITE ❹. Möglicherweise wollen Sie den Steuerelementen vorübergehend mehr Platz einräumen. In diesem Fall können Sie die Schnittfenster-Ansicht auf der rechten Seite des Fensters schließen, indem Sie SCHNITTFENSTER ANZEIGEN/AUSBLENDEN ❻ betätigen.

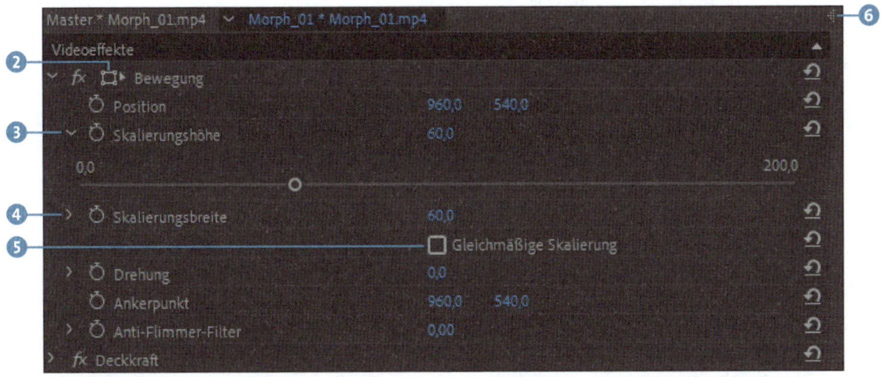

▲ **Abbildung 7.10** So haben Sie Platz genug, um alle Zeileninhalte einsehen zu können.

Schauen Sie einmal auf das Symbol ② (Abbildung 7.10), das sich unmittelbar vor dem Eintrag BEWEGUNG befindet. Dieses deutet darauf hin, dass der Effekt auch direkt im Programmmonitor (mittels Drag & Drop) verändert werden kann. Um die Möglichkeit bereitzustellen, müssen Sie entweder die Zeile BEWEGUNG markieren oder einen Doppelklick auf die aktuelle Ansicht des Programmmonitors setzen. Das Video wird dort mit einem Rahmen versehen. Die quadratischen Anfasser können per Drag & Drop nach Wunsch verschoben werden. Versuchen Sie es doch einmal, indem Sie einen dieser Punkte nach innen ziehen.

▲ **Abbildung 7.11** Der Clip lässt sich auch direkt im Programmmonitor bearbeiten.

Sie werden sehr schnell feststellen: Egal, an welchem Anfasser Sie den Clip verziehen, Sie werden ihn nur proportional verändern können. Wenn Sie das nicht wollen, müssen Sie auch hier vorab das Steuerelement GLEICHMÄSSIGE SKALIERUNG deaktivieren.

Position verändern

Möchten Sie das gesamte Video verschieben, klicken Sie den Clip innerhalb des Rahmens an und ziehen ihn mit gedrückter linker Maustaste. Vermeiden Sie jedoch, genau auf die Mitte zu klicken, da ansonsten der Ankerpunkt des Videos verschoben würde und nicht das Video selbst.

7.3.3 Clip drehen

Neben der Möglichkeit, über das gleichnamige Steuerelement im Fenster EFFEKTEINSTELLUNGEN eine DREHUNG ① auszuführen, lässt sich das Video auch im Programmmonitor drehen. Das Einzige, was Sie tun müssen, ist, den Mauszeiger etwas außerhalb eines Eckpunktes anzusetzen. Sobald sich der Mauszeiger in einen 90°-Doppelpfeil verwandelt, ist die richtige Position gefunden. Jetzt können Sie den Clip mit gedrückter linker Maustaste nach Wunsch verdrehen.

7.3.4 Deckkraft verändern

Auch die Deckkraft eines Clips lässt sich über ein entsprechendes Hot-Text-Steuerelement in den Effekteinstellungen verändern. Dazu öffnen Sie die Liste DECKKRAFT ❷, die sich gleich unterhalb der Liste BEWEGUNG befindet. Darin finden Sie eine Zeile, die ebenfalls mit DECKKRAFT betitelt ist. Klicken Sie auf den Wert (standardmäßig mit 100% angegeben), halten Sie die Maustaste gedrückt, und ziehen Sie nach links, bis der gewünschte Wert angezeigt wird (in der folgenden Abbildung 50%). Bitte bedenken Sie, dass eine solche Aktion meist nur dann Sinn macht, wenn sich der Clip auf einer übergeordneten Videospur befindet – also unterhalb noch ein weiterer Clip angeordnet ist. So lässt man ihn dann teiltransparent über einem anderen Clip erscheinen.

▲ **Abbildung 7.12** Im Menü DECKKRAFT lässt sich ein übergeordneter Clip teiltransparent darstellen.

Gleich unterhalb der Deckkraft-Zeile befindet sich eine mit ÜBERBLENDMODUS betitelte Pulldown-Liste. Hier legen Sie fest, wie die beiden überlagernden Clips miteinander wirken sollen. Die Technik ist vergleichbar mit den Ebenenmodi in Photoshop. Am Ende dieses Kapitels wird diese Technik noch einmal aufgegriffen (siehe Abschnitt 7.8, »Überblendmodi«).

7.3.5 Effekte zurücksetzen

Gerade am Anfang werden Sie geneigt sein, unterschiedliche Einstellungen in Sachen Effektparameter auszuprobieren. Wollen Sie anschließend alle Änderungen eines Videoeffekts in einem Arbeitsgang wieder rückgängig machen, klicken Sie einfach auf die Schaltfläche EFFEKT ZURÜCKSETZEN.

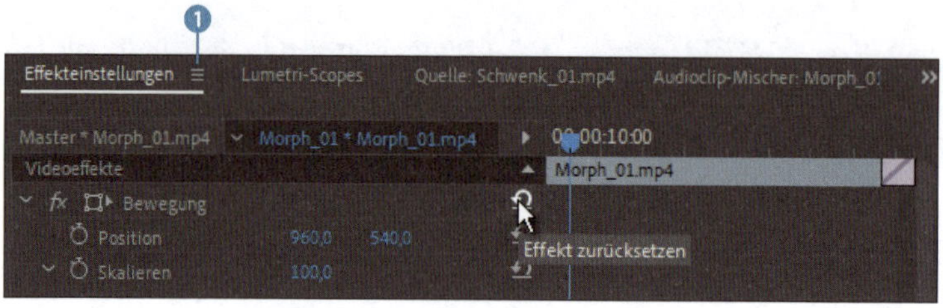

◂ **Abbildung 7.13**
Verwerfen Sie alle Änderungen.

Dabei gilt aber, dass jede Effektgruppe separat zurückgesetzt werden muss. Verwerfen Sie beispielsweise den Bewegungseffekt, bleibt ein zuvor vergebener Deckkrafteffekt dennoch erhalten. Wer alle Effekte in einem einzigen Arbeitsgang entfernen möchte, öffnet das Bedienfeldmenü der EFFEKTEINSTELLUNGEN 1 und entscheidet sich für EFFEKTE ENTFERNEN. Ein fixierter Effekt lässt sich übrigens auch direkt im Schnittfenster entfernen. Dazu setzen Sie einen Rechtsklick auf das betreffende Asset und wählen ATTRIBUTE ENTFERNEN aus dem Kontextmenü. In beiden Fällen gestattet ein nachgeschalteter Dialog noch die Selektion der zu entfernenden Effekte.

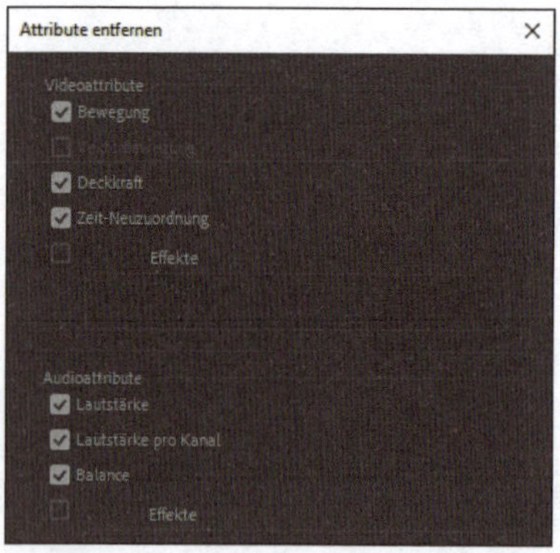

◂ **Abbildung 7.14**
Welche Effekte sollen entfernt werden?

7.3.6 Effekte deaktivieren

Des Weiteren besteht aber auch die Möglichkeit, den Effekt nur »unsichtbar« zu schalten, und zwar über das kleine Effekte-Symbol. Dabei wird der Clip im Programmmonitor so dargestellt, als wären gar keine Veränderungen vorgenommen worden. Tatsächlich bleiben die Effekte aber erhalten und werden wieder sichtbar, sobald Sie die Schaltfläche abermals betätigen.

◂ **Abbildung 7.15**
Effekte können vorübergehend deaktiviert werden.

7.4 Die Standardvideoeffekte

Sobald Sie etwas anderes wollen, als »nur« die Bewegung oder Deckkraft zu verändern, müssen Sie auf einen der zahlreichen Standardvideoeffekte zurückgreifen. Diese finden Sie im Bedienfeld EFFEKTE im Ordner VIDEOEFFEKTE. Praktisch: Wer den Arbeitsbereich EFFEKTE wählt, findet rechts in der Spalte der Anwendung alles, was das Herz begehrt.

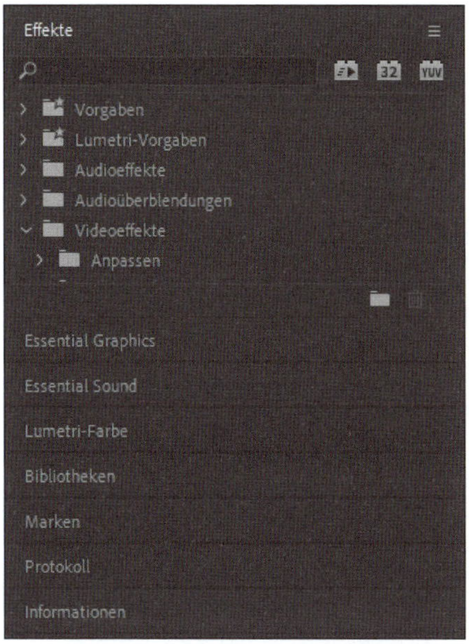

◂ **Abbildung 7.16**
Effekte ohne Ende ...

7.4.1 Effekte suchen

Nun können Sie sich vorstellen, dass es bei der Fülle an Unterordnern nicht gerade leicht ist, den gewünschten Effekt zu finden. In diesem Fall sollten Sie sich von der integrierten Suchfunktion unterstützen lassen. Tragen Sie einen Suchbegriff oder Teile dessen in das Suchfeld ein. Je genauer der Suchbegriff ist, desto präziser wird natürlich die unterhalb angeordnete Ergebnisauswahl sein.

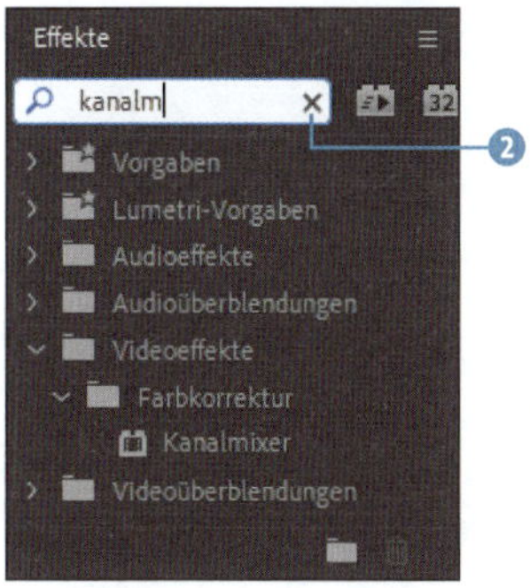

◂ **Abbildung 7.17**
Nur was dem Suchkriterium entspricht, wird in der Liste angezeigt (hier der Kanalmixer). Die anderen Listen bleiben verschlossen.

Denken Sie daran, den Suchbegriff im Anschluss wieder zu löschen ❷ (Abbildung 7.17), da Sie ansonsten nur noch Zugriff auf die Effekte haben, die der Suchwortvorgabe entsprechen.

Clipname-Effekt

Ein noch relativ neuer Effekt ist CLIPNAME. Sie finden ihn im Verzeichnis VIDEOEFFEKTE, Unterordner VIDEO. Damit werden die Namen der einzelnen Clips im Programmmonitor angezeigt. Der Effekt ist vor allem dann von Nutzen, wenn Sie während der Montage zahlreicher Assets immer direkt informiert sein wollen, welcher Clip gerade abgespielt wird. Entfernen Sie den Effekt, wenn er nicht mehr benötigt wird.

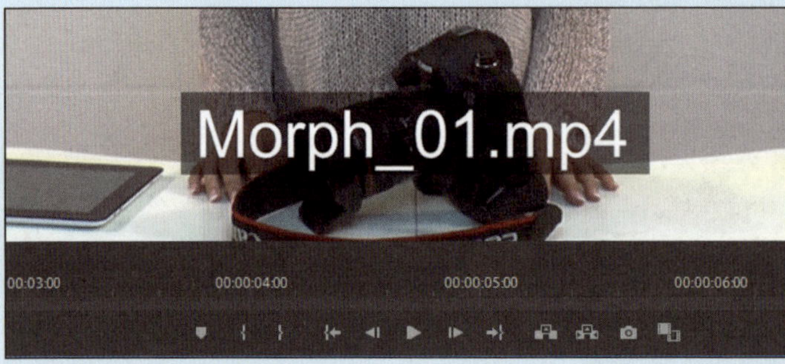

◂ **Abbildung 7.18**
Die Anzeige des Clip-Namens im Programmmonitor kann mitunter nützlich sein.

7.4.2 Effekte filtern

Weiter rechts in der Zeile, die einen Effekt oder eine Überblendung repräsentiert, finden Sie nicht selten Symbole, die verdeutlichen, ob es sich bei dem jeweiligen Effekt um einen bestimmten Typ handelt. Diese sind im Einzelnen:

- beschleunigte Effekte
- Effekte für 32-Bit-Farbtiefe
- YUV-Effekte

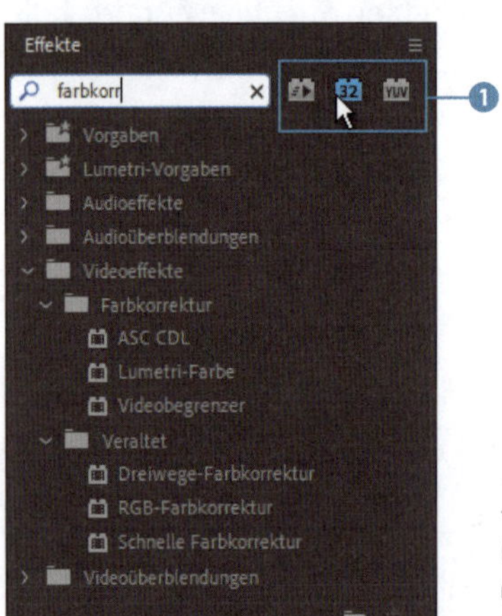

◂ **Abbildung 7.19**
Die Effekte lassen sich über die drei Tasten bequem filtern.

So lässt sich unmittelbar ausmachen, ob der jeweilige Effekt (oder die Überblendung) beispielsweise GPU-beschleunigt ist (siehe dazu auch Abschnitt 7.1, »GPU-beschleunigte Effekte«). Entsprechend lässt sich ein Suchergebnis auch weiter eingrenzen bzw. die Liste der Effekte filtern, indem Sie einen oder mehrere der drei Buttons 1 neben dem Eingabefeld aktivieren.

32 Bit rendern

Wenn Sie einen Effekt zuweisen, der 32-Bit-fähig ist, wird dieser nur dann tatsächlich in 32 Bit gerendert, wenn alle anderen Effekte innerhalb der Sequenz ebenfalls 32-Bit-fähig sind. Ist das nicht der Fall, werden alle Effekte der Sequenz mit 8 Bit gerendert.

7.4.3 Effekte zuweisen

Einen Effekt weisen Sie zu, indem Sie ihn per Drag & Drop auf den Clip im Schnittfenster befördern. Sie können auch einen Doppelklick auf den Effekt im Effekte-Bedienfeld setzen. Zuvor muss der Clip im Schnittfenster allerdings markiert werden.

Direktbearbeitung

Das Zuweisen und Bearbeiten von Effekten kann auch zum Zeitpunkt der Wiedergabe erfolgen, ohne dass diese stoppt. Insbesondere bei der Einstellung bestimmter Effekte (vor allem Korrektureffekte) ist das ausgesprochen nützlich.

7.4.4 Effekte übertragen

Effekte lassen sich auch ganz einfach von einem Clip auf den anderen übertragen. Markieren Sie beispielsweise die Zeile BEWEGUNG innerhalb der EFFEKTEINSTELLUNGEN, können Sie die darin vergebenen Parameter mit Strg/⌘+C in die Zwischenablage kopieren (BEARBEITEN • KOPIEREN geht natürlich auch). Diese lassen sich nach Anwahl eines anderen Clips im Schnittfenster mit Strg/⌘+V (oder BEARBEITEN • EINFÜGEN) übertragen.

7.4.5 Attribute einfügen

Sollten Sie einem Clip zahlreiche Effekte verpasst haben, jedoch nur einzelne davon auf einen anderen Clip übertragen wollen, markieren Sie ebenfalls zunächst den Ausgangsclip im Schnittfenster und befördern ihn, wie beschrieben, in die Zwischenablage. Setzen Sie anschließend einen Mausklick auf den Zielclip im Schnittfenster. Danach haben Sie die Wahl: Entweder Sie öffnen das Menü BEARBEITEN oder setzen einen Rechtsklick auf den Zielclip. Zuletzt entscheiden Sie sich für ATTRIBUTE EINFÜGEN. Bestimmt fragen Sie sich jetzt, ob es ein schickes Tastaturkürzel dafür gibt. Aber sicher gibt es das. Drücken Sie nach Anwahl des Zielclips einfach Strg/⌘+Alt+V. Am Ende haben Sie auch hier die Wahl, welche Effekte bei der Übertragung berücksichtigt werden sollen und welche nicht.

7.4.6 Effektreihenfolge ändern

Natürlich können Sie auf einen Clip beliebig viele Effekte anwenden. Dabei ist aber grundsätzlich zu beachten, dass die Reihenfolge ihrer Anwendung zum Teil erheblichen Einfluss auf das Ergebnis hat (das ist vor allem dann der Fall, wenn der ÜBERBLENDMODUS im Bereich DECKKRAFT verändert wurde). Die nicht fixierten Effekte lassen sich deshalb im Fenster EFFEKTEINSTELLUNGEN per Drag & Drop sortieren.

Möchten Sie die Reihenfolge verändern, ziehen Sie die betreffende Zeile an eine andere Position. Sobald die horizontale schwarze Linie auftaucht, können Sie sie fallen lassen. Die Standardeffekte BEWEGUNG, DECKKRAFT und ZEIT-VERZERRUNGEN sind davon allerdings ausgenommen. Sie können ebenso wenig nach unten verschoben werden, wie sich ein Standardeffekt oberhalb oder zwischen den fixierten Effekten platzieren lässt.

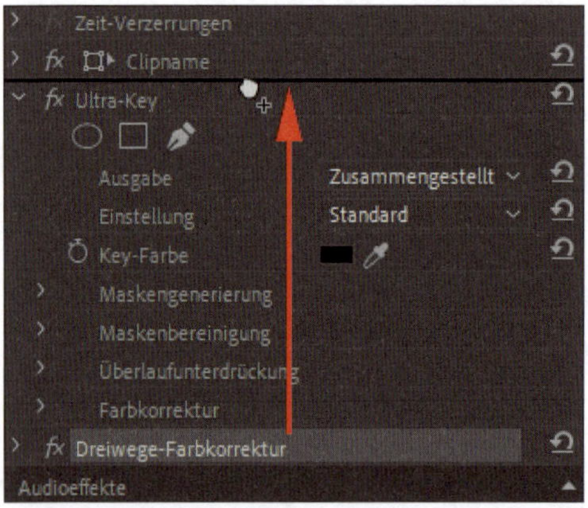

▲ **Abbildung 7.20** Es ist nichts dagegen einzuwenden, die Effektreihenfolge auch nachträglich noch zu ändern. Hier wird die DREIWEGE-FARBKORREKTUR gerade oberhalb des zuvor eingefügten Effekts ULTRA-KEY platziert.

7.4.7 Effekte entfernen

Entfernen Sie einen Effekt aus einem Clip, indem Sie die betreffende Zeile im Bedienfeld EFFEKTEINSTELLUNGEN markieren und entweder aus dem Bedienfeldmenü AUSGEWÄHLTEN EFFEKT LÖSCHEN wählen oder [Entf] bzw. [←] drücken.

7.4.8 Standardeffekte bearbeiten

Die in einem Standardeffekt enthaltenen Steuerelemente sind je nach eingesetztem Effekt unterschiedlich. Manche Effekte bringen sogar eine ganze Armada an Listen, Schaltern und Reglern mit, die vielfach erst zu sehen sind, wenn Sie im Effekteinstellungen-Bedienfeld etwas nach unten scrollen.

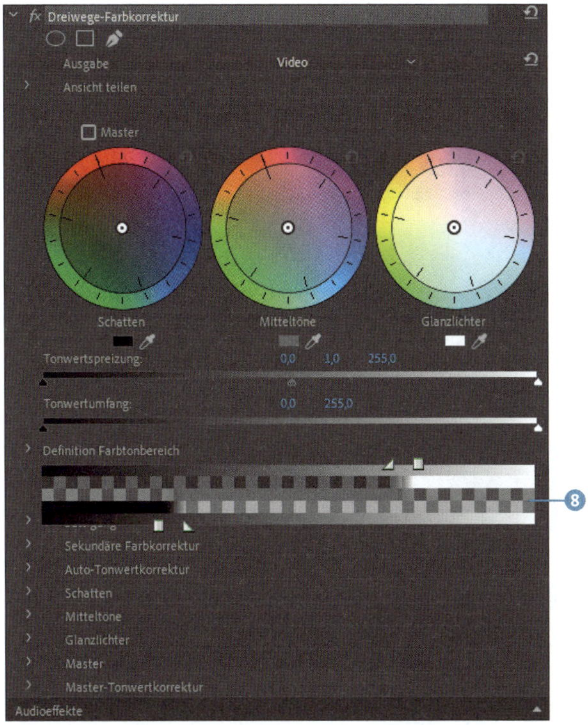

▲ **Abbildung 7.21** Die Steuerelemente des Effekts DREIWEGE-FARBKORREKTUR

Ansicht optimieren

Bedenken Sie in diesem Zusammenhang stets, dass Sie die Arbeitsoberfläche an den Fensterzwischenstegen einstellen können. So lässt sich beispielsweise auch der Zwischensteg, der die linke und rechte Seite des Fensters EFFEKTEINSTELLUNGEN voneinander trennt, per Drag & Drop verziehen. Bei einem Effekt wie der DREIWEGE-FARBKORREKTUR beispielsweise bietet es sich an, diesen weiter nach rechts zu ziehen oder komplett auszublenden 8 (siehe Abbildung 7.21).

7.4.9 Lumetri Looks

Eine besondere Erwähnung sollten die Lumetri-Effekte bekommen. Zum einen wäre da die Korrekturoption LUMETRI-FARBE 2 (siehe Abbildung 7.22) zu nennen, mit der Farbkorrekturen händisch an den Clip angepasst werden können. Allerdings gesellen sich zahllose vordefinierte VORGABEN 4 dazu, die im Bereich EFFEKTE 1 zu finden sind. Öffnen Sie die darin befindlichen LUMETRI-VORGABEN 5 und anschließend einen der vielen Unterordner (hier z. B. FILM 6). Suchen Sie einen Effekt aus 7, und ziehen Sie ihn auf den gewünschten Clip. Und wenn Ihnen das noch nicht reicht, geben Sie einfach einmal das Suchwort »Lumetri« in das Effekte-Suchfeld 3 ein. Sie werden geradezu erschlagen von der Fülle der vordefinierten Effekte.

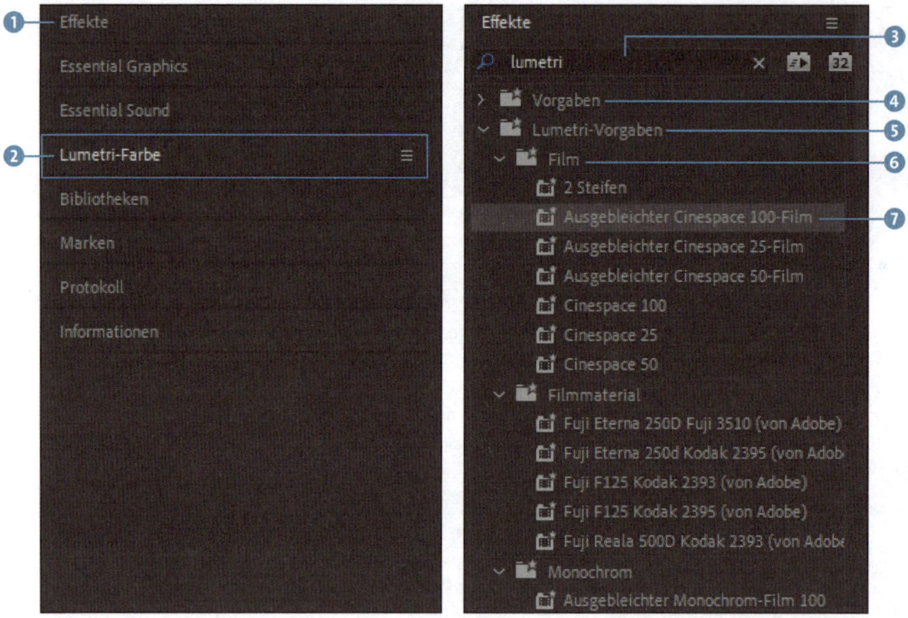

▲ **Abbildung 7.22** Die Lumetri-Effekteordner sind üppig ausgestattet.

Wie bereits erwähnt, werden auch diese Effekte, wie alle anderen proprietären Effekte auch, per Drag & Drop oder Doppelklick an den im Schnittfenster selektierten Clip übergeben. Wenn mehrere Clips oder gar ein ganzer Film mit einem Lumetri-Effekt ausgestattet werden soll, ist zu empfehlen, diesen auf eine Einstellungsebene anzuwenden. Weitere Hinweise dazu finden Sie in Abschnitt 7.5.6, »Effekte per Einstellungsebenen anwenden«.

7.4.10 Verwackelte Aufnahmen stabilisieren

Der Effekt Verkrümmungsstabilisierung ist so genial, dass es sich lohnt, ihn in einem separaten Workshop vorzustellen – auch wenn es meist nicht wirklich viel einzustellen gibt.

Schritt für Schritt: Clips stabilisieren

Verkrümmungsstabilisierung ist ein Begriff, der die dahintersteckenden Eigenschaften nicht direkt offenbart. Der Effekt sorgt nämlich dafür, dass verwackelte Aufnahmen beruhigt (stabilisiert) werden – und zwar mit beeindruckender Präzision.

1 Effekt hinzufügen

Importieren Sie den Clip *Stabi.mp4*, und erzeugen Sie nach einem Rechtsklick auf das Asset eine Neue Sequenz aus Clip. Danach geben Sie »stabi« in das Effekte-Suchfeld ein und ziehen den Effekt Verkrümmungsstabilisierung auf den Clip im Schnittfenster (zur Info: er befindet sich im Ordner Verzerrung der Videoeffekte). Das war's schon.

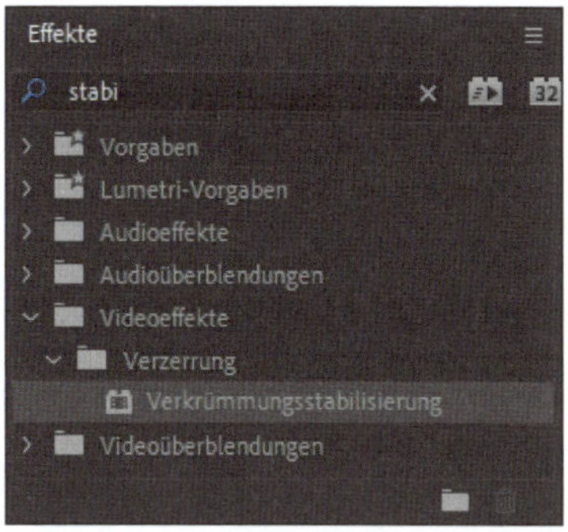

◂ **Abbildung 7.23**
Ziehen Sie diesen Effekt auf den Clip.

▴ **Abbildung 7.24** Im ersten Schritt wird das Video analysiert.

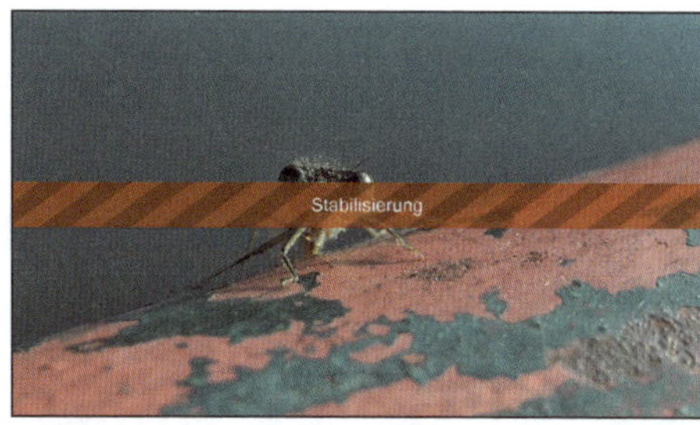

▴ **Abbildung 7.25** Danach wird die Stabilisierung vorgenommen.

2 Rahmenmethode ändern

Sehen Sie sich das Ergebnis an, werden Sie schnell feststellen, dass der Clip wesentlich ruhiger läuft, ohne jedoch unnatürlich starr zu wirken. Damit Sie sehen, was tatsächlich im Hintergrund passiert ist, schalten Sie doch das Steuerelement Rahmen (Liste Ränder) in den Effekteinstellungen einmal von Stabilisieren, Zuschneiden, Auto-Skalierung auf Nur stabilisieren. Spielen Sie den Clip abermals ab, und achten Sie auf die Bildränder. Interessant, oder? Sie tanzen hin und her. Warum? Weil das Video nur stabilisiert, aber nicht zeitgleich skaliert worden ist.

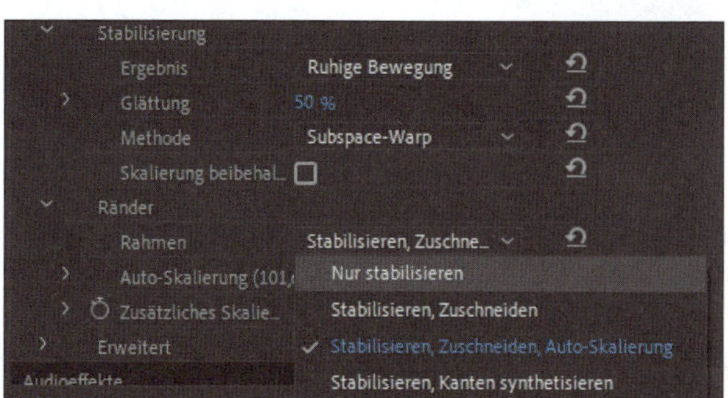

◂ **Abbildung 7.26**
Mit dieser Einstellung ist gut zu sehen, wie der Effekt arbeitet.

3 Rahmenmethode erneut ändern

Eine Art Kompromiss beider zuvor genannter Methoden wäre die erneute Umstellung auf STABILISIEREN, ZUSCHNEIDEN. In diesem Fall wird das Video ebenfalls beruhigt, jedoch am Ende nicht aufskaliert. Das bringt häufig einen Qualitätsvorteil mit sich, da skalierte Videobilder ein wenig an Brillanz und Schärfe verlieren. Nun ist das im vorliegenden Fall nicht ganz so tragisch, da der Korrekturbedarf eher gering ist, kann jedoch bei stark verwackelten Aufnahmen erheblich zum Tragen kommen. In diesem Fall könnte die Einstellung STABILISIEREN, KANTEN SYNTHETISIEREN (bei der der Ausgleich der Ränder einfach künstlich erzeugt wird) durchaus eine Alternative sein. Ich empfehle, grundsätzlich zunächst die Grundeinstellung (STABILISIEREN, ZUSCHNEIDEN, AUTO-SKALIERUNG) zu verwenden und und Änderungen nur dann vorzunehmen, wenn Sie mit dem Resultat unzufrieden sind.

◂ **Abbildung 7.27**
Bei NUR STABILISIEREN zeigen sich kleine, schwarze Bildränder.

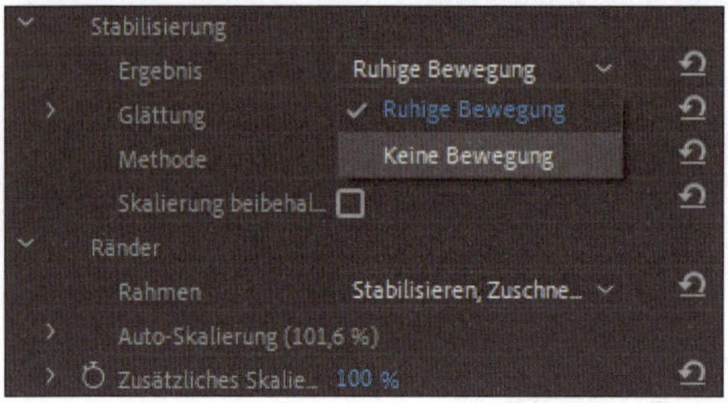

◂ **Abbildung 7.28**
Durch das Umschalten wird das Ergebnis noch ruhiger. Die Einstellung eignet sich meist bei Clips, in denen weder Schwenk noch Kamerafahrt vorhanden sind.

4 Ergebnis ansehen

Schauen Sie sich den Clip an. Hier bewegt sich nichts mehr. Vergleichen Sie das Ergebnis mit dem Original, indem Sie den Effekt temporär deaktivieren. Falls erforderlich, rendern Sie den relevanten Bereich.

Abschließend möchte ich noch auf weitere Einstelloptionen im Zusammenhang mit der Verkrümmungsstabilisierung eingehen. In der Zeile ERGEBNIS können Sie nämlich wählen, ob eine RUHIGE BEWEGUNG oder KEINE BEWEGUNG gewünscht ist. Wird der obere der beiden Einträge gewählt, wird das Video nicht so stark aufskaliert wie bei Anwahl des unteren. Dafür bedeutet RUHIGE BEWEGUNG jedoch, dass das Videobild ein wenig verschoben werden kann – beispielsweise um das Hauptobjekt (in unserem Falle das Insekt) besser auf Position zu halten. Sie sollten beide Methoden miteinander vergleichen und sehen, was sich im jeweiligen Fall eher anbietet.

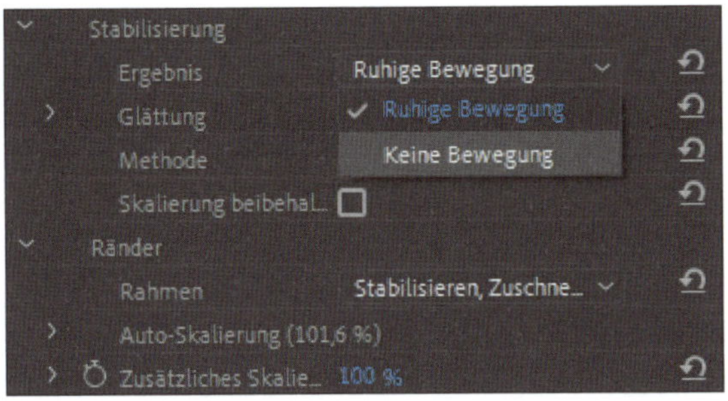

◂ **Abbildung 7.29**
Werfen Sie nach der Neuberechnung des Effekts einen Blick auf AUTO-SKALIERUNG. Dieser Wert wird nämlich angepasst und ist bei der Methode KEINE BEWEGUNG grundsätzlich höher als bei RUHIGE BEWEGUNG (hier: 101,6 %).

Wenn Sie es mit einem stark verwackelten Video zu tun haben, das sich auch nach Zuweisung der bisher angesprochenen Effektparameter nicht wirklich beruhigen will, dürfen Sie die GLÄTTUNG noch erhöhen. Einen Wert von 60 sollten Sie jedoch nach Möglichkeit nicht überschreiten, da ansonsten keine wirklich guten Resultate mehr zu erwarten sind.

7.4.11 Clips zur Stabilisierung verschachteln

Es ist wichtig zu wissen, dass das Pixel-Seitenverhältnis des zu stabilisierenden Films unbedingt mit dem Pixel-Seitenverhältnis der Sequenz übereinstimmen muss. Im vorangegangenen Workshop hatten Sie das ja dadurch erreicht, dass eine NEUE SEQUENZ AUS CLIP erzeugt wurde und die Sequenzeinstellungen des Clips ganz automatisch auf die Sequenz übertragen wurden. In der Praxis sieht es jedoch häufig anders aus. Wenn Sie nämlich einen Clip in eine bereits bestehende Sequenz einfügen müssen, dem ein anderes Pixel-Seitenverhältnis zugrunde liegt, wird dies von Premiere Pro sofort moniert. Sobald der Effekt VERKRÜMMUNGSSTABILISIERUNG zugewiesen wird, erscheint unten rechts in der Anwendung eine entsprechende Fehlermeldung.

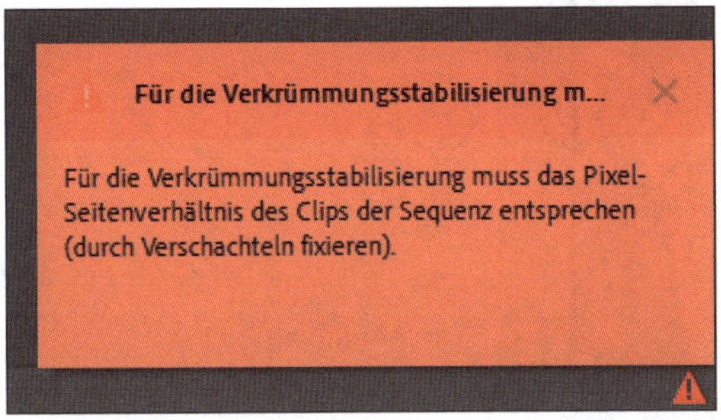

◂ **Abbildung 7.30**
Premiere Pro meckert.

Schritt für Schritt: Clips stabilisieren

Lassen Sie uns einen kleinen Workshop dazu machen, der zum einen das Problem aufzeigt und zum anderen eine Lösung anbietet. Um es noch einmal deutlich zu sagen: Das Problem tritt nicht auf, wenn lediglich eine andere Bildgröße vorliegt, sondern nur, wenn beide Pixel-Seitenverhältnisse (also das des Clips und das der Sequenz) unterschiedlich sind. Pflegen Sie beispielsweise einen Full-HD-Clip (1.920 x 1.080) in ein 4K-Projekt ein, das eine viermal so große Fläche aufweist wie das Full HD, kommt es, sofern beide mit dem Pixel-Seitenverhältnis von 1,0 ausgestattet sind, zu keinerlei Problemen. In unserem Workshop ist das anders.

1 Sequenz vorbereiten

Sollten Sie den vorangegangenen Workshop bereits gemacht haben, können Sie mit dieser Sequenz (sie heißt STABI) nun weiterarbeiten. Wer ihn nicht gemacht hat, muss den Clip *Stabi.mp4* in das Projektfenster integrieren und mittels Rechtsklick NEUE SEQUENZ AUS CLIP wählen. Diese Sequenz nennen wir fortan **Master-Sequenz**.

2 Zweiten Clip hinzufügen

Integrieren Sie nun auch bitte den Clip *Stabi_klein.avi* in das Projekt. Sollte es (z. B. am Mac) zu Problemen mit der Wiedergabe der AVI-Datei kommen, können Sie stattdessen auch *Stabi_klein.mov* verwenden. Die folgenden Schritte funktionieren mit beiden Dateien.

3 Effekt zuweisen

Ziehen Sie den Clip nun in eine übergeordnete Spur der Master-Sequenz, und weisen Sie ihm wie zuvor beschrieben den Effekt VERKRÜMMUNGSSTABILISIERUNG zu. Was folgt, ist die bereits bekannte Fehlermeldung. Werfen Sie einen Blick in die Effekteinstellungen. Der Effekt ist zwar zugewiesen worden, wird jedoch nicht ausgeführt. Dass hier irgendetwas nicht stimmt, weiß auch der Projektmonitor zu berichten.

◂ **Abbildung 7.31**
Der Clip kann nicht stabilisiert werden, da das Pixel-Seitenverhältnis nicht zur Sequenz passt.

4 Clip in Hilfssequenz stabilisieren

Nun geben wir uns damit natürlich nicht zufrieden; das wäre ja noch schöner. Abhilfe schafft folgender Zwischenschritt: Entfernen Sie den Clip zunächst wieder aus dem Schnittfenster. Danach klicken Sie mit rechts auf den Clip im Projektfenster und wählen im Kontextmenü NEUE SEQUENZ AUS CLIP. Weisen Sie dem Film im Schnittfenster die VERKRÜMMUNGSSTABILISIERUNG zu.

5 Sequenz integrieren

Wenn dieser Arbeitsgang beendet ist, wechseln Sie zu Ihrer Master-Sequenz **Stabi** und ziehen das Sequenz-Asset des zuvor stabilisierten Clips (wohl gemerkt: die Sequenz – nicht den Clip) als eigenständiges Asset in die Master-Sequenz. Das Sequenz-Asset erscheint übrigens jetzt als grüner Balken im Schnittfenster und nicht, wie bei Clips üblich, in Hellblau. Somit ist unser stabilisierter Film verschachtelt und läuft auch in der Hauptsequenz ruhig ab.

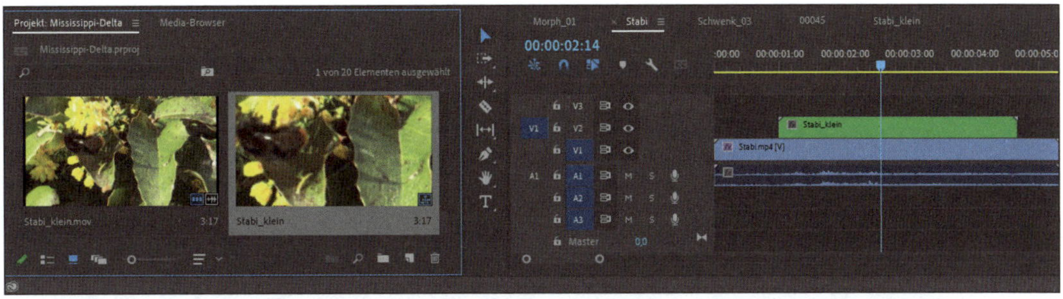

▲ **Abbildung 7.32** Ziehen Sie das Asset, das in der unteren rechten Ecke nur über ein Sequenz-Symbol verfügt, anstelle des Clips in das Schnittfenster. Wird es dort als grüner Balken dargestellt, haben Sie alles richtig gemacht.

An Ort und Stelle verschachteln funktioniert nicht

Nun könnte man durchaus auf die Idee kommen, die Verschachtelung des Clips (wie in Schritt 2 beschrieben) direkt an Ort und Stelle durchzuführen – nämlich in der Master-Sequenz. Immerhin kann der Clip dort mit rechts angeklickt werden, was wiederum die Anwahl von VERSCHACHTELN aus dem Kontextmenü zulässt. Die Verschachtelung funktioniert auch, doch leider führt diese Methode nicht zum Erfolg. Zum einen kann die Sequenz selbst nicht stabilisiert werden, sondern nur der Clip – und leider ist auch die Überlegung »Doppelklick auf dem Sequenz-Asset, um so an den Originalclip heranzukommen«, nicht zielführend. Der Grund: Die Sequenz hat nicht das benötigte Seitenformat. Um zum Erfolg zu gelangen, müssen Sie den in Schritt 4 beschriebenen Umweg machen.

7.5 Keyframes – Effekte animieren

Jetzt kommen erstmals die sogenannten *Keyframes* ins Spiel. Mit Keyframes (also mit **Schlüsselbildern**) steuern Sie nämlich (u. a.) den zeitlichen Ablauf eines zugewiesenen Effekts. Sie können dadurch bestimmen, ab welchem Zeitpunkt beispielsweise eine Skalierung beginnt und wann der zugewiesene Effekt zu sehen sein soll. Dazu wollen wir zunächst einen Bild-in-Bild-Effekt realisieren. Eigentlich könnte das doch gleich in Form eines Workshops geschehen, was meinen Sie?

Schritt für Schritt: Bild-in-Bild-Effekt erzeugen

Sie kennen es aus zahlreichen Nachrichtensendungen: Ein Bild verkleinert sich und wird zeitgleich in eine Ecke verschoben, während darunter der Moderator erscheint.

1 Projekt vorbereiten

Importieren Sie die Dateien *Perlen_Flamme.avi* und *Perlen_Kommentar.avi* aus dem Ordner *07*. Erzeugen Sie mithilfe des zuletzt genannten eine NEUE SEQUENZ AUS CLIP. Wer auch mal einen anderen Weg probieren möchte, kann den Clip auch auf das Blatt-Symbol NEUES OBJEKT ziehen. Den anderen Clip platzieren Sie eine Spur höher, wobei Sie beide Clips am Sequenz-Nullpunkt beginnen lassen.

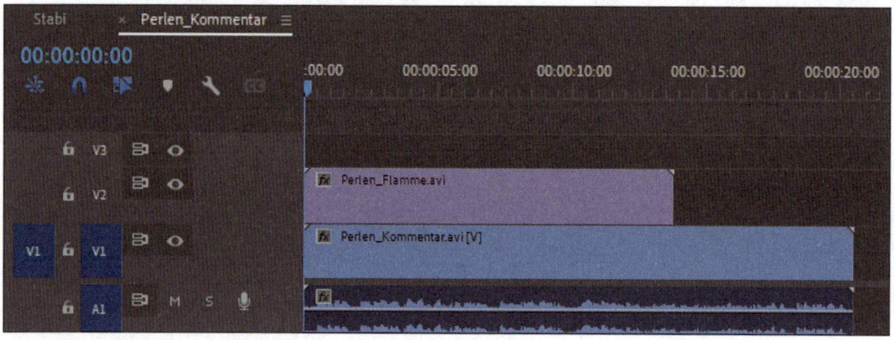

▲ **Abbildung 7.33** Der AV-Clip liegt in Spur 1, während der reine Videoclip in Spur V2 Platz findet.

2 Einfügemarke positionieren

Der obere Clip verdeckt selbstverständlich den unteren. Um Letzteren nach einer gewissen Zeit sichtbar zu machen, soll der obere Clip mit Keyframes versehen werden. Bringen Sie die Einfügemarke dazu an Position 00:00:04:14.

3 Erste Animation aktivieren

Ab dieser Position soll der in Spur V2 befindliche Clip kontinuierlich verkleinert werden. Stellen Sie sicher, dass *Perlen_Flamme.avi* jetzt im Schnittfenster markiert ist, und klicken Sie in den EFFEKTEINSTELLUNGEN im Bereich BEWEGUNG auf das Stoppuhr-Symbol vor SKALIEREN ①. Damit schalten Sie die Animationen ein. Werfen Sie einen Blick auf die Schnittfenster-Ansicht rechts in den EFFEKTEINSTELLUNGEN. Falls sie verschlossen ist, klicken Sie einmal kurz auf SCHNITTFENSTER ANZEIGEN/AUSBLENDEN ②. An der aktuellen Position der Einfügemarke wurde soeben ein Keyframe eingefügt ③.

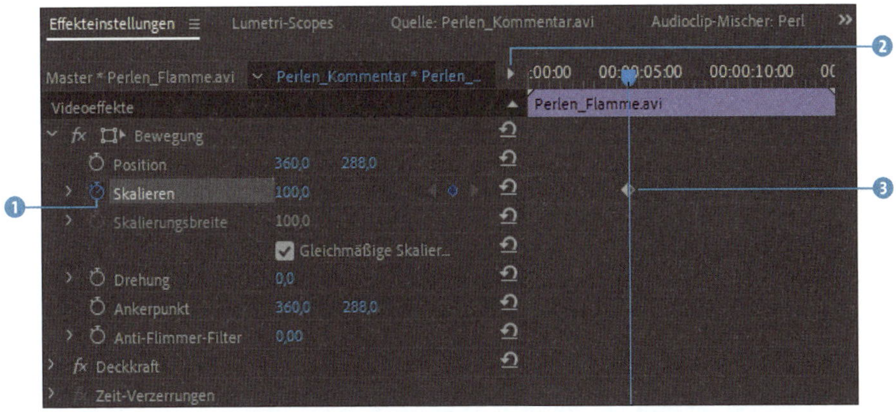

▲ **Abbildung 7.34** Der Clip soll ab dieser Position kontinuierlich verkleinert werden.

Animationsparameter

Bedenken Sie, dass sich Änderungen der Parameter grundsätzlich auf den gesamten Clip beziehen, sofern die Animation noch nicht aktiviert wurde. Sobald Sie jedoch das Stoppuhr-Symbol aktiviert haben, beziehen sich die Modifikationen auf die aktuelle Position der Einfügemarke und werden auch erst ab dieser Position wirksam. Im weiteren Verlauf des Workshops werden Sie das noch anschaulich nachvollziehen können.

4 Zweite Animation aktivieren

Genau an dieser Stelle soll aber gleichzeitig damit begonnen werden, den oberen Videoclip zu verschieben. Aktivieren Sie deshalb auch das Stoppuhr-Symbol ANIMATION AKTIVIEREN/DEAKTIVIEREN vor POSITION.

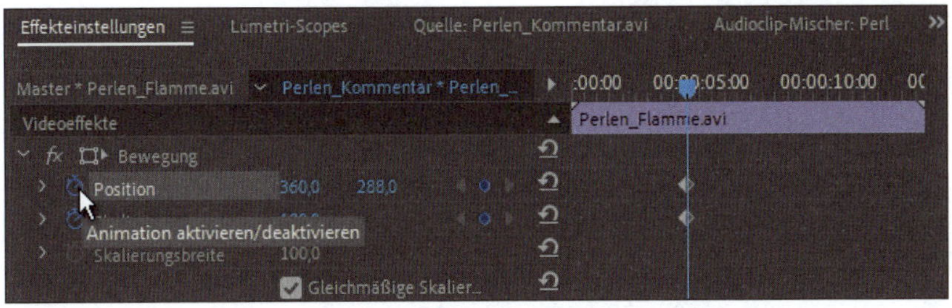

▲ **Abbildung 7.35** Eine weitere Schlüsselbildraute ist hinzugefügt worden – diesmal in der Zeile POSITION.

5 Sichere Ränder einschalten

Haben Sie sich schon mit dem Thema **Overscan** vertraut gemacht (siehe Kapitel 17, »Fachkunde«)? Dann wissen Sie ja bereits, dass auf einem TV-Monitor nicht das gesamte Bild sichtbar ist. Für die bevorstehende Verschiebe-Aktion ist es daher hilfreich, wenn Sie der Programmmonitor-Steuerung mittels Schaltflächeneditor den Schalter SICHERE BEREICHE hinzufügen und diesen anschließend aktivieren. Im nächsten Schritt können Sie sich dann nämlich prima am inneren Rechteck orientieren – gewissermaßen als Positionierungshilfe.

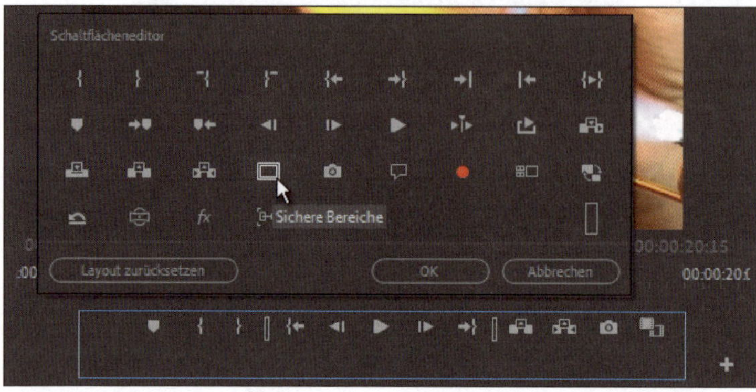

▲ **Abbildung 7.36** Fügen Sie den Button SICHERE BEREICHE hinzu.

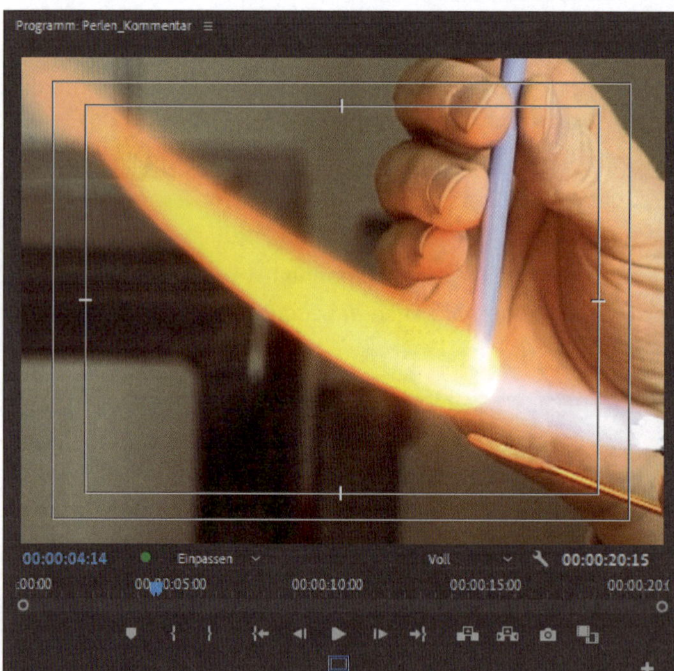

▲ **Abbildung 7.37** Lassen Sie sich die sicheren Bereiche anzeigen.

6 Einfügemarke exakt positionieren

Bringen Sie nun die Einfügemarke im Schnittfenster (dieses sollte dazu ausgewählt sein) exakt zwei Sekunden weiter nach rechts. Hier können Sie sich übrigens eine löbliche Eigenschaft Ihrer Software zunutze machen. Sie kann nämlich rechnen! Geben Sie deshalb den Timecode »+200« ein. Sollten Sie das über den Nummernblock machen wollen, denken Sie daran, sämtliche Clips im Schnittfenster vorab zu deaktivieren, da Sie ansonsten nicht die Einfügemarke, sondern das markierte Asset entsprechend verschieben würden. Alternativ machen Sie die Einstellung bei ausgewähltem Programmmonitor-Bedienfeld. Und bitte benutzen Sie zur Bestätigung der Eingabe nicht [↵] auf dem Zeichenblock, sondern nur auf dem Nummernblock. Anderenfalls starten Sie einen Rendervorgang.

7 Position und Skalierung verändern

Damit befinden Sie sich genau an der Stelle, an der sowohl die POSITION als auch die SKALIERUNG beendet sein sollen (00:00:06:14). Aktivieren Sie den obersten Clip im Schnittfenster, und klicken Sie einmal kurz auf das Hot-Text-Steuerelement SKALIEREN innerhalb der EFFEKTEINSTELLUNGEN, damit dieses markiert wird. Geben Sie »40« ein. Bestätigen Sie das mit [↵]. Sie sehen, dass rechts erneut ein Keyframe hinzugefügt wurde.

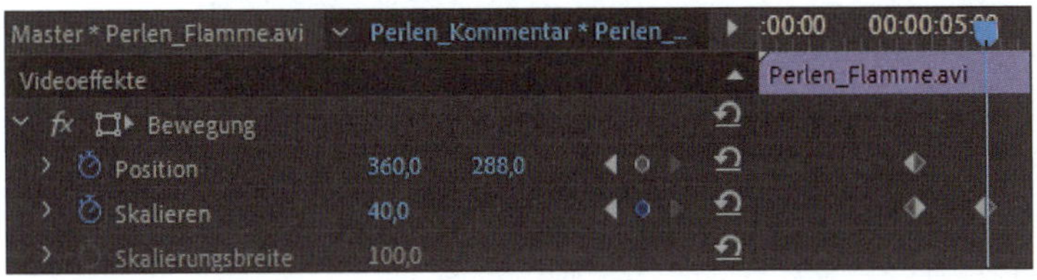

◂ **Abbildung 7.38**
Ein weiterer Keyframe wurde hinzugefügt.

Widmen Sie sich jetzt den Positionssteuerelementen, und sorgen Sie dafür, dass das Video unten rechts im inneren Rahmen der sicheren Ränder sitzt ❶ (Abbildung 7.40). Um dies zu erreichen, müsste die X-Position mit etwa 500 und die Y-Position mit etwa 400 festgelegt werden ❶. Premiere Pro erlaubt übrigens den Sprung von einem Eingabefeld ins nächste. Gehen Sie also so vor, dass Sie zunächst den linken der beiden Werte anklicken, dort »500« eingeben, dann [⇆] drücken, im zweiten Feld »400« eintippen und das Ganze mit [↵] beenden.

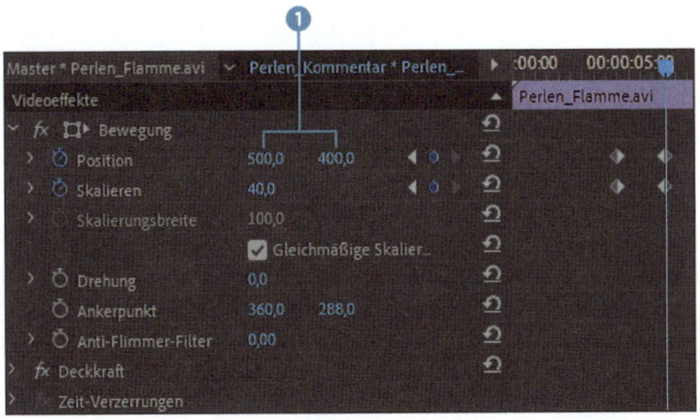

◂ **Abbildung 7.39**
Die Position ist verändert worden.

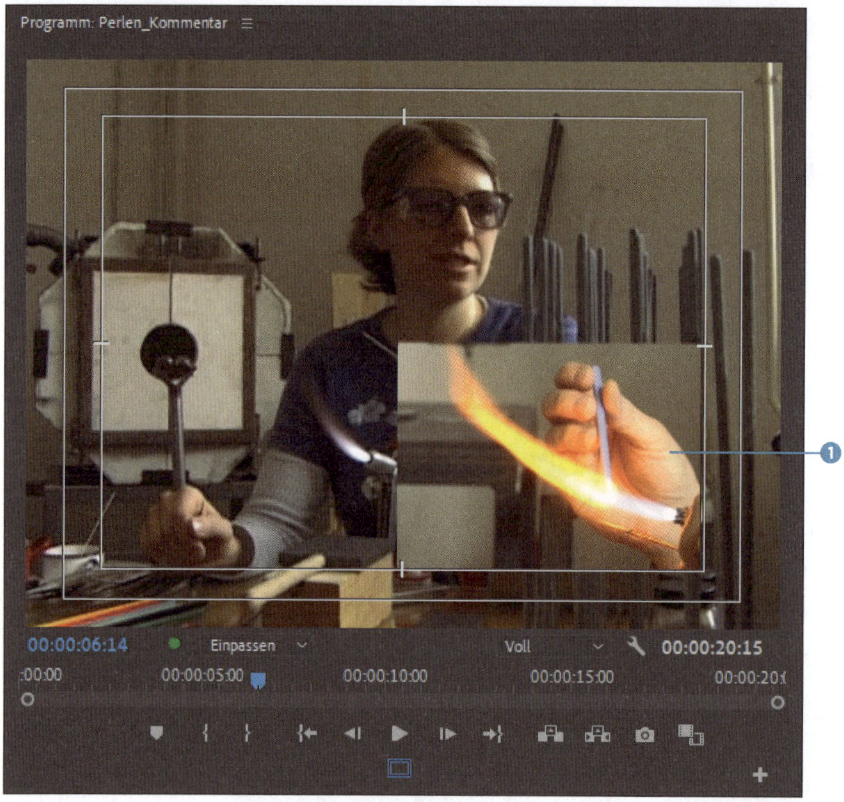

▲ **Abbildung 7.40** Das Video soll im inneren Rahmen der sicheren Ränder sitzen.

In Sachen Positionierung und Skalierung ist jetzt bereits alles erledigt. Schauen Sie sich das Video an ([Pos1], gefolgt von einem Druck auf die Leertaste). Im nächsten Workshop sollten Sie allerdings noch dafür sorgen, dass der Clip am Schluss sanft ausgeblendet wird. Schalten Sie die sicheren Bereiche wieder aus, wenn sie stören.

Schritt für Schritt: Clip-Deckkraft reduzieren und animieren

Was im vorangegangenen Workshop begonnen worden ist, wird nun zu Ende gebracht. In diesem Abschnitt arbeiten wir mit der keyframe-gesteuerten Deckkraftveränderung. Am Ende erfahren Sie noch, wie sich Keyframes verschieben lassen.

1 Nun die Einfügemarke am Clip-Ende positionieren

Sorgen Sie dafür, dass der Spurkopf V2 im Schnittfenster aktiv ist (einmal darauf klicken, sofern dieser nicht bereits farbig markiert ist), und betätigen Sie einmal [Pos1], gefolgt von [↓]. Dies bewirkt, dass der Spurkopf am Clip-Ende des Videos in Spur 2 positioniert wird.

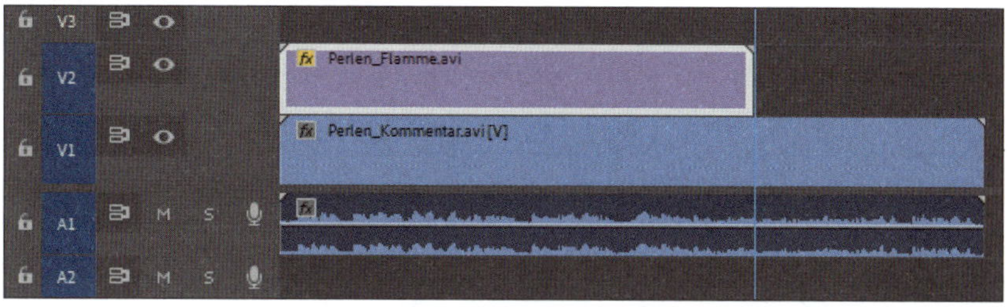

▲ **Abbildung 7.41** Die Einfügemarke befindet sich am Ende des oberen Clips. Spur V2 ist aktiviert.

2 Deckkraft beider Clips herabsetzen

Kontrollieren Sie, ob der obere Clip noch markiert ist, was noch der Fall sein dürfte und zudem erforderlich ist, um ihn weiter bearbeiten zu können. Sie werden zunächst dessen Deckkraft komplett reduzieren. Öffnen Sie dazu die Liste DECKKRAFT ❷ im Bedienfeld EFFEKTEINSTELLUNGEN, und setzen Sie diese auf 0% ❸.

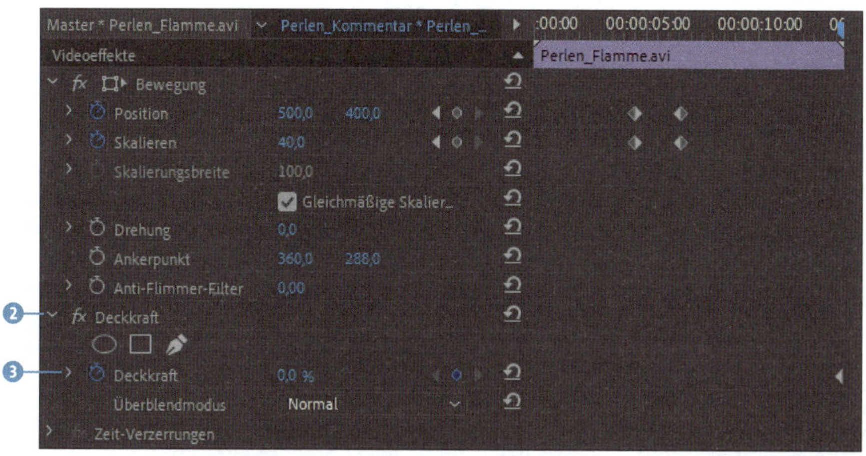

▲ **Abbildung 7.42** Verändern Sie die Deckkraft.

Sie müssen sich hier im Übrigen nicht um die vorangestellte Stoppuhr kümmern, da dies von Premiere Pro automatisch erfolgt. Aktivieren Sie jetzt noch den Film in Spur V1, und setzen Sie auch hier die Deckkraft auf 0%.

3 Deckkraft erhöhen

Jetzt müssen Sie festlegen, bis zu welchem Punkt die volle Deckkraft noch vorhanden sein soll; und zwar wollen wir die Einfügemarke dazu genau zwei Sekunden zurückstellen (Sie arbeiten jetzt also gewissermaßen rückwärts). Geben Sie deshalb über eines der Timecode-Steuerelemente »–200« ein. Die Einfügemarke rückt dann entsprechend nach links, wobei die Position 00:00:11:21 gefunden werden sollte. Hier verändern Sie jetzt die Deckkraft auf die zuvor beschriebene Weise, wobei Sie beiden Clips diesmal allerdings 100% DECKKRAFT zuteilen.

4 Deckkraftreduzierung im Schnittfenster ansehen

Werfen Sie einen Blick auf Ihr Schnittfenster. Wenn Sie mögen, öffnen Sie die Spuren durch Klick auf den Schraubenschlüssel im Schnittfenster ❶, gefolgt von ALLE SPUREN ERWEITERN. Danach betätigen Sie den Schraubenschlüssel abermals und klicken auf VIDEO-KEYFRAMES ANZEIGEN.

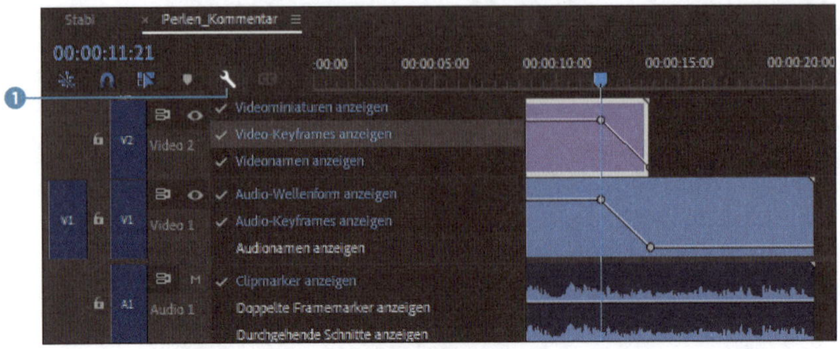

▲ **Abbildung 7.43** Mit dieser Einstellung werden Keyframes auch auf den Clips innerhalb der Timeline angezeigt.

Anhand der Linien, die sich über die Clips erstrecken, lässt sich die Deckkraftreduzierung prima ausmachen. Ist die Linie oben, bedeutet das: 100 % Deckkraft. Ist die Linie unten, haben wir es mit 0 % Deckkraft zu tun – doch dazu später mehr. Im Moment soll Ihnen die Anzeige lediglich dazu dienen, Ihr Zwischenergebnis mit der Abbildung im Buch zu vergleichen. Um das Ganze besser beurteilen zu können, empfiehlt es sich, beide Clips abzuwählen.

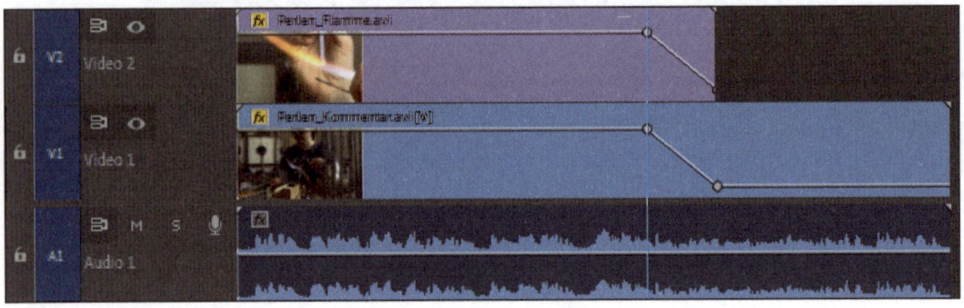

▲ **Abbildung 7.44** So sollte Ihr Projekt jetzt auch aussehen.

5 Keyframes verschieben

Wenn Sie sich den Film jetzt ansehen, werden Sie feststellen, dass beide Clips im gleichen Moment ausgeblendet werden. Das ist ja nur zu verständlich, denn immerhin sind die Keyframes ja auch jeweils deckungsgleich erzeugt worden. Das wollen wir jedoch so nicht hinnehmen. Der untere Clip soll etwas länger zu sehen sein. Das lässt sich sowohl im Schnittfenster als auch im Bedienfeld EFFEKTEINSTELLUNGEN realisieren. Dazu klicken Sie den rechten Keyframe des markierten Clips *Perlen_Kommentar.avi* an (im

Fenster EFFEKTEINSTELLUNGEN stellen sich die Keyframes als Rauten dar, während sie im Schnittfenster als Punkte bzw. Sechsecke erscheinen). Halten Sie [⇧] gedrückt, und klicken Sie auch auf den linken Keyframe. Damit haben Sie erreicht, dass beide Schlüsselbilder ausgewählt sind (blau markiert). Klicken Sie nun noch einmal auf das rechte Schlüsselbild, lassen Sie die Maustaste nicht mehr los, und ziehen Sie die Raute so weit nach rechts, dass beide im rechten Teil des Fensters EFFEKTEINSTELLUNGEN gerade eben noch sichtbar sind. Wer lieber im Schnittfenster arbeitet, zieht bis an das rechte Ende des Clips. Der rechte Punkt wandert dabei übrigens brav mit (er ist ja ebenfalls markiert), wobei der Abstand zueinander nicht verändert wird.

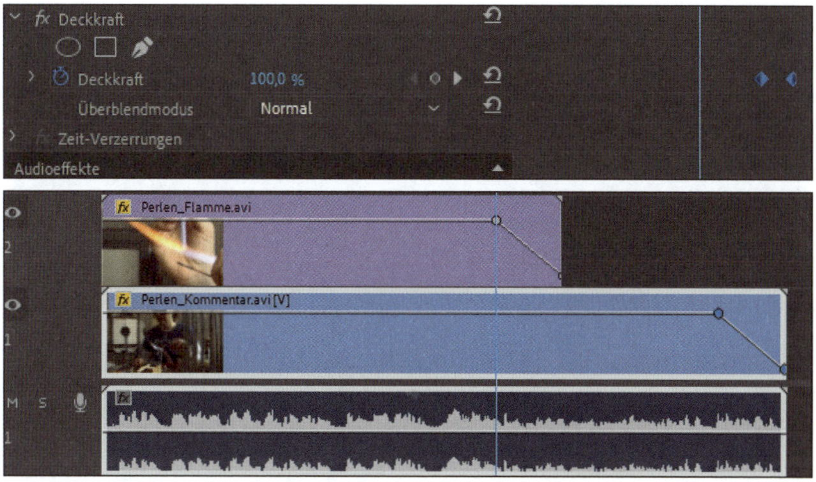

▲ **Abbildung 7.45** Ob Sie in den Effekteinstellungen (oben) oder im Schnittfenster (unten) arbeiten, spielt keine Rolle. Beide Bereiche verhalten sich synchron zueinander.

Positionieren Sie Keyframes (die sogenannten Schlüsselbilder) immer dort, wo eine prägnante Änderung der Clip-Attribute eintreten soll. Wenn Sie also eine Bewegung erzeugen wollen, benötigen Sie mindestens zwei Keyframes. Den ersten setzen Sie an die Stelle, an der die Bewegung beginnen soll, während der zweite am Ende der Bewegung platziert wird. Die Bilder dazwischen erzeugt Premiere Pro für Sie.

7.5.1 Keyframes verschieben

Die Keyframes haben Sie ja ebenfalls bereits verschoben. Bei einer solchen Aktion ist grundsätzlich entscheidend, welche Keyframes markiert sind. Nach dem Verschieben sollten Sie zudem einen freien Bereich des Schnittfensters oder des Fensters EFFEKTEINSTELLUNGEN anwählen, damit die ausgewählten Keyframes wieder abgewählt werden. Beim Verschieben einzelner Schlüsselbilder können Sie sich das vorherige Markieren im Übrigen sparen. Klicken Sie die Raute ganz einfach an, und ziehen Sie das Schlüsselbild an die gewünschte Position. Das selektierte Schlüsselbild wählen Sie auch in diesem Fall wieder ab, indem Sie auf eine freie Stelle außerhalb der Keyframes klicken.

Übrigens ist das gleichzeitige Verschieben von Keyframes auch funktionsübergreifend möglich. Es ist also beispielsweise durchaus legitim, die Schlüsselbilder für POSITION und SKALIEREN gemeinsam zu markieren. Und wenn Sie einmal mehrere Keyframes in nur einem Arbeitsgang auswählen wollen, erreichen Sie das, indem Sie den Mauszeiger außerhalb der Keyframes ansetzen und einen Rahmen aufziehen, der alle gewünschten Schlüsselbilder einfasst. Wenn Sie anschließend auf einen der Keyframes klicken und die Maustaste gedrückt halten, können Sie alle markierten Frames gleichzeitig verschieben.

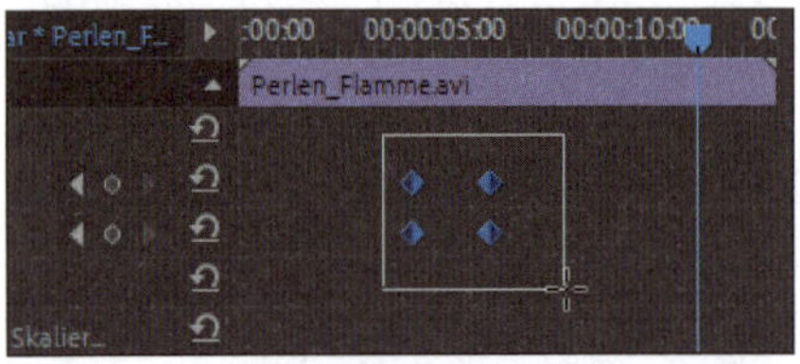

◂ **Abbildung 7.46**
Mithilfe eines aufgezogenen Rahmens lassen sich mehrere Keyframes gleichzeitig markieren.

Keyframes löschen

Zum Entfernen eines Keyframes markieren Sie ihn und drücken [Entf] bzw. [←]. Alternativ dazu können Sie das Kontextmenü öffnen und hier den Eintrag LÖSCHEN wählen.

7.5.2 Zu Keyframes springen

In den Spalten der EFFEKTEINSTELLUNGEN befinden sich weitere Steuerelemente, mit denen es möglich ist, Keyframes zu setzen, sie wieder zu entfernen oder den nächsten bzw. vorhergehenden anzuspringen:

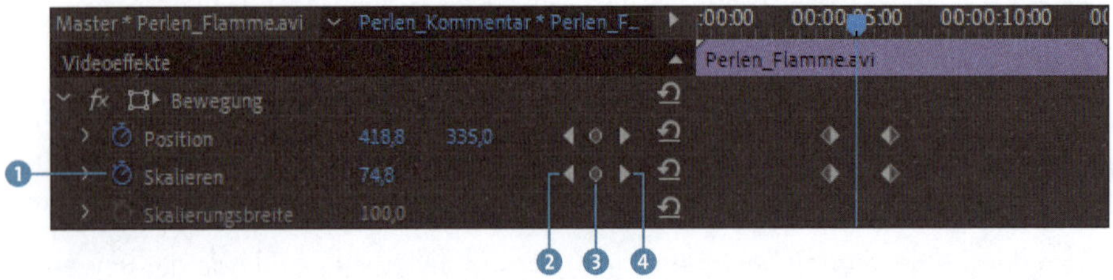

▴ **Abbildung 7.47** Nutzen Sie die Keyframe-Optionen in den EFFEKTEINSTELLUNGEN.

1. ANIMATION AKTIVIEREN/DEAKTIVIEREN – schaltet die Animation ein. Betätigen Sie die Schaltfläche bei aktiver Animation, werden (nach entsprechender Kontrollabfrage) sämtliche Keyframes dieser Zeile gelöscht.
2. ZUM VORHERIGEN KEYFRAME GEHEN – sucht von der Einfügemarke ausgehend das zurückliegende Schlüsselbild auf. Diese Funktion steht nur dann zur Verfügung, wenn vor der Einfügemarke noch ein Keyframe vorhanden ist.
3. KEYFRAME HINZUFÜGEN/ENTFERNEN – fügt an der aktuellen Position der Einfügemarke einen Keyframe ein, sofern dort noch keiner vorhanden ist. Befindet sich die Einfügemarke auf einem Keyframe, wird dieser hingegen gelöscht.

❹ Zum nächsten Keyframe gehen – sucht von der Einfügemarke ausgehend den nächsten Keyframe auf. Diese Funktion steht nur dann zur Verfügung, wenn hinter der Einfügemarke noch ein Keyframe vorhanden ist.

Position beachten

Achten Sie in diesem Zusammenhang auf die Position des Abspielkopfes. Sollte sich beispielsweise rechts neben dessen Position kein Keyframe mehr befinden, ist die Funktion Zum nächsten Keyframe gehen auch nicht anwählbar.

7.5.3 Keyframes kopieren

Mitunter werden identische Keyframes mehrfach benötigt. Diese können Sie ganz einfach (nachdem sie markiert wurden) mit [Strg]/[⌘]+[C] in die Zwischenablage befördern. Bringen Sie anschließend die Einfügemarke an die gewünschte Stelle, und betätigen Sie [Strg]/[⌘]+[V], was zur Folge hat, dass die Keyframe-Kopien dort eingefügt werden. Das Gleiche ist übrigens mithilfe der Einträge Kopieren und Einfügen aus dem Kontextmenü möglich, wenn Sie dieses auf einem Keyframe öffnen.

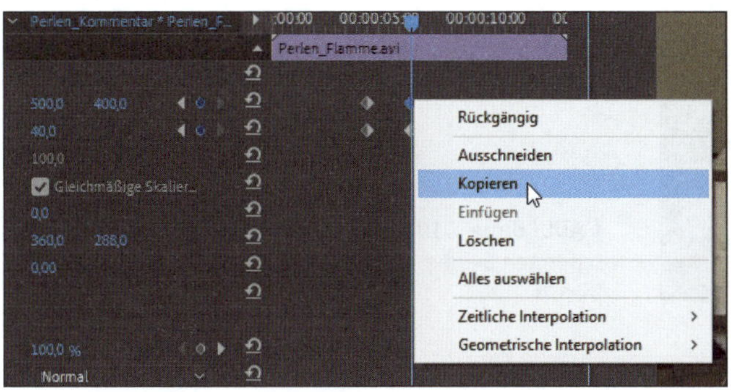

◂ **Abbildung 7.48**
Das Kontextmenü gestattet ebenfalls das Kopieren und Einfügen von Keyframes.

Keyframes auf andere Clips übertragen | Stellen Sie sich vor, Sie arbeiten mit einem recht umfangreichen Projekt und wollen einen soeben erzeugten Effekt an zahlreichen anderen Stellen mit denselben Parametern wiederholen. Dann wäre es ja nicht gerade prickelnd, wenn Sie die Keyframes für jeden relevanten Clip erneut erzeugen und anschließend einstellen müssten.

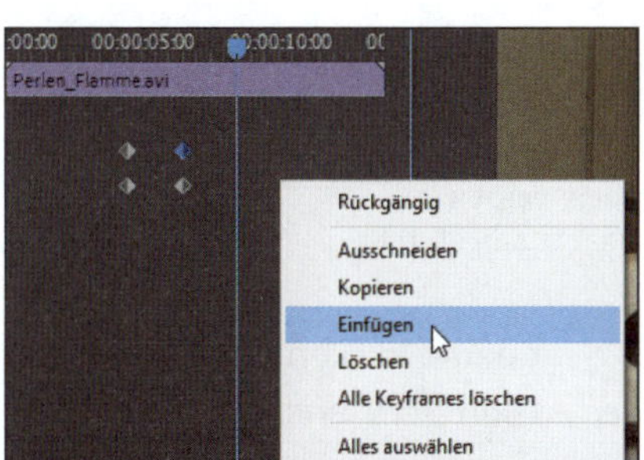

◂ **Abbildung 7.49**
Mithilfe der Zwischenablage lassen sich ganze Bewegungsabläufe auf andere Clips übertragen.

In diesem Fall ist es sinnvoll, die Bewegungsparameter zu kopieren. Klicken Sie dazu auf die entsprechende Zeile (z. B. BEWEGUNG oder DECKKRAFT), und kopieren Sie sämtliche dazugehörigen Keyframe-Attribute auf die zuvor beschriebene Weise (Kontextmenü oder Tastenkombination). Das geht natürlich auch mit mehreren Zeilen. Dazu müssen Sie dann allerdings [Strg]/[⌘] gedrückt halten. So ist es beispielsweise möglich, die BEWEGUNG und die ZEIT-VERZERRUNGEN zu kopieren und dabei die DECKKRAFT außen vor zu lassen. Anschließend markieren Sie den nächsten Clip im Schnittfenster und fügen die Attribute ein – fertig ist die Parameterkopie.

7.5.4 Keyframe-Vorgaben speichern

Noch interessanter ist die Möglichkeit, derartige Parameter dauerhaft als Vorgabe zu sichern. Klicken Sie auch hier die Zeile wieder mit rechts an, und entscheiden Sie sich für den Eintrag VORGABE SPEICHERN. Im folgenden Dialog können Sie u.a. einen Namen vergeben sowie eine aussagekräftige Beschreibung festlegen.

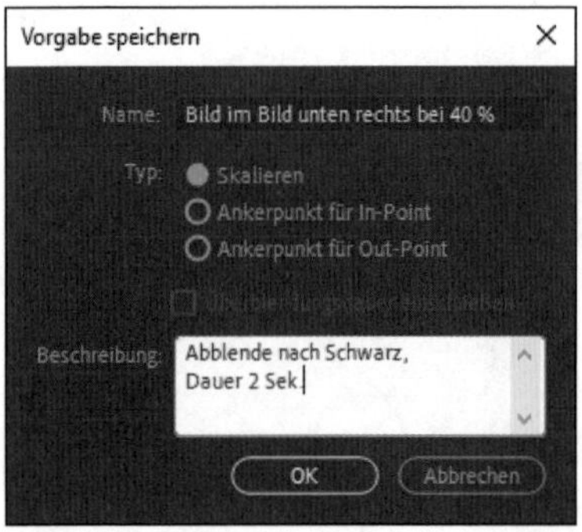

◂ **Abbildung 7.50**
Benennen Sie die Vorgabe entsprechend.

Wenn Sie jetzt auf das Effekte-Bedienfeld wechseln und den obersten Ordner VORGABEN öffnen, werden Sie die gespeicherten Attribute wiederfinden. Zeigen Sie auf den Eintrag, um sich die Beschreibung in Form einer QuickInfo anzeigen zu lassen. Wenn Sie diese Vorgaben nun auf andere Clips übertragen wollen, geschieht das wieder per Drag & Drop. Einfach die Vorgabe auf den Clip ziehen – fertig.

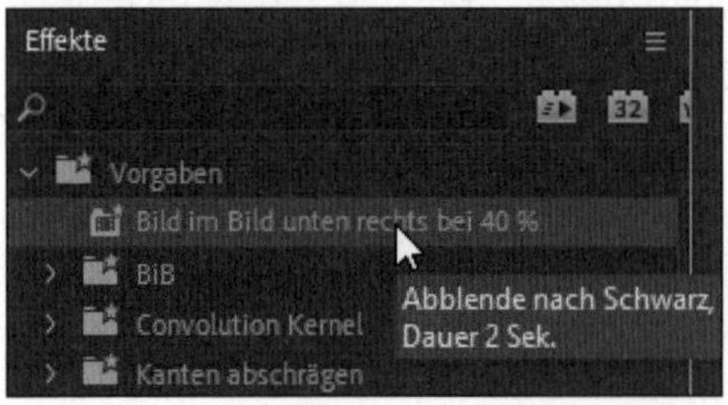

◂ **Abbildung 7.51**
Hier geht nichts verloren: Die Vorgaben werden im Fenster EFFEKTE aufgelistet.

Wollen Sie die Vorgabe wieder löschen, markieren Sie sie und klicken unten rechts im Effekte-Bedienfeld auf das Papierkorb-Symbol. Der Aktion wird noch eine Kontrollabfrage nachgeschaltet.

7.5.5 Effekte auf mehrere Clips anwenden

Es ist möglich, mehreren im Schnittfenster markierten Clips in einem Arbeitsgang die gleichen Effekte zuzuweisen. Das Effekteinstellungen-Bedienfeld bleibt zwar leer, sobald Sie mehr als einen Clip markieren, die Effekte werden aber dennoch zugewiesen. Und so geht's: Wenden Sie einen beliebigen Effekt auf einen der im Schnittfenster befindlichen Clips an. Anschließend gehen Sie in das Bedienfeld EFFEKTEINSTELLUNGEN und kopieren die betreffende Zeile, wie zuvor beschrieben. Danach markieren Sie alle anderen Clips und weisen den Effekt mit Strg/⌘+V zu.

Natürlich können Sie auch den herkömmlichen Weg gehen und eine Effektvorgabe erzeugen. Danach lässt sich diese auf mehrere Clips gleichzeitig anwenden. Und das machen Sie so: Legen Sie zunächst eine Vorgabe an, und markieren Sie im Schnittfenster alle Clips, die mit dieser Effektvorgabe versehen werden sollen. Jetzt ziehen Sie die Vorgabe aus dem Vorgabenordner heraus und lassen sie auf einem der markierten Clips los. Die anderen Clips werden jetzt ebenfalls mit den Einstellungen bedacht.

7.5.6 Effekte per Einstellungsebenen anwenden

Wer sich mit Adobe After Effects oder Photoshop auskennt, gerät bestimmt ins Schwärmen, wenn er das Wort *Einstellungsebene* hört. Damit lassen sich nämlich ebenfalls mehrere Clips, Spuren und sogar ganze Sequenzen in nur einer einzigen Aktion überarbeiten. Der unschlagbare Vorteil im Vergleich zur vorangegangenen Methode: Sie können die Einstellungen jederzeit mit wenigen Mausklicks neu anpassen oder optimieren. Würden Sie die Effekte über die Zwischenablage zuweisen, müssten im Falle einer Änderung alle Einstellungen einzeln ausgetauscht werden.

Schritt für Schritt: Einstellungsebenen verwenden

Dieser kleine Workshop zeigt Ihnen, wie sich ein Effekt mittels Einstellungsebene auf zahlreiche Clips (auch in unterschiedlichen Spuren) anwenden lässt.

1 Projekt vorbereiten

Importieren Sie wahllos einige Clips in das Projektfenster. Markieren Sie diese alle, und klicken Sie eines der markierten Assets mit rechts an. Entscheiden Sie sich für NEUE SEQUENZ AUS CLIP innerhalb des Kontextmenüs.

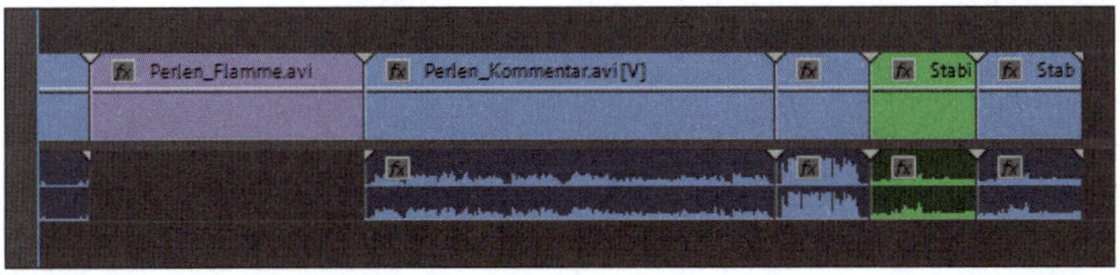

▲ **Abbildung 7.52** Die zuvor markierten Clips befinden sich nun in einer neuen Sequenz.

2 Einstellungsebene erzeugen

Gehen Sie ins Projektfenster, und klicken Sie unten rechts auf das kleine Blatt-Symbol Neues Objekt. Wählen Sie aus dem Kontextmenü Einstellungsebene aus (alternativ lässt sich dies auch über das Menü Datei • Neu • Einstellungsebene bewerkstelligen). Standardmäßig werden Ihnen bereits die korrekten Videoeinstellungen angeboten, sodass Sie gleich auf OK klicken können.

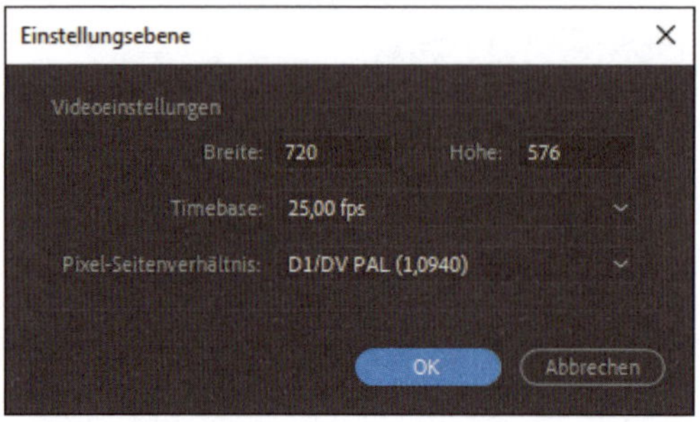

◂ **Abbildung 7.53**
Hier muss in der Regel nichts geändert werden. Die Einstellungen stimmen mit den Projekteinstellungen überein.

3 Einstellungsebene hinzufügen

Im Projektfenster taucht jetzt ein neues Asset auf, das mit Einstellungsebene betitelt ist. Ziehen Sie es in die Spur V2. Danach strecken Sie die Ebene so weit, dass sie mit dem Ende des letzten Clips aufhört.

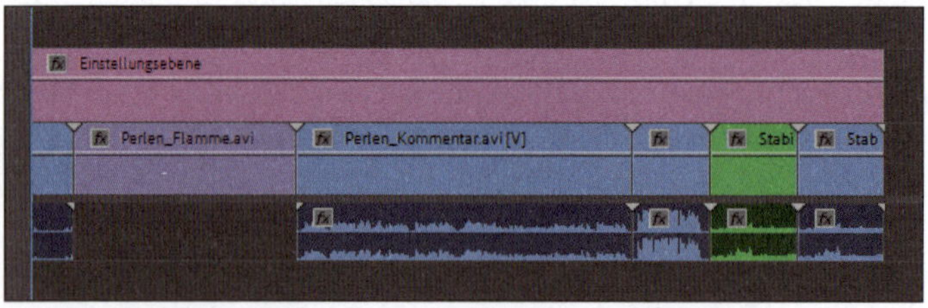

▴ **Abbildung 7.54** Die Einstellungsebene soll so lang sein, dass sie bis an das Ende des letzten Clips heranreicht.

4 Effekt zuweisen

Zuletzt setzen Sie einen Mausklick auf die Einstellungsebene im Schnittfenster. Gehen Sie nun in das Bedienfeld Effekte, und halten Sie nach Schwarz & Weiss Ausschau. Sobald Sie den Effekt gefunden haben, weisen Sie diesen der Einstellungsebene mit einem Doppelklick zu. Lassen Sie die Sequenz ablaufen, werden Sie feststellen, dass mit einem Atemzug sämtliche Clips nun schwarzweiß sind.

5 Clips ausschließen

Es gibt eine Möglichkeit, einzelne Clips auszuschließen. Nehmen Sie einmal einen Clip aus Spur V1 nach oben (ziehen Sie ihn also über die Einstellungsebene), werden Sie feststellen, dass dieser Clip nun nicht mehr von der Veränderung betroffen ist.

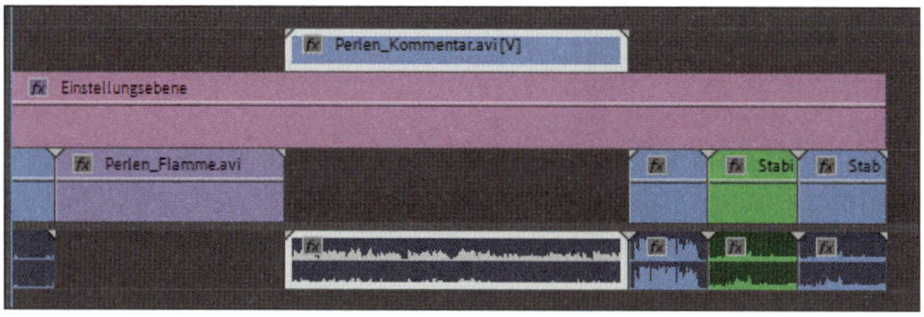

▲ **Abbildung 7.55** Der oberhalb der Einstellungsebene befindliche Clip bleibt farbig.

6 Einstellungen optimieren

Nun könnten Sie die Einstellungen weiter anpassen, indem Sie die Einstellungsebene im Schnittfenster markieren und im Bedienfeld EFFEKTEINSTELLUNGEN weitere Anpassungen vornehmen. Diese wirken sich dann grundsätzlich auf alle Clips aus, die sich unterhalb der Einstellungsebene befinden. Darüber hinaus lässt sich die Einstellungsebene genauso behandeln wie jeder herkömmliche Videoclip. Sie verfügt ebenfalls über fixierte Videoeffekte und lässt sich sogar schneiden, kürzen, duplizieren und verschieben – wie ein normaler Clip. Und das Allerbeste: Wenn Sie sich mit Photoshop auskennen, werden Sie die unterschiedlichen *Mischmodi* (ehemals *Füllmethoden*) zu schätzen wissen, die auch hier eingesetzt werden können. Allerdings heißen diese in Premiere Pro *Überblendmodi* und sind in den fixierten Effekten unter DECKKRAFT zu finden (weitere Hinweise dazu finden Sie in Abschnitt 7.8, »Überblendmodi«). Eine wirklich interessante Option.

7.5.7 Keyframe-Pfade ändern

Sie haben bereits erfahren, dass Sie einen Clip im wahrsten Sinne des Wortes über den Bildschirm »fliegen« lassen können. Was aber, wenn das Ganze nicht schnurgerade, sondern vielleicht in einer Kurvenlinie erfolgen soll?

Schritt für Schritt: Bewegungspfade ändern

Wie Sie die Bewegungsrichtung von Objekten mithilfe von Keyframe-Attributen ändern können, zeigt Ihnen dieser Workshop.

1 Projekt vorbereiten

Als Grundlage gehen wir noch einmal auf das Ergebnis des vorletzten Workshops zurück. Sollten Sie ihn nicht gemacht haben, versehen Sie das obere Video mit einem Bild-in-Bild-Effekt (40 % Größe des oberen Clips).

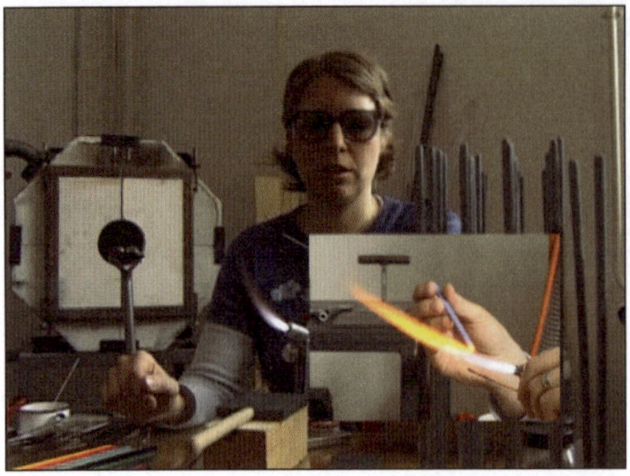

◂ **Abbildung 7.56**
Das obere Video soll kleiner sein und etwas weiter unten rechts positioniert werden.

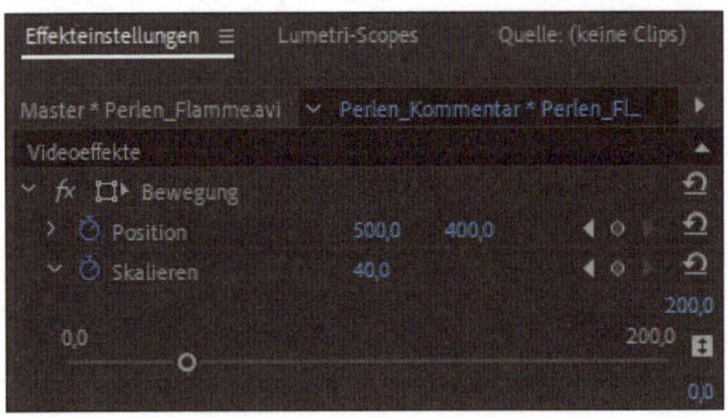

◂ **Abbildung 7.57**
Die Größe des oberen Videos beträgt 40 %.

2 Einfügemarke platzieren

Markieren Sie den verkleinerten Clip, der sich in der übergeordneten Videospur befindet. Öffnen Sie danach die Registerkarte Effekteinstellungen, und stellen Sie die Einfügemarke auf den letzten Positions-Keyframe. Das erreichen Sie, indem Sie in der Zeile Position oder Skalierung die Tasten Zum vorherigen Keyframe gehen bzw. Zum nächsten Keyframe gehen benutzen.

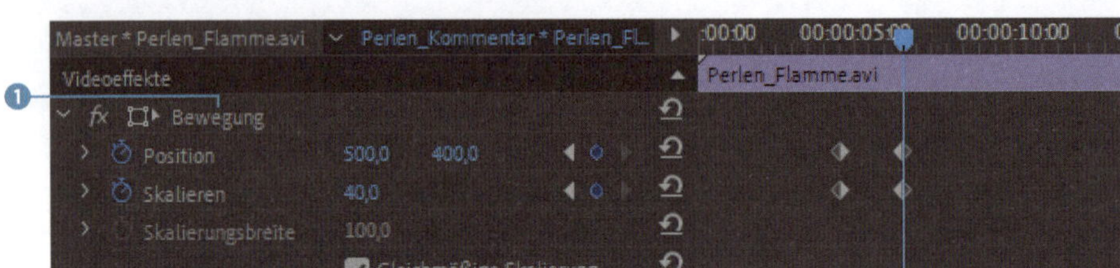

▴ **Abbildung 7.58** Suchen Sie diese Position aus.

3 Bewegungspfad aktivieren

Klicken Sie anschließend auf die Zeile Bewegung ❶. Alternativ dazu können Sie auch einen Doppelklick auf den kleinen Clip innerhalb des Programmmonitors setzen. Was Sie jetzt in Form einer gepunkteten Linie ❸ sehen, entspricht genau dem Pfad, auf dem das Video entlangläuft. Der Kreis in der Mitte dieses Clips ❹ symbolisiert die Position des letzten Keyframes (auf dem Sie sich gerade befinden), während das kleine Kreuz ❷ den Startpunkt der Animation wiedergibt.

◂ **Abbildung 7.59**
Wenn die Zeile BEWEGUNG aktiv ist, wird im Programmmonitor nicht nur der Clip umrahmt, sondern auch dessen Bewegungspfad angezeigt.

4 Ansicht vergrößern

Falls Ihnen die aktuelle Ansicht zu klein ist, rücken Sie doch die Arbeitsfläche dahingehend zurecht, dass Sie dem Programmmonitor mehr Platz einräumen. Unterhalb des Videobildes können Sie noch auf den Eintrag EINPASSEN klicken und dort einen Vergrößerungswert festlegen ❼; 100–200 % dürfen es schon sein. Daraufhin werden rechts und unten Scrollleisten zugänglich, mit deren Hilfe Sie den verkleinerten Videoclip in die Mitte des Ausschnitts rücken können.

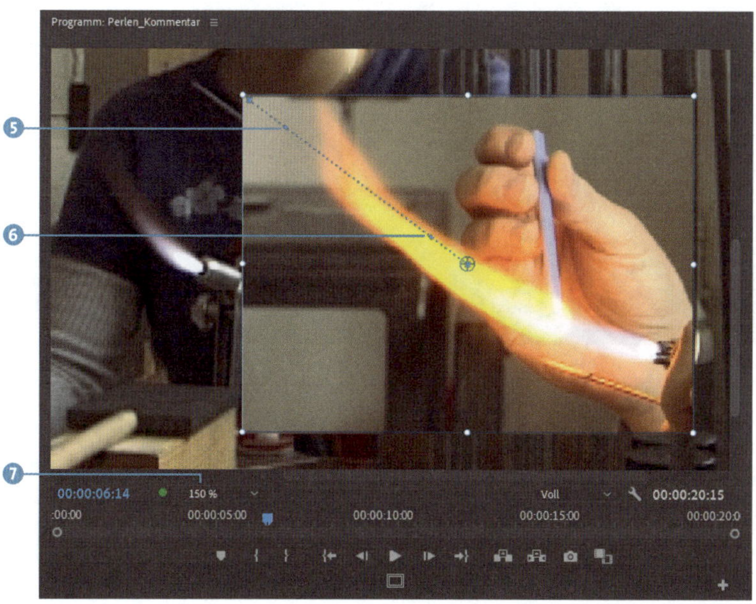

◂ **Abbildung 7.60**
Bei 100 % sehen Sie den Bewegungspfad schon viel besser.

Hand-Werkzeug benutzen

Alternativ zur Benutzung der Scrollleisten können Sie auf das Hand-Werkzeug (H) umschalten und dann den Ausschnitt mit gedrückter linker Maustaste innerhalb des Programmmonitors bewegen. Falls Sie geneigt sind, das Hand-Werkzeug durch Drücken der Leertaste (wie z. B. in Adobe Photoshop) einzustellen, bedenken Sie, dass das hier nicht funktioniert. Die Leertaste spielt lediglich die Sequenz ab. Hinzu käme im vorliegenden Fall noch, dass Sie sich dann nicht mehr auf den Keyframes befänden.

5 Keyframes im Schnittfenster bearbeiten

Nur am Rande sei erwähnt, dass Sie sowohl das X als auch den Kreis (siehe 2 und 4 in Abbildung 7.59) per Drag & Drop verschieben könnten. Damit ließen sich Start- bzw. Endpunkt neu positionieren. Diese sollen aber im vorliegenden Fall bleiben, wo sie sind; lediglich der Pfad soll geändert werden.

Schauen Sie noch einmal genau auf die gepunktete Linie. Ein wenig außerhalb des Start- und Endpunktes finden Sie zwei kleine Anfasser (die sogenannten **Tangenten-Anfasser** 5 und 6 in Abbildung 7.60), die sich mit gedrückter linker Maustaste herausziehen lassen. Probieren Sie das mit dem unteren 6, indem Sie ihn nach unten links ziehen 8. Achten Sie darauf, dass dabei das Verschieben-Werkzeug (V) aktiv ist.

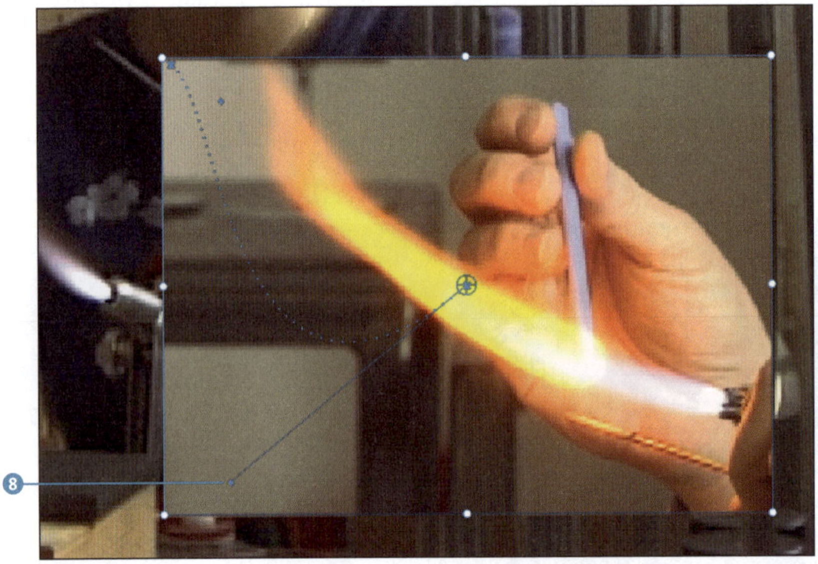

▲ **Abbildung 7.61** Die untere Tangente wird herausgezogen (hier bei 150% Vergrößerung).

6 Video abspielen

Passen Sie das Schnittfenster wieder ein, bringen Sie die Einfügemarke an den Anfang des Schnittfensters (Pos1 bzw. ←), und spielen Sie das Video ab (Leertaste). Gefällt es Ihnen? Sobald Sie anhalten, indem Sie abermals die Leertaste drücken, wird der Pfad wieder sichtbar.

Vorsicht bei Bewegungsveränderungen! | Wenn Sie nachträglich Änderungen an dem Pfad vornehmen wollen, sollten Sie unbedingt darauf achten, dass Sie sich auf einem Keyframe befinden. Benutzen Sie deshalb unbedingt vorab die Tasten Zum nächsten Keyframe gehen oder Zum vorherigen Keyframe gehen. Damit stellen Sie sicher, dass sich die Einfügemarke nicht zwischen zwei Keyframes befindet. Das hätte nämlich bei einer anschließenden Änderung der Parameter zur Folge, dass nicht der Pfad zwischen den beiden vorhandenen Keyframes korrigiert würde, sondern dass an genau dieser Position ein weiteres Schlüsselbild eingefügt würde. Zur Platzierung eines Keyframes reicht es nämlich, wenn Sie die Einfügemarke an eine Position setzen, an der sich aktuell noch kein Keyframe befindet, und danach einen Bewegungsparameter verändern. Damit wäre aber der gesamte Bewegungsablauf verändert. Die Animation fände jetzt nicht mehr zwischen zwei, sondern zwischen drei Keyframes statt.

Besonders fatal ist das, wenn Sie die Position eines Keyframes durch Verschieben der Einfügemarke ausfindig machen wollen. Wenn Sie auch nur ein einziges Bild danebenliegen, wird nicht das gewünschte Schlüsselbild bearbeitet, sondern ein neues erzeugt (ein Bild daneben). Und das fällt meist noch nicht einmal auf, da die Keyframe-Rauten in dem Fall in den Effekteinstellungen fast deckungsgleich übereinanderliegen. Nur bei genauem Hinsehen kann man feststellen, dass es sich hier in Wahrheit um zwei Keyframes handelt. Die Folge wäre, dass das Bild springt, da jetzt theoretisch eine Bewegungsanimation von 1/25 Sekunde Dauer erzeugt worden wäre.

◂ **Abbildung 7.62** Schwer zu sehen und mit verheerenden Folgen: Oben links liegen zwei Keyframes direkt nebeneinander.

7.6 Zeitabläufe neu zuordnen

Kommen wir zur Funktion Zeit-Verzerrungen. Sie ermöglicht es, bestimmte Bereiche eines Clips schneller oder langsamer ablaufen zu lassen als den Rest des Streifens.

Schritt für Schritt: Einen Zeitraffer erzeugen

Sie kennen diese Technik sicher aus zahllosen TV-Spots, Sport-Events oder Spielfilmen. Auch die Werbeindustrie ist davon angetan – eine Zeit lang wurde der Effekt geradezu überstrapaziert. Schade eigentlich, denn das hat schon was, wenn der Fußballer (in Normalgeschwindigkeit) zum Ball hechtet, um ihn dann mit äußerster Präzision volley zu nehmen – und zwar in Zeitlupe. Umgekehrt erzeugt es Spannung und weckt das Interesse beim Zuschauer, wenn Zeitabläufe gerafft werden. Beides kann man in Premiere Pro simulieren.

1 Neue Sequenz erzeugen

Erzeugen Sie aus dem Asset *Gang_01.mp4* eine NEUE SEQUENZ AUS CLIP. Schauen Sie sich den Film an. Er dauert etwa sieben Sekunden und ist insgesamt wenig spektakulär. Das ändert sich, wenn wir ihn etwas schneller ablaufen lassen.

2 Abspielkopf positionieren

Wir entscheiden uns dafür, den Clip ab Sekunde 2 zu beschleunigen. Deshalb sollten Sie den Abspielkopf im Schnittfenster etwa an Position 00:00:02:00 bringen.

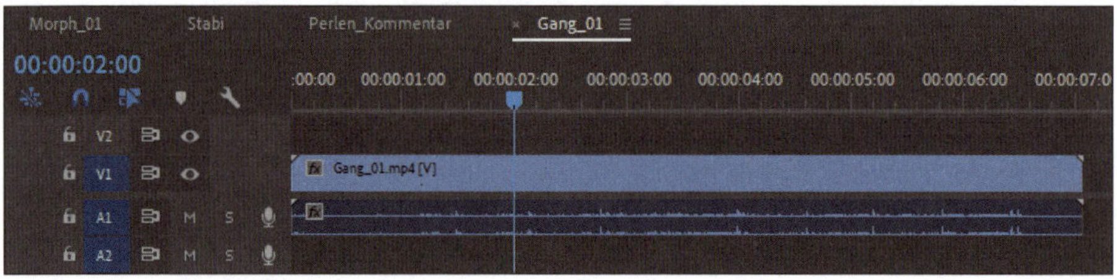

▲ **Abbildung 7.63** Ab hier geht's los.

3 Effekteinstellungen vorbereiten

Markieren Sie den Clip im Schnittfenster, und widmen Sie sich dem Fenster EFFEKTEINSTELLUNGEN. Öffnen Sie die Liste ZEIT-VERZERRUNGEN, indem Sie den vorangestellten Pfeil ❶ anklicken. Auch die darunter befindliche Liste GESCHWINDIGKEIT ❷ sollten Sie öffnen.

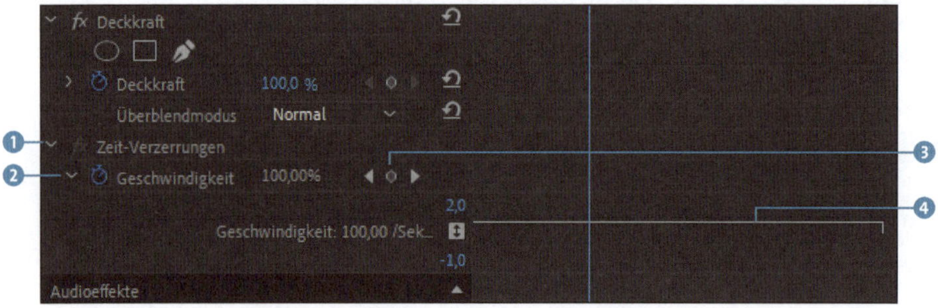

▲ **Abbildung 7.64** Die Geschwindigkeitskurve ❹ ist jetzt zu sehen.

4 Keyframe hinzufügen

Was sich dort so elegant und schwarz von links nach rechts erstreckt ❹, ist die Geschwindigkeitskurve. Zugegeben, momentan ist das noch eine Gerade, aber das wird sich gleich ändern. Klicken Sie auf den Button KEYFRAME HINZUFÜGEN/ENTFERNEN ❸, der sich in der Zeile GESCHWINDIGKEIT befindet. Sofort wird ein Keyframe erzeugt ❼. Damit haben Sie erreicht, dass Sie die Geschwindigkeit genau ab diesem Punkt manipulieren können. Hätten Sie den Punkt nicht gesetzt, könnten Sie die Geschwindigkeit lediglich für den gesamten Clip verändern.

5 Geschwindigkeit verringern

Setzen Sie jetzt den Mauszeiger auf die horizontale weiße Linie. Achten Sie aber bitte darauf, dass Sie sich rechts vom soeben erzeugten Keyframe befinden. Wenn der Mauszeiger zu einem Doppelpfeil mutiert ❻, haben Sie die Position erreicht, an der Sie die Linie verformen können. Ziehen Sie die Linie nach oben ❽, wobei Sie beobachten sollten, welcher Wert neben der Geschwindigkeit angezeigt wird. Lassen Sie die Maustaste los, wenn hier ❺ ca. 180% erscheinen.

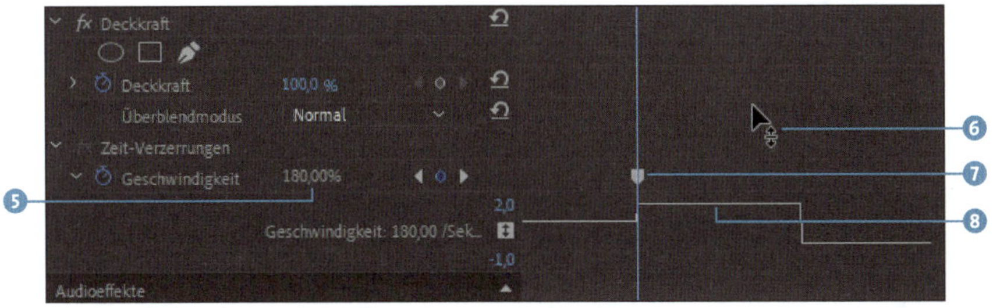

▲ **Abbildung 7.65** Auch die Geschwindigkeit lässt sich mit Keyframes manipulieren.

6 Geschwindigkeit erhöhen

Sie sehen, dass Ihr Keyframe gleich etwas nach rechts gesprungen ist, als Sie losgelassen haben. Das liegt daran, dass sich die Clip-Länge innerhalb der Timeline geändert hat. Immerhin haben Sie ja dessen Geschwindigkeit verändert.

Scrubben Sie nun im Schnittfenster weiter nach rechts, bis etwa an Position 00:00:03:18. Setzen Sie erneut einen Keyframe in der Zeile GESCHWINDIGKEIT der EFFEKTEINSTELLUNGEN, und platzieren Sie den Mauszeiger anschließend erneut auf der erwähnten Linie – und zwar wieder rechts neben dem soeben erzeugten Keyframe ❾. Ziehen Sie die Linie nach unten ❿, bis wieder eine Geschwindigkeit von 100% angezeigt wird.

▲ **Abbildung 7.66** Wie oben abgebildet, stellt sich die Linie während des Ziehens dar. Sobald Sie loslassen, springen die Keyframes auseinander (hier rechts zu sehen).

Zeitlupe vs. Zeitraffer

Wie Sie sehen, erzeugen Sie immer dann einen Zeitraffer, wenn Sie die Linie nach oben ziehen. Umgekehrt wird eine Zeitlupe produziert, wenn Sie die Linie nach unten bewegen.

7.6.1 Keyframe-Übergänge schaffen

Das sieht schon ganz nett aus, aber so richtig ausgereizt ist die Funktion der ZEIT-VERZERRUNGEN damit noch nicht. Den Übergang zwischen normaler und veränderter Geschwindigkeit kann man ebenfalls noch gestalten. Dazu müssen Sie nichts weiter tun, als eine Hälfte eines jeden Keyframes zu greifen und mit gedrückter Maustaste von der anderen Hälfte wegzuziehen. Probieren Sie es einmal aus.

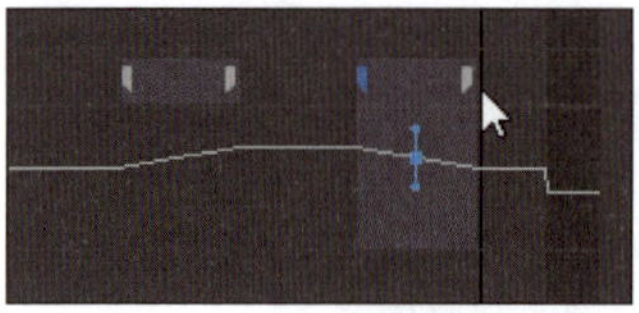

◂ **Abbildung 7.67**
Auch die Übergänge können noch individuell geformt werden.

Tangente verstellen

Noch geschmeidiger wird der Übergang, wenn Sie auch die Anfasser der kleinen vertikalen Linie noch zur Seite ziehen. Das hat in der späteren Animation zur Folge, dass sich die Geschwindigkeit nicht abrupt ändert, sondern allmählich angepasst wird. Achten Sie bei dieser Aktion darauf, dass Sie den Punkt nur dann verziehen können, wenn Sie ihn zuvor genau angeklickt haben. Beachten Sie, dass sich der Ausschnitt mithilfe des Scrollbalkens direkt unterhalb im Fuß der Effekteinstellungen noch verändern lässt.

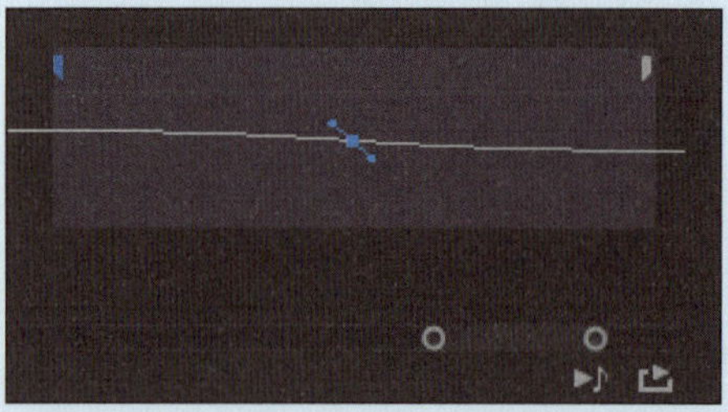

◂ **Abbildung 7.68**
Optimieren Sie die Ansicht, ehe Sie die Übergänge gestalten.

Ansicht vertikal optimieren

Um eine bessere Ansicht zu erhalten, kann die untere Begrenzungslinie ❶ der Zeile GESCHWINDIGKEIT per Drag & Drop weiter nach unten gezogen werden. So lassen sich die Steuerelemente obendrein besser bedienen.

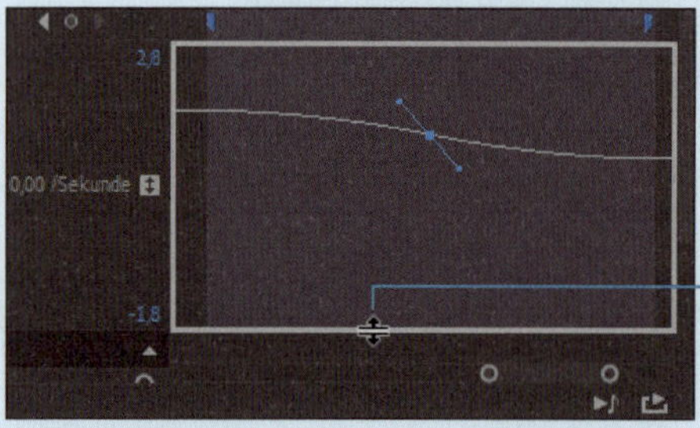

◂ **Abbildung 7.69**
Sorgen Sie vertikal für mehr Platz.

7.6.2 Bereichsskalierung einstellen

Lassen Sie uns im Bedienfeld EFFEKTEINSTELLUNGEN noch einmal etwas genauer hinschauen. Mit den links neben der hellen Linie befindlichen, blau eingefärbten Hot-Text-Steuerelementen ❷ und ❹ (sie zeigten vor der Veränderung der Linie 2,0 und –1,0) können Sie einstellen, welcher Geschwindigkeitsbereich innerhalb des Effekteinstellungsfensters angezeigt werden soll (standardmäßig also der Bereich von 2,0-facher Geschwindigkeit bis hin zu –1,0, was gleichbedeutend ist mit minus 100%, also mit Bewegungslosigkeit).

Wollen Sie die Bereichsskalierung verändern, zeigen Sie mit dem Mauszeiger darauf, klicken den Wert an und ziehen die Maus nach links oder rechts. Denken Sie jedoch daran: Je höher die Werte sind, desto schlechter lassen sich die Veränderungen in der Linienhöhe ausmachen. Zur besseren Darstellung können Sie aber auch, wie bereits erwähnt, den Steg ❺ verziehen. Damit Sie nun aber die Kurve wieder einsehen können, sollten Sie auf den Button klicken, der sich zwischen den beiden Werten befindet ❸. Damit setzen Sie die AUTOMATISCHE BEREICHSSKALIERUNG wieder auf die Standardwerte zurück und können jetzt einen wesentlich höheren Kurvenausschlag sehen, der sich demzufolge auch viel besser einstellen lässt. Bedenken Sie aber, dass diese Einstellung lediglich Einfluss auf die grafische Darstellung hat, nicht jedoch auf das Verhalten des Clips.

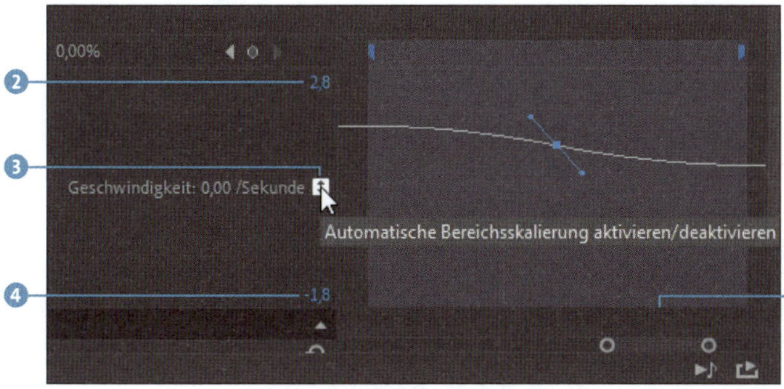

◂ **Abbildung 7.70**
Für diffizile Arbeiten lässt sich die Ansicht in den EFFEKTEINSTELLUNGEN durchaus noch optimieren.

7.6.3 Vektorbewegung verwenden

Wo wir gerade bei Bewegungsanimationen sind, möchte ich Ihnen nicht vorenthalten, dass auch Vektorgrafiken, wie z.B. die in Premiere Pro integrierten ESSENTIAL GRAPHICS, wie beschrieben animiert werden können. Das Problem ist aber, dass es dabei zu einer Art »Verpixelung« kommt und die Ränder der ansonsten tadellosen Grafiken leider unsauber werden – wie bei einer Pixelgrafik. Das ist ausgesprochen schade, denn Vektorgrafiken bestehen nicht aus Pixeln, sondern aus geografisch angeordneten Punkten, Geraden und Tangenten. Diese Grafiken sind beliebig skalierbar – und zwar ohne jeglichen Qualitätsverlust. Eigentlich schade, dass es dann trotz Vektoren zu Qualitätsverlusten in Premiere Pro kommt, oder? Sie ahnen es: Das muss nicht sein, denn die Anwendung hält eigens dafür spezielle Keyframes bereit. Lassen Sie uns einen Workshop machen. Wir müssen zwar einen chirurgisch feinen Schnitt machen (wie Derek Shepherd in Grey's Anatomy), aber es wird kein bisschen blutig – versprochen:

Schritt für Schritt: Vektorbewegung

Ziel dieses Workshops ist es, die beiden Ergebnisse miteinander zu vergleichen, die sich zum einen aus der normalen Bewegungsanimation und zum anderen aus der Vektorbewegung ergeben.

1 Neue Sequenz erzeugen

Bereiten Sie ein Projekt folgendermaßen vor: Zunächst nehmen Sie den Clip *Stabi.mp4* aus dem Ordner *07* der Beispieldateien und erzeugen mittels Rechtsklick auf dem Asset eine Neue Sequenz aus Clip. Der Clip muss nicht extra stabilisiert werden, da wir uns am Ende ohnehin nur Einzelbilder ansehen. Er eignet sich jedoch besonders aufgrund des grünen Hintergrunds.

2 Abspann hinzufügen

Aktivieren Sie, falls nicht bereits geschehen, die Arbeitsoberfläche Effekte, und klicken Sie rechts im Bedienfeld Effekte auf Essential Graphics. Sorgen Sie dafür, dass Durchsuchen aktiv ist, und suchen Sie Abspann – fett aus. Klicken Sie die Vorschaugrafik an, wobei die Maustaste gedrückt bleiben muss, und ziehen Sie diese Vorschau auf eine übergeordnete Videospur des Schnittfensters. Dort angelangt, lassen Sie los.

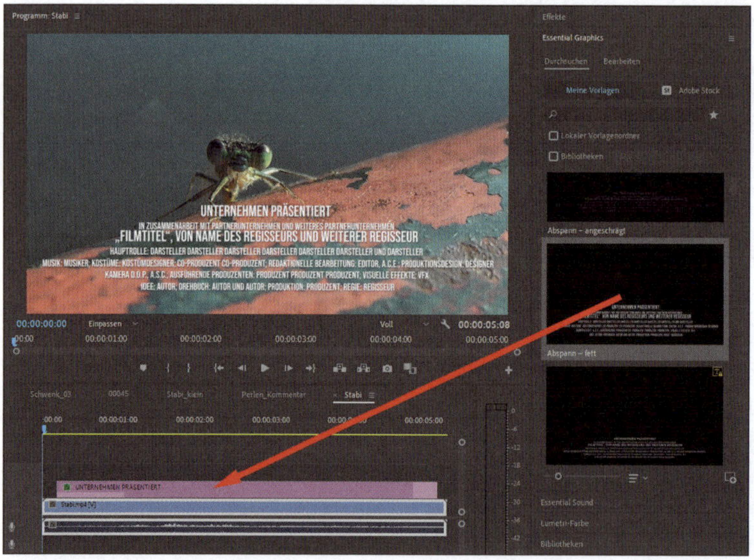

▲ **Abbildung 7.71** Ein professioneller Abspann

3 Clip teilen

Ich möchte gleich Entwarnung geben: Wir beschäftigen uns erst in Kapitel 11 mit Titel und Abspann. Hier geht es lediglich darum, die Unterschiede bei der Bearbeitung von Vektorgrafiken »am offenen Herzen« vorzuführen. Bitte schneiden Sie jetzt gaaaaaanz vorsichtig den Abspannclip genau in der Mitte durch. Am schnellsten geht das, indem Sie [C] drücken, einmal auf die Mitte klicken und danach das Auswahlwerkzeug wieder mit [V] aktivieren. Zuletzt klicken Sie auf die linke der beiden Hälften, um diese anzuwählen. Falls erforderlich, lassen Sie sich von einer OP-Hilfe kurz den Schweiß von der Stirn wischen. Das Ganze sollte jetzt aussehen wie in Abbildung 7.72.

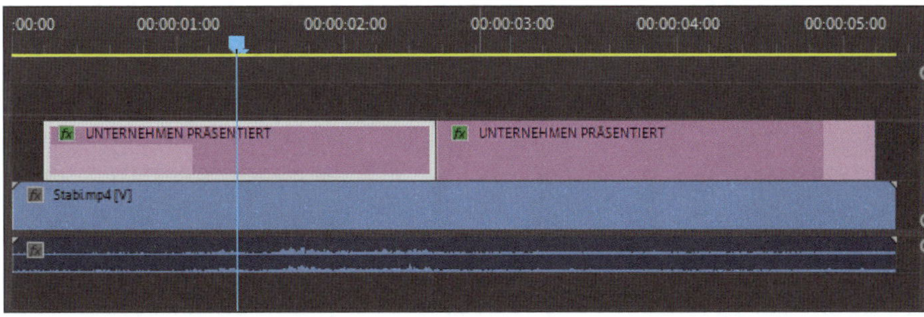

▲ **Abbildung 7.72** Die linke Hälfte wird selektiert.

4 Effekt zuweisen (linker Clip)

Puh, das war ein gewagter Schnitt. Aber alles ist gut gegangen – der Patient lebt. Atmen Sie kurz durch, und widmen Sie sich dann dem Fenster EFFEKTEINSTELLUNGEN. Damit der Effekt deutlich wird, vergrößern wir einfach das Schriftbild des Abspanns – und zwar zunächst so, wie wir es gewohnt sind. Öffnen Sie die Liste BEWEGUNG, und klicken Sie auf die 100,0 in der Zeile SKALIEREN. Geben Sie »500« ein, und bestätigen Sie mit [↵]. Leider ist unser Abspann jetzt zu weit nach unten gerutscht und daher im Monitor nicht mehr sichtbar. Das ändert sich, wenn Sie den rechten Wert der Zeile POSITION (also den für die Höhe) auf –600 setzen. Lassen Sie abermals eine Bestätigung durch [↵] folgen.

◂ **Abbildung 7.73**
Geben Sie diese Parameter ein.

5 Effekt zuweisen (rechter Clip)

Wählen Sie den rechten Clip im Schnittfenster an, und positionieren Sie den Play-Head so, dass der Clip auch im Projektmonitor zu sehen ist. Geben Sie die gleichen Parameter wie zuvor ein – nur diesmal benutzen Sie nicht die Liste BEWEGUNG im Bedienfeld EFFEKTEINSTELLUNGEN, sondern VEKTORBEWEGUNG. Ich denke, man muss nicht mehr viel dazu sagen: Links sehen Sie das Ergebnis, das mithilfe der herkömmlichen Bewegungssteuerelemente erzielt worden ist, während Sie rechts das tadellose Bild der Vektorbewegung betrachten können. Fazit: Wann immer Vektorbewegungen möglich sind (bei Pixelbildern und Videos ist das leider nicht der Fall), sollten die Steuerelemente im Bereich VEKTORBEWEGUNG Vorrang haben.

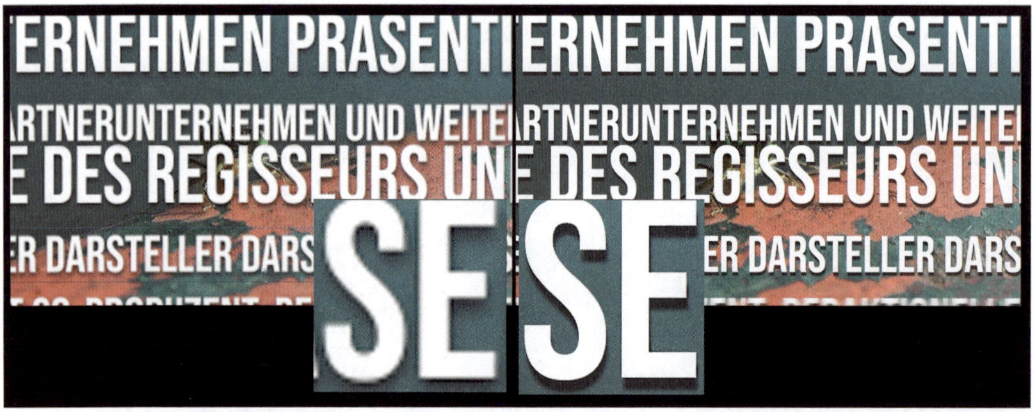

▲ **Abbildung 7.74** Auch bei starker Vergrößerung bleibt die Schrift gestochen scharf (rechts).

Unterschied zwischen Bewegung und Vektorbewegung

Warum kommt es zu solch drastischen Qualitätsunterschieden? Ganz einfach: Wenn Sie VEKTORBEWEGUNG verwenden, bleibt die Grafik als Vektorgrafik erhalten. Wenn Sie hingegen BEWEGUNG nehmen, wird das Bild gerastert und die Vektorgrafik in eine Pixelgrafik konvertiert.

7.7 Keyframes im Schnittfenster bearbeiten

In den EFFEKTEINSTELLUNGEN können Sie mit den Keyframes komfortabel arbeiten. Wenn es schnell gehen soll oder wenn Ihnen die Arbeit im Schnittfenster mehr liegt, lässt sich das auch direkt in der Timeline machen. Besonders, wenn Sie die Zeit-Verzerrungen bearbeiten wollen, ist es oft sinnvoller, diese im Schnittfenster zu vervollständigen.

7.7.1 Keyframes einblenden

Ist Ihnen schon aufgefallen, dass die Keyframes, die Sie im Effekteinstellungsfenster platziert haben, auf dem Clip im Schnittfenster »mitgeschrieben« werden? Allerdings müssen Sie dazu einiges umstellen. Setzen Sie einen beherzten Mausklick auf ANZEIGEEINSTELLUNGEN FÜR DAS SCHNITTFENSTER (Schraubenschlüssel), und gehen Sie auf

Alle Spuren erweitern. Im gleichen Einstellmenü wählen Sie zudem noch Video-Keyframes anzeigen. Sollten Bildminiaturen auf den Clips sichtbar sein, ist zu empfehlen, abermals auf die Anzeigeeinstellungen zu gehen und zu kontrollieren, ob vor Videominiaturen anzeigen ein Häkchen zu sehen ist. Wenn ja, klicken Sie auch auf diesen Eintrag, damit die Miniaturen verschwinden. Diese stören bei der Keyframe-Arbeit im Schnittfenster nur.

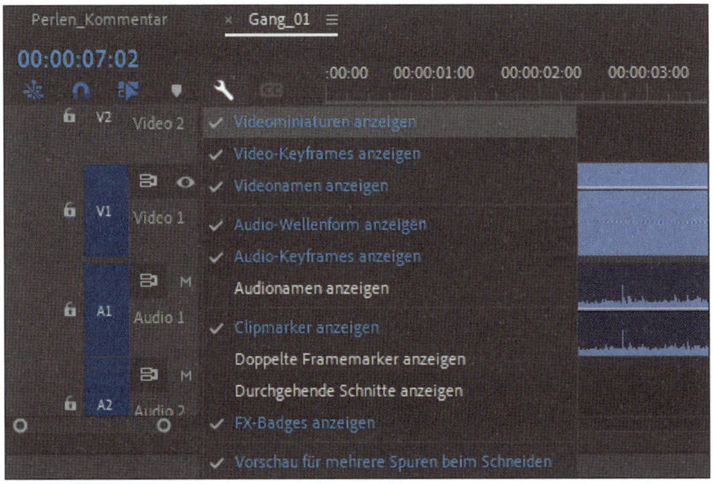

▲ **Abbildung 7.75** Deaktivieren Sie die Clip-Miniaturen.

Jetzt müssen Sie noch dafür sorgen, dass die »korrekten« Keyframes eingeblendet werden. Standardmäßig haben wir es hier nämlich mit Deckkraft-Keyframes zu tun. Wählen Sie den Clip im Schnittfenster mit rechts an, und entscheiden Sie sich für Clip-Keyframes einblenden, gefolgt von Zeit-Verzerrungen • Geschwindigkeit. Sofort wird ersichtlich, dass auch hier die Keyframes vorhanden sind.

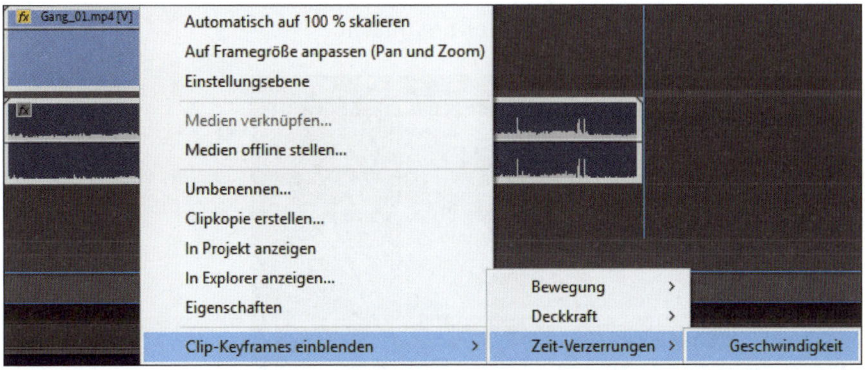

▲ **Abbildung 7.76** Die Zeit-Verzerrung kann auch auf dem Clip eingestellt werden.

Auswahl über fx-Symbol

Die Auswahl einer Effektanzeige ist in Premiere Pro noch einmal vereinfacht worden. Sie können nämlich jetzt auch gleich das kleine fx-Symbol ❶ innerhalb des Clips mit anklicken und den Pfad von dort aus einstellen.

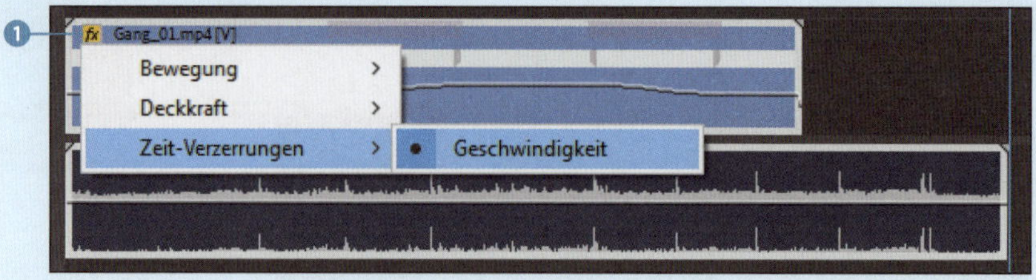

▲ **Abbildung 7.77** Mit Premiere Pro geht es noch schneller.

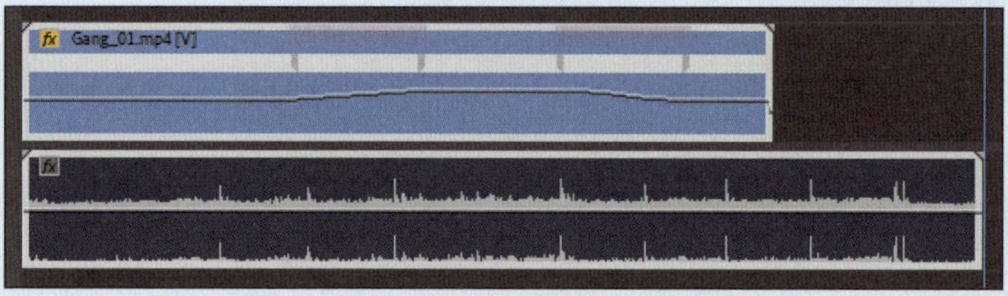

▲ **Abbildung 7.78** So sieht der markierte Clip danach in der Timeline aus.

Spur vergrößern | Damit Sie das Ganze aber besser beurteilen können, sollten Sie auch hier die Ansichtsgröße optimieren. Zunächst stellen Sie den Mauszeiger auf die untere Begrenzungslinie des Spurkopfes und ziehen den Steg, der Audio und Video voneinander trennt ❸, nach unten. Dadurch haben Sie der Videospur mehr Platz eingeräumt. Dass Sie diesen Steg ziehen können, wird übrigens dadurch symbolisiert, dass der Mauszeiger zum Doppelpfeil wird.

Jetzt ziehen Sie auch den oberen Steg ❷ des Spurkopfes noch nach oben, sodass sich fast die gesamte Spur im Schnittfenster breitmacht.

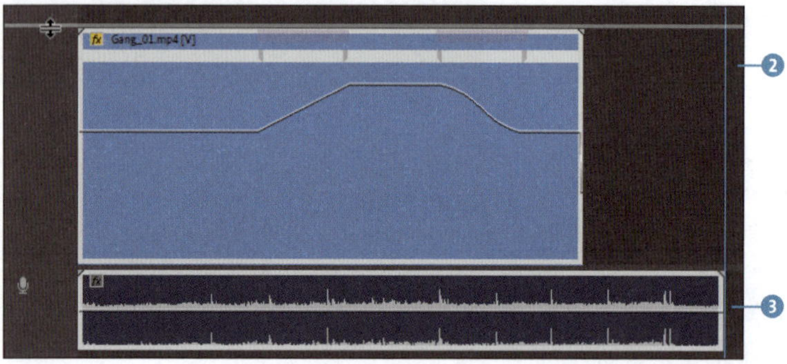

▲ **Abbildung 7.79** Die Spur genießt alle Aufmerksamkeit im Schnittfenster.

Achten Sie auf die weiße Linie, die sich in horizontaler Richtung über den Clip schlängelt. Diese Linie kann nun sowohl nach oben als auch nach unten bewegt werden. Auf diese Weise lassen sich weitere Zeitmanipulationen einrichten (Maustaste beim Ziehen gedrückt halten). Und noch besser: Sie sehen weiter oben die geteilten Keyframes, die bereits in den Effekteinstellungen auseinandergezogen worden sind. Zeigen Sie auf einen solchen Regler, wird nach kurzer Zeit eine Info eingeblendet (die Zeit-Verzerrung betreffend). Damit noch nicht genug, lassen sich diese Keyframes auch in horizontaler Richtung verziehen und so die Übergänge ausgestalten. Auch hier gilt: Schnittfenster und Effekteinstellungen verhalten sich grundsätzlich synchron zueinander.

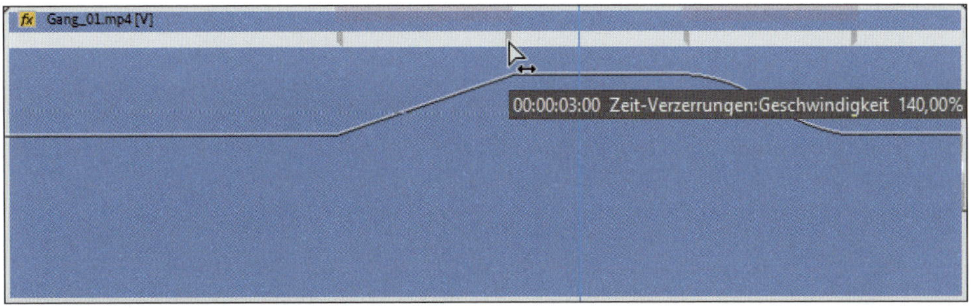

▲ **Abbildung 7.80** Die halbierten Keyframes können auch im Schnittfenster eingestellt werden.

7.7.2 Deckkraft-Keyframes bearbeiten

Falls Sie anschließend andere Keyframes im Schnittfenster einstellen wollen – beispielsweise die Deckkraft –, müssen Sie mit rechts auf das fx-Symbol des Clips klicken und dann Deckkraft • Deckkraft selektieren.

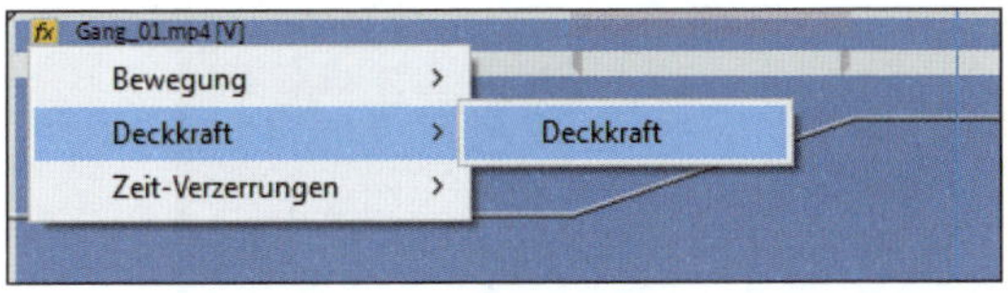

▲ **Abbildung 7.81** Stellen Sie auf Deckkraft um.

Wer anschließend die Deckkraft auch gleich hier verändern möchte, muss Folgendes berücksichtigen: Ziehen Sie die Linie nach unten, verändern Sie die Deckkraft für den gesamten Clip. Wollen Sie nur einen bestimmten Bereich des Clips entsprechend verändern, müssen zuvor mindestens zwei Keyframes gesetzt werden. Dazu klicken Sie einfach auf die Raute im Spurkopf ❶ (Abbildung 7.82; natürlich *nachdem* Sie die Abspielmarke platziert haben). Die Keyframes (❷ und ❸) werden angezeigt. Zuletzt ziehen Sie die Linie an der gewünschten Stelle nach unten ❹. Beachten Sie die kleine QuickInfo ❺, die während des Ziehens Aufschluss über die aktuelle Deckkraft gibt.

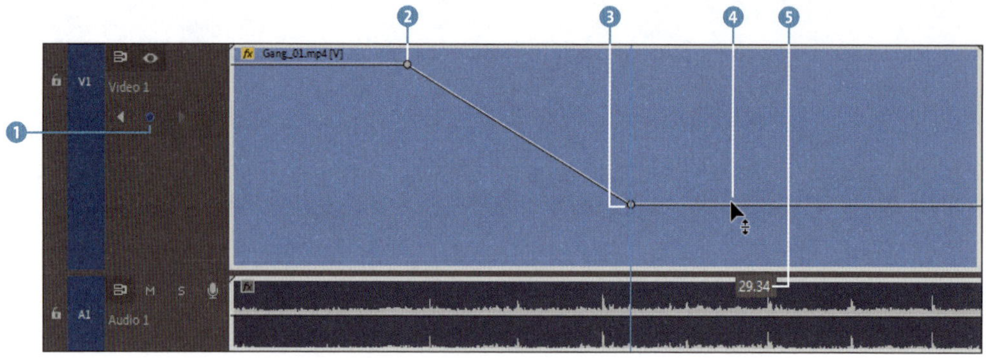

▲ **Abbildung 7.82** Keyframe-Bearbeitung im Schnittfenster

Keyframes entfernen

Wollen Sie eine Keyframe-Raute entfernen, parken Sie zunächst die Abspielmarke darauf und betätigen im Anschluss die Raute KEYFRAME HINZUFÜGEN/ENTFERNEN ❶ im Spurkopf. Alternativ geht auch ein Rechtsklick auf einen Keyframe gefolgt von LÖSCHEN.

Zuletzt sollte nicht unerwähnt bleiben, dass sich auch einzelne Keyframes selektieren und individuell verschieben lassen. Dazu klicken Sie eine aktuell noch nicht ausgewählte Raute an und ziehen sie mit gedrückter Maustaste auf die gewünschte Position. Verschiebungen sind sowohl vertikal (Deckkraftregelung) als auch horizontal möglich, wobei eine horizontale Verschiebung den Zeitpunkt verändert, an dem die jeweilige Deckkrafteinstellung gültig sein soll.

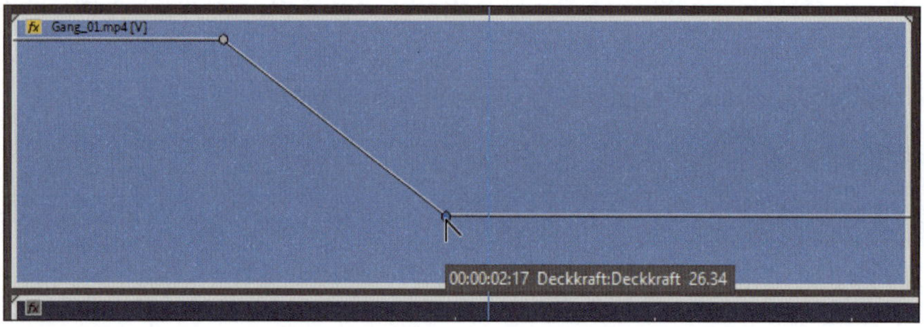

▲ **Abbildung 7.83** Hier wird gerade ein einzelnes Schlüsselbild bearbeitet.

Keyframes exakt verschieben

Dass sich Keyframes in alle Richtungen verschieben lassen, bedarf sicher keiner weiteren Erwähnung. Was aber, wenn beispielsweise eine Deckkraftreduktion etwas später beginnen soll, ohne dass sich deren Intensität ändert? Dann müssten Sie das Schlüsselbild ja horizontal verschieben, dürften die vertikale Position jedoch nicht im Geringsten verändern. In solchen Fällen halten Sie während des Ziehens [⇧] gedrückt.

7.7.3 Bézier-Kurven erzeugen

Nun haben Sie in den Workshops bereits mit Tangenten gearbeitet. Dort wurde die Bewegungsrichtung des überlagernden Clips von einer Geraden in eine Kurve umgewandelt. Ähnlich lassen sich die Verbindungslinien zwischen zwei Keyframes auch hier im Schnittfenster anpassen.

Führen Sie den Mauszeiger zunächst auf eines der Schlüsselbilder. Drücken Sie anschließend [Strg]/[⌘], und halten Sie diese Taste gedrückt. Erst jetzt führen Sie den Mausklick aus und ziehen mit gedrückter linker Maustaste vom Keyframe weg. Dadurch erhalten Sie die bereits bekannten Tangenten-Anfasser, die Sie jetzt nach Belieben einstellen können.

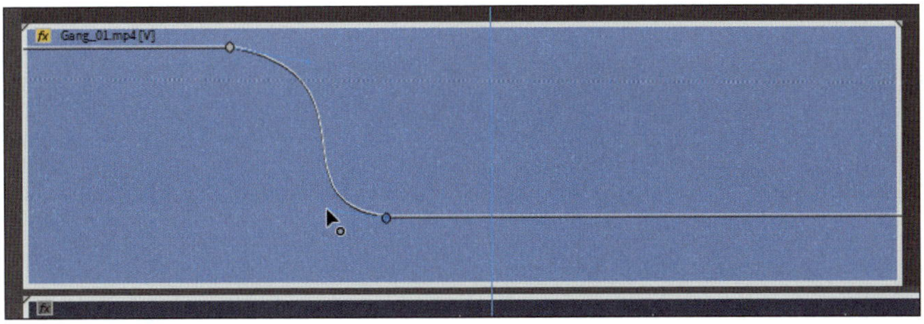

▲ **Abbildung 7.84** Ziehen Sie Tangenten aus den Keyframes heraus.

7.7.4 Keyframes umwandeln

Bei Verbindungen, die mithilfe von Tangenten geformt wurden, spricht man von Bézier-Kurven. Die dazugehörigen Keyframes werden auch auf der Registerkarte EFFEKTEINSTELLUNGEN anders dargestellt als normale Keyframes. Klicken Sie ein solches Schlüsselbild mit rechts an (es spielt übrigens keine Rolle, ob Sie das innerhalb der Sequenz oder in den EFFEKTEINSTELLUNGEN tun), haben Sie die Möglichkeit, das Schlüsselbild umzuwandeln. Wählen Sie hier beispielsweise UNTERDRÜCKEN an, wird die Bézier-Kurve verworfen.

Langsam ein- und ausschwenken

In diesem Zusammenhang möchte ich besonders noch auf die beiden Einträge LANGSAM EINSCHWENKEN und LANGSAM AUSSCHWENKEN hinweisen, die insgesamt für einen weichen Übergang sorgen, und zwar indem die Bézier-Linie angepasst wird. Machen Sie das allerdings im Schnittfenster, können Sie die Kurvenauswirkungen besser beurteilen als in den EFFEKTEINSTELLUNGEN, obwohl beide Kurven prinzipiell den gleichen Verlauf zeigen. In den EFFEKTEINSTELLUNGEN sehen Sie zudem, dass sich die Form der Keyframes dabei verändert.

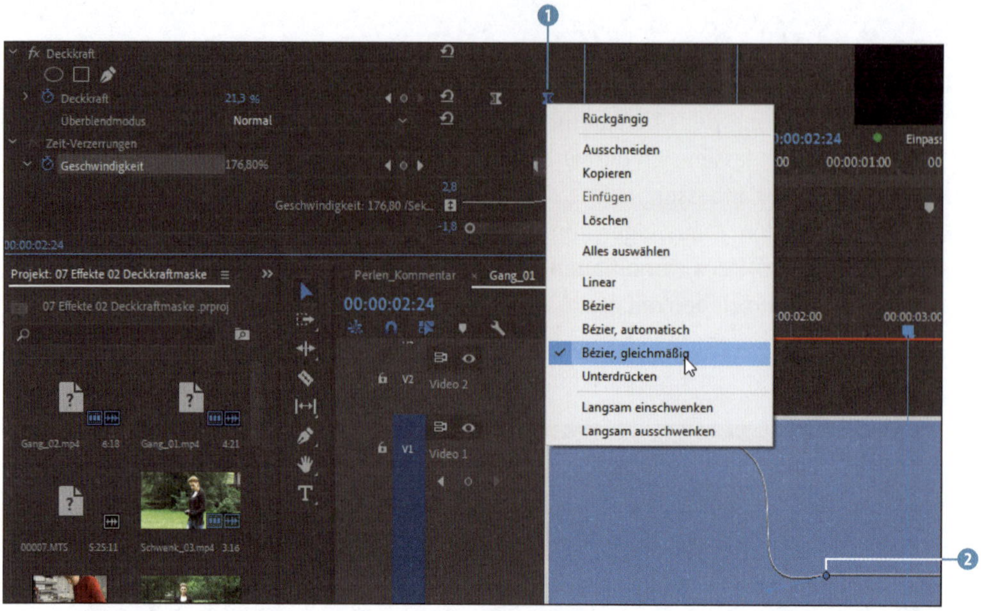

▲ **Abbildung 7.85** Es spielt keine Rolle, ob das Schlüsselbild in den Effekteinstellungen **1** oder in der Timeline **2** mit rechts angeklickt wird. Die Funktionsweise ist die gleiche.

7.8 Überblendmodi

Mit Erscheinen von Premiere Pro CS4 haben die sogenannten *Überblendmodi* Einzug gehalten. Der eine oder andere kennt sie vielleicht aus Adobe-Anwendungen wie After Effects oder Photoshop (dort heißen sie *Mischmodi* oder *Füllmethoden*). Prinzipiell ist es ja so, dass ein Clip, der im Schnittfenster weiter oben liegt, die darunter befindlichen Clips überdeckt. Durch Änderung der Füllmethoden können Sie aber Inhalte unterschiedlicher Spuren zusammenwirken lassen.

Entscheidend ist immer der Modus des übergeordneten Clips. Legen Sie zwei unterschiedliche Clips im Schnittfenster übereinander. Danach markieren Sie den oberen und schalten den ÜBERBLENDMODUS (im Bereich DECKKRAFT der VIDEOEFFEKTE, Bedienfeld: EFFEKTEINSTELLUNGEN) von NORMAL (das ist 100 % deckend) auf ÜBERLAGERN. Das Ergebnis wird sofort im Programmmonitor sichtbar.

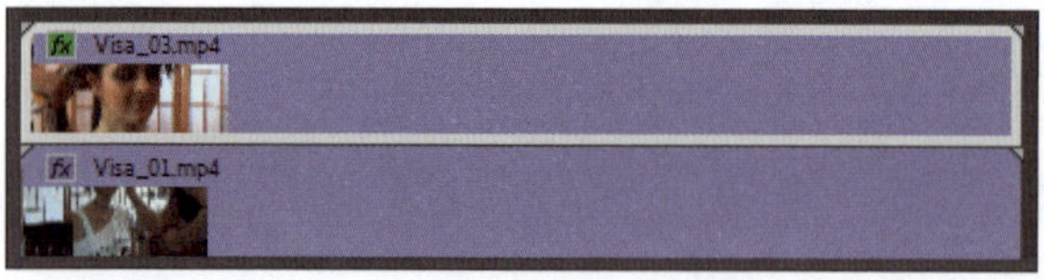

▲ **Abbildung 7.86** Der Clip, dessen Füllmethode geändert wird, muss immer oberhalb des deckenden Clips angeordnet werden. Vergewissern Sie sich, dass der obere Clip im Schnittfenster ausgewählt ist.

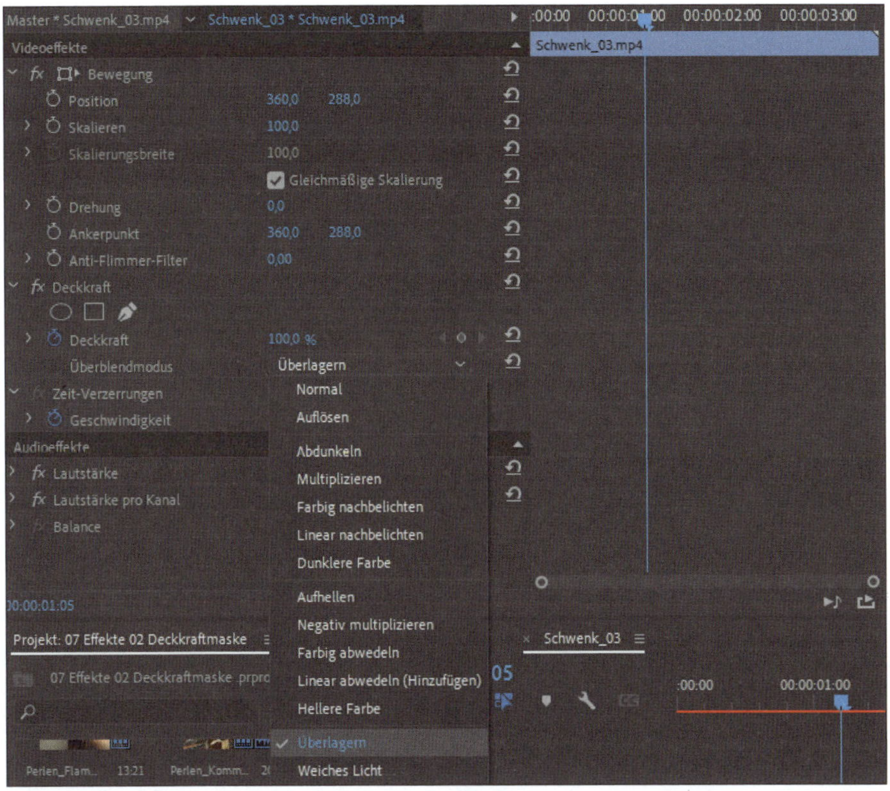

▲ **Abbildung 7.87** Der Überblendmodus wird geändert.

▲ **Abbildung 7.88** Beide Videos sind sichtbar. Mit dieser Technik lassen sich tolle Effekte erzielen.

Wenn Sie einen Modus auf einen übergeordneten Clip anwenden, wirkt sich das auch auf den darunterliegenden Clip aus. Leider kann nicht generell gesagt werden, welcher Modus für die jeweilige Vorgehensweise der richtige ist, da das Ergebnis immer von den Clip-Inhalten und den darin enthaltenen Farben und Helligkeitsinformationen abhängt. Dennoch sollen die folgenden Hinweise beispielhaft einen Anhaltspunkt dafür geben, was mit dieser Technik prinzipiell möglich ist:

- ABDUNKELN: Beide Videos werden miteinander verglichen. Alle Bildbereiche, die im unteren Clip heller sind als im oberen, werden ersetzt, während alle Bildbereiche, die im unteren Clip dunkler sind, nicht ersetzt werden. Die jeweils dunklere Farbe wird also für das Ergebnis verwendet.
- AUFHELLEN: Hier wird genau die umgekehrte Wirkung erzielt als beim Abdunkeln. Hellere Bildteile des unteren Clips bleiben unverändert, während dunklere Bildteile ersetzt werden. So ist die jeweils hellere Farbe ergebnisrelevant.
- MULTIPLIZIEREN: Die Farben beider Clips werden miteinander verrechnet. Das Ergebnis ist immer dunkler als der Einzelclip. Wird zudem eine beliebige Farbe mit Schwarz multipliziert, ergibt sich Schwarz, wird mit Weiß multipliziert, bleibt die Farbe unverändert.
- NEGATIV MULTIPLIZIEREN: Die Farben beider Clips werden hier ebenfalls miteinander verrechnet, wobei das Ergebnis immer heller ist als der Einzelclip. Wird zudem eine beliebige Farbe mit Schwarz multipliziert, bleibt die Farbe unverändert, während eine Multiplikation mit Weiß im Ergebnis ebenfalls Weiß ergibt.
- ÜBERLAGERN: Abhängig von der Ausgangsfarbe wird entweder multipliziert oder negativ multipliziert. Dabei bleiben Schatten und Glanzlichter des unteren Clips erhalten.
- SÄTTIGUNG: Das Ergebnis ist eine Zusammensetzung aus dem Farbton des unteren Clips sowie der Sättigung des oberen.
- LUMINANZ: Hierbei ist das Ergebnis eine Zusammensetzung aus dem Farbton und der Sättigung des unteren Clips sowie der Luminanz des oberen Clips.

8 Masken und Keying

Wenn es um das Thema Masken geht, ist es gar nicht so einfach, einen einzelnen Film herauszupicken. Klar – zunächst einmal kommt einem Jim Carrey ins Gedächtnis – oder doch eher Shrek? Was die Farbe der Masken betrifft, sind ja durchaus Gemeinsamkeiten auszumachen. Aber wie steht es mit »Freitag der 13.«? Oder mit Nightmare? Ist Freddy Krueger nicht die schaurig-schönste Maske der Filmgeschichte? Wie dem auch sei – mit Masken lassen sich nicht nur Kinoerfolge produzieren, sondern auch gezielt Bereiche eines Clips entfernen. Doch das allein wäre kaum der Rede wert, gäben sie dem Cutter und der Cutterin nicht zahllose gestalterische Möglichkeiten an die Hand.

In diesem Kapitel erhalten Sie Antworten auf die folgenden Fragen:

- Wie werden Korrekturmasken angewendet?
- Wie funktioniert der Spurmaske- und der Bildmaske-Key?
- Wie erzeuge ich eine Alphamaske?
- Wie funktioniert Farb-Keying?

8.1 Einfache Masken

Wer Premiere Pro schon länger kennt, wird sich an die Korrekturmasken erinnern. Es gab sie in der Vierpunkt-, Achtpunkt- und sogar 16-Punkt-Version. Doch diese Standardeffekte gehören inzwischen der Vergangenheit an – sie sind den Masken gewichen, die mittlerweile in jedem Effekt zu finden sind. Der Vorteil: Sie müssen nicht mehr extra zugewiesen werden. Man unterscheidet zwischen:

- Ellipsenmaske
- 4-Punkt-Polygonmaske
- Freizeichnen-Bézier-Maske

Den drei Masken wollen wir uns nun einmal nähern. Beginnen wir mit der 4-Punkt-Polygonmaske im Einsatz.

8.1.1 Eine Deckkraft-Maske hinzufügen

Eine Maske wird mit Klick auf das jeweilige Symbol erzeugt. Zur Auswahl stehen grundsätzlich die drei Grundformen elliptisch ❶, polygonal ❷ sowie die Zeichenfeder ❹, mit der die Möglichkeit besteht, eine eigene Maskenform zu kreieren. Letzteres macht eigentlich nur beim sogenannten »Tracing« Sinn; die damit verbundene Technik schauen wir uns später an. Bevor wir zur Praxis übergehen, sollten Sie noch Folgendes wissen: Die Produktion einer solchen Maske ist denkbar einfach. Sobald eines der drei Symbole angeklickt wird, erscheint gleich darunter die Liste MASKE (1) ❸ mit spezifischen Steuerelement-Zeilen.

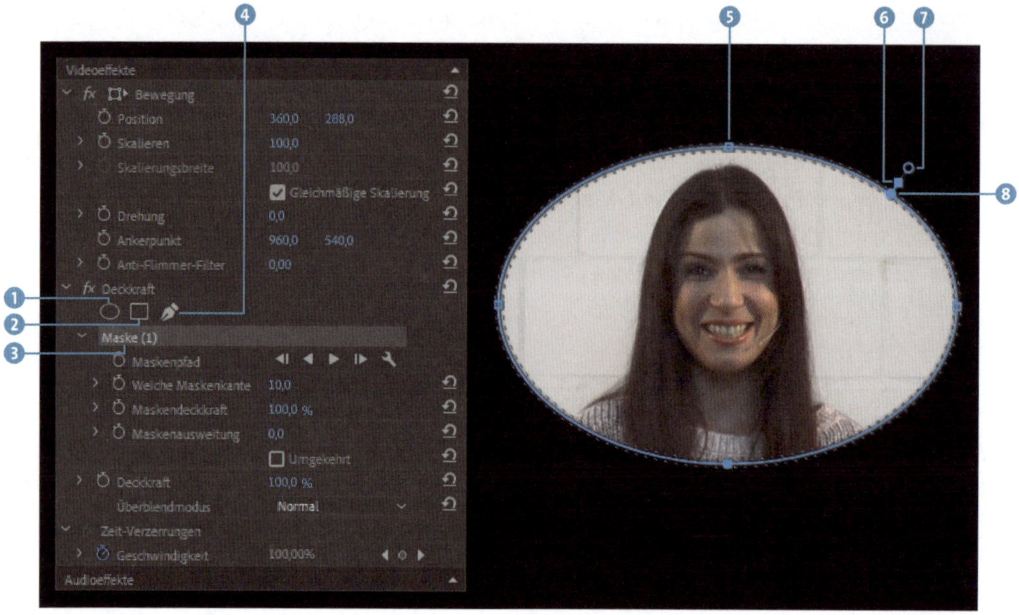

▲ **Abbildung 8.1** Mithilfe einer Maske lassen sich einzelne Bildbereiche auswählen. Bereiche jenseits der Maske bleiben verborgen.

Nun ist die Arbeit mit den dort aufgebrachten Hot-Text-Steuerelementen nicht immer sonderlich komfortabel. Die Maske selbst kann meist wesentlich intuitiver im Programmmonitor bearbeitet werden. Dort finden sich Anfasser (z. B. ❺), mit deren Hilfe der sichtbare Ausschnitt des Videos skaliert oder (etwas außerhalb des Punktes) auch gedreht werden kann. Verschieben Sie den Rand der Maske im Verhältnis zum Maskenpfad mit ❻, und sorgen Sie mit ❼ für eine weiche Maskenkante. Mit dem Maskengriffpunkt ❽ steuern Sie letztendlich die Bewegung der Maske. Genug Theorie – Zeit für einen Workshop.

Schritt für Schritt: Eine Deckkraft-Maske erzeugen

Im vorangegangenen Kapitel hatten wir mit zwei übereinander befindlichen Clips gearbeitet. Der obere wurde verkleinert und in die untere, rechte Ecke geschoben. In diesem Workshop setzen wir eine Deckkraft-Maske ein. Das überlagernde Video lassen wir anschließend von links nach rechts durchs Bild fahren.

1 Projekt vorbereiten

Sofern Sie noch im Besitz der Sequenz sind, die aus dem Asset *Perlen_Kommentar.avi* erzeugt worden ist, benutzen Sie diese erneut. Wer den Workshop im vorangegangenen Kapitel nicht gemacht hat, erstellt eine neue Sequenz aus besagtem Clip und packt anschließend den Clip *Perlen_Flamme.avi* eine Spur höher. (Beide Clips sind übrigens im Ordner *07* des Beispielmaterials zu finden.)

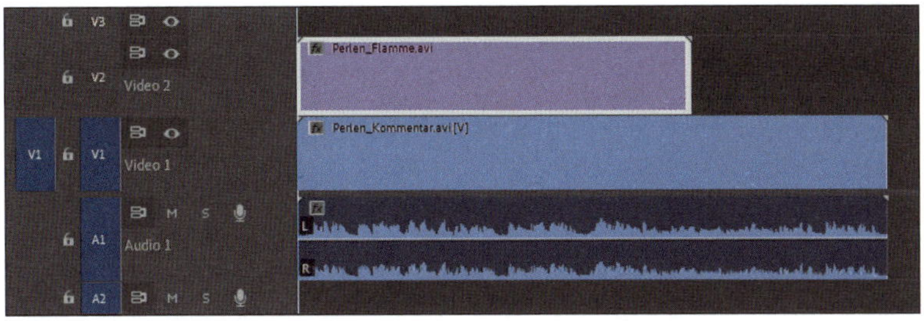

▲ **Abbildung 8.2** So sollte die Timeline anschließend aussehen.

2 Optional: Effekte löschen

Wer bereits Effekte hinzugefügt hat (z. B. den Bild-im-Bild-Effekt aus Kapitel 7), muss jetzt noch einen Zwischenschritt unternehmen. Löschen Sie bitte alle Deckkraft- und Bewegungseffekte, indem Sie auf EFFEKT ZURÜCKSETZEN (Abbildung 8.4) in der jeweiligen Zeile klicken. Das hat zur Folge, dass alle Einstellungen kurzerhand verworfen werden. Das Video wird wieder in 100 % Größe angezeigt. (Wer gerade eine neue Sequenz erzeugt hat, kann sich diesen Schritt natürlich sparen.)

Umfangreiche Arbeiten verwerfen

Für den Fall, dass Sie im Vorfeld umfangreichere Arbeiten vorgenommen haben, dürfen Sie auch gern alle Änderungen an dem Clip in einem einzigen Schritt verwerfen. Dazu klicken Sie mit rechts auf den Clip und wählen ATTRIBUTE ENTFERNEN, gefolgt von OK. Lassen Sie im zwischengeschalteten Dialog alle Checkboxen des Bereichs VIDEOATTRIBUTE aktiv.

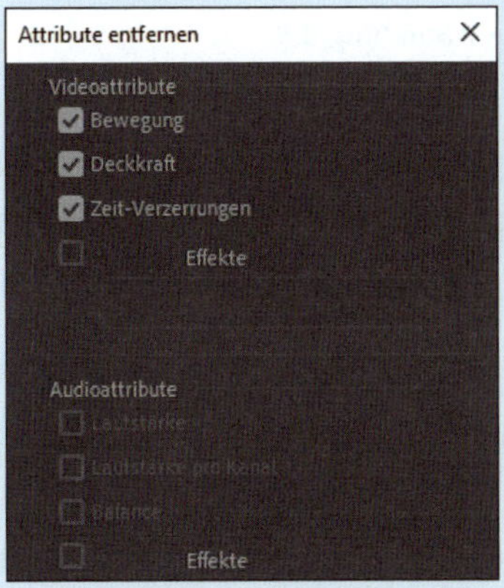

◀ **Abbildung 8.3** Entfernen Sie schnell alle Änderungen am Clip.

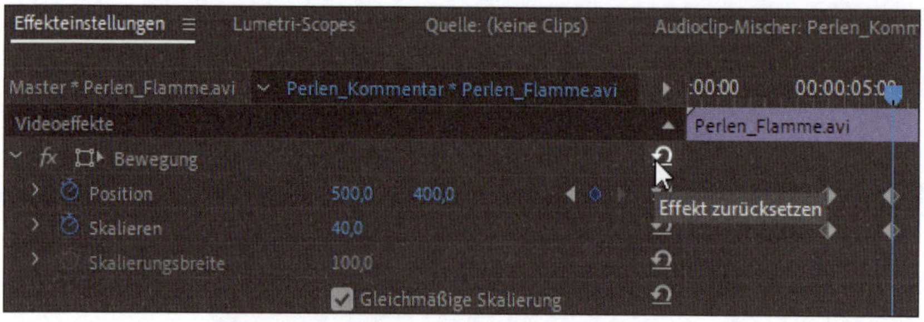

▲ **Abbildung 8.4** Verwerfen Sie die Skalierung (ursprünglich 40 %).

3 Clip verkleinern

Bringen Sie die Einfügemarke an die vorderste Position der Timeline, und markieren Sie den obersten Clip. Danach verkleinern Sie diesen Clip in der Zeile SKALIEREN. Die Größe soll 50 % betragen ❶.

4 Deckkraft-Maske hinzufügen

Öffnen Sie die Liste DECKKRAFT in den Effekteinstellungen, indem Sie die vorangestellte Pfeilspitze ❷ betätigen. Weisen Sie anschließend eine 4-PUNKT-POLYGONMASKE ❸ zu.

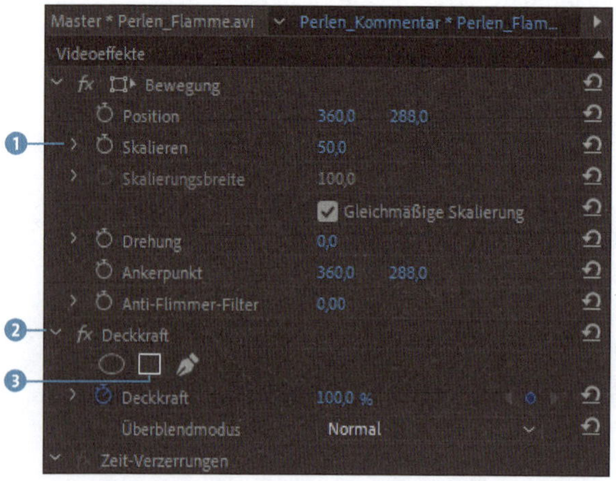

◂ **Abbildung 8.5**
Mit dieser Maske geht es weiter.

5 Maske ausweiten

Nun betätigen Sie das Steuerelement MASKENAUSWEITUNG innerhalb der Liste MASKE (1), die soeben zu den Effekteinstellungen hinzugefügt worden ist. Stellen Sie »195,0« ein.

6 Maske in Bewegung versetzen

Würden Sie nun die Maske animieren, hätte das zur Folge, dass das Video selbst an Ort und Stelle verbleibt und lediglich der Ausschnitt (also der Bereich, auf dem sich die Maskierung befindet) in Bewegung versetzt würde. Das sähe dann aus wie ein Sucher, der über das Bild läuft. (Was es damit auf sich hat, schauen wir uns später noch an.) Unser Ziel ist es jetzt, Asset und Maske synchron zu bewegen. Das erreichen wir, indem wir die Zeile POSITION innerhalb der Liste BEWEGUNG verändern. Der linke Wert soll auf etwa »–200,0« eingestellt werden. (Das Asset ist damit komplett aus dem sichtbaren Bereich des Programmmonitors verschwunden.) Verschieben Sie das Asset zudem noch nach unten, indem Sie den rechten Wert auf »420,0« setzen.

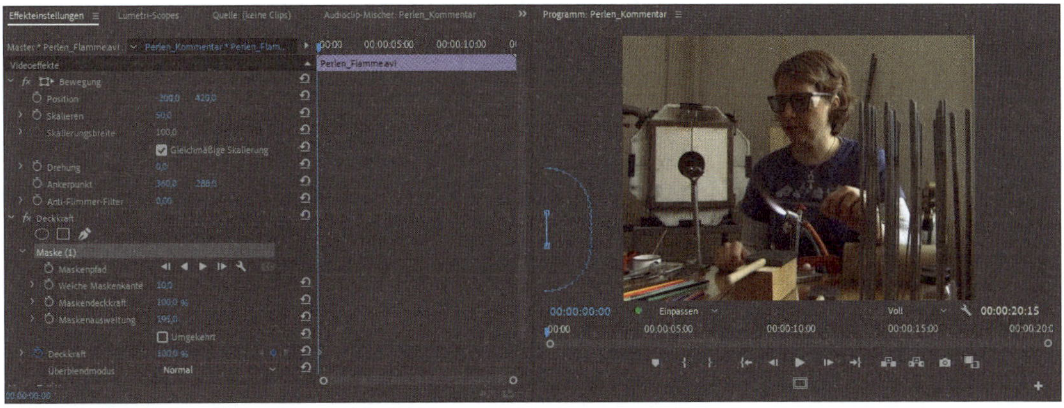

▲ **Abbildung 8.6** Die Maske ist komplett aus dem Bildbereich verschwunden.

7 Animation aktivieren

Jetzt müssen Sie noch dafür sorgen, dass Animations-Keyframes erzeugt werden. Dazu reicht ein Klick auf das Stoppuhr-Symbol in der Zeile POSITION ❹.

8 Maske verschieben

Bringen Sie den Abspielkopf jetzt an das Ende des Clips ❻. Klicken Sie auf den linken der beiden Werte in der Zeile POSITION, und geben Sie »880« ein ❺. Bestätigen Sie mit [↵], und lassen Sie die Sequenz abspielen. Der maskierte Clip bewegt sich jetzt langsam, aber beständig von links nach rechts.

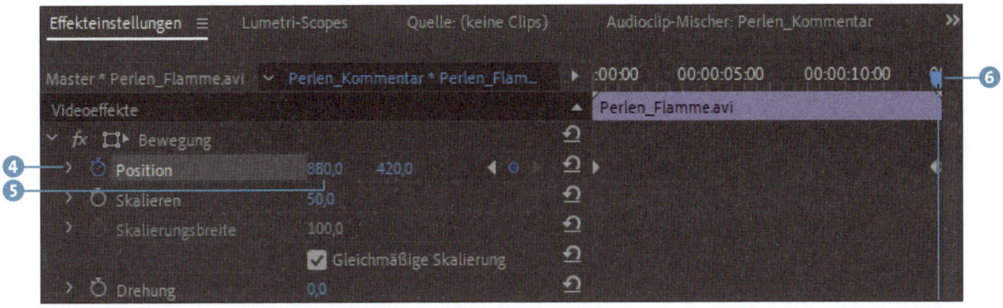

▲ **Abbildung 8.7** Die Bewegung des Clips wird animiert.

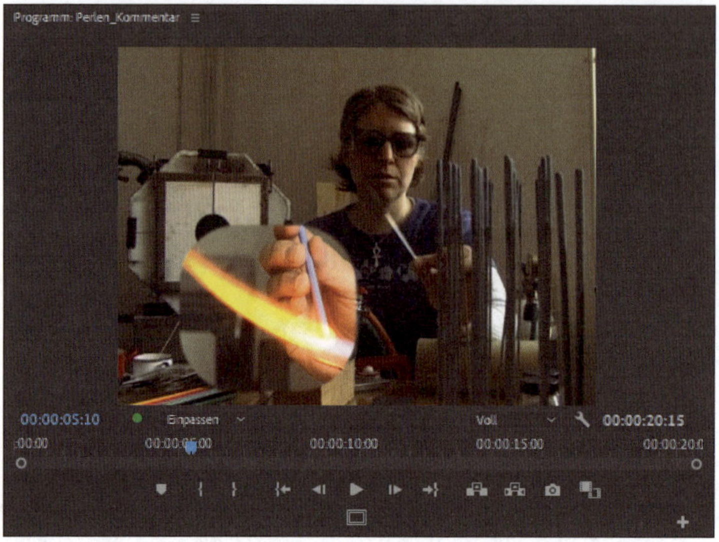

▲ **Abbildung 8.8** Der Clip bewegt sich über die Bildfläche.

8.1.2 Tracking – Bewegungsmasken erstellen

In diesem Abschnitt werden Sie die Stärken der Maskierung kennenlernen. Denn unser Ziel ist es, eine Maske zu animieren. Wozu braucht man das? Stellen Sie sich vor, Sie wollen ein bestimmtes Objekt, das im Film zu sehen ist, farblich verändern, alle anderen Bildbereiche jedoch unverändert lassen. Wäre das Objekt in jedem Einzelbild unseres Videos exakt an der gleichen Position, wäre das Ganze keine große Sache. Wir würden eine Maske darüberlegen, und alles wäre gut. Bewegt sich das Objekt jedoch im Video, muss auch die Maske entsprechend mitbewegt werden. Wenn Sie das von Hand machen wollten, hieße das, für jede Sekunde Film 25 einzelne Masken zu erzeugen. Zu viel, oder? Deshalb hilft Premiere Pro weiter – mit dem sogenannten Maskenpfad.

Schritt für Schritt: Einen Maskenpfad animieren

Ziel dieses Abschnitts ist es, die Ränder einer Maske mit den Bewegungen im Film zu synchronisieren, damit die Maske immer an der gewünschten Stelle wirken kann. Die Technik nennt sich übrigens »Tracking« oder »Motion-Tracking« und bedeutet so viel wie »Verfolgung«. Die Maske verfolgt unser Objekt innerhalb des Videos.

1 Projekt vorbereiten

Erzeugen Sie aus dem Asset *Schild.mp4* (Ordner *08*) eine neue Sequenz (Rechtsklick auf den Clip im Projektfenster, gefolgt von NEUE SEQUENZ AUS CLIP), und spielen Sie diese anschließend ab. Schade, das Schild selbst bewegt sich zwar nicht, jedoch ist die Videoaufnahme aus der freien Hand realisiert worden (ohne Stativ). Also muss sich eine darauf anzuwendende Maske ebenfalls bewegen. Sorgen Sie dafür, dass sich der Abspielkopf auf dem ersten Bild der Sequenz befindet (00:00:00:00).

◂ **Abbildung 8.9**
Um dieses Schild geht's.

2 Maske hinzufügen

Es wird Zeit für den ersten Korrektureffekt. Aktivieren Sie, falls noch nicht geschehen, den Arbeitsbereich EFFEKTE, und öffnen Sie den Ordner LUMETRI-VORGABEN oben rechts im Effekte-Bedienfeld. Entscheiden Sie sich für AUSGEBLEICHTER MONOCHROM-FILM 50 ❶, der wiederum im Unterverzeichnis MONOCHROM zu finden ist, und ziehen Sie diesen Effekt auf den Clip im Schnittfenster. Sorgen Sie zudem dafür, dass der Clip im Schnittfenster angewählt ist.

▴ **Abbildung 8.10** Der Effekt wird im Programmmonitor sofort sichtbar.

3 Maske erzeugen

Schauen Sie sich jetzt die Effekteinstellungen ganz genau an. Sie sehen, dass nicht nur der Bereich DECKKRAFT ❶ über Masken-Steuerelemente verfügt, sondern auch der soeben zugewiesene Effekt LUMETRI-FARBE ❷. Dort müssen Sie jetzt auch alle weiteren Einstellungen vornehmen, denn die Deckkraft-Maske interessiert uns nicht weiter. Betätigen Sie also ELLIPSENMASKE ERSTELLEN ❸ innerhalb des Lumetri-Effekts.

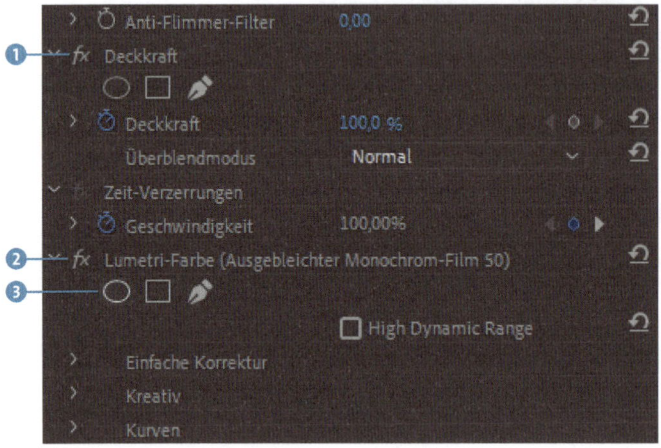

◂ **Abbildung 8.11**
Achten Sie darauf, dass Sie die »richtige« Maske aktivieren.

4 Maske verschieben

Den nächsten Schritt machen wir der Einfachheit halber im Programmmonitor. Klicken Sie dort mitten in die Maske, halten Sie die Maustaste gedrückt, und ziehen Sie sie etwas weiter nach links und unten. Sie sollte ganz grob über dem Verkehrsschild liegen.

▲ **Abbildung 8.12** Die Form stimmt noch nicht, aber mit der Positionierung können wir schon ganz zufrieden sein.

5 Ansicht optimieren

Sie sollten die Ansicht vergrößern, damit Sie mit möglichst großem Komfort an der Maske arbeiten können. Parken Sie deshalb die Maus auf dem Programmmonitor, und betätigen Sie [Ü].

6 Maske formen

Da sich die Kamera nicht frontal vor dem eigentlich kreisrunden Schild befunden hat, erscheint dieses nun zwangsläufig elliptisch. Unsere Maske ist allerdings rund. Gleichen Sie das aus, indem Sie zunächst den oberen Anfasser ❹ etwas nach unten schieben und anschließend den linken ❺ und rechten ❻ zur Maskenmitte hin bewegen. Leider lässt sich damit alleine aber noch keine Maske in der Form erzeugen, wie wir sie bräuchten. Sie sehen: Wenn Sie einen Punkt verschieben, liegt irgendein Teilbereich des Schildes plötzlich außerhalb der Maske. Aufgrund dessen ist es erforderlich, weitere Punkte zu setzen – und zwar an Stellen der Ellipse, an denen sich bis dato noch gar keine Anfasser-Quadrate befinden. Platzieren Sie die Maus auf den Rand, und klicken Sie. Halten Sie die Maustaste gedrückt, und verschieben Sie den soeben entstandenen Anfasser in die gewünschte Richtung.

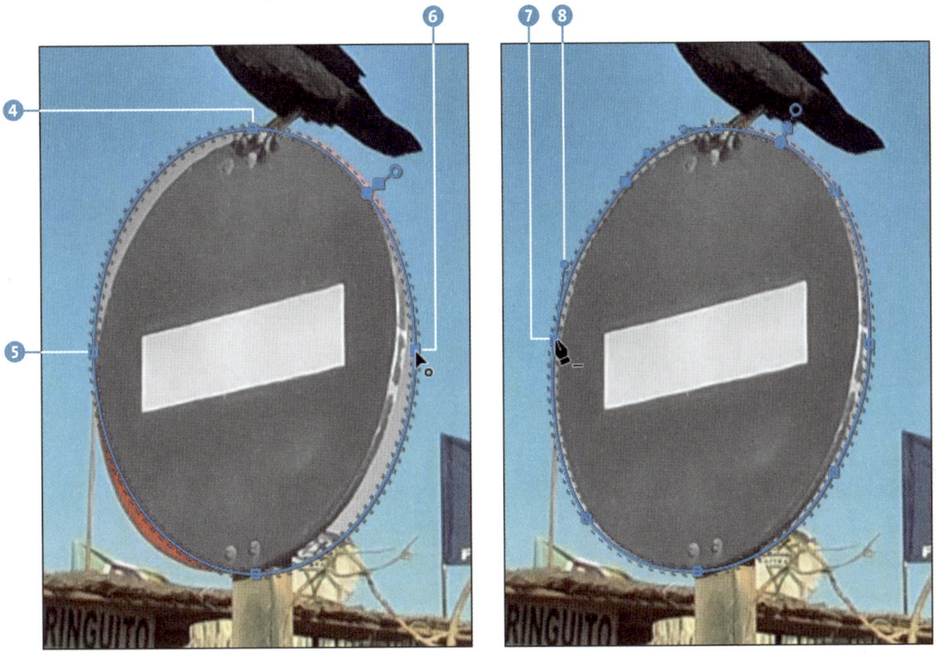

▲ **Abbildung 8.13** Es ist ein wenig aufwendig, die Maske exakt anzupassen.

7 Maske verfeinern

Sind Ihnen bereits die kleinen Tangenten (z. B. ❽) aufgefallen, die sich an einem aktivierten (ausgefüllten) Anfasser-Quadrat zeigen? Diese können ebenfalls verschoben werden. So lässt sich die Maske noch exakter an die Form anpassen. Arbeiten Sie in dieser Phase sehr gewissenhaft. Falls erforderlich, fügen Sie einen weiteren Anfasser hinzu, indem Sie abermals einen freien Bereich des Maskenrandes anklicken. Und sollte versehentlich mal ein Quadrat zu viel angebracht worden sein, halten Sie [Strg]/[⌘] gedrückt (der Mauszeiger mutiert jetzt zur Zeichenfeder mit Minus-Symbol ❼ in Abbildung 8.13) und klicken abermals auf den Anfasser.

8 Weiche Maskenkante erzeugen

Zuletzt sorgen Sie noch für eine etwas weichere Maskenkante, indem Sie den kleinen Kreis ❸ ein wenig von der Maske wegbewegen. Hierbei sollten Sie sehr vorsichtig zu Werke gehen und auf die beiden gestrichelten Linien (❶ und ❷) achten, die sich innerhalb und außerhalb der Maskenkante zeigen. Je weiter diese beiden voneinander entfernt sind, desto weicher wird die Kante. Doch in unserem speziellen Fall soll sie eher gering sein, weshalb Sie sich an der Abbildung orientieren sollten.

◂ **Abbildung 8.14**
So passt es.

9 Maske animieren

Damit sind die Arbeiten im Monitor erledigt. Parken Sie die Maus darauf, und betätigen Sie erneut [Ü], damit Sie wieder zur Standardansicht zurückkehren. Schauen Sie auf die Zeile MASKENPFAD (im Bereich LUMETRI-FARBE des Bedienfeldes EFFEKTEINSTELLUNGEN). Nachdem Sie sich noch einmal vergewissert haben, dass sich der Play-Head des Schnittfensters tatsächlich auf dem ersten Bild der Sequenz befindet ([Pos1] drücken), klicken Sie auf die Play-Schaltfläche in der Zeile MASKENPFAD. Die QuickInfo zu diesem Steuerelement lautet AUSGEWÄHLTE MASKE VORWÄRTS VERFOLGEN und verrät auch schon, was passiert, wenn Sie den Schalter betätigen.

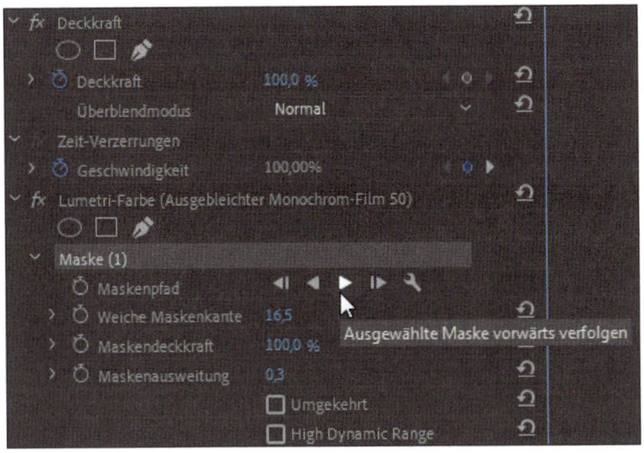

◂ **Abbildung 8.15**
Wir starten die Bewegungsverfolgung.

10 Animation aktivieren

Nun passieren einige wundersame Dinge. Zunächst einmal zeigt sich ein Tracking-Fenster, das den Fortgang der Berechnungen dokumentiert. Premiere Pro berechnet nämlich jetzt die Maskenposition für jedes Einzelbild neu. Dass jedes Bild tatsächlich auch über einen Keyframe verfügt, sehen Sie im Anschluss an die Berechnung im Bedienfeld Effekteinstellungen.

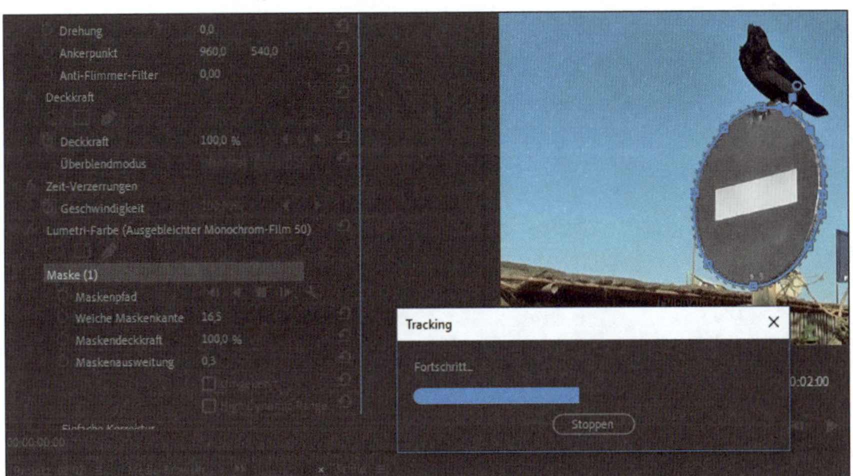

▴ **Abbildung 8.16** Premiere Pro berechnet die Maskenpositionen.

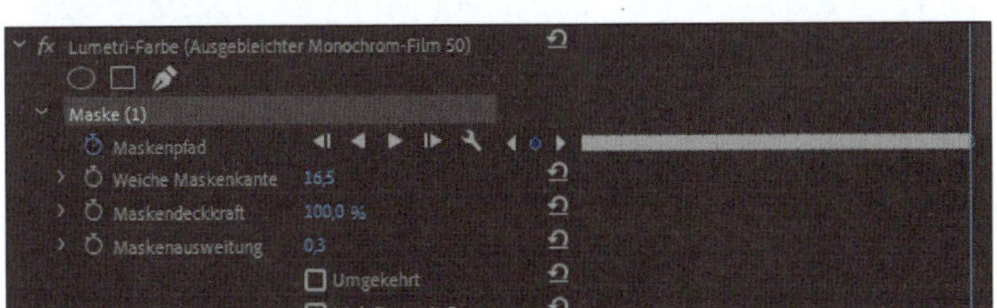

▴ **Abbildung 8.17** Jedes Einzelbild verfügt über einen Keyframe (rechts in der Zeile Maskenpfad).

11 Maske umkehren

Unsere nächste Aktion: Wir wollen das Schild farbig erscheinen lassen und alles drumherum farblos. Dazu ist es erforderlich, die Maske umzukehren. Klicken Sie deshalb noch auf die Checkbox UMGEKEHRT. Spielen Sie die Sequenz anschließend ab.

12 Optional: Einzelbilder anpassen

Nun funktioniert das Tracking recht ordentlich (auch in unserem Beispielvideo), jedoch darf man keine Wunder erwarten. Es ist nicht generell auszuschließen, dass die Maske des einen oder anderen Einzelbildes nicht doch einmal etwas »aus dem Ruder läuft«. Ist das bei Ihnen auch der Fall, gehen Sie auf das betreffende Einzelbild, und korrigieren Sie die Maske. Da jedes Einzelbild auch über ein eigenes Schlüsselbild verfügt, kann jede Maske auch individuell verändert werden, ohne dass es die daneben befindliche Maske beeinträchtigt. Das Ergebnis dieses Workshops finden Sie übrigens unter dem Titel *Tracking.mp4* im Ergebnisordner.

▲ **Abbildung 8.18** Am Ende bleibt die Farbe nur dem Verkehrsschild erhalten. Die Maske folgt den Kamerabewegungen.

Tracking erneuern | Nun kann es ja durchaus einmal vorkommen, dass Sie mit dem Tracking so gar nicht einverstanden sind und lieber noch einmal von vorne beginnen wollen – und zwar ohne die Grundmaske zu verlieren. In diesem Fall sollten Sie zunächst sämtliche Keyframes löschen. Das erreichen Sie, indem Sie auf das kleine Stoppuhr-Symbol vorne in der Zeile MASKENPFAD klicken und die anschließende Kontrollabfrage bestätigen. Das Gute daran: Die ursprüngliche Maske bleibt erhalten. Formen Sie diese auf Position des ersten Einzelbildes neu, und lassen Sie anschließend das Tracking neu berechnen.

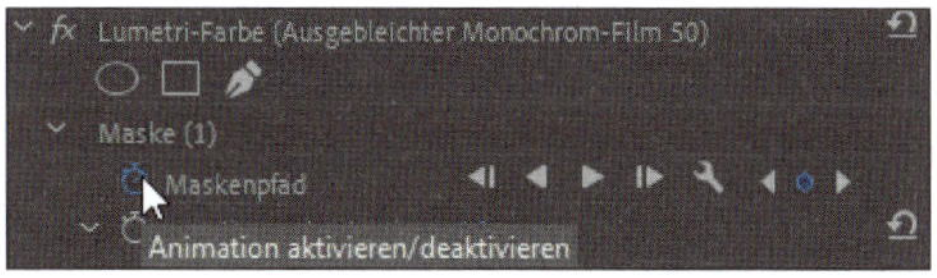

◀ **Abbildung 8.19**
Schmeißen Sie alle Keyframes kurzerhand weg.

8.1.3 Komplizierte Masken erstellen

Sie haben soeben gesehen, dass sich aus der elliptischen Grundform (genau genommen ist das ja zunächst ein Kreis) auch Anpassungen vornehmen lassen. Das Gleiche gilt auch für die Polygonmaske. Wenn es jedoch einmal richtig kompliziert wird, sollten Sie die Freizeichnen-Bézier-Maske benutzen.

Hierbei gilt: Klicken Sie zunächst mit dem Werkzeug auf den Rand, auf dem die Maske entstehen soll. Danach umlaufen Sie das Objekt gewissermaßen. An jeder notwendigen Richtungsänderung sollten Sie einen weiteren Mausklick folgen lassen. Auf diese Weise werden Geraden zwischen den Punkten erzeugt. Halten Sie die Maustaste hingegen gedrückt und verschieben das Zeigegerät passend zur Objektkontur, lässt sich ein Kurvenpunkt definieren. Das bedeutet: Sie erhalten jetzt die bereits bekannten Tangenten-Anfasser. Diese Vorgehensweise ist vor allem bei Rundungen zu empfehlen. Am Ende müssen Sie die Maske schließen, indem Sie erneut auf den Startpunkt klicken.

Leider erfordert es ein gewisses Maß an Eingewöhnung, bis Masken dieser Art gelingen. Doch Sie sollten sich von einigen »Startschwierigkeiten« nicht entmutigen lassen. Wenn Sie es erst einmal »raushaben«, läuft es fast wie von selbst.

▲ **Abbildung 8.20** Diese Maske ist nicht so leicht zu erstellen. Mit ein wenig Übung wird es aber klappen.

8.2 Der Zuschneiden-Effekt

Mitunter ist es wünschenswert, die äußeren Abmessungen eines Clips zu verändern. Wenn Sie beispielsweise nur einen bestimmten Ausschnitt des Videos präsentieren wollen, sollten Sie den Zuschneiden-Effekt einsetzen. Der lässt sich sogar direkt im Programmmonitor einstellen.

Keying

Mit Keying wird im Fall der Videobearbeitung das Aussparen bestimmter Bereiche bezeichnet. Ob das nun mittels Beschnitt, Filterung von unterschiedlichen Helligkeitsbereichen oder Farben geschieht, spielt dabei keine Rolle. Neudeutsch wird die Vorgehensweise auch »Auskeyen« genannt.

Schritt für Schritt: Clips zuschneiden und bewegen

In diesem Workshop erfahren Sie nicht nur, wie die Zuschneiden-Technik funktioniert, sondern werden mit der exakten Positionierung von Keyframes arbeiten. Wer sich dafür nicht interessiert, kann diese Übung nach Schritt 7 beenden, denn der Rest ist eher etwas für Enthusiasten. Sie verpassen dann aber leider wichtige Infos zur exakten Keyframe-Animation.

1 Projekt ansehen

Wenn Sie bereits jetzt ansehen wollen, was wir in diesem Workshop so alles bewerkstelligen, schauen Sie sich *Visa.mp4* aus dem Ergebnisordner an. Zugegeben – es sind nur sieben Sekunden, aber die haben es steuerungstechnisch in sich.

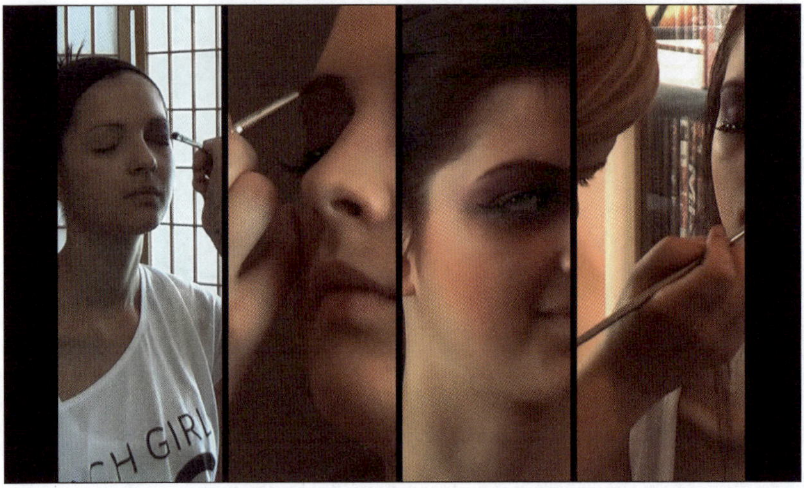

▲ **Abbildung 8.21** Das Projekt zeigt die Arbeit einer Visagistin vor einem unserer Fotoshootings.

2 Projekt vorbereiten

Importieren Sie die Clips *Visa_01.mp4* bis *Visa_04.mp4* aus dem Ordner *08* der Beispieldateien. Erzeugen Sie aus dem Clip *Visa_01.mp4* eine neue Sequenz. Da es sich um reine Videoclips (ohne Audio) handelt, dürfen Sie auch gerne den Musikclip *Titel_17.mp3* aus dem Ordner *04* der Beispieldateien ins Schnittfenster integrieren. Schneiden Sie ihn aber nach etwas mehr als sieben Sekunden ab.

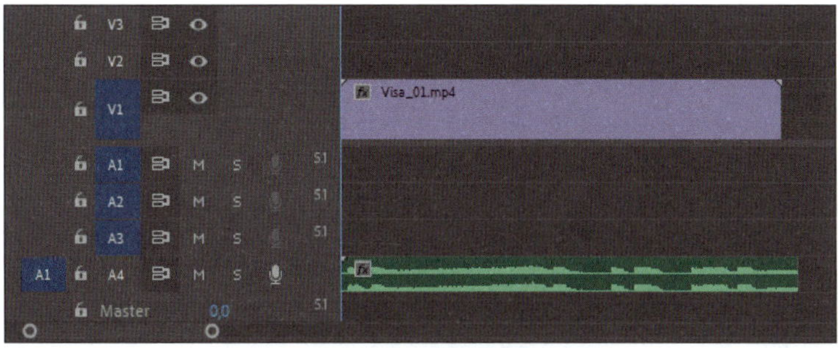

▲ **Abbildung 8.22** Wenn Ihr Schnittfenster jetzt so aussieht, sind Sie bereits auf einem guten Weg.

3 Weitere Clips hinzufügen

Fügen Sie nun auch die drei übrigen Clips ein – und zwar *Visa_02.mp4* auf Spur V2, den Clip Nummer 3 auf Spur 3 und 4 ganz nach oben in den dunklen Bereich. Das hat zur Folge, dass dort noch eine vierte Spur erzeugt wird. Die Clips müssen alle deckungsgleich übereinanderliegen – also alle bei 00:00:00:00 beginnen. Da sie alle exakt sieben Sekunden lang sind, dürfte das kein Problem sein.

4 Effekt zuweisen und einstellen

Sorgen Sie dafür, dass der Clip auf Spur V1 angewählt ist. Ziehen Sie den Effekt Zuschneiden aus dem Effekte-Bedienfeld (Videoeffekte • Transformieren) auf den Clip. Danach widmen Sie sich dem Bedienfeld Effekteinstellungen und stellen Links auf 38,0 % sowie Rechts auf 42,0 %.

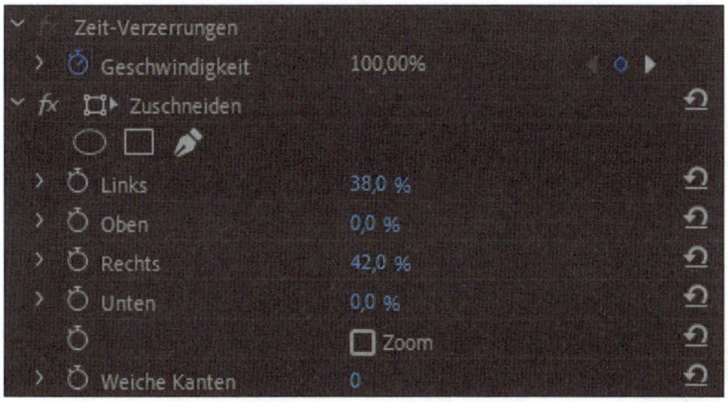

▲ **Abbildung 8.23** Klicken Sie auf die Hot-Text-Steuerelemente, und geben Sie die entsprechenden Werte per Tastatur ein – das ist die präziseste Vorgehensweise.

5 Effekt kopieren

Das Gleiche müssen wir nun auch mit allen anderen Clips machen. Da Sie aber sicher keine Lust verspüren, den Effekt jedes Mal neu zuzuweisen und die Werte abermals händisch einzugeben, sollten Sie die Zeile ZUSCHNEIDEN in den Effekteinstellungen markieren und anschließend Strg/⌘+C betätigen. Der Zuschneiden-Effekt wird daraufhin mitsamt den zuvor vergebenen Parametern in die Zwischenablage befördert.

6 Effekt mehrfach übertragen

Das Übertragen des Effekts auf die anderen Spuren geht so: Markieren Sie zunächst den Clip in Spur V2, und betätigen Sie anschließend Strg/⌘+V. Danach wiederholen Sie die Aktion auch für die Clips in den Spuren 3 und 4. Alle vier Videoclips sind somit exakt gleich zugeschnitten.

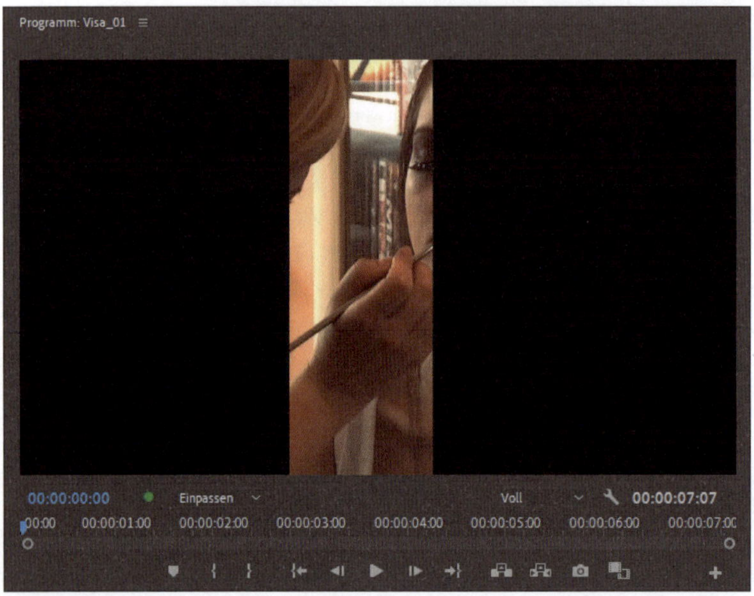

▲ **Abbildung 8.24** Logisch – nur der oberste Clip ist zu sehen, da alle darunter befindlichen den gleichen Zuschnitt erhalten haben.

7 Clips verschieben

Der nächste Schritt besteht darin, die Videos nebeneinander zu positionieren. Beginnen Sie mit dem untersten, den Sie zunächst wieder im Schnittfenster markieren. In den EFFEKTEINSTELLUNGEN legen Sie die horizontale Position mit »390,0« fest.

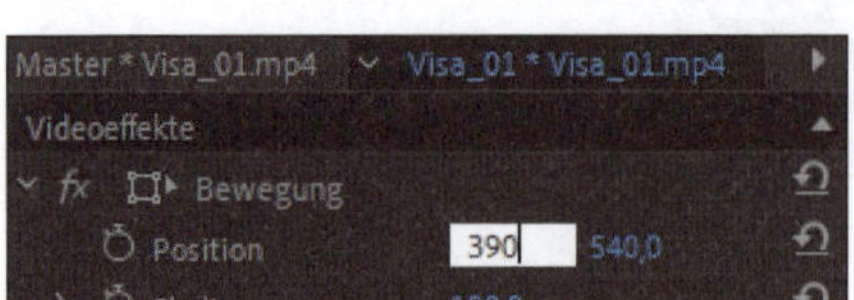

◄ **Abbildung 8.25** Der linke Positionswert wird verändert. Er bestimmt die horizontale Ausrichtung.

Fahren Sie auf dieselbe Weise mit den anderen Clips fort. Clip 2 soll auf die Position »790,0«, Clip 3 auf »1190,0« und 4 auf »1590,0«. Danach sollte Ihr Programmmonitor das Eingangsbild dieses Workshops zeigen.

8 Ersten Keyframe setzen

Der Rest ist reine Fleißarbeit und soll, wie bereits erwähnt, die Kenntnisse im Zusammenhang mit Keyframes verbessern. Gehen Sie auf Sekunde 01:00, und platzieren Sie dort einen Positions-Keyframe für Clip 1. Denken Sie bitte daran, dass der Clip in Spur 1 ausgewählt sein muss, ehe Sie das Stoppuhr-Symbol benutzen.

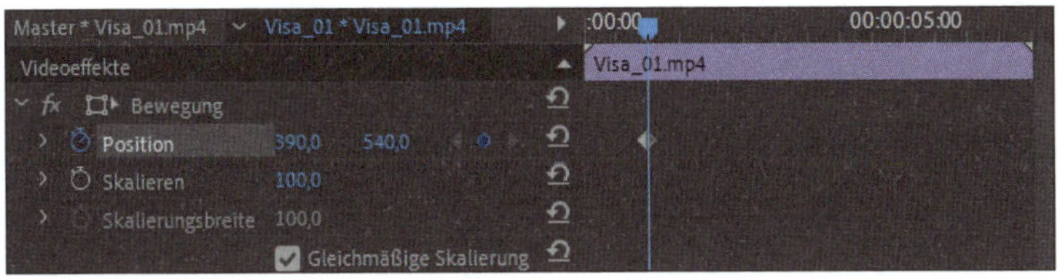

▲ **Abbildung 8.26** Das erste Schlüsselbild ist definiert.

9 Weitere Keyframes setzen

Die Start-Keyframes für die anderen Clips setzen Sie wie folgt:

- Clip 2 auf Sekunde 01:12
- Clip 3 auf Sekunde 02:00 und
- Clip 4 auf Sekunde 02:12.

10 Ersten Clip verschieben

Bringen Sie die Sequenz-Abspielmarke auf Bild 12 (also auf 00:00:00:12). Markieren Sie Clip 1, und geben Sie ihm die horizontale Position »–160,0«.

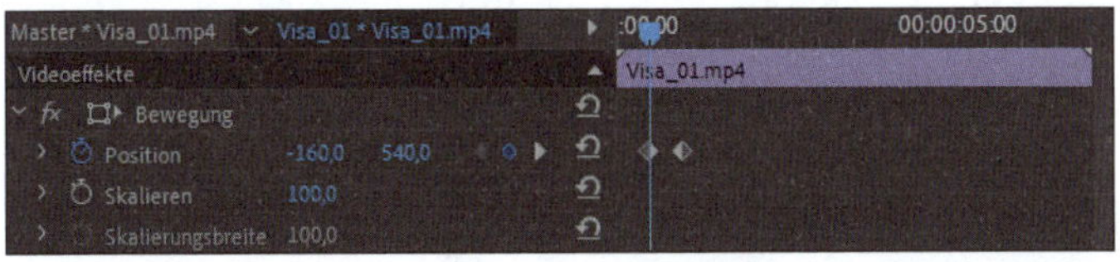

▲ **Abbildung 8.27** Für den vordersten Keyframe wird ein negativer Wert eingegeben.

Jetzt bitte gut aufpassen: Klicken Sie auf die Schaltfläche Zum nächsten Keyframe gehen, damit der Play-Head wieder auf dem rechten Schlüsselbild geparkt wird. Daraufhin aktivieren Sie Video 2 und vergeben an dieser Position den vertikalen Positionswert (also den rechten) von »1630,0«. Springen Sie auch hier wieder zum nächsten Keyframe. Aktivieren Sie Clip 3, und geben Sie für die vertikale Position »–550,0« an. Zu guter Letzt wird abermals Zum nächsten Keyframe gehen angewählt, Clip 4 selektiert und horizontal (linker Wert) auf »2160,0« positioniert. Wenn Sie die Sequenz abspielen, müssten sich bereits alle Clips wie gewünscht in Bewegung versetzen.

11 Video aufskalieren

In der letzten Aktion dieses zugegebenermaßen etwas kniffligen Workshops sorgen Sie noch dafür, dass der rechte Clip in seine Ursprungsposition fährt und die gesamte Bildfläche einnimmt. Dazu setzen Sie den Abspielkopf auf 00:00:04:12 und aktivieren die Zuschneiden-Stoppuhren in den Zeilen LINKS und RECHTS. Achten Sie darauf, dass dazu Clip 4 im Schnittfenster angewählt sein muss. Jetzt klicken Sie noch auf die kleine Raute in der Zeile POSITION (sie fügt an dieser ein weiteres Schlüsselbild ein).

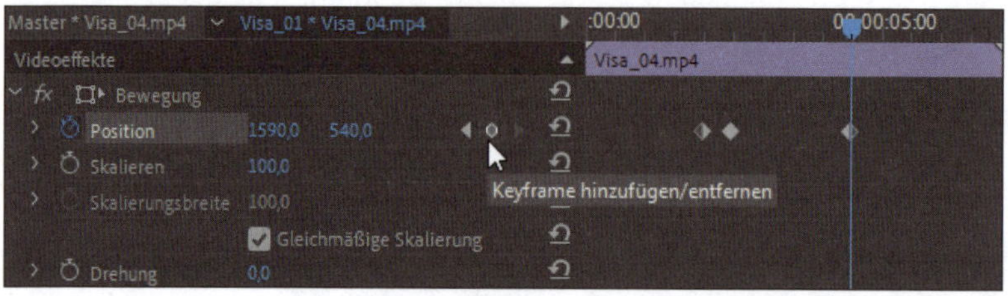

▲ **Abbildung 8.28** Auch die Position muss noch einmal selektiert werden.

Schieben Sie den Play-Head auf Position 00:00:05:00. Die POSITION wird horizontal (also links) wieder auf den Ausgangswert von »960,0« gestellt. Zudem müssen die Werte LINKS und RECHTS innerhalb des Effekts ZUSCHNEIDEN wieder auf »0,0 %« justiert werden. Spielen Sie den Film ab.

Clips im Programmmonitor zuschneiden | Wer nicht so gern mit den Hot-Text-Steuerelementen in den Effekteinstellungen arbeitet, der kann seine Videos auch direkt im Programmmonitor zuschneiden. Das bietet sich immer dann an, wenn es mal nicht ganz so exakt zugehen muss wie im vorangegangenen Workshop. Damit das Ganze funktioniert, muss der Effekt zunächst ausgewählt werden. Im konkreten Fall bedeutet das: Die Zeile ZUSCHNEIDEN in den EFFEKTEINSTELLUNGEN muss angeklickt werden.

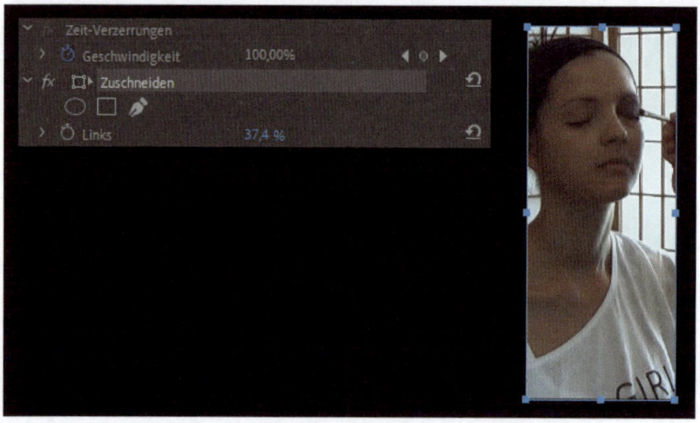

▲ **Abbildung 8.29** Voraussetzung für die Anpassung der Maske im Programmmonitor ist die vorherige Anwahl der Effekt-Zeile.

Daraufhin zeigen sich die bereits bekannten quadratischen Anfasser entlang des Clips im Programmmonitor. Diese ziehen Sie wie gewünscht in Form, während die Maustaste festgehalten wird. Die gesamte Maske wird verschoben, indem Sie auf den Ausschnitt klicken und diesen (ebenfalls mit gedrückter Maustaste) verschieben.

8.3 Bildmaske-Key

Ein Bildmaske-Key sorgt ähnlich wie das Zuschneiden dafür, dass nur bestimmte Bereiche eines Videos sichtbar sind. Auch hier lassen sich interessante Bild-in-Bild-Effekte realisieren.

8.3.1 Maske erstellen

Eine Bildmaske muss nicht, wie sonst üblich, als Asset in das Projektfenster eingebunden werden. Vielmehr reicht es aus, lediglich einen Verweis auf den Speicherort zu generieren. Grundsätzlich können Sie eine Bildmaske frei nach Wunsch gestalten – beispielsweise in Photoshop. Im folgenden Workshop gehen Sie allerdings einen Schritt weiter und passen die Maske exakt an das Video an.

Schritt für Schritt: Eine Bildmaske erzeugen

Dieser Workshop zeigt, wie Sie eine Bildmaske unter Zuhilfenahme von Photoshop realisieren können.

1 Sequenz vorbereiten

Wie immer steht auch hier zunächst einmal die Vorbereitung des Projekts an. Erzeugen Sie eine NEUE SEQUENZ AUS CLIP, wobei Sie *Visa_01.mp4* verwenden. Anschließend legen Sie *Visa_03.mp4* auf Spur V2.

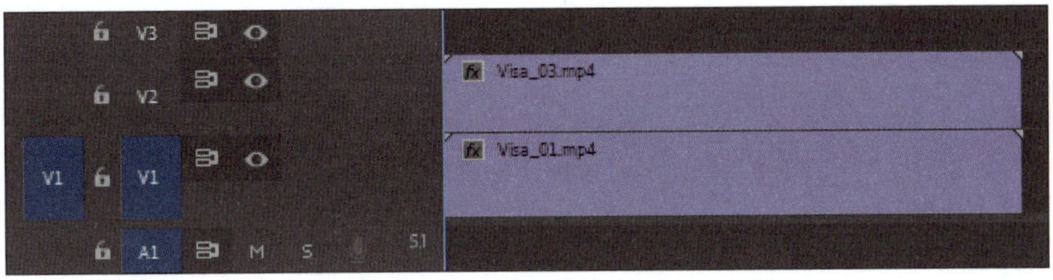

▲ **Abbildung 8.30** So sollten Sie Ihr Projekt vorbereiten.

2 Einzelbild exportieren

Um im Anschluss besser beurteilen zu können, wie die Maske aussehen muss, exportieren Sie zunächst ein einzelnes Bild, das Sie als Muster in Photoshop verwenden können.

Dazu müssen Sie nichts weiter tun, als auf den kleinen Fotoapparat FRAME EXPORTIEREN im Programmmonitor zu klicken. Sie erreichen damit, dass das dort aktuell sichtbare Einzelbild dazu verwendet wird. Alternativ können Sie auch [Strg]/[⌘]+[⇧]+[E] betätigen, was jedoch voraussetzt, dass entweder das Schnittfenster oder der Programmmonitor aktiv ist.

3 Format einstellen

Benennen Sie das Foto mit »Screen-Maske« (oder was auch immer Sie für geeignet halten), und stellen Sie das FORMAT: TIFF ein. Weisen Sie dem Bild einen Speicherort zu, indem Sie auf DURCHSUCHEN klicken. Danach bestätigen Sie mit OK. Die Checkbox IN PROJEKT IMPORTIEREN lassen Sie inaktiv, da die Datei lediglich in Photoshop, nicht jedoch in Premiere Pro benötigt wird.

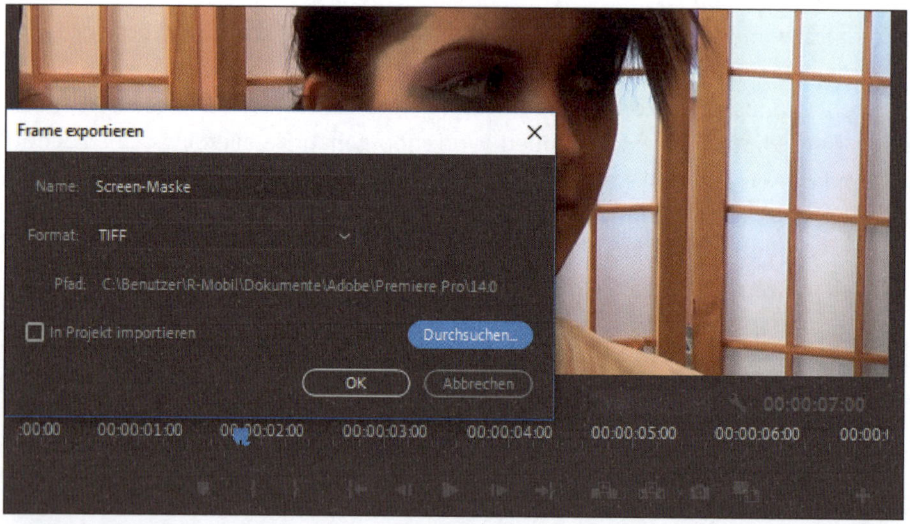

▲ **Abbildung 8.31** Dieser Dialog ist zu durchlaufen.

Photoshop testen

Adobe stellt auch zum aktuellen Photoshop-Release eine Testversion zur Verfügung, die Sie unter *www.adobe.com/de* herunterladen können.

4 Photoshop: Standardfarben einstellen

Öffnen Sie die soeben exportierte Datei in Photoshop. Übrigens finden Sie den Screenshot auch in den Beispieldateien zu diesem Kapitel. Drücken Sie zunächst einmal [D] auf Ihrer Tastatur. Das sorgt dafür, dass in der Werkzeugleiste Schwarz als Vordergrund- und Weiß als Hintergrundfarbe eingestellt werden.

▲ **Abbildung 8.32** Schwarz und Weiß sind die Standardfarben in Photoshop.

5 Photoshop: Werkzeug wählen

Aktivieren Sie das AUSWAHLELLIPSE-WERKZEUG [M] in der Werkzeugleiste. Sollte an dieser Position das Auswahlrechteck gezeigt werden, klicken Sie diese Schaltfläche an und halten die linke Maustaste einen Moment lang gedrückt. Betätigen Sie jetzt den Eintrag AUSWAHLELLIPSE-WERKZEUG. Die Liste schließt sich daraufhin automatisch, und das Werkzeug ist selektiert. Wenn Sie, was ich sehr hoffe, inzwischen zum Tastaturbefehl-Fan geworden sind, drücken Sie alternativ bei aktivem Auswahlrechteck-Werkzeug einfach einmal [⇧]+[M].

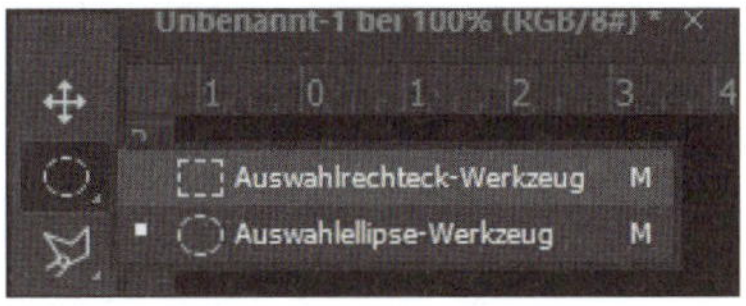

◂ **Abbildung 8.33**
Für den nächsten Schritt wird die Auswahlellipse benötigt.

6 Photoshop: Auswahl erzeugen

Setzen Sie jetzt den Mauszeiger etwas unterhalb des bildlinken Auges unseres Fotomodells an (der Mauszeiger mutiert dabei zum Fadenkreuz). Jetzt bitte erhöhte Aufmerksamkeit: Führen Sie einen Mausklick aus, halten Sie die linke Maustaste gedrückt, und betätigen Sie zusätzlich noch [Alt] sowie [⇧]. Neben der Maustaste müssen Sie auch beide Tasten der Tastatur gedrückt halten. Ziehen Sie die Maus jetzt nach unten und nach rechts, sodass sich der gestrichelte Kreis mehr und mehr vergrößert. Wenn Gesicht und Haare großzügig umrandet sind (siehe Abbildung 8.34), lassen Sie zunächst die Maustaste und erst danach die Tasten der Tastatur los. Sollte Ihnen die Position der Auswahllinie noch nicht gefallen, können Sie sie mithilfe der Pfeiltasten Ihrer Tastatur noch bewegen.

▲ **Abbildung 8.34** So sollte die Auswahl positioniert werden.

Funktionsweise der Tasten

Mit ⇧ erreichen Sie, dass anstelle einer Ellipse ein exakter Kreis erzeugt wird, während Alt dafür sorgt, dass die Auswahl nicht vom Rand, sondern aus ihrer Mitte heraus produziert wird. Die Stelle des Mausklicks wird so zum Mittelpunkt der späteren Auswahl.

7 Optional: Maske verschieben

Für den Fall, dass die Maske insgesamt noch anders angeordnet werden muss (z. B. höher oder niedriger), kontrollieren Sie zunächst, ob oben links in den Werkzeugeinstellungen die erste der vier Funktionen NEUE AUSWAHL aktiv ist. Ist das nicht der Fall, markieren Sie dieses Symbol. Danach klicken Sie in die Auswahl hinein und verschieben diese, während die Maustaste gedrückt bleibt, an die gewünschte Stelle.

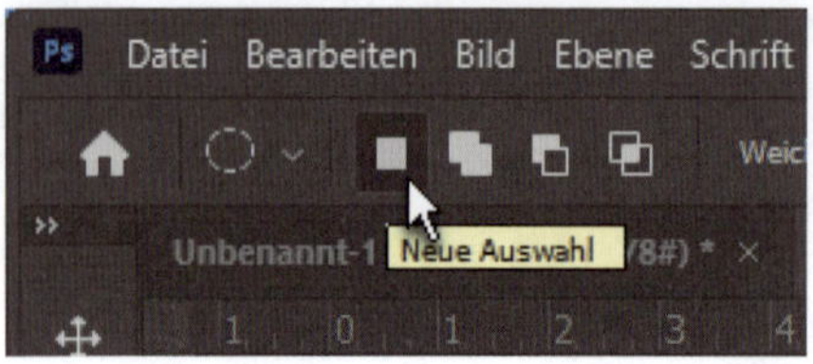

◂ **Abbildung 8.35**
Die erste der vier Optionen muss aktiv sein, damit das Verschieben der Auswahl funktionieren kann.

8 Photoshop: Fläche füllen

Drücken Sie jetzt entweder ⇧+F5 (am Mac müssen Sie meist zusätzlich fn drücken), oder gehen Sie in das Menü. Dort müssen Sie sich dann für BEARBEITEN • FLÄCHE FÜLLEN entscheiden. Im Folgedialog muss unter INHALT der Eintrag VORDERGRUNDFARBE gelistet werden. Bestätigen Sie mit OK, woraufhin der eingekreiste Bereich mit Schwarz gefüllt wird.

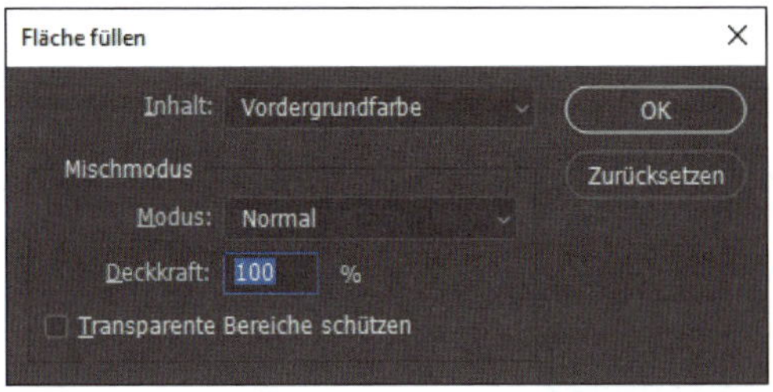

▲ **Abbildung 8.36** Ein schwarzer Punkt überdeckt das Gesicht.

9 Photoshop: Auswahl umkehren

Jetzt muss alles andere noch weiß eingefärbt werden. Dazu müssen Sie die Auswahl zunächst einmal umkehren. Drücken Sie Strg/⌘+⇧+I, oder entscheiden Sie sich für AUSWAHL • AUSWAHL UMKEHREN. Jetzt ist alles ausgewählt, was zuvor nicht ausgewählt war. Im Gegenzug wurde der ausgewählte Bereich deselektiert.

10 Photoshop: Fläche erneut füllen

Betätigen Sie zunächst X auf der Tastatur. Das hat zur Folge, dass Vorder- und Hintergrundfarbe miteinander vertauscht werden. Drücken Sie abermals ⇧+F5 oder BEARBEITEN • FLÄCHE FÜLLEN, und bestätigen Sie gleich mit OK.

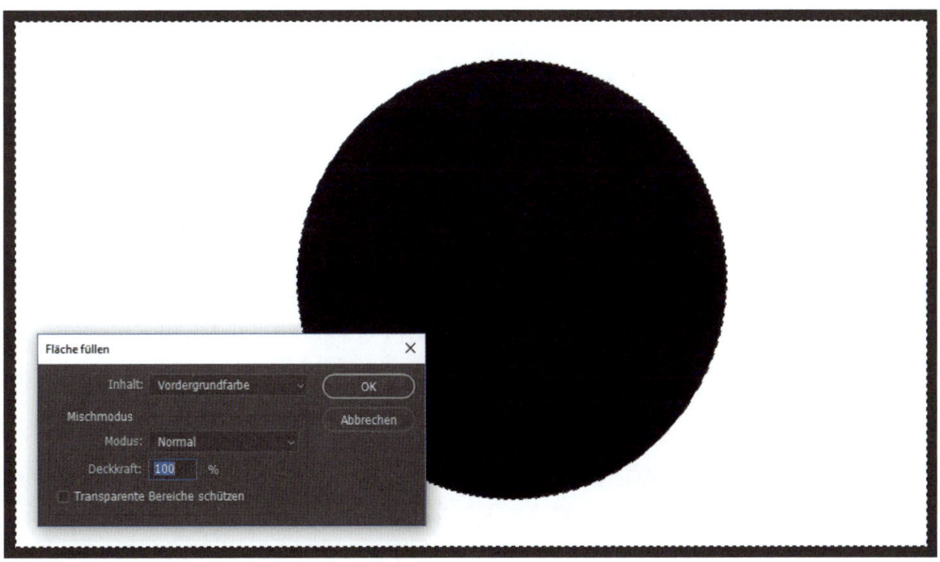

▲ **Abbildung 8.37** Verwenden Sie abermals die Vordergrundfarbe, um die Fläche zu füllen.

11 Photoshop: Auswahl aufheben

Am Schluss müssen Sie die Auswahllinien noch loswerden. Das realisieren Sie über das Menü AUSWAHL • AUSWAHL AUFHEBEN oder mit der Tastenkombination Strg/⌘+D.

▲ **Abbildung 8.38** So sieht Ihre Maske aus.

12 Photoshop: Bilddatei speichern

Speichern Sie das Bild unter einem anderen Namen, indem Sie DATEI • SPEICHERN UNTER wählen oder [Strg]/[⌘]+[⇧]+[S] drücken. Als Format wählen Sie erneut TIFF. Die fertige Datei finden Sie ebenfalls im Ordner *08*. Sie trägt den Namen *Bildmaske.tif*.

8.3.2 Maske zuweisen

Das eigentliche Zuweisen der Bildmaske ist keine große Sache. Wie Sie bereits erfahren haben, müssen Sie die Maske selbst nicht einmal in das Premiere-Projekt einbinden.

Schritt für Schritt: Einen Clip mit einer Bildmaske versehen

Hier erfahren Sie, wie Sie den entsprechenden Effekt zuweisen und mit der soeben erzeugten Maske verbinden. Der Effekt ist ausgesprochen intuitiv. Dennoch kommt er nicht ohne eine Einstellung aus.

1 Key zuweisen

Öffnen Sie den Ordner VIDEOEFFEKTE innerhalb des Effekte-Bedienfeldes von Premiere Pro. Darin befindet sich der Ordner KEYING. Öffnen Sie auch diesen, und weisen Sie den BILDMASKE-KEY dem markierten obersten Clip zu (Doppelklick oder auf den Clip ziehen).

Widmen Sie sich jetzt dem Fenster EFFEKTEINSTELLUNGEN. Rechts in der Zeile BILDMASKE-KEY finden Sie eine kleine Symbolschaltfläche mit dem Namen EINRICHTEN ❶. Wenn Sie diese anklicken, erhalten Sie den Dialog MASKENBILD AUSWÄHLEN. Stellen Sie hierüber den Pfad zu *Bildmaske.tif* her, und bestätigen Sie mit ÖFFNEN. (Auch diese Datei ist im Übrigen im Ordner *08* der Beispieldateien zu finden.)

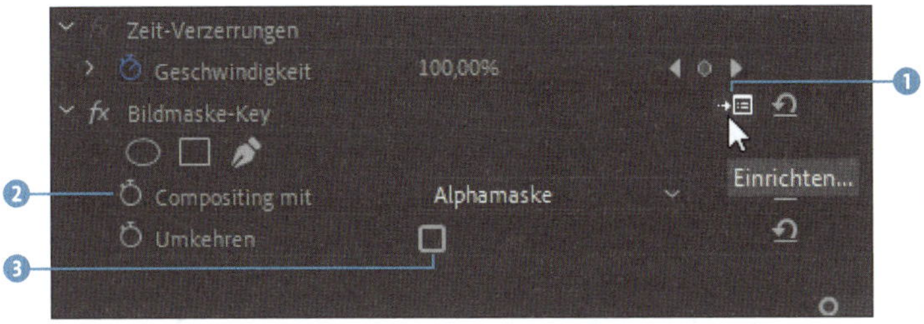

◂ **Abbildung 8.39**
Die zunächst wichtigste Schaltfläche finden Sie in der Kopfzeile des Bildmaske-Keys.

2 Bildmaske einstellen

Nun gilt es, die beiden anderen Steuerelemente einzustellen. Unter COMPOSITING MIT ❷ entscheiden Sie sich für LUMINANZMASKE, da die Maske anhand der Helligkeitswerte (Luminanz) eingestellt werden soll. Aktivieren Sie außerdem die Checkbox UMKEHREN ❸, die sich gleich darunter befindet.

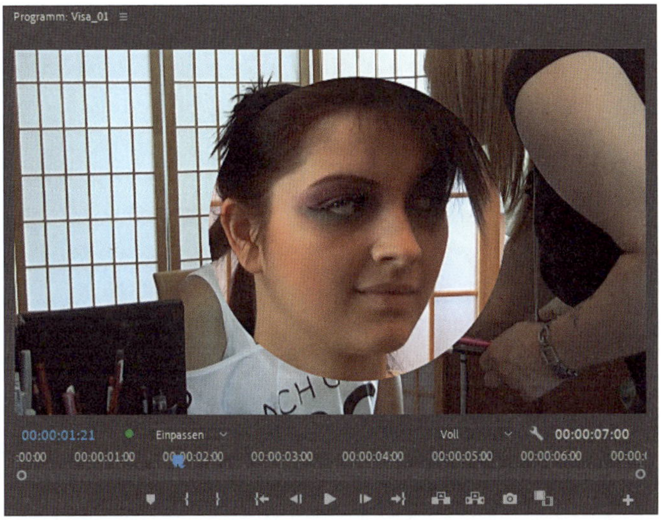

▴ **Abbildung 8.40** Im Video sind jetzt nur noch die Bereiche sichtbar, die in der Maske schwarz sind.

3 Clip skalieren

Zuletzt schieben Sie den überlagernden Clip noch in Position: Aktivieren Sie dazu den Clip in Spur V2, und öffnen Sie die EFFEKTEINSTELLUNGEN. SKALIEREN Sie den Clip auf eine Größe von 60,0%. Die POSITION geben Sie mit »270,0« und »320,0« an. Wenn Sie die Zeile POSITION (oder BEWEGUNG bzw. SKALIEREN) in den Effekteinstellungen anwählen, dürfen Sie den Clip auch gern per Drag & Drop im Programmmonitor verschieben. Auch das Skalieren funktioniert dort, da der Clip in diesem Fall mit kleinen Anfasser-Punkten ausgestattet wird. Der Rahmen erstreckt sich allerdings über den gesamten Bereich des Clips, also auch über jenen, der von der Maske verdeckt wird. Deshalb befindet sich der Rahmen etwas außerhalb des Kreises.

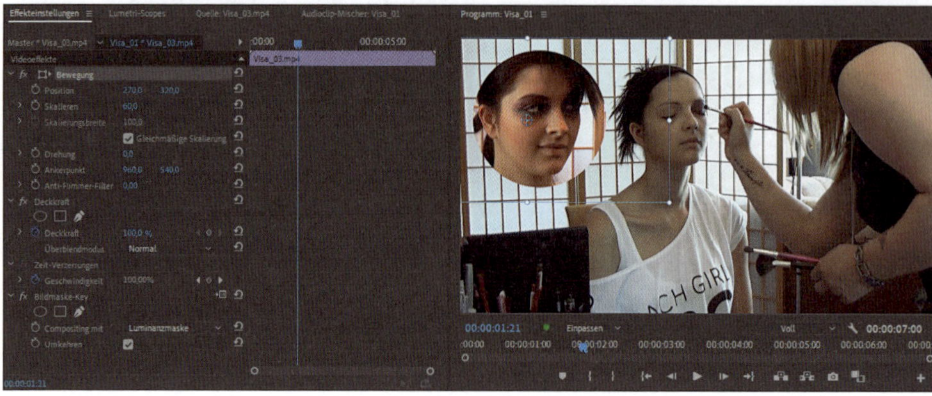

▲ **Abbildung 8.41** Der überlagernde Clip landet oben links.

8.3.3 Luminanz und Alphakanäle

Die Beispieldatei enthält keinen Alphakanal. Deshalb mussten Sie auch auf LUMINANZMASKE umschalten, bei der grundsätzlich zwischen Schwarz und Weiß unterschieden wird. Was schwarz ist, ist unsichtbar, während weiße Bereiche sichtbar sind. Bei der verwendeten Maske musste jedoch der schwarze Bereich sichtbar bleiben, während alles Weiße unsichtbar werden sollte. Deshalb mussten Sie am Schluss auch UMKEHREN aktivieren. Eine Maske mit Alphakanal hingegen generiert man in Photoshop separat. Dabei bilden zumeist Pfade den Bereich des Bildes, der als Alphakanal wirken soll. Der Kanal selbst wird dann im Kanäle-Bedienfeld angelegt. Der nächste Workshop gibt Aufschluss darüber.

Grautöne für eine Maske verwenden

Wenn Sie statt Schwarz und Weiß Grautöne verwenden, erzeugen Sie Teiltransparenzen. Das bedeutet: Je dunkler das Grau ist, desto weniger ist der Clip sichtbar. Hellere Grautöne hingegen lassen den Clip kräftiger erscheinen. Mit dieser Technik sind Sie in der Lage, Bereiche eines Videos durchscheinen zu lassen.

8.4 Spurmaske-Key

Prinzipiell ist der Bildmaske-Effekt ja ganz nett anzusehen – leider hat er aber einen entscheidenden Nachteil: Die Maske bleibt stets an derselben Position stehen. Sie können den Clip selbst zwar über die Bewegungssteuerelemente animieren, müssen dabei allerdings in Kauf nehmen, dass der Ausschnitt stets der gleiche bleibt. Wenn Sie diesen jedoch wie einen Sucher über das Bild wandern lassen wollen, müssen Sie den Spurmaske-Key verwenden. Darüber hinaus benötigen Sie eine »echte« Alphamaske.

Schritt für Schritt: Eine Alphamaske in Photoshop erzeugen

Natürlich können Sie gleich mit dem übernächsten Workshop fortfahren, wenn Sie das möchten. Benutzen Sie dann einfach die Datei *Alphamaske.tif* aus Ordner *08* der Beispieldateien. Falls Sie aber wissen möchten, wie das Handling mit einer Alphamaske vonstattengeht, sollten Sie sich zunächst mit diesem Workshop beschäftigen.

1 Bilddatei öffnen

Wechseln Sie wieder zu Photoshop, und öffnen Sie die Datei *Bildmaske.tif*, wobei natürlich nichts dagegen einzuwenden ist, wenn Sie die Datei verwenden, die Sie eben selbst in Photoshop bearbeitet haben. Zur Technik: Grundsätzlich können Sie aus allen Objekten einen Alphakanal erzeugen, doch wollen wir uns jetzt damit begnügen, den schwarzen Kreis in einen Alphakanal umzuwandeln. Stellen Sie das Kanäle-Bedienfeld bereit (FENSTER • KANÄLE).

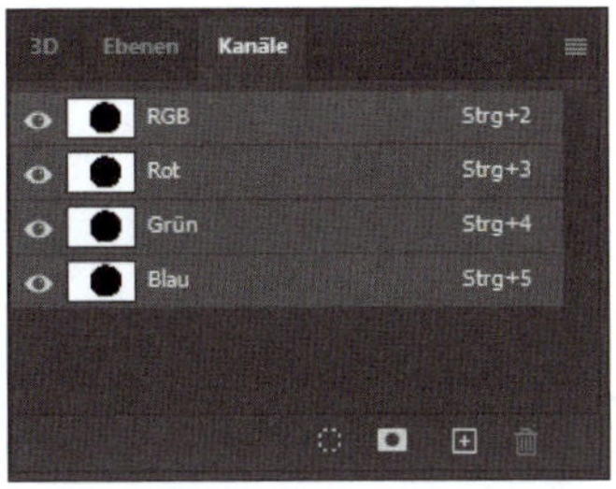

◂ **Abbildung 8.42**
Jetzt wird das Kanäle-Bedienfeld benötigt.

2 Neuen Kanal erstellen

Jetzt wählen Sie im Fuß des Bedienfeldes KANAL ALS AUSWAHL LADEN ❶, gefolgt von AUSWAHL ALS KANAL SPEICHERN ❷. Im Anschluss daran taucht der korrekte Alphakanal (mit Punkt) in der untersten Zeile des Kanäle-Bedienfeldes auf.

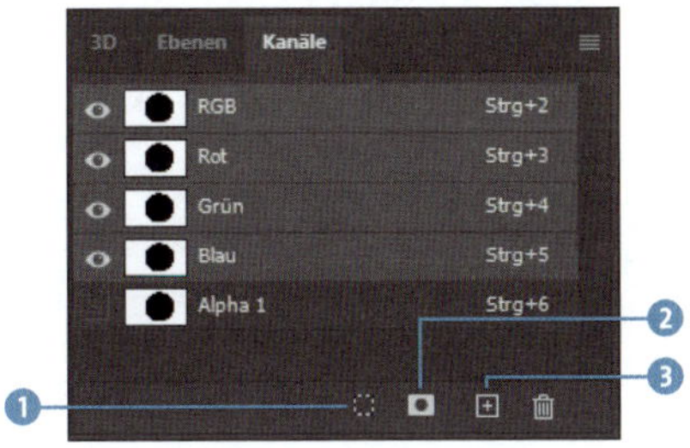

◂ **Abbildung 8.43**
Damit verfügt das Bild über einen realen Alphakanal.

Neuen Kanal erstellen

Wenn Sie einmal mit einem neuen, leeren Kanal beginnen wollen, betätigen Sie zunächst NEUEN KANAL ERSTELLEN ❸, ehe Sie die Inhalte festlegen.

3 Datei speichern

Am Schluss speichern Sie die Datei ab (vergeben Sie beispielsweise den Namen »Alphamaske.tif«). Eine Datei gleichen Namens finden Sie übrigens auch im Ordner *08*; damit können Sie jetzt ebenfalls weiterarbeiten.

Alphakanäle in Photoshop und in Premiere Pro umkehren

Wenn Sie den Alphakanal selbst einmal umkehren, also Schwarz und Weiß miteinander vertauschen wollen, können Sie das ebenfalls ganz schnell *in Photoshop* realisieren. Markieren Sie dazu einfach den Alphakanal im Bedienfeld KANÄLE (hier mit ALPHA 1 betitelt), und drücken Sie [Strg]/[⌘]+[I]. Denken Sie aber daran, dass Sie die Datei jetzt neu speichern müssen, damit die Änderungen auch wirksam werden.

Prinzipiell ist dieser Schritt aber nicht nötig, wenn Sie den Alphakanal eines Bildes *in Premiere Pro* nutzen wollen: Bild- und Spurmaske-Effekte verfügen nämlich über eine Checkbox mit dem schönen Namen UMKEHREN. Aktivieren Sie dieses Steuerelement innerhalb der EFFEKTEINSTELLUNGEN, werden Schwarz und Weiß ebenfalls miteinander vertauscht – nur eben in Premiere Pro und nicht in der Originaldatei.

Schritt für Schritt: Eine Maske animieren

Anders als bei Bildmasken müssen Spurmasken als Assets ins Projekt importiert werden. Im Gegensatz zu Bildmasken können sie allerdings auch direkt auf dem Video animiert werden. Grund genug also, bei der Verarbeitung von Spurmasken einmal etwas genauer hinzuschauen.

1 Asset importieren

Zunächst muss, wie bereits erwähnt, die Bildmaske Teil unseres Premiere-Pro-Projekts werden. Doppelklicken Sie deshalb in einen freien Bereich des Projektfensters, und importieren Sie die Datei *Alphamaske.tif*.

2 Maske einfügen

Ziehen Sie diese Bilddatei nun vom Projektfenster aus in die Spur V3 der Sequenz. Verlängern Sie den Alphamaske-Clip 1 so weit ❶, dass Anfang und Ende mit den Videoclips identisch sind. Im Gegensatz zu Videoclips können Einzelbilder zeitlich beliebig ausgedehnt werden.

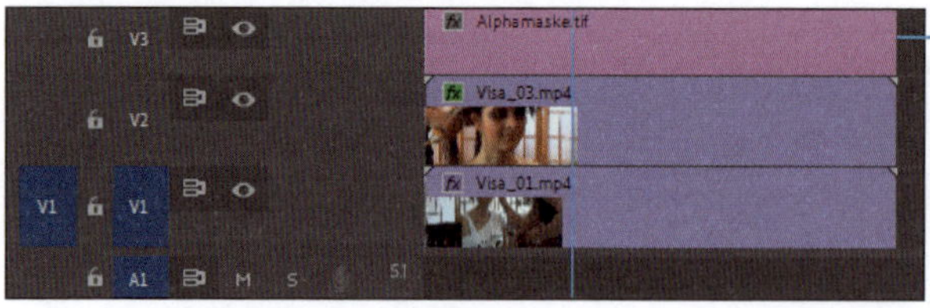

◂ **Abbildung 8.44**
Die Bildmaske wurde eingefügt und ist genauso lang wie der Clip in den darunter befindlichen Spuren.

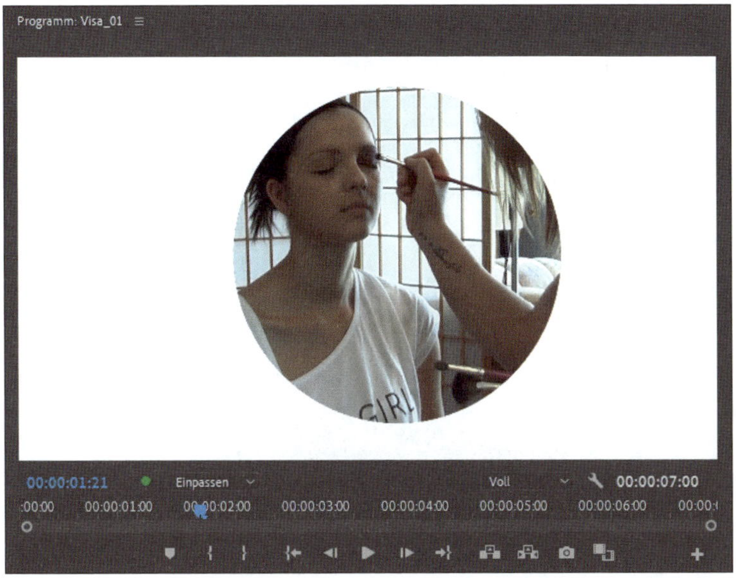

▲ **Abbildung 8.45** Dennoch sieht das Video im Programmmonitor noch nicht vielversprechend aus.

3 Spurmaske-Key zuweisen

Aktivieren Sie jetzt den Clip in Spur V1, und weisen Sie ihm den Spurmaske-Key-Effekt zu (Ordner VIDEOEFFEKTE • KEYING). Selektieren Sie den Listeneintrag VIDEO 3 in der Zeile MASKE der Effekteinstellungen (Clip: *Visa_01.mp4*). Damit ist sichergestellt, dass die Maske, die sich auf Spur 3 befindet, jetzt auf den Clip in Spur 1 wirken kann. Zudem wird die Spur VIDEO 3 an der entscheidenden Position automatisch ausgeblendet.

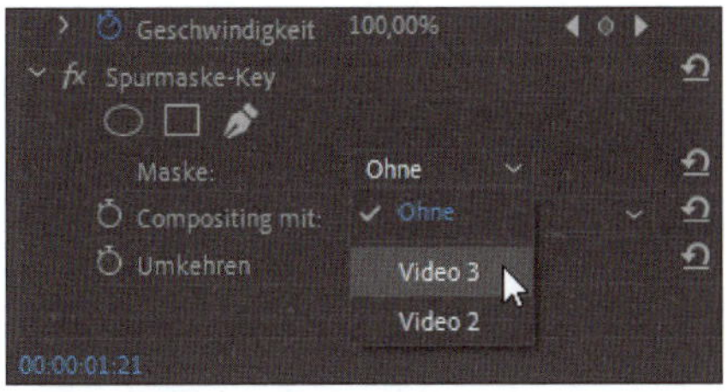

▲ **Abbildung 8.46** Der Clip in Spur 2 wird mit dem Inhalt von Spur 3 maskiert.

4 Maske umkehren

Achten Sie auch darauf, dass unter COMPOSITING MIT der Wert ALPHAMASKE gelistet ist. Eine Luminanzmaske würde in diesem Fall nicht funktionieren, da jetzt nicht mehr nach hellen und dunklen Bildbereichen, sondern lediglich nach dem Alphakanal Ausschau gehalten wird. Das ist aber standardmäßig bereits der Fall. Da die Alphamaske im Bereich des Kreises schwarz ist, wird jetzt genau dieser Bereich *nicht* angezeigt. Stattdessen sehen Sie jetzt alle weißen Bereiche der Maske im Video. Das müssen Sie UMKEHREN, weshalb Sie die gleichnamige Checkbox noch aktivieren müssen.

▲ **Abbildung 8.47** Jetzt taucht auch Video 1 in einem Kreis auf.

5 Clip bewegen

Damit sich der Ausschnitt mitsamt Video 1 auf der Bildfläche bewegen kann, ist es jetzt noch erforderlich, den fixierten Effekt BEWEGUNG entsprechend zu animieren – und zwar auf dem Clip in der untersten Spur.

6 Optional: Maske bewegen

Wollen Sie hingegen den Sucher-Effekt erreichen, muss die Alphamaske in Spur VIDEO 3 animiert werden. Probieren Sie es einmal aus. Sie werden dabei feststellen, dass Video 1 an der Seite wieder sichtbar wird. Der Grund: Überall dort, wo die Maske nicht wirken kann, kann auch das Video nicht abgedeckt werden. Für solche Fälle müssen Sie eine größere Bilddatei einsetzen. Benutzen Sie doch die Bilddatei *Maske_XXL.tif*, die ebenfalls in den Beispieldateien zu finden ist. Sie hat 3.840 × 2.160 Pixel und ist damit erheblich größer als der Videoclip (1.920 × 1.080). Somit sind Bewegungen erlaubt. Die einzige Änderung, die Sie vornehmen müssen: Tauschen Sie die Bilddatei in Spur VIDEO 3 gegen die größere aus. Danach dürfen Sie die Bewegungssteuerelemente der Maskendatei nach Herzenslust verändern.

Maskenspuren für Clips nutzen

Die oberste Spur wird übrigens automatisch ausgeblendet, sobald Sie diese von einer anderen Spur aus (im Beispiel V1) als Maskenspur definieren. Dabei ist es dennoch gestattet, die Maskenspur jenseits der Maskierung als ganz normale Videospur zu benutzen. Das war in älteren Versionen (vor Premiere Pro CC) noch nicht der Fall.

8.5 Auto Reframe

Die vielleicht interessanteste Art der Maskierung ist das Motion-Tracking. Sie sind mit diesem Thema ja bereits zu Beginn dieses Kapitels konfrontiert worden, als es um die Maskenpfade ging. An dieser Stelle möchte ich die Technik ein weiteres Mal aufgreifen. Diesmal geht es darum, Seitenverhältnisse von Videos derart anzupassen, dass wichtige Bildausschnitte erhalten bleiben. Außerdem erfahren Sie, wie sich aus jedem erdenklichen Bildformat eine Sequenz erzeugen lässt.

8.5.1 Die Vorüberlegung

Ich möchte Ihnen nicht verschweigen, dass ich erklärter Gegner hochformatiger Videoaufnahmen bin. Ich schaue sie mir aus Prinzip nicht an, unter anderem, weil ich es für eine Zumutung halte, ein Format betrachten zu müssen, das mit unseren Sehgewohnheiten rein gar nichts zu tun hat. Da lasse ich auch das Argument, dass Menschen ja auch irgendwie hochkant sind (die meisten zumindest), nicht gerne gelten. Schließlich befinden sich unsere Augen nebeneinander und nicht übereinander. Nichtsdestotrotz hat das Handy dazu geführt, dass die Filmgewohnheiten vieler Menschen negativ beeinflusst werden konnten. Nun will ich aber auch kein Spielverderber sein. Wer Hochkant-Bewegtbild mag, der soll halt! Außerdem kann auch ich die Zeit nicht anhalten (außer in Premiere Pro) und möchte Ihnen die Technik deshalb vorstellen.

Worum geht es beim Auto Reframe? Online-Plattformen wie z. B. Instagram haben dafür gesorgt, dass sich neben dem hinlänglich bekannten Seitenformat 16:9 auch umgekehrte Seitenverhältnisse wie zum Beispiel 9:16 etablieren konnten. Nun werden Sie möglicherweise aus einem 16:9-Video einen 9:16-Clip für eine Social-Media-Plattform erzeugen müssen oder gar wollen. Bei feststehenden Objekten (oder Charakteren) im Bild ist das kein großes Ding. Wir beschneiden einfach die Ränder und gewinnen ein (es fällt mir schwer, das zu sagen, aber es muss ja raus) »Hochkant-Video«. Was aber, wenn sich der Fokus (beispielsweise eine Person) im Bild bewegt? Dann hätten wir eine Menge Arbeit vor uns, wenn wir den Rahmen permanent anpassen, verschieben und »keyframen« müssten.

8.5.2 Auto Reframe in der Praxis

Premiere Pro wäre nicht Premiere Pro, wenn es nicht auch für hochformatige Aufnahmen eine adäquate Lösung gäbe. Aber welche Vorgabe muss ich denn da benutzen? Diese sind doch alle auf 4:3 oder 16:9 ausgelegt. Oder? Nein, natürlich nicht. Auch dieses kleine Geheimnis wollen wir im folgenden Workshop lüften.

Schritt für Schritt: Auto Reframe für hochformatige Clips

Drei Dinge gilt es zu erledigen: Zum einen müssen wir eine 9:16-Sequenz erzeugen, zum anderen müssen wir darin ein 16:9-Video unterbringen, und zum Dritten müssen wir es so beschneiden, dass keine wesentlichen Bildinhalte verlorengehen. All das ist viel einfacher, als man auf den ersten Blick glaubt.

1 Neue Sequenz erzeugen

Wenn Sie mögen, beginnen Sie mit einem komplett neuen Projekt, obwohl das nicht Bedingung ist. Der einzige Vorteil wäre, dass Sie mehr Übersicht im Projektfenster hätten. Erzeugen Sie eine neue Sequenz, indem Sie [Strg]/[⌘]+[N] betätigen oder Datei • Neu • Sequenz wählen.

2 Sequenzvorgabe wählen

Standardmäßig steht der Reiter Sequenzvorgaben im folgenden Dialog vorne. Das ist auch gut so, denn Sie müssen jetzt den Ordner Digital SLR öffnen. (Warum? Weil andere Vorgaben wie z. B. AVCHD keine Änderungen des Seitenverhältnisses zulassen.) Öffnen Sie auch den Unterordner 1080p, und markieren Sie darin den Eintrag DSLR 1080p25. (Unser Beispielvideo besteht aus 25 Vollbildern im Format Full HD.)

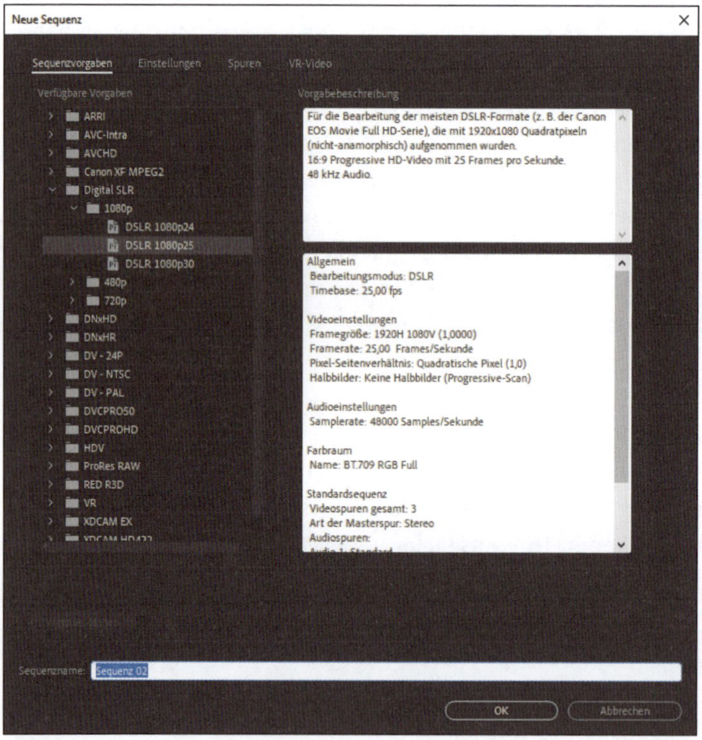

▲ **Abbildung 8.48** Benutzen Sie ein DSLR-Format.

3 Sequenzeinstellungen vornehmen

Wählen Sie oben im Fenster NEUE SEQUENZ die Rubrik EINSTELLUNGEN an. Im Frame VIDEO finden Sie die zu erwartenden Angaben der FRAMEGRÖSSE; wie sollte es anders sein: 1920 HORIZONTAL und 1080 VERTIKAL. (Diese Felder sind bei anderen Vorgaben ausgegraut und können nicht geändert werden – daher die DSLR-Vorgabe.) In der gleichen Zeile wird zudem das Seitenverhältnis 16:9 ausgewiesen. Was Sie nun machen müssen, ist, schlicht beide Werte miteinander zu vertauschen. Legen Sie 1080 HORIZONTAL und 1920 VERTIKAL fest, und Sie werden sehen: Plötzlich haben wir es mit dem Seitenverhältnis 9:16 zu tun.

◂ **Abbildung 8.49**
Ein Instagram-taugliches Seitenformat

Kleinere Sequenzen erzeugen

Ich möchte nicht verheimlichen, dass wir später Qualitätseinbußen verzeichnen werden, da das Video mit 1.080 Zeilen auf das Endformat 1.920 Zeilen »hochskaliert« werden muss. Für dieses Beispiel ist das in Ordnung. Wenn Sie so etwas aber in der Praxis nicht wünschen, müssen Sie die Sequenz mit einer entsprechend geringeren Framegröße angeben (z. B. 607 horizontal und 1080 vertikal).

4 Optional: Vorgabe speichern

Bevor Sie nun auf OK klicken, überlegen Sie, ob Sie dieses Format noch öfter benötigen. Wenn ja, sollten Sie auf VORGABE SPEICHERN klicken und im Folgedialog einen aussagekräftigen Namen sowie eine Beschreibung vergeben.

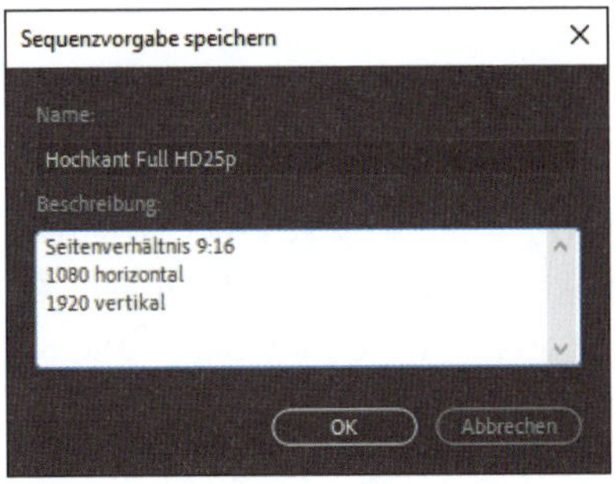

◂ **Abbildung 8.50**
Benennen Sie die Vorgabe entsprechend, und fügen Sie eine Beschreibung hinzu.

5 Asset in die Sequenz einfügen

Das Bild sieht seltsam aus, oder? Sollten Sie im Programmmonitor die sicheren Bereiche eingeschaltet haben, können Sie bereits jetzt das Endformat erkennen. Fügen Sie unser Beispielvideo hinzu. Sie finden es im Ordner *08*; es trägt den Namen *Reframe.mp4*. Nachdem Sie das Video ins Projektfenster gebracht haben, ziehen Sie es in die soeben erstellte Sequenz. Natürlich meckert die Anwendung sofort los, hat sie doch ein nicht zur Sequenz passendes Seitenverhältnis ausgemacht. Hier ist es nun existentiell wichtig, dass Sie VORHANDENE EINSTELLUNGEN BEIBEHALTEN wählen, da Ihre schöne Vorlage ansonsten zunichtegemacht würde.

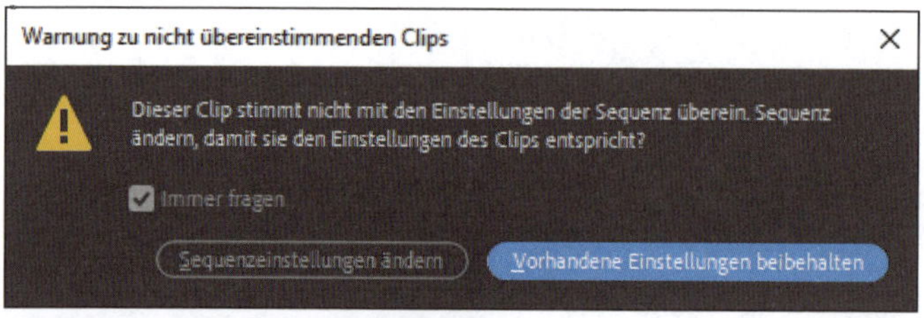

◂ **Abbildung 8.51**
Wenn Sie die Einstellungen beibehalten, ...

◂ **Abbildung 8.52**
... kommt das dabei heraus.

6 Effekt hinzufügen

Jetzt haben Sie es fast geschafft. Eine Kleinigkeit fehlt noch – und zwar die Zuweisung des Effekts AUTO REFRAME, den Sie im Fenster EFFEKTE, Ordner VIDEOEFFEKTE, Unterordner TRANSFORMIEREN finden. Ziehen Sie den Effekt auf den Videoclip im Schnittfenster. Lassen Sie Premiere Pro kurz rechnen (den Fortschritt können Sie, wenn Sie schnell sind, noch gerade eben unten rechts erkennen), und schauen Sie sich das Resultat an.

◂ **Abbildung 8.53**
Das Video ist formatfüllend eingepasst worden, und der Fokus bleibt auf der Darstellerin.

8.5.3 Auto-Reframe-Einstellungen

Wenn Sie im Programmmonitor einmal auf ein kleineres Format umschalten (beispielsweise von EINPASSEN auf 10%) und zudem den Effekt AUTO REFRAME im Bedienfeld EFFEKTEINSTELLUNGEN markieren, werden Sie sehen, wie der Rahmen des Originalclips »mitwandert«.

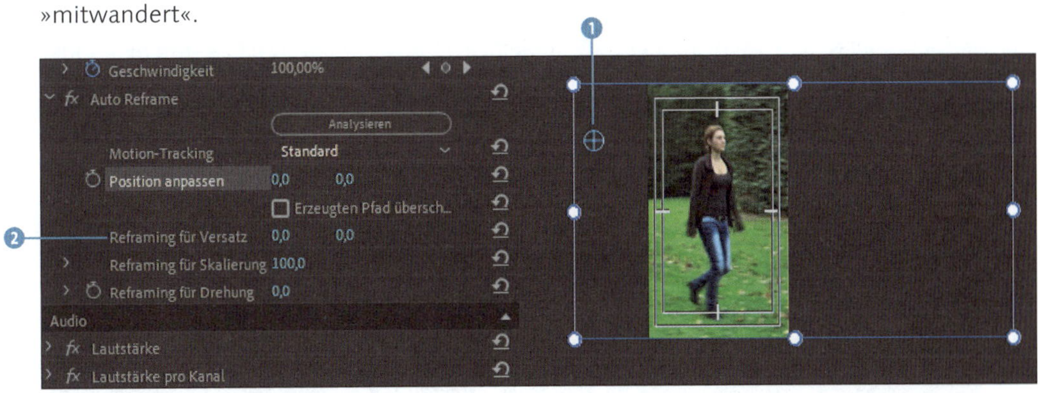

▴ **Abbildung 8.54** Der Positionsrahmen wandert.

Der Effekt funktioniert wirklich ausgesprochen gut. In der Regel werden Sie keine weiteren Einstellungen benötigen. Und sollte es **doch** wider Erwarten einmal nicht so klappen, wie Sie sich das wünschen, versuchen Sie, in den EFFEKTEINSTELLUNGEN von STANDARD auf eine andere Vorgabe, z. B. SCHNELLERE BEWEGUNG, umzuschalten. Diese Option eignet sich nicht nur bei schnellen Kamerabewegungen, sondern auch, wenn sich das zu fokussierende Objekt schnell bewegt, während LANGSAMERE BEWEGUNG für Clips geeignet ist, bei denen kaum oder keine Kamerabewegungen stattgefunden haben.

Lassen Sie uns noch einen Blick auf andere wichtige Steuerelemente werfen. Zum einen ist da POSITION ANPASSEN. Setzen Sie den Play-Head der Sequenz irgendwo in die Mitte des Clips, und aktivieren Sie die Checkbox ERZEUGTEN PFAD ÜBERSCHREIBEN. Jetzt können Sie anhand der Positionsparameter genau verfolgen, an welcher Position welche Änderungen in der Zeile POSITION ANPASSEN vorgenommen worden sind. Spielen Sie den Clip ab, wird auch anhand der Werte deutlich, dass der Clip »wandert«. Zudem sehen Sie die von Premiere Pro automatisch erzeugten Keyframes, die bei Bedarf alle einzeln angepasst werden können – für den Fall, dass irgendetwas noch nicht passt. Wenn Sie das Bild im Programmmonitor verkleinern, finden Sie auch einen kleinen Punkt ❶ (Abbildung 8.54) außerhalb der eigentlichen Bildfläche. Dies ist der Punkt, von dem ausgehend das Motion-Tracking berechnet wird. Standardmäßig ist das die obere linke Ecke des ursprünglichen Clips – zu sehen, wenn Sie den Effekt temporär über das fx-Symbol in den EFFEKTEINSTELLUNGEN deaktivieren.

Sehr interessant ist auch noch die Zeile REFRAMING FÜR VERSATZ ❷. Hier lässt sich der Bildausschnitt noch einmal ganz individuell korrigieren, wozu ich ein Beispiel heranziehen möchte: Sie sehen, dass sich unsere Darstellerin nach dem Reframing etwa in der horizontalen Bildmitte befindet. Dies ist jedoch für sich bewegende Personen eine eher ungünstige Position. Man lässt Personen im wahrsten Sinne des Wortes in Bewegungsrichtung mehr Raum. Dazu stelle man sich eine imaginäre Grenze zwischen dem linken und mittleren Bilddrittel vor und ordnet die Person dort an. Nun macht dies im vertikal ausgerichteten Seitenverhältnis weit weniger Sinn als beim klassischen 16:9, jedoch sollte man es nicht gänzlich außer Acht lassen. Der Darstellerin bleibt der erwähnte Raum, indem das erste Steuerelement in der Zeile REFRAMING FÜR VERSATZ, das die horizontale Ausrichtung des Clips verändert, entsprechend angepasst wird (im Beispiel –177,0).

▲ **Abbildung 8.55** Die Darstellerin hat mehr Raum in der Richtung, in die sie sich bewegt.

8.5.4 Auto Reframe für Sequenzen

Abschließend noch eine wichtige Info: Wenn Sie zahlreiche Clips auf diese Weise aneinanderreihen wollen (das ist ja in der Regel der Fall, wenn Sie Filme für Social Media produzieren), können Sie Auto Reframe auch einer kompletten Sequenz hinzufügen. Gehen Sie dazu in das Menü Sequenz, und entscheiden Sie sich für Auto Reframe auf Sequenz anwenden. Beachten Sie jedoch, dass der Befehl nur dann zur Verfügung steht, wenn entweder das Schnittfenster oder das Sequenz-Asset im Projektfenster angewählt ist.

Wer seinen Film für mehrere unterschiedliche Seitenverhältnisse ausgeben möchte, sollte sich ebenfalls dieser Technik bedienen. Hier ist angezeigt, das Sequenz-Asset im Projektfenster mit rechts zu markieren und Auto Reframe auf Sequenz anwenden zu wählen. (Verständlicherweise müssen Sie das machen, *bevor* Sie Auto Reframe zuweisen, denn eine Dopplung des Effekts hätte wahrlich »ungeahnte Nebenwirkungen«. Im Zweifel erzeugen Sie zunächst eine Neue Sequenz aus Clip.) Im nachgeschalteten Dialog lässt sich nun das Ziel-Seitenverhältnis anpassen. Von Hause aus steht es auf 1:1, also auf quadratisch, kann aber auch schnell auf beispielsweise 4:5 bzw. 9:16 gesetzt werden. Wer es noch individueller möchte, wählt Benutzerdefiniert und kann dann jedes erdenkliche Seitenverhältnis über die Steuerelemente Benutzerdefiniertes Verhältnis rechts daneben festlegen.

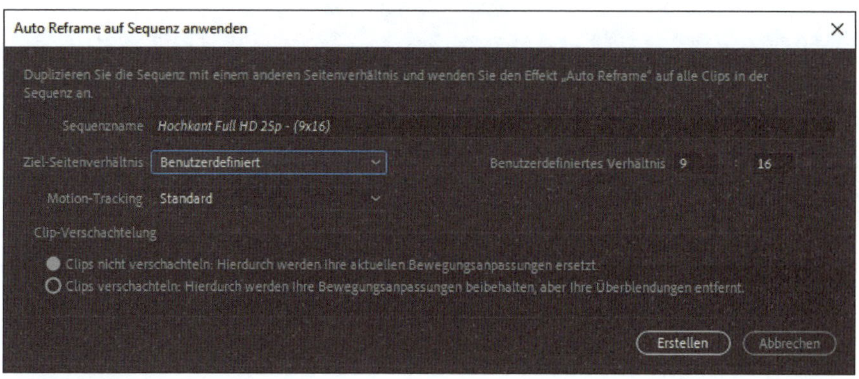

▲ **Abbildung 8.56** Die Eingabefelder stehen nur zur Verfügung, wenn Benutzerdefiniert angewählt ist.

8.6 Farben auskeyen

Eine weitere Form der Maskierung ergibt sich aus den Farben eines Videoclips. So wie Sie zuvor Bereiche eines Films anhand schwarzer oder weißer Maskenfarben entfernt haben, lassen sich auch die im Video vorhandenen Farben »herausrechnen«.

8.6.1 Color-Key

Lassen Sie uns zunächst einen Blick auf den Color-Key werfen. Mit dessen Hilfe ist es möglich, bestimmte Farbbereiche aus einem Bild zu entfernen, also auf transparent zu setzen. Wir benutzen beispielhaft den Clip *Stabi.mp4* aus dem Ordner *07* der Beispieldateien. Weisen Sie den Effekt Color-Key zu (Videoeffekte • Keying), und klicken Sie anschließend auf die kleine Pipette, die sich in der Zeile Key-Farbe der Effekteinstellungen verbirgt. Danach klicken Sie mit deren Spitze innerhalb des Programmmonitors auf den grünen Hintergrund des Videos. Schade eigentlich, denn es tut sich rein gar nichts. Das liegt aber daran, dass die Toleranz des Effekts noch auf »0« steht. Verstellen Sie das Hot-Text-Steuerelement langsam, werden Sie feststellen, wie sich der Hintergrund mehr und mehr in Wohlgefallen auflöst. Dabei gilt: Je höher der Wert, desto mehr angrenzende Farben (ausgehend von jener Farbe, die soeben über die Pipette aufgenommen wurde) werden aus dem Bild entfernt.

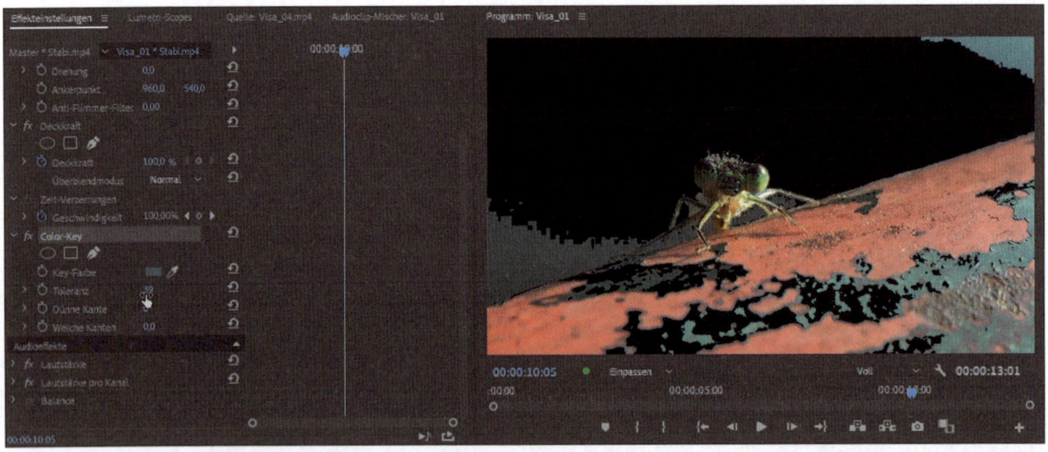

▲ **Abbildung 8.57** Der Hintergrund verschwindet.

8.6.2 Ultra-Key

Ein leistungsfähiges Keying-Verfahren wird durch den Ultra-Key zur Verfügung gestellt. Eigentlich ist der Ultra-Key ein alter Bekannter. Bereits in der Version CS3 hatte Ultra als separate Applikation Einzug in den Adobe-Videoschnitt gehalten. In CS4 war er kurzzeitig wieder verschwunden, um dann mit der Version CS5 sein glorreiches Comeback zu feiern.

Der Ultra-Key ist verwandt mit dem Color-Key, gehen doch beide zum Teil fast identische Wege, um zum Ziel zu gelangen. Dennoch ist Ultra ausgefeilter – nicht zuletzt, weil hier einfach mehr Steuerelemente und somit auch mehr Möglichkeiten vorhanden sind. Der Vorteil: Auch nicht ganz sauber aufgenommenes Rohmaterial kann noch einigermaßen komfortabel vom Hintergrund getrennt werden.

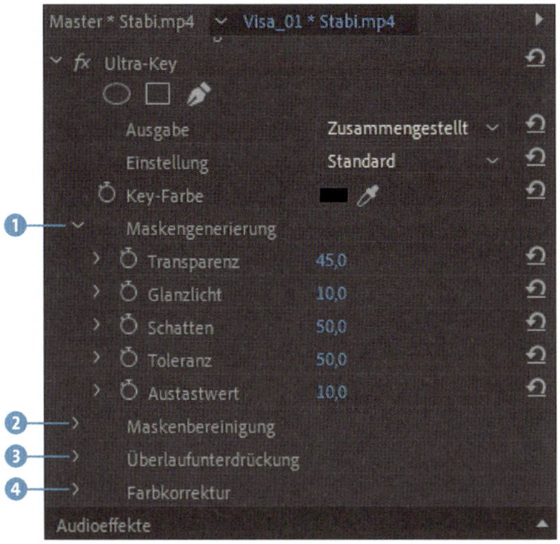

◄ **Abbildung 8.58**
Der ULTRA-KEY hat Steuerelemente und Listen ohne Ende im Gepäck, hier mit geöffneter Liste MASKENGENERIERUNG.

Zunächst einmal lässt sich auch hier eine KEY-FARBE mit der Pipette aufnehmen. Danach stehen Ihnen vier Steuerelementgruppen zur Verfügung, die bei schwierigem Material auch in der Reihenfolge von oben nach unten Anwendung finden sollten:

1. MASKENGENERIERUNG: Erzeugen Sie zunächst eine Maskierung von Bildbereichen anhand der aufgenommenen und angrenzenden Farben.
2. MASKENBEREINIGUNG: Mit diesen Steuerelementen lässt sich die gewonnene Maskierung verfeinern, also genauer anpassen.
3. ÜBERLAUFUNTERDRÜCKUNG: Bearbeiten Sie die Kantenübergänge, also die Konturen, zwischen auszuwählenden Bereichen und dem zu entfernenden Hintergrundbereich.
4. FARBKORREKTUR: Zuletzt passen Sie den zu erhaltenden Bereich farblich noch an die neue Umgebung (den neuen Hintergrund) an.

9 Bildkorrekturen

Wer Videoclips korrigiert, sollte sich eine Vorher-nachher-Ansicht gönnen. Dabei werden beide Clip-Inhalte (das Original und die korrigierte Version) vergleichend nebeneinandergestellt – fast schon wie im Film »Face Off«, bei dem Terrorist Castor Troy (Nicolas Cage) und FBI-Agent Sean Archer (John Travolta) eher unfreiwillig ihre Gesichter tauschen, in die Rolle des jeweils anderen schlüpfen und dem gebannten Zuschauer sodann imposante Vorher-nachher-Ansichten beider Filmcharaktere offenbaren. Zweifellos glänzt John Woos Thriller durch eine imposante Filmdramaturgie, was ja im Genre der Action-Movies längst nicht immer der Fall ist. Ich weiß nicht, ob es der beste Film dieser Art ist – in meiner Hitliste der Action-Movies steht »Face Off – Im Körper des Feindes« jedenfalls ganz schön weit oben. Egal, ob Sie auch, wie in »Face Off«, Gesichter korrigieren: Mit den Korrektureffekten holen Sie aus Ihrem Footage buchstäblich das Letzte heraus.

In diesem Kapitel erhalten Sie Antworten auf die folgenden Fragen:

- Wie werden Helligkeit und Kontrast korrigiert?
- Wie funktioniert die Lumetri-Farbkorrektur?
- Was sind Lumetri-Instanzen?
- Was ist die Vergleichsansicht und wie kann ich sie effektiv nutzen?
- Wie werden Farben gezielt verfremdet?
- Wie setze ich Film-Looks ein?
- Wie funktioniert die Korrektur mit Einstellungsebenen?
- Wie wird die Beleuchtung mithilfe von zusätzlichen Lichtquellen verbessert?

Vorüberlegungen

Grundsätzlich sollten Sie abwägen, ob Sie einen Effekt direkt auf den Clip anwenden oder eher eine Einstellungsebene benutzen. Soll mal eben schnell ein einzelner Clip korrigiert werden, ist gegen die direkte Zuweisung zum Clip nichts einzuwenden. Wenn Sie jedoch mehrere Assets oder sogar ganze Sequenzen mit gleichen Parametern korrigieren müssen, sollten Sie Einstellungsebenen verwenden (nähere Hinweise dazu finden Sie in Abschnitt 7.5.6, »Effekte per Einstellungsebenen anwenden«).

9.1 Anzeige-Farbmanagement aktivieren

In Premiere-Pro-Versionen vor 2019 (Version: 13.0) wurde softwareintern mit einem Farbraum gearbeitet, der zum Teil geringer war als der von Monitoren mit ICC-Profilen

(z. B. Retina-Displays). Das Problem: Farben wurden zum Teil falsch dargestellt und erschienen im Programm- oder Quellmonitor fast schon übersättigt. Das Problem ist inzwischen Geschichte, denn Premiere Pro kann mit dem sogenannten Anzeige-Farbmanagement umgehen, das die Farben zu jeder Zeit korrekt darstellt. Zwei Voraussetzungen sind hierfür allerdings erforderlich: Erstens muss die verbaute Hardware dies per GPU-Beschleunigung unterstützen, und zweitens muss die Funktion einmalig in den Voreinstellungen aktiviert werden. Natürlich macht das nur Sinn, wenn Sie auch mit einem Retina-Display arbeiten. Entscheiden Sie sich in diesem Fall für Bearbeiten/Premiere Pro • Voreinstellungen • Allgemein, und aktivieren Sie das Häkchen vor Anzeigefarb-Management (GPU-Beschleunigung erforderlich 1). Premiere Pro liest dann das ICC-Profil des Monitors aus und berücksichtigt es entsprechend.

Sie müssen wissen, dass sich die Aktivierung nicht auf die Farben in exportierten Dateien auswirkt, sondern nur auf die Farben an Ihrem Monitor. Wer mit einem externen Referenzmonitor arbeitet, der über ein entsprechendes ICC-Profil verfügt, ist mit der Aktivierung der Option bestens beraten. Allerdings ist die Anwahl *nicht immer* zu empfehlen, denn wenn Ihr Monitor Rec. 709- oder sRGB-Farbprofile verwendet (also *keine* ICC-Profile), sollten Sie die Funktion deaktiviert lassen.

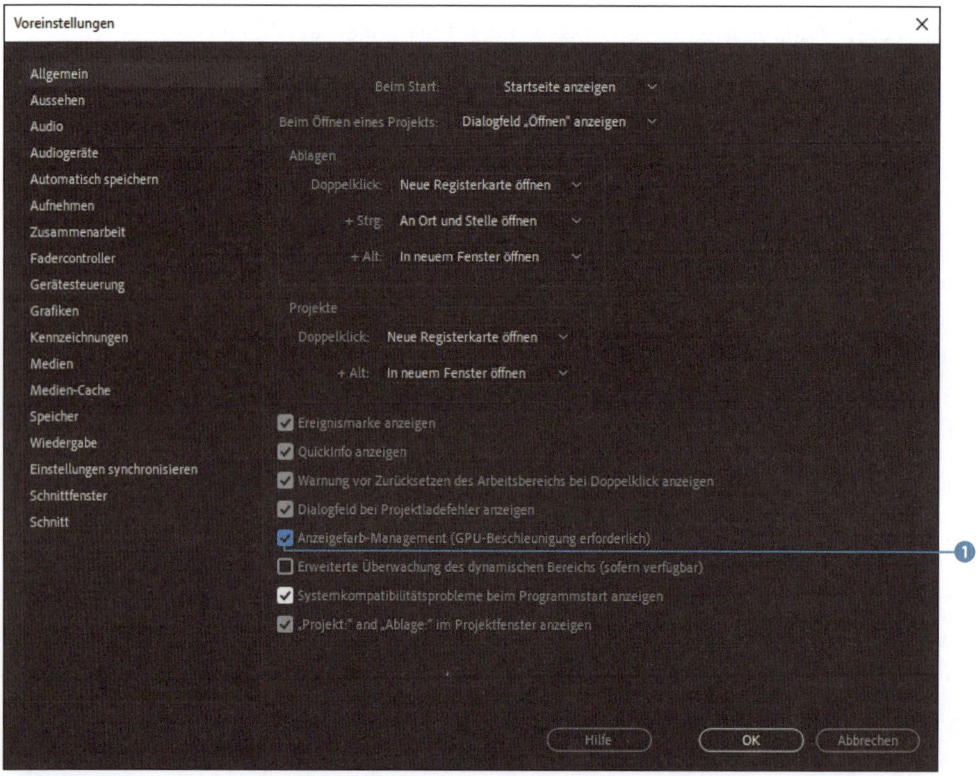

▲ **Abbildung 9.1** Wer mit einem Retina-Display arbeitet, sollte diese Voreinstellung aktivieren.

9.2 Auto-Effekte

Im Ordner Veraltet der Videoeffekte finden Sie einige automatische Korrektureffekte, die inzwischen (wie auch der Name des Verzeichnisses vermuten lässt) ein wenig aus der Mode sind – neben Auto-Farbe und Auto-Kontrast gibt es hier auch die Auto-Tonwertkorrektur. (Zum raschen Auffinden geben Sie das Suchwort »Auto« ein.) Das Wort Automatik passt hier nicht so ganz, da es sich nicht wirklich um automatische Effekte handelt, die einfach nur zugewiesen, nicht aber eingestellt werden müssen. Vielmehr lassen sich auch die Auto-Effekte noch nachjustieren. Leider stellen sie nicht unbedingt die eleganteste Lösung dar, wenn es um Bildkorrekturen geht. Deshalb möchte ich Ihnen empfehlen, Auto-Effekte nur dann zu benutzen, wenn der Korrekturbedarf eher gering ist. Sie werden gleich sehen, wie sich derartige Korrekturen auch anders bewerkstelligen lassen.

9.3 Helligkeit und Kontrast korrigieren

Der Effekt Helligkeit und Kontrast wird hier stellvertretend für alle anderen Effekte verwendet, die in Premiere Pro integriert sind. Ich möchte kurz vorstellen, wie ein derartiger Effekt zugewiesen und eingestellt wird, ehe wir uns den neuartigen und wirklich beeindruckenden Techniken rund um die Bildkorrektur widmen. Helligkeit und Kontrast (Verzeichnis: Videoeffekte • Farbkorrektur) kann immer dann eingesetzt werden, wenn Aufnahmen matt und/oder dunkel sind. Allerdings reagiert der Clip unter Umständen sehr sensibel, und selbst geringe Veränderungen wirken sich drastisch auf das Ergebnis aus. Deshalb gilt hier ganz besonders: Weniger ist mehr! Setzen Sie diesen und ähnliche Effekte ein, wenn der Korrekturbedarf eher gering ist.

Schritt für Schritt: Helligkeit und Kontrast korrigieren

Schauen Sie sich die Morph-Clips aus dem Ordner *06* der Beispieldateien an (wir benutzen beispielhaft *Morph_02.mp4*). Die Kontraste könnten etwas kräftiger sein; das Schwarz ist nicht wirklich schwarz, sondern eher dunkelgrau, während das Weiß eher in Richtung Hellgrau abdriftet.

Kontrast

Kontrast bezeichnet den Unterschied zwischen dem hellsten und dunkelsten Punkt eines Bildes. Je größer die Spanne dazwischen, desto klarer und kräftiger das Ergebnis. Idealerweise ist der hellste Punkt eines Bildes weiß, während der dunkelste schwarz ist. Zudem sollten alle anderen Punkte möglichst gleichmäßig vertreten sein.

◂ **Abbildung 9.2**
Der Clip offenbart Schwächen im Kontrastumfang.

1 Effekt zuweisen

Gehen Sie in das Effekte-Bedienfeld, und öffnen Sie den Ordner VIDEOEFFEKTE. Im Verzeichnis FARBKORREKTUR finden Sie HELLIGKEIT UND KONTRAST. Weisen Sie dem Clip diesen Effekt zu.

2 Einstellung vorbereiten

Danach klicken Sie die Registerkarte EFFEKTEINSTELLUNGEN an. Weil sich die Verwendung der Hot-Text-Steuerelemente nicht so gut eignet wie das direkte Verstellen der Regler, ist es empfehlenswert, die beiden Listen HELLIGKEIT und KONTRAST über die vorangestellten Dreieck-Symbole zu öffnen.

3 Effekt einstellen

Ziehen Sie den Regler KONTRAST nach rechts auf einen Wert von etwa »12,0«. Die HELLIGKEIT erhöhen Sie nur minimal auf etwa »2,0« bis »3,0«. Wenn Sie sich einen Vorher-nachher-Vergleich gönnen wollen, klicken Sie mehrfach auf die FX-Schaltfläche ganz vorne in der Zeile HELLIGKEIT UND KONTRAST ❶. Ist diese durchgestrichen, bedeutet das, dass der Effekt gerade nicht zu sehen ist.

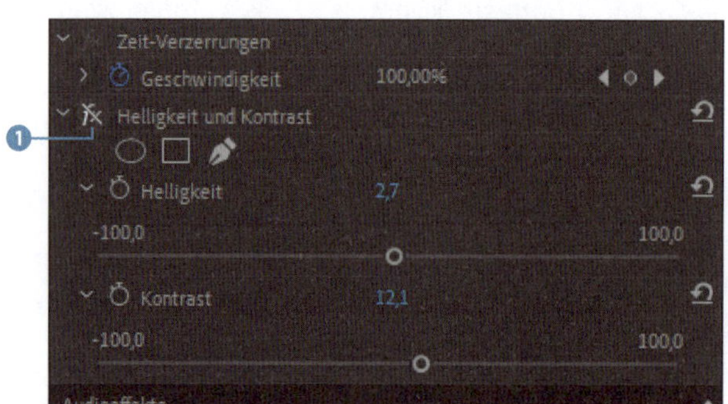

◂ **Abbildung 9.3**
Das Resultat lässt sich mit dem Original vergleichen, indem Sie den Effekt kurz deaktivieren.

9.4 Die Lumetri-Farbkorrektur

Möglicherweise fragen Sie sich, warum jetzt bereits über die Farbkorrektur gesprochen wird. Immerhin haben wir bislang weder die Belichtung noch die Regelung von Schatten und Glanzlichtern thematisiert. Der Grund: Seit der Integration des Effekts LUMETRI-FARBE hat sich die Korrektur mit Premiere Pro völlig verändert. Jetzt finden Sie alles, was das Herz begehrt, in diesem Korrekturbereich. Und noch besser: Der Effekt muss nicht extra zugewiesen werden – er steht jedem Clip bereits von Hause aus zur Verfügung (sofern er sich im Schnittfenster befindet). Doch dazu später mehr.

9.4.1 Die Arbeitsoberfläche optimieren

Bevor Sie den Effekt LUMETRI-FARBE erstmals anwenden, ist zu empfehlen, den Arbeitsbereich anzupassen. Zudem sollten Sie einige neue Techniken kennenlernen, die Premiere Pro im Zusammenhang mit diesen Korrekturoptionen bereithält. Ich darf Ihnen versprechen, dass Premiere Pro in dieser Hinsicht eindrucksvoll erweitert worden ist und Nachbearbeitung auf hohem Niveau ermöglicht.

Allem voran empfiehlt es sich, den Arbeitsbereich FARBE einzustellen, der das Layout Ihrer Videoediting-Software an die bevorstehenden Aufgaben anpasst. Sie sehen schon: Rechts in der Spalte wird LUMETRI-FARBE gelistet. Dabei gilt: Der Bereich ist nur dann anwählbar, wenn zuvor im Schnittfenster ein Clip selektiert worden ist. Sollte das nicht (wie in unserem Beispiel) der Fall sein, wird die rechte Spalte komplett ausgegraut dargestellt.

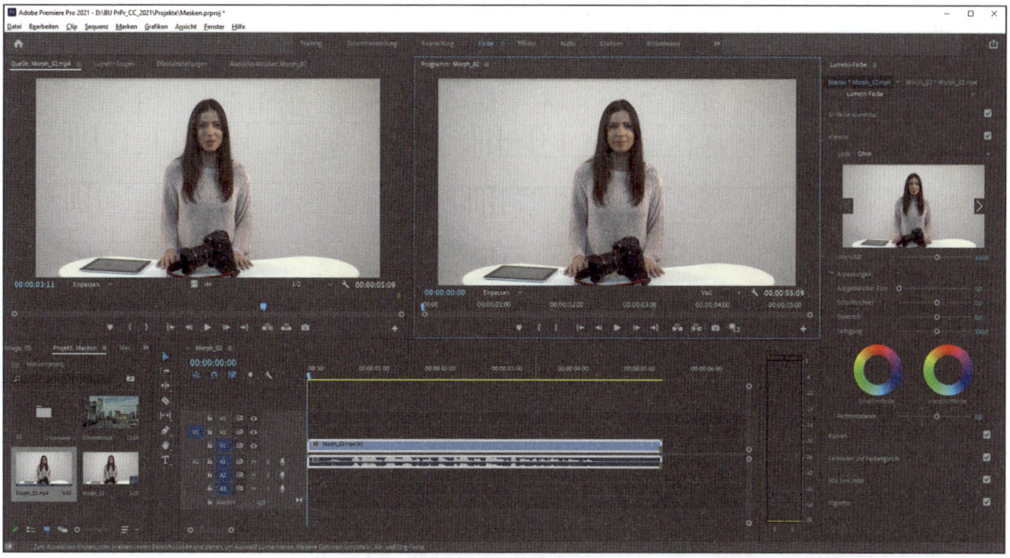

▲ **Abbildung 9.4** Hier lässt sich nichts einstellen – es muss zunächst ein Schnittfenster-Clip angewählt werden.

Anzeige der Monitore optimieren | Nun besteht die Möglichkeit, den Quellmonitor gewissermaßen als Vergleichsmonitor einzubeziehen. Allerdings zeigen Quell- und Programmmonitor zumeist unterschiedliche Bilder. Das ist natürlich nicht optimal, wenn es um Korrekturen geht, weshalb Sie zunächst den Abspielkopf im Schnittfenster auf das Bild stellen sollten, das im Programmmonitor angezeigt werden soll. Danach führen Sie einen Doppelklick auf dem Clip im Schnittfenster aus. Die Folge: Im Quellmonitor wird exakt das gleiche Einzelbild präsentiert. Nehmen Sie jetzt Korrekturen vor, werden diese im Programmmonitor angezeigt, während der Quellmonitor den Rohzustand des Clips zeigt.

▲ **Abbildung 9.5** Links wird das Original angezeigt, während rechts (im Programmmonitor) die Nachbearbeitung zu sehen ist.

Lumetri-Scope aktivieren | Sie dürfen im Bedienfeld des Quellmonitors gerne auf die Effekteinstellungen umstellen. Dann können zugewiesene Effekte eingestellt oder Bewegungs- bzw. Deckkraftparameter geändert werden. Wann immer Sie zum Quellmonitor zurückkehren, werden Sie das zuvor eingestellte Bild sehen.

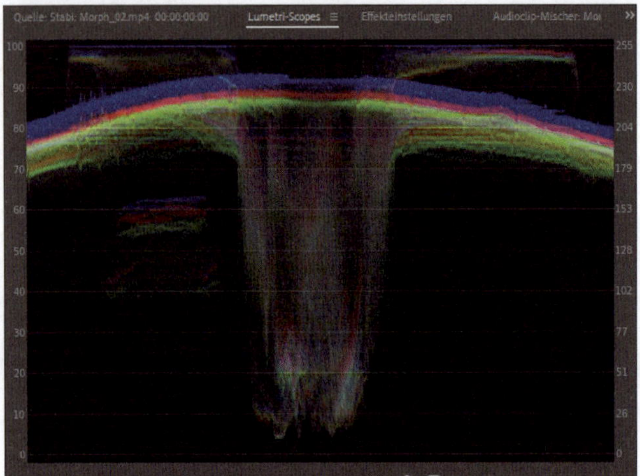

◂ **Abbildung 9.6** Die Ansicht Wellenform RGB ist meist nur wenig geeignet, um eine Farb- oder Belichtungskorrektur durchzuführen.

Von besonderer Bedeutung sind auch die sogenannten Lumetri-Scopes, die auf einem eigenständigen Register im oberen linken Bedienfeld zur Verfügung stehen. Nachdem Sie es aktiviert haben, sollten Sie die Einstellung optimieren, denn von Hause aus werden hier nur die Parameter der drei Grundfarben RGB (Rot, Grün und Blau) angezeigt. Es macht daher Sinn, zunächst einmal auf den kleinen Schraubenschlüssel (EINSTELLUNGEN) im Fuß des Fensters zu klicken. Im Menü zeigen Sie auf VORGABEN und entscheiden sich anschließend für VEKTORSKOP YUV/PARADE RGB/WELLENFORM YC. (Standard ist übrigens WELLENFORM RGB.)

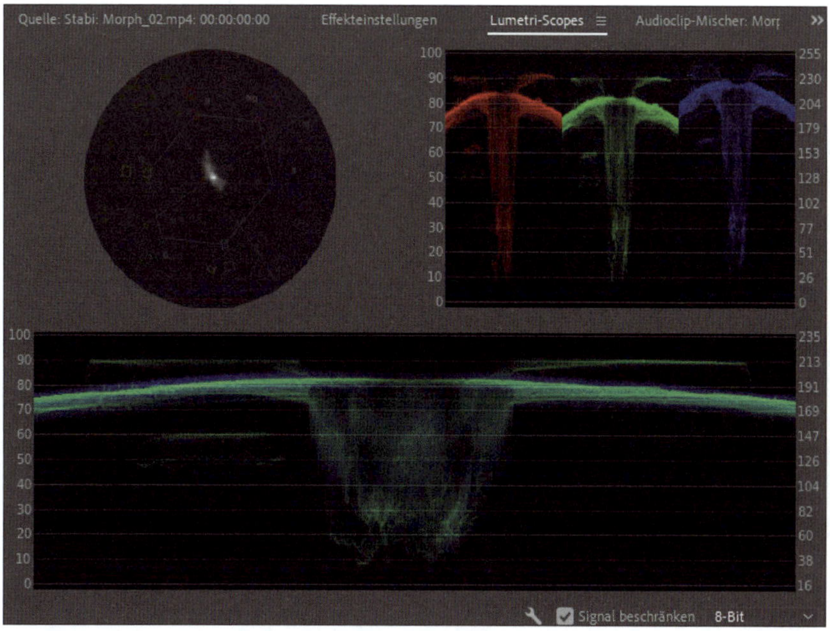

▲ **Abbildung 9.7** Die dreigeteilte Ansicht ist wesentlich besser.

Anzeigen synchronisieren | Daraufhin ereignen sich gleich mehrere wundersame Dinge: Zum Ersten wird das Lumetri-Scope dreigeteilt – und zwar derart, dass oben links ein Vektorskop angezeigt wird, das die Anteile der verschiedenen Farbvektoren darstellt. Daneben finden wir Informationen zu den RGB-Grundfarben, aufgeteilt auf die einzelnen Kanäle. Unten werden dann noch die Helligkeitswerte visualisiert. (Zu alldem später mehr.) Mithilfe eines Doppelklicks auf das Bedienfeld können die drei Teilbereiche unterschiedlich angeordnet werden. Probieren Sie es einmal aus. Nur zu – nach dem dritten Doppelklick gelangen Sie zurück zur Ausgangsansicht.

Die zweite Änderung: Im Bedienfeld des Programmmonitors erscheint jetzt ein Referenzmonitor. (Sollte er nicht von selbst auftauchen, befolgen Sie bitte die Hinweise im folgenden Kasten.) Dieser zeigt aber zunächst einmal nur ein einziges Bild – nämlich jenes, das gerade im Schnittfenster eingestellt ist. Das ist auch nicht weiter schlimm – solange Sie die Position des Abspielkopfes nicht verändern. Verschieben Sie den Play-Head jedoch, wird das Bild im Referenzmonitor nicht aktualisiert. Sie wirken diesem Umstand aber mit Leichtigkeit entgegen, indem Sie im Fuß des Monitor-Bedienfeldes MIT PROGRAMMMONITOR KOPPELN aktivieren.

Referenzmonitor manuell aktivieren

Klicken Sie zunächst auf den Programmmonitor, um sicherzustellen, dass der Referenzmonitor genau dort eingefügt wird. Danach begeben Sie sich in das Menü FENSTER und selektieren REFERENZMONITOR. Zuletzt sorgen Sie dafür, dass das Register des Referenzmonitors in der Bedienfeldgruppe des Programmmonitors vorne steht.

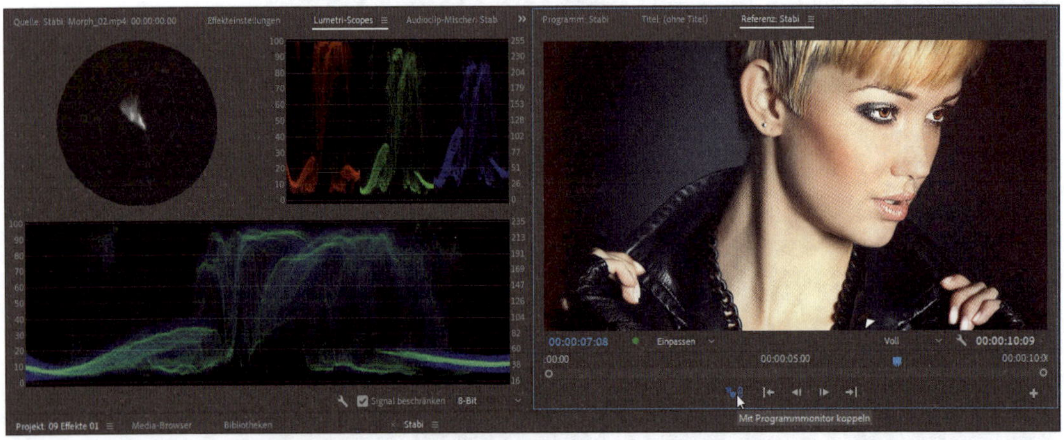

▲ **Abbildung 9.8** Jetzt sind Schnittfenster, Referenzmonitor und Lumetri-Scope miteinander verbunden.

Schalter nicht vorhanden?

Für den Fall, dass Sie den erwähnten Schalter nicht finden, überzeugen Sie sich, dass tatsächlich der Referenzmonitor im Vordergrund steht. Ein Register mit der Bezeichnung REFERENZ sowie dem Sequenznamen ist im Bedienfeld zu finden. Sollte der Programmmonitor vorne stehen, verdeckt dieser den Referenzmonitor.

9.4.2 Die Vergleichsansicht

Ein weiteres tolles Feature ist die sogenannte VERGLEICHSANSICHT. Standardmäßig finden Sie den gleichnamigen Schalter zur Aktivierung dieser Ansicht ganz rechts in der Steuerelementleiste des Programmmonitors ⑫. (Bitte berücksichtigen Sie, dass Referenzmonitore nicht über eine Vergleichsansicht verfügen.)

▲ **Abbildung 9.9** Aktivieren Sie die Vergleichsansicht.

Grundsätzlich ist zu empfehlen, der Vergleichsansicht mehr Platz auf der Arbeitsoberfläche einzuräumen, indem Sie den Steg zwischen PROGRAMMMONITOR und EFFEKTEINSTELLUNGEN (inklusive Lumetri-Scope) weit nach links ziehen. Ansonsten erscheinen die beiden nebeneinander angeordneten Bildminiaturen zu klein. Das Monitor-Bedienfeld alleine anzuzeigen (indem Sie [Ü] betätigen), ist meist keine Alternative, da die anderen Bedienfelder (zur Einstellung des Videos) dann nicht mehr zugänglich sind.

Auch hier gilt übrigens, dass links ❶ die Referenzansicht präsentiert wird, während rechts ❷ das aktuell mittels Play-Head eingestellte Bild im Schnittfenster angezeigt wird. Scrollen Sie mithilfe des Timecodes REFERENZPOSITION ❹ oder des Schiebereglers ❸ durch das Video, um andere Positionen des Clips im Referenzmonitor anzeigen zu lassen. Die Referenzansicht lässt sich zudem ändern, indem Sie zum vorherigen ❺ oder nächsten ❼ Schnittpunkt springen. Falls Sie auch im rechten Screen eine andere Position anzeigen lassen wollen, müssen Sie das nicht extra im Schnittfenster bewerkstelligen, sondern können den Abspielkopf des Programmmonitors ⓫ benutzen. Nach einem Positionswechsel ist es angezeigt, die Referenzanzeige (auf der linken Seite) mit der aktuellen Position des Abspielkopfes zu synchronisieren. Das erreichen Sie durch Aktivierung des Vorher-nachher-Vergleichs ❻.

Wer lieber einen einzelnen Monitor statt der zwei nebeneinander angeordneten anzeigen lassen möchte, der muss die Ansicht NEBENEINANDER ❽ verlassen und der vertikalen ❾ bzw. horizontalen ❿ Ansicht den Vorzug geben. All das macht natürlich nur bei aktiviertem Vorher-nachher-Vergleich ❻ Sinn. Sie sehen dann zwar nur noch eine einzelne Bildfläche, jedoch ist diese horizontal oder vertikal geteilt. Diese Teilung verläuft zunächst einmal in der Bildmitte. Doch damit müssen Sie sich nicht zufriedengeben. Klicken Sie bei Bedarf auf die Teilung, und ziehen Sie diese mit gedrückter Maustaste in die gewünschte Richtung. Wollen Sie beide Seiten (Original und Nachbearbeitung) gegeneinander tauschen, klicken Sie auf ⓭.

◂ **Abbildung 9.10**
Die Teilung lässt sich per Drag & Drop verstellen.

Optional: Beide Hälften manuell synchronisieren

Und ein letzter Hinweis sei noch gestattet: Wenn Sie Änderungen in den Effekteinstellungen vornehmen und die beiden Ansichthälften nicht automatisch aneinander angeglichen werden, deaktivieren Sie kurzzeitig den VORHER-NACHHER-VERGLEICH ❻ (Abbildung 9.9). Nach seiner erneuten Aktivierung sind beide Hälften wieder synchron. – Doch Vorsicht: Damit werden auch die derzeit eingestellten Lumetri-Farbeffekte auf die Vorher-Ansicht übertragen. Ein direkter Vergleich findet danach nur noch auf Grundlage des bereits eingestellten Videos statt.

9.4.3 Farben korrigieren

Es ist an der Zeit, den Effekt LUMETRI-FARBE in der Praxis kennenzulernen und eine erste Farbkorrektur vorzunehmen. Überzeugen Sie sich selbst von den Stärken dieser tollen Korrekturoption.

Schritt für Schritt: Einen Clip korrigieren

Grundsätzlich lassen sich mit dem Lumetri-Effekt zwei unterschiedliche Ziele anvisieren: Entweder korrigieren Sie das Bildmaterial oder verfremden es. In diesem Abschnitt geht es um die reine Korrektur des Videomaterials.

1 Clip importieren

Nachdem Sie den Clip *Schwenk.mp4* aus dem Ordner *09* der Beispieldateien integriert haben, erzeugen Sie mit ihm eine NEUE SEQUENZ AUS CLIP. Schauen Sie sich das Video an. Es ist am frühen Morgen im Düsseldorfer Medienhafen entstanden. Das Urteil: Die ersten Sonnenstrahlen sorgen noch nicht für leuchtende Farben, und die Kontraste sind auch nicht gerade kräftig. Zudem haben wir es mit einem leichten Blaustich zu tun. Also machen wir uns an die Arbeit.

2 Position suchen

Zunächst einmal sollten Sie die Sequenzmarke an eine Position bringen, die repräsentativ für das gesamte Video ist. Die Gebäude auf der gegenüberliegenden Rheinseite sind im gesamten Clip zu sehen. Sie sind für uns bildrelevant und rücken daher in den Fokus. Ziehen Sie die Abspielmarke im Schnittfenster etwa in die Mitte des Clips.

◂ **Abbildung 9.11** Setzen Sie den Play-Head etwa in die Mitte.

3 Ansicht optimieren

Stellen Sie, falls noch nicht geschehen, den Arbeitsbereich FARBE ein. Aktivieren Sie die VERGLEICHSANSICHT ❸ im Programmmonitor, und verfahren Sie ebenso mit der VORHER-NACHHER-ANSICHT ❶. Wählen Sie die Ansicht NEBENEINANDER ❷, und kontrollieren Sie, ob beide Einzelbilder identisch sind. Ist das nicht der Fall, deaktivieren Sie VORHER/NACHHER kurz, um die Funktion gleich danach wieder einzuschalten.

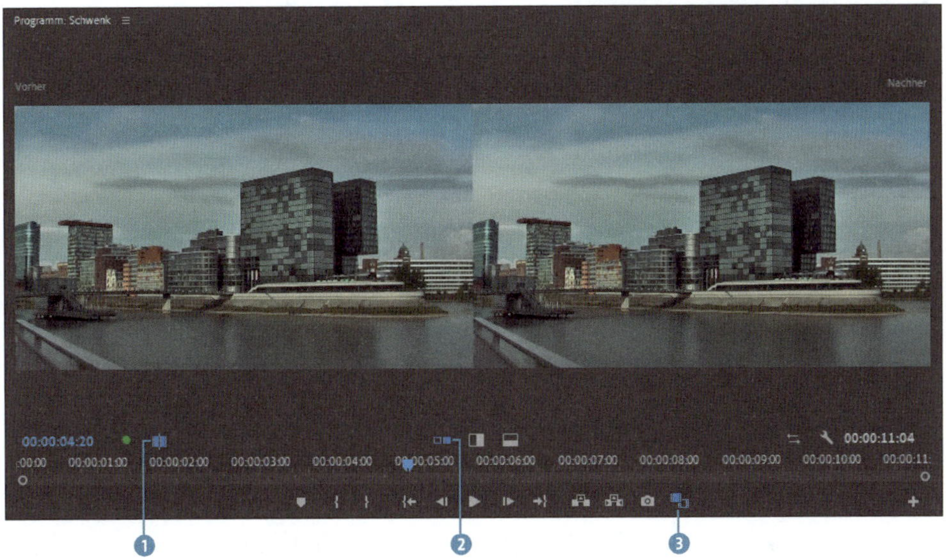

▴ **Abbildung 9.12** Beide Bilder sind identisch.

4 Korrekturbereich öffnen

Da der Effekt Lumetri-Farbe ❶ nicht extra zugewiesen werden muss, können Sie gleich mit der Einstellung in der rechten Spalte der Anwendung beginnen. Wir wollen zunächst eine Einfache Korrektur ❷ vornehmen, weshalb Sie die gleichnamige Zeile betätigen sollten.

5 Temperatur einstellen

Prinzipiell ließe sich der Farbstich entfernen, indem Sie zunächst die kleine Pipette ❸ aktivierten und mit deren Spitze einen Mausklick auf einen rein weißen Bereich in der Videovorschau des Programmmonitors ausführten. Doch im Beispielclip stehen wir vor dem Problem, dass reines Weiß nur schwer auszumachen ist. Also arbeiten wir mit der Temperatur ❹. Hier können wir generell (nach links) für kältere und (nach rechts) für wärmere Farben im Bild sorgen. Eine Verstellung nach rechts wirkt zudem unserem Farbstich entgegen. Beobachten Sie das Videobild, während Sie den Regler bis auf etwa 24 ziehen. Die Färbung ❺ schieben Sie ebenfalls nach rechts bis auf ca. 6.

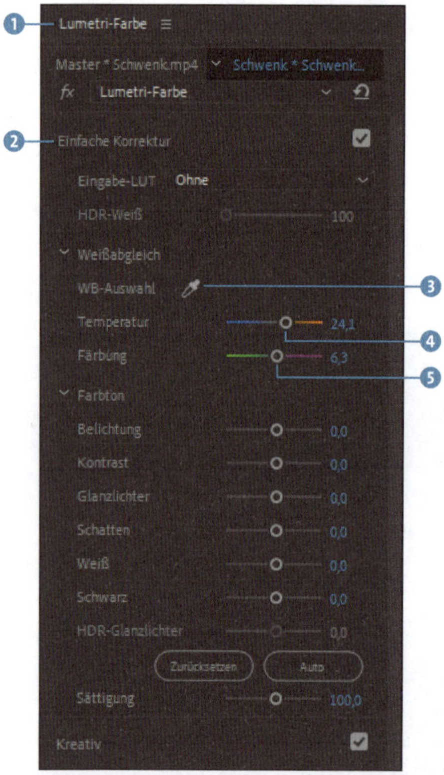

◂ **Abbildung 9.13**
Der Farbstich wird eliminiert.

6 Belichtung einstellen

In der Rubrik Farbton des Bereichs Einfache Korrektur finden Sie auch den Regler Belichtung. Ziehen Sie ihn vorsichtig nach rechts, bis Sie bei 0,7 ankommen. Sollte die

Einstellung per Schieberegler nicht exakt gelingen, klicken Sie auf den Wert rechts daneben und geben »0,7« von Hand ein. Bestätigen Sie mit [↵].

7 Kontrast einstellen

Ziehen Sie den KONTRAST ebenfalls nach rechts auf einen Wert von ca. 29 und die SCHATTEN auf ca. 11. Der Grund: Durch die Erhöhung des Kontrasts wird das Bild insgesamt etwas detailreicher. Allerdings werden die extrem dunklen Bildbereiche noch dunkler, weshalb Sie mit Verschiebung des Schattenreglers nach rechts etwas entgegenwirken sollten. Schwarze Bildbereiche werden dann ein wenig heller (also in Richtung Dunkelgrau verschoben), was das Bild dort weniger hart erscheinen lässt.

8 Weiß und Schwarz einstellen

Zuletzt kümmern wir uns noch um die Bereiche des Videos, die rein Weiß sind. SCHWARZ lassen wir außen vor, da wir ja mit den SCHATTEN bereits viel erreicht hatten. Ziehen Sie WEISS ein wenig nach rechts (auf etwa 13 bis 14). Dadurch treten diese Bildanteile noch etwas mehr in den Vordergrund.

9 Sättigung erhöhen

Der nächste Schritt besteht darin, unserem Video noch ein wenig mehr Leuchtkraft zu verleihen, also die Farben zu kräftigen, indem die SÄTTIGUNG auf ca. 108 % angehoben wird.

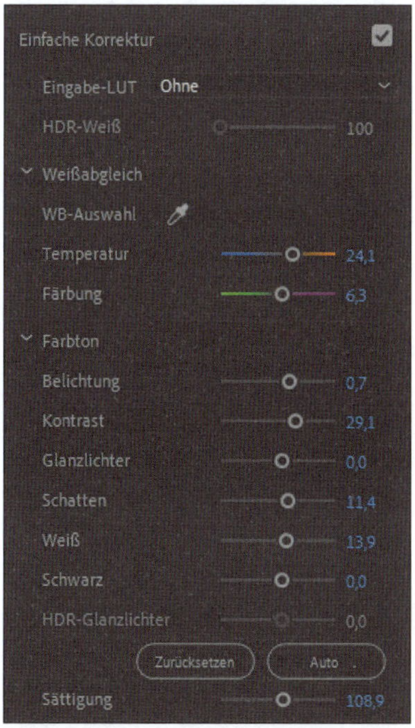

◀ **Abbildung 9.14**
Die Korrektur ist damit erledigt.

10 Ergebnis vergleichen

Vergleichen Sie Ihr Ergebnis mit den Einstellungen im Buch, wobei Sie immer berücksichtigen müssen, dass wir im wahrsten Sinne des Wortes »nicht das Gleiche sehen«. Jeder Monitor stellt das Bild ein wenig anders dar. Sollten Sie also die Ansicht vertreten, dass die vorgenannten Einstellungen auf Ihren Geräten nicht optimal sind, korrigieren Sie das entsprechend.

▲ **Abbildung 9.15** Das sieht schon mal wesentlich besser aus, oder?

11 Optional: Dynamik verändern

Eine letzte Einstellung möchte ich Ihnen im Zusammenhang mit der Sättigung noch anbieten – nämlich die Dynamik. Während mit dem Regler Sättigung sämtliche Farben im Bild gekräftigt werden, lassen sich mit der Dynamik nur jene Farbbereiche sättigen, die relativ schwach vertreten sind – also beispielsweise das Orange und das Rot in den weiter entfernten Gebäuden. Ärgerlich ist nur, dass der Bereich Einfache Korrektur nicht über einen Dynamik-Regler verfügt. Das macht aber rein gar nichts, denn wenn Sie im Fenster Lumetri-Farbe auf die Zeile Kreativ klicken, ist die Welt wieder in Ordnung. Hier sollte die Dynamik dann auf etwa 6 bis 7 angehoben werden (also nach rechts ziehen).

▶ **Abbildung 9.16**
Zur Justage der Dynamik muss der Korrekturbereich gewechselt werden.

Lumetri-Scope einbeziehen | Ich empfehle, bei all Ihren Arbeiten auch auf das LUMETRI-SCOPE zu achten, das sich ja im gleichen Bedienfeld befindet wie der Quellmonitor. Es verrät eine Menge über die vorgenommenen Änderungen im Bild und glänzt – ebenso wie der Monitor – in der Vergleichsansicht mit einem geteilten Anzeigebereich. Am deutlichsten wird das im Bereich der Wellenform HELLIGKEITSWERTE (standardmäßig ganz unten). Auf der linken Seite ❷ werden die Helligkeitsinformationen im Rohzustand des Videoclips angezeigt, während rechts ❹ die Nachbearbeitung repräsentiert wird. Und hier sehen Sie genau, dass das Bild insgesamt heller geworden ist (Anstieg der Wellenform), während der dunkelste Bereich (die untersten Spitzen ❸) kaum angehoben worden ist. Im Gegenzug ist aber die fehlende Helligkeit ❶ sehr gut ausgeglichen worden. – Und noch etwas fällt auf. Schauen Sie sich die RGB-Parade oben rechts an. Hier ist gut zu sehen, dass zwar alle drei Bereiche angehoben worden sind, dass jedoch Blau ❺ sehr viel weniger stark reagiert hat als Rot ❼ und Grün ❻. Klar – da lag ja auch unser Farbstich, dem wir mit Veränderung der Temperatur entgegengewirkt hatten.

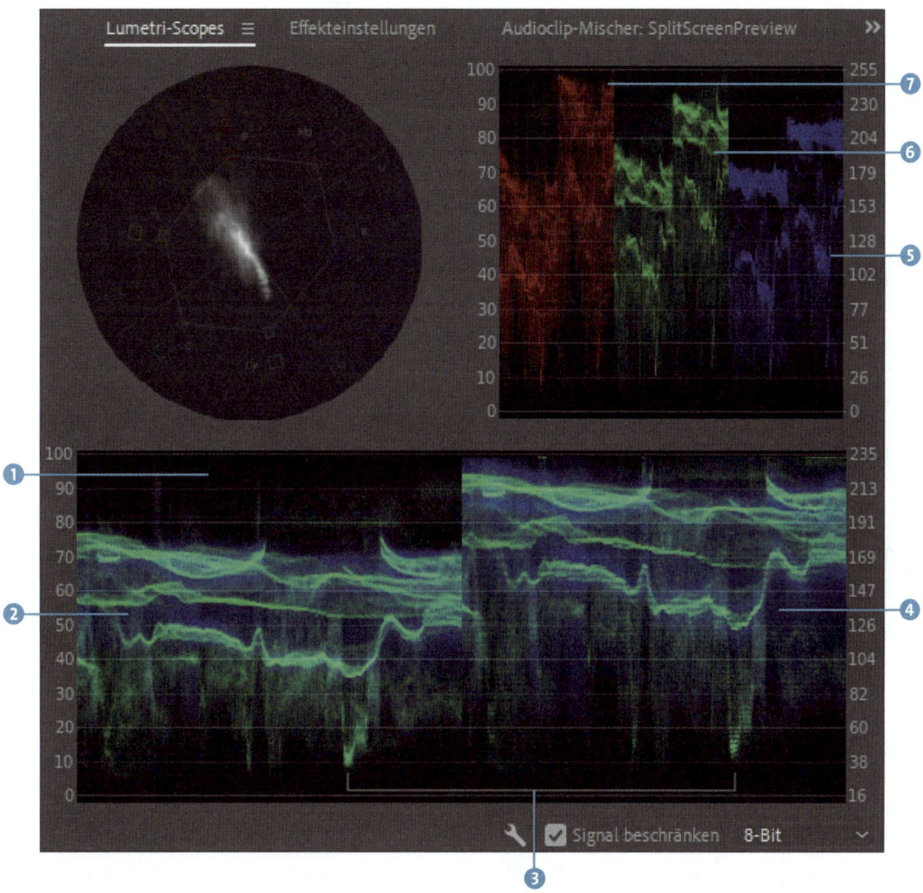

▲ **Abbildung 9.17** Die Grafiken sind unverzichtbare Helfer bei der Farb- und Helligkeitskorrektur.

Spektren interpretieren | Achten Sie grundsätzlich darauf, dass sich die Spektren nach oben und unten ausdehnen, ohne jedoch die Ränder zu erreichen. Dort werden nämlich Bildinformationen regelrecht abgeschnitten und gehen dem Video verloren. Man sieht das sehr gut, wenn Sie beispielsweise den Regler WEISS einmal auf Maximum (100,0) nach rechts ziehen. Die Folge: Helle Bildbereiche verlieren an Zeichnung, werden ebenfalls weiß, und die Detailtreue geht verloren. Den Cut kann man auch in der Wellenform sehr gut sehen.

▲ **Abbildung 9.18** Die Details in den hellen Bereichen (z. B. am Himmel) gehen komplett verloren.

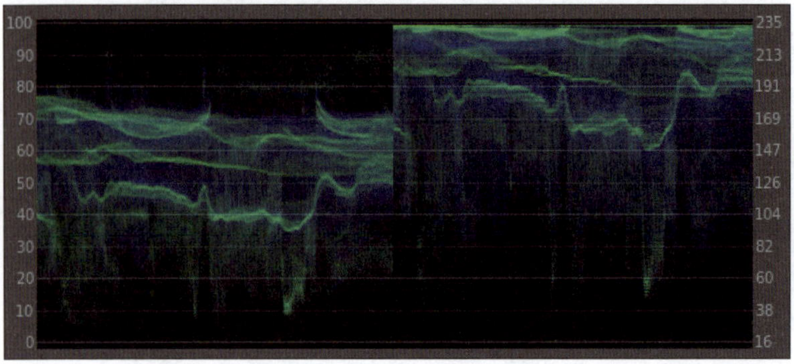

▲ **Abbildung 9.19** Ganz oben werden Bildinformationen brutal abgeschnitten.

Vorher-nachher-Vergleich durchführen | Am Ende einer Korrektur sollte immer eine Art Schlussabnahme stehen. Diese besteht nicht nur darin, den gesamten Clip noch einmal anzusehen (denn an einer anderen Stelle des Videos kann sich der Effekt auch anders darstellen), sondern auch darin, die Einstellungen temporär zu verwerfen. Dazu betätigen Sie den kleinen fx-Schalter (BYPASS) ganz oben im Bedienfeld LUMETRI-FARBE. Vergessen Sie aber nicht, ihn am Ende wieder zu aktivieren.

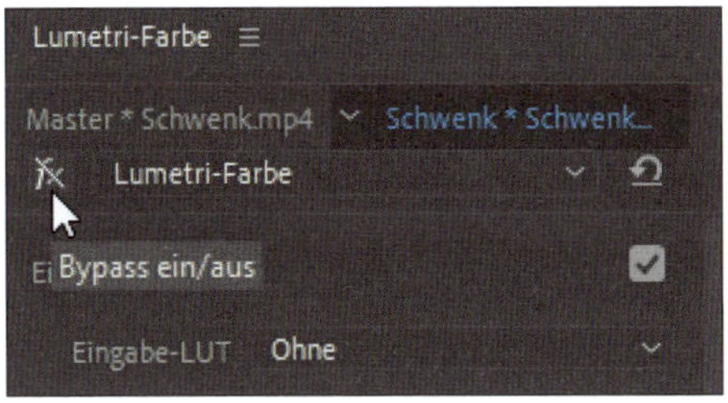

◂ **Abbildung 9.20**
Blenden Sie das Ergebnis kurzzeitig aus.

9.4.4 Effekte zurücksetzen

Wenn Sie (wie soeben beschrieben) den Bypass-Schalter betätigen, wird der Effekt zwar temporär ausgeblendet, bleibt jedoch auf dem Clip erhalten. Um ihn dauerhaft zu entfernen, müssen Sie im Bereich EINFACHE KORREKTUR auf ZURÜCKSETZEN klicken. Doch hier gilt: Die vorgenommenen Änderungen werden zwar verworfen, jedoch bleibt die Veränderung der Dynamik erhalten. Warum? Weil diese Einstellung gewissermaßen »in einer anderen Abteilung« vorgenommen worden ist. Um auch die Dynamik wieder auf null zu setzen, müssen Sie den Bereich KREATIV der LUMETRI-FARBE öffnen und den Regler DYNAMIK von Hand zurückziehen. Alternativ klicken Sie auf die Rückgängig-Schaltfläche ganz oben im Bedienfeld. Das hat zur Folge, dass alles verworfen wird, auch der Dynamik-Effekt.

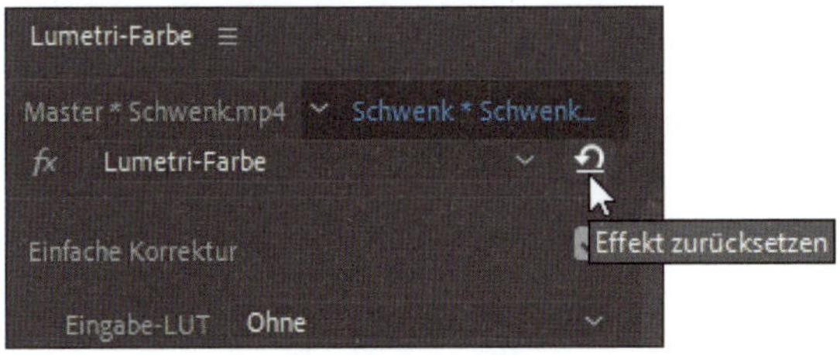

◂ **Abbildung 9.21**
Nach einem einzigen Mausklick sind sämtliche Effekte Geschichte.

9.4.5 Farben verfremden

Nachdem das Video im letzten Abschnitt korrigiert worden ist, wollen wir uns nun um die gezielte Verfremdung mithilfe der Lumetri-Farbe kümmern.

Schritt für Schritt: Effektvolle Farbverfremdung

Ziel unseres Workshops ist, den Schwenk möglichst dramatisch erscheinen zu lassen. Wir werden eine eher düstere Szene erzeugen, harte Kanten verwenden, die Farben verfremden und am Ende sogar noch eine Abdunklung in den Ecken realisieren – so wie das bei Einsatz einer klassischen Filmkamera oft der Fall ist. Allerdings werden wir all das noch überspitzen, denn jetzt geht es nicht um Realität, sondern um Dramaturgie.

1 Aktion vorbereiten

Für den Fall, dass Sie den vorangegangenen Workshop mitgemacht haben, sollten Sie jetzt alle Effekte zurücksetzen (siehe Abschnitt »Mit Lumetri-Instanzen arbeiten« am Ende von Abschnitt 9.4.7). Haben Sie noch kein entsprechendes Projekt erzeugt? Dann produzieren Sie eine NEUE SEQUENZ AUS CLIP, wobei Sie *Schwenk.mp4* verwenden. Platzieren Sie den Abspielkopf wieder in der Mitte des Clips.

2 Optional: Einfachen Effekt hinzufügen

Um es gleich vorwegzunehmen: Wir werden den folgenden Effekt gleich wieder verwerfen. Ich möchte aber nicht versäumen, Ihnen die Möglichkeit der Effektzuweisung im Bereich EINFACHE KORREKTUR zu präsentieren. Nachdem Sie den gleichnamigen Bereich in der Spalte LUMETRI-FARBE (Arbeitsbereich: FARBE) geöffnet haben, klicken Sie auf das Selektionsfeld EINGABE-LUT (es steht standardmäßig auf OHNE) und wählen ARRI_UNIVERSAL_HD.

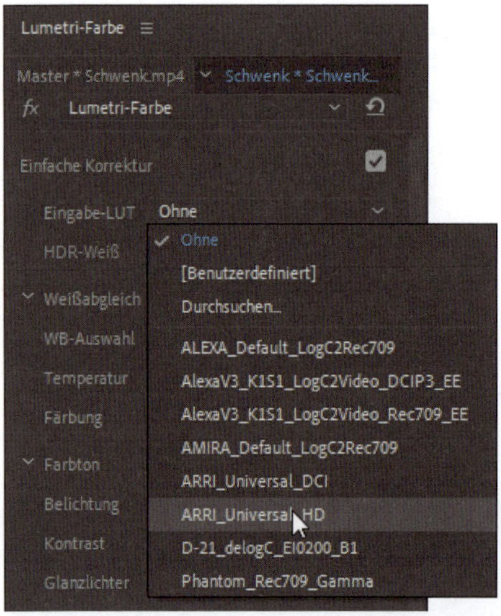

◂ **Abbildung 9.22**
Weisen Sie einen vordefinierten Lumetri-Effekt zu.

◂ **Abbildung 9.23**
So schnell kann's gehen.

3 Effekt verwerfen

Ganz nett, aber das alleine reicht keinesfalls für einen Workshop, oder? Also weg mit dem Effekt, indem Sie den Schalter EFFEKT ENTFERNEN benutzen oder EINGABE-LUT wieder auf OHNE stellen.

4 Look zuweisen

Öffnen Sie die Liste KREATIV. Auch dort existiert ein Selektionsfeld (Abbildung 9.24), allerdings ist dieses weitaus umfangreicher als das zuvor genannte. Entscheiden Sie sich für SL BLEACH NDR.

5 Effekt einstellen

Ziehen Sie die INTENSITÄT des Effekts auf etwa 140 %. Den SCHARFZEICHNER bewegen Sie nach rechts auf ca. 21 und die DYNAMIK auf knapp 50 (Abbildung 9.25). Zuletzt ziehen Sie auch die SÄTTIGUNG nach rechts, bis ein Wert um 145 angezeigt wird. (Wir müssen hier nicht zu 100 % exakt arbeiten.)

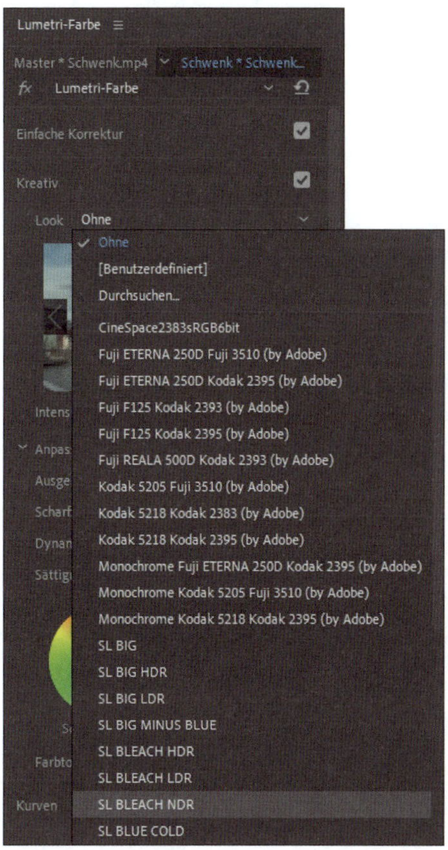

▲ **Abbildung 9.24** Eine beeindruckende Liste wartet auf Ihre Auswahl.

▲ **Abbildung 9.25** Hier dürfen wir ruhig ein wenig übers Ziel hinausschießen.

6 Blau verstärken

Während eines unserer Ziele im letzten Workshop noch lautete, den Blaustich zu entfernen, wollen wir diesmal den entgegengesetzten Weg gehen. Das Blau soll sogar noch verstärkt werden – und zwar sowohl in den dunklen als auch den hellen Bildbereichen. Deshalb sollten Sie zunächst auf das kleine Kreuz im Spektralkreis SCHATTENFARBE klicken, die Maustaste gedrückt halten und das Zeigegerät nach unten rechts bewegen. Unten rechts im Kreis befindet sich nämlich dunkles Blau. Genau dort wollen wir hin. Bitte gehen Sie aber hier vorsichtig zu Werke, und orientieren Sie sich mit der Zielposition an der zweiten Abbildung. Verfahren Sie auf gleiche Weise mit der GLANZLICHTFARBE.

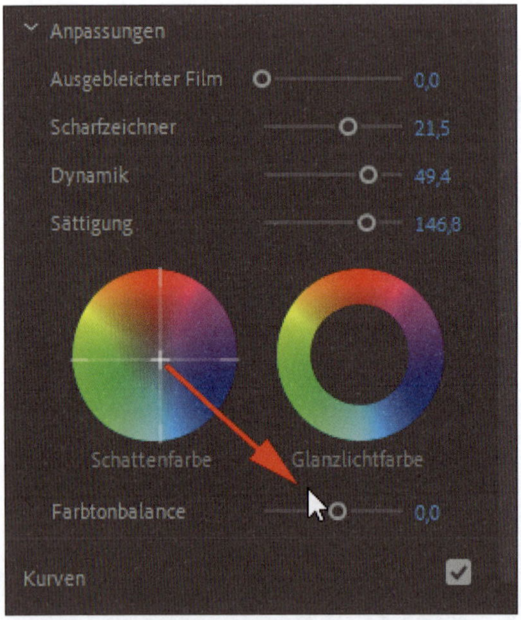

◂ **Abbildung 9.26**
Verziehen Sie den Mittelpunkt.

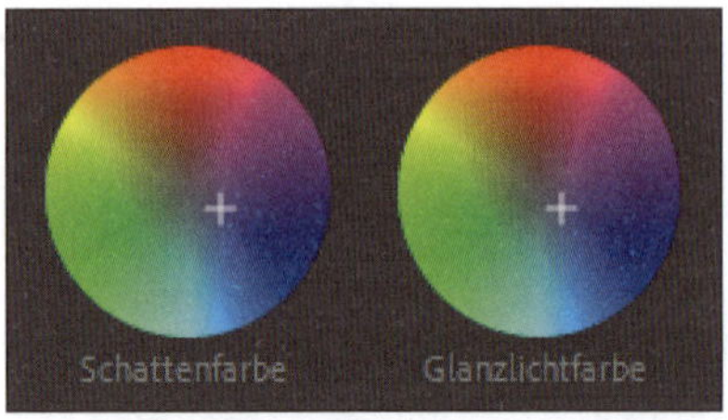

▴ **Abbildung 9.27** Die Mittelpunkte sollen auf diese Weise verzogen werden.

7 Video in dunklen Bereichen weiter abdunkeln

Verlassen Sie den Bereich KREATIV, indem Sie die Zeile KURVEN aktivieren. Dort angelangt, sorgen Sie dafür, dass der weiße Punkt ❶ im Bereich RGB-KURVEN ❷ aktiv ist (er verändert alle Grundfarben Rot, Grün und Blau gemeinsam). Wählen Sie einen der anderen Punkte nur dann aus, wenn Sie lediglich eine bestimmte RGB-Farbe bearbeiten wollen (z. B. Blau ❸). Klicken Sie auf die Diagonale darunter – und zwar in etwa auf das untere Drittel der Linie. Halten Sie die Maustaste gedrückt, und ziehen Sie ein wenig senkrecht herunter ❹. Das sorgt dafür, dass das Video in den ohnehin schon dunkleren Bildbereichen noch mehr abgedunkelt wird.

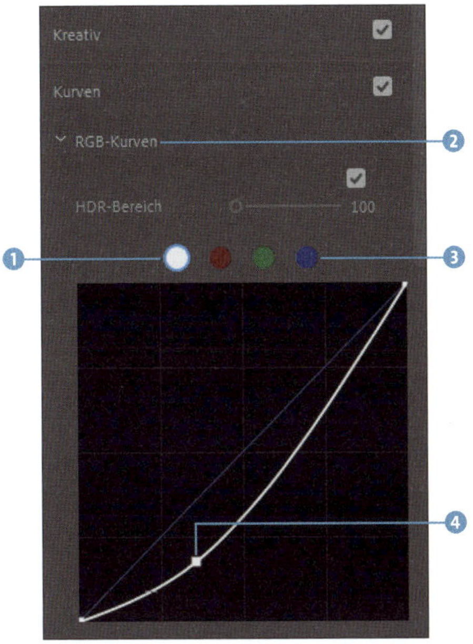

◂ **Abbildung 9.28**
Diese Einstellung dunkelt die Tiefen eines Videos noch mehr ab.

Helle Bildbereiche aufhellen

Das Umgekehrte der zuvor genannten Aktion, also das Erhellen besonders heller Bildbereiche, würde passieren, wenn Sie die Diagonale im oberen Drittel anklicken und die Linie dann nach oben ziehen.

8 Vignette erzeugen

Zuletzt wählen Sie die Zeile Vignette an. Denn jetzt sollen die Randbereiche, insbesondere die Ecken, stark abgedunkelt werden. Dazu muss der Regler Stärke nach links gezogen werden. Streben Sie einen Wert von ca. –2,2 an. (Im Übrigen würde eine Verstellung nach rechts für die Erhellung der Ecken sorgen.)

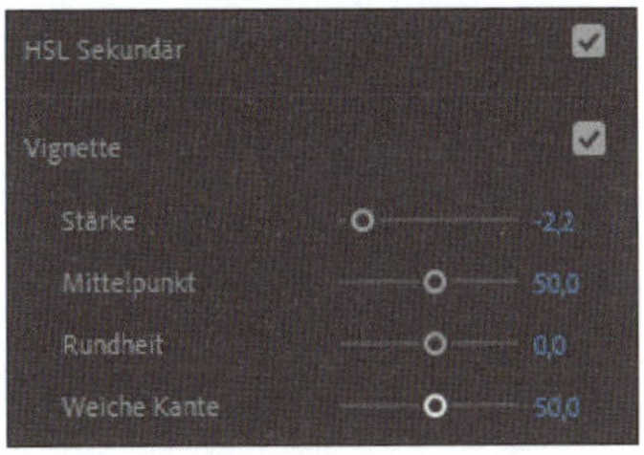

▴ **Abbildung 9.29** Die Ecken des Videos sollen abgedunkelt werden.

▴ **Abbildung 9.30** Die Szene stellt sich wesentlich dramatischer dar.

9.4.6 Looks schnell zuweisen

Wir wollen noch einmal auf Schritt 4 des vorangegangenen Workshops zurückkommen. Dort wurde das Listenfeld LOOK ❺ geöffnet, das sich im Bereich KREATIV befindet, und der Effekt SL BLEACH NDR zugewiesen. Leider sind die Namen der unterschiedlichen Looks wenig aussagekräftig, und eine vorherige Beurteilung fällt demzufolge schwer. Die Voransicht ist da schon wesentlich leichter. Denn direkt unterhalb der Liste befindet sich eine Miniaturvorschau des aktuellen Einzelbildes. Betätigen Sie die kleine Pfeilspitze rechts ❻, um zum jeweils nächsten Effekt in der Liste zu gelangen, während Sie mit ❷ wieder einen Effekt zurückspringen können (sofern Sie sich nicht gerade auf dem ersten befinden). Der Name des Effekts erscheint unten in der Vorschau ❸. Wenn Ihnen gefällt, was Sie sehen, klicken Sie einfach auf die Miniatur selbst ❶, was zur Folge hat, dass dieser Effekt auf den Clip angewendet wird. Schauen Sie sich die Wirkungsweise des Effekts im Programmmonitor an. Falls Sie doch lieber einem anderen Effekt den Vorzug geben wollen, stellen Sie ihn im Miniaturbereich ein und klicken abermals auf das Vorschaubildchen. Zudem lässt sich mit dem Regler INTENSITÄT ❹ noch regeln, wie stark der Effekt auf das Video wirken soll. Werte unterhalb von 100,0 schwächen die Wirkungsweise des Effekts ab, während höhere Werte ihn verstärken.

◂ **Abbildung 9.31**
Suchen Sie in aller Ruhe aus, welcher Effekt am besten zum jeweiligen Clip passt.

9.4.7 Lumetri-Farbkurven

Die ohnehin schon recht beeindruckenden Lumetri-Effekte sind seinerzeit noch einmal durch sogenannte RGB- und Farbtonsättigungskurven erweitert worden. Einen ersten Eindruck von dieser Technik haben Sie ja soeben bekommen. Grund genug, sie etwas genauer zu betrachten: Diese Kurven zeichnen sich vor allem dadurch aus, dass man ohne große Umwege realistische Ergebnisse herbeizaubern kann. Besonders interessant wird die Farbkorrektur aber erst durch den Einsatz von sogenannten

Kontrollpunkten. Sie merken: Ich gerate ins Schwärmen. Nicht ohne Grund, wie Sie in den folgenden Abschnitten feststellen werden. Deshalb möchte ich auch jene Anwenderinnen und Anwender einladen, die beim Thema Farbkorrektur stets ein bisschen davor zurückschrecken, sich mit der Lumetri-Kurventechnik zu beschäftigen. Sie ist wesentlich intuitiver, als man im ersten Augenblick glauben mag.

Lumetri-RGB-Kurven | Grundsätzlich dürfen Sie wählen, ob Sie (bei eingeschalteter Arbeitsoberfläche Farbe) rechts im Bedienfeld Lumetri-Farbe arbeiten oder doch lieber das altbekannte Dialogfeld Effekteinstellungen benutzen wollen. Der Nachteil bei zuletzt genanntem: Sie müssen viel scrollen. Ich empfehle daher, rechts im Bedienfeld Lumetri-Farbe zu bleiben.

Schauen wir uns zunächst das oberste Feld des Bereichs Kurven an. Es ist mit RGB-Kurven betitelt. Damit lassen sich zum einen Luminanzen (also Helligkeitsbereiche) verändern und zum anderen die eigentlichen Farbtonbereiche Rot, Grün und Blau gezielt bearbeiten. Standardmäßig ist der weiße Punkt oberhalb der Diagonalen aktiviert – also die Luminanz. Wer jedoch beispielsweise einen Farbstich korrigieren will oder einzelne Farbbereiche isoliert verändern möchte, kann zunächst oberhalb der weißen Diagonale auf einen der farbigen Punkte klicken und dann diesen Farbkanal separiert von den anderen bearbeiten.

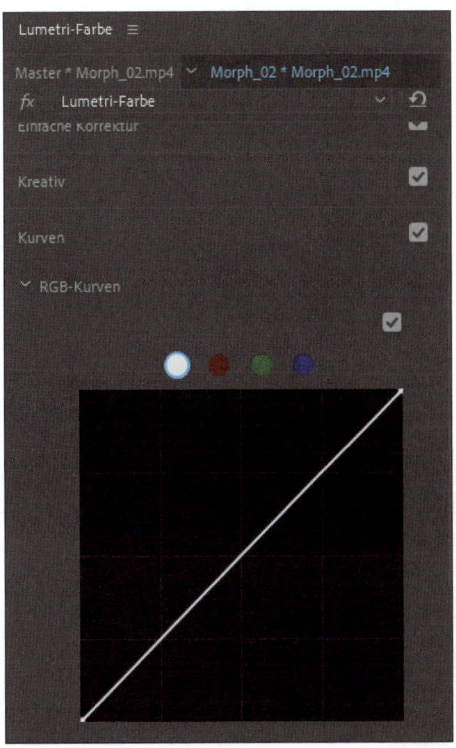

◂ **Abbildung 9.32**
Die Lumetri-RGB-Kurven ermöglichen eine präzise Korrektur der Luminanz (weiß) oder jeder einzelnen Farbe (Rot, Grün, Blau).

Ambitionierte Photoshop-Anwenderinnen und -Anwender werden sich vielleicht spontan zu Beifallsbekundungen hinreißen lassen, denn ihnen ist die Arbeit mit Farb- und Luminanzkurven in der Regel bestens bekannt. In Premiere Pro funktioniert es ganz genauso:

Schritt für Schritt: Kontraste verbessern

Beginnen wir mit etwas Leichtem. Unsere Beispielvideos *Morph_01.mp4* und *Morph_02.mp4* aus dem Verzeichnis *06* der Beispieldateien sind ja nicht gerade ein Feuerwerk an Kontrastumfang. Beheben Sie das auf die Schnelle, indem Sie folgendermaßen vorgehen:

1 Projekt vorbereiten

Erzeugen Sie aus einer der beiden Dateien (ich habe mich hier für *Morph_02.mp4* entschieden) eine Neue Sequenz aus Clip. Markieren Sie den Clip im Schnittfenster, und öffnen Sie die Liste Kurven des Bedienfeldes Lumetri-Farbe. Sollte das Unterverzeichnis RGB-Farben geschlossen sein, klicken Sie die gleichnamige Zeile an. (Gestatten Sie noch einmal den Hinweis, dass wir aktuell mit der Arbeitsoberfläche Farbe arbeiten.)

2 Helle Bildbereiche verbessern

Klicken Sie jetzt auf die weiße Diagonale – und zwar in etwa im oberen Drittel der Linie. Halten Sie die Maustaste gedrückt, und schieben Sie ein wenig senkrecht nach oben. Orientieren Sie sich bei der Positionierung des Punktes an Abbildung 9.33 (links). Sobald Sie an diesem Punkt angekommen sind, lassen Sie die Maustaste los.

3 Dunkle Bildbereiche verbessern

Machen Sie sich keine Sorgen, was die Positionierung der Punkte angeht. Diese können im Nachgang noch verschoben werden. Klicken Sie jetzt auf das untere Drittel der Tangente (eine Diagonale ist es ja jetzt bereits nicht mehr), und ziehen Sie senkrecht nach unten. Ihre Kurve sollte jetzt in etwa so aussehen wie auf der rechten Seite in Abbildung 9.33 gezeigt.

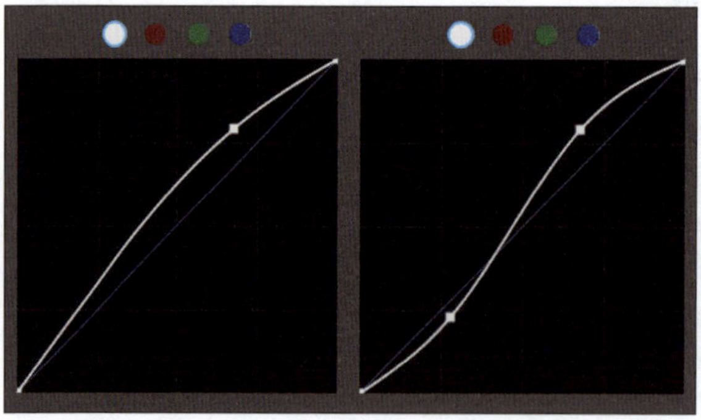

◂ **Abbildung 9.33**
Formen Sie eine S-Kurve, um die Kontraste zu verbessern.

4 Kurve auf Rot umstellen

Beobachten Sie, während Sie so etwas machen, auch immer die Auswirkungen im Programmmonitor. Dort sehen Sie nämlich sofort, was durch die Formung einer S-Kurve mit dem Bild passiert. Es wird zwar kontrastreicher, stellt jedoch leider auch die Farben unnatürlich kräftig dar. Das geht gar nicht, denn unnatürliche Farben sollten niemals das Resultat einer Luminanzkorrektur sein. Klicken Sie deshalb auf den roten der vier oberhalb der S-Kurve befindlichen Punkte.

5 Rot absenken

Sie sehen jetzt *über* unserer Luminanz-S-Kurve eine rote Diagonale. Führen Sie im unteren Drittel dieser Diagonale nun einen Mausklick aus, und ziehen Sie bei gehaltener Maustaste ganz vorsichtig nach unten. Achten Sie auf die Hauttöne und die Lippen. Hier wird die Farbe nun gezielt zurückgenommen. Zugegeben, Sie müssen sehr diffizil arbeiten, denn heftige Bewegungen führen sogleich zu ungewünschten Farbstichen. Die Rot-Kurve sollte jetzt in etwa wie in Abbildung 9.34 aussehen.

▲ **Abbildung 9.34** Der zu intensive Rot-Touch gehört der Vergangenheit an.

Kommen wir noch einmal kurz zurück zu den Kurven. Sicher ist Ihnen schon bei der Korrektur aufgefallen: Je höher ich entlang der Diagonalen ansetze, desto heller sind auch die dort repräsentierten Bildinformationen. Immerhin ist es uns gelungen, die hellen Bildbereiche durch die erste Manipulation der Diagonalen noch mehr zu erhellen. Unten links haben wir dann die eher dunklen Töne noch etwas weiter abgedunkelt. Folgerichtig können wir über die Diagonale auch sagen: Je höher wir sind, desto heller sind die dort repräsentierten Bildinformationen, und je weiter wir heruntergehen, desto dunkler werden sie. Ganz oben rechts haben wir es mit reinem Weiß zu tun, ganz unten links mit reinem Schwarz. Würden Sie nun diesen ganz oben rechts in der Ecke befindlichen Punkt greifen und horizontal nach links ziehen, würden damit zunehmend helle Bildbereiche zu reinem Weiß mutieren. Die Folge wäre allerdings, dass das Videobild an Zeichnung (Konturen) verlöre – vor allem in den hellen Bildbereichen.

▲ **Abbildung 9.35** Jetzt sterben die Konturen in den hellen Bildbereichen ab.

Umgekehrt gingen Details in dunklen Bildbereichen verloren, wenn der untere, links an der Kurve befindliche Punkt horizontal nach rechts gezogen würde. Experimentieren Sie ein wenig damit. Sie werden auf diese Weise schnell feststellen, wie die Luminanzkorrektur »arbeitet« und wo auf der Diagonalen (bzw. der S-Kurve) die eher hellen und wo die eher dunklen Bildbereiche zu finden sind. Gehen wir noch einen Schritt weiter, denn prinzipiell ließe sich der obere rechte Punkt auch nach unten bewegen. Die Folge wäre, dass zunehmend weiße Bildinformationen abgedunkelt würden. Machen Sie das mit dem Endpunkt unten links (indem Sie diesen nach oben verschieben), würden zunehmend schwarze Bildbereiche ausgegraut.

Zurück zu unserer Bildkorrektur: Eine S-Kurve ist immer ein probates Mittel, um die Kontrastwirkung eines bleich wirkenden Videoclips zu verbessern. Im zweiten Schritt sollten Sie dann jedoch die Farbkanäle, die zu kräftig herüberkommen, ein wenig entsättigen – und zwar auf die gleiche Weise, wie es im vorangegangenen Workshop gemacht worden ist. Während bei Personen in der Regel der Rot-Kanal zu bearbeiten ist, muss es beim Himmel eher der Blau-Kanal sein, in Landschaftsaufnahmen ist es hingegen meist der Grün-Kanal.

Abschließend muss noch erwähnt werden, dass Sie sich zwischendurch einen Vorher-nachher-Vergleich im Programmmonitor gönnen sollten, was sich durch temporäres Deaktivieren der kleinen Checkbox oben rechts bewerkstelligen lässt. Denken Sie aber daran, sie am Ende wieder zu aktivieren, da die Veränderung ansonsten nicht im Video angezeigt wird.

Punkte entfernen und Einstellungen verwerfen

Jeder auf der Diagonalen platzierte Punkt kann durch erneutes Anklicken und Verschieben mit gehaltener Maustaste beliebig neu positioniert werden. Wer einen Punkt entfernen möchte, hält [Strg]/[⌘] gedrückt und klickt den Punkt einfach erneut an. Und wer lieber noch einmal ganz von vorne anfangen möchte, führt auf einer beliebigen Stelle der Diagonalen (bzw. auf der S-Kurve) einen Doppelklick aus.

Lumetri-Farbtonsättigungskurven | Sie haben im vorangegangenen Workshop erfahren, wie sich die Kontrastwirkung eines Clips verbessern und gleichzeitig die dadurch hervorgerufene Intensivierung der Farbe zurückdrehen lässt. Nun bleibt allerdings die Frage: Woher weiß ich überhaupt, welche Farbe ich aufnehmen muss? Und wenn ich das weiß, wie erfahre ich, an welcher Stelle die Farbdiagonale angeklickt werden muss? Nun, zum einen können Sie davon ausgehen, dass es immer die Rottöne sind, die zu stark ausfallen (zumindest, wenn Personen auf dem Bild sind), und zum anderen benötigen Sie ein wenig Erfahrung. Nun ist das zugegebenermaßen eine Aussage, die in einem Fachbuch eigentlich nichts verloren hat. Deshalb lassen wir uns jetzt auch von Premiere Pro »helfen«.

Schritt für Schritt: Mit Farbsättigungskurven arbeiten

In diesem Mini-Workshop möchte ich noch einmal das Thema des letzten Workshops aufgreifen. Was auch immer Sie nach der Erstellung der S-Kurve unternommen haben, machen Sie es bitte wieder rückgängig (gegebenenfalls mehrfach [Strg]/[⌘]+[Z] betätigen).

1 Pipette aktivieren

Unsere Luminanzkorrektur ist erfolgt, und die Moderatorin hat dummerweise wieder diese viel zu grellroten Lippen. Deshalb springen Sie im Bedienfeld LUMETRI-FARBE • KURVEN eine Grafik nach unten – und zwar in den Bereich FARBTON VS. SÄTTIGUNG (Liste: FARBTONSÄTTIGUNGSKURVEN). Dort finden Sie oben rechts eine kleine Pipette, die Sie nun anklicken sollten.

2 Farbe aufnehmen

Die Pipette ist jetzt zur Aufnahme bereit. Führen Sie die Maus auf den Programmmonitor, und klicken Sie mit der Spitze der Pipette auf die Lippen der Moderatorin. Sie sehen, was passiert: Im Bereich FARBTON VS. SÄTTIGUNG sind wie von Geisterhand Punkte erzeugt worden (Abbildung 9.36 links).

3 Farbe reduzieren

Schnappen Sie sich den linken der drei Punkte ganz am Rand der Kurvengrafik, und ziehen Sie ihn vorsichtig vertikal nach unten. Versuchen Sie, gleichzeitig den Programmmonitor im Auge zu behalten, und lassen Sie los, wenn Ihnen das Bild gefällt.

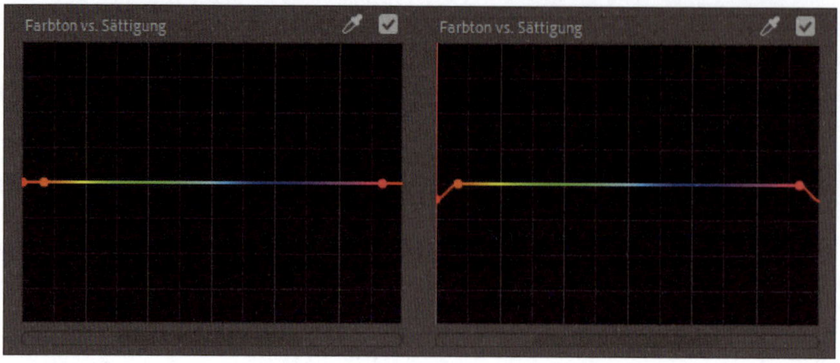

▲ **Abbildung 9.36** Jetzt werden speziell jene Bereiche entsättigt, die zuvor mit der Pipette aufgenommen worden sind.

Ich weiß ja nicht, wie es Ihnen geht, aber ich finde, das Ergebnis sieht noch besser aus als das vorherige, bei dem wir über den Rot-Kanal der RGB-Kurven gegangen sind. Darüber hinaus haben Sie soeben die Kontrollpunkte kennengelernt. Wann immer eine Farbe aus dem Programmmonitor aufgenommen wird, setzt Premiere Pro drei dieser Kontrollpunkte. Der mittlere Punkt (Sie müssen die Grafik als endlos betrachten; wenn das linke Ende der Grafik erreicht ist, geht es auf der rechten Seite weiter) entspricht immer der Farbe, die mithilfe der Pipettenspitze selektiert worden ist, während die beiden äußeren Punkte als Farbbegrenzungen zu sehen sind. Vergrößern Sie die Distanz der äußeren Punkte, werden zunehmend andere Farbbereiche in die Korrektur mit einbezogen; verringern Sie die Distanz, bleiben zunehmend Farbbereiche von der Korrektur ausgenommen.

Fläche für die Pipettenaufnahme vergrößern

Die Pipette berücksichtigt bei der Farbaufnahme immer eine Fläche von 5×5 Bildpixeln. Wollen Sie diese Fläche auf 10×10 Pixel erhöhen, müssen Sie [Strg]/[⌘] gedrückt halten, während Sie den Mausklick ausführen. Mitunter ist es auch sinnvoll, die Ansicht im Monitor vorab zu vergrößern, damit man die Stelle, an der man die Farbe aufnehmen will, genau trifft.

Selektive Lumetri-Farbanpassung | Scrollen Sie im Bedienfeld LUMETRI-FARBE einmal ein wenig nach unten. Sie entdecken dort zahlreiche Grafiken, die allesamt etwas mit der Farbe zu tun haben, jedoch immer mit einer zweiten Größe verglichen werden. Folgende kurvenbasierte Farbanpassungen sind dort möglich:

- FARBTON VS. SÄTTIGUNG: Hiermit wählen Sie einen bestimmten Farbtonbereich aus (wie zuvor mit der Pipette) und passen danach die diesem Farbtonbereich zugrundeliegende Sättigung an. (Mit *Sättigung* bezeichnet man die Leuchtkraft einer Farbe.)

- Farbton vs. Farbton: Der ausgewählte Farbtonbereich wird auf der Farbskala verschoben. Im Prinzip machen Sie aus einem bestimmten Farbton (z. B. Hellrot) einen anderen (z. B. Hellblau).
- Farbton vs. Luminanz: Der ausgewählte Farbton wird in der Luminanz angepasst. Dabei gilt: Schieben Sie den Ton nach oben, wird dieser Farbbereich heller, schieben Sie ihn nach unten, wird er dunkler. (Bitte beachten Sie das nachfolgende Beispiel.)
- Luminanz vs. Sättigung: Hier wird keine Farbe, sondern ein Helligkeitsbereich (Luminanzbereich) ausgewählt, der sodann mehr oder weniger gesättigt werden kann.
- Sättigung vs. Sättigung: Sie wählen einen Sättigungsbereich aus und erhöhen oder verringern diese Sättigung. Prinzipiell ist diese Vorgehensweise zu empfehlen, wenn einzelne Farbbereiche zu stark gesättigt sind. Auf diese Weise hätte sich unser Beispielvideo gut entsättigen lassen. Da aber die Farbe in dem Clip insgesamt nicht so stark war, konnten wir es auch mit Farbton vs. Sättigung korrigieren.

Nun wissen Sie, dass sich Farben mithilfe der Pipette aufnehmen und bearbeiten lassen. Prinzipiell ist es Ihnen aber auch gestattet, die Punkte selbst zu setzen. Der folgende Workshop soll dies zeigen.

Schritt für Schritt: Den Himmel kräftigen

Ich verwende in dieser Schrittanleitung den Clip *Schild.mp4* aus dem Ordner *08* der Beispieldateien. Sie erinnern sich: Seinerzeit hatten wir die Farbe mithilfe einer Maske verändert. Diesmal geht es nur darum, den Himmel kräftiger aussehen zu lassen.

1 Projekt vorbereiten

Ziehen Sie den besagten Clip in die Timeline. Alternativ erzeugen Sie mit ihm eine Neue Sequenz aus Clip. Zuletzt markieren Sie das Video im Schnittfenster.

2 Mittleren Kontrollpunkt setzen

Für die folgende Farbveränderung wähle ich die Grafik Farbton vs. Sättigung. Dann schaue ich mir die Farbe des Himmels an. Keine Frage: Man könnte sie wieder mit der Pipette aufnehmen, doch diesmal wollen wir bewusst manuell vorgehen. Da der Himmel eher im Bereich Cyan (also dem helleren Blau) zu finden ist als im typischen Königsblau (Grüße nach Gelsenkirchen), wählen Sie diesen Punkt auch auf der horizontalen Linie von Farbton vs. Sättigung an – und zwar dort, wo Cyan in Blau mündet. Zunächst einmal sorgen Sie per Klick nur für den ersten Kontrollpunkt ❶.

3 Weitere Kontrollpunkte setzen

Danach setzen Sie einen weiteren Kontrollpunkt ② am Übergang von Cyan zu Grün, denn Grün liegt ja definitiv außerhalb des Farbbereichs, den wir am Himmel korrigieren müssen. Platzieren Sie letztendlich einen dritten Kontrollpunkt am Übergang von Blau zu Magenta ③. Zuletzt wird der mittlere Kontrollpunkt so weit wie möglich angehoben.

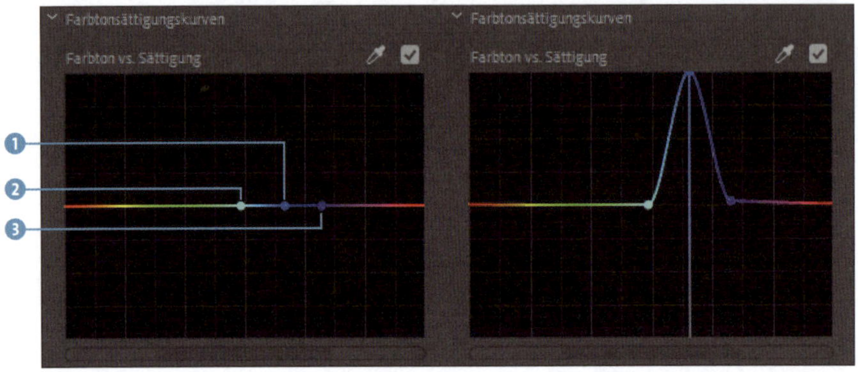

▲ **Abbildung 9.37** Diese Einstellung bewirkt eine Erhöhung der Sättigung in den Himmelstönen.

▲ **Abbildung 9.38** Strahlend blauer Himmel

Mit Lumetri-Instanzen arbeiten | Mitunter ist es sinnvoll, mehrere Lumetri-Effekte auf einen Clip anzuwenden. Stellen Sie sich vor, Sie möchten die Sättigung erhöhen (wie beispielsweise den Himmel im vorangegangenen Workshop) und im selben Clip eine bestimmte Farbe erhellen (zum Beispiel das Verkehrsschild, auf dem der Vogel sitzt). Vielleicht wollen Sie diese Farbe auch weniger kräftigen als alle anderen, damit sie weniger dominant im Bild erscheint. Spätestens jetzt ist es Zeit für Lumetri-Instanzen. Damit ist gemeint, dass Sie mehrere Lumetri-Effekte auf den Clip anwenden und somit in jeder einzelnen Instanz sämtliche Korrekturoptionen haben. Das ist möglich, wenn Sie das kleine Pulldown-Menü oben im Bedienfeld LUMETRI-FARBE öffnen und sich danach für LUMETRI-FARBEFFEKT HINZUFÜGEN entscheiden.

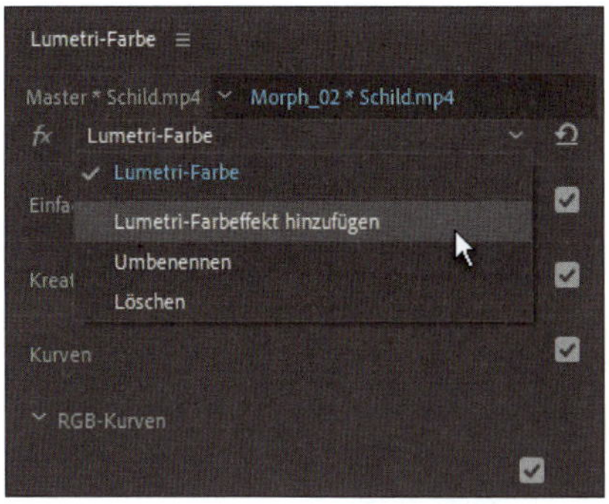

◂ **Abbildung 9.39**
Bringen Sie eine Lumetri-Instanz ins Spiel.

Sie finden jetzt komplett unangetastete Lumetri-Kurven vor, mit denen sich beispielsweise das Rot des Schildes bearbeiten ließe, während die ursprüngliche Farbkorrektur vollkommen unangetastet bleibt. Wenn Sie im Anschluss an die zweite Korrektur wider Erwarten doch noch einmal auf die zuvor bearbeitete Instanz zurückgreifen wollen, gehen Sie abermals in das Menü. Dort finden Sie beide Instanzen wieder.

Instanzen benennen oder löschen

Es ist sinnvoll, die Instanzen sofort nach deren Produktion zu benennen. Das machen Sie, indem Sie diese zunächst im Menü anwählen und danach auf UMBENENNEN gehen. Vergeben Sie für jede Instanz eine aussagekräftigere Bezeichnung als »Lumetri-Farbe«. Im gleichen Menü können übrigens nicht benötigte Instanzen auch wieder gelöscht werden.

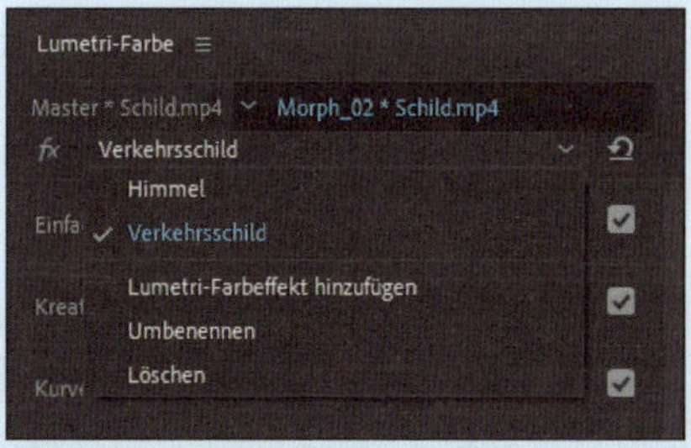

◂ **Abbildung 9.40**
Geben Sie den Instanzen sinnvolle Bezeichnungen.

9.5 Mit Einstellungsebenen korrigieren

Sie wissen jetzt, wie sich Clips kreativ korrigieren und eindrucksvoll verfremden lassen. In realen Großprojekten geht es jedoch meist nicht um ein einzelnes Video, sondern um eine ganze Batterie von Clips, die sich im Schnittfenster aneinanderreiht. Zwar könnten Sie jeden Clip einzeln bearbeiten, was letztendlich auch der Individualität gerecht würde. Jedoch ist diese Vorgehensweise wenig praktikabel, weil viel zu aufwendig. Genau hier kommen Einstellungsebenen ins Spiel.

9.5.1 Wiederholung: Einstellungsebenen erzeugen

Mit Einstellungsebenen hatten wir uns ja bereits in Kapitel 7, »Side Effects – Effekteinstellungen und Bewegungsanimationen«, beschäftigt. Zur Wiederholung: Eine Einstellungsebene wird produziert, indem Sie entweder auf das Blatt-Symbol NEUES OBJEKT in der Fußleiste des Projektfensters klicken oder DATEI • NEU • EINSTELLUNGSEBENE wählen (zuvor Projektfenster aktivieren).

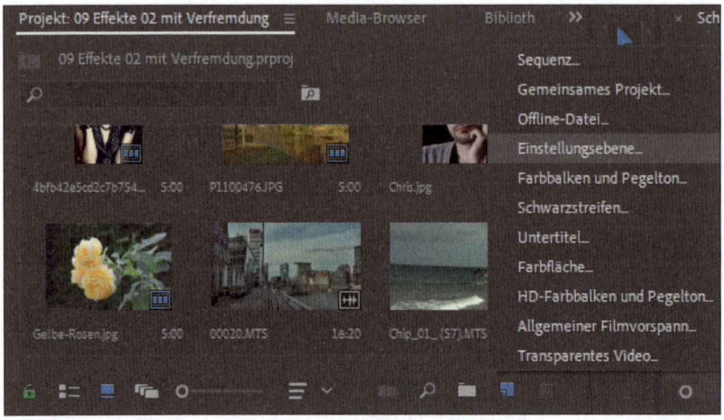

▲ **Abbildung 9.41** Erzeugen Sie zunächst eine neue Einstellungsebene.

Im Folgedialog können Sie projektspezifische Einstellungen vornehmen (z. B. in Sachen Bildgröße oder Bildwiederholrate pro Sekunde), werden aber in der Regel gleich auf OK klicken, da Premiere Pro von Hause aus die aktuell gültigen Sequenzeinstellungen verwendet. Danach ziehen Sie das soeben erzeugte Asset EINSTELLUNGSEBENE auf eine Videospur, die sämtlichen Clips übergeordnet ist – zumindest jenen, die eine Korrektur durch die Einstellungsebene erfahren sollen.

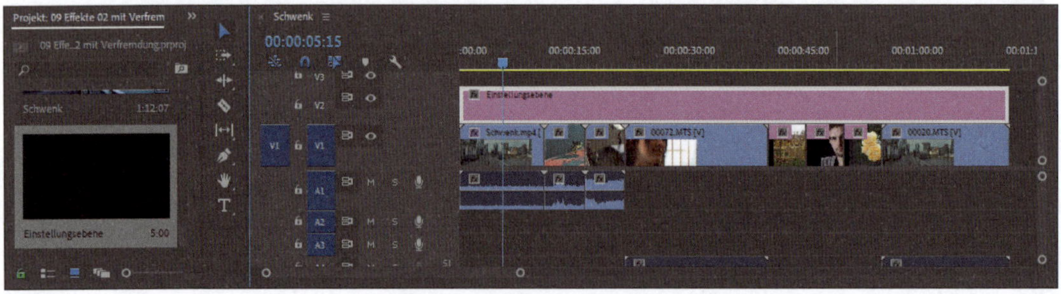

▲ **Abbildung 9.42** Die Einstellungsebene sollte sich horizontal über sämtliche Clips erstrecken.

9.5.2 Attribute übertragen

Generell dürfen Sie mit der Einstellungsebene alles machen, was das Herz begehrt – und zwar auf die gleiche Weise wie zuvor beschrieben. Weisen Sie Effekte zu, nehmen Sie Einstellungen via Lumetri-Farbe vor, probieren Sie verschiedene Effekte aus, oder wenden Sie eine Farbkorrektur an. Einzige Bedingung: Die Einstellungsebene muss im Schnittfenster angewählt bleiben, solange Sie daran arbeiten. In unserem Fall gibt es jedoch bereits eine Korrektur. Wir hatten ja zuvor einen Clip bearbeitet, deren Einstellungen wir übernehmen und auf die Einstellungsebene übertragen könnten. Wie einfach das geht, beweist der folgende Exkurs.

Schritt für Schritt: Effekte auf Einstellungsebenen übertragen

Lassen Sie uns die Einstellungen also transportieren. Natürlich dürfen wir am Schluss nicht vergessen, den Effekt vom ursprünglichen Clip zu entfernen, da er an dieser Stelle ansonsten doppelt wirken würde – einmal über die Einstellungsebene und ein weiteres Mal durch den Clip selbst. Aber der Reihe nach:

1 Projekt vorbereiten

Ziehen Sie wahllos einige Assets in das Schnittfenster, und platzieren Sie, wie zuvor beschrieben, eine Einstellungsebene darüber. Nun könnten Sie direkt sämtliche Einstellungen auf der Einstellungsebene vornehmen, doch wir wollen ja die Übertragung ermöglichen. Nehmen Sie sich einen beliebigen Clip vor, und weisen Sie ihm einen Lumetri-Farbeffekt zu. Wenn Sie mögen, verfremden Sie die Farben noch ein wenig, damit sich das Ergebnis möglichst deutlich vom Original unterscheidet. (Wer die vorhergehenden Workshops mitgemacht hat, kann sich diese Arbeit natürlich sparen.)

2 Clip kopieren

Danach wählen Sie den Clip im Schnittfenster aus und befördern ihn kurzerhand in die Zwischenablage. Das erreichen Sie mit `Strg`/`⌘`+`C` oder mit Bearbeiten • Kopieren.

3 Attribute übertragen

Sie klicken mit rechts auf die Einstellungsebene und wählen Attribute einfügen. Im darauffolgenden Dialog dürfen Sie ganz individuell festlegen, welche Attribute auf die Einstellungsebene übertragen werden sollen und welche außen vor bleiben. Da wir zuvor weder an der Bewegung noch an der Deckkraft oder der Zeit-Verzerrung irgendetwas verändert hatten, dürfen sämtliche Checkboxen angewählt bleiben. Generell ließen sich diese aber deselektieren und somit nur die Effekte der Lumetri-Farbe übertragen. Bestätigen Sie mit OK.

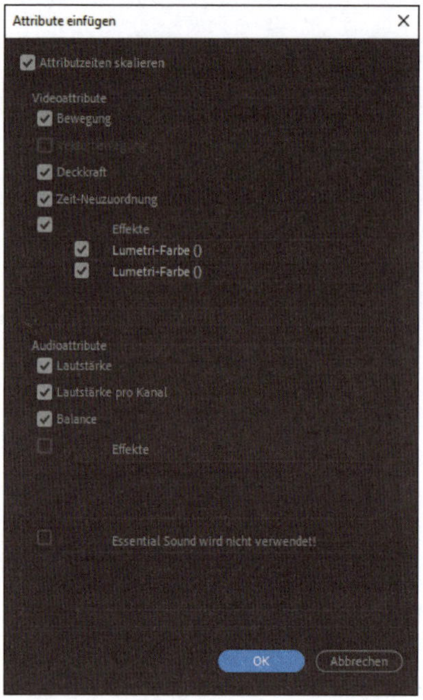

◂ **Abbildung 9.43**
Die Effekte sollen angewählt bleiben.

4 Effekt entfernen

Wenn Sie die Sequenz abspielen, werden Sie sehen, dass sämtliche Clips mit dem gleichen Effekt versehen sind. Genau genommen sind es ja nicht die Clips, sondern es ist die übergeordnete Einstellungsebene. Das eingangs bereits angesprochene Problem der doppelten Effektzuweisung am Ursprungsclip ist jedoch noch vorhanden. Deshalb sollten Sie diesen mit rechts anklicken und ATTRIBUTE ENTFERNEN wählen. Nach Betätigung von OK im Folgedialog ist alles geregelt.

▴ **Abbildung 9.44** Nach der Übertragung auf die Einstellungsebene wird der Effekt im Ursprungsclip nicht mehr benötigt.

9.5.3 Einstellungen individuell anpassen

Spielen Sie die Sequenz ab. Sie werden eventuell feststellen, dass der Effekt auf vielen Clips passt, jedoch auf dem einen oder anderen Bereich zu stark oder zu schwach dargestellt wird. Also müssen Sie die Einstellungsebene individualisieren. Das erreichen Sie, indem Sie sie mithilfe des Rasierklinge-Werkzeugs überall dort trennen, wo eine andere Einstellung als die bisherige vorzunehmen ist. Im folgenden Beispiel wurde die Einstellungsebene am Anfang und Ende des vierten Clips zerschnitten. Danach ist es möglich, diesen Teil separiert von den anderen zu bearbeiten. Auch hier gilt aber: Der Teil muss im Schnittfenster markiert sein. Die Justage für diesen Part nehmen Sie dann im Bedienfeld LUMETRI-FARBE vor.

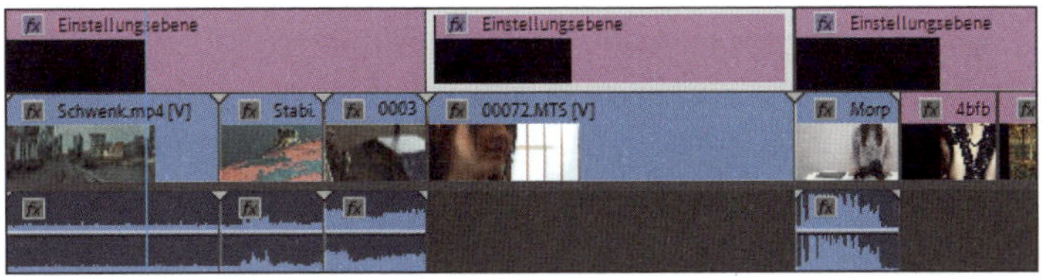

◂ **Abbildung 9.45** Die Einstellungsebene wird speziell für Clip 4 angepasst.

Denken Sie daran, dass sich auch die einzelnen Teilbereiche der Einstellungsebene via Zwischenablage kopieren lassen. Oft kann eine Einstellung damit rasch auf eine andere Position der Sequenz übertragen werden. Ich empfehle Ihnen, mit unterschiedlichen Videospuren zu arbeiten. Beim Einfügen eines Assets müssen Sie jedoch stets darauf achten, vorab die korrekte Zielführung zu aktivieren.

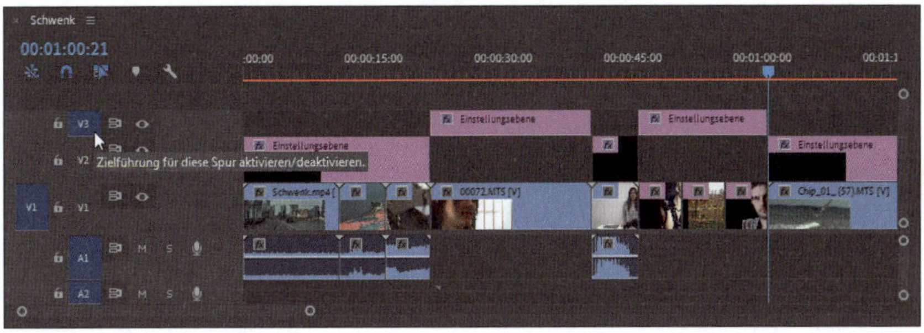

▴ **Abbildung 9.46** Wenn die Kopie des Assets (Einstellungsebene) in Spur V3 eingefügt werden soll, muss vorab auch die Zielführung dieser Spur aktiviert werden.

9.6 Beleuchtung punktuell korrigieren

Jetzt verlassen wir die Lumetri-Farben wieder. Es soll um Effekte gehen, die im eigentlichen Sinn eine ganz andere Aufgabe haben, als Bilder zu korrigieren – gemeint sind die Beleuchtungseffekte.

9.6.1 Zusätzliche Lichter platzieren

Ganz klare Sache: Mit diesem Effekt können Sie zusätzliche Lampen in Ihr Video »hineinmontieren«. Das sorgt für einen visuell ansprechenden Genuss und ist natürlich eher in die Kategorie Bildverfremdung einzuordnen. Darum soll es aber im folgenden Workshop nicht gehen. Es ist nämlich durchaus möglich, diesen Effekt auch zur punktuellen Beleuchtungskorrektur einzusetzen.

Schritt für Schritt: Korrekturen mit Beleuchtungseffekten realisieren

Nehmen Sie als Beispiel doch einmal den Clip *Stabi.mp4* aus dem Ordner *07* der Beispieldateien. Wenn Sie mögen, erzeugen Sie eine Neue Sequenz aus Clip. Von der Ausleuchtung her lässt er ein wenig zu wünschen übrig, denn er ist ziemlich flau und insgesamt doch recht dunkel.

1 Einstellungsebene erzeugen

Erzeugen Sie zunächst eine neue Einstellungsebene über das Menü Datei • Neu • Einstellungsebene. Sollte der Befehl nicht zur Disposition stehen, markieren Sie das Projektfenster, und versuchen Sie es erneut. Alternativ dürfen Sie natürlich auch auf das Blatt-Symbol unten rechts im Projektfenster klicken und den gleichnamigen Befehl aus dem Popup-Menü selektieren. Übernehmen Sie die angebotenen Einstellungen.

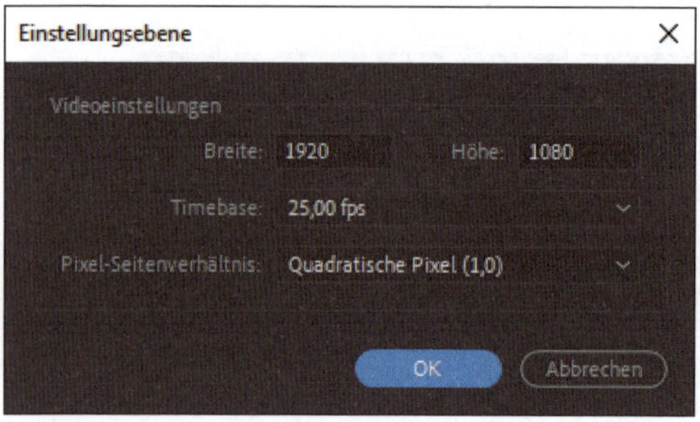

▲ **Abbildung 9.47** Die Einstellungen entsprechen denen des Projekts.

2 Einstellungsebene weiterverarbeiten

Damit es später keine Verwechslungen mit anderen Einstellungsebenen gibt, benennen Sie diese entsprechend (hier »Beleuchtung«) und bestätigen mit [↵]. Danach ziehen Sie diese aus dem Projektfenster heraus auf den Bereich oberhalb der obersten Videospur – und zwar beginnend mit dem erwähnten Clip (siehe Position des Abspielkopfes). Zuletzt strecken Sie die Einstellungsebene über die gesamte Länge des Videoclips.

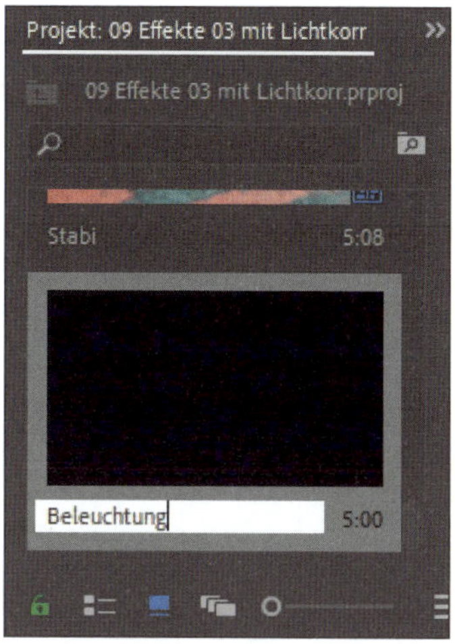

◂ **Abbildung 9.48**
Geben Sie der Einstellungsebene einen anderen Namen.

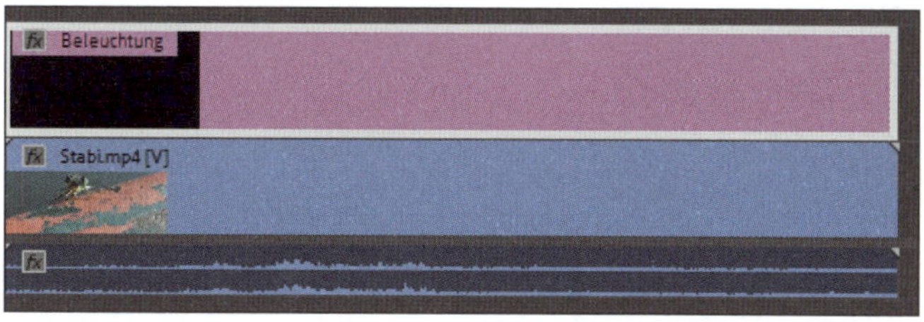

▴ **Abbildung 9.49** Der Name bleibt anschließend auch im Schnittfenster erhalten. Die Einstellungsebene soll zudem den Clip in seiner gesamten Länge überdecken.

3 Effekt hinzufügen

Markieren Sie die Einstellungsebene im Schnittfenster, und schalten Sie um auf den Arbeitsbereich EFFEKTE. Öffnen Sie den Ordner ANPASSEN innerhalb der VIDEOEFFEKTE, und wenden Sie BELEUCHTUNGSEFFEKTE per Doppelklick an. Was ist denn jetzt passiert? Unser kleiner Freund steht im wahrsten Sinne des Wortes im Rampenlicht.

◂ **Abbildung 9.50**
Der Arme steht voll im Fokus.

4 Lichtquelle ändern

Wenden Sie sich dem Bedienfeld EFFEKTEINSTELLUNGEN zu, und öffnen Sie die Liste LICHT 1. Beachten Sie zunächst das Steuerelement LICHTTYP. Hier wird standardmäßig ein Spot vergeben, der sich für unsere Korrektur jedoch nicht eignet. Ein Spot erhellt einen relativ kleinen Bereich des Bildes und lässt außen liegende Bereiche umso dunkler erscheinen. Schalten Sie um auf DIFFUSES LICHT.

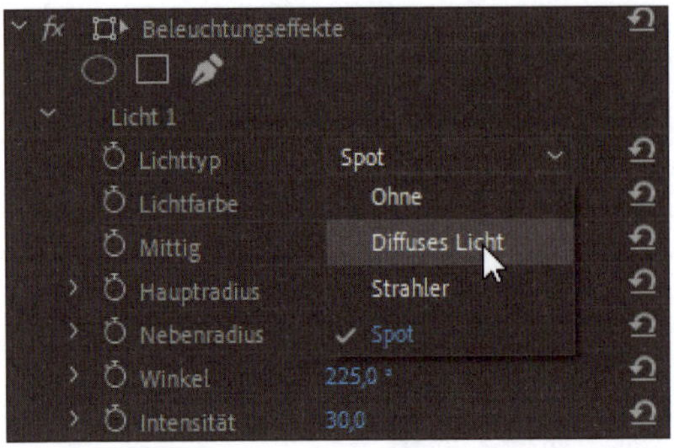

▲ **Abbildung 9.51** Der erste Schritt besteht darin, den Spot gegen eine andere Lichtquelle auszutauschen.

5 Intensität verringern

Nun hat die Zuhilfenahme des diffusen Lichts bereits ordentliche Erhellung gebracht. Ich finde sogar, dass die Einstellung zu drastisch ist, und plädiere daher für eine Rücknahme der INTENSITÄT auf 19. Das ist zwar recht dunkel, muss aber sein, da wir im nächsten Schritt noch eine zweite Lichtquelle hinzufügen.

6 Zweites Licht hinzufügen

Wenn Sie den Beleuchtungseffekt zuweisen, ist standardmäßig nur ein einzelnes Licht vorhanden (LICHT 1). Weitere Lichtquellen werden hinzugefügt, indem Sie die nächste Liste öffnen, im konkreten Fall also LICHT 2. Der LICHTTYP aller Quellen (ab Licht 2) ist generell auf OHNE eingestellt – also »aus«. Brauchen Sie zusätzliche Quellen, müssen Sie hier entsprechend umschalten. Wir verwenden einen STRAHLER.

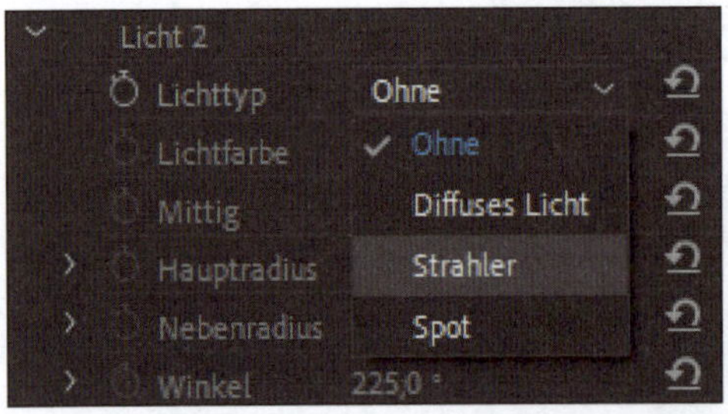

▲ **Abbildung 9.52** Jetzt wird ein Strahler hinzugefügt.

7 Position und Intensität verändern

Schauen Sie in die Spalte Mittig der zweiten Lichtquelle. Führen Sie den Strahler von seiner aktuellen Position weg, indem Sie zunächst den linken (horizontalen) Wert auf ca. 380 und anschließend den rechten (vertikal) auf 330 setzen. Zudem sollten Sie die Intensität des Strahlers auf 5,0 reduzieren.

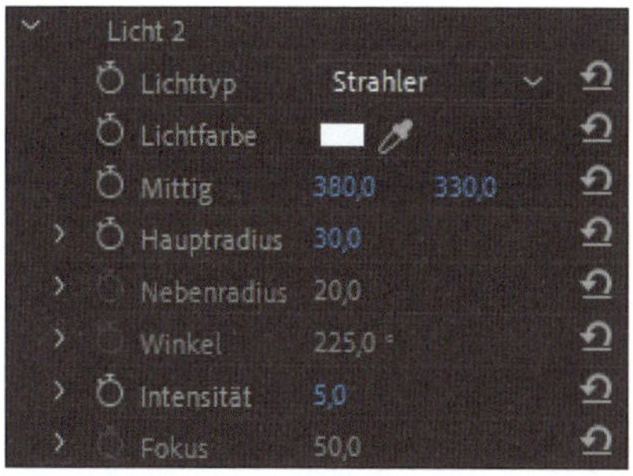

▲ **Abbildung 9.53** Die zweite Lichtquelle ist in Position und Intensität angepasst worden.

9.6.2 Lichtquellen im Programmmonitor verschieben

Die Lichtquellen lassen sich auch prima im Programmmonitor verschieben. Das gelingt per Drag & Drop. Das Problem ist allerdings, dass beide Beleuchtungselemente zunächst einmal übereinander angeordnet sind. Sie erreichen deshalb nur Lichtquelle 1. Aus diesem Grund haben wir die Verschiebung im vorangegangenen Schritt mithilfe der Steuerelemente Mittig vornehmen müssen. Sind die Lichtquellen jedoch erst einmal unterschiedlich positioniert, steht einer Weiterarbeit im Programmmonitor nichts mehr im Wege. Entscheidend ist nun, ob innerhalb der Effekteinstellungen eine relevante Zeile angeklickt worden ist oder nicht (z. B. Beleuchtungseffekte, Lichttyp, Intensität). Denn nur dann befinden sich kleine Anfasser-Kreise auf dem Bild des Programmmonitors, die auf Wunsch mit gedrückter Maustaste in Position gebracht werden können. Stellen Sie die Maus auf einen der Punkte, wird zudem angezeigt, um welche Lichtquelle es sich handelt.

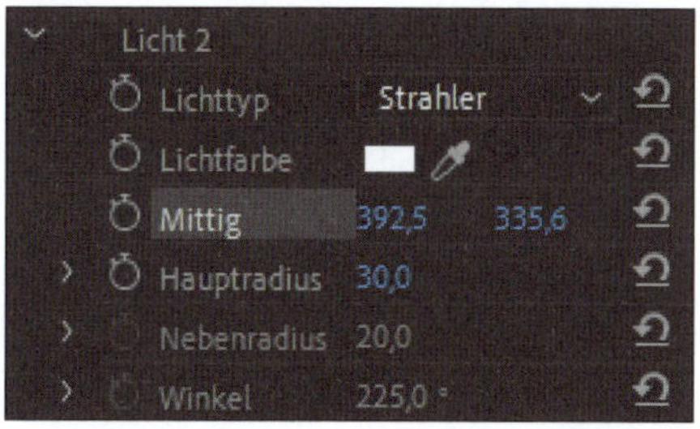

▲ **Abbildung 9.54** Aktivieren Sie eine beliebige (nicht ausgegraute) Zeile, um die Positionen der Lichter im Programmmonitor sichtbar zu machen.

▲ **Abbildung 9.55** Hier befinden wir uns auf Licht 2.

Original bleibt unverändert

Bei Verwendung einer Einstellungsebene bleibt der eigentliche Clip von der Bearbeitung ausgeschlossen. Wenn Sie die Spur EINSTELLUNGSEBENE deaktivieren, ist auch der Effekt nicht mehr sichtbar. So kann man (beispielsweise beim Kunden) sehr schnell präsentieren, wie der Film mit und ohne diesen Effekt aussieht.

Licht bewegen

Noch ein Tipp: Sollten Sie Beleuchtungseffekte auf sich bewegende Objekte richten, vergessen Sie nicht die Möglichkeit, das Licht über Keyframes zu animieren. Sie könnten Lichtquellen also problemlos mit einem Objekt mitlaufen lassen.

9.6.3 Lichtfarbe ändern

Es ist möglich, die Lichtfarbe zu ändern, entweder über das Farbfeld in der Zeile LICHTFARBE oder mithilfe der nebenstehenden Pipette, die es sogar erlaubt, eine relevante Farbe direkt aus dem Clip aufzunehmen.

10 Audio

Zu einem guten Video gehört auch guter Ton – das versteht sich von selbst. Damit gemeint ist jetzt nicht etwa der geniale Soundtrack à la »Spiel mir das Lied vom Tod« oder »Der Profi« (Ennio Morricone), sondern eher die Anpassung und Optimierung vorhandener Tonspuren. Wie das Bild lässt sich nämlich auch der Ton prima im Schnittfenster bearbeiten. Der Bereich »Essential Sound« sorgt für komfortable Audiokosmetik, und die spätere Ausgabe wird mit dem Audiospur-Mischer realisiert. Machen Sie sich mit den Eigenheiten der Soundbearbeitung in Premiere Pro vertraut.

In diesem Kapitel erhalten Sie Antworten auf die folgenden Fragen:

- Wie werden Audioclips im Schnittfenster bearbeitet?
- Wie lassen sich Schwächen beim Sound komfortabel korrigieren?
- Wie können Audiodateien überblendet werden?
- Welche Audioeffekte eignen sich zur Nachbearbeitung?
- Was ist ein Audioradar?
- Was ist der Audiospur-Mischer?
- Wie werden Spureffekte eingefügt?

10.1 Grundlagen der Audiobearbeitung in Premiere Pro

Bevor Sie sich mit der Audiobearbeitung beschäftigen, einige grundsätzliche Dinge vorweg, auf die Sie achten müssen.

10.1.1 Arbeitsbereich Audio

Sie kennen das schon von den Effekten und der Farbkorrektur: die optimierten Arbeitsbereiche. Auch für die Soundbearbeitung wurde ein optimierter Arbeitsbereich geschaffen – nämlich Audio. Diesen sollten Sie bei Ihrer Arbeit in diesem Kapitel auch benutzen.

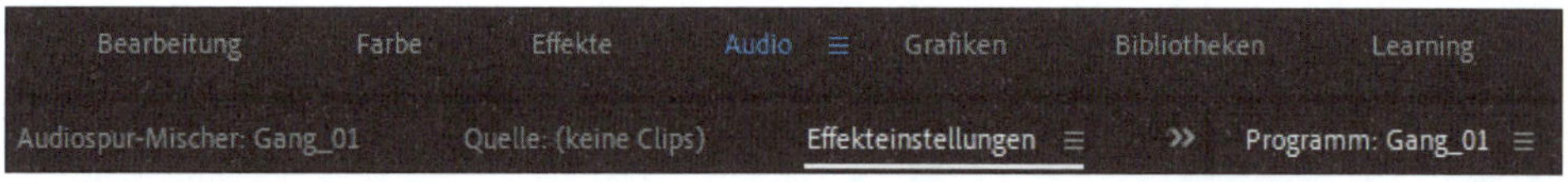

▲ **Abbildung 10.1** Aktivieren Sie zunächst den für Audio optimierten Arbeitsbereich.

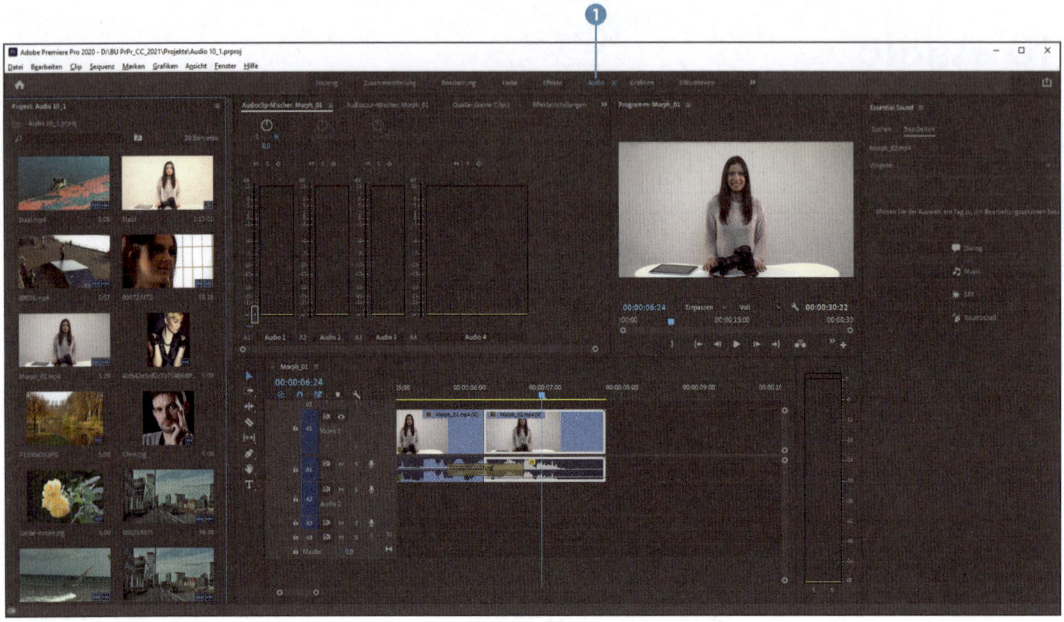

▲ **Abbildung 10.2** Ein Klick auf Audio ❶ sorgt für einen soundoptimierten Arbeitsbereich.

10.1.2 Veraltete Effekte

Wenn Sie bereits seit längerer Zeit mit Premiere Pro arbeiten und jüngst auf die aktuelle Version umgestiegen sind, kann es Ihnen passieren, dass Premiere Pro eine Fehlermeldung ausgibt, wenn Sie ein altes Projekt öffnen. Genauer gesagt passiert dies, wenn Sie in einer Vorgängerversion Effekte genutzt haben, die inzwischen nicht mehr Bestandteil von Premiere Pro sind oder in Kürze von den Adobe-Programmierern entfernt werden. Das trifft z. B. auf die Adaptive Rauschreduktion zu, die in Version 14.0 nicht mehr enthalten ist. Als aufmerksamer Leser wissen Sie inzwischen längst: Wenn der Klaßen so etwas schreibt, kommt als Nächstes irgendetwas mit: »Machen Sie sich keine Sorgen ...« Und was soll ich Ihnen sagen: Machen Sie sich keine Sorgen! Denn Premiere Pro gibt beim Start des Projekts mehr als nur eine Meldung heraus. Wenn Sie ein wenig nach unten scrollen, erfahren Sie auch direkt, was Sie tun können, um derartige Konflikte in Zukunft zu vermeiden.

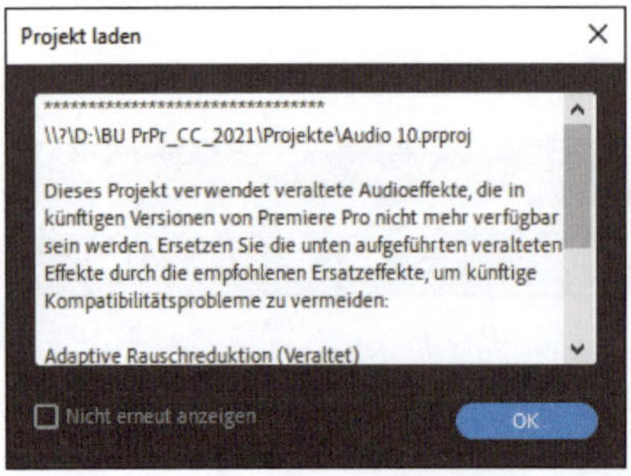

◂ **Abbildung 10.3**
Scrollen Sie ein wenig nach unten, ...

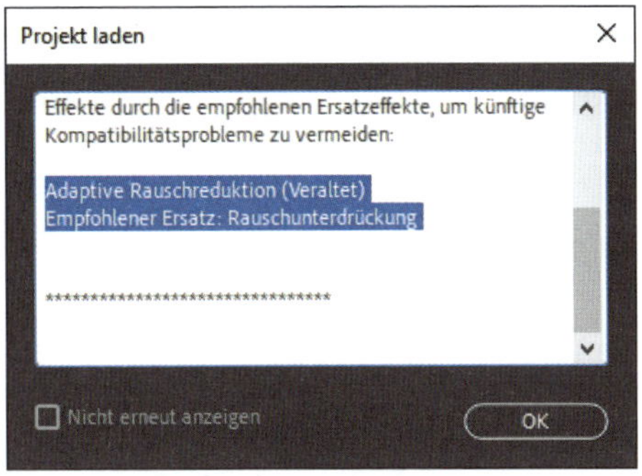

◂ **Abbildung 10.4**
… um zu erfahren, was Premiere Pro in solchen Fällen empfiehlt (hier: zur besseren Ansicht blau markiert).

10.1.3 Spuren definieren

In Kapitel 5, »Mit Sequenzen arbeiten«, haben Sie bereits erfahren, wie das Handling mit Spuren vonstattengeht. Wenn Sie einen Clip im Projektfenster mit rechts markieren und Neue Sequenz aus Clip anwählen, werden automatisch die zum Asset passenden Audioeinstellungen vorgenommen. Sie dürfen aber eine Sequenz auch manuell anlegen (Strg/⌘+N oder Datei • Neu • Sequenz) und im Dialog Neue Sequenz auf das Register Spuren ❷ gehen. Hier lassen sich dann neben den Videospuren auch Audiospuren hinzufügen, und Sie können deren jeweiligen Spurtyp definieren.

Die Spur Master ❸ im Bereich Audio verkörpert die Ausgabe. Hier laufen also zum Zeitpunkt der Filmausgabe alle in der Sequenz vorhandenen Spuren zusammen. Bestimmen Sie bereits zu Beginn, welches Format diese Spur haben soll. Sollten Sie sich für Mehrkanal entscheiden, lässt sich im nebenstehenden Pulldown-Menü festlegen, aus wie vielen Spuren die Masterspur bestehen soll. Maximal sind 32 Spuren möglich.

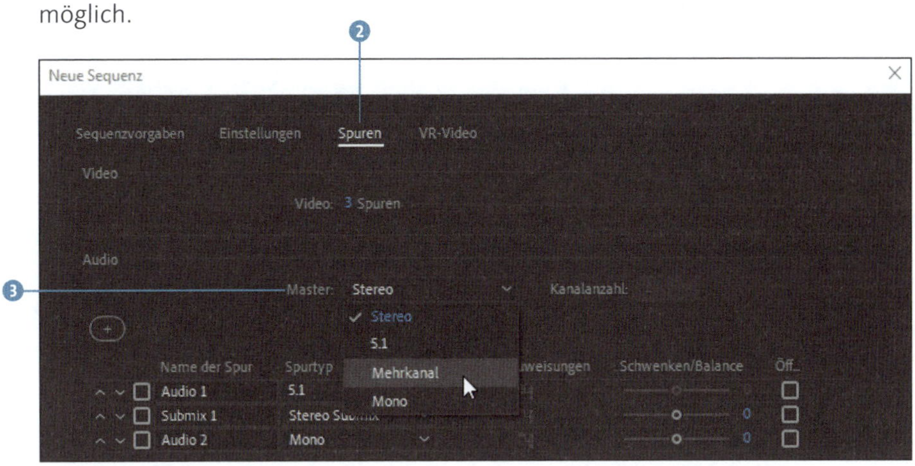

▲ **Abbildung 10.5** Wenn Sie sich für Mehrkanal entscheiden, können Sie bestimmen, wie viele Kanäle enthalten sein sollen.

Standard und Mehrkanal

Beim Format STANDARD handelt es sich um die guten alten Stereospuren (denen allerdings auch Monoclips hinzugefügt werden dürfen). MEHRKANAL hingegen wird eingesetzt, um professionelles Videomaterial, das aus zahlreichen Spuren bestehen kann, in Premiere Pro individuell verarbeiten zu können.

Darüber hinaus lassen sich Adaptivspuren erzeugen, die sich dadurch auszeichnen, dass sie zunächst einmal über die gleiche Kanalanzahl verfügen wie die Masterspur.

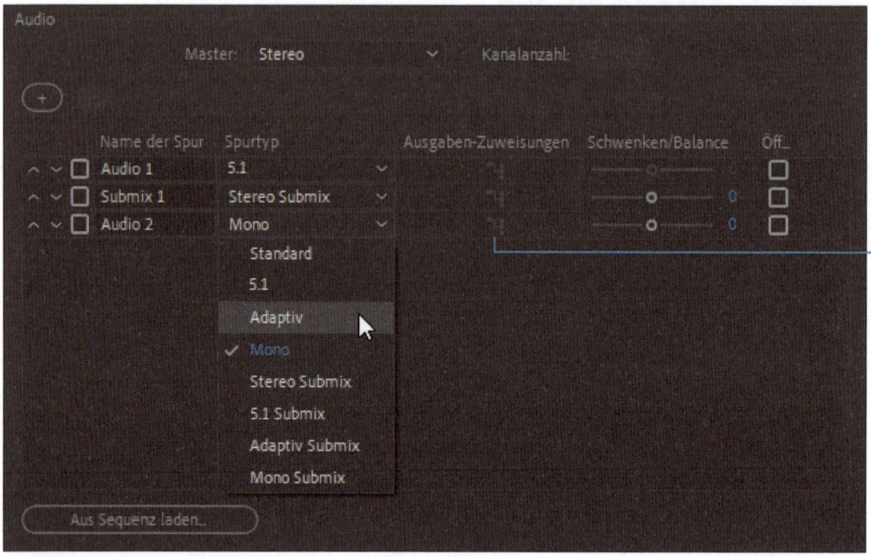

▲ **Abbildung 10.6** Adaptivspuren gibt es seit Premiere Pro CS6.

Submix-Spurtypen

Bei den hier ebenfalls ausgewiesenen Submix-Spurtypen handelt es sich gewissermaßen um Mischspuren. Sie können normale Spuren in einer Submixspur zusammenlaufen lassen und diese dann gemeinsam regeln. Wie das funktioniert, erfahren Sie in Abschnitt 10.6.2, »Submix-Spuren«.

Durch Anwahl eines Mehrkanal-Masters werden die Symbole ❶ in der Spalte AUSGABEN-ZUWEISUNGEN aktiv. Nach Klick auf eines der Symbole erhalten Sie direkten Zugriff auf die Ein- und Ausgabespuren. Ein praktisches Beispiel dazu: Wenn Sie es mit Material zu tun haben, das aus zwei Audiospuren besteht, wird Spur 1 automatisch in den Master-Spurkanal 1 gelegt, während folgerichtig Spur 2 in den Kanal 2 kommt. Wenn Sie das aber unterbinden wollen, weil Sie beispielsweise nur Spur 1 benötigen, wählen Sie einfach die Checkbox für Kanal 2 ab.

Kombinationen möglich

Ebenso wie das Unterdrücken einer Spur ließen sich beide Spurkanäle auch miteinander tauschen (Kanal 1 auf 2 und 2 auf 1) und sogar beide auf einen Master-Spurkanal legen. In diesem Fall müssen Sie dann beide Checkboxen innerhalb einer Zeile aktivieren (immerhin handelt es sich um Checkboxen, von denen ja auch mehrere oder alle gleichzeitig aktiv sein können – siehe Abbildung 10.8).

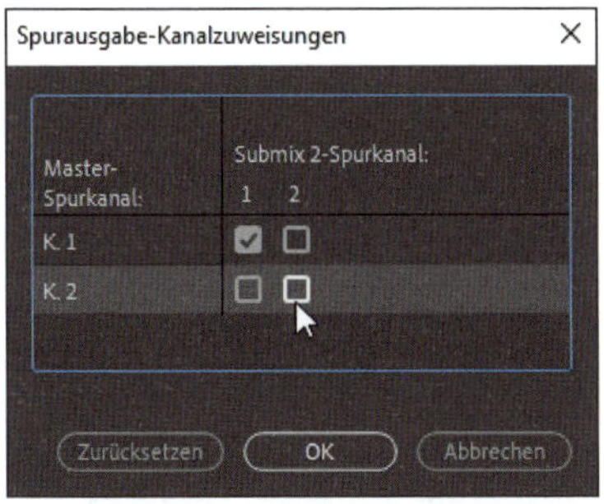

▲ **Abbildung 10.7** Die Kanäle 3 und 4 erhalten keine Ausgabezuordnung.

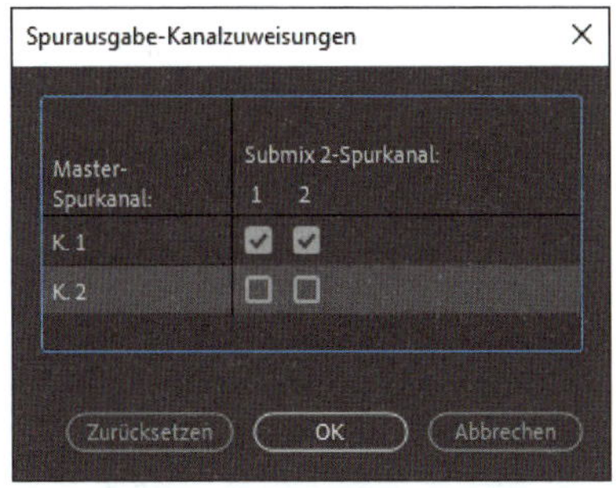

▲ **Abbildung 10.8** Die Definition mehrerer Ausgabekanäle ist erlaubt.

Aus Sequenz laden

Für den Fall, dass Sie zuvor bereits in einer anderen Sequenz Spureinstellungen definiert haben, die sich nun auch für die neue Sequenz eignen, klicken Sie im Dialog Neue Sequenz einfach auf den Schalter Aus Sequenz laden. Im Folgedialog wählen Sie die gewünschte Sequenz aus. Die Einstellungen werden übernommen.

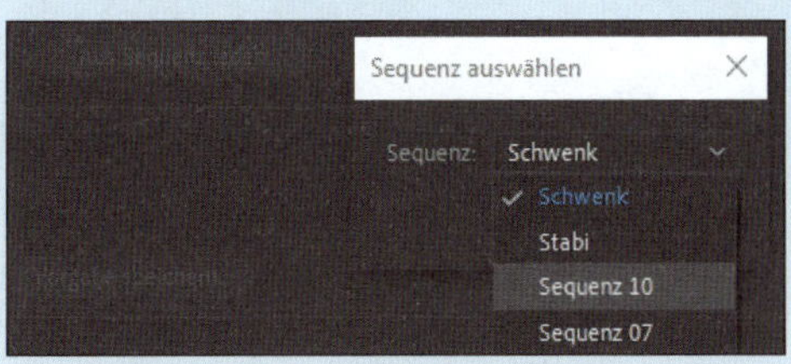

◂ **Abbildung 10.9**
Wenn bereits eine Sequenz mit den gewünschten Einstellungen besteht, können Sie die dort festgelegten Parameter auch für die neue Sequenz übernehmen.

10.1.4 Spuren auf der Arbeitsfläche wiederfinden

Lassen Sie uns ein Beispiel ansehen: Erzeugen Sie eine Sequenz mit einem Mehrkanal-Master, der (zur Verdeutlichung) aus insgesamt drei Spuren besteht. Danach legen Sie (von oben nach unten) folgende Spuren an:

- Audio 1 = Spurtyp: 5.1
- Submix 1 = Stereo Submix
- Audio 2 = Spurtyp: Mono
- Audio 3 = Spurtyp: Standard

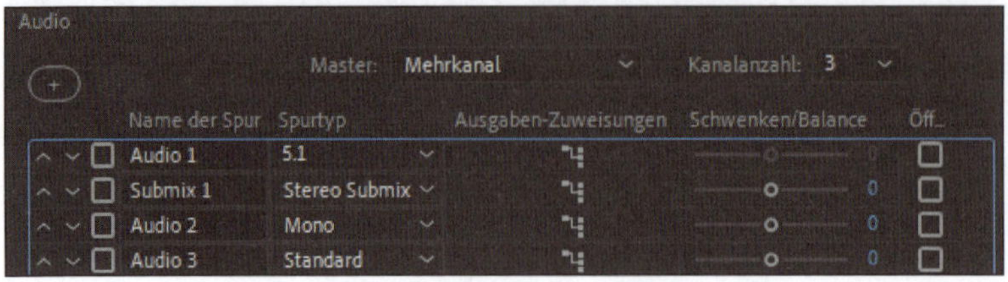

▲ **Abbildung 10.10** Der Master besteht aus drei Ausgabespuren.

Nach einem Klick auf OK sollte sich die Arbeitsoberfläche folgendermaßen darstellen (sofern der Arbeitsbereich AUDIO eingestellt ist): Unten rechts ❶ wird der Master gezeigt, der, wie man anhand der drei gelben Linien ❷ erkennen kann, aus den gewünschten drei Ausgabespuren besteht. Oben links im AUDIOCLIP-MISCHER ❸ sehen Sie zunächst die 5.1-Spur (bestehend aus sechs Einzelspuren ❹), daneben die Mono-Spur (nur eine Linie ❺) und zuletzt die Standard-Spur (bestehend aus zwei Kanälen ❻).

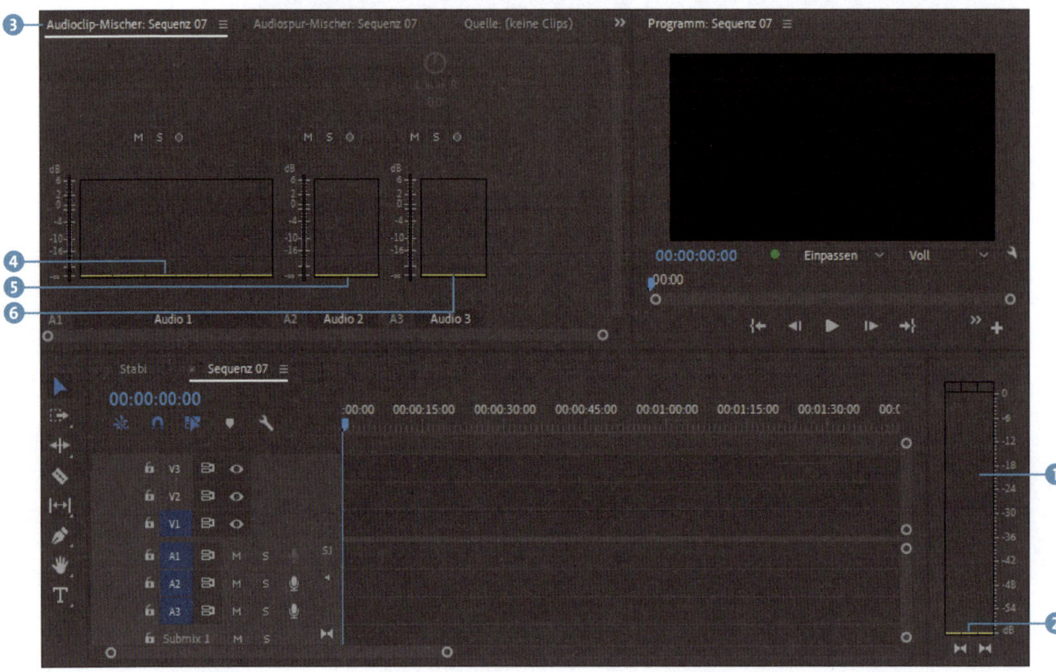

▲ **Abbildung 10.11** Die Arbeitsoberfläche ist an die Sequenzeinstellungen angepasst worden.

Nun stellt sich nicht ganz zu Unrecht die Frage, wo denn unsere Submix-Spur abgeblieben ist. Dazu möchte ich noch einmal an den Kasten »Submix-Spurtypen« aus Abschnitt 10.1.3 erinnern, dessen Inhalt bereits andeutete, dass Submix-Spuren als Mischspuren fungieren, in denen ein Mix aus verschiedenen anderen Spuren erzeugt werden kann. Demzufolge ist die Submix-Spur ❽ auch nicht im Bedienfeld AUDIOCLIP-MISCHER zu finden, sondern im AUDIOSPUR-MISCHER ❼.

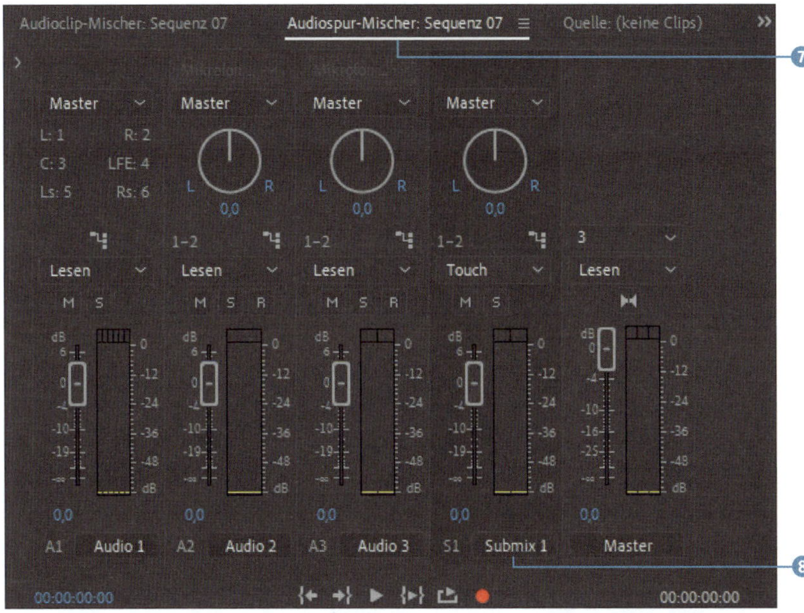

▲ **Abbildung 10.12** Der Submix befindet sich in einem anderen Bedienfeld.

10.1.5 Spuren hinzufügen und entfernen

Kommen wir noch einmal zu den Sequenzeinstellungen zurück: Achten Sie auf das kleine Plus-Symbol 9 oben links im Segment AUDIO, mit dem sich weitere Spuren hinzufügen lassen. Allerdings ist die nebenstehende Minus-Taste 10 standardmäßig ausgegraut – also nicht anwählbar. Das liegt daran, dass sich Spuren nur entfernen lassen, nachdem sie mittels Checkbox (z. B. 11) angewählt worden sind. Im Beispiel würde nach Klick auf das Minus die Spur AUDIO 2 verworfen.

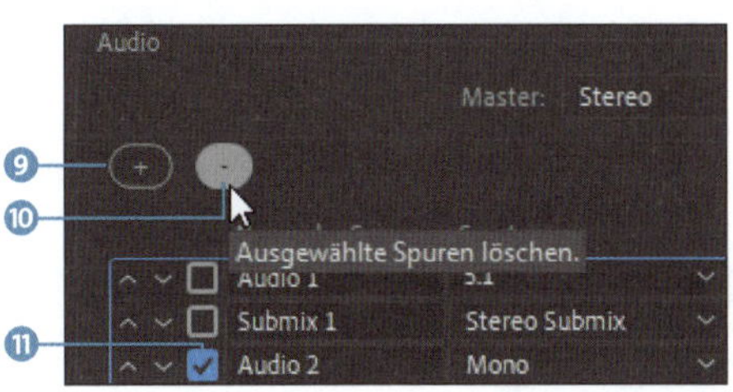

◀ **Abbildung 10.13**
Jetzt wird die Spur AUDIO 2 gelöscht.

10.1.6 Masterspur nachträglich ändern

Die soeben vorgenommenen Masterspur-Einstellungen sind keinesfalls in Stein gemeißelt. Auch nach Erstellung der Sequenz lässt sich die Anzahl der Masterspuren noch problemlos verändern. Dazu klicken Sie einfach auf die Ziffer, welche die Masterspur-Anzahl definiert. Den Wert können Sie anschließend verändern.

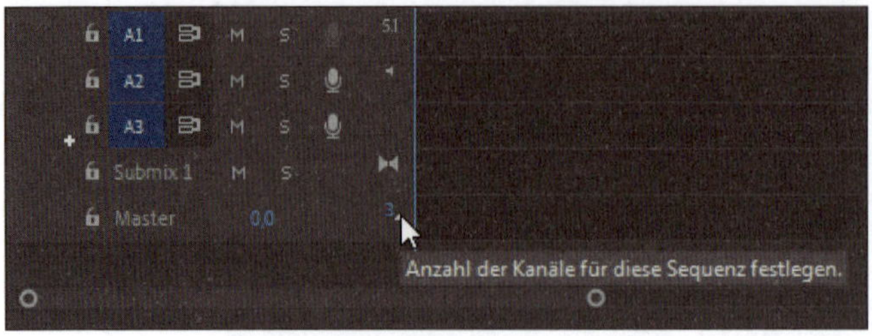

◂ **Abbildung 10.14**
Verändern Sie die Anzahl der Masterspuren bei Bedarf nachträglich.

10.1.7 Spuren erkennen

In diesem Zusammenhang müssen Sie wissen, dass sich unterschiedliche Spuren auch durch unterschiedliche Symbole auszeichnen. Während ein Monoclip nur ein Lautsprecher-Symbol ausweist ❶, wird beim Standardclip kein Symbol präsentiert ❷. Das herkömmliche Stereo-Symbol sehen Sie hier in der Masterspur ❺. Bei ❸ handelt es sich um Dolby 5.1 und bei ❹ um eine Adaptivspur.

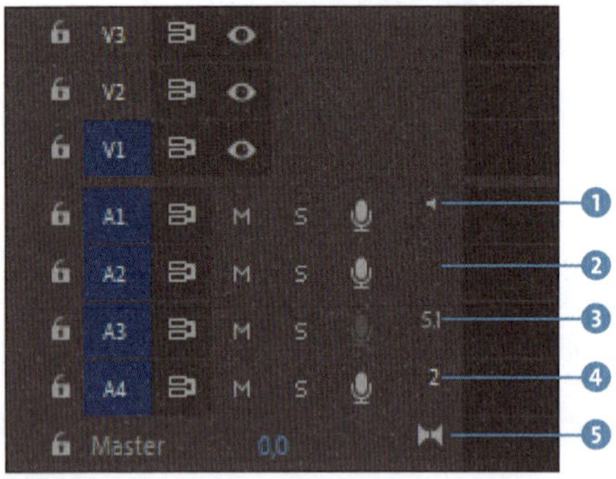

◂ **Abbildung 10.15**
Beachten Sie die unterschiedlichen Symbole.

10.1.8 Keyframes und Umfang anzeigen

Nachdem Sie eine Audiospur im Schnittfenster so weit vergrößert haben, dass die kleine Rauten-Schaltfläche (Keyframes) ❻ sichtbar wird, lässt sich mit einem Klick darauf von Clip-Keyframes auf Spuren-Keyframes umschalten – und umgekehrt.

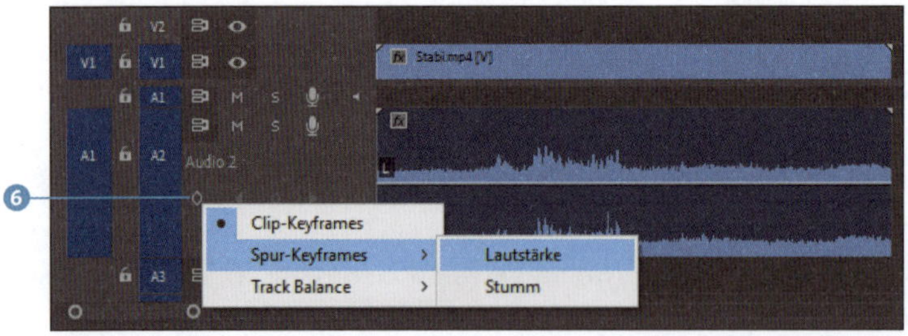

▴ **Abbildung 10.16** Schalten Sie über den Button KEYFRAMES ANZEIGEN im Spurkopf die gewünschte Anzeige ein.

- CLIP-KEYFRAMES: Die Keyframes der Clips werden (sofern vorhanden) angezeigt und können individuell bearbeitet werden.
- SPUR-KEYFRAMES: Diese Anzeige bezieht sich nicht mehr auf einzelne Clips, sondern auf die gesamte Spur. Wenn die Option LAUTSTÄRKE aktiv ist, lässt sich der einzelne Clip nicht mehr selektieren. Indiz für diese Einstellung ist die durchgehende Linie auf der Mitte des Clips. Unterdrücken Sie die Wiedergabe der gesamten Spur, indem Sie auf STUMM schalten.
- TRACK-BALANCE: Mit dieser Einstellung wird die Balance der Spur angezeigt.

Keyframes hinzufügen

Wie Video-Keyframes lassen sich auch Audio-Keyframes mithilfe des Zeichenfeder-Werkzeugs platzieren und bearbeiten. Platzieren Sie die Keyframes direkt auf der gelben Linie des Clips im Schnittfenster oder auf der Spur – je nachdem, ob gerade Clip- oder Spur-Keyframes angezeigt werden.

10.1.9 Audio-Zeiteinheiten

Im Zusammenhang mit der Audiobearbeitung sind die Audio-Zeiteinheiten sehr wichtig. Zoomen Sie das Schnittfenster so weit wie möglich auf, und betätigen Sie anschließend die Tasten SCHRITT VORWÄRTS bzw. SCHRITT ZURÜCK im Programmmonitor. Alternativ können Sie natürlich auch ← oder → auf Ihrer Tastatur benutzen. Sie werden feststellen, dass sich die Einfügemarke des Schnittfensters auf der oberen Skala immer um einen Teilstrich vor- oder zurückbewegt. Das hat eine ganz logische Ursache: Sie arbeiten mit 25 Einzelbildern pro Sekunde. Das bedeutet aber auch, dass der kleinste ausführbare Schritt 1/25 Sekunde ist. Das reicht für Video, ist aber viel zu üppig, wenn man vernünftig mit Audiodateien arbeiten will. Hier müssten wesentlich kleinere Sprünge realisierbar sein, um wirklich einen einzelnen kleinen Knacker im Sound eliminieren zu können (wie wir das in Abschnitt 10.4, »Audio und Video getrennt bearbeiten«, noch machen werden). Um dies zu optimieren, müssen Sie im Bedienfeldmenü 7 des Schnittfensters auf AUDIO-ZEITEINHEITEN ANZEIGEN umschalten (das Gleiche funktioniert außerdem in den beiden Monitoren, wobei nur Programmmonitor und Schnittfenster eine Einheit bilden).

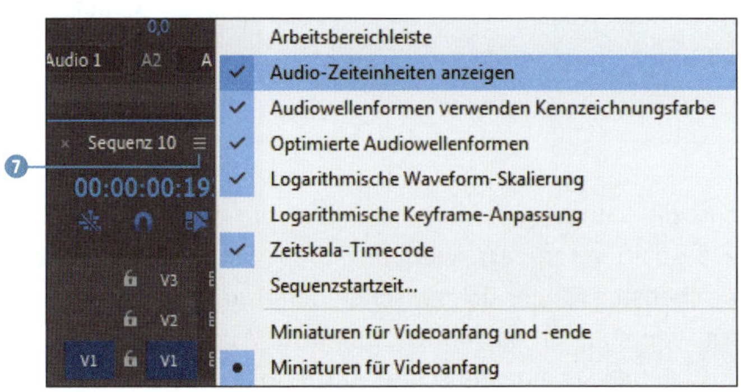

◂ **Abbildung 10.17**
Eine genaue Bearbeitung von Audiodateien ist nur möglich, wenn das Schnittfenster auf AUDIO-ZEITEINHEITEN ANZEIGEN umgestellt wird.

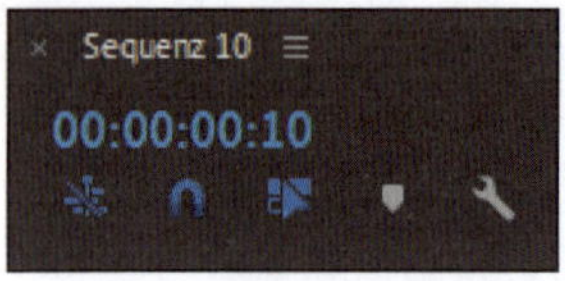

◂ **Abbildung 10.18**
Links: Timecode mit Video-Zeiteinheiten, rechts: Timecode mit Audio-Zeiteinheiten

Timecode-Eingabe

Wenn Sie einen Timecode bei aktivierten Audioeinheiten per Hot-Text-Steuerelement eingeben, müssen Sie auch hier die geänderte Schreibweise beachten. Sie geben jetzt die kleinsten Einheiten nicht mehr in Frames, sondern in Samples an – und das sind bei einem 48-kHz-Projekt 48.000 Samples pro Sekunde.

Wiederholen Sie doch einmal den Versuch von vorhin, und navigieren Sie mit den Pfeiltasten nach links und rechts. Sie werden jetzt kaum noch eine Bewegung der Einfügemarke ausmachen. Aber Sie können jetzt noch viel weiter in die Timeline hineinzoomen. Diese bewegt sich nämlich nicht mehr bildweise, sondern in sogenannten Samples. Wenn Sie ein Projekt mit 48 kHz angelegt haben, ist die kleinste Einheit 1/48.000 Sekunde – ein **Sample** eben. Eine Sekunde Film erstreckt sich jetzt nicht mehr von Frame 0 bis Frame 24, sondern von Sample 0 bis Sample 47.999.

◂ **Abbildung 10.19**
Eine Sekunde besteht jetzt aus 48.000 Einheiten. Damit wird exakter Audioschnitt ermöglicht.

Sie sollten jetzt aber nicht davon ausgehen, dass sich Videos genauso exakt schneiden ließen. Sie können weiterhin nur zwischen zwei einzelnen Bildern schneiden. Versuchen Sie, an irgendeiner Stelle einen Videoschnitt auszuführen, an der nicht gerade zwei Bilder aneinanderstoßen, wird dieser Schnitt dann an der nächstmöglichen Stelle ausgeführt – eventuell also nicht genau da, wo Sie die Rasierklinge ansetzen.

Audio-Zeiteinheiten ausschalten

Wenn Sie wieder auf Frames umschalten wollen, öffnen Sie erneut das Bedienfeldmenü und klicken abermals auf den Eintrag AUDIO-ZEITEINHEITEN ANZEIGEN.

10.1.10 Ansicht verändern

Für die meisten Audioarbeiten ist die Standardansicht einer Audiospur nicht geeignet. Sie ist viel zu klein und sollte deshalb vergrößert werden. Führen Sie zunächst den Mauszeiger auf den breiten Zwischensteg ❶, der sich zwischen den Audio- und Videospuren befindet. Ziehen Sie den Videobereich nach oben, damit für Audio mehr Platz zur Verfügung steht. Im Anschluss ziehen Sie eine der schmalen Trennlinien ❷ zwischen den einzelnen Audiospuren nach unten. Denken Sie immer daran, dies zwischen den Spurköpfen zu tun, weil die Funktion direkt in der Timeline nicht zur Verfügung steht.

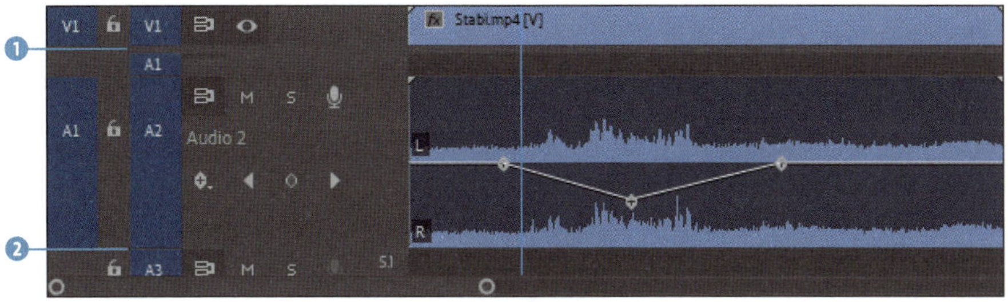

▲ **Abbildung 10.20** Geben Sie der Audiospur mehr Platz.

Spur manuell erweitern

Zwar verfügt Premiere Pro über eine Einstellung, mit der sich die Spuren vertikal auseinanderziehen lassen (Schraubenschlüssel im Schnittfenster, gefolgt von ALLE SPUREN ERWEITERN), jedoch werden die Spuren damit nicht groß genug, um die Keyframe-Buttons komfortabel bedienen zu können. Deswegen ist die zuvor beschriebene manuelle Streckung wesentlich besser.

10.1.11 Clips sichten

Sie können Sounds in den Quellmonitor bringen, indem Sie den Clip im Projektfenster mit einem Doppelklick versehen. Clips aus dem Schnittfenster stellen Sie ebenfalls per Doppelklick in den Quellmonitor. Dort können Sie dann direkten Einfluss darauf nehmen, ob der Videoclip oder die Audio-Wellenform angezeigt wird. Letzteres erreichen Sie, indem Sie auf die kleine Schaltfläche NUR AUDIODATEN ZIEHEN gleich unterhalb des Vorschaubildes klicken.

◂ **Abbildung 10.21** Ziehen Sie nur die Audiospur ins Schnittfenster.

Sollte sich bereits ein AV-Clip im Quellmonitor befinden, können Sie dessen Audio anzeigen lassen, indem Sie bei aktiviertem Quellmonitor-Bedienfeld in das Menü Ansicht gehen, auf Anzeigemodus zeigen und Audio-Wellenform aussuchen. Zurück zur Standardansicht gelangen Sie mit dem Eintrag Composite-Video.

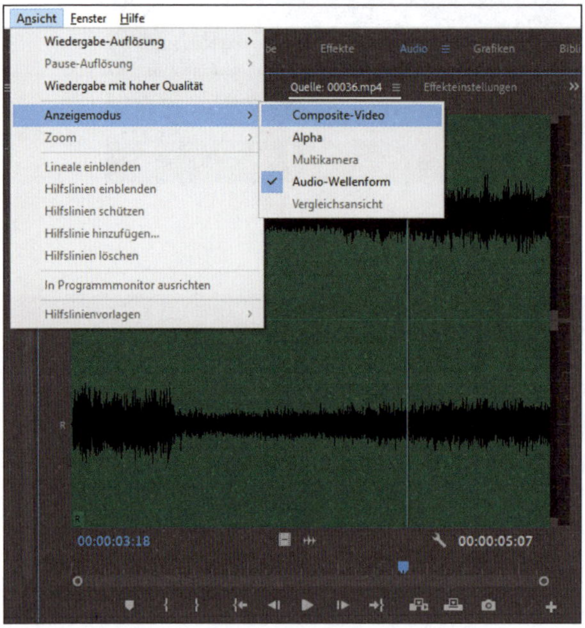

◂ **Abbildung 10.22**
Der Quellmonitor kann sowohl Video als auch Audio anzeigen.

10.1.12 Audiometer

Noch kurz ein Wort zum Audiometer, der sich in der Arbeitsumgebung Audio unten rechts zwischen dem Schnittfenster und dem Bedienfeld Essential Sound befindet. Was die Darstellung angeht, ist es nun auch möglich, eine horizontale Ansicht zu erreichen, indem Sie das Bedienfeld beispielsweise unter das Schnittfenster ziehen. Mithilfe der S-Buttons ❶ lassen sich Spuren solo stellen. Das bedeutet: Nach einem Klick darauf wird nur diese Spur wiedergegeben. Alle anderen bleiben stumm.

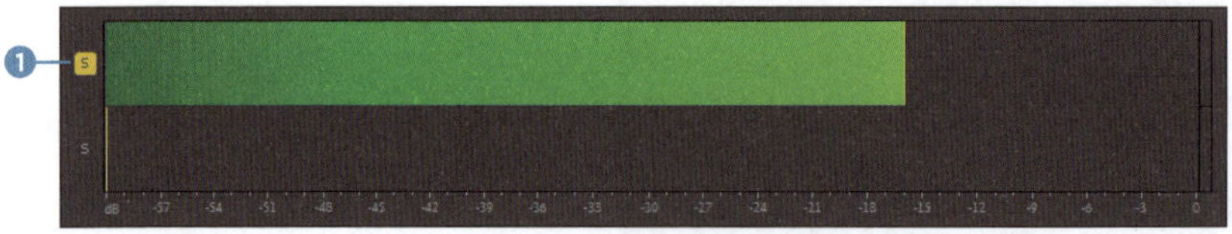

▴ **Abbildung 10.23** Eine Spur wird solo abgespielt – das Ganze in der Horizontalanzeige des Audiometers.

Interessante Funktionen stecken zudem noch im Kontextmenü. Nach einem Rechtsklick können Sie beispielsweise die Anzeige des Dezibel-Bereichs (standardmäßig

60 dB) erhöhen oder verringern (je geringer der Wert, desto empfindlicher die Anzeige in den Spitzen). Interessanter ist die Möglichkeit, von DYNAMISCHE auf STATISCHE SPITZEN umzustellen. Das hat den Vorteil, dass die maximal erreichten Pegel in Form einer Linie dauerhaft angezeigt werden ❸. Diese Anzeige bleibt sogar erhalten, nachdem die Wiedergabe gestoppt wurde. Gehen Sie zusätzlich noch auf TÄLER ANZEIGEN, werden sogar die niedrigsten Pegel (die sogenannten Valleys) markiert ❷.

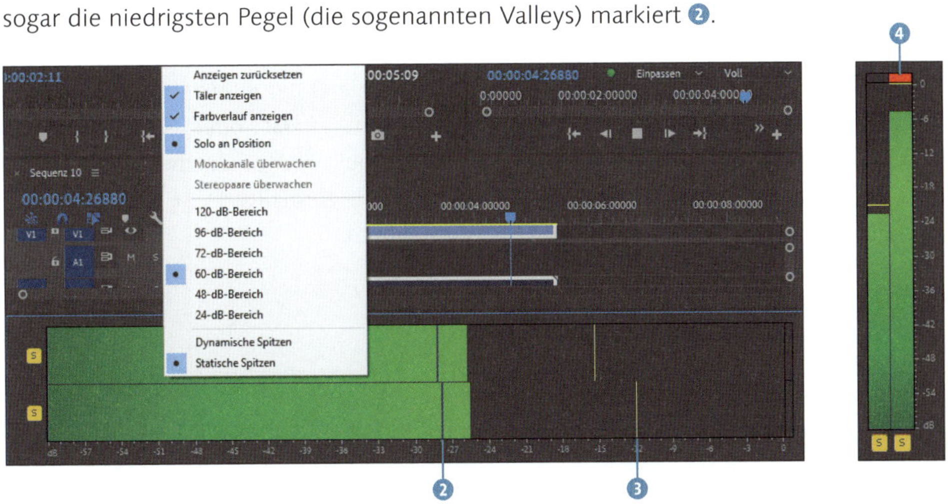

▲ **Abbildung 10.24** Die dynamischen Spitzen (gelbe Linien) bleiben stehen ❸. Zudem zeigen sich auch die Valleys als dunkle Linien. Achten Sie immer auf die Pegel – rechts wieder in der Vertikalansicht.

Audio-Check | Grundsätzlich sollten Sie, bevor Sie einen Film ausgeben, einen Audio-Check durchführen. Lassen Sie dazu die gesamte Sequenz abspielen, wobei Sie den Audiometer beachten sollten. Falls Sie an eine Stelle gelangen, die zu laut ist, wird sich im oberen Bereich der Palette eine rote Markierung ❹ zeigen. Dies deutet darauf hin, dass es zu einer Übersteuerung gekommen ist. In Abschnitt 10.5.9, »Lautstärkeradar«, lernen Sie eine weitere Kontrollfunktion kennen.

Erfreulicherweise bleibt die rote Markierung auch im Anschluss aktiv. Sie erlischt erst dann, wenn Sie eine neue Wiedergabe starten. Das hat den Vorteil, dass Sie, wenn Sie gerade einmal nicht genau hingeschaut haben, auch später noch sehen können, ob es innerhalb der Sequenz zu einer Übersteuerung gekommen ist.

10.2 Audio bearbeiten

Dieser Abschnitt beginnt gleich mit einer guten Nachricht: Audioclips werden genauso behandelt wie Videoclips. In diesem Kapitel muss also das Rad nicht neu erfunden werden. Alles das, was Sie zu Themen wie Clip-Bearbeitung und Keyframes bereits kennengelernt haben, gilt auch für Audio.

Scrubbing

Wenn Sie einen der Abspielköpfe verziehen, wird der Ton ebenfalls ausgegeben. Falls Sie das nicht wollen, gehen Sie über BEARBEITEN/PREMIERE PRO • VOREINSTELLUNGEN • AUDIO und deaktivieren das Häkchen vor AUDIO BEIM SCRUBBING ABSPIELEN.

10.2.1 Lautstärke verändern

Wenn Sie die Lautstärke eines Clips oder einer Spur im Schnittfenster verändern wollen, können Sie das tun, indem Sie die horizontale Linie ① herunterziehen – in Abhängigkeit davon, ob Sie sich gerade in der Anzeige CLIP-KEYFRAMES oder SPUR-KEYFRAMES befinden. Eine dynamische QuickInfo verdeutlicht, bei welcher Dezibel-Veränderung (ausgehend von 0) Sie sich aktuell befinden. Halten Sie zusätzlich [Strg]/[⌘] gedrückt, lässt sich die Einstellung sehr viel sensibler vornehmen.

①

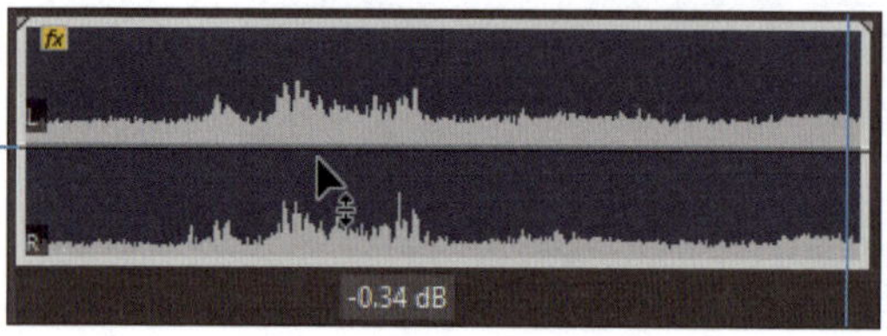

◄ **Abbildung 10.25**
Die Lautstärke wird hier gerade verringert.

Wer die gesamte Spur absenken möchte, kann auch mit dem Audioclip-Mischer-Bedienfeld arbeiten. Hier werden alle Kanäle gleichermaßen durch Ziehen des Reglers ② verändert. Sie können das aber auch in den EFFEKTEINSTELLUNGEN erledigen. Öffnen Sie dazu den Effekt LAUTSTÄRKE, und bedienen Sie das Steuerelement PEGEL. Dass Sie die Lautstärke auch zeitabhängig über Keyframes regeln können, sei jetzt wirklich nur am Rande erwähnt.

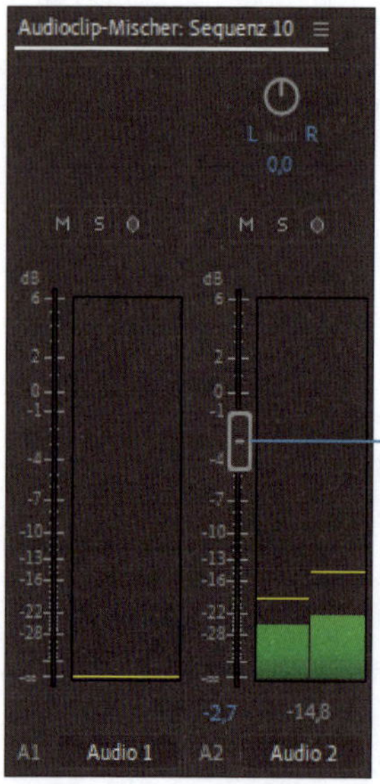

②

◄ **Abbildung 10.26**
Im Audioclip-Mischer können Sie einzelne Audiospuren bearbeiten (hier Audio 4).

Sollte es sich um einen Clip handeln, der aus mehr als nur einer Audiospur besteht, gesellt sich der fixierte Effekt Lautstärke pro Kanal hinzu, mit dessen Hilfe jeder Kanal einzeln geregelt werden kann. Zur besseren Ansicht sollten Sie kurzzeitig den Arbeitsbereich Effekte wählen und dem Bedienfeld Effekteinstellungen Ihre Aufmerksamkeit schenken.

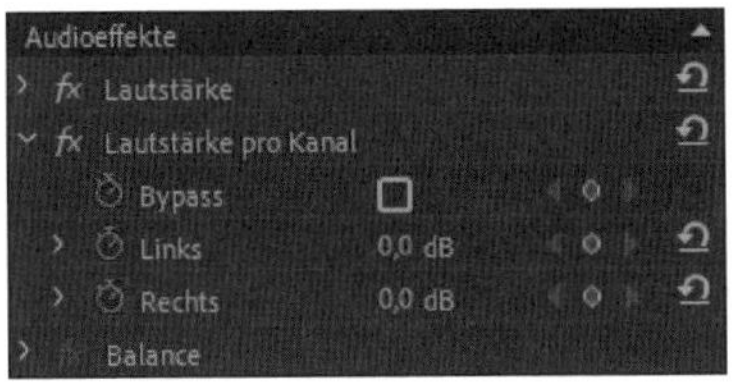

◀ **Abbildung 10.27**
Die Lautstärkeregelung eines Stereoclips in den Effekteinstellungen

10.2.2 Clips normalisieren

Premiere Pro stellt eine interessante Möglichkeit zur Verfügung, um Audioclips in der Lautstärke aneinander anzugleichen. Dabei wird der zuvor ausgewählte Clip analysiert und angepasst. Um dieses Prinzip nun in Anwendung zu bringen, führen Sie auf dem Clip im Schnittfenster einfach einen Rechtsklick aus und entscheiden sich für den Eintrag Audioverstärkung. Übrigens dürfen Sie in Premiere Pro auch mehrere Clips markieren und diese alle in einem Arbeitsgang gemeinsam korrigieren. Im folgenden Dialog können Sie sich zunächst einmal davon überzeugen, wie hoch die Audiodatei denn in der Spitze überhaupt ist. Dazu beachten Sie die unterste Zeile des Dialogs.

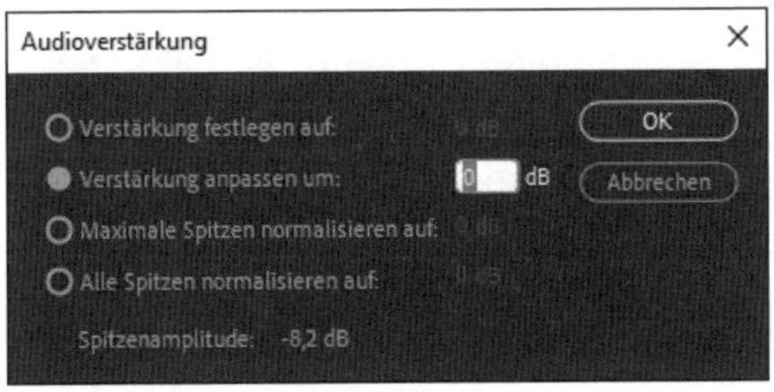

◀ **Abbildung 10.28**
Der lauteste Ton liegt hier bei –8,2 dB (Spitzenamplitude).

Nun haben Sie die Qual der Wahl, mit welcher Methode Sie den Clip bzw. die Clips nachbearbeiten wollen: Um eine reale Normalisierung zu erhalten, entscheiden Sie sich am besten für den untersten der vier Radiobuttons (Alle Spitzen normalisieren auf) und stellen rechts daneben beispielsweise –3 dB ein, ehe Sie mit OK bestätigen. Das ist ein guter Wert, der Übersteuerungen generell verhindert.

Dabei müssen Sie allerdings auch in Erwägung ziehen, dass nicht alle Clips so pauschal einander angepasst werden dürfen. Stellen Sie sich einen klassischen Drehtag im Zoo vor. Sie befinden sich gerade an der Stelle, an der einige zufriedene Dromedare monströse Löcher in die Luft starren. Der einzige Ton, der gerade herüberkommt, setzt sich allenfalls aus dezentem Vogelgezwitscher zusammen. Plötzlich stürmt die gesamte Klasse 1b der nahe liegenden Sankt-Katharinen-Grundschule heran, um mit lautem Gegröle der Dromedar-Lethargie ein jähes Ende zu bereiten. Würden Sie nun beide

Clips normalisieren, hätten Sie statt des Gezwitschers einen Sound, der bestenfalls an Hitchcocks »Die Vögel« erinnert. Sie sollten deshalb mit einer generellen Angleichung vorsichtig sein und nur die Clips normalisieren, die von Haus aus recht laut sind.

10.2.3 Masterspur normalisieren

Grundsätzlich müssen Sie sich das mit dem Audio bei Premiere Pro so vorstellen: Sie können fast schon beliebig viele Spuren hinzufügen und einstellen. Am Ende aber, wenn es darum geht, einen Film auszugeben, werden sämtliche Spuren zu einem Master zusammengetragen. Immerhin geben Sie einen Film ja nicht mit, sagen wir mal, zwanzig oder mehr Spuren aus. Damit Sie nun nicht jeden Clip und jede Spur Ihres Projekts einzeln normalisieren müssen, gibt es eine Routine, die sich gewissermaßen um das Endergebnis kümmert. Sie sollten diesen Schritt aber stets unmittelbar vor der Ausgabe des Films unternehmen. Wenn Sie nämlich im Menü SEQUENZ • MASTERSPUR NORMALISIEREN auswählen, können Sie die Gesamtlautstärke Ihrer Projektdatei final anpassen.

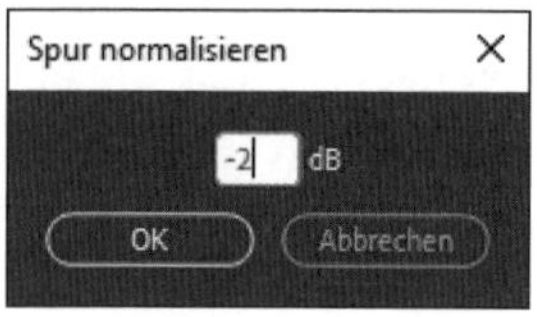

◄ **Abbildung 10.29**
Hier wird die Masterspur auf –2 angepasst, –2 bis –3 sind eine Art Standard.

Im Übrigen sollten Sie nicht versuchen, den Ton stets so laut wie möglich zu machen. Die absoluten Spitzen eines Clips dürfen durchaus bis 0,0 dB ausschlagen. Das bezieht sich aber nur auf einzelne Geräusche. Insgesamt sollten Clips nicht mehr als –6 bis –3 dB aufweisen, da sie hier die beste Qualität mitbringen, während die Masterspur –2 nicht übersteigen sollte. – Sie interessieren sich für professionelle und sendefähige Audioproduktionen? Dann sollten Sie zudem ein Lautstärkeradar ausführen. Wie das geht, erfahren Sie in Abschnitt 10.5.9, »Lautstärkeradar«.

Master-Lautstärke regeln | Der Vollständigkeit halber sei noch erwähnt, dass sich auch die Masterspur im Spurkopf öffnen lässt. Die darin befindliche Linie kann ebenfalls zur Erhöhung oder Reduktion der Lautstärke verwendet werden. Dazu muss allerdings das Auswahl-Werkzeug aktiv sein.

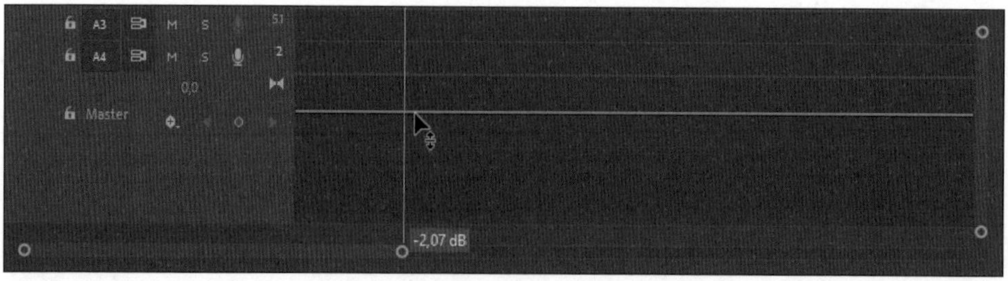

▲ **Abbildung 10.30** Auch die Masterspur kann direkt im Schnittfenster bearbeitet werden.

Clips ändern | Es gibt Situationen, in denen es durchaus sinnvoll sein kann, Kanäle miteinander zu tauschen oder vielleicht sogar einen Kanal komplett abzuschalten. Bestes Beispiel: Sie haben eine Moderation in Stereo aufgezeichnet, bei der ein seitlich aufgestellter Ventilator für Beeinträchtigungen sorgt. Aufgrund seiner Position ist er auf einem der beiden Kanäle zu hören, auf dem anderen eher nicht. Die Lösung: Schalten Sie den gestörten Kanal einfach ab. Das ist ja im vorliegenden Fall überhaupt kein Problem, da ein einzelner Kommentar auch nur »eine« Spur benötigt. Klicken Sie mit rechts auf den Clip (es spielt keine Rolle, ob dazu die Video- oder Audiospur verwendet wird), und entscheiden Sie sich für AUDIOKANÄLE. Hören Sie sich beide Spuren bei Bedarf an, indem Sie TONKANAL ABHÖREN ❸ zunächst auf die eine und danach auf die andere Spur stellen. Starten Sie beide Vorgänge mit dem Play-Button ❹. Danach entscheiden Sie im Bereich MEDIENQUELLKANAL ❶, welche Spur deaktiviert werden soll. Nehmen Sie dazu das entsprechende Häkchen einfach weg. Noch besser: Erhalten Sie weiterhin zwei Spuren, indem Sie die Checkbox des gestörten Kanals auf die andere Spur setzen – im Beispiel auf R ❷. Danach ist auf beiden Kanälen die rechte Spur (R) zu hören.

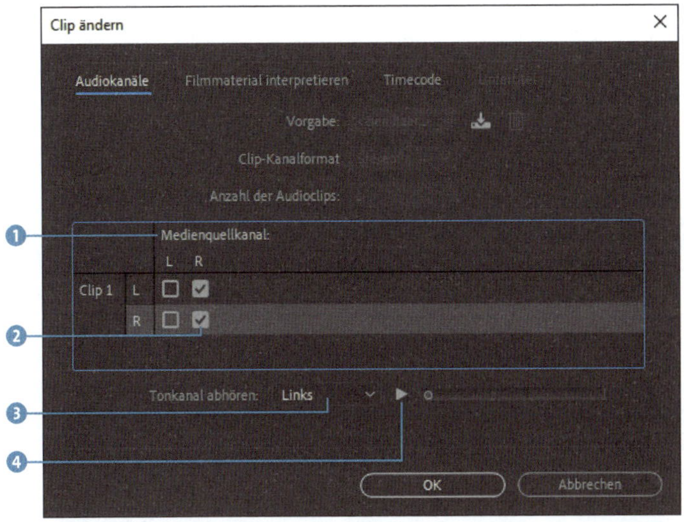

◂ **Abbildung 10.31**
Bei dieser Einstellung ist der rechte Kanal nicht nur rechts, sondern auch links zu hören.

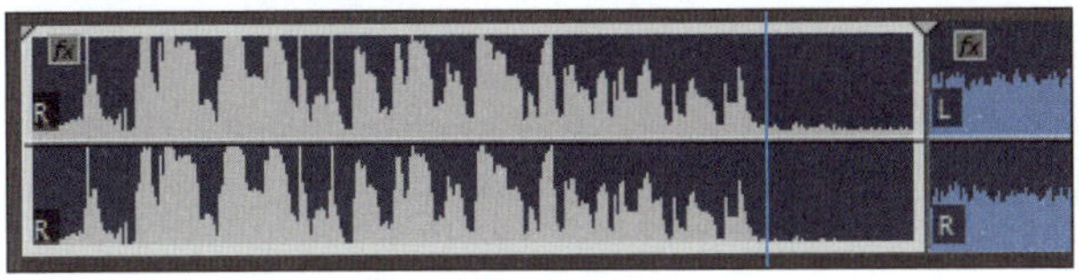

◂ **Abbildung 10.32**
Vorne in der Spur ist zu erkennen, dass auf beiden Seiten jetzt der rechte Kanal benutzt wird.

10.3 Audiokosmetik mit Essential Sound

Audition ist, was die Audiobearbeitung betrifft, wesentlich leistungsfähiger als Premiere Pro. In Kapitel 15, »Korrekturen mit Audition«, erfahren Sie mehr dazu. Wenn es aber um die schnelle und effiziente Nachbearbeitung von AV-Dateien geht, sind Sie mit Premiere Pro mittlerweile auch richtig gut aufgestellt. Die Software ist in letzter Zeit ziemlich eindrucksvoll erweitert worden, weshalb sich auch hier anspruchsvolle Audiokorrekturen bewerkstelligen lassen. Dies wird vor allem durch das Bedienfeld ESSENTIAL SOUND ermöglicht.

Audition tritt in den Hintergrund

ESSENTIAL SOUND steht nicht nur in Audition, sondern auch in Premiere Pro zur Verfügung. Damit wird der Umweg über die Audiosoftware zur Korrektur von Clips in den meisten Fällen unnötig. Denn auch Premiere Pro kann die Tondateien nicht-destruktiv (also verlustfrei) und somit auf hohem Niveau bearbeiten.

10.3.1 Tags auswählen

Eine sehr einfache Methode der Audiokosmetik ist die Verwendung von Tags. Sie sind am schnellsten zu finden, wenn man den Arbeitsbereich AUDIO einstellt und die rechte Spalte ESSENTIAL SOUND ansieht. Zur Info: Sollte kein Clip markiert sein, sind auch die dort aufgebrachten Steuerelemente ausgegraut. Ändern Sie das, indem Sie mindestens einen Clip im Schnittfenster anwählen. Wenn mehrere Clips selektiert werden, lassen sich diese alle gemeinsam bearbeiten. Danach klicken Sie auf die Taste, die dem zu bearbeitenden Audiomaterial am ehesten entspricht. Eine Kommentar- oder Dialogszene sollte also mit dem Tag DIALOG korrigiert werden.

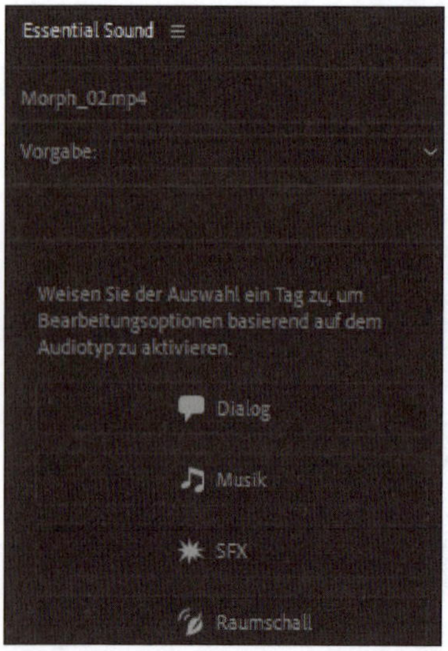

◂ **Abbildung 10.33**
Wählen Sie ein Tag aus, das zu Ihrem AV-Material passt.

10.3.2 Lautstärke automatisch anpassen

Wenn es rein um die Lautstärke geht, reicht es meist aus, auf den Schalter AUTOMATISCH ANPASSEN zu klicken. Sie sehen den Button nicht? Dann setzen Sie doch einmal einen Klick auf die Zeile INTENSITÄT im Bedienfeld ESSENTIAL SOUND. Spielen Sie den

Clip anschließend ab, und beachten Sie die Info gleich unterhalb des eben erwähnten Schalters. Hier lässt sich ablesen, was gerade korrigiert worden ist.

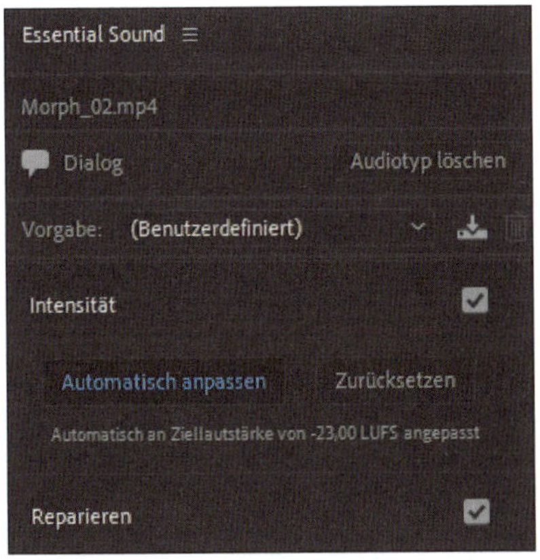

◂ **Abbildung 10.34**
Die Lautstärke wurde um 23 LUFS nach unten korrigiert.

LUFS

Die Abkürzung steht für »Loudness Units relative to Full Scale« und bezeichnet den »Lautstärkegrad in Relation zum digitalen Normpegel von null Dezibel« (0 LU = 0 dB). Die Maßeinheit resultiert aus der Empfehlung **R 128** der Europäischen Rundfunkunion **EBU**, mit der ein einheitliches Regelwerk für die Aussteuerung von TV- und Radiosendungen definiert werden sollte. Der Hintergrund: Die ursprünglich geltende **Aussteuerungsgrenze**, die für ein gleichbleibendes Lautheitsempfinden bei allen Sendungen sorgen sollte, orientierte sich lange Zeit allein an der Spitzenamplitude. Durch geschickten Einsatz von Kompressoren wurden jedoch Werbespots und Musikstücke mit der Zeit immer lauter (der sogenannte Loudness War oder Lautheitskrieg). Leider wird die Empfehlung auch heute noch nicht von allen Sendeanstalten in Gänze umgesetzt.

10.3.3 Audio schnell anpassen

Wenn Sie das Segment Reparieren öffnen, finden Sie verschiedene Checkboxen, die bei Bedarf angewählt werden können. Das Problem ist nur, dass sich einige dieser Optionen, wie z. B. Rauschen reduzieren, nicht von selbst erklären. Die dahinterstehende Wirkungsweise lässt sich jedoch meist besser erfassen, wenn Sie einen Moment auf der jeweiligen Checkbox verharren und den Inhalt der QuickInfo betrachten. Der jeweils darunter befindliche Schieberegler gestattet nun, den Grad der Reparatur anzupassen. Ziehen Sie ihn nach links, wird der Korrektureffekt abgeschwächt, während er nach rechts hin intensiviert wird.

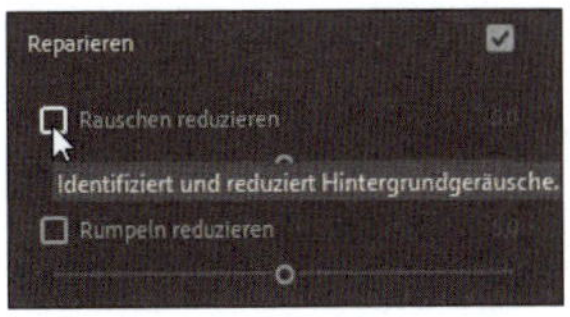

◂ **Abbildung 10.35**
Wer sich fragt, was mit der einen oder anderen Option gemeint ist, sollte sich die QuickInfo anzeigen lassen.

- **Rauschen reduzieren** eliminiert vor allem Hintergrundgeräusche.
- **Rumpeln reduzieren** schwächt Geräusche in niedrigen (tiefen) Frequenzen ab.
- **DeHum** bearbeitet Brummgeräusche (z. B. von Stromquellen).
- **DeEss** korrigiert hohe Frequenzen (z. B. zu intensive S-Laute in Sprachaufnahmen).
- **Nachhall reduzieren** sorgt dafür, dass Hall (z. B. in großen Sälen) entsprechend zurückgefahren wird, wenngleich sich der Nachhall möglicherweise nicht komplett entfernen lässt.

Weitere Informationen in Bezug auf diese Filter erhalten Sie später in diesem Kapitel – und zwar in Abschnitt 10.5.5, »DeEsser«, und Abschnitt 10.5.6, »DeHummer«.

10.3.4 Audio exakt anpassen

Nun ist es allein mit der Zuweisung eines Effekts durch Anwahl der entsprechenden Checkbox nebst Verschiebung des Sliders noch lange nicht getan. Wer die Korrektur noch individueller anpassen möchte, sollte zunächst das Fenster EFFEKTEINSTELLUNGEN aktivieren. In der Ansicht AUDIO befindet es sich hinter dem AUDIOCLIP-MISCHER, also in jenem Bedienfeld, in dem auch standardmäßig der Quellmonitor zu finden ist. Wer nicht lange suchen möchte, drückt einfach [⇧]+[5].

Nachdem Sie im Bedienfeld ESSENTIAL SOUND beispielsweise die Checkbox RAUSCHEN REDUZIEREN angewählt haben, wird im Fenster EFFEKTEINSTELLUNGEN ein entsprechender Effekt hinzugefügt – im Beispiel die ADAPTIVE RAUSCHREDUKTION. Klicken Sie dort in der Zeile BENUTZERDEFINIERTES SETUP auf BEARBEITEN, wird ein ziemlich eindrucksvoller Dialog aufgerufen.

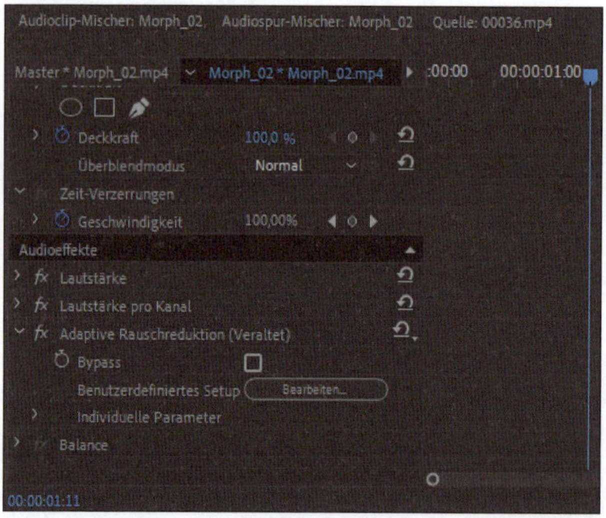

▲ **Abbildung 10.36** Der Effekt befindet sich auch in den Effekteinstellungen.

Ziehen Sie nun in der rechten Spalte (ESSENTIAL SOUND) an dem entsprechenden Schieberegler, verändert sich damit auch der Regler des soeben geöffneten Dialogfeldes. Bei Verschiebung des Reglers RAUSCHEN REDUZIEREN nach rechts wird somit auch der Slider STÄRKE entsprechend verändert – und umgekehrt.

Effekt deaktivieren

Wählen Sie eine Checkbox ab, wird auch der dazugehörige Effekt in den Effekteinstellungen wieder entfernt.

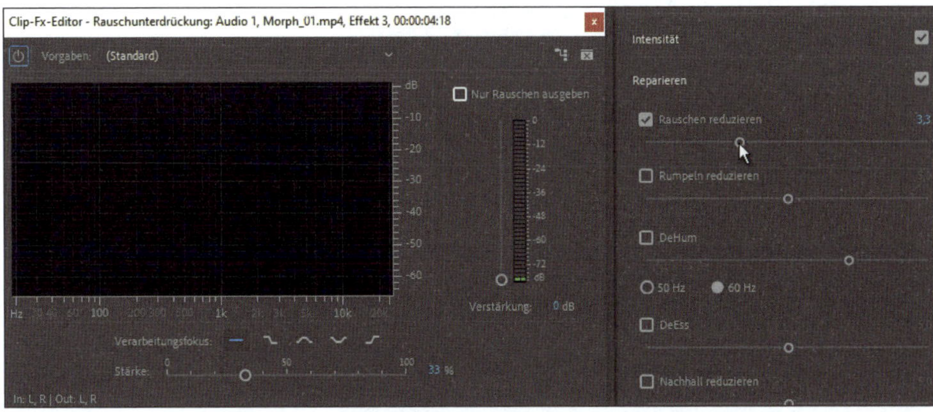

▲ **Abbildung 10.37** Die Slider im Bereich ESSENTIAL SOUND und im Dialogfeld bewegen sich synchron.

Damit wird erreicht, dass die Master-Korrekturvorlage erhalten bleibt. Ziehen Sie jedoch einen Slider des Dialogfensters alleine, ist dagegen zunächst einmal nichts einzuwenden. Allerdings werden Sie in der Spalte ESSENTIAL SOUND darauf hingewiesen, dass diese Einstellung nicht der Norm entspricht. Beachten Sie das gelbe Dreieck, das weitere Informationen bereithält, wenn Sie den Mauszeiger darauf parken. Um die Änderung zu verwerfen, deaktivieren Sie RAUSCHEN REDUZIEREN kurzzeitig. Nach erneuter Aktivierung ist die Vorlage wieder angepasst und das Dreieck verschwunden.

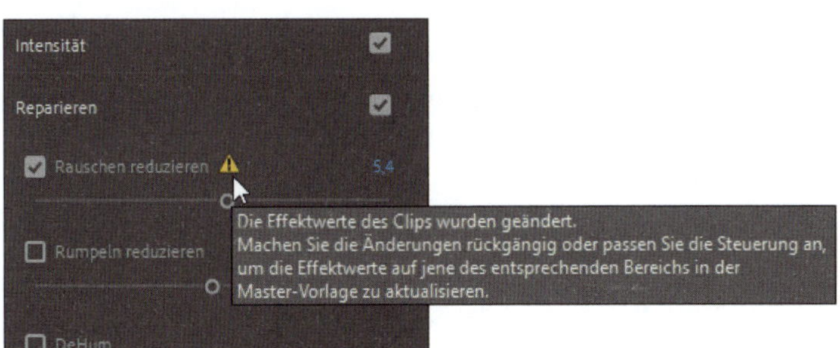

▲ **Abbildung 10.38** Der Hinweis auf geänderte Effektwerte erfolgt auf dem Fuße.

Jeder Effekt bringt logischerweise auch seine eigenen Effektparameter mit. Aktivieren Sie z. B. zusätzlich DEHUM, wird auch dieser Reparatureffekt in den Effekteinstellungen gelistet. Wenn Sie allerdings dort auf das benutzerdefinierte Setup zugreifen, werden Sie einen komplett anderen Dialog vorfinden als bei der Rauschreduktion.

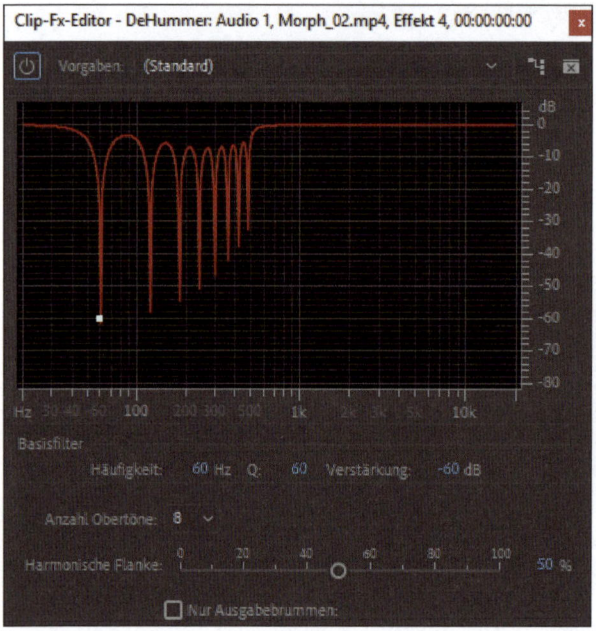

▲ **Abbildung 10.39** Der DeHummer stellt sich komplett anders dar.

Achten Sie auf das kleine weiße Quadrat im Diagramm. Verschieben Sie es vertikal, wird damit die VERSTÄRKUNG angepasst, während horizontal die HÄUFIGKEIT reguliert wird. Das alles ist jedoch, genauso wie die weiteren Einstellparameter dieser und ähnlicher Dialoge, eher etwas für den Soundprofi und muss zur herkömmlichen Reparatur eines Clip-Tons nicht extra angepasst werden. Ich empfehle, sich auf die Steuerelemente in der Spalte ESSENTIAL SOUND zu beschränken.

10.3.5 Dynamik verändern

Abschließend möchte ich Ihnen noch zwei Effekte vorstellen, die es wirklich in sich haben. Der erste ist die DYNAMIK. Sie finden die gleichnamige Checkbox in der Rubrik KLARHEIT. Nach Aktivierung und Verschiebung des Sliders nach rechts wird der Sound in der Regel deutlich satter und kräftiger als im Original. Öffnen Sie auch hier einmal den Dialog, werden Sie sehen, wie sich dabei eine Art S-Kurve bildet. Photoshop-Experten unter Ihnen wird das bekannt vorkommen. Es erinnert sehr stark an die Gradationskurven, oder? Die Auswirkungen beim Ton sind im Prinzip die gleichen – eine Absenkung der mittleren Tiefen und eine Anhebung der mittleren Höhen. Dabei bleiben die extremen Tiefen ebenso außen vor wie die extremen Höhen.

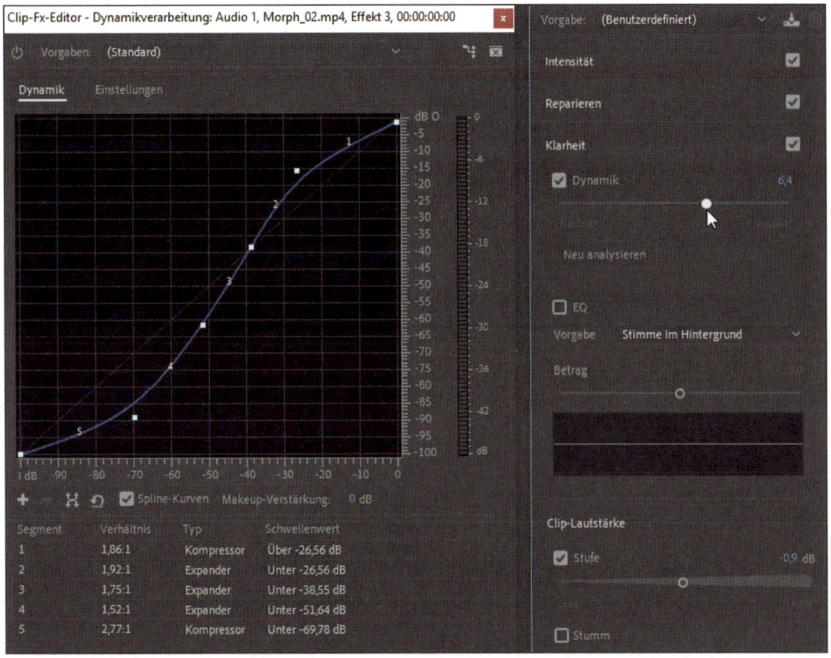

▲ **Abbildung 10.40** Die Anhebung der Dynamik formt eine S-Kurve.

10.3.6 Ton mit dem EQ einstellen

Der Equalizer (EQ) ist ebenfalls im Segment KLARHEIT zu finden. Er sollte nicht nur deshalb Ihr Interesse wecken, weil er über insgesamt zehn Frequenzbänder verfügt (siehe Abschnitt 10.3.4 zu BENUTZERDEFINIERTES SETUP in den EFFEKTEINSTELLUNGEN), sondern vor allem, weil er mit zahlreichen intuitiven Vorgaben in der Spalte ESSENTIAL SOUND aufwartet. Welche Auswirkungen das Zuweisen der jeweiligen Vorgabe hat, lässt sich auch anhand der darunter befindlichen Kurve gut einschätzen.

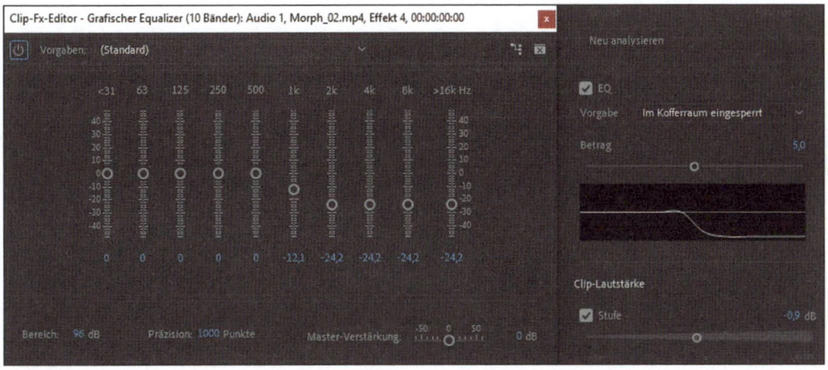

▲ **Abbildung 10.41** Der EQ verfügt über zehn regelbare Frequenzbereiche – links die dunklen und weiter nach rechts die zunehmend hellen.

Verringern Sie jetzt noch den Wert Betrag, indem der Slider nach links gezogen wird, hat das eine Absenkung der Kurven und somit eine Abschwächung des Effekts zur Folge, während eine Bewegung nach rechts für eine Zunahme sorgt. Welche Frequenzbereiche genau betroffen sind, lässt sich am besten mithilfe des Dialogs ansehen.

10.3.7 Effekt löschen

Nun liegt es auf der Hand, dass sich der eine oder andere Effekt schnell verwerfen lässt, indem Sie die Checkbox deaktivieren. Die zweite Möglichkeit wäre, das fx-Symbol in den Effekteinstellungen zu aktivieren, um den Effekt temporär auszuschalten. Wer jedoch schnell sämtliche Einstellungen in die Tonne treten möchte, der entscheidet sich für Audiotyp löschen oben rechts in der Zeile Essential Sound. Und tschüss!

10.3.8 Dialogszene verbessern

Probieren Sie die Effekte doch einmal bei unserem Beispielmaterial aus. Nehmen Sie sich einen der Morph-Clips vor (wir verwenden *Morph_01.mp4* aus dem Ordner *06* der Beispieldateien). Wenn Sie sich den Clip anhören, werden Sie feststellen, dass da so einiges im Argen ist.

Schritt für Schritt: Clip-Audio optimieren

Ein Manko beim Clip *Morph_01.mp4* ist zweifellos die Übersteuerung. Man sieht das auch sehr gut an den Spitzen der Audiospur, die geradezu abgeschnitten wirken. Zudem ist der Klang insgesamt wenig ansprechend.

1 Optimierung vorbereiten

Erzeugen Sie eine Neue Sequenz aus Clip, wobei Sie das oben genannte Asset verwenden. Um einen späteren Direktvergleich zu ermöglichen, sollten Sie den Clip ein zweites Mal in die Timeline legen, im Folgenden jedoch nur einen der beiden bearbeiten.

◂ **Abbildung 10.42**
Nach einem Rechtsklick auf dem Clip im Schnittfenster kann eine neue (passende) Sequenz erzeugt werden.

2 Clip beurteilen

Schauen Sie sich zunächst den Audiobereich genauer an, nachdem Sie im Schnittfenster stark auf einen Teilbereich eingezoomt haben. Sie müssen den Clip nämlich nicht extra in den Quellmonitor stellen und auf Audio-Waveform umstellen. Es reicht schon, wenn Sie stark ins Schnittfenster einzoomen und die Audiospur vertikal vergrößern.

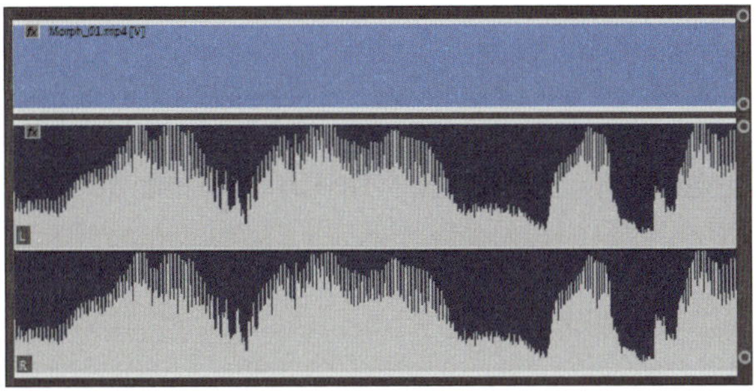

◂ **Abbildung 10.43**
Bei kräftigem Zoom-in fällt auf, dass die Spitzen der Audiospur geradezu »rasiert« sind.

3 Clip normalisieren

Sie wissen, wie sich ein Clip normalisieren lässt. Da wir von jetzt an aber nur noch mit dem wirklich intuitiven Bedienfeld ESSENTIAL SOUND arbeiten wollen, weisen Sie dem zuvor im Schnittfenster markierten Clip das Tag DIALOG zu. Öffnen Sie den Bereich INTENSITÄT, und klicken Sie auf AUTOMATISCH ANPASSEN. Schauen Sie sich den Clip im Schnittfenster an. Das sieht schon besser aus – und hört sich auch besser an.

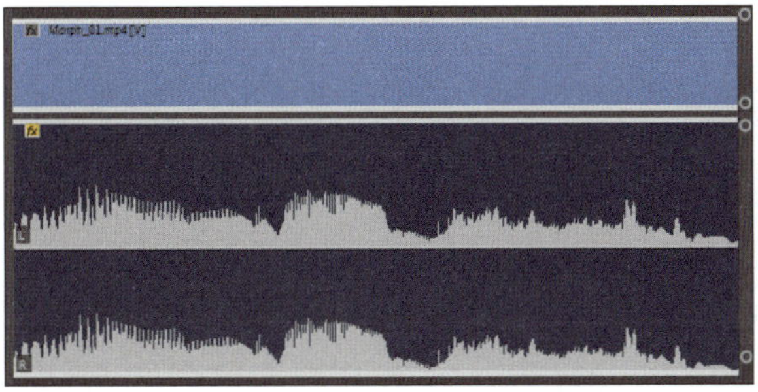

◂ **Abbildung 10.44**
Die Audiospur wurde stark abgesenkt.

4 Lautstärke anheben

Spielen Sie das Audio ab, und werfen Sie dabei einen Blick auf das rechts neben dem Schnittfenster befindliche Audiometer. Die maximale Erhebung liegt bei –12, was prinzipiell in Ordnung ist, jedoch durchaus noch auf –9 angehoben werden könnte. Sie müssen die Lautstärke dazu um 3 dB anheben, was mit einer Verschiebung des Reglers CLIP-LAUTSTÄRKE im Bedienfeld ESSENTIAL SOUND auch gelingt.

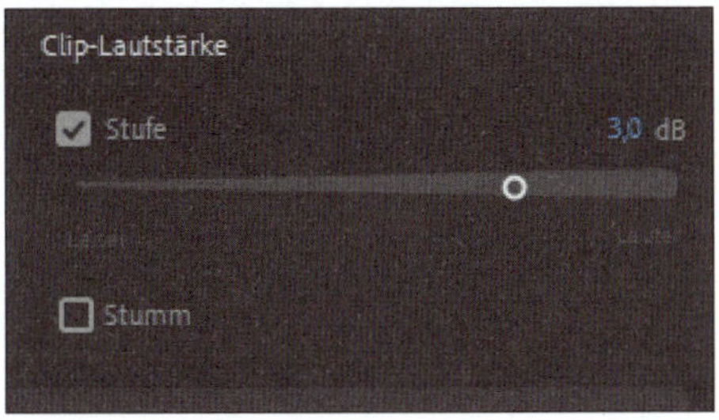

▴ **Abbildung 10.45** Der Audioclip wird lauter.

5 Rumpeln reduzieren

Als Nächstes aktivieren Sie die im Segment REPARIEREN befindliche Checkbox RUMPELN REDUZIEREN, was zur Folge hat, dass die niedrigfrequenten Bereiche ein wenig abgemildert werden. Allerdings ist der Mittelwert von 5,0 zu stark. Gehen Sie daher mit dem Slider etwas nach links bis auf ca. 3,7.

6 EQ-Effekt zuweisen

Öffnen Sie die Kategorie KLARHEIT, und aktivieren Sie den Effekt EQ. Die VORGABE stellen Sie auf LEICHTE VERSTÄRKUNG (WEIBLICH), um die höherfrequenten Bereiche der Stimme besser zur Geltung zu bringen. Der Betrag von 5,0 ist durchaus angemessen. Wer mag, kann zuletzt noch SPRACHE VERBESSERN aktivieren und gleich darunter den Radiobutton WEIBLICH anwählen. Das war's schon. Wer den Audioteil noch weiter optimieren möchte, sollte auch noch den nächsten Workshop folgen lassen.

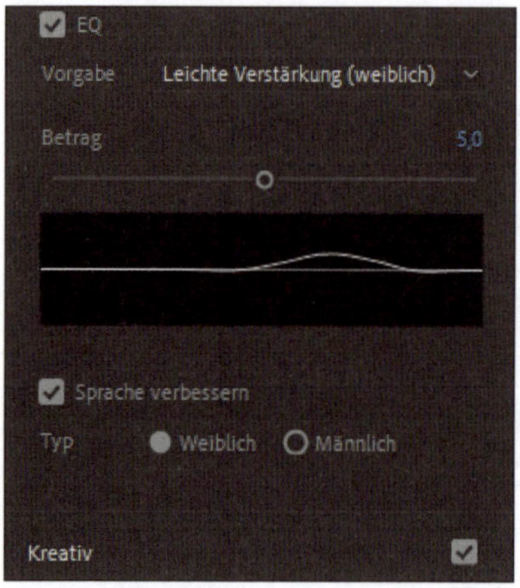

◂ **Abbildung 10.46**
Damit sollte sich die Aufnahme unserer Moderatorin prima anhören.

10.4 Audio und Video getrennt bearbeiten

Wenn Sie Filme (also kombinierte Audio- und Videoclips) verschieben, bleiben diese gewissermaßen aneinander kleben. Das ist auch gut so, denn dadurch wird die Synchronisation zwischen beiden Clip-Teilen aufrechterhalten. In manchen Fällen ist es allerdings interessanter, sie voneinander zu trennen. Dazu reicht es aus, wenn Sie den Audiopart anklicken, während [Alt] gehalten wird. Allerdings bleiben Audio und Video in diesem Fall trotzdem eine Einheit.

10.4.1 Audio trennen

Bei exakten Arbeiten am Audioclip sollte die Verbindung zwischen Audio und Video temporär aufgehoben werden. Wie das geht, zeigt der folgende Workshop. Wir werden darin unsere Moderationsszene noch weiter optimieren.

Schritt für Schritt: Clip-Audio zur Optimierung schneiden

Lassen Sie uns noch einen Schritt weitergehen und eine zielgenaue Audiokosmetik erwirken. Wenn Sie den soeben aufgewerteten Audioclip abspielen, fällt auf, dass am Ende ein kurzes, dumpfes Geräusch zu hören ist. Das muss weg!

1 Erhebung suchen

Sie werden am Ende des Clips noch eine kleine Erhebung ❶ ausfindig machen, bei der es sich um besagtes Störgeräusch handelt. Zoomen Sie stark auf diese Stelle ein ❷.

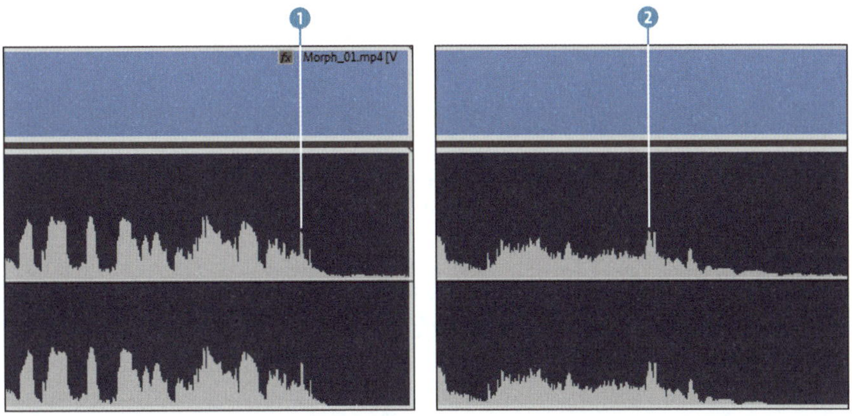

▲ **Abbildung 10.47** Diese Erhebung wird als eher störend wahrgenommen.

2 Was man vor dem Schnitt beachten muss

Wir wollen diese Stelle nun herausschneiden. Dazu müssen wir allerdings zwei Dinge vorbereiten: Erstens müssen Audio und Video voneinander getrennt werden, damit wir die Tonspur schneiden können, ohne das Videobild zu verändern. Zum Zweiten müssen wir auf Audio-Zeiteinheiten umstellen, damit wir uns exakt genug an die problematische Stelle herantasten können. (Sie wissen ja: Machen wir das nicht, können wir nur eine fünfundzwanzigstel Sekunde herausschneiden, was im vorliegenden Fall jedoch viel zu viel ist.)

3 Schnitt vorbereiten

Klicken Sie zunächst mit rechts auf den Clip im Schnittfenster, und entscheiden Sie sich im Kontextmenü für VERKNÜPFUNG AUFHEBEN. Da anschließend automatisch der Clip-Teil in der Videospur angewählt wird, müssen Sie noch einmal explizit auf den Audioclip drücken. Jetzt gehen Sie mit rechts auf die Zeitskala des Schnittfensters und wählen AUDIO-ZEITEINHEITEN ANZEIGEN (sofern dort noch kein Häkchen erscheint). Ist ein Häkchen zu sehen, ist die Anzeige korrekt, und Sie können das Kontextmenü wieder schließen.

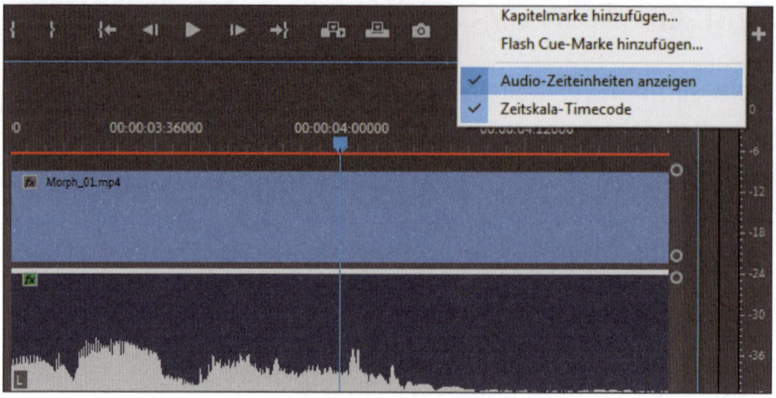

▲ **Abbildung 10.48** Diese Einstellung wird benötigt.

4 Stelle herausschneiden

Sie wissen ja, dass nach Umstellungen auf Audio-Zeiteinheiten noch wesentlich mehr in die Spur eingezoomt werden kann, sodass die Problemstelle noch deutlicher zu sehen ist. Parken Sie den Play-Head unmittelbar davor, und führen Sie einen Schnitt mit der Rasierklinge (C) aus. Achten Sie auf die Position des Play-Heads in der folgenden Abbildung. Genau dort soll der erste Schnitt erfolgen ❶. Lassen Sie unmittelbar hinter der Stelle, die das Störgeräusch repräsentiert, einen zweiten Schnitt folgen ❷. Zuletzt schalten Sie wieder um auf das Auswahl-Werkzeug (V) und markieren den Mittelteil (zwischen den beiden Schnitten) ❸. Jetzt drücken Sie Entf, was zur Folge hat, dass dieser Teil entfernt wird ❹, ohne dass das Video in Mitleidenschaft gezogen wird. Die links und rechts daneben befindlichen Audioteile verbleiben an ihrer ursprünglichen Position, sodass die Aufnahme auch nach dem Schnitt lippensynchron bleiben wird. Wenn Sie mögen, können Sie jetzt die Audio-Zeiteinheiten wieder deaktivieren.

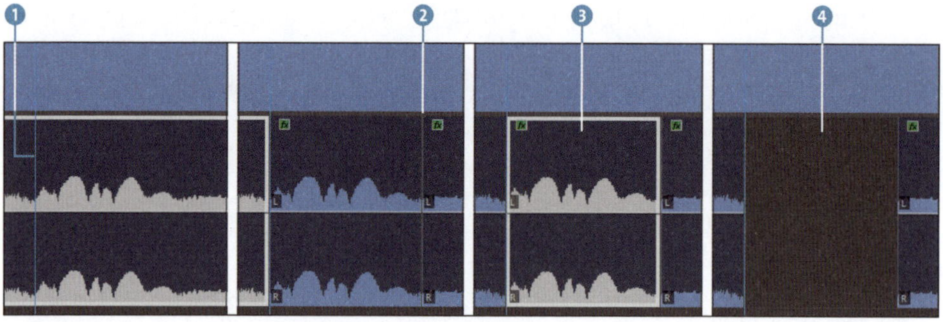

▲ **Abbildung 10.49** Das Störgeräusch wird herausgeschnitten.

10.4.2 Audio und Video wieder verbinden

Nach einer solchen Aktion ist es empfehlenswert, die einzelnen Clip-Teile wieder zu einer Einheit zu verbinden. Auf diese Weise vermeiden Sie unbeabsichtigtes Verschieben einzelner Teile. Das Problem ist allerdings, dass sich immer nur *ein* Audio und *ein* Video miteinander verknüpfen lassen. Würden Sie also den Videoclip *Morph_01.mp4* anwählen, danach [⇧] gedrückt halten und auf *einen* der beiden Audioclip-Teile klicken, ließe sich nach einem neuerlichen Rechtsklick auf einen der markierten Teile der Befehl VERKNÜPFEN anwählen. Das ist jedoch nicht mehr möglich, sobald Sie auch den zweiten Audioclip-Teil anwählen. Allerdings dürfen Sie sämtliche Teile via Kontextmenü GRUPPIEREN. Verschieben Sie anschließend einen der drei Teile, wandern alle anderen brav mit.

Gruppierung aufheben

Lösen Sie einzelne Clip-Teile wieder voneinander, indem Sie nach einem Rechtsklick auf GRUPPIERUNG AUFHEBEN gehen.

10.4.3 Doppelsystemaufnahme – Clips zusammenführen

Stellen Sie sich vor, Sie nehmen mit Ihrer Kamera eine Interviewszene auf. Damit Sie optimalen Ton erhalten, zeichnen Sie das Szenario zusätzlich mit einem externen Audiorekorder auf (dieser liefert ja in der Regel sehr viel bessere Qualität als ein integriertes Kameramikro). Zu Hause angelangt, werden Sie also über einen AV-Clip sowie eine hochwertige Audioaufnahme verfügen. Wie schaffen Sie es nun, diese Aufnahmen zu synchronisieren und miteinander zu verbinden? Zunächst werden Sie sich in beiden Aufnahmen einen markanten Punkt heraussuchen, wie z. B. das Tippen aufs Mikro, und sowohl beim AV- als auch beim separat aufgezeichneten Audioclip dort jeweils eine Marke platzieren. Danach richten Sie die Clips manuell an den Marken aus. So weit ist das ja alles nicht neu.

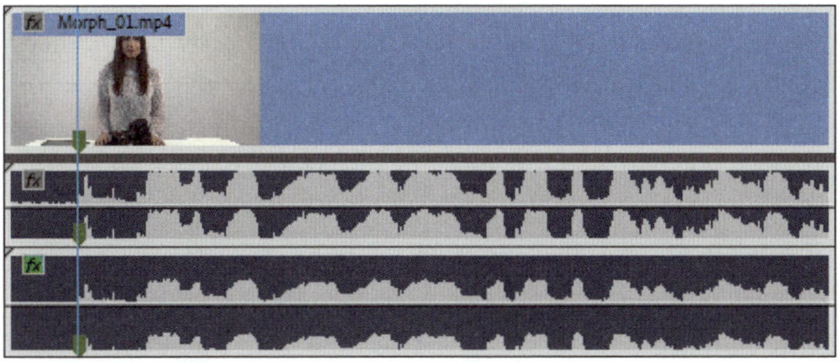

▲ **Abbildung 10.50** Die Clips sind nun exakt ausgerichtet.

Anschließend sorgen Sie dafür, dass alle Clips markiert werden, klicken mit rechts auf einen der Clips und wählen CLIPS ZUSAMMENFÜHREN. Da die Clips bereits ausgerichtet sind, können Sie den Folgedialog mit OK verlassen. Das Ergebnis: Im Projektfenster ist nun ein neues Asset zu finden, das aus allen Clips besteht. Dabei bleibt jede einzelne Spur erhalten, der Clip selbst kann aber gehandhabt werden wie jeder andere Clip auch.

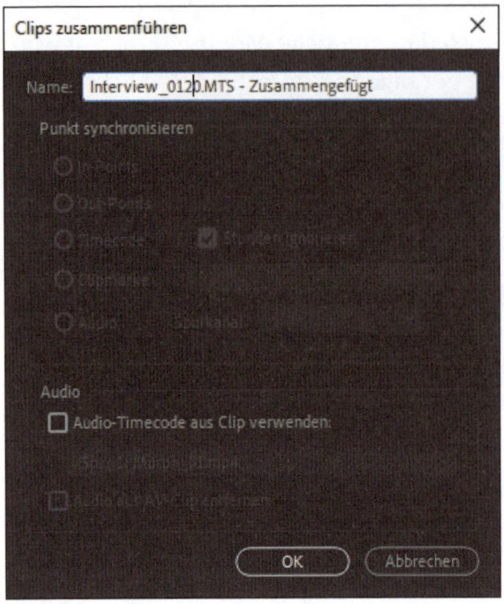

▲ **Abbildung 10.51** Bestätigen Sie lediglich mit OK.

▲ **Abbildung 10.52** Es existiert ein neues Asset im Projektfenster.

10.5 Audioeffekte

Seit Einführung des Bedienfeldes ESSENTIAL SOUND rücken die Audioeffekte ein wenig mehr in den Hintergrund – komplett vernachlässigen sollte man sie aber dennoch nicht, da sie einen fast unerschöpflichen Fundus an Spezialeffekten liefern. Bei den Audioeffekten gelten zunächst die gleichen Regeln wie bei den Videoeffekten. Sie werden hinzugefügt, indem Sie bei aktiviertem Clip im Schnittfenster einen Doppelklick auf den Effekt im Bedienfeld EFFEKTE ausführen. Allerdings gibt es bei den Audioeffekten zwei verschiedene Arten, nämlich die Clip-Effekte und die Spureffekte. Wie der Name schon verlauten lässt, wird der eine auf einen Clip, der andere auf eine ganze Spur angewendet. Zu den Spureffekten kommen wir, wenn der Audiospur-Mischer an der Reihe ist (siehe Abschnitt 10.6, »Der Audiospur-Mischer«).

10.5.1 Der Audio-Plug-In-Manager

Sollten Sie mit sogenannten Plug-ins arbeiten (das sind meist von Drittanbietern kostenlos oder zum Kauf angebotene Effekte, die auch in Premiere Pro genutzt werden können), sollten Sie den PLUG-IN-MANAGER kennenlernen. Dieser vereinfacht die Arbeit mit zusätzlichen Effekten beträchtlich, da Plug-ins nicht mehr aufwendig von Hand in irgendeinen Ordner geschoben werden müssen. Haben Sie ein neues Plug-in erstanden, gehen Sie folgendermaßen vor: Gehen Sie auf BEARBEITEN • VOREINSTELLUNGEN • AUDIO, und setzen Sie einen Klick auf die Schaltfläche AUDIO-PLUG-IN-MANAGER.

Im nächsten Schritt haben Sie nichts weiter zu tun, als auf HINZUFÜGEN ① zu klicken. Übrigens sehen Sie gleich unterhalb, an welchem Speicherort die Plug-ins untergebracht werden. Bestätigen Sie mit OK.

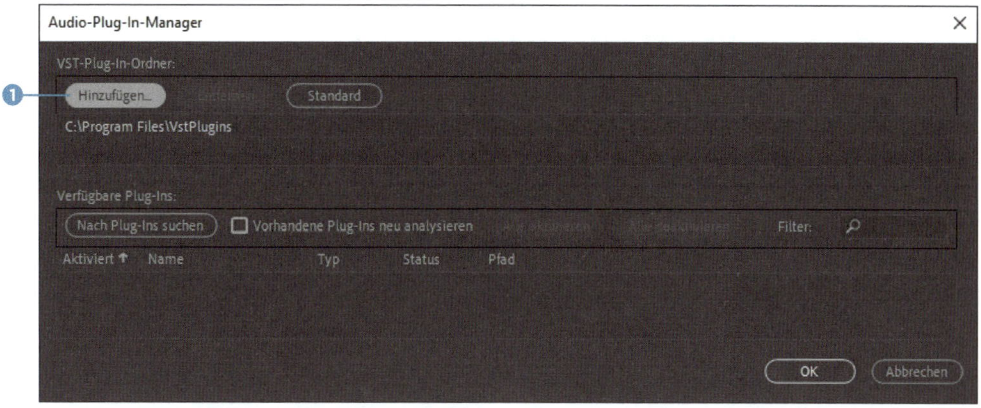

▲ **Abbildung 10.53** Das ist ja einfach.

10.5.2 Audioclip-Effekte hinzufügen

Für das Hinzufügen von Effekten galt vor Premiere Pro CS6, dass der richtige Effekte-Ordner ausgesucht werden musste. Das entfällt auch in der aktuellen Version. Effekte weisen Sie einfach zu, indem Sie den Clip im Schnittfenster markieren und anschließend einen Doppelklick auf den gewünschten Effekt im Effekte-Bedienfeld ausführen oder ihn per Drag & Drop auf die gewünschten Audioclips ziehen.

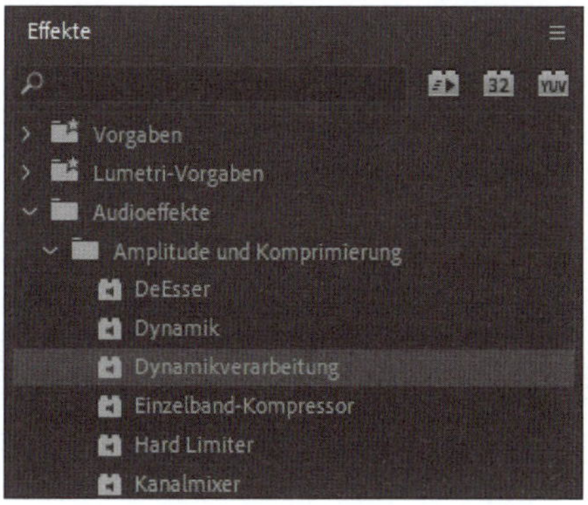

◀ **Abbildung 10.54** Auch Audioeffekte werden mit einem einfachen Doppelklick zugewiesen.

10.5.3 Audioclip-Effekte bearbeiten

Nachdem der Effekt zugewiesen ist, kann er wie ein Videoeffekt in den EFFEKTEINSTELLUNGEN bearbeitet werden. Besonders hervorzuheben ist die bereits bekannte Taste BEARBEITEN (① in Abbildung 10.55), über die es möglich ist, die Einstellungen in einem separaten Fenster vorzunehmen. Diese Vorgehensweise entstammt ursprünglich der Audio-App Adobe Audition und hat Premiere Pro seinerzeit stark aufgewertet.

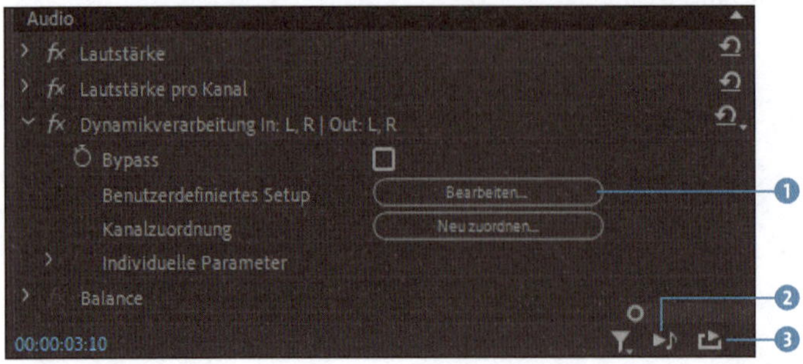

▲ **Abbildung 10.55** Die Bearbeiten-Schaltfläche stellt ein individuell bestücktes Dialogfeld zur Verfügung.

Kanäle neu zuordnen

Eine Zeile unterhalb des Bearbeiten-Tasters finden Sie den Button Neu zuordnen, mit dessen Hilfe sich die Kanäle bei Bedarf komplett neu zuordnen lassen. Weitere Infos finden Sie in Abschnitt 10.5.8, »Kanalzuordnungseditor«.

Wie bei Effekten so üblich, gibt es auch auf der Audioseite Effekte, mit denen Sie Ihre Sounds verbessern, und andere, mit denen Sie sie verfremden können. Einige dieser Effekte möchte ich Ihnen kurz in ihrer Wirkung präsentieren. Vorab möchte ich Ihnen allerdings noch eine wichtige Funktion vorstellen:

Clip permanent abspielen | Beim Einstellen eines Audioeffekts ist es sinnvoll, diesen permanent anzuhören. Nun ist es aber ziemlich müßig, den Play-Head jedes Mal vor dem Clip zu platzieren, die Sequenz danach abzuspielen, hinter dem Clip anzuhalten und das Ganze von vorne zu beginnen. Deshalb finden Sie in der Fußleiste der Effekteinstellungen zwei Buttons. Mit dem rechten ❸ sorgen Sie zunächst einmal dafür, dass der Clip permanent (als Schleife) abgespielt werden kann, während die eigentliche Wiedergabe über den linken Button ❷ eingeschaltet wird. Darüber hinaus existiert aber noch ein zweites, zündendes Argument für die Verwendung dieser beiden Schaltflächen: Sie hören nämlich nur diesen einen Clip – selbst dann, wenn an dieser Position im Schnittfenster mehrere Audioclips angeordnet sind.

10.5.4 Rechts und Links füllen

Die beiden Effekte Rechts mit links füllen und Links mit rechts füllen kommen häufig zum Tragen, wenn Sie es mit einem Stereoclip zu tun haben, von dem nur eine Spur über Aufnahmepegel verfügt. Des Weiteren können Clips, bei denen eine von zwei Stereospuren sehr schwach ist, ausgefüllt werden. Dabei wird die Tonspur des einen Kanals auf den anderen übertragen, indem Sie sich entweder für das Auffüllen des linken Kanals mit rechts oder umgekehrt entscheiden. Den Effekt ziehen Sie, wie alle anderen auch, auf den Audioclip im Schnittfenster.

10.5.5 DeEsser

Diesen Effekt haben Sie bereits kennengelernt – er ist Bestandteil des Bedienfeldes Essential Sound. Als Solo-Effekt funktioniert er exakt gleich. Deshalb sind an dieser Stelle lediglich noch ein paar erweiterte Informationen angebracht. Der Effekt selbst wird, wie Sie ja bereits wissen, vor allem bei Sprachaufnahmen angewendet. Er »bekämpft« S-Laute, die im Kommentar schnell übersteuern, wenn der Sprecher zu dicht ans Mikro gerät. Es kommt dann zu kurzen, aber störenden Zischlauten. Aber auch die gefürchteten T- und P-Laute lassen sich dadurch mindern. Bei der Einstellung sollten Sie zunächst über die Anwahl der korrekten Vorgabe oben im Dialog wählen, ob es sich um eine Männer- oder Frauenstimme handelt. Schalten Sie gegebenenfalls auf andere Vorlagen um (z. B. Frauenstimme DeSher oder DeEsser), um die Resultate miteinander vergleichen zu können. Sie werden sehen, dass sich der markierte Bereich entsprechend verschiebt (Frauenstimme DeEsser z. B. im Mittel bei 2 K, Männerstimme DeEsser im Mittel bei etwa 4 bis 5 K).

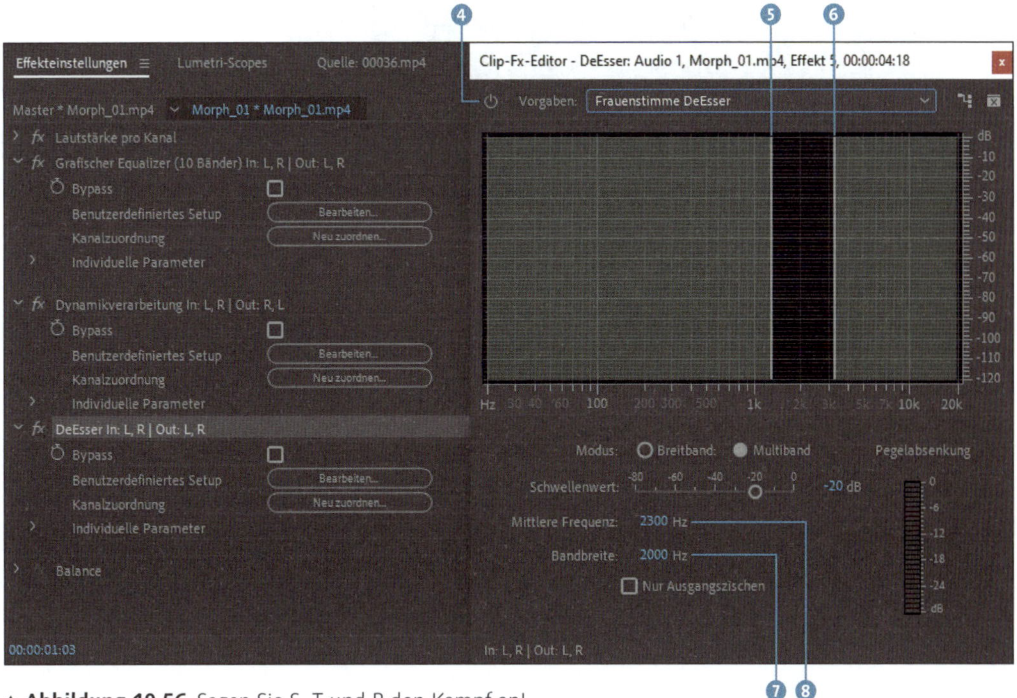

▲ **Abbildung 10.56** Sagen Sie S, T und P den Kampf an!

Die beiden vertikalen Linien ❺ und ❻ lassen sich per Drag & Drop auseinander- und zusammenziehen. So geben Sie sowohl die Frequenz als auch die Bandbreite an. Alternativ lässt sich dies auch durch Veränderung der Hot-Text-Steuerelemente ❽ und ❼ erreichen.

Mit SCHWELLENWERT regeln Sie letztendlich, ab welcher Intensität die Geräuschreduzierung für die vorgenannten Laute greifen soll. Wenn Sie einen direkten Vorher-nachher-Vergleich wünschen, schalten Sie den Filter mittels ❹ (Abbildung 10.56) temporär aus.

10.5.6 DeHummer

Falls Sie keinen Hummer mögen, können Sie … – nein, natürlich nicht. Wir hatten diesen Effekt ja auch bereits kurz angesprochen. Sie können damit das sogenannte Leitungsrauschen mindern, das zwangsläufig über Stromleitungen transportiert wird und möglicherweise Ihre Aufnahme gestört hat. Dazu muss noch einmal erwähnt werden, dass im hiesigen Raum die Frequenz bei 50 Hz liegt (in den USA und Japan bei 60 Hz).

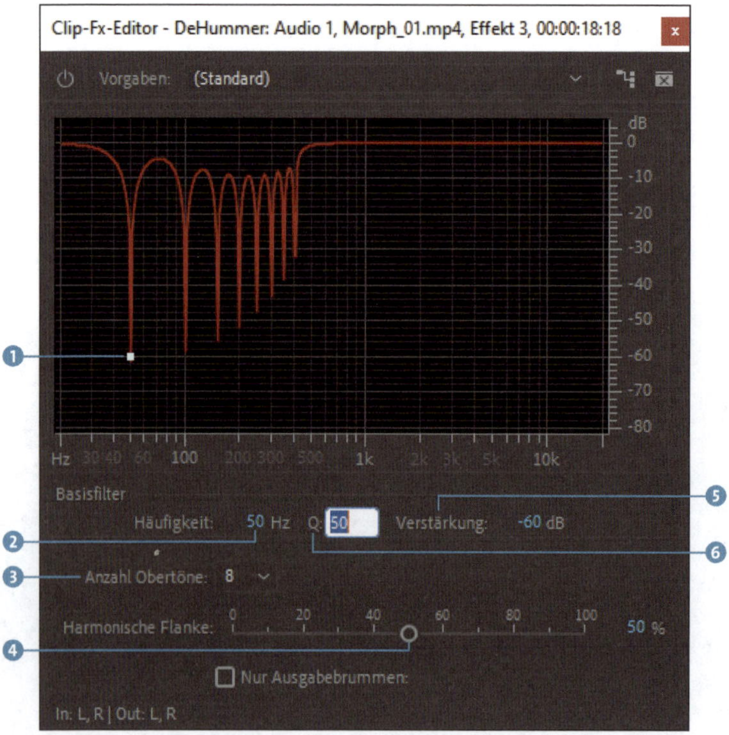

◀ **Abbildung 10.57**
Die Frequenz beträgt hierzulande 50 Hz. Stellen Sie die Häufigkeit entsprechend ein.

Der Effekt DEHUMMER setzt, wie schon DEESSER, mehr auf grafische Bedienung. Mithilfe der FREQUENZ ❷ sollten Sie zunächst einmal herausfinden, in welchem Bereich das Leitungsrauschen auszumachen ist. Verändern Sie diesen Wert zur Laufzeit des Clips, und stoppen Sie, wenn sich die Wiedergabe deutlich verbessert. Noch intuitiver funktioniert die Einstellung, wenn Sie auf das kleine Quadrat ❶ klicken und so versuchen, den Bereich des Leitungsrauschens einzufangen. Hier ist experimentieren angesagt, zumal es keine allgemeingültigen Einstellungen gibt. Hier noch einige Hinweise für Fortgeschrittene auf dem Gebiet der Audiobearbeitung: Mit Q ❻ legen Sie die Breite der Quellfrequenz fest, während Sie mit VERSTÄRKUNG ❺ die Intensität der Dämpfung bestimmen. Außerdem ist die ANZAHL DER OBERTÖNE ❸ beeinflussbar. Damit können Sie nämlich bestimmen, wie viele Obertonfrequenzen manipuliert werden. Letztendlich regeln Sie über OBERTONKURVE ❹ das Dämpfungsverhältnis der Obertonkurven.

10.5.7 EQ

Der Filter EQ stellt einen Equalizer zur Verfügung, mit dessen Hilfe Sie verschiedene Frequenzbereiche bearbeiten können, wobei Sie schon zum Zeitpunkt der Zuweisung des Effekts die Qual der Wahl haben – dürfen Sie doch zwischen 10, 20 und 30 verfügbaren Bändern entscheiden, deren Frequenzbereiche von links nach rechts gesehen immer höher werden. Das Ganze funktioniert wie beim klassischen Audio-Mischpult über vertikale Schieberegler. Noch interessanter ist aber die Liste VORGABEN (siehe Abbildung 10.59), mit der sich zahlreiche vordefinierte Einstellungen anwählen lassen. Wer beispielsweise eine ERHÖHTE KLARHEIT IN DEN BÄSSEN wünscht oder den »GONG« AUS DEN BECKEN ENTFERNEN möchte, wird hier allemal fündig.

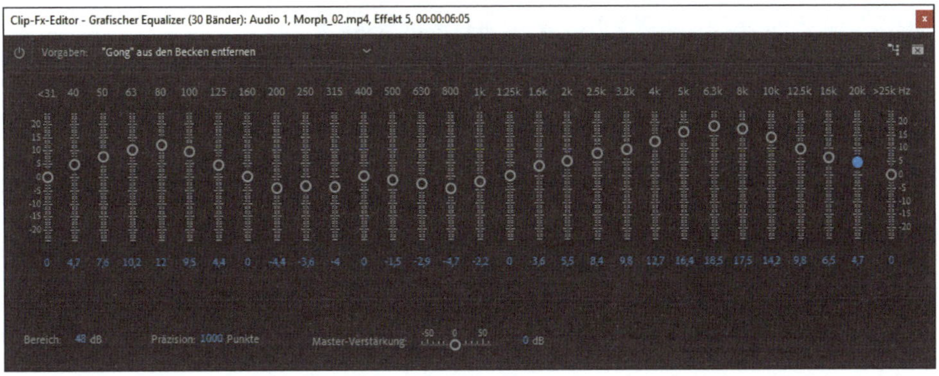

▲ **Abbildung 10.58** Jetzt wird der Sound anständig abgemischt.

10.5.8 Kanalzuordnungseditor

Mindestens genauso interessant ist der sogenannte Kanalzuordnungseditor, der mit Klick auf NEU ZUORDNEN in der Zeile KANALZUORDNUNG der EFFEKTEINSTELLUNGEN erreichbar ist. Hierüber lassen sich zunächst einmal Ein- und Ausgabekanäle zuordnen – und letztendlich auch deren zugewiesene Effekte. Im vorliegenden Beispiel ließe sich der linke Kanaleffekt auf den rechten ausgeben, wenn Sie dies in den Listenfeldern EFFEKTEINGABE und EFFEKTAUSGABE veranlassen würden. Sie haben aber auch diverse andere Möglichkeiten. So ist es beispielsweise möglich, Typ und Anzahl von Audiospuren durch Zuordnung von Audiokanälen zu bestimmen. Das bedeutet: Sie legen fest, welcher Kanaleffekt des Clips später auf welchem Zielkanal in der Masterspur wiedergegeben werden soll.

Dazu ein Beispiel: Sie verwenden einen Stereoclip und eine 5.1-Masterspur und wollen nun jeweils einen der beiden Stereokanäle einem bestimmten Kanal in der

Masterspur zuweisen (z.B. den linken später dem linken Surround-Kanal und den rechten dem rechten Surround-Kanal). Dann sollten Sie zunächst einmal das entsprechende Listenfeld in der Spalte EFFEKTAUSGABE öffnen ❹. Finden Sie den Kanal hier wieder (❷), stellen Sie ihn ein. Ist das nicht möglich, müssen Sie den Umweg über LAYOUT ANFORDERN ❶ in Kauf nehmen.

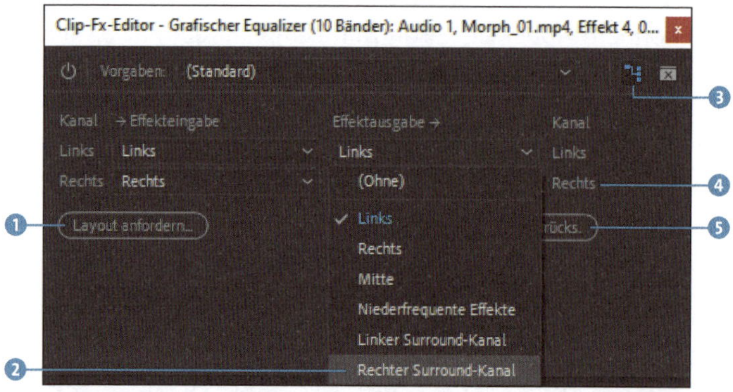

◂ Abbildung 10.59
Ordnen Sie die Effekte einer bestimmten Ausgabespur zu.

Aber es kommt noch besser. Mithilfe des kleinen Schalters oben rechts ❸ lässt sich zwischen der Kanalansicht und der Effektansicht hin- und herspringen. Klicken Sie auf WEITERLEITUNG ZURÜCKSETZEN ❺, um die Einstellungen nachträglich wieder zu verwerfen.

10.5.9 Lautstärkeradar

Falls Sie professionelle Aufnahmen, beispielsweise für Rundfunksendungen, erzeugen müssen, sollten Sie Clips bzw. gesamte Schnittfenster vorab überprüfen. Sie sind nämlich bei der Produktion zumeist verpflichtet, Normen einzuhalten. Missachten Sie diese Normen, kann Ihr Beitrag möglicherweise nicht gesendet werden. Setzen Sie zu diesem Zweck das Lautstärkeradar ein. Es dient dazu, Über- oder Untersteuerungen ausfindig zu machen. Und so geht's: Weisen Sie dem Clip den Effekt LAUTSTÄRKERADAR zu, und öffnen Sie ihn, wie gewohnt, über den Button BEARBEITEN im Effekteinstellungen-Bedienfeld. Danach stellen Sie ganz oben im Dialog unter VORGABEN zunächst die Norm ein, die es einzuhalten gilt. Gängig sind hier beispielsweise EBU R128 LU ❻ für normale Sendungen und EBU R128 LUFS für Sendungen mit breitem Musikspektrum. Danach lassen Sie die Sequenz ablaufen. Je höher sich die Grafik in Richtung des äußeren Kreises bewegt, desto lauter ist die Sequenz (oder der Clip) an dieser Stelle. Achten Sie darauf, dass der Pegel (in diesem Fall die gelben Spitzen ❽) diesen Rand nie erreicht. Geschieht dies dennoch, erscheint ein optischer Warnhinweis im Bereich PEAK ❼. Diese Stelle der Sequenz (oder des Clips) gilt es entsprechend anzugleichen, z.B. durch die Absenkung der Lautstärke an der betroffenen Position. Der untere (blaue) Bereich repräsentiert übrigens das permanent vorhandene Grundrauschen des Clips. Das bedeutet: Sehen Sie nur noch Blau, herrscht absolute Stille – mit Ausnahme des Grundrauschens eben.

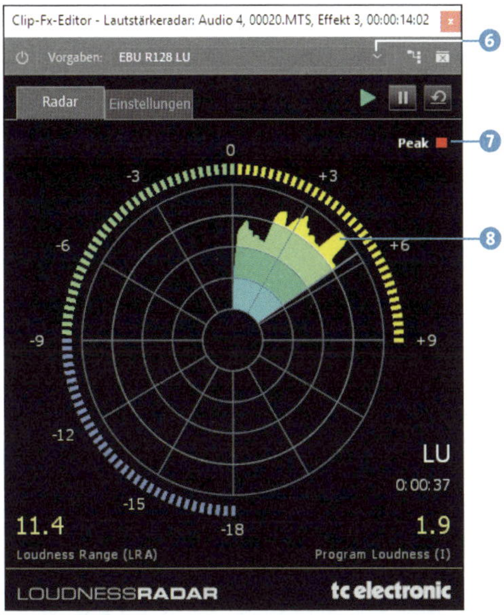

◀ **Abbildung 10.60**
Ein Radar wacht über die Audioqualität.

10.6 Der Audiospur-Mischer

Der Audiospur-Mischer hat vor allem die Aufgabe, die Sequenz abzumischen. Aber damit nicht genug: Sie können auch hier Spuren hinzufügen. So ließe sich ja beispielsweise an der einen oder anderen Stelle noch ein Audiokommentar hinzufügen. Um den Audiospur-Mischer zu aktivieren, wählen Sie FENSTER • AUDIOSPUR-MISCHER und entscheiden sich dann für die Sequenz, die Sie anzeigen lassen wollen.

Audioclip-Mischer vs. Audiospur-Mischer

Bitte verwechseln Sie die beiden Fenster nicht miteinander. Der Audioclip-Mischer ist eigentlich ein erweiterter Audiometer (also eine Aussteuerungsanzeige) mit zusätzlichen Funktionstasten (MUTE, STUMMSCHALTUNG und KEYFRAME SCHREIBEN). Der Audiospur-Mischer hingegen findet seine Verwendung beim Abmischen einzelner Tonspuren.

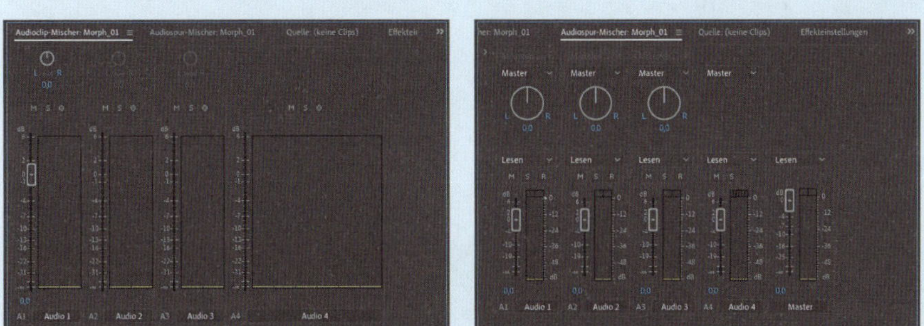

▲ **Abbildung 10.61** Optisch unterscheiden sich die Mischer deutlich voneinander.

10.6.1 Spureffekte hinzufügen

Wo wir gerade bei den Effekten waren: Es wäre ja unsinnig, einem Clip einen Effekt zuzuweisen und diesen dann auf alle anderen zu übertragen. Aus diesem Grund verfügt der Audiospur-Mischer auch über einen Spureffektbereich. Um ihn zu öffnen, müssen Sie das kleine Dreieck oben links ❶ betätigen. Jetzt können Sie auf eines der kleinen Dreiecke klicken (z. B. ❷). Seit Premiere Pro CC sind die Effekte in Kategorien unterteilt. Das bedeutet, dass Sie als Nächstes eine der angebotenen Kategorien aussuchen und danach den gewünschten Effekt markieren müssen. Stellen Sie um auf OHNE, wird der Effekt wieder entfernt.

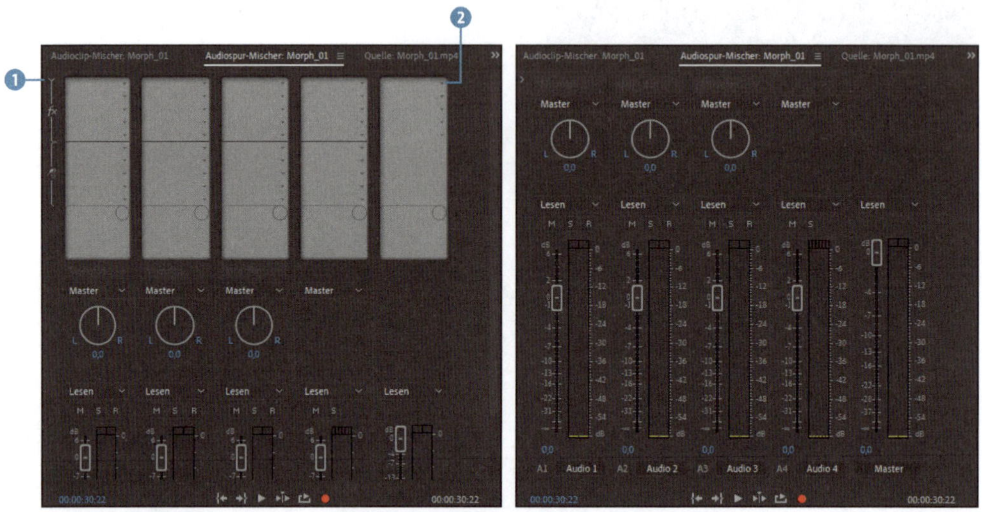

▲ **Abbildung 10.62** Links ist der Effektbereich geöffnet – rechts geschlossen. Bei Stereo-Projekten finden Sie unterhalb der Master-Menüs Drehregler für den Pegel.

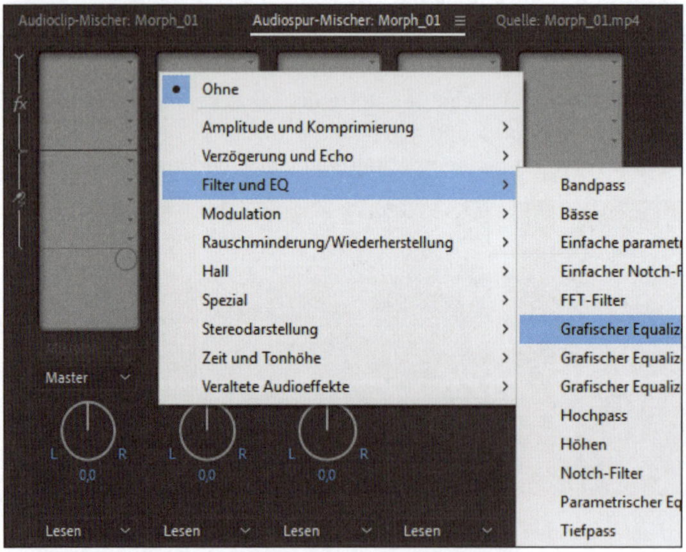

◂ **Abbildung 10.63** Hier werden gerade ein Filter und ein EQ-Effekt hinzugefügt.

Enttäuschend ist an dieser Stelle, dass die Anwendung nur einen einzigen Regler zur Verfügung stellt ❹. Nun könnten Sie auf jeden anderen Potentiometer (= Drehregler) umstellen, indem Sie auf das kleine Dreieck ❺ gehen. Aber mal ehrlich: Mit Komfort hat das nicht viel zu tun, oder? Da ist es schon wesentlich besser, wenn Sie mit rechts auf den Effekt ❸ klicken und anschließend BEARBEITEN im Kontextmenü selektieren. Dann nämlich erscheint der Effekt mit all seinen Steuerelementen in einem separaten Fenster. Und das haben Sie ja bereits kennengelernt.

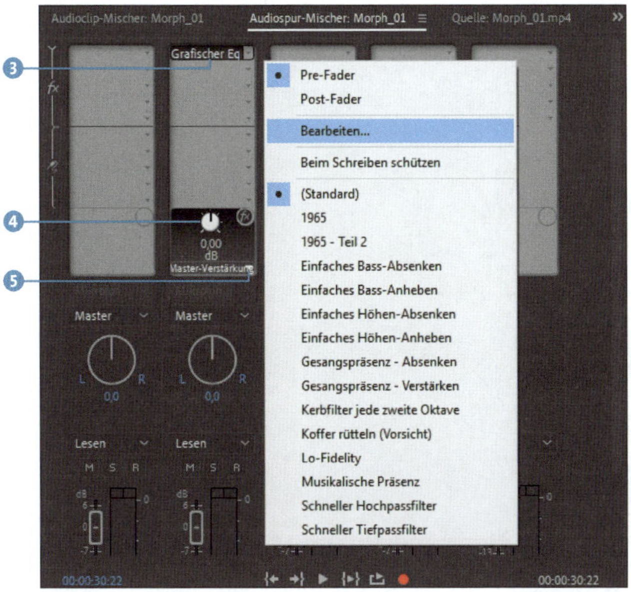

◀ **Abbildung 10.64**
Bearbeiten Sie den Effekt lieber, wie gewohnt, im separaten Fenster.

10.6.2 Submix-Spuren

Submix-Spuren sind, wie Sie ja bereits erfahren haben, gewissermaßen dazu da, eine Sammlung aus bereits vorhandenen Spuren zusammenzustellen. Sie erzeugen AUDIO-SUBMIX-SPUREN über SEQUENZ • SPUREN HINZUFÜGEN. Im unteren Feld des Dialogs halten Sie nach der Zeile HINZUFÜGEN [0] AUDIO-SUBMIXSPUR(EN) Ausschau und tragen anstelle der Null die gewünschte Anzahl Spuren ein (hier 1). Legen Sie etwas darunter noch den SPURTYP fest (hier entscheiden wir uns für Stereo), und verlassen Sie den Dialog mit OK.

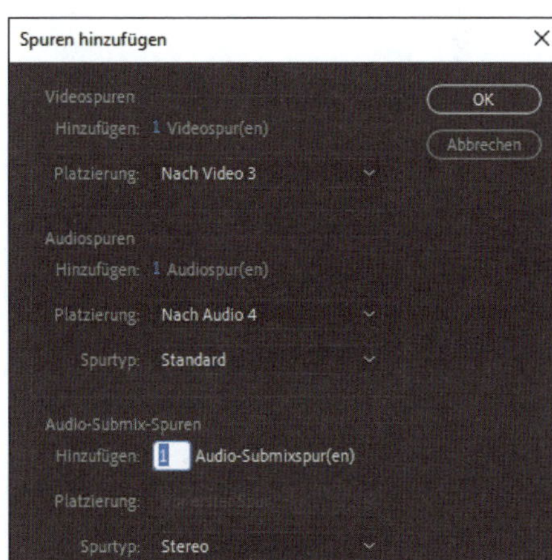

▲ **Abbildung 10.65** Hier wird ein Stereo-Submix hinzugefügt.

Sobald das erfolgt ist, begeben Sie sich in den Audiospur-Mischer und legen mithilfe der oberen Pulldown-Menüs fest, welche Spuren nun nicht den MASTER ❶, sondern die Submix-Spur ❹ bedienen sollen. Danach spielen Sie die Sequenz ab ❸ und bewegen den Lautstärkeregler der Submix-Spur ❷ wunschgemäß.

▲ **Abbildung 10.66** So einfach werden Submixe erstellt.

Auf die hier beschriebene Weise werden Sie allerdings nur den Ton absenken können. Wenn Sie daran interessiert sind, Absenkungen und Anhebungen der Lautstärke dauerhaft in die Submix-Spur zu schreiben, müssen Sie auf die Automatisierungsfunktionen zurückgreifen.

10.6.3 Automatisieren

Neben der klassischen Keyframe-Bearbeitung im Schnittfenster besteht die Möglichkeit, derartige Arbeiten auch im Audiospur-Mischer zu erledigen. Dieser schreibt dann gewissermaßen die Keyframes mit, während das Video läuft. Die Einstellung selbst nehmen Sie über die Schieberegler vor – quasi »on the fly«. Dazu müssen Sie in der Liste AUTOMATISCHER MODUS anwählen, was während der Wiedergabe passieren soll (hier LATCH):

- Aus: Dieser Modus ist eigentlich zum Experimentieren gedacht. Änderungen, die Sie zur Laufzeit vornehmen, werden nicht an Premiere Pro übergeben. Das Bewegen der Regler hat also keinerlei Einfluss auf das Projekt.
- Lesen: Die Lautstärkeänderung zur Laufzeit wirkt sich auf die gesamte Spur aus. Sobald Sie den Lautstärkeregler jedoch loslassen, wird ab dieser Position der ursprünglich eingestellte Wert wiederhergestellt.
- Latch: Diese Einstellung entspricht weitgehend der Funktion Schreiben, wobei die Anwendung hier erst mit dem Schreiben neuer Keyframes beginnt, sobald Sie den Regler zum ersten Mal bewegt haben. Wenn Sie den Regler loslassen, verbleibt dieser in der aktuellen Position.
- Touch: Diese Einstellung entspricht weitgehend der Funktion Latch, wobei der Regler wieder in die ursprüngliche Position zurückkehrt, sobald Sie ihn loslassen.
- Schreiben: Mit dieser Einstellung werden ab Beginn der Wiedergabe neue Keyframes geschrieben, ohne dass abgewartet wird, ob Sie Einstellungen vornehmen.

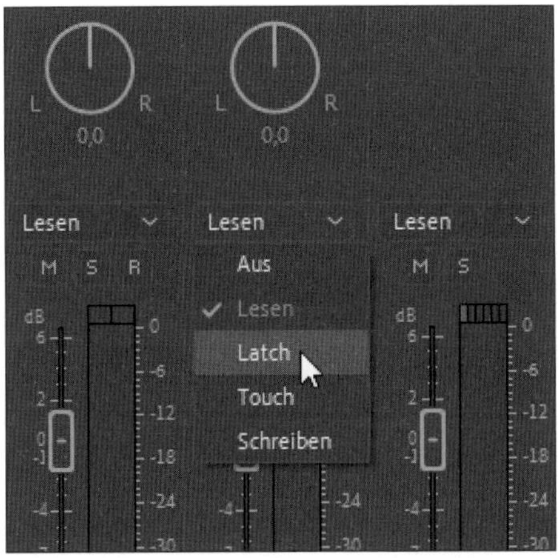

◂ **Abbildung 10.67**
Sie bestimmen, was passiert – und sonst niemand!

Nach dieser Einstellung starten Sie die Wiedergabe über die entsprechende Schaltfläche in der Fußleiste des Audiospur-Mischers oder mithilfe der Leertaste. Die Aufnahmefunktion darf dabei natürlich nicht aktiviert werden, da der Clip ansonsten überschrieben würde. Wenn Sie fertig sind und im Schnittfenster die Spur-Keyframes anzeigen lassen, können Sie sehen, welche Keyframes automatisch erzeugt wurden.

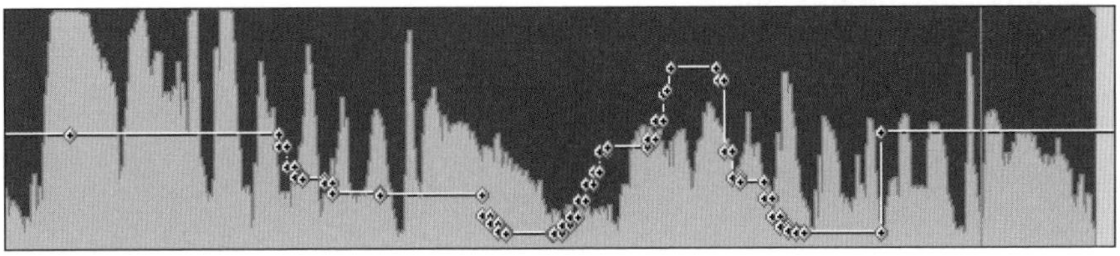

▴ **Abbildung 10.68** Premiere Pro schreibt mit.

10.7 Audioüberblendungen

Auch Audioüberblendungen werden – wie Videoüberblendungen – per Drag & Drop zugewiesen. Wenn Sie den Ordner AUDIOÜBERBLENDUNGEN im Effekte-Bedienfeld öffnen, finden Sie aber nur einen einzigen Unterordner – er trägt den Namen CROSSFADE. Auch ist dieser Ordner nicht gerade vollgepackt. Genauer gesagt, gibt es nur drei Überblendungen:

- EXPONENTIELLE ÜBERBLENDUNG
- KONSTANTE VERSTÄRKUNG
- KONSTANTE LEISTUNG

Audioüberblendungen wiederfinden

Im Arbeitsbereich EFFEKTE ist das Effekte-Bedienfeld auf den ersten Blick zu sehen – und zwar oben rechts. Sollten Sie sich aber, wie zu erwarten ist, im Arbeitsbereich AUDIO befinden, müssen Sie zunächst links im Bedienfeld PROJEKT ganz nach unten scrollen und anschließend auf die Zeile EFFEKTE klicken.

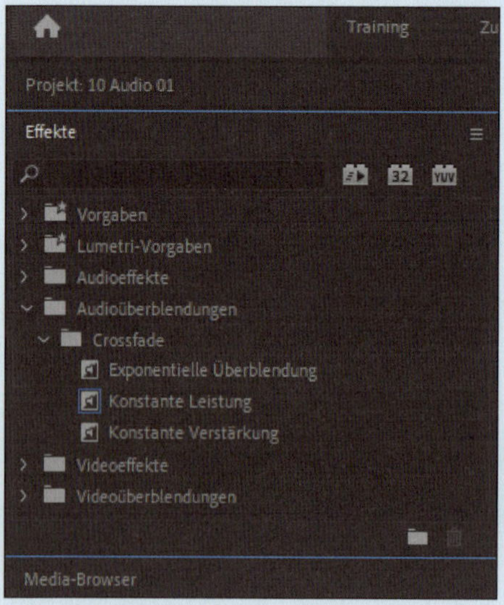

◂ **Abbildung 10.69**
Die Audioüberblendungen sind im Arbeitsbereich Audio nicht auf den ersten Blick zu sehen.

10.7.1 Exponentielle Überblendung

Der Übergang EXPONENTIELLE ÜBERBLENDUNG überblendet zwei Audioclips mit einer glatten logarithmischen Kurve. Daraus entsteht ein rascher (exponentieller) Anstieg des nachfolgenden Clips im Verhältnis zum Lautstärkeabfall des vorangegangenen. So wie der erste Clip exponentiell leiser wird, wird der zweite Clip im selben Zeitraum exponentiell lauter. Bringen Sie eine derartige Überblendung an den Anfang eines Clips, wird dessen Ton stetig und rasch eingeblendet. Am Ende eines einzelnen Clips wird der Ton weich ausgeblendet. Es kommt zum raschen Fade-in bzw. Fade-out.

Weisen Sie doch einmal eine solche Überblendung zwischen zwei Clips zu, markieren Sie die Überblendung, und schauen Sie sich die zugehörige Grafik in den Effekteinstellungen an. Anhand der gelben Linien ❶ sollen Anstieg und Abfall verdeutlicht werden.

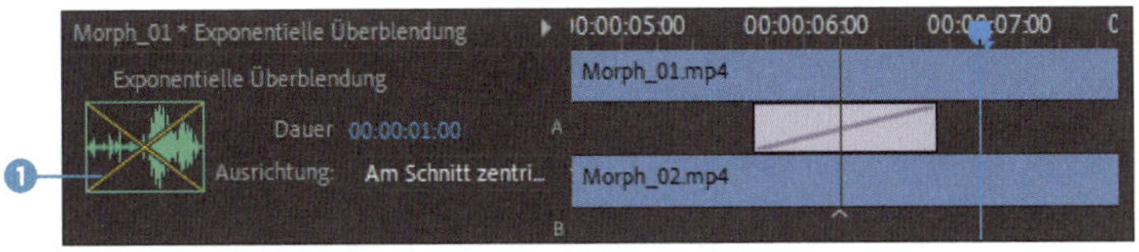

▲ **Abbildung 10.70** Die Überblendung ist sehr dynamisch.

10.7.2 Konstante Verstärkung

Die Unterschiede der konstanten Verstärkung zur exponentiellen Überblendung sind zunächst einmal nicht wirklich dramatisch. Bei der konstanten Verstärkung wird die Lautstärke des ersten Audioclips nicht exponentiell, sondern linear abgesenkt. Dadurch wird die Lautstärke in der Mitte der Überblendung nicht so leicht abfallen wie bei der exponentiellen Überblendung.

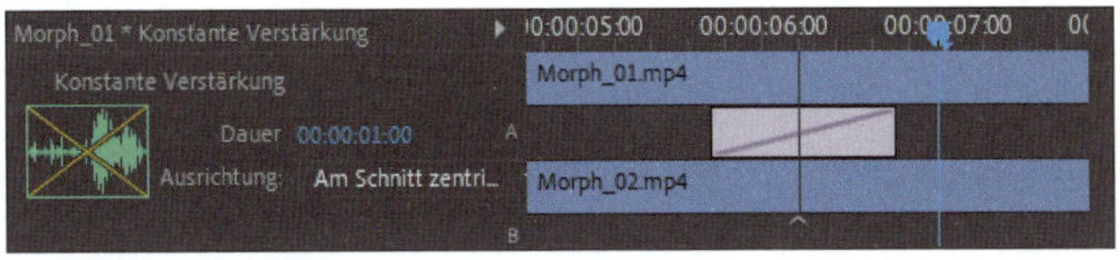

▲ **Abbildung 10.71** Hier kommt es ebenfalls zu einem stetigen Anstieg, der sich aber insgesamt etwas weicher darstellt.

10.7.3 Konstante Leistung

Bei der konstanten Leistung wird die Lautstärke des ersten Clips zunächst weniger schnell abgesenkt als gegen Ende der Überblendung. Im Gegenzug kommt die Lautstärke des zweiten Clips zunächst schnell herein und wird im letzten Teil langsamer ausgeführt. Anstieg und Abfall sind mit einer Sinuskurve vergleichbar. Sinn und Zweck des Ganzen ist, dass die Lautstärke scheinbar zu jedem Zeitpunkt gleich bleibt. Tatsächlich wird sie aber kurzzeitig sogar angehoben. Die Konstante Leistung ist als Standardüberblendung definiert.

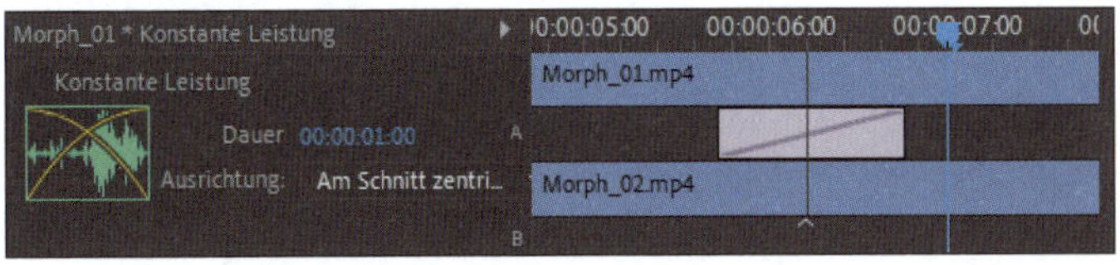

▲ **Abbildung 10.72** Bei der konstanten Leistung hebt sich die Lautstärke nicht geradlinig an.

Wenn Sie eine andere Überblendung als die KONSTANTE LEISTUNG als Standard deklarieren möchten, markieren Sie diesen Eintrag im Effekte-Bedienfeld mit rechts und selektieren AUSWAHL ALS STANDARDÜBERBLENDUNG EINSTELLEN. Auch in den EFFEKTEINSTELLUNGEN gilt für Audioüberblendungen alles das, was Sie zuvor bereits in Sachen Videoüberblendungen in Erfahrung gebracht haben. Nähere Hinweise zum Umgang mit Überblendungen finden Sie in Kapitel 6, »Der Übergang – Überblendungen einsetzen«.

Standarddauer der Audioüberblendung

Die AUTOMATCH ZEITDAUER (Standarddauer einer Audioüberblendung) ist werkseitig auf eine Sekunde eingestellt. Jede Überblendung, die Sie dem Schnittfenster hinzufügen, wird dementsprechend auch eine Sekunde lang sein. Wenn Sie diesen Wert ändern wollen, tun Sie dies in den Voreinstellungen (BEARBEITEN/PREMIERE PRO • VOREINSTELLUNGEN • AUDIO).

10.8 Adobe Stock Audio

Ich möchte Adobe Stock mal als eine Art Fundus professioneller Assets bezeichnen, der zum Teil ohne große Umwege direkt in Premiere Pro zur Verfügung gestellt wird. Das Ganze erstreckt sich nicht nur auf vorgefertigte Layouts (z. B. Titel, siehe folgendes Kapitel), sondern auch auf Musik, wobei ich gleich erwähnen muss, dass die Sounds lizenziert (sprich: bezahlt) werden müssen. Um an die beliebten Tracks zu gelangen, gehen Sie folgendermaßen vor: Gehen Sie in der Arbeitsoberfläche AUDIO auf das rechts angeordnete Bedienfeld ESSENTIAL SOUND, und schalten Sie oben von BEARBEITEN auf SUCHEN ❶ um. Jetzt können Sie entweder gezielt nach Titeln oder Schlagworten suchen ❷ oder Stimmungen ❸ anwählen. EMOTIONAL ❹ beispielsweise liefert unten entsprechende Tracks.

Um zu testen, wie der Sound zu Ihrem Projekt passt, positionieren Sie zunächst den Play-Head im Schnittfenster und klicken danach auf den Wiedergabe-Button des betreffenden Musikstücks ❺. Sollte ein kleines Mikrofon ❻ angezeigt werden, wissen Sie, dass es sich um Gesang handelt; fehlt das Symbol, ist der Track instrumental. Der Schalter mit den drei Punkten ❽ liefert zusätzliche Informationen (z. B. über den Künstler), während ❼ die Lizenzierung einläutet. Lesen Sie unbedingt die zugrunde liegenden LIZENZINFORMATIONEN im folgenden Dialog, ehe Sie auf WEITER gehen. Nun kommt die grausige Wahrheit ans Licht: Sie benötigen ein Abo und können dennoch nur 10 Stockmedien pro Monat lizenzieren. Nach einem kostenlosen Probemonat schlägt das Abo dann mit EUR 29,99 monatlich zu Buche. Doch Qualität hat halt ihren Preis, und immerhin bekommen Sie für Ihre Projekte richtig professionelle Assets.

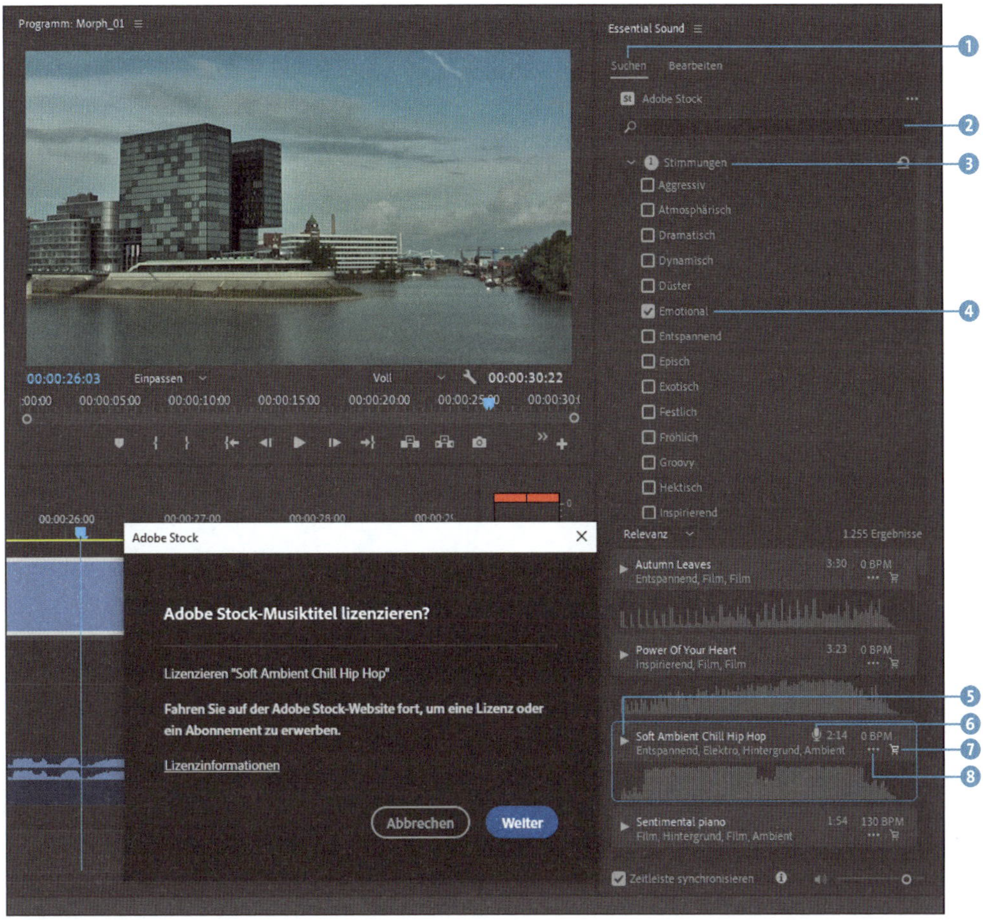

▲ **Abbildung 10.73** Ein schier unerschöpflicher Fundus wartet darauf, im Projekt verwendet zu werden.

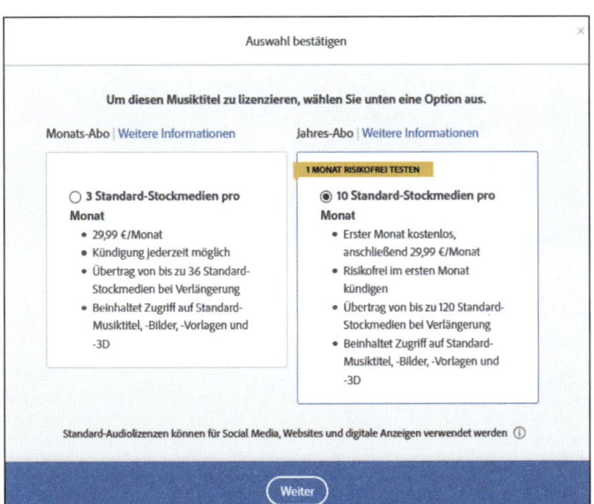

◀ **Abbildung 10.74** Adobe Stock bietet unterschiedliche Abo-Varianten an.

11 Titel erzeugen

Ein guter Film sollte auch mit einem ansprechenden Titel aufwarten. Allerdings ist es hierzulande gängige Praxis, ausländische Filme mit bisweilen hanebüchenen Neutiteln zu versehen. Man fragt sich wohl zu Recht, ob der Beatles-Klassiker »Help« in Deutschland unbedingt »Hi-Hi-Hilfe« heißen musste oder warum die Komödie »Up the Creek« (also »bachaufwärts« im Sinne von »flussaufwärts«) in Deutschland zum »turbogeilen Gummiboot« werden musste. Bei der Persiflage des Hitchcock-Klassikers »Der Mann, der zu viel wusste« wird es dann richtig schräg – hätte doch die wortgetreue Übersetzung des Originaltitels »Der Mann, der zu wenig wusste« ergeben und wäre damit irgendwie lustig gewesen, aber »Agent Null Null Nix«? Das klingt wenig überzeugend, oder?

Damit Ihnen so etwas nicht passiert, sollten Sie vor allem Ihre Kreativität walten lassen. Den Rest erledigen Sie mit den leistungsstarken Premiere-Pro-Tools. Allen voran wären da einmal mehr die Essentials zu erwähnen – diesmal in Form von Graphics. Erfahren Sie in diesem Kapitel, auf welche unterschiedlichen Arten Titel erzeugt werden können – ganz ohne Zuhilfenahme anderer Software.

Dieses Kapitel beantwortet folgende Fragen:

- Wie wird ein Titel im Titelgenerator erzeugt?
- Wie werden Titel direkt im Programmmonitor erstellt?
- Wie arbeite ich mit Hilfslinien und sicheren Bereichen?
- Was versteht man unter responsivem Design?
- Wie werden Titel in den Essential Graphics animiert?
- Wie wird ein Rolltitel erzeugt?

11.1 Die Möglichkeiten der Titelerstellung

Premiere Pro offenbart viele Wege zum ansprechenden Titel. Allen voran steht hier der Arbeitsbereich ESSENTIAL GRAPHICS, der mit zahlreichen editierbaren Vorlagen aufwartet. Damit wird Titelgestaltung fast schon zum Kinderspiel. Im gleichen Bedienfeld werden auch die meist sehr anspruchsvollen Stock-Vorlagen gelistet. Für die folgenden Schritte schalten Sie am besten um auf die Arbeitsumgebung GRAFIKEN.

11.1.1 Adobe Stock

Ich möchte kurz auf diese Adobe-Stock-Vorlagen zu sprechen kommen, da sie zum Teil kostenlos zur Verfügung stehen, zum Teil aber auch an eine Premium-Mitgliedschaft gebunden sind. Möchten Sie darauf zugreifen, müssen Sie auf DURCHSUCHEN ① schalten und ADOBE STOCK ⑤ anwählen. Aktivieren Sie FREI ②, sofern die kostenpflichtigen Premium-Vorlagen ⑥ außen vor bleiben sollen, und blättern Sie durch die Vorlagen-Seiten, indem Sie die Vor- ⑦ oder Zurück-Taste ③ verwenden. Gefällt Ihnen eine Vorlage, ziehen Sie diese mit gedrückter Maustaste in die Timeline.

◂ **Abbildung 11.1**
Es wimmelt geradezu von aufwendigen Vorlagen.

Miniaturgröße anpassen

Vergrößern oder verkleinern Sie die Größe der Miniaturen mithilfe des Schiebers ④.

11.1.2 Meine Vorlagen

Neben ADOBE STOCK finden sich MEINE VORLAGEN. Auch hier sind vordefinierte Vorlagen enthalten, die den Vorteil besitzen, dass sie individuell nachbearbeitet und angepasst werden können. Hier kann so ziemlich alles geändert und angeglichen werden, was man möchte. Für Einsteigerinnen und Einsteiger ist diese Option geradezu perfekt.

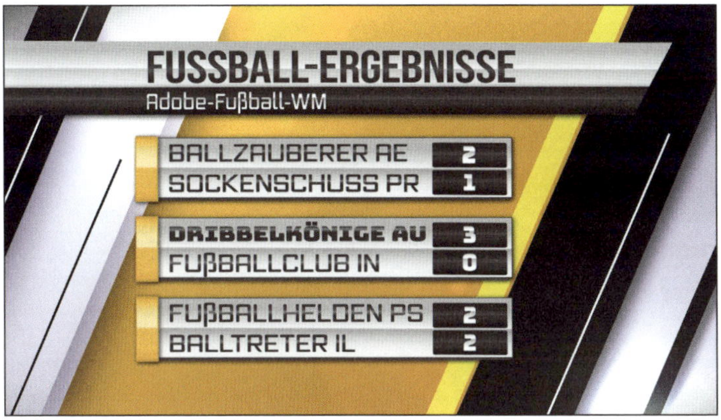

◂ **Abbildung 11.2**
Auch diese Vorlage ist in den Essential Graphics enthalten.

11.1.3 Titel selbst erstellen

Mittlerweile dürfen Sie Titel aber auch gerne direkt im Programmmonitor erstellen. Sie beginnen damit von Grund auf neu – ohne Vorlagen – und können all Ihre Kreativität einbringen. In Abschnitt 11.5, »Titelvorlagen nutzen«, werden wir uns umfassend mit dieser Thematik beschäftigen. Zuletzt wäre dann noch die ursprüngliche Methode über den Titelgenerator zu erwähnen. Er ist zwar bedingt durch die Essential Graphics ein bisschen »in die Jahre gekommen«, aber ein Blick darauf lohnt sich noch immer. Damit wollen wir auch beginnen.

11.2 Der Titelgenerator

Der Titelgenerator ist vielen Premiere-Pro-Anwenderinnen und -Anwendern ans Herz gewachsen; jedoch kämpft er seit Einführung der Essential Graphics gewissermaßen ums Überleben – ähnlich wie Bruce Willis in »Stirb langsam« (»Die Hard«). Ich finde, er hat seinen Platz in der Anwendung nach wie vor verdient – nicht Bruce Willis, sondern der Titelgenerator –, da er auch heute noch leistungsfähig ist und intuitiv bedient werden kann. Wer sich noch nie mit Titeln beschäftigt hat, sollte diesen Abschnitt lesen, da hier grundlegende Nutzungsweisen der Steuerelemente erklärt werden.

11.2.1 Titel erzeugen

Das Erzeugen eines Titels mithilfe des Titelgenerators ist wirklich keine große Sache. Er ist zwar nicht mehr in der Liste NEUES OBJEKT in der Fußleiste des Projektfensters enthalten (stattdessen gibt's dort nur noch Untertitel), kann aber mit DATEI • NEU • TITEL AUS VORGÄNGERVERSION zur Verfügung gestellt werden. Nachfolgend wird abgefragt, welche VIDEOEINSTELLUNGEN Verwendung finden sollen, wobei die aktuell gültigen Projekteinstellungen in der Regel bereits berücksichtigt werden.

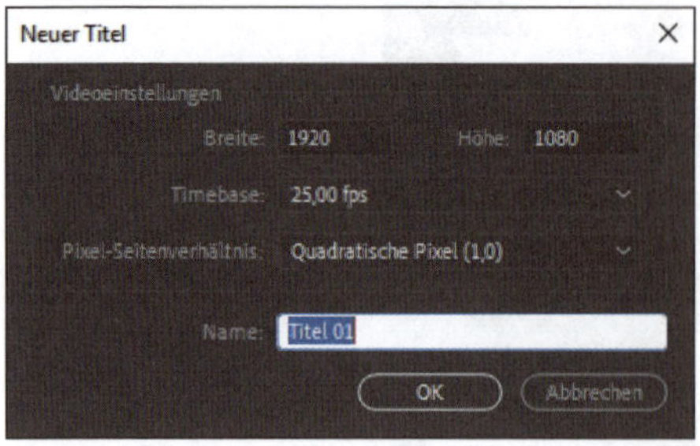

◂ **Abbildung 11.3**
Zunächst werden die Titel-Voreinstellungen abgefragt.

Sequenzeinstellung prüfen

Wenn Sie nicht sicher sind, welche Abmessungen für die aktuelle Sequenz gültig sind, brechen Sie den Dialog ab, und klicken Sie mit rechts auf die Sequenz im Projektfenster. Entscheiden Sie sich im Kontextmenü für EIGENSCHAFTEN. Jetzt können Sie sowohl die Größe als auch die Bildwiederholrate ablesen.

Zurück zum Titel-Dialog: Wenn Sie in der PAL-Norm arbeiten, sollte die TIMEBASE auf 25,00 Frames pro Sekunde (fps) eingestellt sein. Das PIXEL-SEITENVERHÄLTNIS passen Sie idealerweise Ihrem aktuellen Schnittfensterformat an. Abschließend können Sie dem Titel noch einen aussagekräftigen Namen verpassen. Nach Klick auf OK öffnet sich das Titelfenster, das sich aus diesen wesentlichen Komponenten zusammensetzt:

1. Titelwerkzeuge
2. Titelfunktionen
3. Titelstile
4. Titel-Eingabefenster
5. Titelfenster-Eigenschaften aus Vorgängerversion

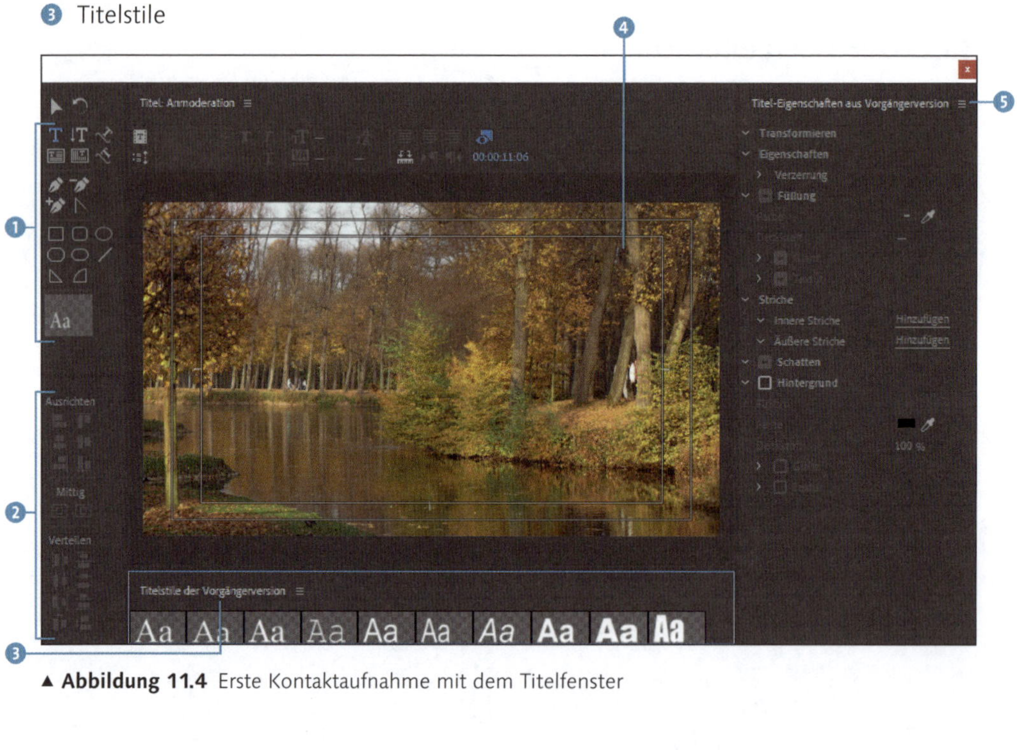

▴ **Abbildung 11.4** Erste Kontaktaufnahme mit dem Titelfenster

Video anzeigen/ausblenden | Aktuell sehen Sie im Hauptfenster des Titelgenerators immer das, was sich an der Position der Sequenzeinfügemarke befindet. Das kann mitunter störend wirken – zumindest dann, wenn Schrift und Hintergrund nicht ausreichend miteinander kontrastieren. Schalten Sie das Video bei Bedarf aus, indem Sie den Button Hintergrundvideo anzeigen ❻ abwählen. Dann erhalten Sie eine graukarierte Fläche, die stets Indiz für Transparenz ist. Aktuell gibt es ja noch keine Titelinhalte.

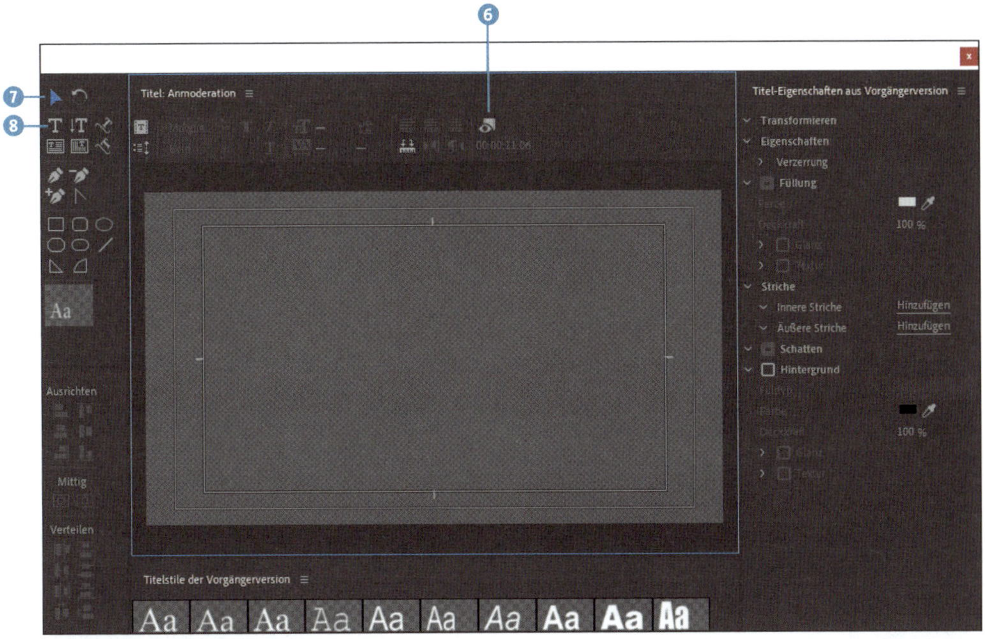

▲ **Abbildung 11.5** Das Schachbrettmuster verdeutlicht Transparenz. Immerhin soll der fertige Titel ja möglicherweise über einem Video platziert werden.

Mitunter ist es aber besser, ein bestimmtes Einzelbild der Sequenz anzeigen zu lassen. Dazu müssen Sie Hintergrundvideo anzeigen wieder aktivieren und das Titelfenster etwas zur Seite schieben. Platzieren Sie die Einfügemarke auf eine Position, an der sich der gewünschte Videoclip befindet. Die Bedienbarkeit der Arbeitsoberfläche ist nämlich durch das geöffnete Titelfenster nicht aufgehoben. Es bleibt lediglich permanent im Vordergrund.

Text schreiben | Standardmäßig sollte oben links in der Werkzeugleiste das Text-Werkzeug aktiv sein, nachdem Sie das Titelfenster gestartet haben. Ist das nicht der Fall, klicken Sie es an ❽, oder drücken Sie [T]. Klicken Sie auf die Monitorfläche in der Mitte des Fensters, und beginnen Sie mit der Texteingabe. Wenn Sie anschließend auf das Auswahl-Werkzeug ([V]) ❼ wechseln, können Sie damit auf den soeben erzeugten Text klicken und diesen verschieben.

11.2.2 Hintergrundfarbe einstellen

Bei der Erzeugung heller Texte ist ein schwarzer Hintergrund natürlich optimal. Im Titelgenerator wird immer dann ein schwarzer Hintergrund präsentiert, wenn

- die Schaltfläche HINTERGRUNDVIDEO ANZEIGEN aktiv ist und
- dabei die Einfügemarke der Sequenz an einer Position steht, an der es keinen Videoclip gibt.

Suchen Sie also eine derartige Stelle, ehe Sie fortfahren. Im Zweifel ziehen Sie die Einfügemarke hinter alle Clips im Schnittfenster.

Dunkle Texte schreiben | Sollten Sie dunkle Texte schreiben wollen, ist selbstverständlich ein heller Hintergrund interessant. In diesem Fall gibt es folgende Möglichkeit: Aktivieren Sie auf der rechten Seite des Titelfensters die Checkbox HINTERGRUND ①. Zudem muss der FÜLLTYP auf FARBFLÄCHE ② stehen und die FARBE ③ gut mit dem Titel kontrastieren, den Sie gleich produzieren wollen. Am Schluss müssen Sie allerdings daran denken, die Checkbox ① wieder zu deaktivieren, da Ihr Titel ansonsten nicht transparent ist. Wenn Sie allerdings wünschen, dass der Inhalt der Sequenz im Hintergrund des Titels gar nicht sichtbar sein soll, lassen Sie die Checkbox natürlich aktiv.

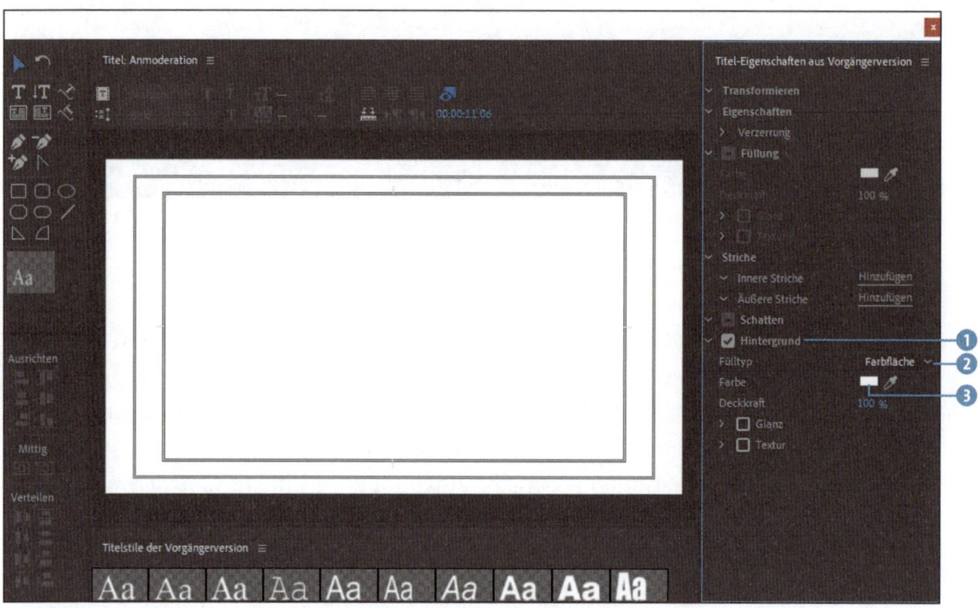

▲ **Abbildung 11.6** So wird auf die Schnelle ein weißer Hintergrund gebastelt.

11.2.3 Textrahmen erzeugen

Wenn Sie mit dem Text-Werkzeug auf die Arbeitsfläche klicken, können Sie, wie Sie wissen, gleich mit der Texteingabe beginnen. Das hat aber zur Folge, dass Sie

Zeilenumbrüche manuell veranlassen müssen. Wenn Sie aber statt des kurzen Mausklicks auf die Arbeitsfläche zuvor mit dem Text-Werkzeug und gedrückter linker Maustaste einen Rahmen aufziehen, haben Sie die Ausdehnungsmöglichkeiten des Textfeldes bereits beschränkt.

Bedenken Sie bei Arbeiten mit Textrahmen aber, dass diese sich nicht grenzenlos füllen lassen. Sollte mehr Text vorhanden sein, als im aktuellen Rahmen darstellbar ist, wird ein kleines Pluszeichen ❹ rechts unten am Rand des Textfeldes angezeigt.

◂ **Abbildung 11.7**
Text in einem Textrahmen wird automatisch umbrochen.

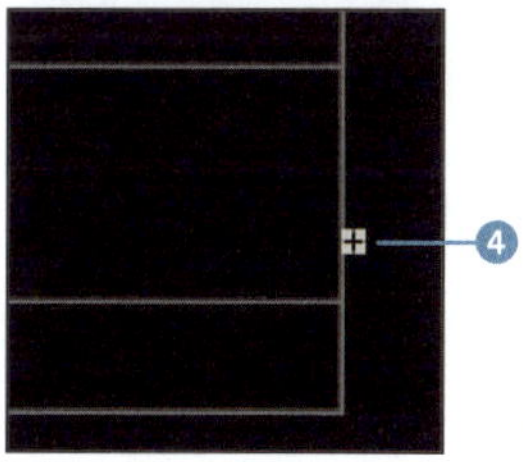

◂ **Abbildung 11.8**
Das Plus deutet auf nicht sichtbaren Text innerhalb des Rahmens hin.

In diesem Fall sollten Sie, falls noch Platz auf der Arbeitsfläche vorhanden ist, das Textfeld an den quadratischen Randanfassern größer ziehen oder die Textgröße herabsetzen.

Sichere Bereiche

Achten Sie vor allem hier im Titelfenster auf die sicheren Bereiche. Diese haben Sie ja bereits kennengelernt. Der äußere Rahmen bezeichnet den sichtbaren Bereich am TV, während der innere den titelsicheren Bereich anzeigt. Bleiben Sie mit Ihrem Text stets innerhalb dieses inneren Rahmens. Übrigens dürfen Sie die Rahmen auch Ihren individuellen Bedürfnissen anpassen. Dazu gehen Sie auf Datei • Projekteinstellungen • Allgemein und justieren die Steuerelemente unten im Segment Bereiche für geschützte Aktion und geschützten Titel. Standardmäßig sind hier 20 und 10% angegeben.

11.2.4 Textattribute ändern

Auf der rechten Seite des Titelfensters finden Sie eine Fülle von Hot-Text-Steuerelementen, die allesamt dazu geschaffen sind, den Text in irgendeiner Form zu verändern. Zeigen Sie z. B. auf den Wert, der sich neben SCHRIFTGRÖSSE ❶ befindet (dazu muss die Liste TITELFENSTER-EIGENSCHAFTEN AUS VORGÄNGERVERSION geöffnet sein), können Sie ihn per Drag & Drop verkleinern oder vergrößern. Dabei müssen Sie darauf achten, dass entweder der gewünschte Textrahmen auf der Montagefläche noch markiert ist oder dass sich die Einfügemarke für den Text noch innerhalb des Textfeldes befindet (im letzteren Fall müssen Sie nicht befürchten, dass der Text erst ab der Position der Einfügemarke verändert wird).

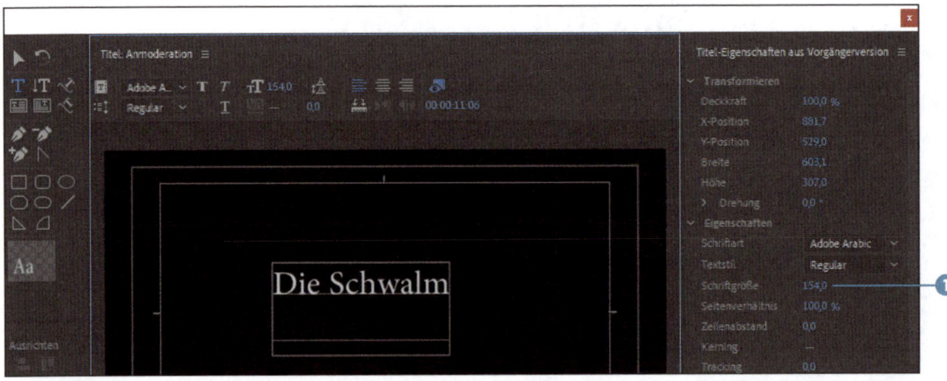

▲ **Abbildung 11.9** Mithilfe der Steuerelemente-Sammlung auf der rechten Seite lassen sich zahllose Titelparameter verändern.

Textfarbe ändern | Falls Sie die Farbe des Textes ändern wollen, muss zunächst gewährleistet sein, dass die Liste FÜLLUNG ❷ geöffnet ist. Falls erforderlich, klicken Sie zunächst auf das Dreieck-Symbol, das sich davor befindet. Danach haben Sie die Möglichkeit, in der Zeile FARBE auf den Farbwähler zuzugreifen, indem Sie die kleine Farbfläche ❹ anklicken. Außerdem lässt sich auch hier die Pipette ❸ zur Farbaufnahme verwenden. Das ist besonders dann interessant, wenn im Hintergrund des Titelfensters ein Clip angezeigt wird (HINTERGRUNDVIDEO ANZEIGEN). Sie können die Farben allerdings auch von jeder anderen Position aufnehmen – wenn Sie wollen, sogar von der Oberfläche der Anwendung oder vom Desktop.

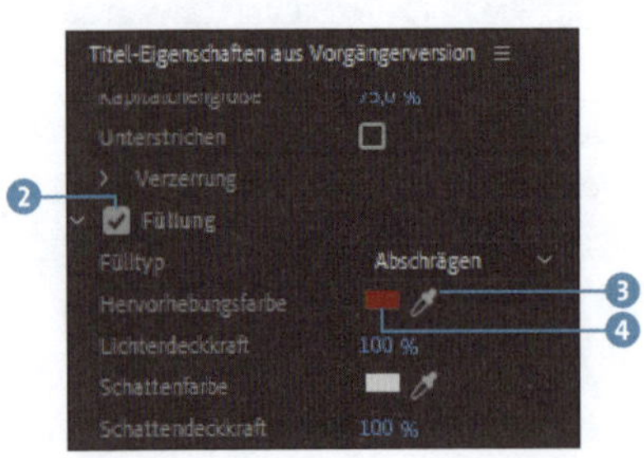

◀ **Abbildung 11.10**
Verändern Sie die Farbe einer Schrift über die Liste FÜLLUNG.

11.2.5 Stile zuweisen

Wenn Sie dem Text einen der unten angebotenen TITELSTILE DER VORGÄNGERVERSION zuweisen wollen, klicken Sie einfach den gewünschten Stil an, während das Textfeld markiert ist. Die Selektion wird zudem unten in der Werkzeugleiste noch einmal repräsentiert.

Dynamische Oberfläche

Wenn Sie einzelne Fenster herauslösen oder diesen mehr Platz gönnen wollen, gehen Sie genauso vor, wie Sie das von der Arbeitsoberfläche der Anwendung her gewohnt sind. Auch im Titelfenster sind die Bedienfelder und Zwischenstege nämlich per Drag & Drop zu bewegen.

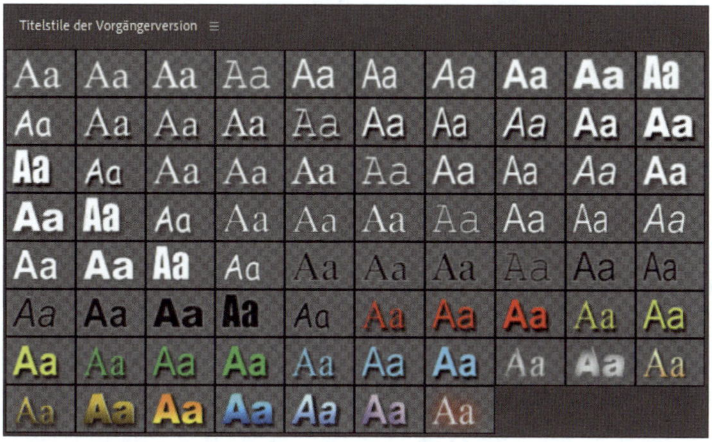

◂ **Abbildung 11.11**
Stile – so weit das Auge reicht. Und das hier ist nur eine kleine Auswahl der angebotenen Stile!

11.2.6 Grafische Titelobjekte

Nun können Sie Ihrem Titel nicht nur Text hinzufügen. Auch grafische Elemente lassen sich in den Titel integrieren. Die verwendbaren Objekte finden Sie alle links in der Werkzeugleiste.

◂ **Abbildung 11.12**
Auch grafische Elemente sind eine Alternative bei der Titelgestaltung.

Aktivieren Sie das gewünschte Objekt zunächst, und ziehen Sie anschließend auf der Montagefläche mit gedrückter linker Maustaste einen Rahmen auf. Sobald Sie loslassen, wird das Objekt angezeigt. Ziehen Sie ein solches Objekt auf, während Sie ⇧ gedrückt halten, wird dies immer seitenproportional erzeugt. Das bedeutet: Sie erzeugen z. B. einen exakten Kreis statt einer Ellipse oder ein Quadrat statt eines Rechtecks.

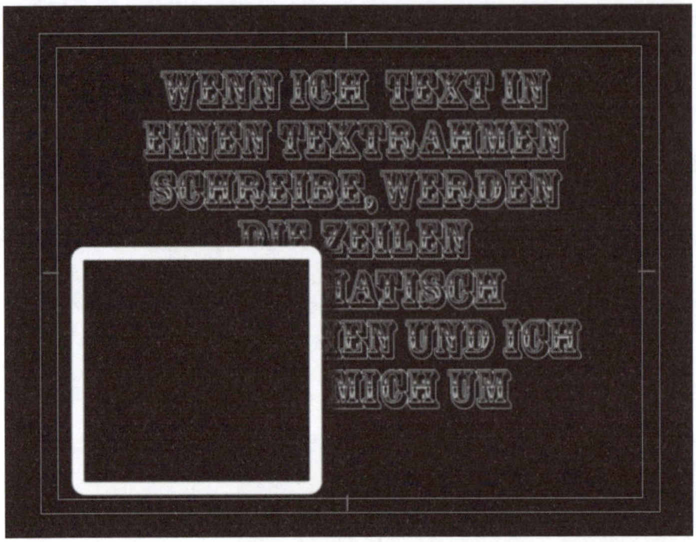

◂ **Abbildung 11.13** Grafische Titelelemente können jederzeit hinzugefügt werden.

11.2.7 Ähnlichen Titel erstellen

Sämtliche Titel werden automatisch als Teil der Projektdatei gesichert. Sie finden entsprechende Assets im Projektfenster ❷. Aber was ist zu tun, wenn Sie einen ganz ähnlichen Titel benötigen – beispielsweise alle Grafikelemente erhalten und nur den Text anpassen wollen? Dann müssen Sie keinesfalls den gleichen Titel noch einmal neu erstellen, sondern benutzen den Ursprungstitel.

▴ **Abbildung 11.14** Erstellen Sie neue Titel auf Basis bereits vorhandener.

Öffnen Sie ihn mit einem Doppelklick im Projektfenster, und entscheiden Sie sich – *bevor* Sie Änderungen vornehmen – für die Schaltfläche NEUEN TITEL AUF AKTUELLEN TITEL BASIEREN ①. Das hat dann zur Folge, dass Ihnen der Dialog NEUER TITEL abermals zur Verfügung gestellt wird, in dem Sie jetzt die VIDEOEINSTELLUNGEN festlegen und einen neuen Namen eingeben. Sobald Sie mit OK bestätigen, wird ein neues Asset im Projektfenster erzeugt. Jetzt können Sie den neuen Titel nach Wunsch ändern, während der alte erhalten bleibt.

11.2.8 Rolltitel und Kriechtitel mit dem Titelgenerator

Roll- oder Kriechtitel lassen sich mit dem nötigen Komfort in den ESSENTIAL GRAPHICS produzieren. Grundsätzlich dürfen Sie das aber auch im Titelgenerator erledigen. Betätigen Sie ③, um einen Dialog zu öffnen, in dem die entsprechenden Parameter festgelegt werden können. Was es mit diesen Parametern im Detail auf sich hat, erfahren Sie in Abschnitt 11.4, »Ebenen mit Essential Graphics animieren«.

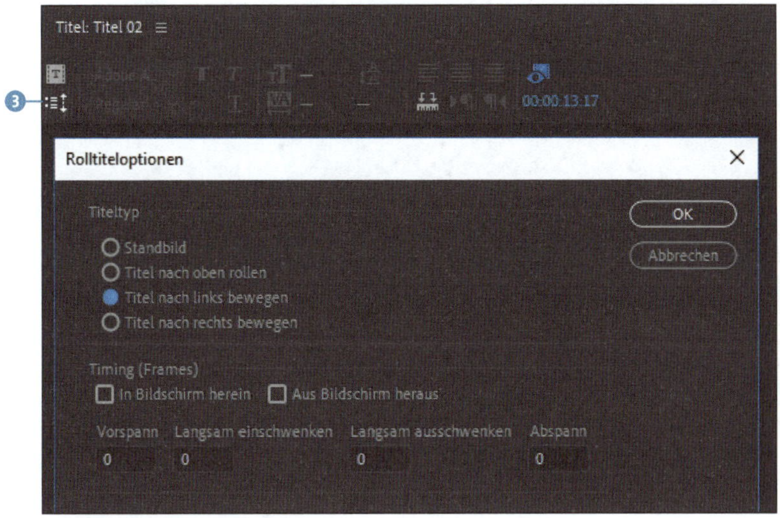

▲ **Abbildung 11.15** Roll- und Kriechtitel können auch im Titelgenerator erzeugt werden.

11.3 Titel im Programmmonitor erstellen über Essential Graphics

Wer schnell einen Titel in Premiere Pro erstellen möchte, kann das direkt im Programmmonitor erledigen. Allerdings sollten Sie, bevor Sie damit beginnen, noch das eine oder andere nützliche Helferlein kennenlernen.

11.3.1 Arbeitsoberfläche einstellen

Eines davon ist die Arbeitsoberfläche. Wenn Sie nämlich mit Titeln arbeiten, macht es Sinn, wie bereits erwähnt, den Arbeitsbereich GRAFIKEN ❶ zu verwenden. Er eignet sich bestens für die Arbeit mit Titeln, da sich alle wichtigen Bedienfelder in unmittelbarer Nähe des Programmmonitors befinden – also genau dort, wo der Titel erstellt wird. Links vom Monitor ist die Werkzeugleiste platziert – mit dem jetzt wohl wichtigsten Tool, dem Text-Werkzeug (T) ❷. Rechts daneben befindet sich das Bedienfeld ESSENTIAL GRAPHICS ❸, das zunächst unscheinbar grau aussieht.

Das ändert sich schlagartig, wenn Sie mit dem Text-Werkzeug auf den Monitor klicken. Danach wird auch das Bedienfeld ESSENTIAL GRAPHICS mit Leben gefüllt – und zwar noch bevor Sie mit der Texteingabe beginnen.

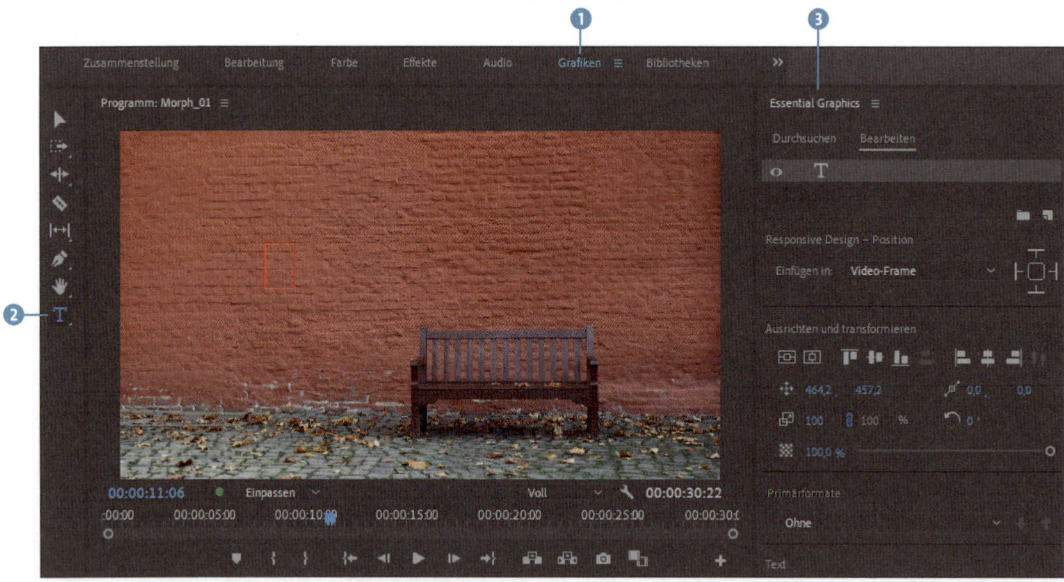

▲ **Abbildung 11.16** Die Essential Graphics erwachen zum Leben, sobald mit dem Text-Tool auf das Monitorbild geklickt wird.

11.3.2 Sichere Bereiche aktivieren

Wann immer Sie für die Ausgabe am TV und zudem noch mit grafischen Elementen bzw. Text arbeiten, sollten Sie die sicheren Bereiche aktivieren. Sie kennen ja die beiden Rahmen, die Ihnen zeigen, wo es am TV eng werden kann. Holen Sie die Schaltfläche SICHERE BEREICHE entweder via Schaltflächeneditor in den Bedienbereich des Programmmonitors und schalten Sie die Funktion anschließend ein, oder betätigen Sie das Schraubenschlüssel-Symbol, und entscheiden Sie sich im dortigen Kontextmenü für SICHERE BEREICHE.

▲ **Abbildung 11.17** Wer fürs TV produziert, »braucht« die sicheren Bereiche!

11.3.3 Hilfslinien

Premiere Pro verfügt mittlerweile auch über die in Photoshop so beliebten Hilfslinien. Sie sind vor allem dann sinnvoll, wenn mehrere Texte ordentlich auf der Bildfläche positioniert werden sollen. Um sie nutzen und vor allem sehen zu können, sollten Sie zwei im Menü ANSICHT befindliche Optionen aktivieren, nämlich LINEALE EINBLENDEN und HILFSLINIEN EINBLENDEN. Achten Sie jedoch darauf, zuvor das Programmmonitor-Bedienfeld zu selektieren, da beide Befehle ansonsten nicht anwählbar sind. Anschließend lassen sich die Hilfslinien aus beiden Linealen per Drag & Drop herausziehen. Lassen Sie los, wenn sich die Linie an der korrekten Position befindet.

◀ **Abbildung 11.18**
Ziehen Sie vertikale Hilfslinien aus dem linken Lineal und horizontale aus dem oberen.

Hilfslinien entfernen

Einzelne Hilfslinien lassen sich schnell entfernen, indem sie einfach vom Monitorbild heruntergezogen werden. Dazu müssen vertikale Linien horizontal und horizontale Linien vertikal herausgezogen werden. Noch einfacher geht es, wenn Sie HILFSLINIEN EINBLENDEN im Menü ANSICHT deaktivieren. Letzteres entfernt genau genommen die Hilfslinien nicht, sondern blendet sie nur aus.

11.3.4 Einzelnen Text erzeugen

Wie bereits erwähnt: Ein Klick auf den Monitor bei aktiviertem Text-Tool erweckt die rechte Spalte der Anwendung zum Leben. Doch nicht nur das: Auf dem Monitor findet sich ein kleiner, roter Rahmen und im Schnittfenster ein Asset, das zunächst nur mit GRAFIK betitelt ist. Diese Bezeichnung weicht später dem eingegebenen Text. Sind Sie mit der Eingabe fertig, sollten Sie auf das Auswahl-Werkzeug ([V]) umschalten.

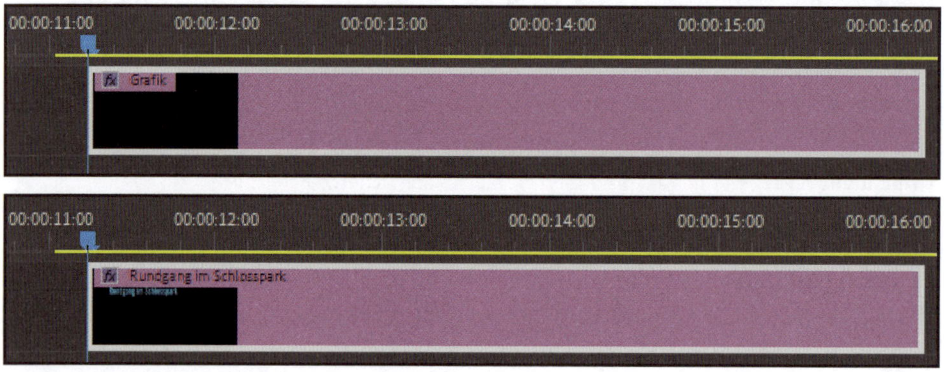

▲ **Abbildung 11.19** Der Text wird auch auf dem Schnittfenster-Asset übernommen.

11.3.5 Mit Ebenen arbeiten

Dass sich der Text nach Fertigstellung nun noch mit dem Auswahl-Werkzeug verschieben ließe, ist allenfalls eine Randnotiz wert. Viel wichtiger ist hingegen die kleine Textzeile in der Spalte ESSENTIAL GRAPHICS. Wer mit Photoshop arbeitet, wird etwas Altbekanntes wiederfinden – die Ebenen. Erzeugen Sie doch einen zweiten Text, um es deutlicher zu machen. Dann verfügt der Bereich der Ebenen schon über zwei Einträge, wobei der neuere ❶ stets oben zu finden ist. Im Bereich TEXT ❷ der ESSENTIAL GRAPHICS sollten Sie zudem eine andere SCHRIFT ❸, GRÖSSE ❹ und eine andere Textfarbe einstellen (hier mit FÜLLUNG ❺ bezeichnet). Wenn Sie mögen, geben Sie dem Text mit STRICH ❻ noch eine Farbkontur, deren STRICHBREITE mit ❼ eingestellt wird. Grundsätzlich ist allerdings darauf zu achten, dass entweder das Textfeld selbst ausgewählt und das Auswahlwerkzeug aktiviert ist oder dass der gesamte Text bei aktiviertem Text-Werkzeug zuvor markiert worden ist. Sollte das nicht der Fall sein, überfahren Sie den Text zunächst mit dem Text-Tool.

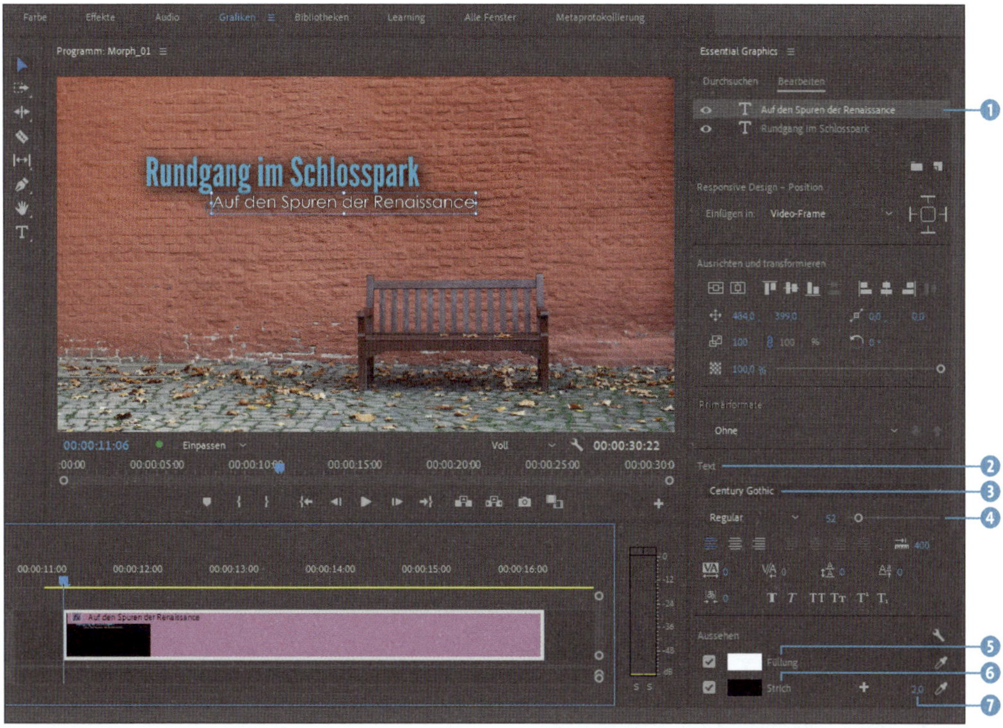

▲ **Abbildung 11.20** Die Ebenen dürften dem Photoshop-Experten bekannt vorkommen.

Für den Fall, dass sich Texte überlagern, der eine also den anderen überdeckt, kann auch die Reihenfolge der Ebenen verändert werden. Das geschieht einfach per Drag & Drop. Lassen Sie den Text fallen, wenn sich eine horizontale, blaue Linie zeigt.

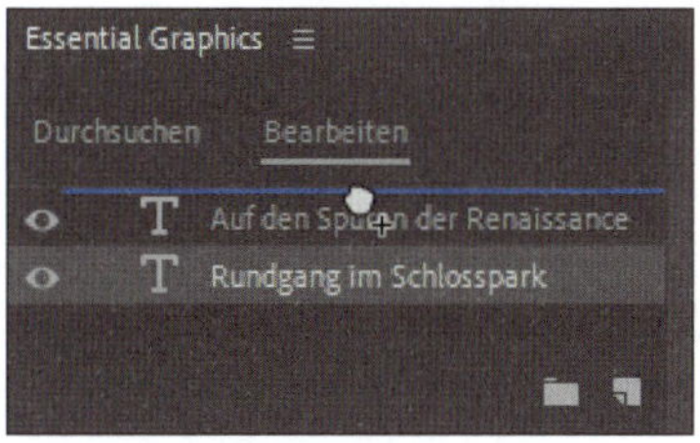

◂ **Abbildung 11.21**
Die Anordnung kann leicht verändert werden. Hier wird gerade der untere Text ganz nach oben gestellt.

Rechts unterhalb der Ebenenanzeige befinden sich zwei Buttons, die sehr wichtig für die weitere Arbeit mit Titeln sind. Zum einen das Ordner-Symbol: Es ist mit GRUPPE ERSTELLEN betitelt und erzeugt gewissermaßen einen Ordner innerhalb der Ebenen. Anschließend können einzelne Ebenen in diesen Ordner hineingezogen werden, damit auch bei Verwendung zahlreicher Ebenen die Übersicht erhalten bleibt. Der zweite Vorteil: Transformationen wie z. B. Positions- oder Größenveränderungen können in einem einzelnen Arbeitsgang auf eine gesamte Gruppe angewendet werden. Schließen Sie den Ordner, indem Sie auf die vorangestellte Spitze klicken.

▲ **Abbildung 11.22** Die beiden Textebenen wurden in den Ordner »Gruppe 02« verschoben (links). Rechts wird die Gruppe als geschlossener Ordner angezeigt.

11.3.6 Weitere Objekte hinzufügen

Noch wichtiger als das Ordner-Symbol ist das Blatt rechts daneben. Mit diesem lässt sich nämlich eine Neue Ebene aufbringen. Und diese kann neben herkömmlichem Text (horizontal oder vertikal) auch eine Ellipse oder (wie hier) ein Rechteck sein. Doch damit nicht genug, dürfen Sie auch gerne Aus Datei einstellen und auf den Fundus Ihrer Festplatte zugreifen. Klicken Sie im darauffolgenden Dialog Importieren einmal auf Alle unterstützten Medien, werden Sie erstaunt sein, was hier alles geht. Es gibt kaum ein Format, das vom Import ausgeschlossen ist.

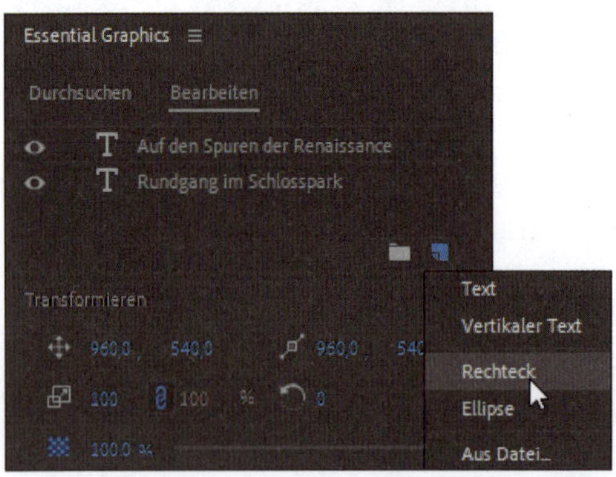

◂ **Abbildung 11.23** Wir fügen ein Rechteck hinzu.

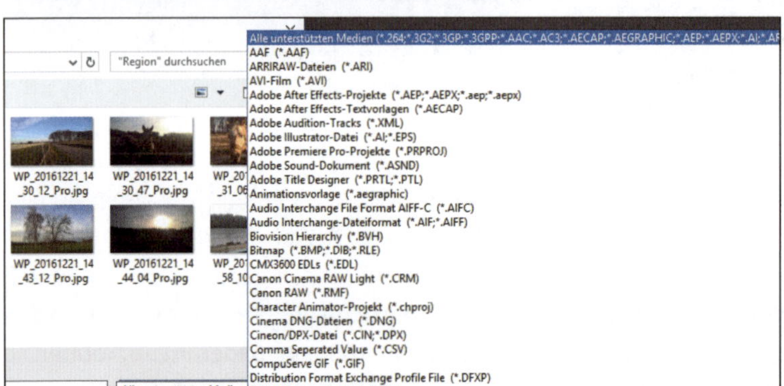

▲ **Abbildung 11.24** Das war's noch nicht. Die Liste kann noch ordentlich gescrollt werden.

Grafiken und Bilder einsetzen

Im Zusammenhang mit Titeln empfehlen sich vor allem Grafikformate, die über einen transparenten Hintergrund verfügen (z. B. GIF, PNG oder PSD). Das überlagernde Video wird in diesem Fall nur an den Stellen überdeckt, an denen sich auch tatsächlich Bildinhalte befinden. Bei einer Logo-Animation beispielsweise ist diese Vorgehensweise unerlässlich.

Schritt für Schritt: Einen Textrahmen erzeugen

Die Arbeit mit zusätzlichen Grafikelementen ist eigentlich keine große Sache und funktioniert immer auf dieselbe Weise. Wir nehmen als Beispiel einen Rechteckrahmen, der die beiden bereits vorhandenen Textfelder umschließen soll. Welches Video und welche Texte Sie benutzen, spielt überhaupt keine Rolle, hier geht es nur um den Rahmen. Im Anschluss an den Workshop verrate ich Ihnen dann noch einige wissenswerte Details.

▲ **Abbildung 11.25** So soll der Rahmen am Ende aussehen.

1 Formebene erzeugen

Klicken Sie bitte zunächst auf das Blatt-Symbol, das sich unterhalb der Textebenen befindet. Es ist übrigens, wie sollte es anders sein, mit NEUE EBENE betitelt. Entscheiden Sie sich für RECHTECK.

2 Linie und Füllung ändern

Standardmäßig wird jetzt ein neutralgraues Rechteck ohne Rand erzeugt, dessen obere linke Ecke genau in der Bildmitte sitzt – wenig ansprechend also. Deaktivieren Sie zunächst die Checkbox FÜLLUNG ❶ (Abbildung 11.26) im Bereich AUSSEHEN der ESSENTIAL GRAPHICS. Stattdessen aktivieren Sie STRICH ❷, was zumindest schon mal für einen schmalen, weißen Rahmen sorgt.

◀ **Abbildung 11.26**
Die Füllung wird verworfen. Stattdessen wird ein Rahmen hinzugefügt.

3 Rahmenfarbe verändern

Betätigen Sie das Farbfeld STRICH ❸. Danach aktivieren Sie die kleine Pipette ❺ unten rechts im Farbwähler und »holen« sich die Farbe aus der Headline. Dazu klicken Sie mit der Spitze der Pipette auf einen Buchstaben. Sind Sie mit der Zielfarbe ❹ zufrieden? Falls nicht, wiederholen Sie den Klick an einer anderen Position. Zuletzt bestätigen Sie mit OK.

▲ **Abbildung 11.27** Übernehmen Sie die Farbe der Schrift auch für den Rahmen.

4 Strichdicke verändern

Danach widmen Sie sich wieder der rechten Spalte (Essential Graphics) und klicken kurz auf das Hot-Text-Steuerelement rechts in der Zeile STRICH. Geben Sie »5« ein, und schließen Sie auch diese Aktion mit OK ab.

◀ **Abbildung 11.28**
Setzen Sie die Stärke des Rahmens auf »5«.

5 Rahmen anpassen

Zuletzt schieben Sie den Rahmen per Drag & Drop an die richtige Position. Dabei spielt es übrigens keine Rolle, ob Sie das auf dem Rand oder im Inneren des Objekts erledigen. Ziehen Sie an den kleinen Eck- und Seitenanfassern, bis Sie mit der Positionierung zufrieden sind. Sie müssen lediglich darauf achten, dass rechts in den Essential Graphics die Formebene angewählt bleibt.

◂ **Abbildung 11.29**
Der Rahmen wird direkt auf dem Monitor angepasst.

6 Optional: Schatten hinzufügen

Wer dem Rahmen noch einen Schatten spendieren möchte, kann die gleichnamige Checkbox im Bereich Aussehen der Essential Graphics anwählen und ihn mit den darunter befindlichen Steuerelementen wunschgemäß anpassen.

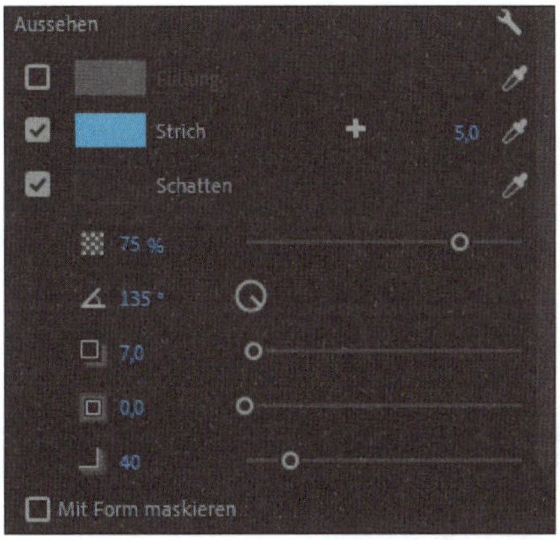

◂ **Abbildung 11.30**
Schlagschatten sind auch bei Titeln kein Hexenwerk.

Mehrere Objekte gleichzeitig bearbeiten

Bleiben wir noch kurz beim Beispiel Schatten. Für den Fall, dass Sie nicht nur das Rechteck, sondern auch die beiden Textebenen mit einem Schatten versehen wollen, müssen diese Ebenen im Ebenenbereich der Essential Graphics zusätzlich angewählt werden (anklicken, während [Strg]/[⌘] gehalten wird), ehe Sie den Schatten zuweisen.

11.3.7 Weitere Grafikattribute festlegen

Beachten Sie das kleine Schraubenschlüssel-Symbol in der Spalte Aussehen der Essential Graphics. Damit ist es möglich, weitere Grafikattribute festzulegen – unter anderem für Linienverbindungen und Linienenden.

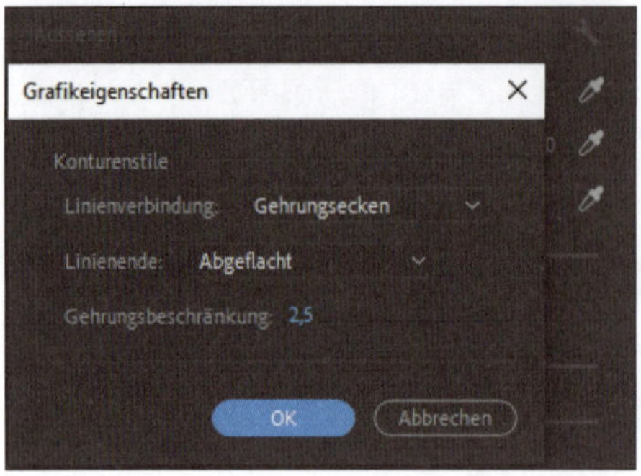

◂ **Abbildung 11.31**
Wer anstelle von Gehrungsecken lieber abgeflachte Linienverbindungen möchte, muss das in den Grafikeigenschaften festlegen.

11.3.8 Verläufe erzeugen

Vielleicht ist Ihnen in Schritt 3 des vorangegangenen Workshops das kleine Pulldown-Menü aufgefallen, das oben links im Farbwähler angeordnet ist. Standardmäßig steht es auf FARBFLÄCHE und lässt Ihnen die Wahlfreiheit, mit welcher Farbe das jeweilige Objekt ausgestattet werden soll. Ein solches Objekt muss aber nicht unbedingt einfarbig sein, sondern darf durchaus auch einen Verlauf bekommen. Klicken Sie doch einmal bei markierter Grafik im Schnittfenster auf die Farbfläche FÜLLUNG (im Bereich AUSSEHEN der ESSENTIAL GRAPHICS). Bei STRICH und SCHATTEN steht diese Option übrigens nicht zur Verfügung. Danach öffnen Sie das erwähnte Pulldown-Menü und stellen von FARBFLÄCHE auf LINEARER VERLAUF. Photoshop-Anwenderinnen und -Anwender werden die kleinen, aber feinen Steuerelemente kennen, die sich nun unterhalb des Pulldown-Menüs zeigen.

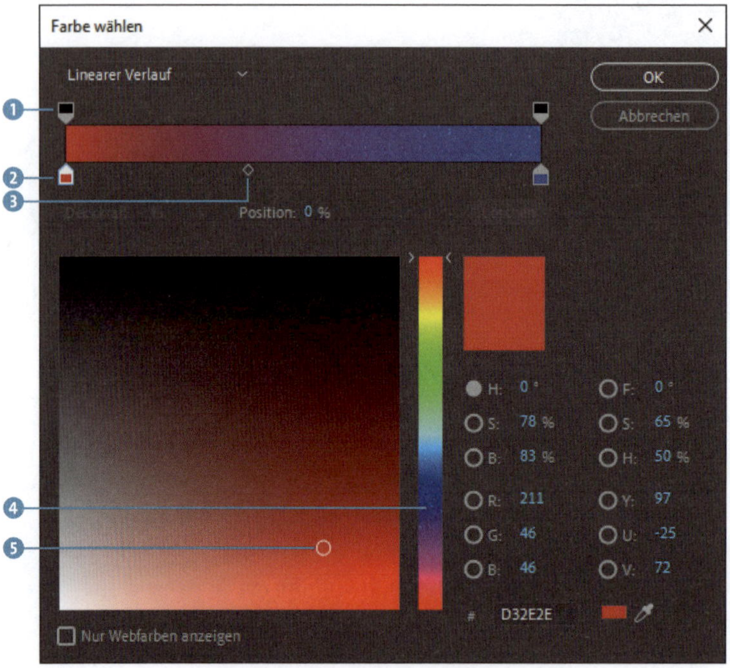

◂ **Abbildung 11.32**
Geometrische Formen müssen nicht unbedingt einfarbig sein.

Zum einen finden Sie den sogenannten FARBSTOPP unten links und rechts ❷. Ein Klick darauf erlaubt die Veränderung der jeweiligen Farbe. Hierzu sollten Sie die gewünschte Farbe zunächst grob im Spektralbalken ❹ einstellen und dann die Feinjustage im großen Farbfeld ❺ vornehmen. Sie bestimmen mit diesen beiden Elementen den Beginn und das Ende des Verlaufs. Nun muss ein Verlauf aber nicht unbedingt nur über *zwei* Farben verfügen, weshalb es Ihnen auch gestattet ist, auf eine freie Fläche irgendwo zwischen den beiden Farbfeldern zu klicken und eine dritte Farbe zu definieren; und wenn Sie wollen, auch eine vierte, fünfte, sechste ... Wollen Sie das Farbfeld später doch wieder loswerden, ziehen Sie es einfach mit gedrückter Maustaste nach unten. Die Farbstopps können zudem horizontal verschoben werden. Das ist immer dann sinnvoll, wenn beispielsweise an den Rändern eines Objekts Uni-Farben untergebracht werden sollen, während der eigentliche Verlauf nur im Zentrum des Objekts zu sehen sein soll.

Die kleinen Rauten ❸ (wenn mehr als zwei Farbfelder vorhanden sind, vermehren sich auch die Rauten) sind sogenannte FARBMITTELPUNKTE, die ebenfalls horizontal verschoben werden können. So geben Sie der einen oder anderen Farbe mehr Raum, denn Sie verschieben im Prinzip den Übergang zwischen den einzelnen Farben. Dann wären noch die DECKKRAFTSTOPPS ❶ zu erwähnen, die es möglich machen, bestimmte Bereiche des Verlaufs transparent oder teiltransparent erscheinen zu lassen. Hier ist die Vorgehensweise etwas anders als bei den Farbstopps, denn nach der Markierung des DECKKRAFTSTOPPS muss die DECKKRAFT anschließend mithilfe des gleichnamigen Steuerelements eingestellt werden. Auch hier gilt, genau wie bei den Farbstopps, dass weitere Deckkraftunterbrechungen eingefügt werden können. Ein Klick in den freien Bereich oberhalb des Verlaufsbalkens fügt einen neuen DECKKRAFTSTOPP hinzu. Wollen Sie die Unterbrechung wieder loswerden, ziehen Sie diese mit gedrückter Maustaste nach oben. Wie die Farbmittelpunkte verfügen auch die Deckkraftunterbrechungen über Mittelpunkte, mit denen die Übergänge zwischen unterschiedlichen Deckkräften gestaltet werden können. Und wer am Ende lieber noch einmal ganz von vorne beginnen möchte, dem sei die Taste LÖSCHEN ans Herz gelegt.

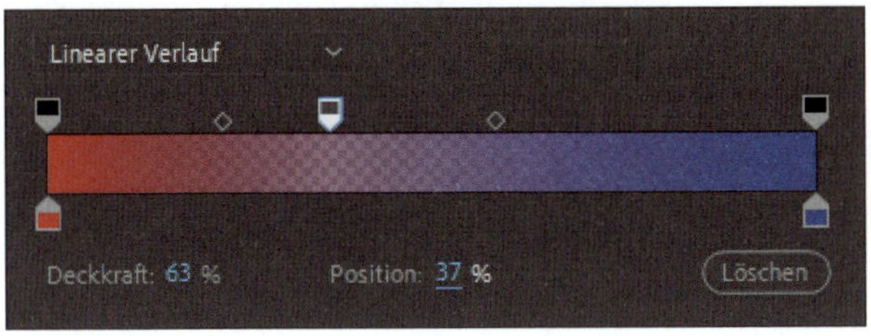

◂ **Abbildung 11.33**
Auch die Deckkräfte der einzelnen Verlaufsfarben können angepasst werden.

11.3.9 Ebenen maskieren

Bestimmt haben Sie bereits die Checkbox MIT FORM MASKIEREN gesehen, die sich ganz unten in den ESSENTIAL GRAPHICS befindet. Aktivieren Sie diese Option; während eine

Form im Ebenenbereich aktiv ist, fungiert das Objekt nicht mehr als sichtbare Form, sondern als Maske. Die Folge ist, dass alle anderen Objekte des Titels nur noch innerhalb der Form sichtbar sind. Wichtig: Sie sollten mit einer Füllung arbeiten, da ansonsten nur der Rand übrigbliebe.

◂ **Abbildung 11.34**
Wenn diese Ellipse als Maske verwendet wird, …

◂ **Abbildung 11.35**
… bleibt dies vom Titel übrig.

Maske umkehren

Sobald MIT FORM MASKIEREN aktiviert wird, gesellt sich die Checkbox UMKEHREN hinzu. Wählen Sie diese an, bleiben nur noch jene Bereiche des Titels sichtbar, die sich *nicht* im Bereich der Maskenform befinden. Alles, was sich innerhalb der Form befindet, wird hingegen unsichtbar.

11.3.10 Responsives Design

Beim responsiven Design handelt es sich, wie der Name schon sagt, um eine sich selbstständig anpassende Gestaltung – genauer gesagt um Ebenen, die sich bei Bedarf automatisch an neue Gegebenheiten anpassen können. Nun erschließt sich der Sinn erst, wenn wir uns ein praktisches Beispiel anschauen: Wir erzeugen einen Titel, der am Anfang sämtlicher Kapitel unseres fiktiven Films erscheinen soll – gewissermaßen als Kapitel-Headline. Er besteht im Beispiel schlicht und ergreifend aus einer Rechteckform sowie einem Textfeld. An der rechten Seite steht die Form etwas weiter über als an allen anderen. Beginnen wir mit Kapitel 1, das beispielsweise »Spaziergang« heißt. Danach kopieren wir das Asset und verwenden es für das zweite Kapitel unseres Films. Da dieses aber logischerweise nicht auch »Spaziergang«, sondern meinetwegen »Flussaufwärts zum Schloss« heißt, haben wir ein Problem: Aufgrund der veränderten Titellänge müssten wir jetzt auch das Rechteck neu anpassen – und mal ehrlich – wer will das schon, wenn unser Film aus insgesamt 24 oder mehr Kapiteln besteht? Also entscheiden wir uns für das responsive Design.

Schritt für Schritt: Ebenen dynamisch anpassen

Bitte bauen Sie sich für dieses Beispiel einen ähnlichen Titel zusammen, wobei Sie zunächst ein Rechteck erzeugen und anschließend eine Textebene. Das Ganze sieht so (oder so ähnlich) aus wie in Abbildung 11.36.

▲ **Abbildung 11.36** Der Titel wartet mit einer etwas längeren Rechteckform und einem Textfeld auf.

1 Randausgleich einstellen

Aktivieren Sie zunächst die Formebene (im Beispiel »Form 03«), und klicken Sie mitten auf das Randausgleichs-Tool ❶. Es befindet sich im Bereich RESPONSIVE DESIGN – POSITION ganz rechts in der Zeile EINFÜGEN IN. Wenn Sie genau auf die Mitte ❶ klicken, bewirkt das, dass alle vier T-Stücke (z. B. ❷ oder ❸) aktiviert werden. So soll es auch sein.

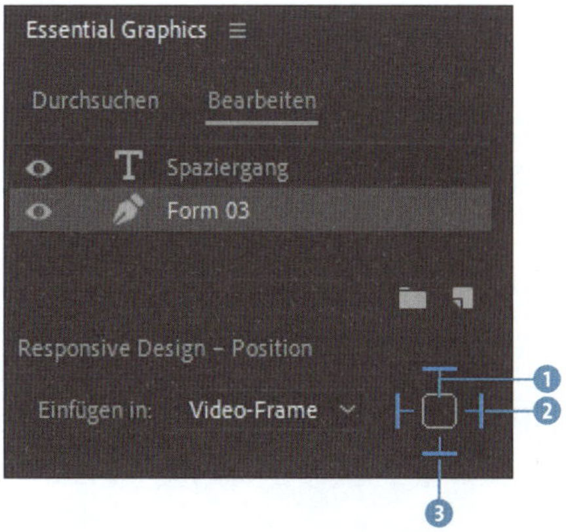

◀ **Abbildung 11.37**
Aktivieren Sie den Randausgleich zu allen vier Seiten.

Randausgleich begrenzen

Der Randausgleich kann auf eine bis drei Seiten begrenzt werden, sofern anstelle des Hauptschalters für den Randausgleich ❶ nur die gewünschten T-Stücke angewählt werden. Lassen Sie beispielsweise das obere T-Stück inaktiv, kann keine Anpassung nach oben erfolgen – zu allen anderen Seiten hingegen schon.

2 Verbindung herstellen

Mit der letzten Aktion haben Sie dafür gesorgt, dass ein Randausgleich stattfinden kann. Nun müssen Sie der Anwendung noch mitteilen, in welcher Abhängigkeit der Randausgleich stehen soll. Das erledigen Sie, indem Sie die Liste EINFÜGEN IN öffnen und die Verbindung zum Quellobjekt herstellen – im konkreten Fall ist das unser Textfeld. Schalten Sie von VIDEO-FRAME auf SPAZIERGANG ❶ um.

◂ **Abbildung 11.38**
Jetzt wird die Verknüpfung hergestellt.

3 Text ändern

Wie Sie sehen, sehen Sie nichts. Das ändert sich aber, wenn Sie die Textebene markieren, das Textfeld aktivieren und den vorhandenen Text überschreiben (z. B. mit »Flussaufwärts zum Schloss«). Bereits während der Eingabe wird der Formbalken dynamisch angepasst. Bei längeren Texten dehnt er sich horizontal aus, bei kürzeren wird er entsprechend verkürzt. Wenn Sie mögen, verändern Sie doch mithilfe des Sliders ❷ einmal die Schriftgröße. Da wir in Schritt 1 auch eine vertikale Anpassung zugelassen hatten, passt sich die Form jetzt sogar in der Höhe an.

▴ **Abbildung 11.39** Geht doch – der Balken passt sich dynamisch an die Länge und die Höhe des Textes an.

Mehrere responsive Positionen definieren

Selbstverständlich können sich auch mehrere Objekte nach einer einzigen Ebene richten. Und selbst diese Ebene kann sich ihrerseits wieder nach einer neuen Ebene richten.

11.3.11 Primärformate erstellen

Eines vorweg: Was früher die Masterformate waren, sind heute die Primärformate. Spätestens jetzt macht es übrigens auch im Bereich Essential Graphics Sinn, mit selbst definierten Vorlagen zu arbeiten. Hier unterscheiden wir zwischen Animationsvorlagen (dazu kommen wir noch) und den Primärformaten. Letztere werden immer dann eingesetzt, wenn es sich um Textvorlagen handelt. Schauen Sie einmal etwa in die Mitte der Spalte ESSENTIAL GRAPHICS. Dort werden Sie, sofern eine Textebene aktiv ist, den Bereich PRIMÄRFORMATE finden. Standardmäßig ist hier OHNE eingestellt. Ändern Sie das, indem Sie MASTER-TEXTSTIL ERSTELLEN selektieren. Im Folgedialog vergeben Sie einen aussagekräftigen Namen und bestätigen mit OK. Anschließend werden Sie ein entsprechendes Textstil-Asset im Projektfenster finden.

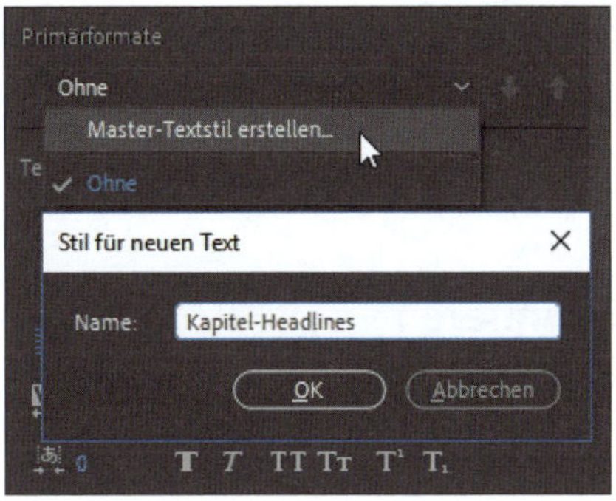

▲ **Abbildung 11.40** Speichern Sie den Textstil.

▲ **Abbildung 11.41** Das Asset wird im Projektfenster angezeigt.

11.3.12 Schriftarten ersetzen

Wer stets mit den gleichen Elementen arbeitet, also das Design seiner Bauchbinden, Titel usw. nicht verändert, kann dennoch Interesse daran haben, die Textstile zu tauschen (nicht jede Schrift passt zu jedem Filmthema). Ebenso denkbar: Sie haben einen Film mit ca. 30 Bauchbinden erstellt, und Ihr Auftraggeber meint nun: »Alles ganz nett so weit, aber die Schrift gefällt mir überhaupt nicht.« Damit Sie nun nicht noch einmal auf sämtliche Text-Assets einzeln zugreifen müssen, ersetzen Sie die verwendeten Schriften einfach durch andere. So geht's: Gehen Sie in das Menü GRAFIKEN, und wählen Sie SCHRIFTARTEN IN PROJEKTEN ERSETZEN. Kurz darauf wird ein Dialog präsentiert, der sämtliche Schriften anzeigt, die im Projekt verwendet worden sind. Um eine Schrift auszutauschen, wählen Sie die betreffende Zeile zunächst an ❶ (Abbildung 11.42) und öffnen danach das Feld ERSATZSCHRIFTART ❷. Im Anschluss daran ließe sich nun auch die zweite Zeile markieren und auch dort eine Ersatzschriftart einfügen. Zuletzt übergeben Sie Ihre Änderungswünsche an Premiere Pro, indem Sie OK betätigen oder auf [↵] drücken.

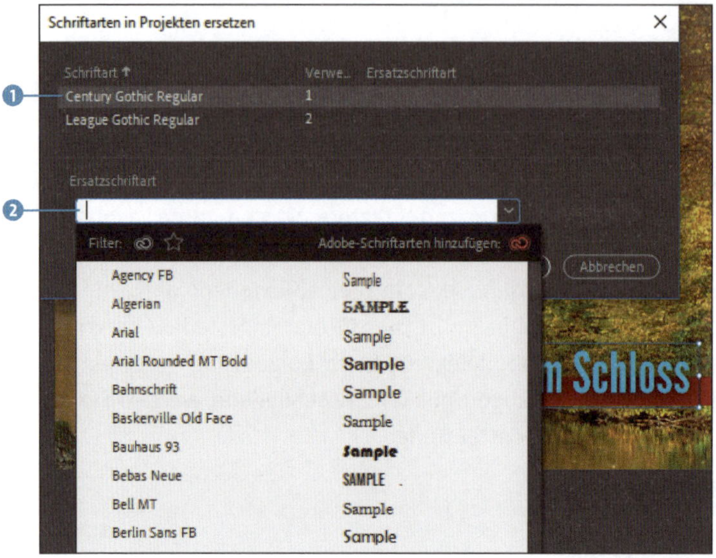

◂ **Abbildung 11.42**
Neue Schrift gefällig? Kein Problem.

11.4 Ebenen mit Essential Graphics animieren

Den herkömmlichen Weg, Objekte auf der Bildfläche zu animieren, kennen Sie ja bereits seit der Arbeit mit Effekten – die Rede ist von der Keyframe-Animation in den Effekteinstellungen. Diese Methode ist zweifelsohne die leistungsfähigste, da sich unmittelbar Einfluss auf die Wirkungsweise der Keyframes nehmen lässt. Manchmal ist so viel Individualität aber gar nicht nötig – z. B. wenn es um Titel geht. In diesem Fall werden Sie sicher auch mit den Steuerelementen im Bedienfeld ESSENTIAL GRAPHICS zurechtkommen. Und wenn es am Ende wider Erwarten doch noch ein bisschen genauer werden soll, ist das auch kein Problem. Denn die in den Essential Graphics gesetzten Keyframes können in den Effekteinstellungen jederzeit »nachgearbeitet« werden.

Werfen Sie einen Blick auf das Segment AUSRICHTEN UND TRANSFORMIEREN der ESSENTIAL GRAPHICS. Denken Sie auch hier daran, dass zuvor mindestens *ein* Objekt im Bereich der Ebenen angewählt sein muss. Während die erste Reihe dazu da ist, mehrere markierte Objekte miteinander auszurichten, finden sich ab der zweiten Reihe die animierbaren Formate POSITION, ANKERPUNKT, SKALIERUNG, SKALIERUNGSSPERRE, DREHUNG und DECKKRAFT.

Grundsätzlich müssen, wie bei Animationen üblich, mindestens zwei Schlüsselpositionen definiert werden – der Anfang und das Ende. Also ist der erste Schritt, die Abspielmarke im Schnittfenster an die Position zu bringen, an der die Animation beginnen soll. Wir wollen dafür sorgen, dass die Form aus dem letzten Beispiel langsam eingeblendet wird. Also bringen wir den Play-Head ganz an den Anfang unseres Titelclips im Schnittfenster. Klicken Sie anschließend auf den kleinen Schalter, der für die Deckkraft zuständig ist ❸. Leuchtet dieser blau, ist die Animation aktiv.

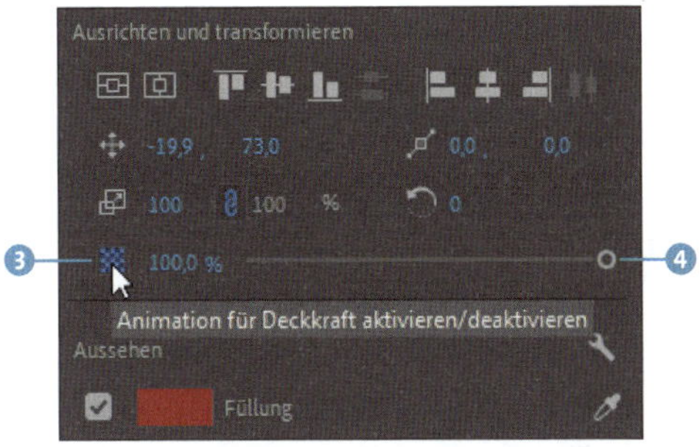

◂ **Abbildung 11.43**
Schalten Sie die Deckkraft-Animation ein.

Danach ziehen Sie den Schieberegler für die Deckkraft ❹ ganz nach links, bis 0% angezeigt wird. Lassen Sie das Video etwa eine Sekunde abspielen, und stoppen Sie es dort. Ziehen Sie den Regler jetzt wieder nach rechts (auf 100%). Das war's.

Wenn Sie mögen, schauen Sie sich die Effekteinstellungen an. Dort sind zwei Deckkraft-Keyframes ❺ erzeugt worden, die nun, wie bereits erwähnt, weiterverarbeitet werden könnten. Sie sehen: Sogar Keyframes lassen sich in den Essential Graphics erzeugen. Das ist wirklich cool, oder?

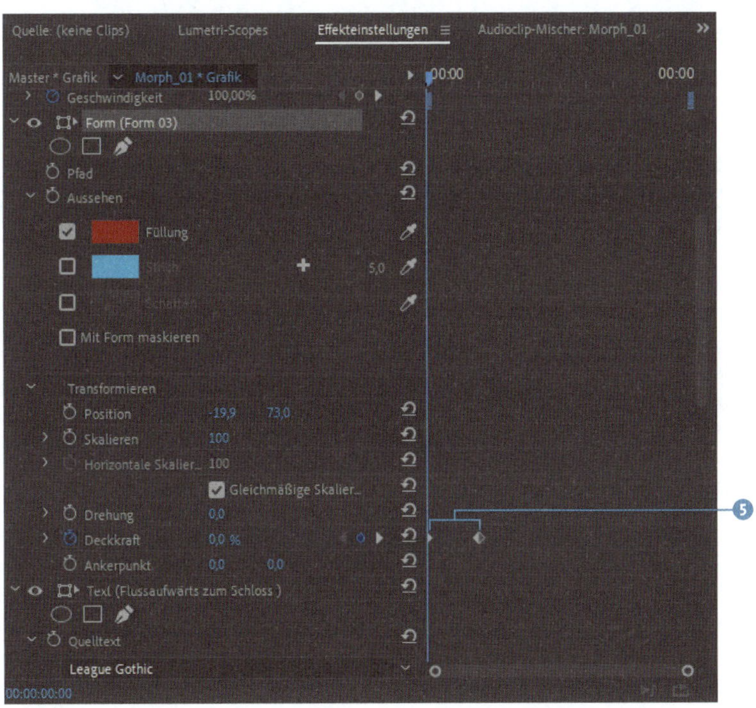

◂ **Abbildung 11.44**
Die Keyframes wurden erzeugt.

11.4.1 Animationsvorlagen exportieren und importieren

Nachdem eine Animation erzeugt worden ist, kann diese auch für zukünftige Projekte genutzt werden. Dazu gehen Sie folgenden Weg: Selektieren Sie alle Ebenen in den Essential Graphics, die Bestandteile der Vorlage werden sollen. Danach speichern Sie die Animation als Vorlage, indem Sie sich für Grafiken • Als Animationsvorlage exportieren entscheiden. Im folgenden Dialog vergeben Sie zunächst unter Name einen aussagekräftigen Titel und suchen anschließend unter Ziel einen Speicherort aus.

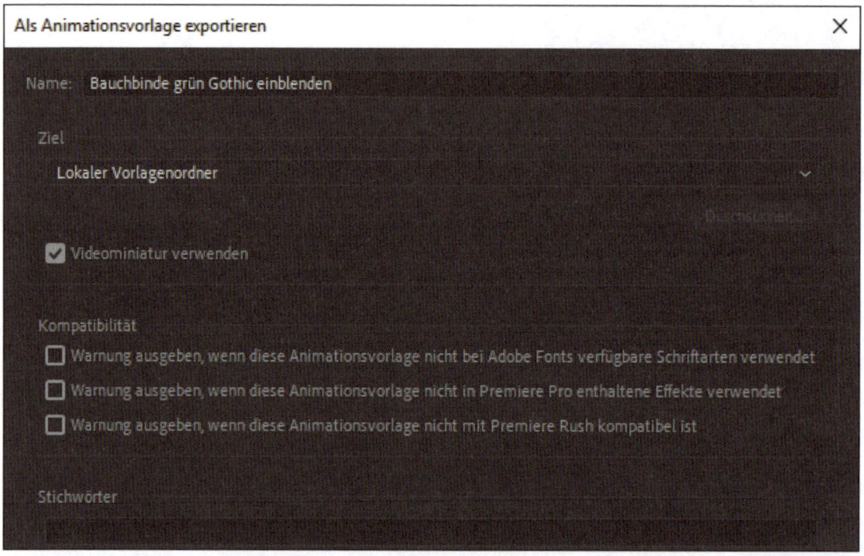

▲ **Abbildung 11.45** Exportieren Sie die Animationsvorlage.

Speicherort des lokalen Vorlagenordners

Belassen Sie das Ziel bei Lokaler Vorlagenordner, wird die Vorlage tief im Innern des Betriebssystems verscharrt. Der Pfad ist: *[Laufwerksbuchstabe]\[Benutzer]\[Benutzername]\AppData\Roaming\Adobe\Common\Motion Graphics Templates*.

Premiere Pro legt daraufhin eine Datei mit der Endung *.mogrt* an. Für den Fall, dass Sie die gleiche Vorlage an einem anderen Rechner nutzen oder an einen Kollegen weitergeben wollen, muss diese zunächst installiert werden. Dazu gehen Sie über Grafiken • Animationsvorlage installieren und wählen die zuvor exportierte Vorlagendatei aus. Auf Ihrem eigenen Rechner können Sie sich diese Arbeit sparen. Selbst wenn Sie ein komplett neues Projekt starten, müssen Sie nichts weiter tun, als in der Spalte Essential Graphics auf Durchsuchen zu gehen und dort (wenn nötig, mithilfe des Suchfelds) Ausschau nach der Vorlage zu halten.

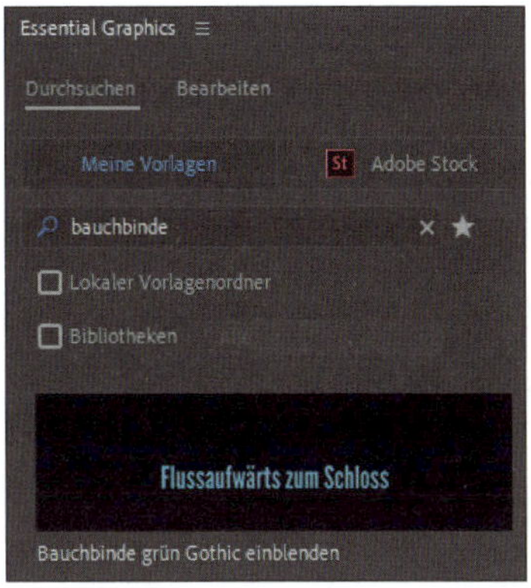

◂ **Abbildung 11.46**
Das gute Stück ist fester Bestandteil der Essential Graphics geworden.

11.5 Titelvorlagen nutzen

Damit wären wir beim Thema Vorlagen. Sicher haben Sie bereits gesehen, dass zahlreiche dieser Vorlagen im Bedienfeld ESSENTIAL GRAPHICS auf ihren Einsatz warten. Diese hinzuzufügen und an die eigenen Bedürfnisse anzupassen, ist wahrlich ein Kinderspiel. Voraussetzung ist jedoch stets, dass oben in den ESSENTIAL GRAPHICS das Register DURCHSUCHEN aktiv ist. Ziehen Sie die gewünschte Vorlage einfach in die Timeline – und schon kann es weitergehen. Sie müssen anschließend noch nicht einmal auf BEARBEITEN umschalten. Das erledigt Premiere Pro für Sie.

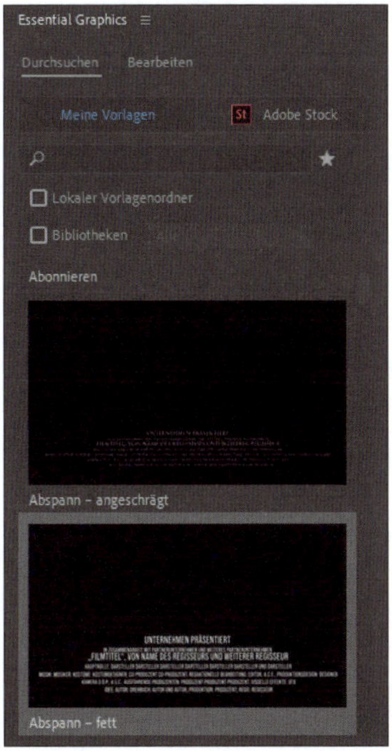

◂ **Abbildung 11.47**
Hier wird gerade ein Abspann erzeugt.

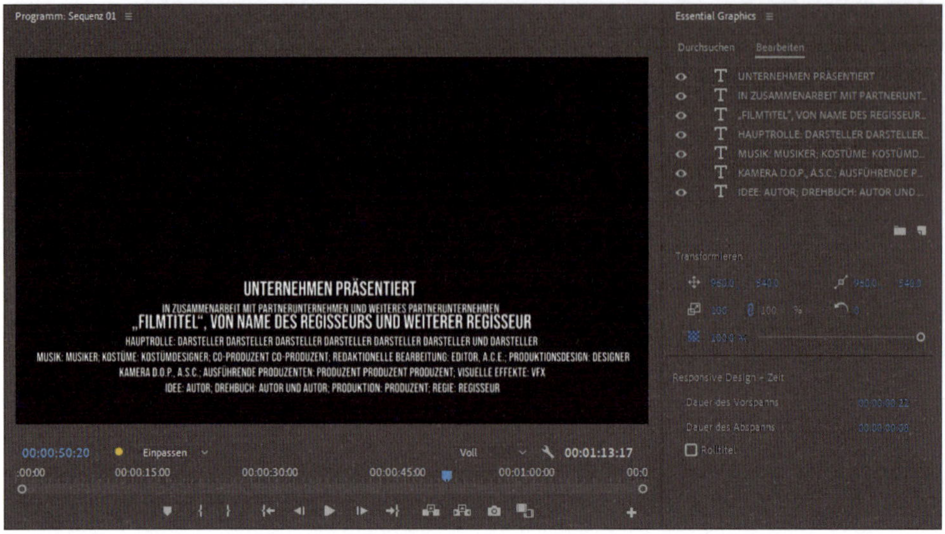

▲ **Abbildung 11.48** Nach Zuweisung wird automatisch der Bearbeitungsmodus eingeschaltet.

In den meisten Fällen sind die Vorlagen bereits animiert. Sie sollten also das Asset zunächst abspielen und sich ansehen, auf welche Weise es sich bewegt. Achten Sie auf die zahlreichen Ebenen rechts in der Spalte. Jede einzelne dieser Ebenen lässt sich individuell anpassen und mit dem gewünschten Text versehen.

11.6 Rolltitel erzeugen

Wenn Sie einen klassischen Abspann in Form eines Rolltitels erzeugen wollen, müssen Sie die Checkbox ROLLTITEL explizit anwählen. Sobald Sie das machen, ändert sich einiges auf der Arbeitsoberfläche. Zum einen werden in den ESSENTIAL GRAPHICS weitere Steuerelemente sichtbar, zum anderen findet sich rechts im Programmmonitor ein kleiner Scrollbalken. Dieser ermöglicht die Bewegungssimulation des Titels, ohne dass der Play-Head im Schnittfenster extra verschoben werden muss. Schieben Sie den Balken ganz nach oben, wird der Anfang der Animation angezeigt, während ganz unten das Ende zu sehen ist.

Bei Verwendung von Rolltiteln als Abspann empfiehlt es sich, die Checkboxen HINEIN ROLLEN und HINAUS ROLLEN aktiv zu lassen, damit der Titel nicht sofort sichtbar ist, sondern zunächst von unten in den sichtbaren Bereich des Bildschirms hinein- und später oben wieder herausläuft. Mit LANGSAM EINSCHWENKEN und LANGSAM AUSSCHWENKEN könnten Sie jetzt noch eine steigende Anlaufgeschwindigkeit einstellen, während sich mit VORSPANN und ABSPANN noch eine zeitliche Verzögerung hinzufügen ließe. Es würde also einen Moment dauern, bis die Bewegung des Titels überhaupt beginnt bzw. endet. Das sind allerdings Feinheiten, auf die man verzichten kann, da ja auch die Position des Abspannclips im Schnittfenster individuell positioniert werden kann. Die beiden Checkboxen HINEIN ROLLEN und HINAUS ROLLEN erfüllen in der Regel bereits ihren Zweck.

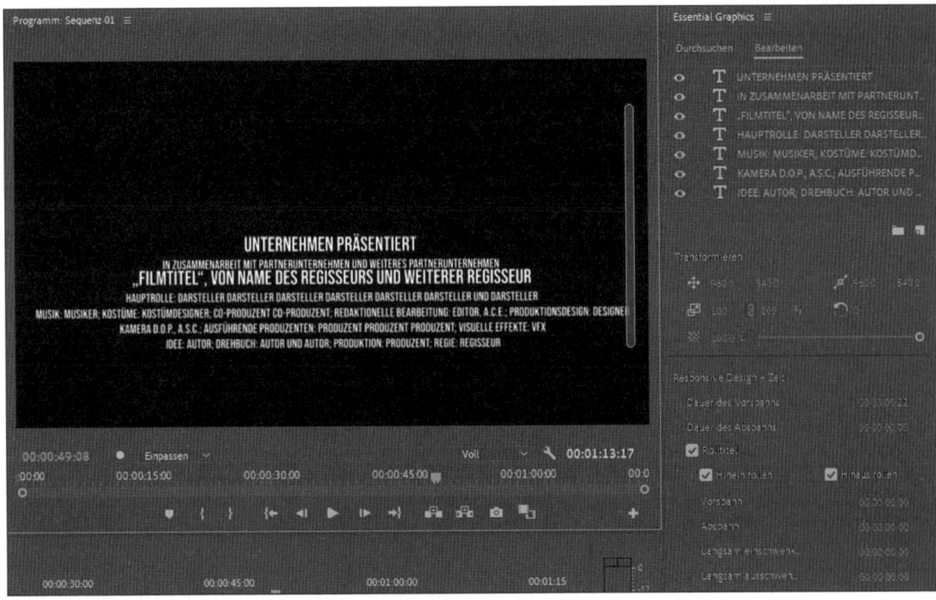

▲ **Abbildung 11.49** Achten Sie auf den Balken.

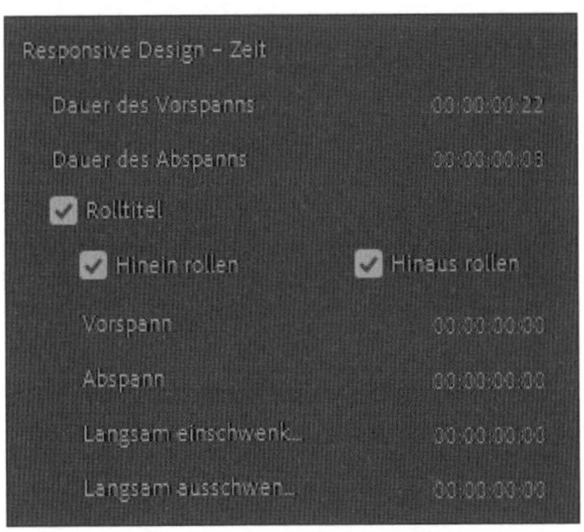

◄ **Abbildung 11.50** Ein Abspann sollte hinein- und wieder herausrollen.

12 Export

Wenn ich spontan einen Spielfilm mit dem Prädikat »Herausragend« versehen müsste, käme mir »Fargo« in den Sinn. Für das Drehbuch erhielten die Brüder Coen einen Oscar, ein weiterer ging an die grandiose Hauptdarstellerin Frances McDormand. Neben der rasanten Story überzeugen vor allem die herrlich schrägen Charaktere. – Was das mit Export zu tun hat? Nichts. Aber ich hoffe, ich konnte trotzdem Ihr Interesse für diesen absurd-genialen Streifen wecken. Zugegeben, der österreichische Spielfilm »Import/Export« hätte hier besser gepasst, aber – Was soll ich sagen? – den habe ich leider nicht gesehen.

Zum Glück habe ich aber den Export-Dialog schon einmal gesehen – und den Media Encoder. Deshalb erfahren Sie in diesem Kapitel, wie sich ein Film als Datei für unterschiedliche Verwendungszwecke bereitstellen lässt. Hierbei müssen allerdings einige Dinge beachtet werden. Für unterschiedliche Verwendungsformen gelten nämlich ganz unterschiedliche Exportbedingungen. Lernen Sie deshalb die Einstelloptionen kennen.

Sie erfahren in diesem Kapitel:

- Wie werden Sequenzen gerendert?
- Was muss in den Exporteinstellungen beachtet werden?
- Wie gibt man Filme mit dem Adobe Media Encoder aus?
- Wie gibt man Filme für unterschiedliche Verwendungszwecke aus?
- Wie werden Einzelbilder exportiert?
- Wie werden Einzelbilder wieder zu einem Clip zusammengefügt?
- Wie archiviert man Projekte sinnvoll?

12.1 Sequenzen vorbereiten

Bevor Sie aus dem Projekt eine Filmdatei zur Weiterverarbeitung erzeugen, sollten Sie sich Gedanken darüber machen, was letztendlich mit dem Ergebnis geschehen soll. Je nach Verwendungszweck sind nämlich unterschiedliche Wege zu gehen. Außerdem sollten Sie sich alles noch einmal in Ruhe ansehen. Lassen Sie die Sequenz abspielen.

12.1.1 Vorschaudateien erzeugen

Sicherlich haben Sie sich inzwischen an die gelben Linien oben im Schnittfenster gewöhnt. Noch mal zur Erinnerung: Hier müssen keine Berechnungen erfolgen, um diesen Teil der Sequenz flüssig abzuspielen. Sollten sich aber dennoch einmal rote

Balken unterhalb der Schnittfensterskala befinden, könnte dies dazu führen, dass es ruckelt oder langsamer läuft. Wenn das so ist, könnte dieser Sequenzbereich flüssiger laufen, nachdem er gerendert wurde. Dabei wird eine sogenannte Vorschaudatei erzeugt. Um es gleich vorwegzunehmen: Vorschaudateien dienen, wie der Name schon sagt, der reinen Projektvorschau. Selbst wenn es auf Ihrem Monitor ruckelt wie verrückt und Sie den Film trotzdem **nicht** rendern, werden Sie nach der Ausgabe ein anständiges Ergebnis in Händen halten. Aber meist möchte man ja frei von Qualitätsbeeinträchtigungen begutachten, was man in mühsamer Kleinarbeit produziert hat – und den Film erst *danach* ausgeben. Wollen Sie nur einen bestimmten Bereich rendern, platzieren Sie einen Sequenz-In- und -Out-Point. Sie wissen ja: Dazu bringen Sie den Abspielkopf in Position und betätigen [I] (für In) und [O] (für Out).

Im Umkehrschluss bedeuten In- und Out-Points aber auch, dass stets nur der zwischen In und Out befindliche Bereich gerendert wird. Wer die gesamte Sequenz mit Unterstützung durch Vorschaudateien ansehen möchte, muss dafür sorgen, dass vorhandene Points entfernt werden. Dazu klicken Sie mit rechts in die Zeitfensterskala und entscheiden sich im Kontextmenü für IN- UND OUT-MARKEN LÖSCHEN.

▲ **Abbildung 12.1** Rote Balken gleich unterhalb der Zeitskala deuten auf Bereiche hin, die gerendert werden sollten.

Im Anschluss daran drücken Sie [↵], und der Rechenvorgang beginnt. Premiere Pro erzeugt jetzt Vorschaudateien aller Segmente, die extra erzeugt werden müssen, d. h., die nicht bereits als Originalfilme vorliegen. Das können z. B. Transparenzen, Skalierungen, Überblendungen sein, aber auch Clips, die mit Effekten versehen wurden.

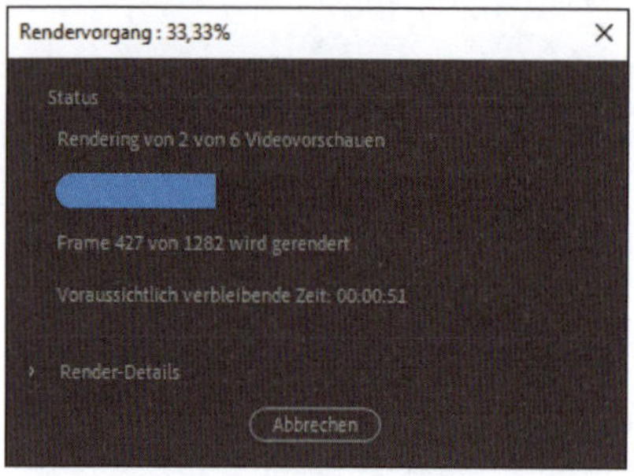

▲ **Abbildung 12.2** Der Rendervorgang dürfte meist recht zügig vonstattengehen.

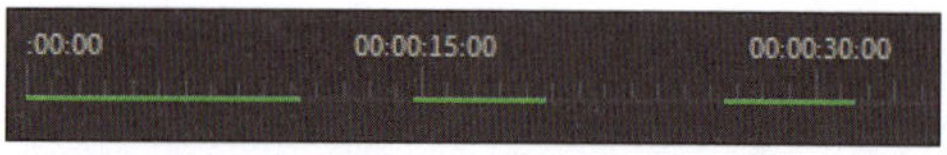

▲ **Abbildung 12.3** Gerenderte Bereiche werden grün markiert.

12.1.2 Kapitelmarken hinzufügen

Wer längere Beiträge oder gar Filmprojekte ausgibt, sollte sich Gedanken über die Steuerbarkeit machen. Dies gilt vor allem, wenn der Film am Ende auf eine DVD oder

Blu-ray gebrannt werden soll oder wenn das Ziel ein Iso-Image sein soll – also eine Datei, die prinzipiell genauso funktioniert wie eine DVD oder Blu-ray, jedoch auf einer Festplatte untergebracht ist.

Sequenzmarken erstellen | Damit sich die einzelnen Szenen komfortabel anspringen lassen (z. B. mit den Search-Tasten der Fernbedienung), sollten Kapitelmarken hinzugefügt werden. Dazu bringen Sie den Sequenz-Play-Head zunächst an die gewünschte Position und wählen dann MARKEN • KAPITELMARKE HINZUFÜGEN. Dies bewirkt, dass eine sogenannte Sequenzmarke hinzugefügt wird, die gleichsam als Kapitelmarke fungiert. Sie dürfen alternativ auch einen Rechtsklick auf der Sequenz-Zeitanzeige platzieren und danach KAPITELMARKE HINZUFÜGEN aus dem Kontextmenü auswählen. Noch einfacher geht's, wenn Sie [M] auf der Tastatur betätigen bzw. auf den Button MARKE HINZUFÜGEN im Kopf des Schnittfensters klicken. Alle Vorgehensweisen haben jedoch eines gemeinsam: Sie erzeugen die Marke stets an der aktuellen Position des Play-Heads und nicht, wie man vielleicht vermuten könnte, an der Stelle, an der die Zeitlinie angeklickt und das Kontextmenü geöffnet wurde.

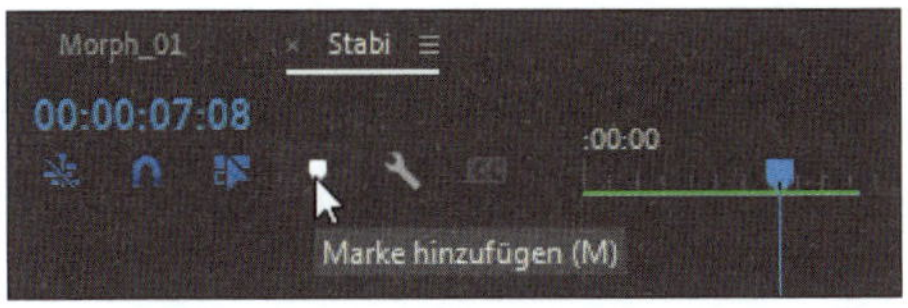

◂ **Abbildung 12.4**
Bei längeren Filmprojekten sollten Sie Marken hinzufügen.

Nun wird ein Dialog zwischengeschaltet, mit dem die Marken benannt werden können. Sollten Sie MARKE HINZUFÜGEN anstelle von KAPITELMARKE HINZUFÜGEN gewählt haben, müssen Sie im Dialog noch von Hand auf KAPITELMARKIERUNG umschalten. Wer [M] gewählt hat oder die Marken-Taste im Kopf der Sequenz betätigt hat (siehe Abbildung 12.4), wird allerdings nicht mit dem zuvor genannten Dialog beglückt und muss ihn durch Doppelklick auf die Marke im Schnittfenster händisch bereitstellen.

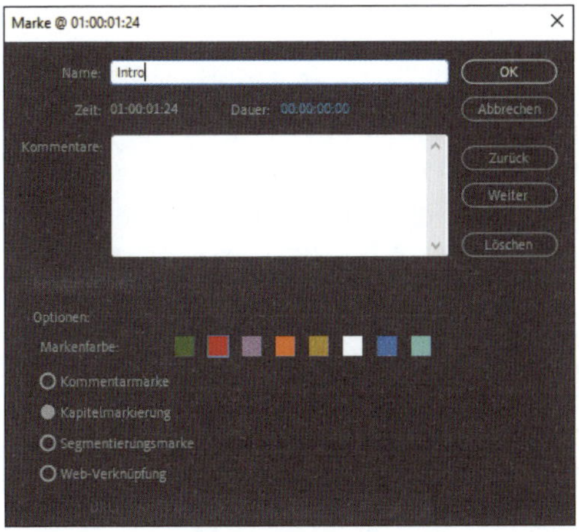

◂ **Abbildung 12.5**
Es werden Kapitelmarkierungen benötigt.

Sequenzmarke im Programmmonitor | Sie dürfen Marken übrigens auch im Programmmonitor hinzufügen. Benutzen Sie hier die Marken-Schaltfläche oder betätigen [M], während das Programmmonitor-Bedienfeld aktiv ist. Allerdings bleibt auch hier das automatische Öffnen des Dialogs außen vor. Zudem erzeugt Premiere Pro automatisch Kommentarmarken, weshalb der anschließende Doppelklick (öffnet den Dialog) und die Umwandlung in eine Kapitelmarke auch hier erfolgen muss.

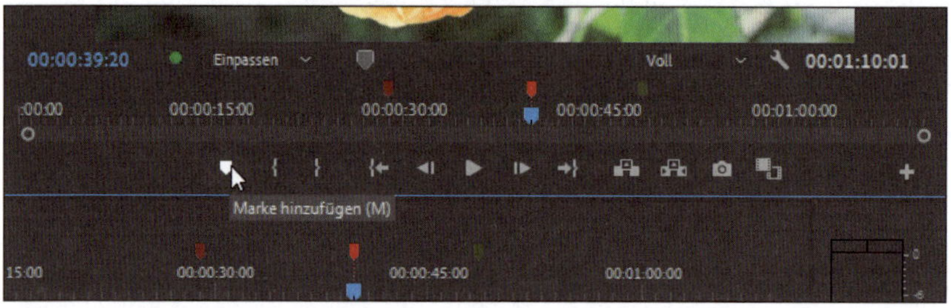

▲ **Abbildung 12.6** Im Programmmonitor erzeugte Marken fungieren als Sequenzmarken, müssen jedoch in Kapitelmarken umgewandelt werden.

Farben beachten

Während Kommentarmarken grün sind, werden Kapitelmarken standardmäßig in Rot dargestellt.

Marken für After Effects | Wer Sequenzmarken setzt, kann diese später auch in After Effects nutzen. Sobald das Premiere-Pro-Projekt an die Effekt-Software weitergereicht wird, werden diese zu Kompositionsmarken umdeklariert. Clip-Marken werden hingegen zu Ebenenmarken.

12.2 Exporteinstellungen

Eine MPEG-Datei, die Sie für die Erzeugung einer herkömmlichen DVD verwenden können, lässt sich direkt aus Premiere Pro heraus erzeugen. Wenn Sie das machen, ersparen Sie sich das spätere Encodieren in einer DVD-Authoring-Software. Grundsätzlich muss der Film encodiert werden – entweder direkt in Premiere Pro oder später in der Authoring-Software. In jedem Fall bringt das den Adobe Media Encoder ins Spiel, der als separate Applikation arbeitet.

Es ist aber auch durchaus denkbar, dass Sie nur ein Zwischenergebnis rendern wollen und derzeit an eine DVD-Ausgabe noch gar nicht zu denken ist. Ein großes Projekt beispielsweise, an dem mehrere Personen arbeiten, ist ein denkbares Szenario. Dann ist es möglich, dass jeder seinen Teil ausgibt und die Ergebnisse später in einem zentralen Projekt zusammengefügt werden. Ebenso ist denkbar, ein Intro zu produzieren, dessen fertige Filmdatei in allen künftigen Premiere-Pro-Projekten Verwendung finden soll. In diesem Fall ist es angezeigt, das Ganze zunächst als Datei auszugeben. Im Folgenden werden wir uns beide Varianten einmal ansehen – zunächst die DVD-Ausgabe.

Encore nicht mehr verfügbar

Die Authoring-Software Encore wird seitens Adobe leider nicht mehr zur Verfügung gestellt. Bis vor einiger Zeit konnten Abonnenten der Creative Cloud noch Premiere Pro CS6 »nachinstallieren« und so in den Genuss von Encore CS6 kommen. Doch diese Option ist bedauerlicherweise inzwischen zurückgenommen worden.

Alternativen für Encore

Auf dem Markt existieren zahlreiche Softwareanwendungen, die für die Produktion von DVDs oder Blu-rays verwendet werden können. Viele von ihnen sind sogar kostenlos, wie z. B. **ImgBurn** (*imgburn.com*) oder **Ashampoo Burning Studio FREE** (*ashampoo.com*). **Wondershare DVD Creator** gibt es nicht nur für Windows, sondern auch für Mac (*wondershare.net*); die Software kann, obwohl es die Bezeichnung zunächst nicht vermuten lässt, auch Blu-rays herstellen.

12.2.1 Für DVD oder Blu-ray ausgeben

Um es gleich vorwegzunehmen: Die meisten DVD- und Blu-ray-Brennprogramme können sowohl AVI- bzw. MOV- als auch MPEG- sowie H.264- und H.265-Dateien (für Blu-ray, Internet oder mobile Endgeräte) verarbeiten. Das Encodieren müssen Sie aber bereits in Premiere Pro erledigen, da die vorgestellten Anwendungen mit Premiere-Pro-Dateien nichts anfangen können.

Grundsätzlich muss das zu wählende Filmformat natürlich zum Format der verarbeiteten Assets passen. Aber nicht nur das: Es muss auch mit dem Ausgabemedium harmonieren. Das bedeutet: Wenn als Ausgangsbasis Filme in einem niedrig auflösenden Format wie z. B. DV herangezogen worden sind, sollten Sie auch eine DVD davon machen. Ebenso sollten HD-Assets später auf eine Blu-ray gebrannt werden. Sie können zwar HD-Filme kleiner machen und auf eine DVD bringen (wohlgemerkt mit den Abmessungen eines DV-Films); es macht jedoch überhaupt keinen Sinn, hochwertige HD-Videos auf eine DVD zu bringen. Dazu werden viel höhere Datenraten benötigt, als ein DVD-Player liefern kann – vom begrenzten Platzangebot einmal abgesehen. Deshalb gilt: HD-Material gehört auf eine Blu-ray, nicht auf eine DVD.

HEVC (H.265)

Der Nachfolge-Codec von H.264 ist mittlerweile auch nicht mehr neu, jedoch mitunter dem H.264-Codec vorzuziehen. Prinzipiell verwendet er die gleiche Architektur, kommt aber bei mindestens gleicher Qualität mit weniger Speicherplatz aus als H.264. Ursprünglich hieß es einmal, er benötige nur die Hälfte, doch das ist leider reine Theorie. In der Praxis ist HEVC zwar schlanker als H.264, aber die Hälfte spart er nicht ein.

Schritt für Schritt: Filme für DVD oder Blu-ray ausgeben

Dieser Workshop befasst sich schwerpunktmäßig mit der Ausgabe einer DVD- bzw. Blu-ray-konformen Datei. Allerdings werden wir ein wenig über den Tellerrand schauen und die eine oder andere Funktion genauer beleuchten. Das auf diese Weise erworbene Wissen können Sie dann auch prima für andere Ausgabearten nutzen. Dieser Workshop ist somit auch dann zu empfehlen, wenn der DVD- oder Blu-ray-Export gar nicht im Vordergrund Ihrer Tätigkeiten steht, sondern vielleicht eher die Produktion eines YouTube-Videos.

1 Export-Dialog öffnen

Sollten Sie noch nicht gleich brennen, sondern zunächst mehrere Filme sammeln oder für andere Bereiche als die DVD ausgeben wollen, entscheiden Sie sich für DATEI • EXPORTIEREN • MEDIEN. Alternativ betätigen Sie [Strg]/[⌘]+[M]. Achtung: Denken Sie an das Schnittfenster oder das Sequenz-Asset im Projektfenster, das markiert sein muss, damit dieser Befehl ausführbar ist.

▲ **Abbildung 12.7** Der Dialog EXPORTEINSTELLUNGEN in seiner schlichten Schönheit

2 Ausgabebereich festlegen

Ganz wichtig ist, dass Sie jetzt unten links, unterhalb der Vorschau, kontrollieren, welcher Arbeitsbereich zur Ausgabe markiert ist. Sollten Sie vorab einen Sequenz-In- und

-Out-Point gesetzt haben, erstreckt sich die blaue Linie nur über diesen Bereich. Sofern es keine Points gibt, sollte die Linie über den gesamten Bereich gehen. Die Position der beiden Anfasser ④ und ⑤ entscheidet also letztendlich, welcher Bereich des Films ausgegeben wird. Ziehen Sie diese Anfasser erforderlichenfalls auseinander. Welche Position in der Vorschau angezeigt wird, können Sie übrigens mit dem Regler ③ bestimmen. Dieser fungiert hier als Abspielmarke und kann ebenfalls »gescrubbt« werden.

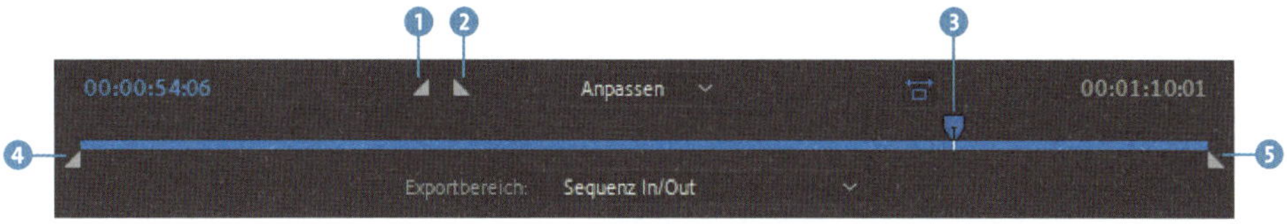

▲ **Abbildung 12.8** Diese Leiste bestimmt, welcher Bereich für die Ausgabe herangezogen wird.

Vorsicht bei Verwendung der Eingabetaste

Um die Einfügemarke zu positionieren, dürfen Sie auch den Timecode unterhalb des Videobildes verwenden. Doch Vorsicht: Wenn Sie die neue Position mit [↵] bestätigen, wertet die Anwendung dies als Bestätigung des gesamten Dialogs und übergibt den Film unvermittelt an den Media Encoder. Das ist auch der Fall, wenn Sie [↵] auf dem Nummernblock verwenden. Deshalb ist für die Bestätigung [Tab] die richtige Wahl.

Exportbereich definieren

Mithilfe des Steuerelements Exportbereich unterhalb der Arbeitsbereichsleiste kann der Ausgabebereich ebenfalls definiert werden. So ist es beispielsweise möglich, anstelle des Bereichs, der durch Sequenz In/Out im Schnittfenster definiert ist, auch die Vollständige Sequenz auszugeben. Eventuell zuvor vergebene Sequenzmarken würden in diesem Fall ignoriert.

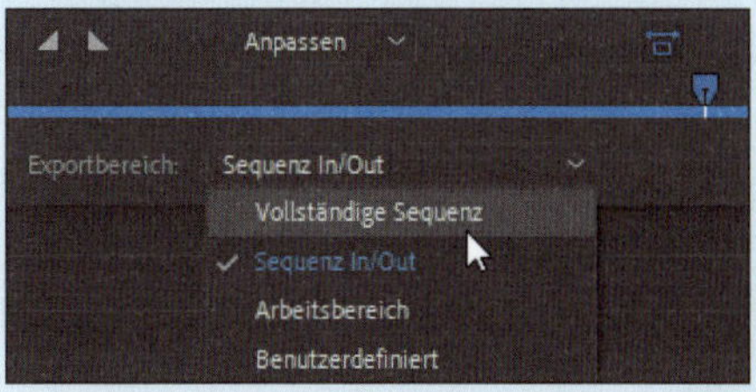

◀ **Abbildung 12.9**
Sie können Sequenz-Points zur Definition des Ausgabebereichs verwenden.

3 Optional: In- und Out-Point festlegen

Wenn Sie den Film beschneiden wollen, können Sie die beiden Schieber ④ und ⑤ auch zur Mitte hin bewegen. Alternativ bringen Sie die Abspielmarke ③ an die gewünschte Position und drücken dann In-Point setzen ① bzw. Out-Point setzen ②. Bereiche jenseits der Schieber werden dann bei der Ausgabe nicht mehr berücksichtigt.

Schalter Seitenverhältniskorrektur

Lassen Sie diesen Schalter aktiv, damit Sie im Monitor der Exporteinstellungen das Bild immer so sehen, wie es später auch ausgestrahlt wird. Bei Verwendung nicht-quadratischer Bildpunkte kann das Deaktivieren zu einer optischen Verzerrung führen.

4 Optional: Sequenzeinstellungen übernehmen

Wenn Sie den Film in einem Format ausgeben wollen, das geeignet ist, auch in künftigen Projekten als AVI-Asset genutzt zu werden (am Mac QuickTime), aktivieren Sie die Checkbox Entspricht Sequenz-Einstellungen. Dann müssen Sie sich um die weiteren Punkte keine Gedanken mehr machen.

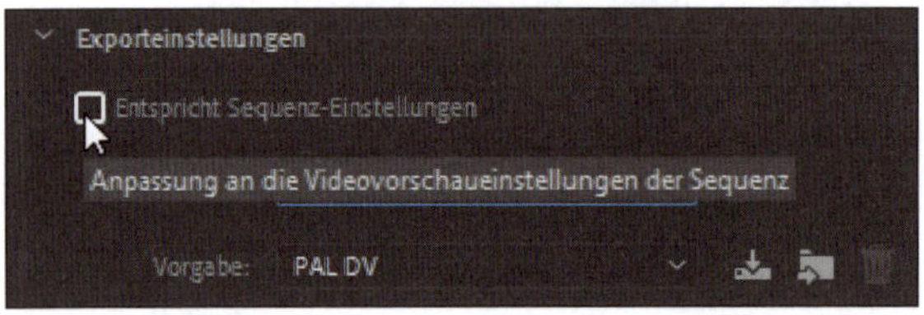

◂ **Abbildung 12.10**
Diese Checkbox erspart Ihnen die weitere Arbeit.

5 Format wählen

Falls Sie im Vergleich zur Originalsequenz bei der Ausgabe irgendetwas verändern wollen, was Bildgröße, Pixel-Seitenverhältnisse, Bildwiederholrate oder Halbbilddominanz betrifft, sollten Sie die Checkbox inaktiv lassen. Treffen Sie im obersten Pulldown-Menü ❶ auf der rechten Seite eine Auswahl für das Ausgabeformat. Hier kommen bei Produktion eines Films für DVD lediglich MPEG2 bzw. MPEG2-DVD in Betracht (bei Blu-ray verwenden Sie MPEG2-Blu-ray bzw. H.264-Blu-ray, H.264 oder HEVC (H.265)). Die Unterschiede liegen prinzipiell in der Normierung (dazu mehr im Anschluss an diesen Workshop). Danach kümmern Sie sich um die Vorgabe ❷, deren Liste je nach eingestelltem Format unterschiedliche Einträge zur Verfügung stellt.

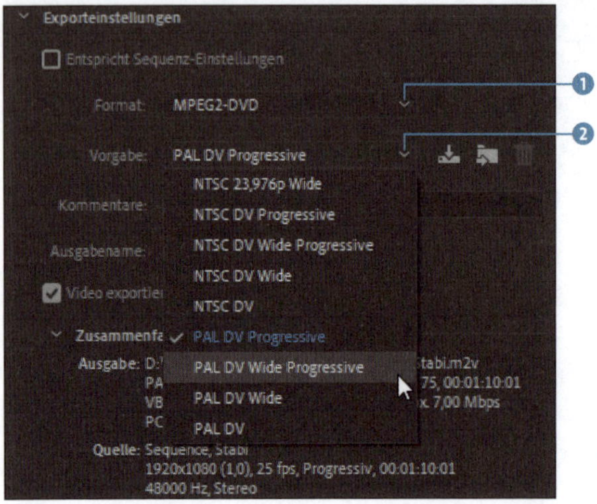

◂ **Abbildung 12.11**
Wählen Sie eine der Quellattribut-Vorgaben.

Noch etwas Grundsätzliches zu den Formaten: Zunächst einmal können Sie alle Einträge, denen ein NTSC vorangestellt ist, vernachlässigen – es sei denn, Sie wollen den Film an Tante Edwina in Massachusetts übergeben. Die zweite Unterscheidung wird zwischen PAL DV und PAL DV PROGRESSIVE getroffen. Wenn PAL alleine steht, bedeutet das immer, dass Halbbildmaterial erzeugt wird, während die Progressive-Modi Vollbilder nutzen. Kapitel 17, »Fachkunde«, gibt hier jede Menge Aufschluss. Bedenken Sie, dass DVD-Player und TVs prima mit Vollbildmaterial umgehen können. Und wenn Sie Dateien für Ihren Rechner ausgeben, sollten Sie eh stets auf Vollbilder zurückgreifen.

6 Speicherort festlegen

Klicken Sie auf die blaue Dateibezeichnung neben AUSGABENAME, um den Speicherort für die Datei festzulegen.

▲ **Abbildung 12.12** Unter AUSGABENAME lässt sich auch der Speicherort ändern.

7 Videoeinstellungen vornehmen

Kontrollieren Sie, ob die Checkboxen VIDEO EXPORTIEREN und AUDIO EXPORTIEREN im unteren rechten Bereich des Fensters angewählt sind, es sei denn, Sie wollen nur eines von beiden ausgeben. Das wäre z. B. dann angezeigt, wenn Sie mit mehreren Sprachversionen eines Films arbeiten würden. Dann könnten Sie zunächst einmal Audio und Video gemeinsam ausgeben und anschließend für jede weitere Sprache nur noch jeweils eine Audiodatei erzeugen lassen.

8 Lumetri Look zuweisen

Direkt unterhalb des Frames EXPORTEINSTELLUNGEN finden Sie verschiedene Register. Standardmäßig ist hier das linke (EFFEKTE) aktiv, mit dessen Hilfe es möglich ist, auf die Schnelle verschiedene Effekte wie z. B. einen LUMETRI LOOK, aber auch eine BILDÜBERLAGERUNG (Wasserzeichen), eine Text- oder Timecode-Überlagerung und vieles mehr zuzuweisen.

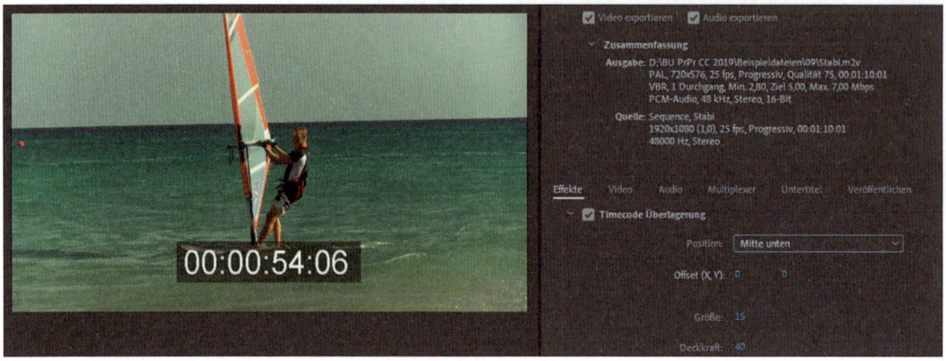

▲ **Abbildung 12.13** Bei der Produktion von Zwischenergebnissen kann das Hinzufügen eines Timecodes wichtig sein.

9 Optional: Qualität festlegen

Möchten Sie aktiv auf die Qualität einwirken? Dann öffnen Sie die Registerkarte VIDEO, die sich in der unteren Hälfte des Fensters befindet. Zunächst lässt sich hier die QUALITÄT über einen Schieberegler einstellen. Ziehen Sie den Regler nach rechts, wenn Qualität Ihr oberstes Gebot ist. Klar, dass damit auch die Berechnungszeit für die Ausgabe des Films erhöht wird. Was die Dateigröße betrifft, ändert sich hier allerdings nichts.

Wenn Sie weiter nach unten scrollen, sehen Sie, dass sich auch hier noch einmal sowohl die FERNSEHNORM (PAL oder NTSC) als auch das SEITENVERHÄLTNIS (4:3 oder 16:9) sowie die Halbbildfunktion (FELDFOLGE) beeinflussen ließe. Alle diese Einstellparameter würden die Vorgabe oben in den EXPORTEINSTELLUNGEN allerdings nicht verändern, sondern eine neue Vorgabe mit dem klangvollen Namen BENUTZERDEFINIERT erzeugen.

10 Optional: CBR oder VBR?

Doch nun zu den BITRATENEINSTELLUNGEN etwas weiter unten: CBR steht hier für eine konstante, VBR für eine variable Bitrate. Was ist besser? Die variable! Weil dann nämlich nicht jeder Bereich des Videos gleich stark komprimiert wird. Einige Szenen brauchen eine höhere Kompression, andere begnügen sich mit einer geringeren. Stellen Sie jedoch CBR ein, werden alle Bereiche gleich stark komprimiert.

11 Optional: Ein oder zwei Durchgänge?

Wann immer Sie sich jedoch für eine variable Bitrate entscheiden, stehen Sie vor der Wahl, einen Durchgang oder zwei festzulegen. Was ist hier besser? Zwei Durchgänge! Weil der Film beim Encodieren gewissermaßen zweimal durchlaufen wird. Beim ersten diagnostiziert der Media Encoder, welche Bereiche stärker und welche weniger stark komprimiert werden müssen (lesen Sie dazu bitte auch die Hinweise in Abschnitt 17.5, »Von Kompressoren«). Das zweifache Encodieren dauert zwar länger als das einfache, bringt aber letztlich auch die bessere Qualität hervor.

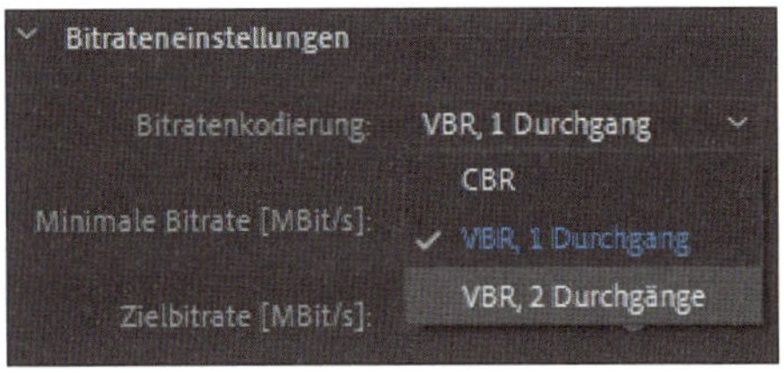

◂ Abbildung 12.14
Die BITRATENEINSTELLUNGEN haben großen Einfluss auf die Qualität eines Films.

12 Optional: Bitraten einstellen

Unterhalb lässt sich noch eine Datenrate festlegen, die auf keinen Fall unterschritten werden sollte (MINIMALE BITRATE), sowie eine Bitrate, die im Durchschnitt der Berechnung angestrebt werden sollte (ZIEL-BITRATE). Letztendlich können Sie noch eine Rate vergeben, die niemals überschritten werden soll (MAXIMALE BITRATE). Moderne DVD-Player kommen mit Datenraten jenseits von 9.000 MBit/s prima zurecht. Dabei müssen Sie allerdings berechnen: Sollten beim späteren Authoring noch weitere Dateien hinzukommen (wie z. B. Untertitel o. Ä.), müssen diese mit eingerechnet werden. Dann müssten Sie bereits hier mit der Qualität heruntergehen, damit am Schluss die Gesamt-Bitrate nicht überschritten wird. Bei alldem sollten Sie aber niemals die Angabe GESCHÄTZTE DATEIGRÖSSE ❶ außer Acht lassen, da Sie entsprechend reagieren können, wenn der Speicherplatzbedarf größer wird, als die DVD aufnehmen kann.

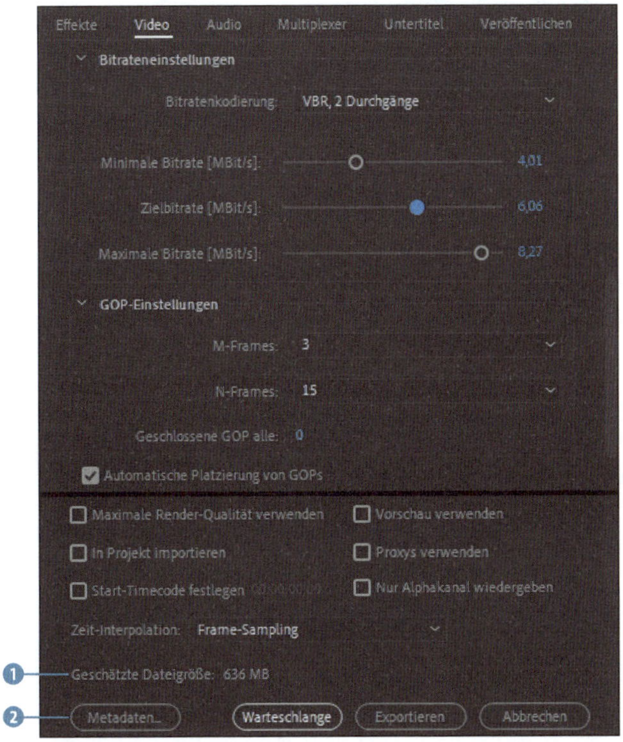

◂ Abbildung 12.15
Verlieren Sie die Dateigröße nicht aus den Augen. Am Schluss muss alles auf die DVD passen.

13 Optional: Registerkarte »Audio« bedienen

Auf der Registerkarte AUDIO können Sie nur festlegen, ob der Ton als unkomprimiertes und qualitativ ausgezeichnetes PCM oder als das etwas schlechtere, aber immer noch ausreichend gute, wesentlich speicherplatzfreundlichere MPEG angelegt werden soll. Wenn Sie sich für Dolby interessieren, beachten Sie bitte die Hinweise im Anschluss an diesen Workshop.

14 Optional: Multiplexing einstellen

Widmen Sie sich nun der Registerkarte MULTIPLEXER. Wenn Sie hier DVD einstellen, wird die Datei als zusammenhängendes MPEG ausgegeben – also Audio und Video in einer Datei. Das entspricht im Übrigen dem Exportformat MPEG-2. Stellen Sie um auf OHNE, werden Audio und Video getrennt. Sie erhalten dann anstelle einer AV-Datei (.mpeg) eine reine Videodatei (.m2v) sowie eine Sounddatei (.wav). Das wiederum entspricht dem Exportformat MPEG2-DVD. Nach allem Experimentieren sollten Sie unter VORGABE wieder auf PAL • HOHE QUALITÄT zurückgehen.

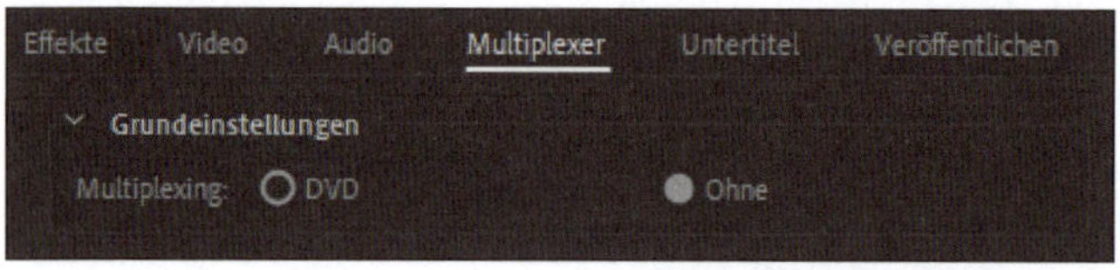

▲ **Abbildung 12.16** Im Bereich MULTIPLEXING wird entschieden, ob Audio und Video zusammenbleiben oder (wie hier) voneinander getrennt werden.

15 Datei codieren

Wenn Sie mit allem fertig sind, dürfen Sie gleich auf EXPORTIEREN klicken und auf diese Weise visuell den Media Encoder übergehen. Das ist immer dann sinnvoll, wenn Sie jetzt sofort nur diesen einen Film auszugeben haben.

Wollen Sie jedoch mehrere Filme erzeugen oder das Ergebnis zu einem späteren Zeitpunkt berechnen lassen, können Sie den Film (oder die Filme) vorab in einer Warteschlange sammeln. Das ist beispielsweise immer dann interessant, wenn Sie tagsüber mehrere Projektarbeiten fertigstellen und diese abends berechnen lassen wollen – wenn Sie längst Feierabend haben (siehe dazu auch Abschnitt 12.3, »Der Adobe Media Encoder«).

Metadaten

Über den Button Metadaten des Bedienfeldes Exporteinstellungen ❷ in Abbildung 12.15 können Sie vor der Ausgabe noch festlegen, welche Daten in die Exportdatei geschrieben werden sollen. Stellen Sie um auf Ohne, werden keine Daten integriert. Nach Aktivierung von In Ausgabedatei einbetten können Sie im unteren Bereich des Bedienfeldes frei bestimmen, welche Metadaten Bestandteil der Ausgabedatei sein sollen (hier z. B. der Herausgeber im Bereich Dublin Core). SideCar-Datei erstellen sorgt dafür, dass die Metadaten als separate XMP-Datei mitgegeben werden.

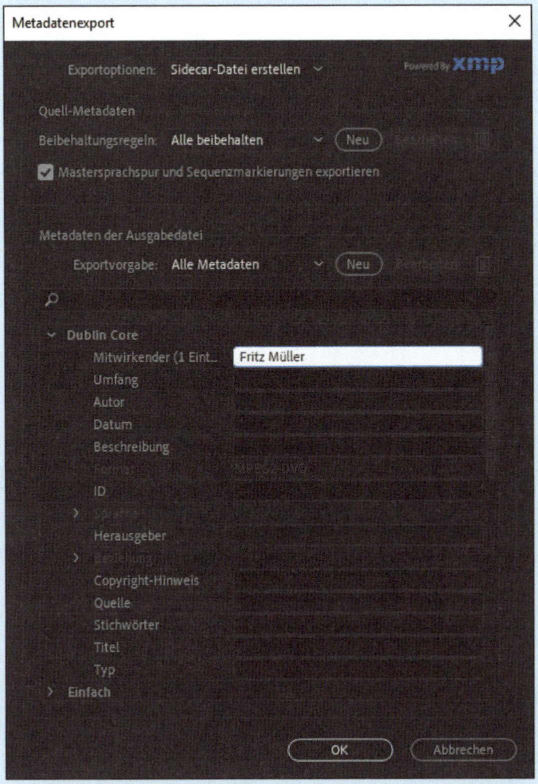

◂ **Abbildung 12.17**
Auch Metadaten können beim Export berücksichtigt werden.

12.2.2 Die Normierungen

Sie haben eben erfahren (siehe Schritt 5), dass unterschiedliche Formate bei der Ausgabe in Betracht kommen. Was hat es nun damit auf sich? Beim professionellen Authoring, bei dem Datenträger beispielsweise mit unterschiedlichen Sprachversionen hergestellt werden, ist es wichtig, Audio und Video voneinander zu trennen. Genau das passiert, wenn Sie als Format MPEG2-DVD, MPEG2 Blu-ray oder H.264 Blu-ray einstellen. Die ersten beiden generieren eine *.m2v*-Datei, die dritte eine *.m4v* für Videos, eine Datei mit der Endung *.wav* für Audio und – sofern vorhanden – eine dritte Datei im Format *.xmp*. In der Letzteren sind Informationen zu den Kapitelmarken enthalten.

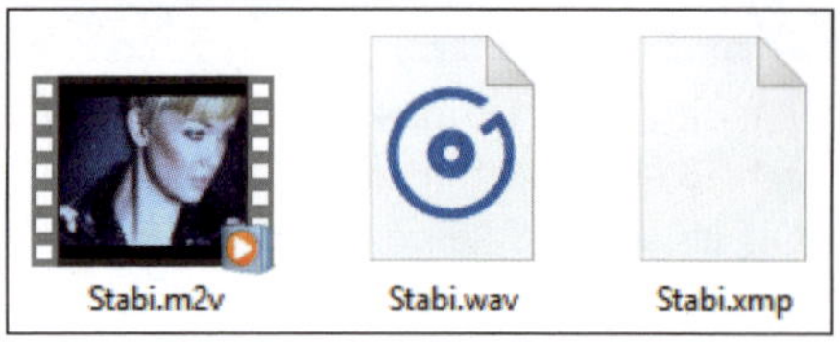

◂ **Abbildung 12.18**
Drei Dateien für einen Film

Im nächsten Arbeitsgang könnte nun eine weitere Sprachversion erzeugt werden, wobei dann nicht mehr der gesamte Film, sondern nur noch die Audiospur als *.wav* ausgegeben würde. Das spart Speicherplatz auf dem Zielmedium, ist aber, wie bereits erwähnt, nur etwas für professionelles DVD- oder Blu-ray-Authoring.

Für den Hausgebrauch reicht es, eine einzige Ausgabedatei zu produzieren, in der Audio und Video gemeinsam untergebracht sind. Vor allem die eingangs erwähnten kostenlosen DVD- oder Blu-ray-Brennprogramme benötigen meist in sich geschlossene Dateien. Daher geben Sie das FORMAT MPEG2 an, damit eine *.mpg*-Datei produziert wird, während H.264 und HEVC (H.265) eine in sich geschlossene Video- und Audiodatei mit der Endung *.mp4* ins Leben rufen (wie das Beispielmaterial zu diesem Buch).

◂ **Abbildung 12.19**
Alles unter einem Dach – mit MP4-Dateien

Nun stellt sich abschließend noch die Frage, worin der Unterschied zwischen MPEG2 Blu-ray und H.264 Blu-ray besteht – denn wir hatten ja eingangs festgestellt, dass sich beide Formate eignen, wenn es um Einzeldateien für die Produktion einer Blu-ray geht. Zunächst einmal darf festgestellt werden, dass die Qualität in beiden Fällen die gleiche ist. Der Vorteil von H.264 Blu-ray ist, dass die Form der Codierung effizienter ist. Er kommt mit weniger Speicherplatz aus. Im Gegenzug hat aber MPEG2 Blu-ray den Vorteil, beim Encoding schneller zu sein.

12.2.3 Filme beschneiden

Bei geöffnetem Dialog EXPORTEINSTELLUNGEN (DATEI • EXPORTIEREN • MEDIEN) ist die Registerkarte AUSGABE standardmäßig angewählt. Schalten Sie einmal um auf QUELLE ❶. Hier können Sie den Film noch beschneiden. Klicken Sie dazu auf die Schaltfläche AUSGEGEBENES VIDEO BESCHNEIDEN ❷, und ziehen Sie den Rahmen, der sich auf dem Vorschaubild zeigt, an dessen Ecken ❸, bzw. setzen Sie den Mauszeiger hinein, und verschieben Sie den kompletten Ausschnitt mit gedrückter linker Maustaste.

▲ **Abbildung 12.20** Beschneiden Sie das Video, falls erforderlich.

Seitenverhältnis festlegen

Falls Sie beabsichtigen, einen Film mit dem Seitenverhältnis 4:3 beispielsweise auf 16:9 zurechtzuschneiden, wählen Sie das einzige Pulldown-Menü in der Kopfleiste an (es steht standardmäßig auf OHNE) und listen hier den Eintrag 16:9. Danach ziehen Sie den Rahmen in Form. Bedenken Sie aber, dass das Original dann oben und unten beschnitten wird.

Wohlgemerkt: Das Ganze macht keinen Sinn, wenn Sie es mit DVD-Codierungen zu tun haben, sondern bietet sich eher bei der Ausgabe von Webformaten oder Sonderformaten zur Nutzung in anderen Projekten an. Deshalb verwenden Sie diese Einstellung nur dann, wenn Sie nicht für die Ausgabe am TV produzieren. Wenn Sie kontrollieren wollen, wie das Ganze im Ergebnis aussieht, schalten Sie um auf das Register AUSGABE. Hier lässt sich dann auch festlegen, ob das Video auf die eingestellte Ausgabegröße skaliert oder der Rest des Bildes mit Schwarz versehen werden soll.

◂ **Abbildung 12.21**
Schwarze Ränder bedeuten, dass das Seitenformat der Beschneidung nicht mit dem der Exporteinstellungen harmoniert. Außerdem ist das Bild in der Breite auseinandergezogen worden.

Ohne Skalierung beschneiden | Wenn Sie ein Video auf die zuvor beschriebene Methode beschneiden, wird das Bild auf die in den EXPORTEINSTELLUNGEN festgelegten Abmessungen vergrößert (hier 720×576), ohne dass es dabei verzerrt wird. Wenn das Seitenverhältnis nicht zu den Einstellungen passt, werden schwarze Balken hinzugefügt. Bei dieser Methode sind Qualitätseinbußen in Kauf zu nehmen, denn der noch vom Videobild erhalten gebliebene Rest muss ja auf das ursprüngliche Format vergrößert werden. Nun existiert aber noch eine Sonderform der Beschneidung – nämlich SKALIEREN UND IN SCHWARZE RAHMEN EINPASSEN. Das Steuerelement finden Sie auf der Registerkarte AUSGABE ganz oben, es ist nur aktiv, wenn im Register QUELLE bereits ein Rahmen aufgezogen worden ist. Bei dieser Methode wird das Video nicht skaliert, sondern die Bereiche außerhalb des Beschneidungsrahmens werden entfernt und durch schwarze Flächen ersetzt.

▲ **Abbildung 12.22** Hier wird nicht skaliert, sondern mit Schwarz aufgefüllt.

12.2.4 Export mit Proxys

Grundsätzlich verwendet Premiere Pro sämtliche im Projekt verwendeten Assets in voller Qualität und somit auch in voller Auflösung. Daran ändert sich auch während des Exports nichts. Sollten Sie aber einmal gewillt sein, einen Film in verringerter Auflösung schnell auszugeben, sollten Sie PROXYS VERWENDEN aktivieren. Dann nämlich werden verkleinerte Dateien (sofern vorhanden) zur Berechnung herangezogen. Der Vorteil: Das Rendering läuft wesentlich schneller ab.

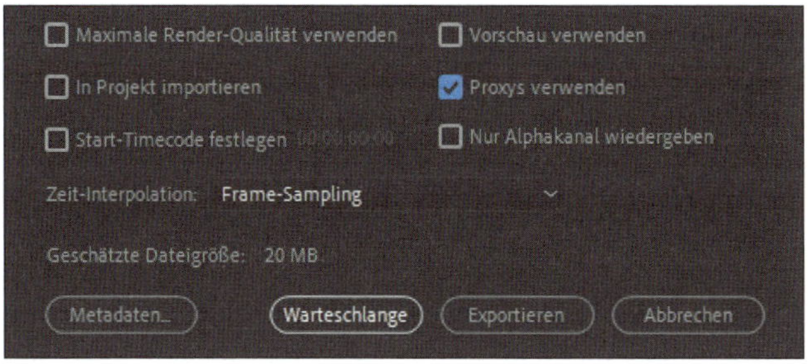

◂ **Abbildung 12.23**
Falls Proxys vorhanden sind, können diese zum schnelleren Rendering verwendet werden.

Nun stellt sich die Frage: Wie kommt man überhaupt an Proxy-Dateien? Diese können Sie selbst produzieren, indem Sie im Projektfenster mit rechts auf einen Clip klicken und danach Proxy • Proxy erstellen wählen. Entscheiden Sie sich für die Vorgabe Low Resolution Proxy, um der kleinstmöglichen Proxy-Größe den Vorzug zu geben.

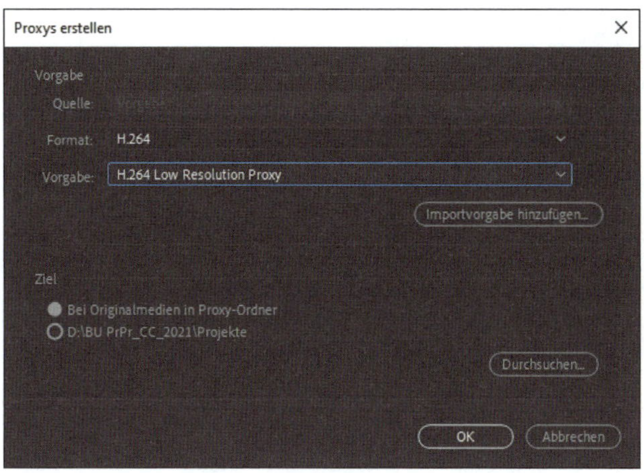

◂ **Abbildung 12.24**
Hier wird ein H.264 qualitativ eingedampft.

12.2.5 Schnellexport

Zeit ist stets ein kostbares Gut, und meist haben wir zu wenig davon. Wenn mal wieder alles schnell gehen muss oder Sie vielleicht mal gar keine Lust verspüren, sich mit langatmigen Exporteinstellungen herumzuschlagen, kann ich Ihnen den Schnellexport empfehlen. Ganz oben rechts in der Ecke der Anwendung wartet ein kleines, fast schon unscheinbares Symbol darauf, endlich einmal angeklickt zu werden.

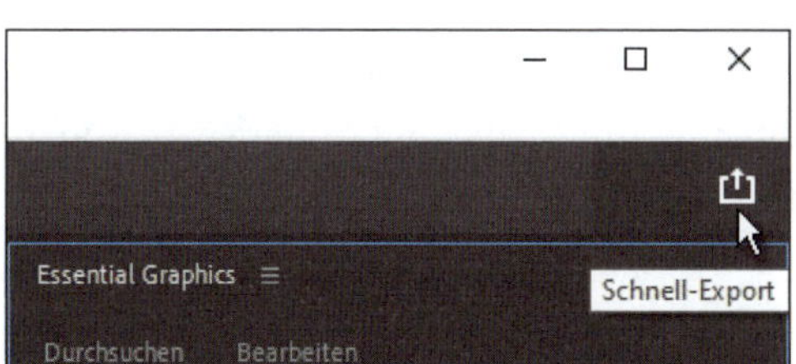

◂ **Abbildung 12.25**
Entscheiden Sie sich ruhig einmal für den Schnell-Export.

Wenn es schnell gehen muss, darf natürlich auch der Dialog nicht zu groß sein. Deshalb gibt es hier auch gar nicht viel einzustellen. Ein Klick auf die blau hinterlegte und unterstrichene Zeile lässt die Angabe eines individuellen Speicherorts zu, während im Feld VORGABE lediglich eine Qualitätsvoreinstellung selektiert wird. Im Pulldown-Menü werden Ausgabeoptionen für 4K (HIGH QUALITY 2160P 4K), aber auch Full-HD-Optionen bis hin zu niedrig auflösenden Exporteinstellungen vorgehalten. Wenn Sie nicht genau wissen, was die eine oder andere Option bewirkt und ob es die richtige für Ihren Film ist, wählen Sie sie einfach an und parken anschließend den Mauszeiger darauf. Dadurch erhalten Sie weiterführende Infos in Form eines Overlays. Abmessungen, Bitraten, geschätzte Dateigrößen usw. werden unter dem Menü präsentiert. Wenn Sie die korrekte Vorgabe gefunden haben, klicken Sie auf EXPORTIEREN – that's it!

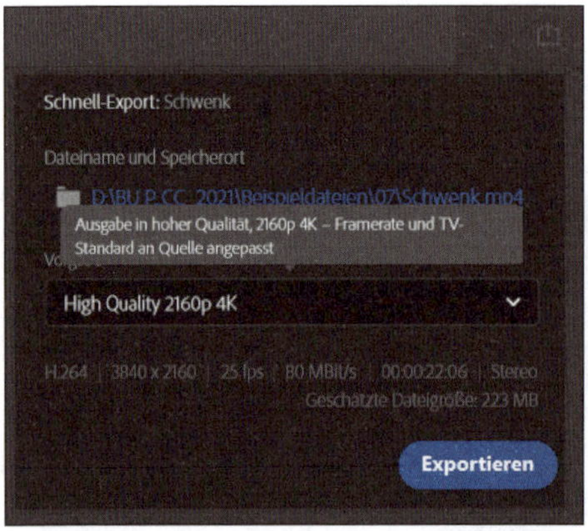

◂ **Abbildung 12.26**
Das ist ja einfach – der SCHNELL-EXPORT.

Sie haben vollkommen recht, wenn Sie jetzt argumentieren, dass ich Ihnen diesen Dialog auch von vornherein hätte präsentieren können. Aber mal ehrlich – dann wären Ihnen doch zahlreiche nützliche Infos im Zusammenhang mit den Exportoptionen vorenthalten geblieben, oder?

12.3 Der Adobe Media Encoder

Wie Sie ja bereits wissen, haben Sie die Möglichkeit, mehrere Ausgabedateien für unterschiedliche Verwendungszwecke zu sammeln und diese später alle gemeinsam auszugeben. Dies bietet sich aus zweierlei Gründen an: Zunächst einmal verlieren Sie keine kostbare Arbeitszeit, die Sie mit Warten auf die Ausgabedatei verbringen müssten, zum anderen lassen sich die Aufgaben an eine weitere Adobe-Anwendung übergeben, sodass Sie mit Premiere Pro sogar während des Berechnens der Filme weiterarbeiten können. Oder Sie lassen die Anwendung »ackern«, während Sie den Feierabend genießen. In all diesen Fällen geht kein Weg am Adobe Media Encoder vorbei. Ein derartiges Vorgehen wird im Übrigen auch als **Stapelverarbeitung** oder **Batch-Encoding** bezeichnet.

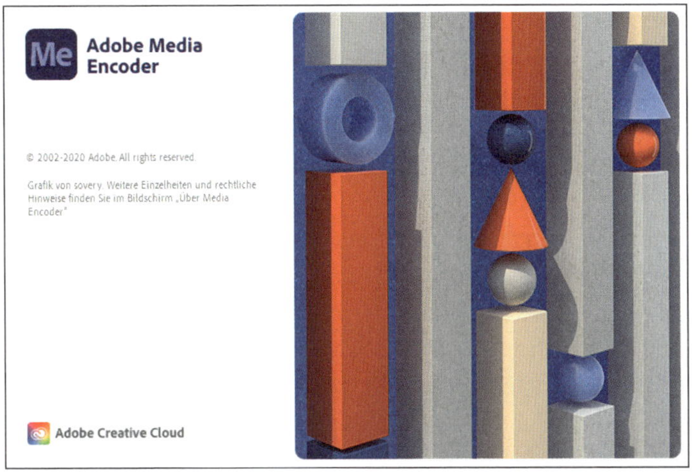

◄ **Abbildung 12.27**
Der Media Encoder ist eine separate Anwendung.

12.3.1 Stapelverarbeitung

Der standardisierte Weg zur Stapelverarbeitung mit dem Media Encoder ist folgender: Wann immer Sie eine Sequenz zur Ausgabe vorsehen, übergeben Sie diese an die EXPORTEINSTELLUNGEN (DATEI • EXPORTIEREN • MEDIEN). Nun betätigen Sie im Anschluss an die Eingabe der Exportparameter aber nicht die Schaltfläche EXPORTIEREN, sondern WARTESCHLANGE. Infolgedessen öffnet sich der Media Encoder.

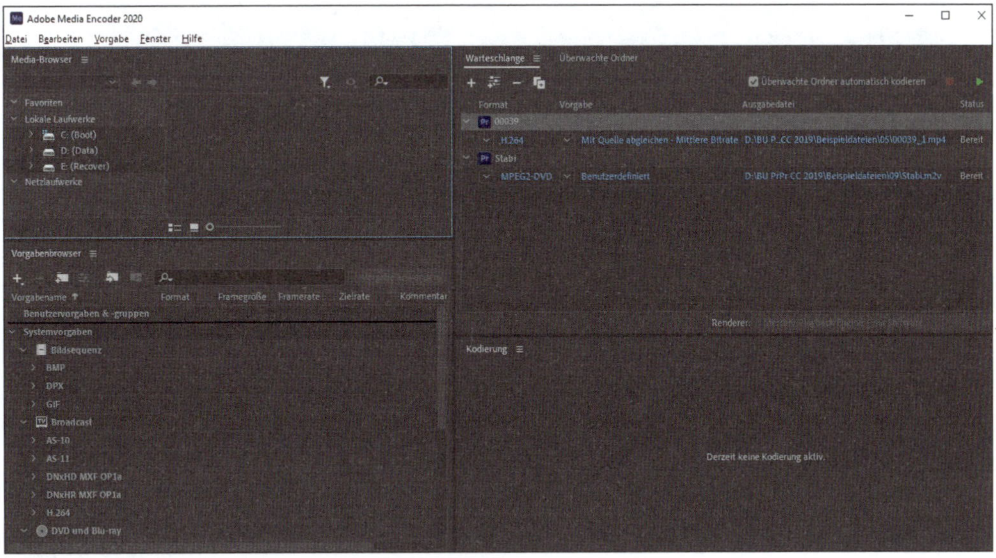

▲ **Abbildung 12.28** Der Media Encoder öffnet seine Pforten.

Sie können nun eine weitere Sequenz oder sogar ein ganz anderes Projekt auf die zuvor beschriebene Methode in Premiere Pro bearbeiten und hinterher per Dialog

Exporteinstellungen weiterleiten. Auch Sounddateien oder Formate anderer Creative-Cloud-Anwendungen, wie z. B. *After Effects* oder *Audition*, dürfen Sie dem Media Encoder zuspielen. Und sogar die Übergabe von Assets oder Projekten per Drag & Drop ist gestattet. Wollen Sie beispielsweise eine beliebige Videodatei in ein anderes Format umwandeln, ziehen Sie diese einfach in den Frame Warteschlange des Media Encoders. Die Liste wird Stück für Stück erweitert, und für jeden Auftrag kommt eine Zeile hinzu, wobei die Formate, Vorgaben, Ausgabeeinstellungen und Speicherorte natürlich bei jeder Datei individuell eingestellt werden dürfen.

Das machen Sie, indem Sie auf die Beschriftung in der Spalte Format ❷ oder Vorgabe ❹ klicken. Das bringt Sie nämlich zurück in den bereits bekannten Dialog Exporteinstellungen, in dem die individuellen Ausgabeparameter bestimmt werden können. Wer den Dialog nicht benötigt und die neuen Formate lediglich aus einer Liste auswählen möchte, der betätigt die Pfeilschaltflächen ❶ oder ❸.

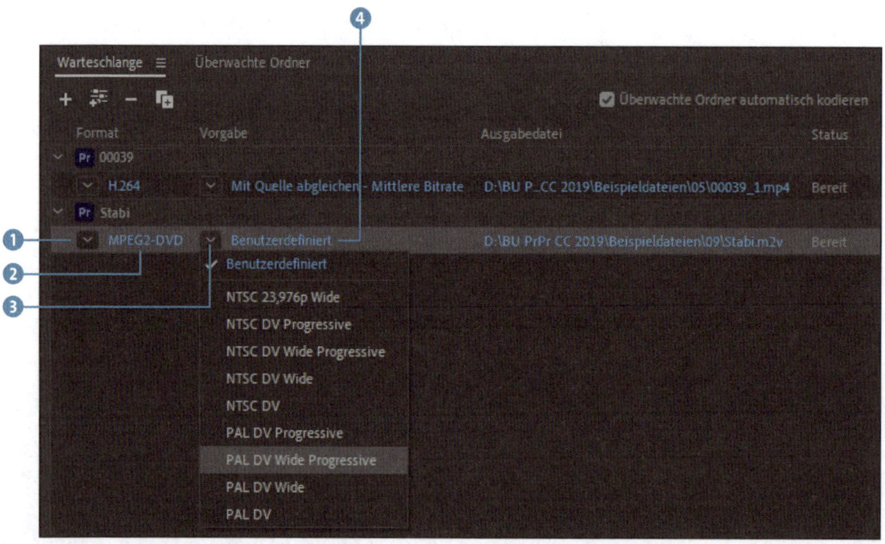

▲ **Abbildung 12.29** Stellen Sie bei Bedarf eine andere Vorgabe ein.

Helligkeit der Arbeitsoberfläche einstellen

Der Media Encoder verfügt übrigens über eine eigene Voreinstellung, was die Helligkeit der Arbeitsoberfläche angeht. Wie schon in Premiere Pro, müssen Sie auch hier über Bearbeiten/Premiere Pro • Voreinstellungen gehen und dann Aussehen wählen. Zuletzt ziehen Sie den Slider Helligkeit ganz nach rechts – sofern Sie eine möglichst helle Oberfläche (wie hier im Buch) vorfinden wollen.

Nun ist es auch denkbar, dass verschiedene Formate ausgegeben werden sollen. Stellen Sie sich vor, ein Film muss als AVI (oder QuickTime) zur Verfügung stehen sowie ein weiteres Mal als H.265 (z. B. für eine Internetversion). Dann klicken Sie mit rechts auf die Filmzeile und entscheiden sich für DUPLIZIEREN. Daraufhin wird die Zeile ein weiteres Mal eingefügt und kann nun mittels Klick auf ❶ und ❸ (Abbildung 12.29) entsprechend umgestaltet werden. In den daraufhin zur Verfügung gestellten EXPORT-EINSTELLUNGEN ist nun nichts weiter zu tun, als das Format von AVI (oder QuickTime) auf HEVC (H.265) umzustellen.

Einzelne Arbeitsbereiche definieren

Stellen Sie sich vor, Sie wollen Ihrem Auftraggeber mehrere einzelne Szenen zur Begutachtung schicken. Dann ließe sich der Filmeintrag im Media Encoder ebenfalls duplizieren und eine bestimmte Stelle des Films durch Neueinstellung der Arbeitsbereichsleiste in den EXPORTEINSTELLUNGEN ausgeben. Komfortabel, oder?

Sollten Sie wider Erwarten einen Eintrag zu viel gelistet haben und eine Zeile doch lieber wieder entfernen wollen, markieren Sie diese, und drücken Sie `Entf` bzw. `←`. Daraufhin müssen Sie allerdings noch eine Kontrollabfrage bestätigen.

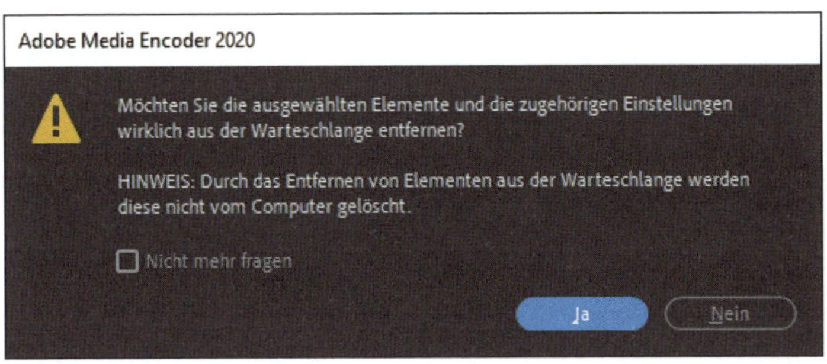

◄ **Abbildung 12.30**
Der Media Encoder zeigt sich besorgt.

Wenn alles im Kasten ist, betätigen Sie WARTESCHLANGE STARTEN ❺ oder `↵`. Von jetzt an könnten Sie den Media Encoder mit Nichtachtung strafen und Ihre Arbeiten in Premiere Pro fortsetzen. Währenddessen erledigt der Encoder zuverlässig alle Jobs und zeigt nach jeder Codierung mittels Häkchen in der Zeile an, was bereits erledigt ist. Ganz unten ist zu sehen, was gerade abgearbeitet wird. Je nach Leistungsfähigkeit Ihres Rechners werden hier mehr oder weniger Filme gleichzeitig erstellt.

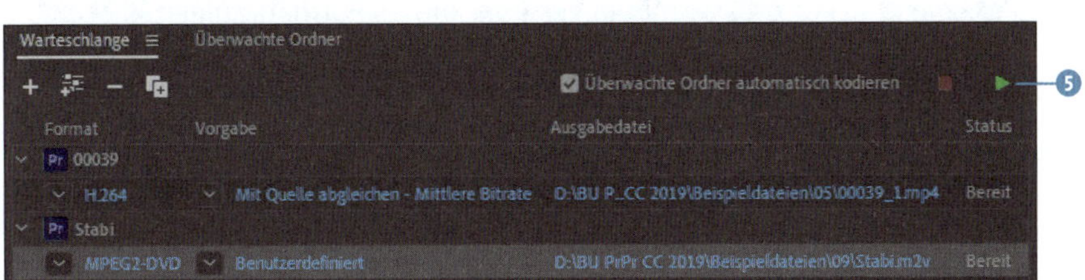

▲ **Abbildung 12.31** Ein Klick auf den grünen Pfeil startet den Job.

12.3.2 Vorgabenbrowser

In diesem Kapitel haben Sie bereits eine Menge über Formate und Exporteigenschaften in Erfahrung gebracht. Wem das alles zu viel ist, der kann nun auch auf den VORGABENBROWSER zurückgreifen, der unzählige praxisnahe Einstellungen bereithält. Immerhin gibt es ja heutzutage so viele unterschiedliche Verwendungsmöglichkeiten, dass man wirklich den Überblick verlieren kann.

Um die WARTESCHLANGE zu löschen, markieren Sie alle Einträge (am besten geht das, indem Sie diese mit gedrückter linker Maustaste von außerhalb der Einträge beginnend ❹ überfahren und anschließend auf das Minus ❸ klicken).

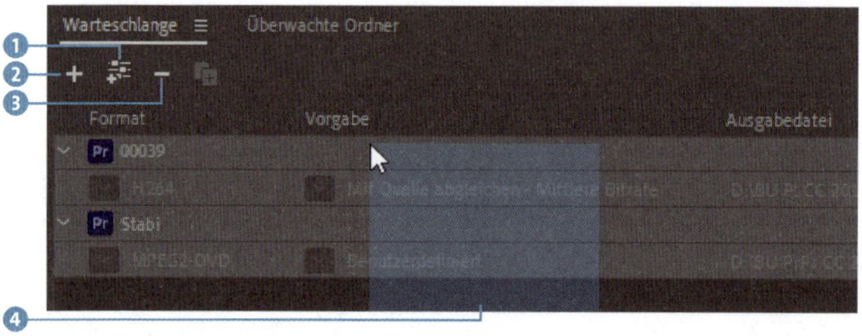

▲ **Abbildung 12.32** Zunächst wird aufgeräumt.

Danach klicken Sie auf die Plustaste ❷ und fügen den Film hinzu, den Sie ausgeben wollen. Alternativ schicken Sie eine Sequenz aus Premiere Pro, wie gewohnt, in den Media Encoder. Legen Sie den gewünschten Speicherort, wie beschrieben, fest. Danach ließe sich der Eintrag duplizieren, indem Sie auf AUSGABE HINZUFÜGEN ❶ gehen. Da wir jedoch vordefinierte Vorgaben verwenden, ist dieser Schritt gar nicht nötig.

12.3.3 Ausgabe auf Blu-ray

Gehen wir davon aus, wir wollten einen Full-HD-Film für die Ausgabe auf Blu-ray erzeugen. Schauen Sie unten links in die Liste VORGABENBROWSER ❺. Unterhalb des Eintrags DVD UND BLU-RAY finden Sie den Eintrag BLU-RAY ❻. Öffnen Sie die Liste, indem Sie auf das vorangestellte Dreieck klicken. Entscheiden Sie sich für die hiesige TV-Norm (25 Bilder pro Sekunde), und verweilen Sie mit dem Mauszeiger auf der Zeile HD 1080i 25 ❼. Die QuickInfo ❽ verrät einiges über dieses Format. Zuletzt klicken Sie diese Zeile an und ziehen sie mit gedrückter linker Maustaste auf den obersten Eintrag der WARTESCHLANGE (hier STABI ❾). Infolgedessen wird eine zweite Zeile angelegt. Diese verfügt übrigens über die gleichen Speicherattribute wie die darüber befindliche Zeile.

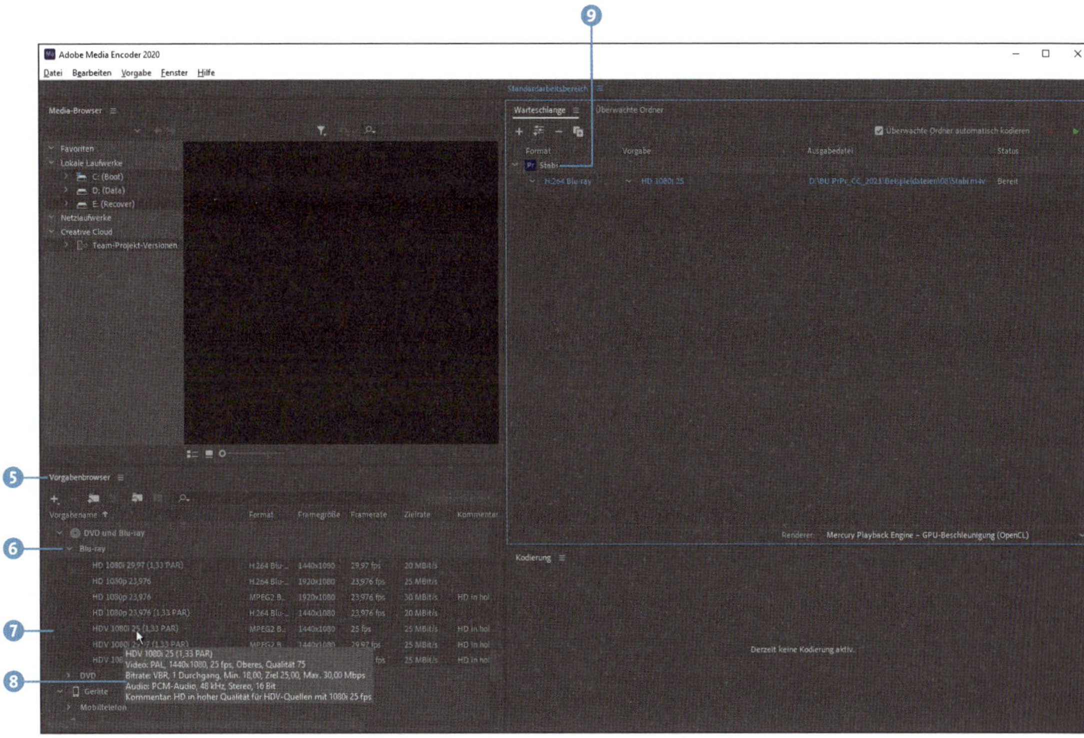

▲ **Abbildung 12.33** Sie benötigen eine neue Ausgabeform? Dann ziehen Sie die Vorgabe einfach herüber.

Nicht auf vorhandenen Film ziehen

Achten Sie beim Ziehen darauf, dass Sie die Maustaste nicht auf einer bereits bestehenden Filmzeile loslassen. Das hätte nämlich zur Folge, dass anstelle einer neuen Zeile die Attribute der bestehenden überschrieben würden. Sie dürfen die Vorgabe jedoch auch in den freien Bereich der WARTESCHLANGE ziehen und sogar zwischen zwei Einträgen fallen lassen.

12.3.4 Für Apple-TV ausgeben

Nun wollen wir den Film auch noch für Apple-TV ausgeben. Klar, dass wir dann im VORGABENBROWSER unter TV BROADCAST nachsehen müssen. Öffnen Sie den Untereintrag APPLE PRORES. Welchen der angebotenen Einträge Sie benutzen, hängt letztendlich von den Qualitätsansprüchen ab. Idealerweise entscheiden Sie sich für Apple ProRes 422 HQ, da hier die beste Qualität bei YUV 10-Bit zum Tragen kommt.

Besitzern eines iPhone 6 beispielsweise werden hier zahlreiche Vorgaben angeboten. Doch anhand der ersten dreistelligen Ziffer lässt sich das Ergebnis bereits mehr eingrenzen. Gemeint sind die Bildpunkte der kürzesten Seite. 480p beispielsweise steht für 854 × 480 Pixel. Auch hier verrät die QuickInfo eine Menge. Zuletzt müssen Sie sich nur noch um die FRAMERATE kümmern, die in der rechten Spalte angegeben ist

(23,976 oder 25 oder 29,97). Ziehen Sie danach auch diesen Eintrag in die WARTESCHLANGE. Derartige Aktionen ließen sich nun unentwegt fortführen, bis auch die letzte Vorgabe integriert ist. Wie am Ende alles ausgegeben wird, wissen Sie ja bereits.

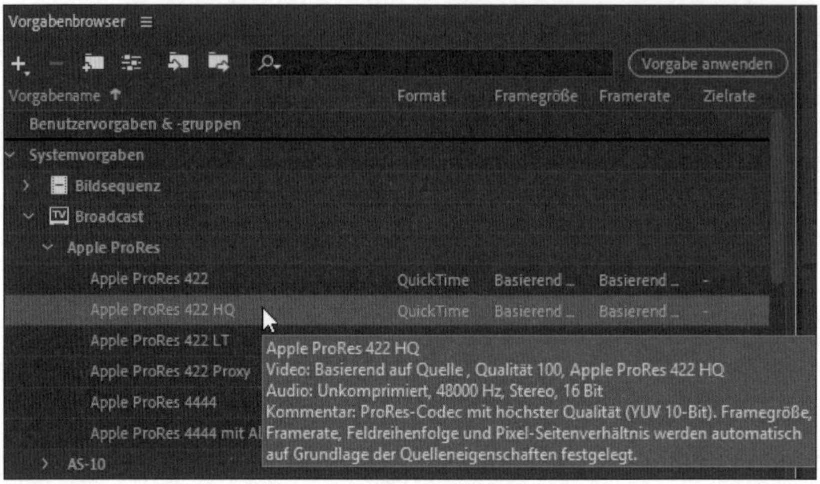

▲ **Abbildung 12.34** Die Ausgabe für Apple-TV

12.3.5 Für Social Media ausgeben

Scrollen Sie einmal ganz nach unten. Dort finden Sie die Liste WEBVIDEO und als weiteren Unterordner SOCIAL MEDIA. Somit steht der Produktion für YouTube, Twitter, Facebook und Vimeo nichts mehr im Wege. Welche Vorgabe hier die richtige ist, muss natürlich individuell abgewogen werden. Dabei gilt: Je kleiner die Bildgröße, desto schneller kann der potentielle Konsument das Video öffnen. Allerdings sind weite Teile der Welt (und nicht ganz so weite Teile Deutschlands) mittlerweile mit ordentlichen Breitbandanschlüssen ausgestattet, sodass gegen die Verwendung von **Full HD** mit 1.080 Bildzeilen meist nichts einzuwenden ist. Das einzige Gegenargument wäre: Sie kennen den Kreis Ihrer Zuschauer ziemlich genau und wissen, dass dort nur geringere Datendurchsätze möglich sind. Ist das nicht der Fall, bleibt zu überlegen, ob es heute schon Ultra HD mit der doppelten Zeilenanzahl (und einem viermal so großen Bild im Vergleich zu Full HD) sein muss. Für den Fall, dass Ihr Quellmaterial Full HD ist, würde das »Upscaling« auf 4K ohnehin keinen Sinn machen.

Stellen Sie einmal den Mauszeiger auf einen beliebigen Eintrag (hier: YOUTUBE 2160P 4K ULTRA-HD), werden Sie sehen, dass für den Film eine Ziel-Bitrate von 40 MBit pro Sekunde vorgesehen ist. Das ist auch für schnelles Internet eigentlich zu viel. Dennoch sollten Sie sich für die hohe Datenrate entscheiden, denn beim Upload wird der Film von YouTube automatisch noch einmal neu codiert. Das vorherige Absenken der Datenrate hätte also gar keinen Zweck. Belassen Sie es bei den 40 MBit, bekommt die YouTube-Engine qualitativ optimales Material angeliefert.

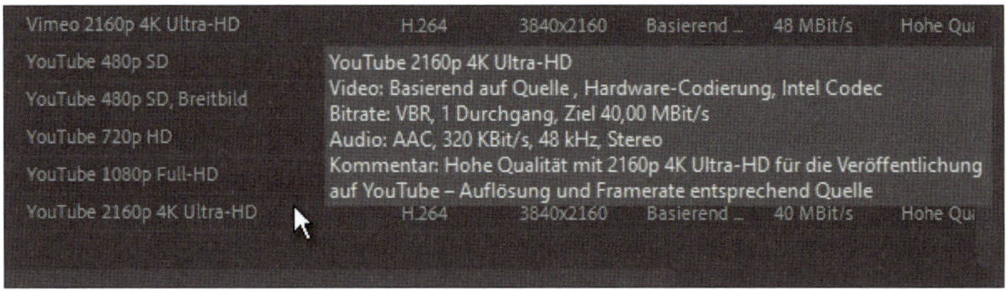

▲ **Abbildung 12.35** 40 MBit/s sind jede Menge – auch heute noch.

Datenrate herabsetzen

Sollten Sie den Film mit den gleichen Attributen wie YouTube-Filme auf Ihre eigene Website stellen wollen, empfiehlt es sich, mit der Datenrate drastisch herunterzugehen. Versuchen Sie es zunächst mit einer Ziel-Bitrate von 1,0 und einer maximalen Bitrate von 1,3 bis 1,5. Tasten Sie sich von dort aus durch einige Probecodierungen bei Veränderung der Bitraten an die von Ihnen gewünschte Mindestqualität (bei möglichst geringer Bitrate) heran.

12.4 Ordner überwachen

Der Frame ÜBERWACHTE ORDNER, den Sie standardmäßig oben rechts im Adobe Media Encoder finden (neben WARTESCHLANGE), ermöglicht eine permanente Aufsicht des Media Encoders über ein bestimmtes Verzeichnis. Wird eine Filmdatei dort integriert, nimmt der Encoder automatisch seine Arbeit auf. Und so geht's: Ziehen Sie einen Ordner per Drag & Drop in das Feld unten rechts, oder bestimmen Sie per Klick auf das Plus-Symbol, welcher Ordner künftig überwacht werden soll (es dürfen übrigens auch mehrere sein). Stellen Sie danach die Attribute ein, die beim Codieren eingehalten werden sollen (z. B. Codierung als FACEBOOK 1080P FULL-HD).

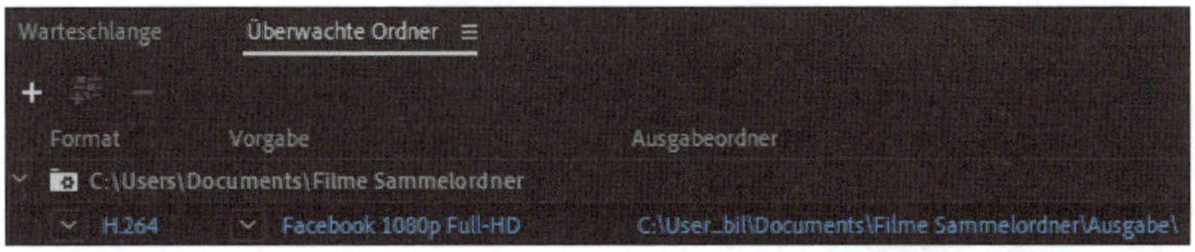

▲ **Abbildung 12.36** In diesem Beispiel wird ein hinzugefügtes Asset automatisch in Full HD für Facebook codiert.

Darüber hinaus legen Sie oben links im Frame WARTESCHLANGE fest, ob überwachte Ordner automatisch codiert werden sollen oder nicht. Bei aktivierter Funktion werden die Filme automatisch berechnet. Ist die Checkbox leer, werden sie lediglich der Warteschlange hinzugefügt.

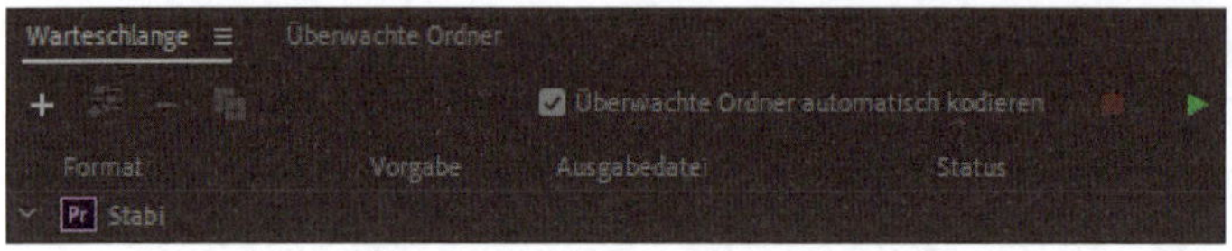

▲ **Abbildung 12.37** Entscheiden Sie vorab, ob die Filme gleich encodiert oder zunächst nur in die Warteschlange befördert werden.

Ein besonderes Highlight bei der Überwachung von Ordnern: Premiere Pro legt innerhalb des überwachten Ordners noch zwei weitere Verzeichnisse an – und zwar AUSGABE und QUELLE. Sie vermuten richtig: Das zu encodierende Material wird nach getaner Arbeit in den Ordner QUELLE verschoben. Dieser Ordner könnte von Zeit zu Zeit entsorgt oder dessen Inhalt in die ursprünglichen Verzeichnisse zurückgelegt werden. Die fertigen Filme landen hingegen im Unterordner AUSGABE.

12.5 Premiere Rush

Wenn die Filmproduktion für soziale Netzwerke für Sie von großer Bedeutung ist, sollten Sie sich mit Premiere Rush auseinandersetzen. Mit dieser Software, die ihren Platz vorwiegend auf mobilen Endgeräten findet, lassen sich (unterwegs) effektvolle Online-Videos erstellen und teilen. Ein weiteres Highlight: Rush-Projekte können später auch in Premiere Pro geöffnet und weiterverarbeitet werden. Zur Technik selbst muss gar nicht viel gesagt werden, denn wenn Sie mit Premiere Pro zurechtkommen, ist die Arbeit mit Premiere Rush geradezu ein Kinderspiel. Weitere Infos finden Sie unter *adobe.com/de/products/premiere-rush.html*. Auf dieser Website wird auch ein Menüpunkt zur Verfügung gestellt, der den direkten Download gestattet – für den Fall, dass Rush auf einem Endgerät installiert werden soll, auf dem aktuell keine Creative Cloud installiert ist. Klicken Sie in diesem Fall auf KOSTENLOS NUTZEN.

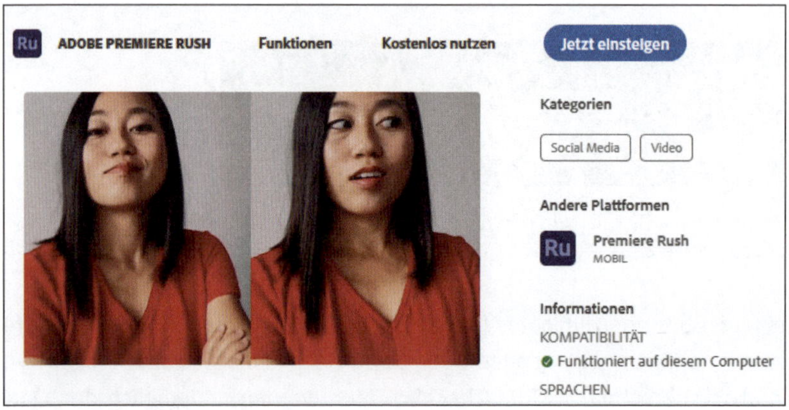

▲ **Abbildung 12.38** Premiere Rush ist das richtige Videoschnitt-Tool für unterwegs.

Die Anwendung kann, wie alle anderen CC-Anwendungen, natürlich auch in der Desktop-App ADOBE CREATIVE CLOUD bereitgestellt werden. Schalten Sie in der Menüleiste auf den linken Eintrag ALLE APPLIKATIONEN, und scrollen Sie nach unten bis zum Eintrag PREMIERE RUSH. Dort wählen Sie INSTALLIEREN.

◂ **Abbildung 12.39**
Rush kann mithilfe der Creative-Cloud-Desktop-App hinzugefügt werden.

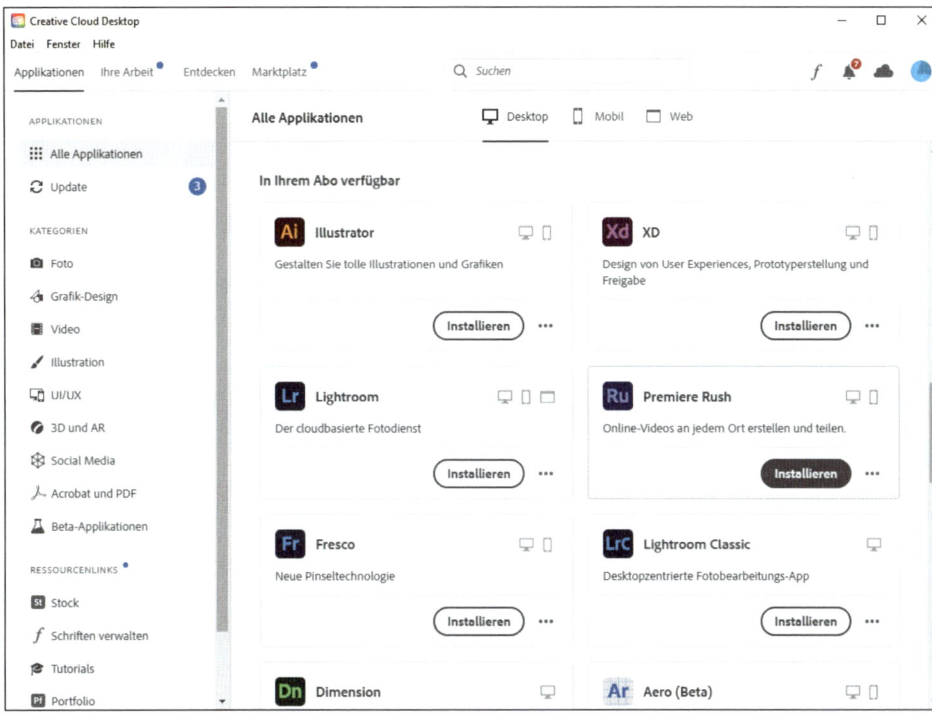

▴ **Abbildung 12.40** Installieren Sie Premiere Rush auf Ihrem Rechner.

Bitte denken Sie daran: Bei Verwendung der App auf mobilen Endgeräten müssen Sie oben in der Zeile ALLE APPLIKATIONEN auf MOBIL umschalten, ehe der Download gestartet wird. Seit einiger Zeit läuft Rush übrigens auch auf Android-Phones.

Systemvoraussetzungen für Premiere Rush checken

Wenn Sie vor der Installation checken wollen, ob Rush auf Ihrem Gerät lauffähig ist, klicken Sie auf die drei Punkte rechts neben dem Installations-Button. Wählen Sie WEITERE INFORMATIONEN aus, und schauen Sie rechts in der Zeile unter INFORMATIONEN KOMPATIBILITÄT nach. Hier wird angezeigt, ob die Anwendung auf Ihrem PC oder Mac funktioniert.

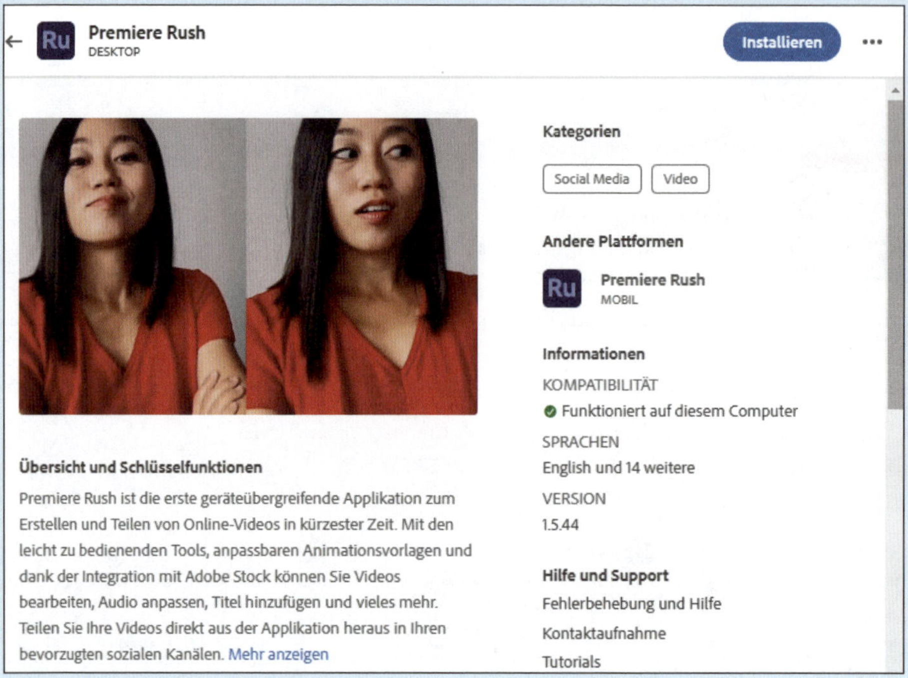

▲ **Abbildung 12.41** Geht doch! Premiere Rush funktioniert auf diesem Rechner.

Premiere Rush ist Bestandteil der Creative Cloud. Sie können die Anwendung aber auch als Einzel-App erwerben (ohne CC-Abo), wobei dann allerdings EUR 11,99 pro Monat fällig werden. Wer kein CC-Abo unterhält und auch vorerst kein Geld dafür ausgeben möchte, kann Rush im Starter-Abo für maximal drei Exporte verwenden.

12.6 Einzelbilder exportieren

Mitunter ist es erforderlich, dass Sie einen Film in einzelne Bilder »zerlegen«. Bei einer aufwendigen Retusche beispielsweise (z. B. das Entfernen einer Drahtseilsicherung beim gewagten Sprung des Hauptdarstellers) kann eine Zergliederung in einzelne Frames sinnvoll werden. In diesem Fall sollten Sie durchnummerierte TIFFs ausgeben.

12.6.1 Ein einzelnes Bild exportieren

Der einfachste Weg, an ein Einzelbild zu gelangen, ist der beherzte Klick auf das Fotoapparat-Symbol in der Schaltflächenleiste des Programmmonitors. Danach müssen Sie einen Dialog abarbeiten und das Format festlegen.

▲ **Abbildung 12.42** Der Einzelbild-Export gelingt mittels Klick auf das Fotoapparat-Symbol ①.

Wenn Sie eine ganze Sequenz in Form von Einzelbildern benötigen, ist diese Vorgehensweise natürlich nur mäßig spannend. Wer hat schon Lust, das 25-mal pro Sekunde Film zu wiederholen?

12.6.2 Fortlaufende TIFFs ausgeben

Sehr viel schneller geht die Ausgabe über die EXPORTEINSTELLUNGEN, mit denen auch gleich eine sinnvolle Bezeichnung vergeben wird, welche die Position jedes einzelnen Fotos chronologisch angibt.

Schritt für Schritt: Eine Sequenz als Einzelbilder ausgeben

In diesem Beispiel bleiben wir bei der Ausgabe als TIFFs, da dieses Bildformat qualitativ hochwertig ist. Es kann verlustlos komprimiert werden und bringt bei der Übergabe auf andere Plattformen (z. B. von Windows auf Mac) keine Probleme mit sich. Darüber hinaus bekommen Sie es, wie bereits erwähnt, bei der Kinowerbung oft mit dieser Form der Ausgabe zu tun.

1 Sequenz vorbereiten

Zunächst einmal sollten Sie die Sequenz wie üblich vorbereiten. Das bedeutet: den für die Ausgabe relevanten Teil mit Sequenz-In und -Out versehen und das Schnittfenster anwählen. Danach leiten Sie den Export in die Wege (Strg/⌘+M oder DATEI • EXPORTIEREN • MEDIEN).

2 Exportbereich einstellen

Wenn Sie nicht die gesamte Sequenz, sondern nur den zuvor zwischen In und Out definierten Bereich der Sequenz ausgeben wollen, werfen Sie einen Blick auf das Steuerelement EXPORTBEREICH. Wenn dort SEQUENZ IN/OUT gelistet ist, müssen Sie hier nichts weiter unternehmen. Schalten Sie nur dann auf VOLLSTÄNDIGE SEQUENZ um, wenn diese auch wirklich komplett ausgegeben werden soll.

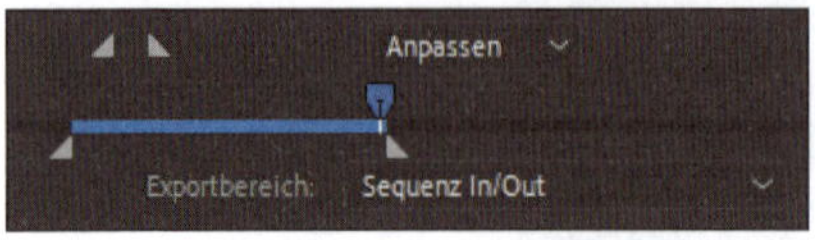

◂ **Abbildung 12.43**
Alles zwischen In und Out wird ausgegeben – und zwar in Einzelbildern.

3 Format wählen

Oben rechts in den EXPORTEINSTELLUNGEN gehen Sie auf das FORMAT TIFF. Im Steuerelement VORGABE wird meist schon das zur Sequenz passende Format eingestellt. Allerdings wird die Vorgabe ohnehin noch verändert.

4 Datei benennen

Als Nächstes vergeben Sie AUSGABENAME und Speicherort. Es ist sinnvoll, die Bezeichnung z. B. mit einem Unterstrich enden zu lassen, da Premiere Pro die fortlaufende Nummerierung dann ohne Leerzeichen anhängt. Wie das aussieht, sehen Sie gleich.

◂ **Abbildung 12.44**
Das Format ist eingestellt und eine logische Bezeichnung festgelegt.

Länge der Zeichenkette

Vor dem Export prüft Premiere Pro, wie viele Einzelbilder zu exportieren sind. Sollten es weniger als 100 sein, begnügt sich die Anwendung mit einer zweistelligen Nummerierung, beginnend bei 00. Größere Sequenzen beginnen entsprechend mit 000 oder 0000. So wird gewährleistet, dass keine Bilder durcheinandergeraten.

5 Weitere Einstellungen vornehmen

Ziehen Sie den Dialog etwas höher auf. Die Registerkarten und deren Inhalte im unteren Drittel sollten gut einsehbar sein. Auf der Registerkarte VIDEO kontrollieren Sie zunächst, ob ALS SEQUENZ EXPORTIEREN aktiv ist, und stellen anschließend die FELDFOLGE auf PROGRESSIV – vorausgesetzt, das Material besteht aus Halbbildern. Ist das nicht der Fall, erscheint die Option ausgegraut. Sie sollten auch die oberhalb befindlichen Abmessungen (Breite und Höhe) kontrollieren. Bei Full HD benötigen Sie 1.920 × 1.080. Mit maximaler Tiefe rendern macht ebenfalls Sinn, da dadurch die Qualität verbessert wird, wenngleich die Dauer der Codierung zunimmt. Das ist allerdings zu vernachlässigen, da Premiere Pro den Job ohnehin ruck, zuck erledigt, sobald Sie Exportieren betätigen.

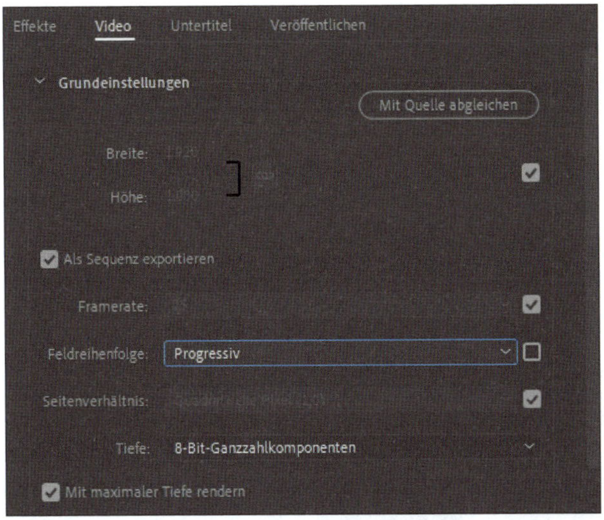

◂ **Abbildung 12.45**
Kontrollieren Sie die Einstellungen, bevor Sie den Job »abschicken«.

Warum keine Halbbilder?

Man sollte meinen, es sei sinnvoll, die Einzelbilder in Form von Halbbildern auszugeben. Bei einer Retusche beispielsweise könnte man dann jedes Halbbild einzeln korrigieren. Das ist aber nicht so, da die Anwendung beide Halbbilder in eine einzelne TIFF-Datei schreibt. Real erhalten Sie also bei einer Sekunde Film keine 50 Halbbilder, sondern 25 zusammengefügte Vollbilder – mit Zeilensprung (siehe Abschnitt 17.1, »Von Fernsehnormen«).

◂ **Abbildung 12.46**
Beide Halbbilder werden bei der TIFF-Ausgabe zusammengefügt. Keine Option also.

6 Auf Einzelbilder zugreifen

Nach erfolgtem Export gehen Sie in das Zielverzeichnis. Dort finden Sie nun alle erstellten Bilder fortlaufend nummeriert, beginnend bei »_00« oder »_000« usw., je nachdem, wie groß die Sequenz gewesen ist. Von hier aus können die Bilder nun weiterverarbeitet werden.

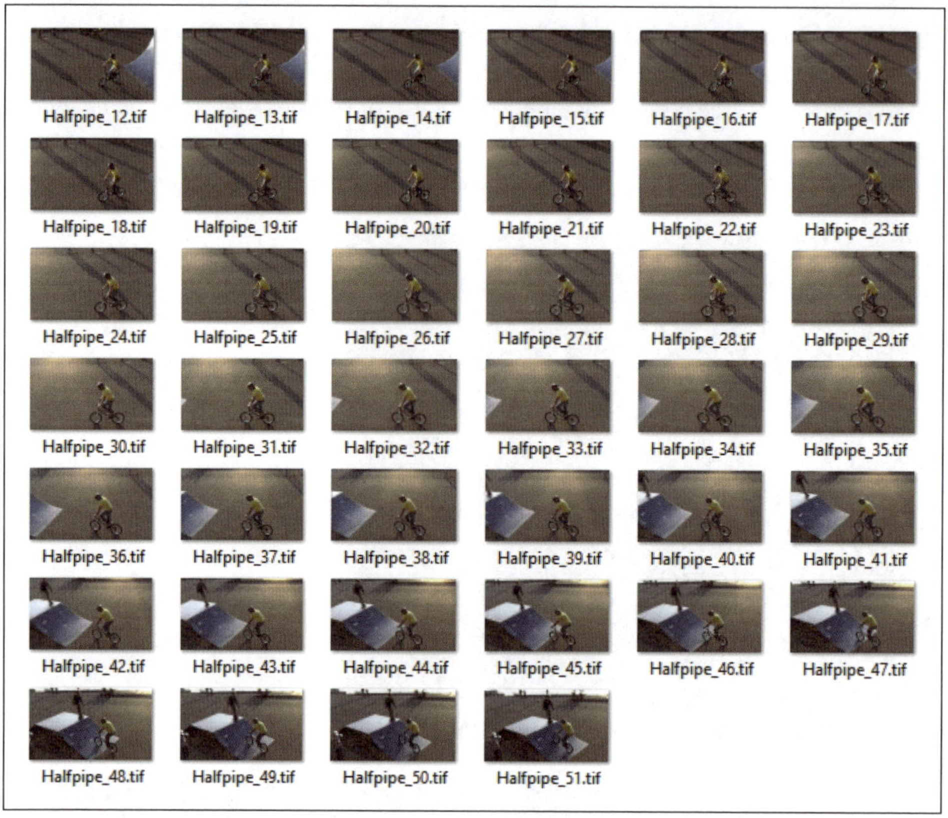

▲ **Abbildung 12.47** Das Video wurde in Einzelbilder »zerlegt«.

12.6.3 Einzelbilder reimportieren

Ihr Kinobetreiber ist befriedet, wenn Sie ihm den Satz TIFF-Einzelbilder vorlegen. Job beendet! Sollten Sie die Fotos allerdings exportiert haben, um eine Retusche in Photoshop durchzuführen, müssen diese ja nach der Bearbeitung wieder in Premiere Pro reimportiert werden. Wie das geht, zeigt der Workshop.

Schritt für Schritt: Reimport als Sequenz

Sie haben ja bereits erfahren, dass Einzelbilder problemlos importiert werden können. Dabei sind allerdings stets die Voreinstellungen, wie z. B. die Standbilddauer, ausschlaggebend – müssen also vorab verändert werden. Nach dem Reimport muss man dran denken, die Einstellungen wieder zu verwerfen. Zu umständlich. Denn eigentlich benötigen wir ja jetzt gar keine Einzelbilder mehr, sondern einen zusammenhängenden Clip.

1 Import-Dialog öffnen

Zunächst wählen Sie DATEI • IMPORTIEREN. Navigieren Sie zum Ordner, der Ihre TIFF-Fotos enthält, und öffnen Sie ihn. Markieren Sie das erste darin befindliche Foto. Anschließend versehen Sie die Checkbox BILDSEQUENZ ❶ mit einem Häkchen.

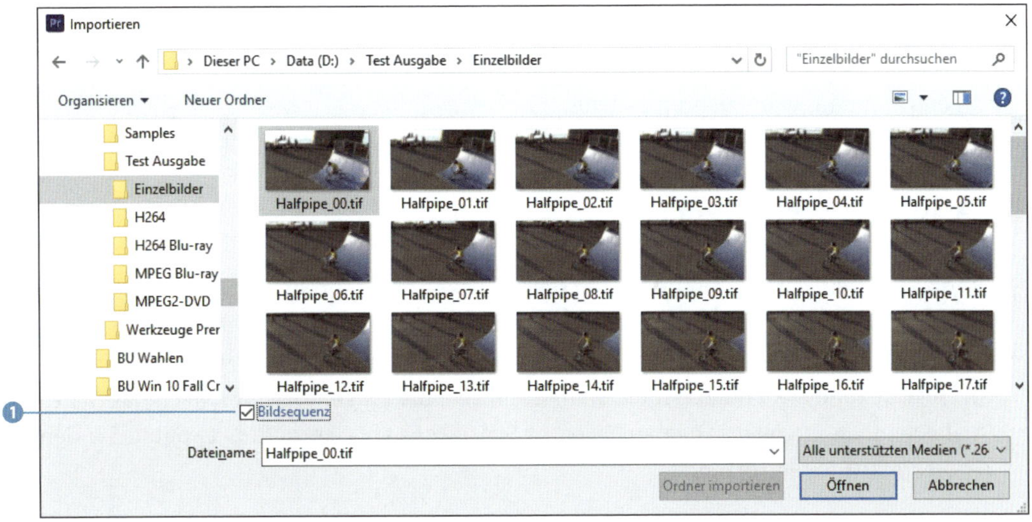

▲ **Abbildung 12.48** Nur das erste Foto wird markiert.

2 Import begutachten

Schauen Sie sich einmal das Asset an, das dem Projektfenster soeben hinzugefügt worden ist. Scheinbar handelt es sich um ein Einzelbild ❷ (Dateiendung *.tif*). Aber irgendwie verfügt das Bild auch über eine gewisse Länge ❸. Wie kann das denn sein?

◂ **Abbildung 12.49**
Einzelbild? Mehr als zwei Sekunden Länge? Wie passt das zusammen?

3 Sequenz erzeugen

Licht kommt ins Dunkel, wenn Sie dieses Asset in eine Timeline ziehen. Tatsächlich – es ist ein Clip (hier von etwas mehr als zwei Sekunden Dauer).

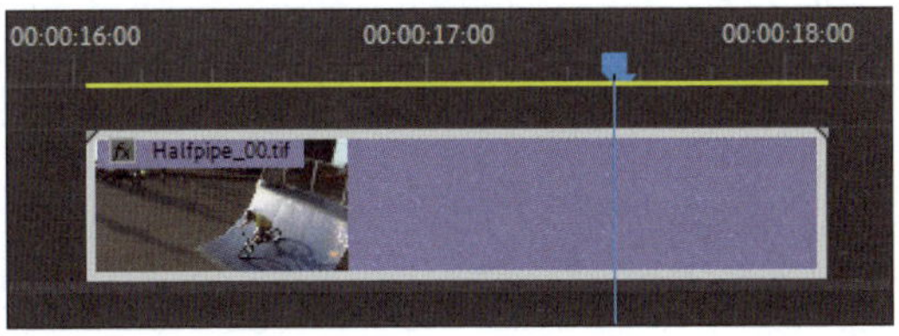

◂ **Abbildung 12.50**
Die Einzelbilder sind zu einem Clip verschmolzen.

12.7 Projekte archivieren

Die Arbeit mit Premiere Pro neigt sich dem Ende zu. Sie haben Ihren Film komplett geschnitten, mit Effekten versehen und ausgegeben. Jetzt möchten Sie sicherlich Ihr Projekt noch sinnvoll abspeichern oder auf eine externe Festplatte auslagern. Denn wenn Sie grundsätzlich alles auf dem Rechner behalten, was Sie im Laufe der Zeit aufgenommen und verarbeitet haben, könnte es sein, dass die internen Festplatten irgendwann aus allen Nähten platzen.

Schritt für Schritt: Projekte archivieren

Möglicherweise haben Sie im Laufe einer Projektarbeit sehr viel experimentiert. Deshalb sind nun zahlreiche Assets im Projektfenster, die überhaupt nicht verwendet worden sind. Es ist auch denkbar, dass Sie von zahlreichen längeren Clips jeweils nur wenige Sekunden benutzt haben. Dann stellt sich die Frage: Warum soll ich das Material eigentlich in voller Länge archivieren? Spätestens an diesem Punkt sollten Sie den Projektmanager einsetzen.

1 Projektmanager öffnen

Um den Projektmanager aufs Parkett zu holen, entscheiden Sie sich in der Premiere-Pro-Menüleiste zunächst für DATEI • PROJEKTMANAGER. Danach dürfen Sie sich je nach Projektumfang einen oder zwei Augenblicke zurücklehnen. Danach präsentiert sich ein nicht zu verachtender Dialog, der das Ergebnis der Analyse ganz unten als Schätzwert präsentiert (RESULTIERENDE PROJEKTGRÖSSE (SCHÄTZUNG) ①).

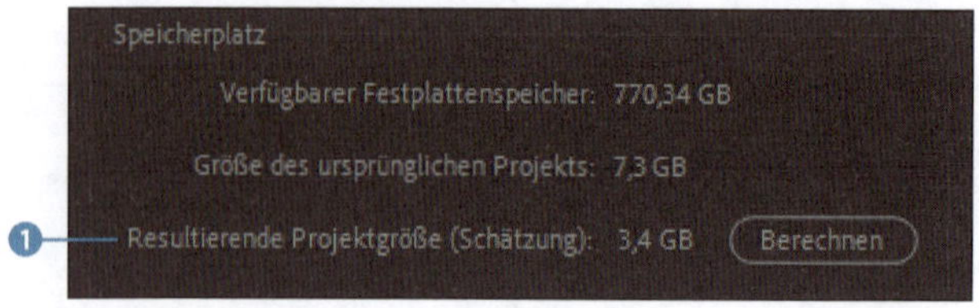

▲ **Abbildung 12.51** Sie können die vermutete Projektgröße berechnen lassen.

2 Quelle wählen

In der obersten Steuerelement-Sammlung SEQUENZ ② dürfen Sie entscheiden, welche Sequenzen denn nun archiviert werden sollen. Wählen Sie einzelne Sequenzen ab, die künftig nicht mehr benötigt werden. Das spart Speicherplatz.

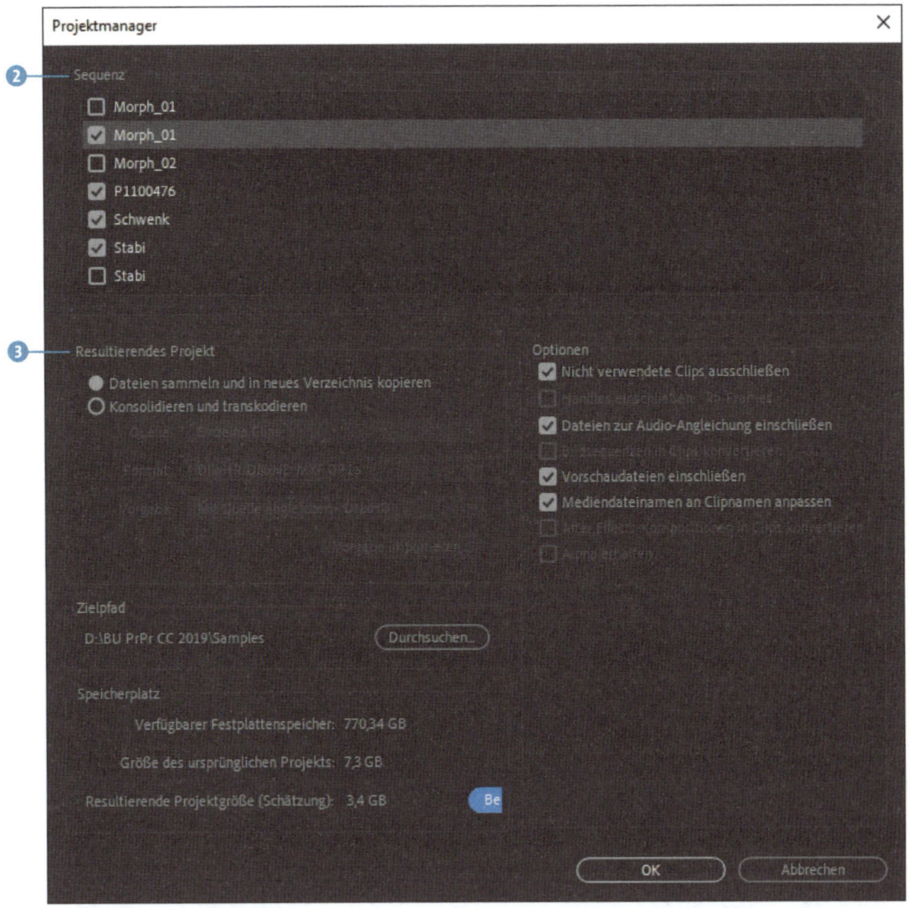

▲ **Abbildung 12.52** Meist müssen nicht alle Sequenzen archiviert werden.

3 Ergebnis festlegen

Nun sollten Sie sich den beiden darunter befindlichen Radiobuttons im Frame Resultierendes Projekt ❸ widmen. Wenn Sie sich für Dateien sammeln und in neues Verzeichnis kopieren entscheiden, werden die Original-Assets berücksichtigt und nicht nur Teile davon. Mit Konsolidieren und transkodieren werden die Originalclips hingegen gekürzt. Es wird prinzipiell nur das verwendet, was auch innerhalb der Sequenz benutzt worden ist. Alles Weitere kann dann mithilfe der darunter befindlichen Steuerelemente veranlasst werden.

Ein weiterer Unterschied: Verwenden Sie den untersten Eintrag, werden weder Vorschaudateien noch die Dateien zur Audioangleichung eingeschlossen. Das ist auch nicht weiter schlimm, denn diese könnten ja anhand der vorhandenen Daten jederzeit neu erstellt werden. Sie nähmen also nur unnötig Platz weg. Achten Sie auch darauf, dass in diesem Fall die entsprechenden Checkboxen im Frame Optionen nicht zur Verfügung stehen. Grundsätzlich sollten Sie also diese Überlegung anstellen: Wenn sicher ist, dass ich nie mehr neu schneiden will, nehme ich den untersten Radiobutton. Das spart zudem meist enorm viel Speicherplatz, der sogar noch weiter optimiert werden könnte, wenn Sie Handles einschliessen ❷ deaktivieren. Lassen Sie die Checkbox aber nach Möglichkeit angewählt, damit an sämtlichen durch In- und Out-Points begrenzten Clip-Enden die angegebene Anzahl von Einzelbildern (hier 25, also eine Sekunde zusätzliches Material) verbleibt (sofern vorhanden, natürlich). Das macht Sinn, falls Sie einmal einen Schnitt verschieben müssen.

4 Clips ausschließen

Mit der Anwahl der Checkbox Nicht verwendete Clips ausschliessen ❶ werden nur Clips in das Archiv übernommen, die auch tatsächlich im Projekt verwendet wurden. Ist die Schaltfläche ausgegraut, sind derartige Clips nicht vorhanden.

5 Clip-Namen anpassen

Die kopierten Filmmaterialdateien erhalten den Namen der aufgenommenen Clips, wenn Sie Mediendateinamen an Clipnamen anpassen ❸ angewählt haben.

6 Berechnen und speichern

Geben Sie im Frame Zielpfad ❹ jetzt noch den Speicherort Ihres zu archivierenden Projekts an, indem Sie auf Durchsuchen klicken. Am Schluss können Sie mithilfe der Schaltfläche Berechnen ❺ noch einmal ermitteln, wie groß das fertige Projektarchiv schätzungsweise sein wird. Nach einer kurzen Analyse sollte das Ergebnis vorliegen. Vergleichen Sie die Grösse des ursprünglichen Projekts mit der jetzt noch resultierenden Projektgröße.

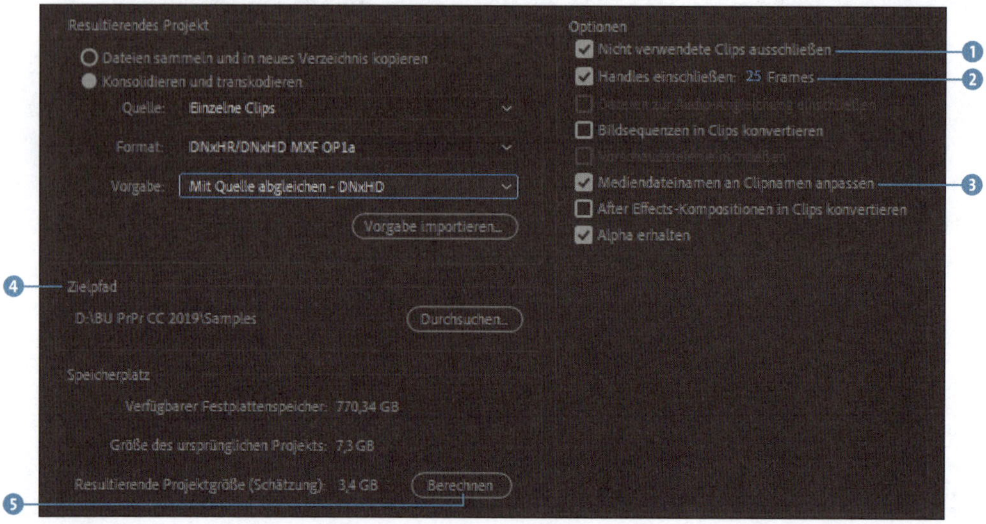

▲ **Abbildung 12.53** Hier beträgt die Differenz gleich mehrere Gigabytes. Die Konsolidierung lohnt sich also.

12.8 Ausgabe als Premiere-Pro-Projekt

Zuletzt möchte ich Ihnen noch eine relativ neue Ausgabemöglichkeit vorstellen. Mit ihr ist es nämlich möglich, ein neues Premiere-Pro-Projekt aus einzelnen Assets eines bereits vorhandenen zu erzeugen. Das Gute: Sie können sowohl herkömmliche Assets (Filme, Titel usw.) als auch Ablageordner und sogar Sequenzen im Projektfenster markieren. Anschließend entscheiden Sie sich für DATEI • EXPORTIEREN • AUSWAHL ALS PREMIERE PRO-PROJEKT, worauf der Dialog PROJEKT SPEICHERN zur Verfügung gestellt wird. Klicken Sie auf SPEICHERN, werden nicht nur die Assets zusammengetragen, sondern es wird auch eine Projektdatei mit der Endung *.prproj* produziert.

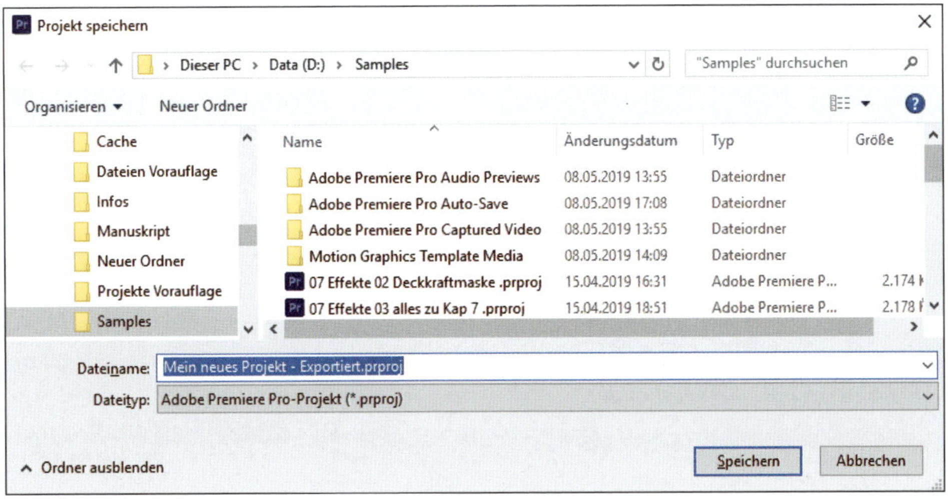

▲ **Abbildung 12.54** Legen Sie ein neues Premiere-Pro-Projekt aus ausgesuchten Assets und Sequenzen an.

Teil III
Premiere Pro im Workflow

13 Import und Aufnahme

Der Psychothriller »Tesis« von Alejandro Amenábar ist wirklich nichts für schwache Nerven, wenngleich die Schockmomente bei Weitem hinter denen herkömmlicher Psycho- oder Horrorstreifen zurückbleiben. Im Mittelpunkt der Handlung stehen Videoaufnahmen, die das Leben der Filmstudentin Angela nicht nur nachhaltig beeinflussen, sondern auch drastisch verkürzen können. Als reale Botschaft hinter dem Schocker kann durchaus eine von Sensationsgier geprägte Welt ausgemacht werden. Sehenswert!

Zum Glück kann man Filme in Premiere Pro importieren, ohne gleich die eiskalte Hand eines mordlüsternen Psychopathen fürchten zu müssen. Dazu stellt Premiere Pro verschiedene Werkzeuge und Möglichkeiten zur Verfügung. Zu unterscheiden ist, ob das Material zuvor bereits aufgenommen worden ist und, wenn ja, ob es sich auf Band oder einem anderen Speichermedium, wie z. B. einer Festplatte oder einer Speicherkarte, befindet.

Und darum geht's in diesem Kapitel:

- Wie bewältige ich einen bandlosen Workflow?
- Wie bereite ich Bandprojekte für die Aufnahme vor?
- Wie konfiguriere ich die Gerätesteuerung?
- Wie nehme ich digitales Bandmaterial auf?
- Wie funktioniert die Szenenerkennung?
- Wie erzeuge ich eine Batchaufnahme?

13.1 Der bandlose Workflow

Grundsätzlich müssen Videoaufnahmen von Bändern zunächst einmal in ein Format umgewandelt werden, mit dem Premiere Pro arbeiten kann – selbst wenn sie digitalen Ursprungs sind. So verhält es sich beispielsweise bei Digital-DV-Material oder HDV. Bei neueren Formaten, wie z. B. AVCHD, ist dies nicht mehr erforderlich, da die Daten auf einem festen Speichermedium (Speicherkarte, Festplatte) vorliegen und Ihre Videoschnitt-Applikation in der Regel mit den ursprünglich von der Kamera erzeugten Dateiformaten umgehen kann. Die Übertragung zwischen Aufnahmegerät und Rechner (das sogenannte *Capturing*) entfällt also in diesem Fall. Dennoch ist einiges zu beachten. Im Folgenden wollen wir uns beispielhaft für alle bandlosen Workflows mit AVCHD beschäftigen.

13.1.1 Kamera anschließen

Bei Karten-Camcordern gibt es prinzipiell zwei unterschiedliche Wege, auf das Material zuzugreifen. Entweder Sie entnehmen die Karte und verwenden einen Kartenleser, oder Sie greifen direkt auf die Kamera zu. Bei Festplatten-Camcordern besteht nur die zweite Möglichkeit. Zudem ist generell zu beachten, dass Cardreader mitunter weniger leistungsfähig sind als Ihre Kamera. Deswegen ist der Verbleib des Chips in der Kamera und der direkte Import von dort zum Rechner oft vorzuziehen.

Verbinden Sie Kamera und Rechner miteinander. In der Regel gelingt das prima via USB oder HDMI. Danach schalten Sie den Camcorder ein und aktivieren den Wiedergabemodus. Die Kamera wird entsprechend reagieren und verschiedene Optionen zur Verfügung stellen. Entscheiden Sie sich hier für den PC-Anschluss oder AVCHD-Anschluss. Sollte das Betriebssystem mit einer Hinweistafel antworten, können Sie über diese auf das Speichermedium der Kamera zugreifen. Beim Mac wird die Kamera in der Regel als Laufwerk auf dem Schreibtisch angezeigt. Ein Doppelklick darauf genügt.

◂ **Abbildung 13.1**
Am Mac erscheint das Aufnahmegerät als Festplatte – auch wenn es sich um Camcorder mit Speicherchips handelt.

13.1.2 Direkt auf bandlose Daten zugreifen

Einmal ganz davon abgesehen, dass Camcorder oft Software mitbringen, mit der die Übertragung der Filme auf den Rechner ermöglicht wird, können Sie auch direkt auf das Speichermedium zugreifen. Sie müssen dazu aber ein wenig suchen. Der Pfad zu den Clips könnte beispielsweise dieser sein: *PRIVATE\AVCHD\BDMV\STREAM*. Wenn Sie einen der Filme (im Beispiel mit der Dateiendung *.mts*) doppelt anklicken, öffnet sich im Idealfall der Media Player oder QuickTime-Player, und Sie dürfen die Filme erstmals auf dem Rechner ansehen. Rein theoretisch könnten Sie also die Filme schauen und nur das, was Sie wirklich benötigen, in einen bereitgestellten Ordner des Computers ziehen.

Kein Import via Media-Browser | Falls Sie direkt über den Media-Browser von Premiere Pro auf das Speichermedium zugreifen, können Sie die Filme zwar prima ins Projektfenster ziehen, jedoch werden sie dadurch nicht auf den Rechner importiert. Kappen Sie die Verbindung zur Kamera, stehen die Clips nur noch als Offline-Dateien zur Verfügung. Anstelle eines Films gibt es dann lediglich eine Hinweistafel. Das betrifft auch Clips, die sich bereits im Schnittfenster befinden.

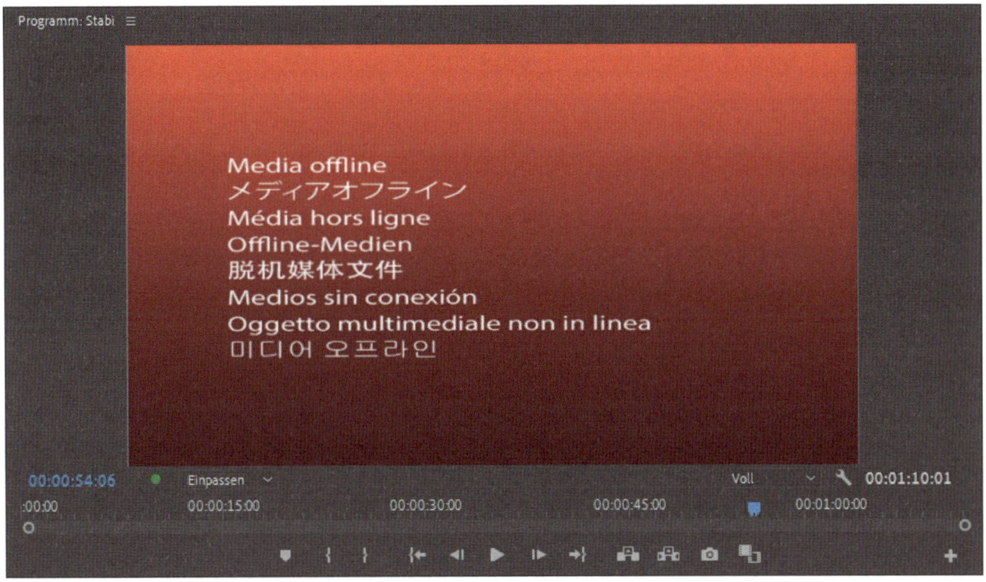

▲ **Abbildung 13.2** Hier geht nichts mehr. Premiere Pro kann nicht mehr auf die Medien zugreifen, nachdem die Kamera entfernt worden ist.

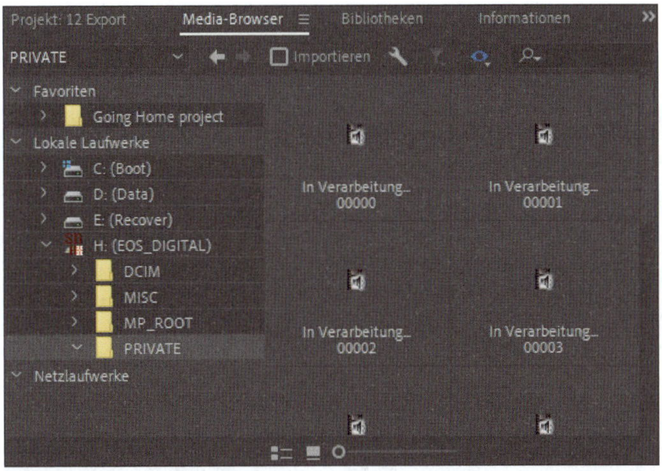

▲ **Abbildung 13.3** Gedulden Sie sich bitte einen Augenblick. Die Bereitstellung der Vorschauminiaturen kann ein wenig dauern.

Medien aktualisieren | Stellen Sie sich einmal das Szenario vor, dass sich der liebe Berichterstatter-Kollege, nennen wir ihn einmal Fritz, ohne dass Sie es bemerken, das Aufnahmegerät schnappt und damit zum nächsten Job ausrückt. Nun, Fritz ist ein wirklich netter Kerl, aber leider auch sehr phlegmatisch. Er hat nämlich überhaupt nicht bedacht, dass für Sie die Arbeit nun beendet ist. Sie kommen zurück an den PC und finden den folgenden Dialog vor, der die fehlende Verknüpfung reparieren möchte.

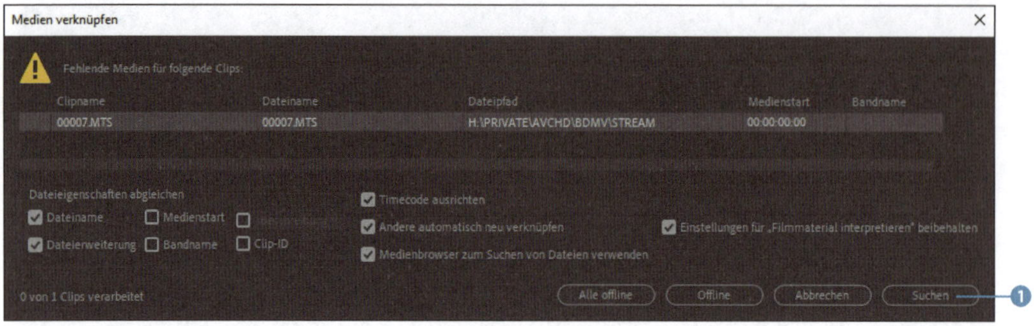

▲ **Abbildung 13.4** Wenn keine Kamera angeschlossen ist, kann auch der Dialog nicht helfen.

Gott sei Dank, nach nur wenigen Minuten kommt Fritz mitsamt Kamera zurück. Was hat er sich nur dabei gedacht? Aber Glück gehabt. Schnell die Kamera wieder anschließen und warten … aber nichts passiert. Die Daten bleiben offline. Abhilfe schafft hier nur ein beherzter Klick auf SUCHEN ❶ unten rechts. Warten Sie einen Augenblick, bis der Pfad aktualisiert wurde und die Vorschauminiaturen angezeigt werden. Nun könnten Sie nach dem fehlenden Asset suchen, dürfen aber auch gerne unten auf NUR EXAKTE TREFFER ANZEIGEN ❷ gehen. Dann wird nur die Datei angezeigt, die zuvor vermisst worden ist, und kann mittels Klick auf OK wiederhergestellt werden. Die übrigen Filme werden dabei übrigens gleich mit online gesetzt.

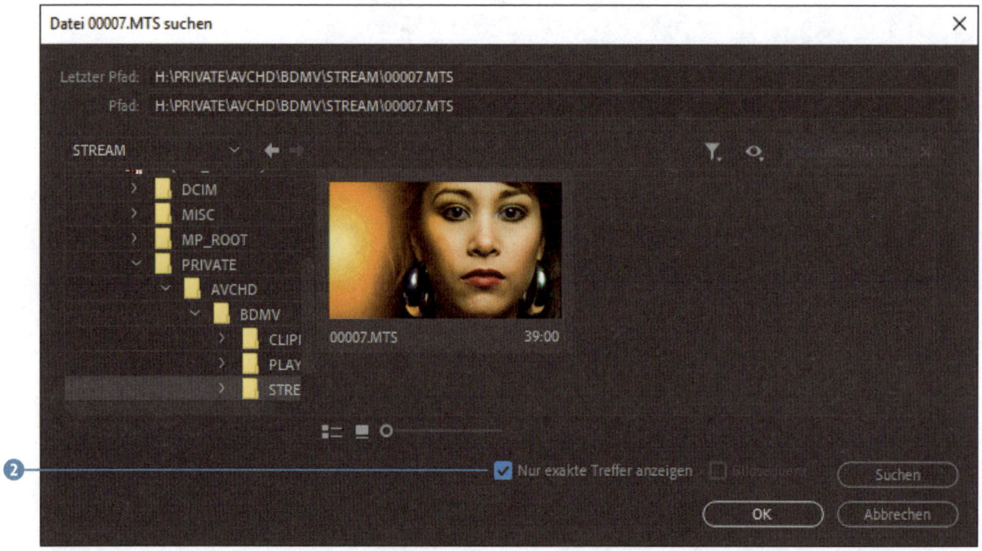

▲ **Abbildung 13.5** Jetzt wird nur der Clip angezeigt, der als exakter Treffer auserkoren wurde.

Für den Fall, dass Fritz doch länger unterwegs ist, müssen Sie den Dialog natürlich nicht geöffnet lassen. Brechen Sie ihn ab, und entscheiden Sie sich nach Wiederherstellung der Kameraverbindung für einen Rechtsklick auf das Asset, das im Projektfenster als fehlend ausgewiesen wird. Klicken Sie auf Medien verbinden, um in den Dialog Medien verknüpfen zurückzugelangen.

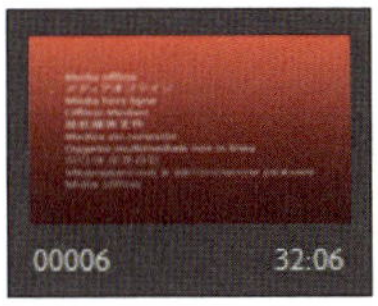

◂ **Abbildung 13.6**
Dieser Film ist offline.

Offline arbeiten

Sollte der Camcorder (und somit das Filmmaterial) nicht zur Verfügung stehen, können Sie den Dialog auch mit Klick auf Offline oder Alle offline verlassen. Das Bildmaterial der betroffenen Clips steht dann zwar nicht zur Verfügung, jedoch können Sie im Projekt weiterarbeiten. Sobald das Gerät wieder angeschlossen ist, führen Sie den beschriebenen Rechtsklick auf einem Offline-Asset im Projektfenster aus und wählen Medien verbinden.

13.1.3 Clips auf Festplatte transferieren

Nun ist gegen den Zugriff auf die Kamera während des gesamten Produktionsprozesses prinzipiell nichts einzuwenden. Mitunter werden ja auch nur wenige Clips benötigt, geschnitten und ausgegeben. Dann macht es wenig Sinn, das gesamte Material zu importieren. Klicken Sie im Medien-Browser dazu einfach mit rechts auf den Clip, und entscheiden Sie sich im Kontextmenü für Importieren.

13.2 Band-Workflow vorbereiten

Arbeiten Sie mit Band-Camcordern (z. B. DV oder HDV), ist die Übertragung vorhandener Aufnahmen auf die Festplatte nicht mehr optional. Hier *müssen* Sie dafür sorgen, dass das Material auf den Rechner gelangt.

13.2.1 Erforderliche Hardware

Damit das Filmmaterial den Weg in den Rechner findet, muss es über eine geeignete Schnittstelle übertragen werden. Wenn der Camcorder über einen digitalen Port (z. B. FireWire, i.Link, HDMI) verfügt und ein entsprechender Eingang im Rechner bereitsteht, sind bereits alle Voraussetzungen geschaffen. USB ist ebenfalls kompatibel, jedoch kann es bei der Verarbeitung mit USB 2.0 mitunter zu Verzögerungen kommen.

13.2.2 Neues Projekt erstellen

Welche Einstellungen Sie in den Dialogen Neues Projekt und Neue Sequenz verwenden (sofern Sie denn mit einem neuen Projekt beginnen), spielt zunächst einmal keine Rolle. Immerhin können Sie ja zu einem späteren Zeitpunkt eine neue Sequenz anhand des aufzunehmenden Materials erzeugen. Wie das geht, schauen wir uns gleich noch an.

Standardmäßig gilt, dass sämtliche Video- und Audioaufnahmen, die Sie im Zusammenhang mit dem aktuellen Projekt anfertigen, im gleichen Verzeichnis gespeichert werden wie die Projektdatei. Es kann interessant sein, beides voneinander zu trennen. Wenn Sie die aufzunehmenden Videos lieber auf eine angeschlossene, externe Festplatte auslagern wollen, damit Ihre Systemplatte nicht zu voll wird, ist dagegen nichts einzuwenden. In diesem Fall sollten Sie, sofern Sie ein neues Projekt erstellen, vor dem Klick auf OK noch das Register Arbeitslaufwerke anwählen. Stellen Sie die Speicherorte für Videoaufnahme und Audioaufnahme nach Wunsch um, indem Sie jeweils auf Durchsuchen klicken und den gewünschten Pfad festlegen.

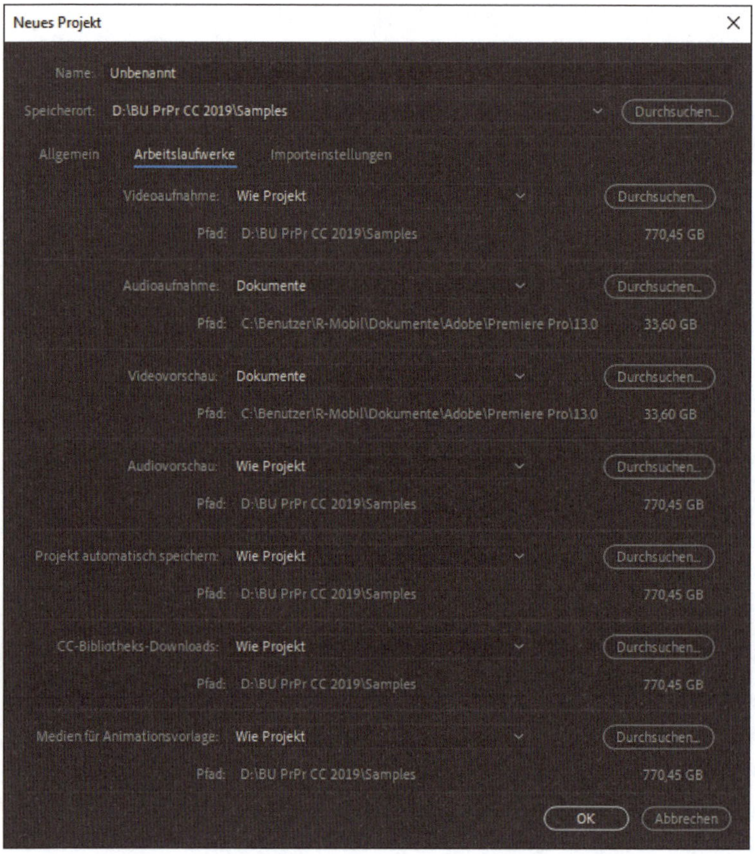

▲ **Abbildung 13.7** Bereits an dieser Stelle können die Arbeitslaufwerke eingerichtet werden.

Voreinstellungen nachträglich festlegen

Sollten Sie bereits ein neues Projekt geöffnet haben und jetzt für die Aufnahmen lediglich mit einer neuen Sequenz arbeiten, gehen Sie auf Datei • Projekteinstellungen • Arbeitslaufwerke. Hier finden Sie dann den gleichen Dialog vor. Bereits im Projekt vorhandene Dateien werden dabei allerdings nicht automatisch verschoben.

Speicherort der Video- und Audiovorschau

Speicherorte für die Video- und Audiovorschau lassen sich ebenfalls angeben. Damit gemeint sind von Premiere Pro zu berechnende Arbeitsdateien, wie z. B. eine Überblendung zwischen zwei Clips. Dieses Material gibt es ja noch gar nicht und muss eigens erzeugt werden. Und wo diese eigens erzeugten Dateien abgelegt werden sollen, bestimmen Sie mit den unteren beiden Zeilen.

13.2.3 Aufnahme-Voreinstellungen ändern

Die Anwendung selbst bietet einige Möglichkeiten in Sachen Voreinstellungen, die Sie zumindest vor der ersten Aufnahme einmal ansehen sollten. Gehen Sie zunächst auf BEARBEITEN/PREMIERE PRO • VOREINSTELLUNGEN • AUFNEHMEN. Hier werden weitere Einstelloptionen zugänglich. Zwar sollen diese jetzt nicht geändert werden, doch möchte ich Ihnen kurz vorstellen, welche Funktionen sich dahinter verbergen:

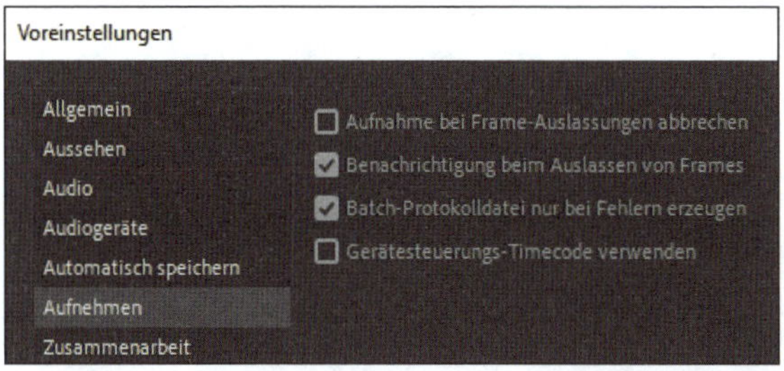

◂ **Abbildung 13.8**
Werfen Sie noch einen kurzen Blick auf die Aufnahme-Voreinstellungen.

- AUFNAHME BEI FRAME-AUSLASSUNGEN ABBRECHEN: Aktivieren Sie diese Checkbox, wird Premiere Pro die spätere Aufnahme sofort abbrechen, sobald einzelne Bilder während der Aufnahme ausgelassen werden. Da Sie hierüber, wie Sie gleich noch sehen werden, ohnehin stets im Bilde sind, ist diese Funktion nicht sonderlich sinnvoll.
- BENACHRICHTIGUNG BEIM AUSLASSEN VON FRAMES: Wenn bei der Aufnahme Bilder vernachlässigt wurden, sollte dies in einem anschließenden Bericht angezeigt werden. Lassen Sie diese Checkbox bitte ebenso angewählt wie die darunter befindliche.
- BATCH-PROTOKOLLDATEI NUR BEI FEHLERN ERZEUGEN: Ein entsprechendes Protokoll wird nur dann erzeugt, wenn sich auch tatsächlich ein Fehler ergeben hat.
- GERÄTESTEUERUNGS-TIMECODE VERWENDEN: Beachten Sie bitte hierzu die Ausführungen im Anschluss an den folgenden Workshop, und verzichten Sie zunächst darauf, diese Checkbox zu aktivieren.

Gerätesteuerung definieren

Bevor Sie beherzt auf OK klicken, möchte ich nicht versäumen, Sie auf die Möglichkeit aufmerksam zu machen, auf die Gerätesteuerung zuzugreifen. Klicken Sie dazu einfach links in der Liste der Voreinstellungen auf den Eintrag GERÄTESTEUERUNG. Die Eigenschaften werden im Folgenden erläutert.

13.3 Filmmaterial vom Band einspielen

Sobald die Vorarbeiten erledigt sind, können Sie mit der eigentlichen Aufnahme beginnen. Na ja, noch nicht ganz. Einige kleine Einstellungen sind noch erforderlich. So wollen wir zunächst dafür sorgen, dass Premiere Pro und Ihr Camcorder überhaupt Bereitschaft zur Zusammenarbeit zeigen. Machen wir beide also miteinander bekannt. In den eigentlichen Aufnehmen-Dialog von Premiere Pro gelangen Sie, indem Sie entweder DATEI • AUFNEHMEN wählen oder [F5] drücken. Sollte irgendetwas mit der Verbindung nicht in Ordnung sein – sei es, dass die Kabel nicht richtig miteinander verbunden sind oder der Camcorder nicht eingeschaltet ist –, meldet die Anwendung »Aufnahmegerät offline« ❶ oben links im Fenster. Des Weiteren werden sämtliche Steuerelemente im unteren Bereich dieses Dialogs ausgegraut dargestellt – ein Indiz dafür, dass sie nicht bedienbar sind.

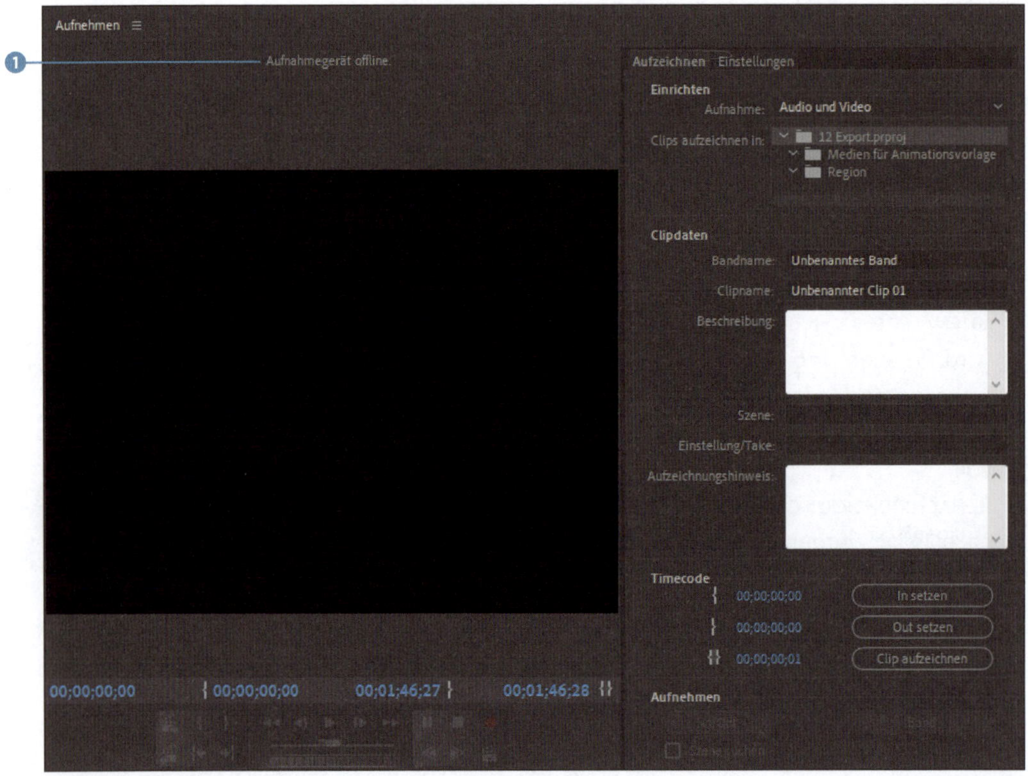

▲ **Abbildung 13.9** Der Camcorder wird noch nicht erkannt.

Wird der Camcorder hingegen nicht offline, sondern mit dem Eintrag ANGEHALTEN präsentiert, haben Sie allen Grund zum Jubeln, denn das Gerät wurde erkannt. Die Steuerelemente sollten jetzt auch bedienbar sein.

13.3.1 Aufnahmeeinstellungen vornehmen

Aktivieren Sie zunächst oben rechts die Registerkarte EINSTELLUNGEN. Hier können Sie im Bereich AUFNAHME-SPEICHERORT bestimmen, wo die Aufnahmen abgelegt werden sollen. Falls Sie diese Einstellung noch nicht vorgenommen haben, besteht nun im Aufnehmen-Dialog erneut die Möglichkeit dazu. Zur Änderung des Pfades klicken Sie dann lediglich auf DURCHSUCHEN.

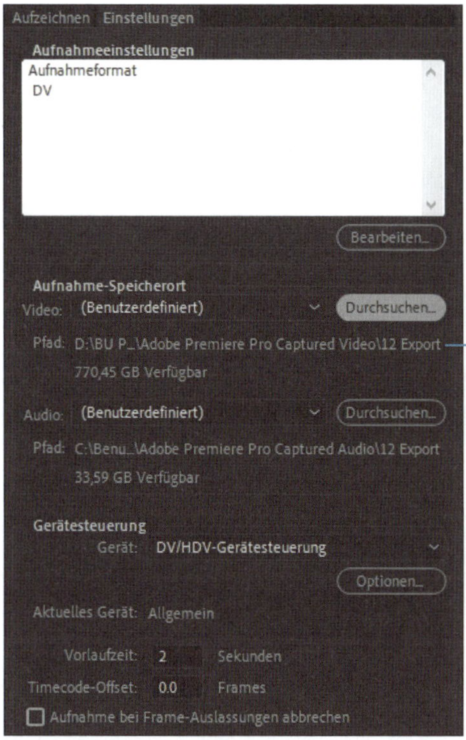

◂ **Abbildung 13.10**
Bevor Sie aufnehmen, sollten Sie einige Parameter einstellen.

Achten Sie auch darauf, dass links unterhalb der Schaltfläche sowohl der Pfad als auch der auf der Festplatte noch zur Verfügung stehende Speicherplatz ❷ präsentiert werden.

Sollte ANGEHALTEN noch nicht ausgewiesen sein oder sollte nach Druck des Play-Buttons nur ein Schwarzbild gezeigt werden, gehen Sie folgendermaßen vor: Falls noch die Registerkarte AUFZEICHNEN im Vordergrund steht, klicken Sie oben rechts auf EINSTELLUNGEN. Wählen Sie jetzt im Frame GERÄTESTEUERUNG den Button OPTIONEN ❸ an.

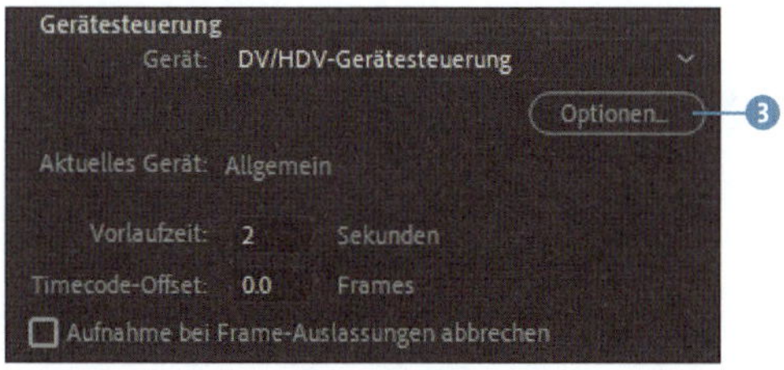

◂ **Abbildung 13.11**
Lassen Sie sich die Gerätesteuerungsoptionen anzeigen.

Nachdem sich der Dialog OPTIONEN geöffnet hat, können Sie zunächst den VIDEOSTANDARD (PAL oder NTSC) einstellen. Entscheiden Sie sich zunächst für PAL. Wechseln Sie danach auf das zweite Steuerelement GERÄTEMARKE. Hier wählen Sie das Fabrikat, das Ihrem Camcorder entspricht. Sollte das gewünschte Fabrikat nicht gelistet sein, gehen Sie im obersten Pulldown-Menü auf NTSC. Keine Angst – Sie werden dadurch keine NTSC-Aufnahmen erzeugen, denn es geht hier ausschließlich um die Gerätesteuerung. Suchen Sie in GERÄTEMARKE und GERÄTETYP abermals nach Ihrer Kamera. Ist sie auch dann noch nicht zu finden, lassen Sie den Eintrag STANDARD stehen. Zuletzt klicken Sie auf STATUS PRÜFEN.

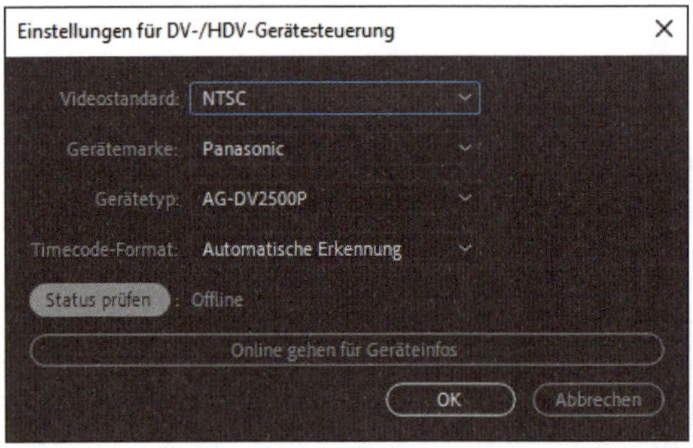

◂ **Abbildung 13.12**
Sorgen Sie dafür, dass sich der Camcorder von Premiere Pro aus steuern lässt.

13.3.2 Aufnehmen mit der Gerätesteuerung

Sobald die Gerätesteuerung konfiguriert ist, lässt sich der angeschlossene Camcorder aus Premiere Pro heraus bedienen. Es sei darauf hingewiesen, dass der Camcorder zunächst mit dem Rechner verbunden und erst danach eingeschaltet werden sollte. Wählen Sie den Wiedergabemodus. Damit wären alle Einstellungen in Bezug auf die Gerätesteuerung erledigt. Nun ist es Zeit für eine erste Probeaufnahme. Im Frame EINRICHTEN der Registerkarte AUFZEICHNEN können Sie bestimmen, was aufgenommen werden soll. In den meisten Fällen möchte man sowohl Bild als auch Ton aufzeichnen, weshalb Sie kontrollieren sollten, ob hier AUDIO UND VIDEO angegeben ist.

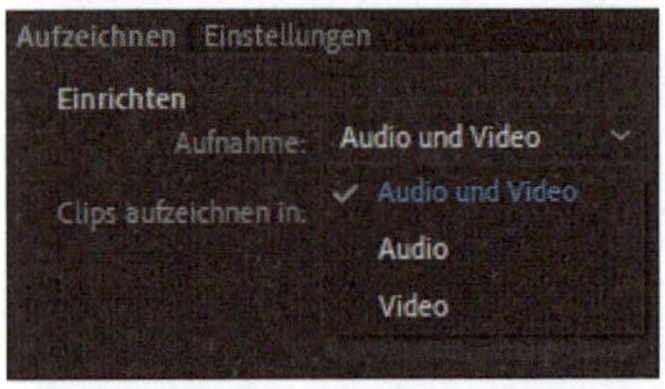

◂ **Abbildung 13.13**
Nur dieser Eintrag sorgt für Bild *und* Ton.

Kontrolle ist besser

Sie müssen wissen, dass durch bloßes Drücken von [A] oder [V] eine Umstellung erreicht wird. Danach steht die Aufnahme nur noch für die Video- oder Audioseite zur Verfügung. Aus diesem Grund sollte vor Beginn der Aufzeichnung ein Blick auf das Steuerelement zur Routine werden.

Wenn Sie nur das Bild ohne Ton aufzeichnen wollen, schalten Sie hier auf Video um. Dies bietet sich z. B. an, wenn von vornherein klar ist, dass der Originalton im Projekt keine Verwendung finden wird. Klassisches Beispiel: Das gesamte Video wird mit Musik untermalt, ohne dass der Originalton mit einwirken soll. Umgekehrt könnte natürlich auch das Bild vernachlässigt und nur der Ton aufgenommen werden. In beiden Fällen sparen Sie viel Speicherplatz, da die aufzunehmenden Dateien natürlich entsprechend kleiner werden.

Drücken Sie jetzt die Abspielen-Schaltfläche. Kurz darauf sollte das Bild im Monitor wiedergegeben werden. Betätigen Sie den Button Aufnahme, und lassen Sie das Band einige Sekunden weiterlaufen. Wenn Sie die Aufnahme beenden möchten, klicken Sie entweder erneut auf den Aufnahme-Button oder bedienen sich der Stopp-Schaltfläche. Geben Sie dem Asset anschließend einen Namen, und bestätigen Sie mit OK.

Schieben Sie das Aufnahmefenster etwas zur Seite, oder schließen Sie es. Widmen Sie sich anschließend dem Projektfenster. Die soeben vollzogene Aufnahme sollte sich jetzt auch als Asset in Ihrem Projektfenster befinden. Hier können Sie den Clip ganz normal weiterverarbeiten.

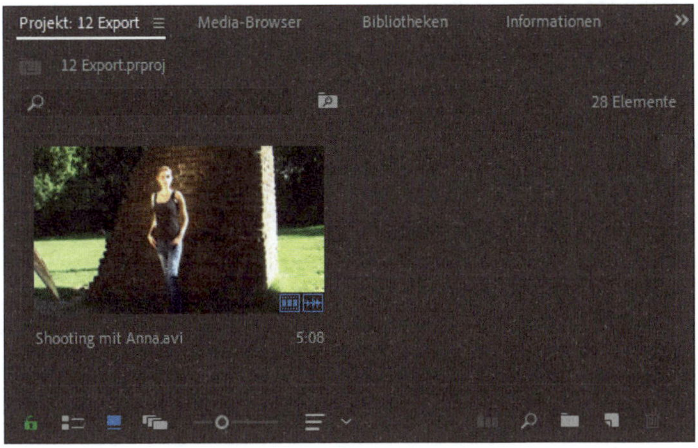

◂ **Abbildung 13.14**
Die Aufnahme befindet sich jetzt im Projektfenster.

13.3.3 Aufnahmen mit In- und Out-Points

In der zuvor beschriebenen Weise lassen sich Aufnahmen natürlich ganz schnell realisieren. Der Nachteil: Anfang und Ende sind eher dem Zufall überlassen und wenig präzise. Da Digitalaufnahmen mit einem Timecode versehen sind, ist es möglich, bildgenau aufzunehmen. Den Einsatz von In- und Out-Points haben Sie ja bereits kennengelernt. Genau diese Technik können Sie sich auch bei der Aufnahme zunutze machen. Navigieren Sie zunächst grob an die Stelle, die Sie aufnehmen möchten. Danach setzen Sie den Camcorder in den Pause-Modus. Suchen Sie nun den exakten Einstiegspunkt, und platzieren Sie dort einen In (siehe Registerkarte Aufzeichnen, Taste In setzen). Auf die gleiche Weise verfahren Sie mit dem Ausstiegspunkt, wobei hier selbstverständlich Out setzen aktiviert werden muss.

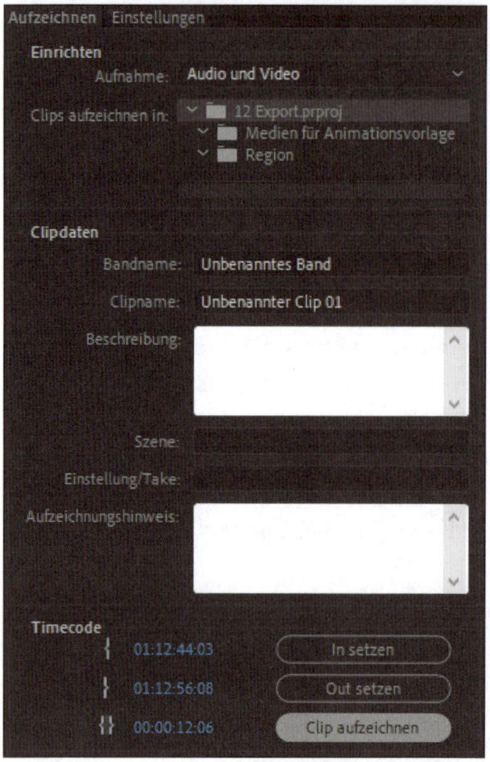

◂ **Abbildung 13.15**
Wenn alles erledigt ist, klicken Sie auf CLIP AUFZEICHNEN.

13.3.4 Szenenerkennung verwenden

Sicher wird es Ihnen keine große Freude bereiten, jede einzelne Aufnahme auf diese Art und Weise durchzuführen; es sei denn, es ist Ihnen an wenigen, auf dem Band verstreuten Aufnahmen gelegen. Wenn Sie jedoch ein ganzes Videoband »capturen« wollen, ist es komfortabler, die einzelnen Szenen von Premiere Pro trennen zu lassen. Spulen Sie zunächst das Band an die Stelle, an der Sie mit der Aufnahme beginnen möchten. Mitunter ist es erforderlich, einige Bilder mehr zurückzuspulen, damit Sie den Anfang des ersten relevanten Clips nicht verpassen. Falls Sie mehrere Bänder aus dem Urlaub mitgebracht haben, sollten Sie sich die Mühe machen, das Band zu benennen. Das machen Sie in der Mitte der Registerkarte AUFZEICHNEN, und zwar im Bereich CLIPDATEN. Unter CLIPNAME ❶ geben Sie außerdem einen Namen für die folgenden Szenen an. Premiere Pro wird alle Szenen anschließend durchnummerieren.

Im unteren Frame AUFNEHMEN aktivieren Sie jetzt die Checkbox SZENE SUCHEN ❷. Dies hat zur Folge, dass Premiere Pro für jede neue Szene auf Ihrem Band auch einen neuen Clip anlegt. Dabei orientiert sich die Anwendung an den Informationen des Bandes. Genauer gesagt, wird registriert, wann Sie seinerzeit die Kamera mithilfe der Pause- oder Stopptaste angehalten haben. An dieser Stelle wird beim Überspielen auf den Rechner ein neuer Clip erzeugt. Dies ist nicht der Fall, wenn Sie SZENE SUCHEN inaktiv lassen. Klicken Sie am Schluss auf die Schaltfläche BAND ❸, und genießen Sie die neu gewonnene Freizeit. Denn daraufhin werden sämtliche Szenen nacheinander in das Projektfenster manövriert.

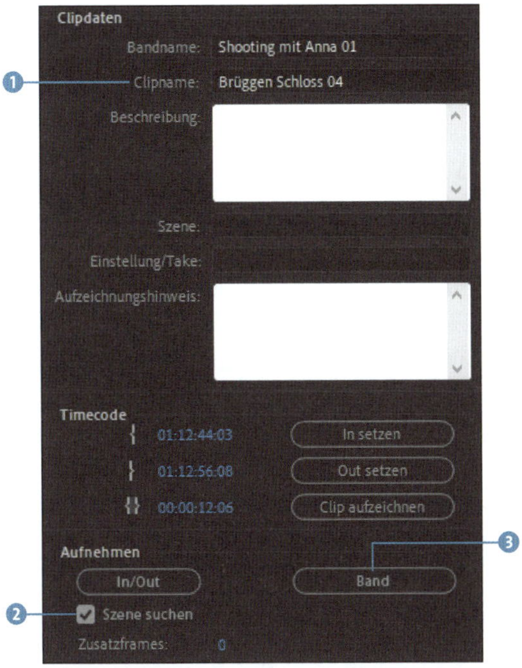

◀ **Abbildung 13.16**
Lassen Sie Premiere Pro die Arbeit machen.

Premiere Pro wird in der Regel den gesamten Job abarbeiten und sich bis zum Bandende vorkämpfen. Dabei wird Clip für Clip im Projektfenster abgelegt. Wenn Sie jedoch vorzeitig abbrechen wollen, klicken Sie einfach auf STOPP. Die bis dahin gewonnenen Aufnahmen bleiben natürlich erhalten.

13.3.5 Timecode-Unterbrechungen

In der Regel wird Premiere Pro zuverlässig das gesamte Band aufnehmen. Allerdings reagiert die Szenenerkennung ziemlich allergisch auf Timecode-Unterbrechungen. Dann ist nämlich der Anschluss nicht mehr möglich, und die Anwendung wird die Aufnahme abbrechen. Sie müssen in diesem Fall gleich hinter der Unterbrechung mit einem erneuten Importvorgang reagieren. Sie sollten zudem einen neuen Bandnamen eingeben. Premiere Pro ändert diesen ansonsten selbstständig, ohne dabei besonders fantasievoll vorzugehen. So folgt beispielsweise auf »Lanzarote 03« nicht »Lanzarote 04«, sondern »Lanzarote 03 1«.

Ursache für Timecode-Unterbrechungen

Wie kommt es eigentlich zu Timecode-Unterbrechungen? Die häufigste Ursache: Das Band ist irgendwann einmal entnommen und später wieder eingelegt worden (vielleicht um zwischendurch ein anderes Band anzusehen).

Timecode-Unterbrechungen vermeiden

Um derartige Unterbrechungen zu vermeiden, folgender Tipp: Bevor Sie das Band der Kamera entnehmen, fertigen Sie noch eine wenige Sekunden dauernde, redundante Aufnahme an. Nachdem Sie das Band wieder eingelegt haben, setzen Sie einfach mitten in dieser Aufnahme an. Dann schließt der Timecode sich nahtlos an die letzte Aufnahme an. Und den redundanten Clip entfernen Sie später einfach aus dem Projektfenster.

13.4 Batchaufnahmen

Die Möglichkeit, Aufnahmen in einer Stapelverarbeitung abzuwickeln, stellt zweifellos ein besonderes Highlight dar. Zur Vorgehensweise: Sie nehmen nicht mehr (wie im vorangegangenen Abschnitt beschrieben) alle Szenen eines Bandes auf, sondern nur solche, die Sie wirklich haben wollen. Noch besser: Das Ganze funktioniert sogar bildgenau, will heißen: Sie können Ihre Szenen von redundantem Material befreien, noch ehe sie sich auf Ihrem Rechner befinden. Es wird also nur das auf die Festplatte übertragen, was später tatsächlich Verwendung finden soll. Cool, oder?

Schritt für Schritt: Clips im Stapel aufnehmen (Batchaufnahme)

Auch bei der Batchaufnahme wird Premiere Pro wieder den eigentlichen Aufnahmevorgang für Sie erledigen. Sie müssen der Software vorab nur mitteilen, welche Szenen Sie benötigen und wie sie heißen sollen.

1 Band benennen

Bevor Sie mit einer Batchaufnahme beginnen, sollten Sie dem Band einen aussagekräftigen Namen geben. Dies ist vor allem dann wichtig, wenn Sie Batchdateien von mehreren Bändern anlegen wollen. Deshalb tragen Sie auf der Registerkarte AUFZEICHNEN im Frame CLIPDATEN den gewünschten Namen im Eingabefeld BANDNAME ein.

2 Szenen vorbereiten

Spielen Sie das Band ab, und navigieren Sie zum ersten In-Point. Klicken Sie anschließend auf die Schaltfläche IN SETZEN. Fahren Sie bis zum gewünschten Ausstieg der Szene, und platzieren Sie dort einen Out-Point.

3 Batchdatei erzeugen

Wenn der Clip durch die Punkte selektiert worden ist, klicken Sie auf die Schaltfläche CLIP AUFZEICHNEN. Jetzt wird sich der Dialog NEUE OFFLINE-DATEI öffnen. Bestätigen Sie das Ganze mit OK.

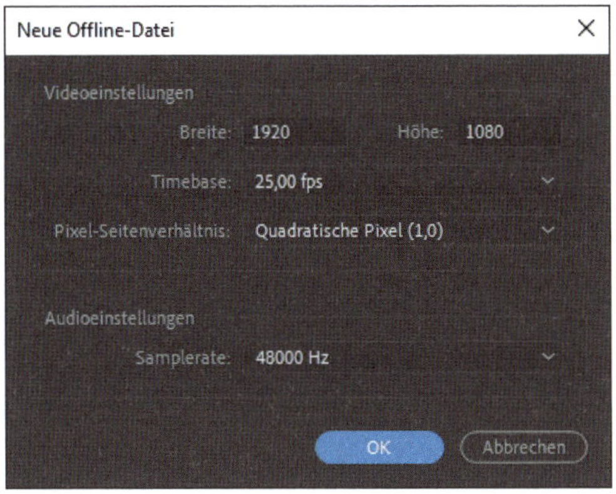

◂ **Abbildung 13.17**
Erzeugen Sie eine neue Offline-Datei.

Werfen Sie nun einen Blick auf Ihr Projektfenster. Dort wird nämlich ein sogenannter **Offline-Clip** gelistet. Dieser steht, wie Sie wissen, für eine Datei, die sich gar nicht auf Ihrem Rechner befindet. Tatsächlich haben Sie der Anwendung ja bislang auch lediglich mitgeteilt, welche Szene Sie aufnehmen möchten.

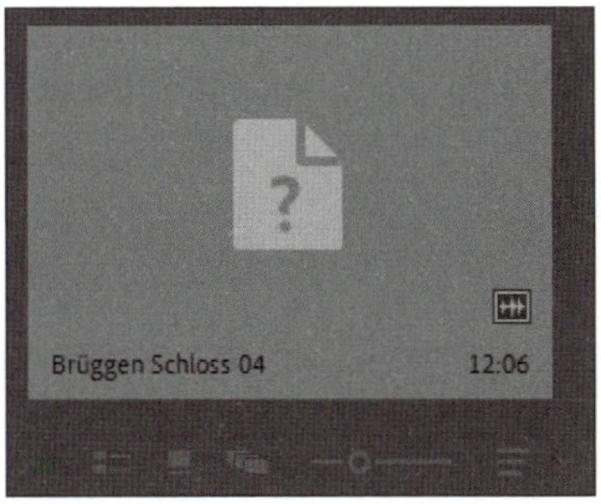

◂ **Abbildung 13.18**
Der Clip befindet sich bereits im Projektfenster – obwohl er noch offline ist.

4 Weitere Batchdateien erzeugen

Bestimmen Sie jetzt per In- und Out-Point die nächste Szene, dann die übernächste usw. Wenden Sie die soeben beschriebenen Schritte auf jeden Clip erneut an. Ganz wichtig dabei ist, dass Sie jede vorbereitete Aufnahme an Premiere Pro übergeben, indem Sie auf die Schaltfläche CLIP AUFZEICHNEN klicken.

5 Band aufnehmen

Wann immer Sie wollen, markieren Sie nun den einen oder anderen Offline-Clip im Projektfenster (Sie dürfen natürlich auch alle anwählen) und klicken anschließend mit rechts auf eines der ausgewählten Symbole. Im Kontextmenü entscheiden Sie sich für BATCHAUFNAHME.

13.4.1 Offline-Clips weiterverarbeiten

Offline-Clips verfügen bereits über sämtliche Parameter, die zur Bearbeitung erforderlich sind. So steht z. B. die Länge des Clips fest, bevor das Originalmaterial in den

Rechner gespielt worden ist. Ferner kann er, wie im Übrigen jeder andere Clip auch, ganz normal weiterverarbeitet werden. Sie können einen Offline-Clip sogar schon in der Timeline platzieren und Effekte und dergleichen hinzufügen. Das Einzige, was noch fehlt, ist der Clip selbst. Und der wird dem Schnittfenster, wie Sie ja wissen, später nachgereicht.

Sofern der Clip noch offline ist, werden Sie natürlich kein Originalbild sehen. Premiere Pro verdeutlicht aber anhand einer Platzhalterdatei, dass es sich bei diesem Clip um eine Offline-Datei handelt. Geometrische Parameter, wie z. B. das Skalieren oder Verformen des Clips, wären hingegen schon jetzt sichtbar.

14 Bridge – Ordnung im Archiv

Niemand springt so schön wie Keanu Reeves (als Neo) von der scheinbar realen Welt in eine surreale – und zurück. Niemand kämpft so schön gegen Mr. Smith und seine unzähligen Klone wie er. Matrix war, nicht nur was die Story betrifft, sondern auch durch die damals komplett neuartige Kameratechnik eine herausragende und noch bis heute unerreichte Genre-Arbeit. Auch wir bilden in diesem Kapitel eine Brücke von einer in die andere Welt – von der Bridge zu Premiere Pro. Denn mit dem Erwerb der Creative Cloud sind Sie zugleich stolzer Besitzer von Adobe Bridge geworden. Mit dieser Applikation wird die Verwaltung und das Auffinden Ihrer Assets deutlich erleichtert. Da die Bridge nicht nur auf Fotos oder Videos spezialisiert ist, sondern auch Sounds, PDFs und vieles mehr erkennt, lässt sich damit im Prinzip alles archivieren, sortieren und auszeichnen, was das Herz von Cutterinnen und Cuttern begehrt.

Deshalb wollen wir in diesem Kapitel vor allem folgende Fragen klären:

- Was ist Adobe Bridge?
- Welche Ansichtsoptionen kann ich wählen?
- Wie werden Inhalte der Bridge beschriftet und sortiert?
- Wie kann ich gezielt nach Assets suchen?
- Wie werden Assets nach Premiere Pro transferiert?

14.1 Die Oberfläche

Die Bridge ist ein recht effektiver Dateibrowser, der im Laufe der Zeit mehr und mehr erweitert wurde. Er ermöglicht den schnellen und unkomplizierten Zugriff auf die Dateien innerhalb Ihres Festplattenarchivs. Dank der Tatsache, dass er als eigenständige App auftritt, kann er geöffnet bleiben und als ständiger Lieferant für Premiere Pro dienen.

Sollten Sie die Bridge erstmals öffnen, warten zwei Dialoge auf Ihre Eingaben. Ersteren finden Sie jedoch nur vor, wenn Sie in der Vergangenheit bereits mit älteren Versionen der Bridge gearbeitet haben. In diesem Fall wird erfragt, ob die dort getroffenen Voreinstellungen auch in die neue Bridge-Version übernommen werden sollen.

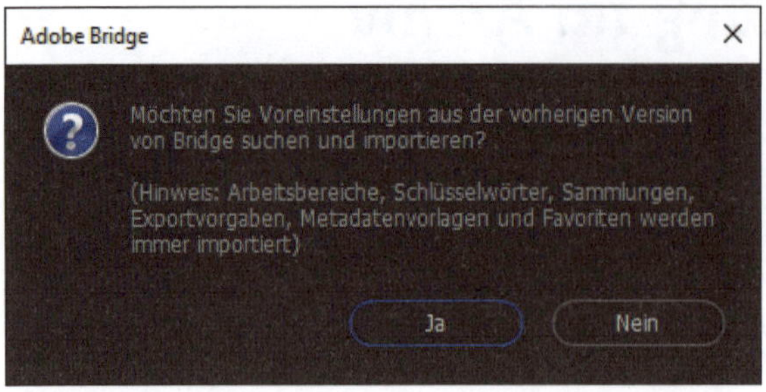

▲ **Abbildung 14.1** Übernehmen Sie alte Voreinstellungen, falls gewünscht.

Der zweite Dialog möchte Ihnen die Arbeit mit der Bridge ein wenig erleichtern, indem Neuerungen präsentiert werden. Wenn Sie sich für das eine oder andere Thema interessieren, klicken Sie es in der linken Spalte an. Was hier gelistet wird (zum Zeitpunkt der Überarbeitung dieses Buches war Adobe Bridge 11.0.1 am Start), finden Sie auch in diesem Kapitel wieder. Daher dürfen Sie gerne sogleich auf SCHLIESSEN klicken. Dabei müssen Sie nicht befürchten, den Dialog für alle Ewigkeit zu verlieren. Über HILFE • NEUERUNGEN können Sie ihn jederzeit wiederherstellen.

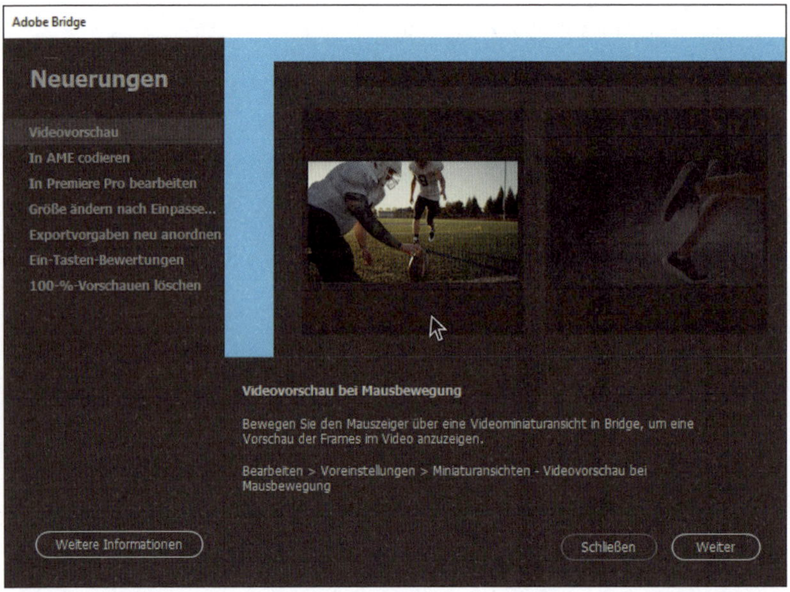

▲ **Abbildung 14.2** Die Neuerungen werden in einem separaten Bedienfeld erklärt.

▲ **Abbildung 14.3** Die Oberfläche der Bridge wirkt zunächst etwas schmucklos.

14.1.1 Helligkeit der Arbeitsoberfläche einstellen

Um es gleich vorwegzunehmen: Die dunkle Arbeitsoberfläche hat ihre Vorteile. Sie kennen das ja von Premiere Pro. Damit die Abbildungen im Buch jedoch besser zu erkennen sind, sind wir auf Bearbeiten / Bridge CC • Voreinstellungen • Benutzeroberfläche gegangen und haben im Bereich Farbthema (ab hier) die hellste zur Verfügung stehende Oberfläche gewählt.

14.1.2 Explorer benutzen

Oben links finden sich standardmäßig die Register Ordner und Favoriten. Sollte zuletzt genanntes Register aktuell nicht zu sehen sein, gesellt es sich gleich wie von Geisterhand hinzu. Doch bis es so weit ist, dauert es noch ein wenig. Die Bridge passt diesen Arbeitsbereich nämlich nach und nach an Ihre Vorlieben an.

Das Register Ordner ist Ihr direkter Zugang zum Rechner mit sämtlichen Laufwerken und Dateiquellen. Ein Klick auf die Pfeilspitze ganz links in der gewünschten Zeile öffnet die Untereinträge. Markieren Sie dort den gewünschten Ordner, dessen Inhalt dann in der Mitte (im gleichnamigen Bedienfeld) angezeigt wird. Betätigen Sie eine der dort befindlichen Miniaturen, um in der rechten Spalte der Anwendung das Asset ansehen und (im Falle einer AV-Datei) auch abspielen zu können.

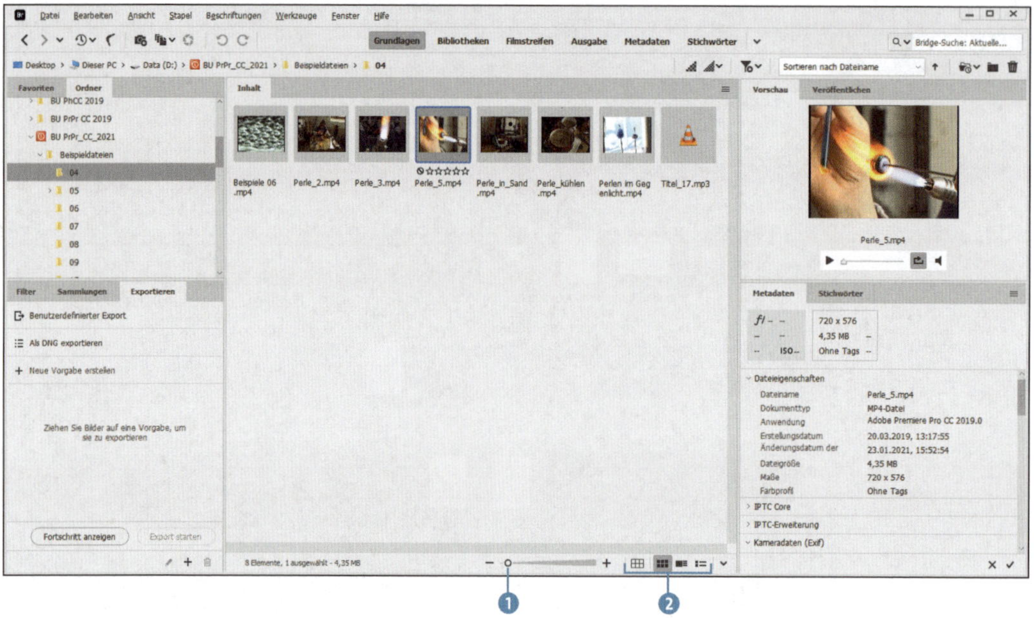

▲ **Abbildung 14.4** Die Ordner-Ansicht ist Ihr direkter Draht zu sämtlichen Medien.

14.1.3 Ansicht wechseln

Die Standardansicht zeigt die Vorschaubilder im Bedienfeld Inhalt recht klein. Wenn Ihnen diese zu klein sind, vergrößern Sie die Ansicht, indem Sie den Regler in der Fußleiste ❶ nach rechts verschieben. Weitere Ansichtsoptionen lassen sich über die nebenstehenden Schaltflächen ❷ aktivieren.

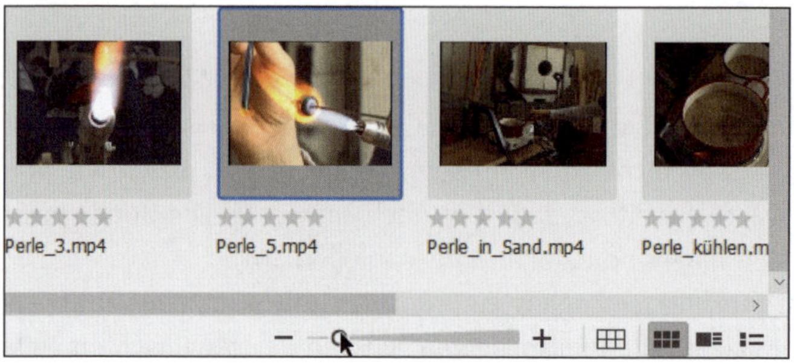

◂ **Abbildung 14.5** Die Steuerelemente zur Änderung der Darstellungsoptionen befinden sich im Fuß der Anwendung.

14.1.4 Videovorschau bei Mausbewegung

Eine besonders interessante Neuerung besteht darin, dass sich Clips bereits durch bloßes »Hin- und Herbewegen« des Mauszeigers auf der Clip-Miniatur begutachten lassen. Probieren Sie es einmal aus. Dazu muss die Miniatur noch nicht einmal selektiert werden. Für uns als Video-Cutter und -Cutterinnen ist das natürlich ein Highlight.

Für den äußerst unwahrscheinlichen Fall, dass Sie diese Funktion so gar nicht mögen, dürfen Sie sie natürlich deaktivieren. Das machen Sie über Bearbeiten/Premiere Pro CC • Voreinstellungen • Miniaturen. Deaktivieren Sie das Häkchen vor Videovorschau bei Mausbewegung und es hat Ruh'. Aber mal ehrlich – wer will das schon?

14.1.5 100 %-Vorschau

Als weiteres Highlight jeder Cutterin und jedes Cutters möchte ich Ihnen die 100 %-Vorschau präsentieren, die dafür sorgt, dass Ihre Filme auch hier stets in bester – sprich 100%iger – Qualität wiedergegeben werden. Falls erforderlich, benutzt die Bridge dazu sogenannte Vorschaudateien. Sie können sich denken, dass so etwas unter Umständen jede Menge Ressourcen verbraucht. Deshalb liegt es auch an jeder Anwenderin und jedem Anwender selbst, ob sie oder er das haben möchte oder nicht – und vor allem, was nach Beendigung der Bridge damit passieren soll. Wollen Sie Einfluss auf diese Optionen nehmen, gehen Sie einmal mehr in die Voreinstellungen und wählen links in der Spalte die Rubrik Cache an.

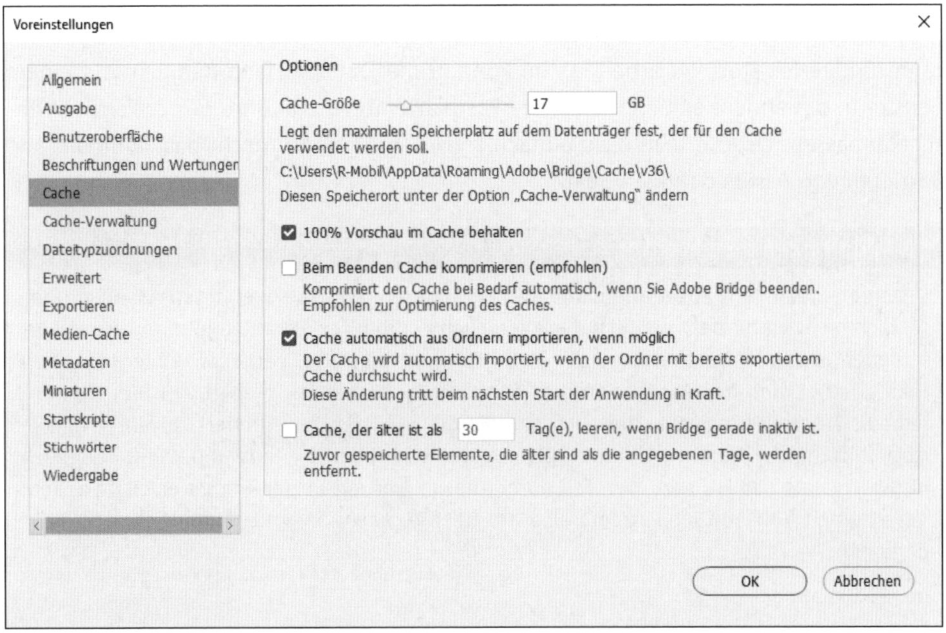

▲ **Abbildung 14.6** Bestimmen Sie, in welcher Qualität die Clips angezeigt werden und ob der Cache nach Beendigung der Bridge geräumt werden soll.

Ich gehe mal davon aus, dass Sie über ein ordentlich, wenn nicht gar üppig ausgestattetes System verfügen. Anderenfalls wäre der Videoschnitt ja nicht wirklich komfortabel zu bewältigen. Wer ordentlich Arbeitsspeicher sein Eigen nennt, sollte die Checkbox 100% Vorschau im Cache behalten aktiviert lassen. Fraglich ist jedoch, ob es nicht dann auch sinnvoll ist, den Cache zu komprimieren, wenn Sie die Bridge beenden (siehe Checkbox gleich darunter). Dass der Zugriff auf die Dateien dann geringfügig länger dauert, als wenn Sie die Dateien nicht komprimieren, werden Sie vielleicht gar nicht bemerken. Wenn doch, wählen Sie die Funktion ab. Aber wie im richtigen Leben gilt auch hier: Was für irgendeine Sache gut ist, ist meistens für eine andere Sache schlecht. Denn wenn Sie die Checkbox inaktiv lassen, brauchen die Cache-Dateien leider sehr viel mehr Speicherplatz.

Sollte es bereits Cache-Dateien geben (dritte Checkbox in diesem Bereich), werden diese automatisch in die Bridge importiert, wenn Sie das Häkchen dort lassen. Die Anwahl der letzten Funktion möchte ich Ihnen dringend empfehlen, damit die Bridge nicht irgendwann aus allen Nähten platzt. Zuletzt möchte ich noch den Slider ganz oben ansprechen. Hiermit legen Sie fest, wie viel Speicherplatz auf Ihrem Datenträger für den Cache der Bridge bereitgestellt werden soll und wo auf Ihrem Rechner der Speicherort dafür ist. Wenn Sie lieber eine andere Adresse wählen wollen, machen Sie das in der Rubrik CACHE-VERWALTUNG.

14.1.6 Mehrere Browser bereitstellen

Gerade wenn Sie Dateien und Ordner verschieben wollen, ist es interessant, mit mehreren Bridge-Fenstern zu arbeiten. Sie können die Dateien dann nämlich von einem Fenster in das andere ziehen und so die Festplatteninhalte an Ihre persönlichen Wünsche anpassen. Drücken Sie dazu einfach [Strg]/[⌘]+[N]. So macht das Sammeln und Sortieren von Assets richtigen Spaß.

Verknüpfungen beachten

Beachten Sie in dem Zusammenhang, dass Premiere Pro die verwendeten Assets grundsätzlich nicht einbindet, sondern diese lediglich verknüpft. Wenn Sie jetzt ein Asset verschieben, das sich bereits in einem Schnittprojekt befindet, verliert Premiere Pro den Pfad dorthin, und das Asset kann dort zunächst nicht mehr angezeigt werden. Sie können die Verknüpfung zwar manuell reparieren (wie das funktioniert, erfahren Sie in Abschnitt 1.2.7, »Projektverknüpfungen reparieren«), aber der Aufwand könnte ungleich höher sein als der Nutzen, den Sie durch die Sortierung in der Bridge erreicht haben. Verschieben Sie sämtliche Assets also am besten, *bevor* Sie mit einem Schnittprojekt beginnen.

14.1.7 Gruppen erstellen

Ich habe eine gute und eine schlechte Nachricht für Sie. Zunächst die gute: Alternativ zum händischen Verschieben lassen sich auch Gruppen erstellen. Dazu klicken Sie im Bedienfeld BIBLIOTHEKEN einfach auf NEUE BIBLIOTHEK ERSTELLEN. Sollte das Feld nicht angezeigt werden, aktivieren Sie es über das Menü FENSTER und den Listeneintrag BIBLIOTHEKEN-FENSTER. Benennen Sie die Gruppe anschließend aussagekräftig, und ziehen Sie danach die gewünschten Assets in die Gruppe hinein.

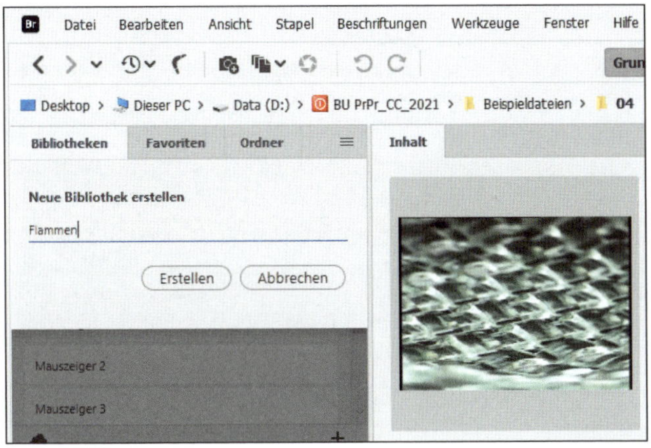

▲ **Abbildung 14.7** Das Bibliotheken-Fenster erscheint in der Ansicht GRUNDLAGEN oben links.

Jetzt folgt aber leider die schlechte Nachricht: Das Ganze funktioniert auch bis dato noch nicht mit allen Dateien. Welche Formate unterstützt werden, sehen Sie, wenn Sie versuchen, ein Format hinzuzufügen, das *nicht* unterstützt wird. Das ist beispielsweise AVI. Gut, dieses Format ist alles andere als zeitgemäß, sodass die meisten von Ihnen diesen Umstand gar nicht bemerken werden.

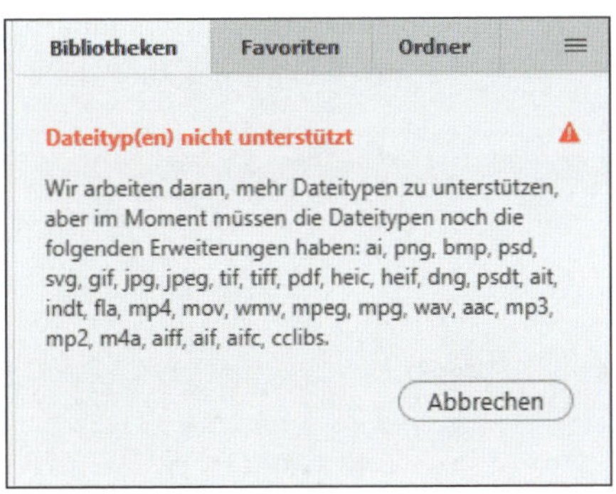

▲ **Abbildung 14.8** Hier geht nichts. Das Dateiformat, das hinzugefügt werden sollte, wird nicht unterstützt.

14.1.8 Weitere Ansichtsoptionen

Innerhalb der Bridge besteht die Möglichkeit, direkt oben in der Anwendung zwischen verschiedenen Ansichtsmodi ❶ (Abbildung 14.9) zu wechseln. Hier ist vor allem der Button METADATEN zu erwähnen, der eine Fülle zusätzlicher Informationen zum jeweiligen Asset zur Verfügung stellt. Gerade wenn Sie mit Videos arbeiten, werden Sie Spalten wie GRÖSSE, TYP usw. zu schätzen wissen.

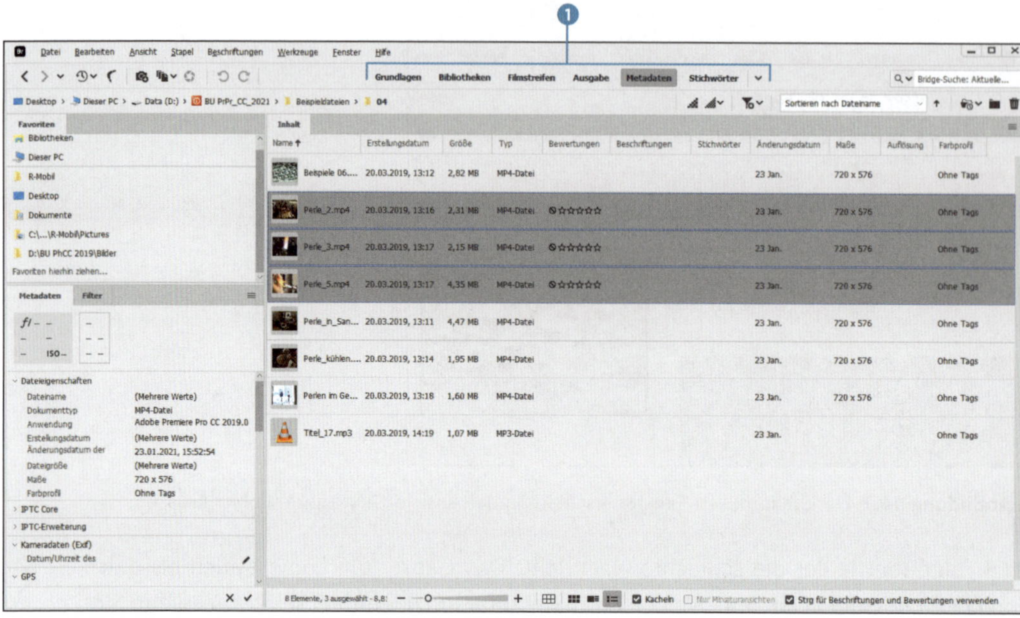

▲ **Abbildung 14.9** In der Metadaten-Ansicht werden wichtige Infos sichtbar.

Liste erweitern

Achten Sie darauf, dass rechts neben der Arbeitsbereichsleiste eine kleine unscheinbare Pfeilschaltfläche angebracht ist. Klicken Sie darauf, tauchen weitere Begriffe auf, welche die Art der Darstellung verändern.

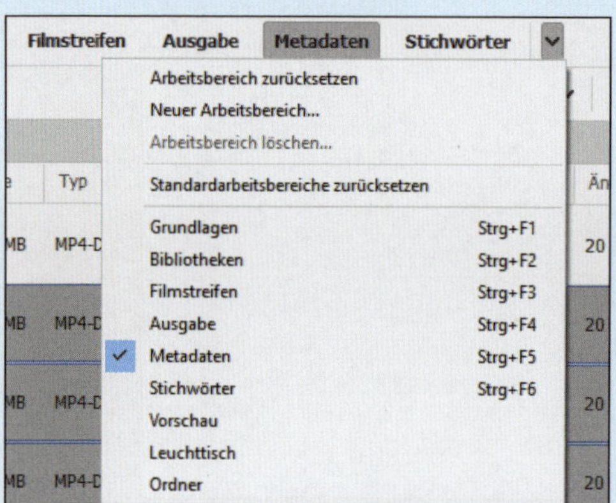

◀ **Abbildung 14.10**
Es verbergen sich noch weitere Einträge in der Liste.

14.2 Clips organisieren mit Adobe Bridge

Sie werden vielleicht nicht mit jeder Ihrer Aufnahmen zufrieden sein. Um die Unterschiede der Assets zu katalogisieren, bietet die Bridge zwei Möglichkeiten der Sortierung an: ein Bewertungsschema und die Arbeit mit Beschriftungen.

14.2.1 Clips auszeichnen

Markieren Sie einen oder mehrere Clips, und vergeben Sie anschließend ein bis fünf Sterne, indem Sie in der Metadaten-Ansicht auf einen der kleinen Sterne in der Spalte BEWERTUNGEN klicken. Nehmen Sie den linken, vergeben Sie einen Stern, bei einem Klick auf den rechten dagegen fünf Sterne (das sind dann Ihre Highlights).

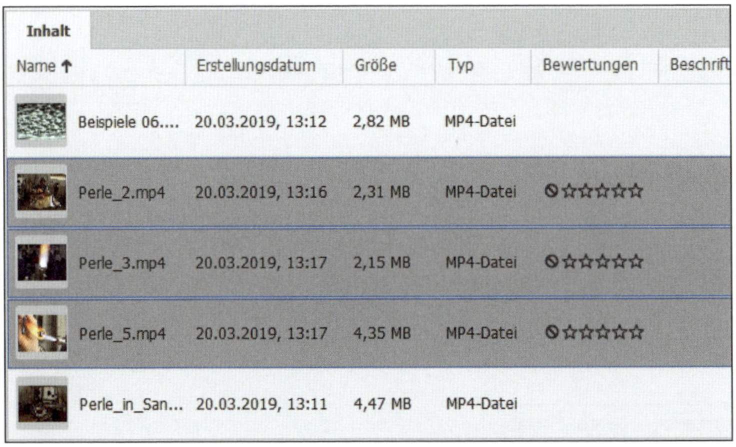

▲ **Abbildung 14.11** And the Winner is ... – bewerten Sie Ihre Clips.

Nun können Sie beliebig viele Sterne vergeben – und diese Wertung auch jederzeit wieder ändern, indem Sie auf einen anderen Stern klicken. Doch was ist zu tun, wenn Sie nachträglich doch wieder alle Sterne entfernen wollen? Dann klicken Sie entweder auf das Halt-Symbol ganz links oder markieren den höchsten vergebenen Stern erneut. Sollten Sie also zuvor drei Sterne vergeben haben, klicken Sie erneut auf Stern drei, worauf alle Sterne entfernt werden.

14.2.2 Bewertung per Tastatur

Wann immer Sie ein Asset bewerten wollen, können Sie das auch ohne Zuhilfenahme der Maus tun. Springen Sie einfach mit den Pfeiltasten Ihrer Tastatur von Asset zu Asset, und drücken Sie Strg/⌘+1, um einen Stern zu vergeben. Die anderen Sterne funktionieren entsprechend. Mit Strg/⌘+4 beispielsweise vergeben Sie vier Sterne. Möchten Sie die aktuell zugewiesene Bewertung um einen Stern erhöhen, drücken Sie Strg/⌘+., während eine Verringerung des Votings um den Faktor 1 mit Strg/⌘+, gelingt.

Nun könnte es aber durchaus sein, dass Sie gar keine Lust haben, ständig Strg/⌘ gedrückt zu halten, sondern lieber einzig die entsprechenden Zifferntasten drücken wollen. Wenn Ihnen danach auch ist, müssen Sie ganz unten rechts in der Bridge lediglich das Häkchen vor STRG/BEFEHL FÜR BESCHRIFTUNGEN UND BEWERTUNGEN VERWENDEN deaktivieren. Jetzt können Sie sowohl die Zifferntasten des Buchstabenblocks als auch die des Nummernblocks verwenden. Gehen Sie erneut in das Menü BESCHRIF-

TUNGEN, werden Sie feststellen, dass dort alle Tastaturbefehle entsprechend angepasst worden sind.

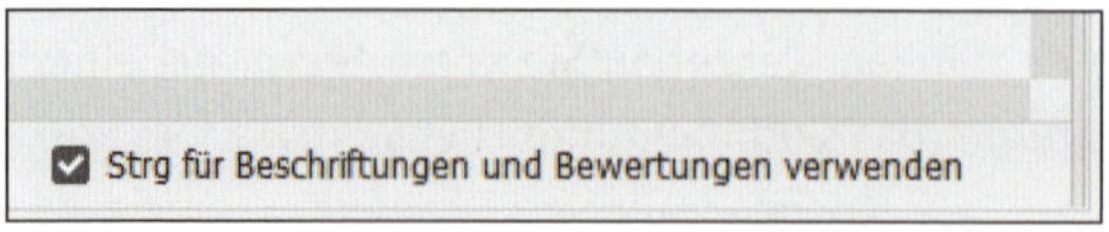

▲ **Abbildung 14.12** Ein Häkchen verhindert, dass Beschriftungen ohne Zuhilfenahme einer weiteren Taste erfolgen können. Nehmen Sie es daher einfach weg.

14.2.3 Beschriftungen anlegen

Neben der Möglichkeit, Sterne zu vergeben, können die Clips auch je nach gewünschter Verwendung farbig markiert werden. Wie das aussehen kann, sehen Sie im Menü BESCHRIFTUNGEN. Um selbst Beschriftungen hinzuzufügen, benutzen Sie einfach die Ziffern, die im Menü angeboten werden. Für Rot ist das beispielsweise [6] ([Strg]/[⌘]+[6], wenn Sie besagtes Häkchen (siehe Abbildung 14.12) nicht entfernt haben).

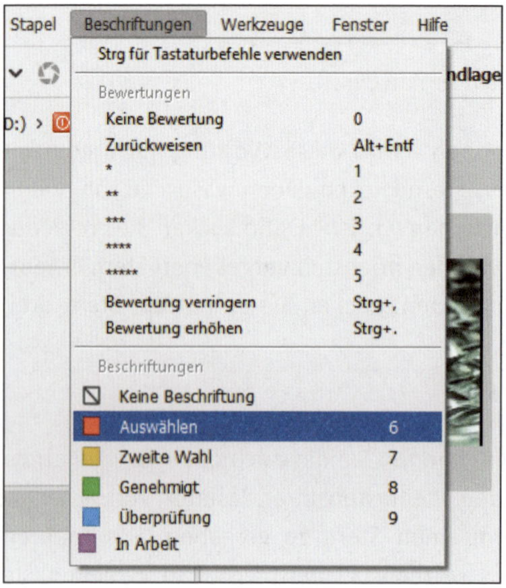

◀ **Abbildung 14.13** Nie war es einfacher, auf die Schnelle Sterne und Farbetiketten zu vergeben.

Beschriftungen für Maus-Fans

Maus-Fans dürfen übrigens auch mit der rechten Maustaste auf ein Asset klicken, auf BESCHRIFTUNGEN zeigen und die gewünschte Farbe dann per Mausklick zuweisen.

Wollen Sie eine derartige Beschriftung wieder entfernen, drücken Sie einfach [0] (Null) – auch wenn diese Taste in der Liste der Shortcuts gar nicht ausgewiesen ist; es funktioniert trotzdem. Sie dürfen sich allerdings auch der althergebrachten Methode über das Menü oder den Rechtsklick bedienen und sich im Menü oder Kontextmenü für Beschriftungen • Keine Beschriftung entscheiden.

Beschriftungsfarben ändern

Die Bezeichnungen zu den einzelnen Farben sind natürlich nicht verbindlich. Wenn Sie hier etwas ändern wollen, können Sie das über Bearbeiten/Adobe Bridge CC • Voreinstellungen • Beschriftungen und Wertungen erledigen. Hier lässt sich dann auch gleich einmal checken, welche Tastenkombinationen für die einzelnen Beschriftungen vorgesehen sind.

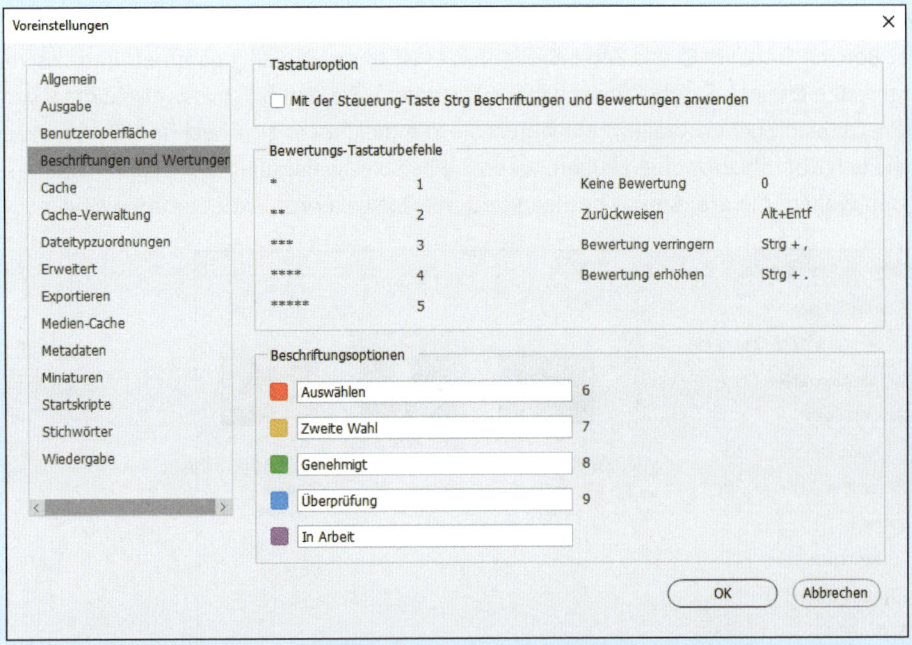

▲ **Abbildung 14.14** Selbst für Beschriftungen lassen sich Voreinstellungen definieren.

14.3 Filtern und sortieren

Damit haben Sie aber Ihre Clips nicht nur bewertet und farbig markiert, sondern können diese auch nach Kategorien sortiert anzeigen lassen. Wenn Sie beispielsweise nur die Clips sehen möchten, denen Sie zuvor mindestens drei Sterne gegeben haben, oder jene, die Sie mit Rot ausgezeichnet haben, erreichen Sie das über das Bedienfeld Filter, das sich in der Ansicht Grundlagen unten links in der Bridge befindet.

◂ **Abbildung 14.15**
Sowohl die Beschriftung (hier AUSWÄHLEN) als auch die drei Sterne tauchen im Filter-Bedienfeld auf. Daneben finden Sie in Klammern die Anzahl der Assets, die mit dieser Markierung ausgestattet worden sind.

14.3.1 Assets filtern

Der Bereich DATEITYP ❶ des Filter-Bedienfeldes ist standardmäßig geöffnet, und das vorangestellte Dreieck-Symbol weist nach unten. Wenn Sie nun beispielsweise einmal nach MP4-Dateien suchen wollen, aktivieren Sie die gleichnamige Checkbox ❷. So ließen sich auch Kombinationen erzeugen, wenn Sie beispielsweise alle MP4-Dateien anzeigen lassen wollen, die drei Sterne besitzen und mit Rot gekennzeichnet worden sind.

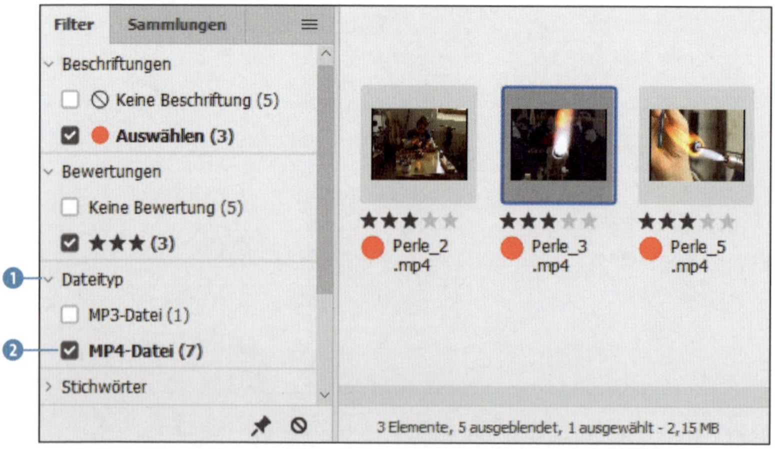

▴ **Abbildung 14.16** Das Filter-Bedienfeld hilft beim Suchen.

14.3.2 Assets sortieren

Bei der Vorbereitung eines Projekts wollen Sie sicher die Clips auf der Festplatte sortieren. Auch das lässt sich prima mithilfe des Dateibrowsers erledigen. Eine komfortable Möglichkeit ist die Verwendung mehrerer Bridge-Fenster mittels DATEI • NEUES FENSTER oder [Strg]/[⌘]+[N]. Jetzt ziehen Sie Assets von einem Fenster zum anderen und erstellen somit Ihre persönliche Liste. Das Herausragende an dieser Methode ist, dass im Zielordner nur eine Instanz erzeugt wird. Sie können vom Zielordner darauf zugreifen und behalten gleichzeitig das Original-Asset im Quellordner. Und wenn das instanzielle Asset gelöscht wird, bleibt das Ursprungs-Asset dennoch erhalten.

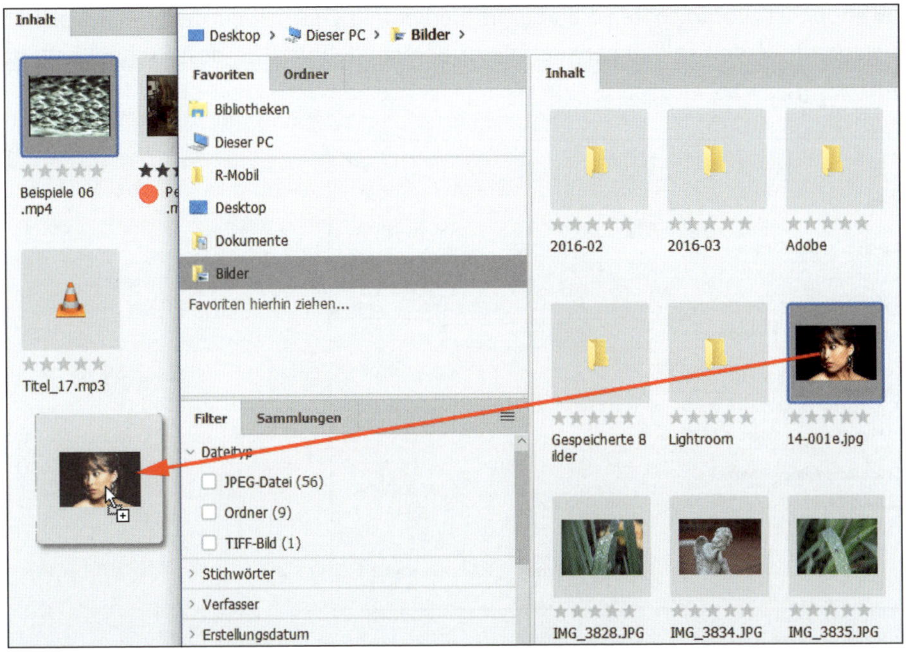

▲ **Abbildung 14.17** Es ist nichts dagegen einzuwenden, mehrere Bridge-Fenster zu benutzen.

Mehrere Dateien gleichzeitig verschieben

Das Verschieben funktioniert auch mit mehreren Dateien gleichzeitig. Markieren Sie zusammenliegende Objekte, indem Sie [⇧] gedrückt halten, während Sie einzelne, nicht zusammenliegende Dateien mit [Strg]/[⌘] markieren. Klicken Sie anschließend erneut auf eine der Miniaturen, und ziehen Sie alle markierten Assets gemeinsam herüber.

14.3.3 Objekte löschen

Das Löschen eines zuvor markierten Objekts mithilfe des Papierkorb-Symbols oben rechts bedarf sicher keiner großen Erläuterung mehr. Doch Vorsicht: Damit verschieben Sie das Objekt tatsächlich in den Papierkorb des Betriebssystems und entfernen es nicht nur aus der Bridge – sofern es sich um ein Original handelt und nicht um eine Instanz.

14.4 Assets suchen

Mit zunehmender Größe eines Videoarchivs wird der Bestand auch zwangsläufig unübersichtlicher. Deshalb kann es vorkommen, dass Sie Assets suchen müssen. Falls Sie nicht sicher sind, an welcher Stelle sich ein gesuchtes Asset befindet, behelfen Sie sich mit dem Dialog Bearbeiten • Suchen, wobei auch nichts gegen [Strg]/[⌘]+[F] einzuwenden ist. Vorab sollten Sie aber im Bedienfeld ORDNER einstellen, an welcher Stelle gesucht werden soll. Je genauer dieser Bereich definiert ist, desto schneller geht die Suche.

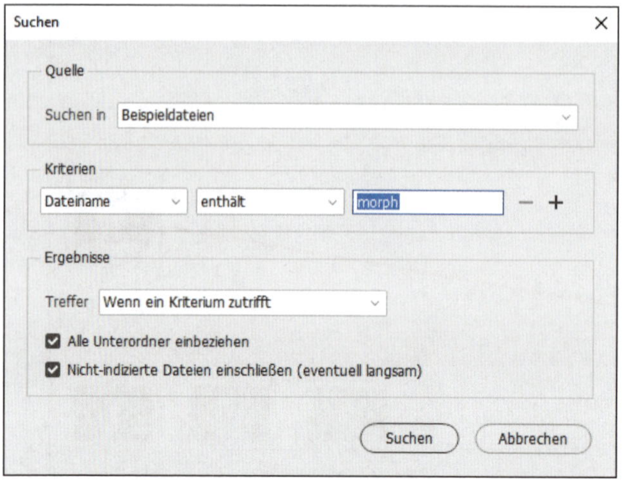

▲ **Abbildung 14.18** Wenn Sie in den Beispieldateien zu diesem Buch suchen, werden Sie mit dem Begriff »morph« sicher fündig.

Sollte eine einzelne Suchoption allein noch nicht ausreichen, dürfen Sie gern einen zweiten Suchsatz ausformulieren. In diesem Fall klicken Sie zunächst auf das Plus-Symbol ganz rechts in der ersten Zeile der KRITERIEN. Generell sollten Sie darauf achten, was im Steuerelement TREFFER gelistet ist. WENN EIN KRITERIUM ZUTRIFFT bedeutet, dass nur einer der zuvor formulierten Suchsätze (Kriterien) wahr sein muss. Die Ausbeute dürfte viel höher sein als bei Anwahl von WENN ALLE KRITERIEN ZUTREFFEN.

14.4.1 Smart-Sammlungen

Schauen Sie sich das Register SAMMLUNGEN einmal etwas genauer an (im Arbeitsbereich GRUNDLAGEN befindet es sich unten links). Hier wartet der Schalter NEUE SMART-SAMMLUNG auf einen beherzten Klick.

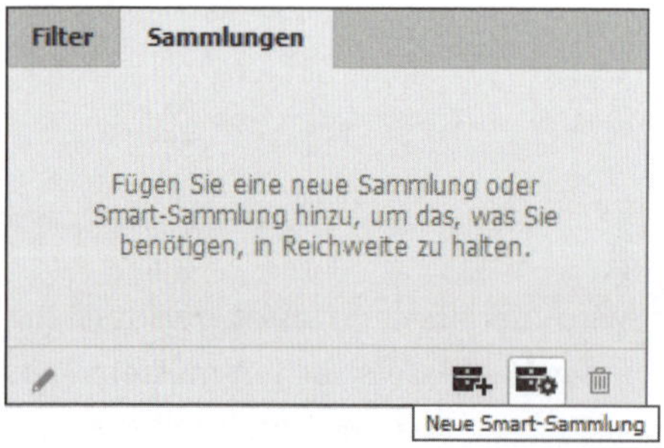

▲ **Abbildung 14.19** Smart-Sammlungen haben einen unschlagbaren Vorteil ...

Wenn Sie das machen, öffnet sich erneut der zuvor erwähnte Suchdialog. Doch im Anschluss an den Klick auf SUCHEN werden die gewünschten Assets nicht nur gefunden, sondern auch gleich als Sammlung archiviert. Probieren Sie es doch einmal mit dem Suchbegriff »morph« aus, wobei Sie erneut die Beispieldateien verwenden.

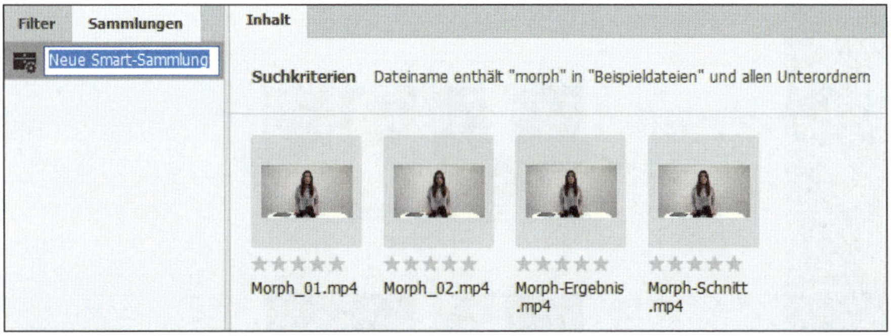

▲ **Abbildung 14.20** Die Bridge findet nicht nur die vier zutreffenden Assets, sondern legt auch gleich eine Sammlung an.

Im Anschluss daran müssen Sie eigentlich nur noch den Namen der Sammlung formulieren und mit [↵] bestätigen. Der Eintrag bleibt in den Sammlungen bestehen – und wann immer ein Zugriff auf die Morph-Clips erforderlich wird, wählen Sie lediglich die Sammlung an.

Sammlungen löschen

Wenn Sie eine derartige Sammlung löschen möchten, markieren Sie diese im Bedienfeld SAMMLUNGEN, und klicken Sie anschließend auf das Papierkorb-Symbol unten rechts. Die anschließende Kontrollabfrage bestätigen Sie mit JA. Wollen Sie den Dialog künftig umgehen, ist zu empfehlen, vor der Bestätigung NICHT MEHR ANZEIGEN zu aktivieren.

14.5 Assets übergeben

Bereits in Kapitel 13, »Import und Aufnahme«, haben Sie ja erfahren, wie sich Assets per Drag & Drop in bestimmte Ordner transferieren lassen. Hier soll nun die Technik vorgestellt werden, mit der es direkt nach Premiere Pro geht.

14.5.1 Übergabe per Drag & Drop

Am besten ordnen Sie die Anwendungen auf Ihrem Monitor derart an, dass Sie sowohl die Bridge als auch das Projektfenster von Premiere Pro einsehen können. In diesem Fall lässt sich das Asset nämlich per Drag & Drop integrieren. Übrigens können auf diese Art auch mehrere markierte Dateien in einem Arbeitsgang übergeben werden.

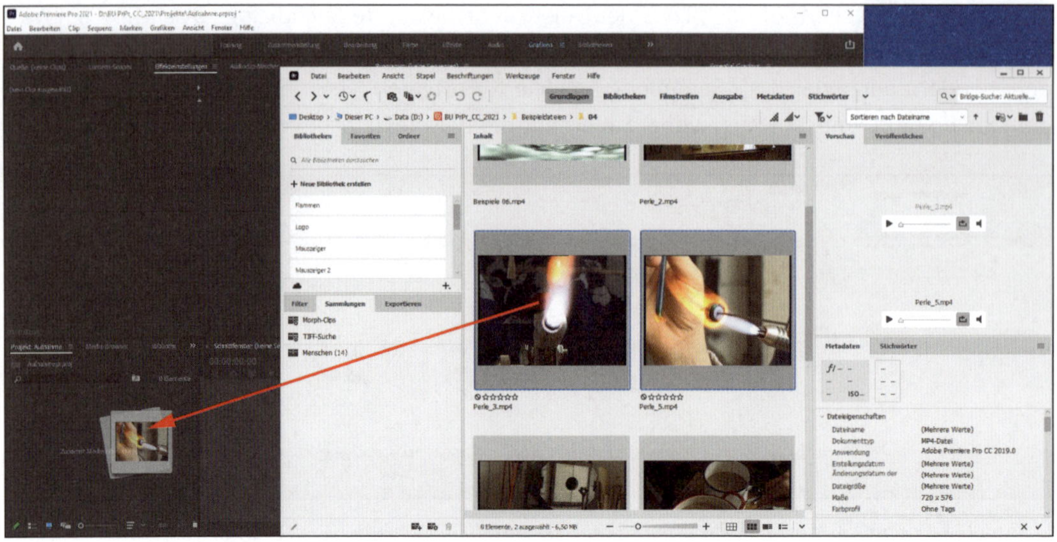

▲ **Abbildung 14.21** Hier erfolgt die Übergabe von Assets per Drag & Drop – und zwar von der Bridge aus direkt nach Premiere Pro.

14.5.2 Übergabe und Sequenz erzeugen

Noch effektiver geht das Ganze mithilfe eines Werkzeugs in der Bridge. Sie können nämlich, wenn Sie mögen, direkt aus der Bridge heraus eine neue Sequenz erzeugen. Dazu markieren Sie zunächst die gewünschten Assets, klicken danach auf den Menüpunkt WERKZEUGE und zeigen auf PREMIERE PRO. Zuletzt erfolgt der Klick auf BEARBEITEN (SEQUENZ ERSTELLEN).

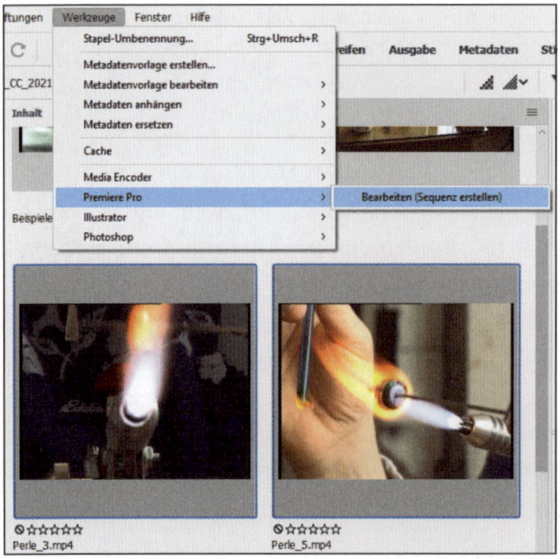

◂ **Abbildung 14.22**
So schnell geht's von der Bridge in die Sequenz – ohne dass Sequenzeinstellungen nötig wären.

Reihenfolge der Clips

Leider wird bei dieser Vorgehensweise die Klickreihenfolge (die beim Markieren der Clips angewendet wurde) nicht berücksichtigt. Schade eigentlich, denn das wäre ein echter Zugewinn. Vielleicht realisieren die Programmierer das ja in naher Zukunft. Bis es so weit ist, empfehle ich Ihnen, die Sortierung zunächst in der Bridge vorzunehmen (Sie können die Assets dort ja beliebig anordnen) und erst danach die Sequenz zu erzeugen.

14.5.3 Übergabe an den Media Encoder

Zuletzt darf nicht unerwähnt bleiben, dass sich die Clips (beispielsweise zur Konvertierung) auch direkt an den Media Encoder übergeben lassen. Das Gleiche gilt übrigens auch für Premiere-Pro-Projekte. Markieren Sie das gewünschte Asset, und wählen Sie WERKZEUGE • MEDIA ENCODER • ZU ENCODER-WARTESCHLANGE HINZUFÜGEN. Und jetzt setzen wir noch eins drauf: Sie möchten einen Film aus mehreren Clips erzeugen, ohne dafür eine Sequenz in Premiere Pro erzeugen zu müssen? Kein Problem. Mithilfe des Menübefehls ZUSAMMENSETZEN VON CLIPS (ebenfalls im Menü WERKZEUGE • MEDIA ENCODER) werden die Clips an den Media Encoder übergeben, wo Sie dann nur noch bestimmen müssen, in welchem Dateiformat, welcher Qualität usw. der Film produziert werden soll. Im Media Encoder können Sie sogar noch die Reihenfolge der Clips beeinflussen. Öffnen Sie dazu den Menüeintrag (hier: BEISPIELE 06 (ZUSAMMENGEFÜGTER CLIP)). Sie finden darin alle verwendeten Clips untereinander aufgelistet. Nun können Sie die Reihenfolge der Clips noch beliebig per Drag & Drop anpassen, bevor Sie die Ausgabe im Media Encoder starten.

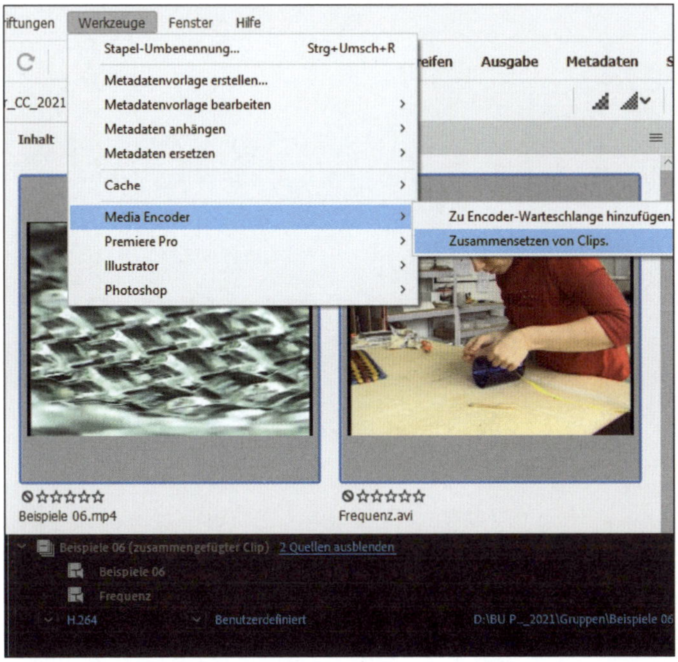

◂ **Abbildung 14.23**
Die in der Bridge markierten Clips erscheinen auch im Media Encoder.

15 Korrekturen mit Audition

Premiere Pro ist ja in Sachen Audiobearbeitung inzwischen ordentlich aufgestellt. Die Essential Sounds machen eine Menge möglich. Sollten die Bordmittel Ihrer Videoschnittsoftware jedoch irgendwann nicht ausreichen oder das Ziel sogar das Abmischen eines umfangreichen Arrangements sein, darf gerne Adobe Audition ins Spiel kommen. Audition ist Teil des Creative-Cloud-Komplettpakets und arbeitet prima mit der Videoschnittapplikation zusammen.

Ach ja; es fehlt ja noch ein Film zum Kapitel. Ihnen entgeht ja wirklich nichts. Wie wäre es mit »Blow Out«? In diesem packenden Thriller von Brian de Palma will Tontechniker Jack Terry (John Travolta – ich glaube, den erwähne ich bereits zum dritten Mal) eigentlich nur ein paar Windgeräusche aufzeichnen und wird dabei Zeuge eines vermeintlichen Autounfalls. Schnell merkt er, dass es um viel mehr geht als nur einen Unfall und dass seine Tonbandaufnahmen in gewissen Kreisen gar nicht gern »gehört« werden.

Und das erfahren Sie in diesem Kapitel:

- Wie können Audiodateien geschnitten werden?
- Wie füge ich Pausen hinzu?
- Wie werden Sounds ein- und ausgeblendet?
- Wie können Störgeräusche präzise entfernt werden?

15.1 Der erste Start von Audition

Wenn Sie Audition erstmals öffnen, wartet auch hier eine schlichte, dunkelgraue Arbeitsoberfläche darauf, angepasst zu werden. Einziges Highlight in dieser Tristesse ist der Begrüßungsbildschirm in Form eines Audition-Lernprogramms.

◂ Abbildung 15.1
Audition – ein Branchenriese in Sachen Audio

15.1.1 Helligkeit der Arbeitsoberfläche verändern

Auch in Audition kann die Helligkeit der Arbeitsoberfläche angepasst werden, obwohl auch hier, genauso wie in Premiere Pro, keine wirklich hellen Layouts bereitgestellt werden. Die Abbildungen sind mit der Vorgabe ARKTISCH KALT entstanden. Sie erreichen die VORGABEN über BEARBEITEN/AUDITION CC • VOREINSTELLUNGEN • DARSTELLUNG. Zum ersten Workshop in Abschnitt 15.5.1 schalten wir dann wieder auf STANDARD um, damit die Kontraste der Wellenform besser zu erkennen sind.

15.1.2 Das Audition-Lernprogramm

Das Audition-Lernprogramm wird beim Erststart der Anwendung automatisch aufgerufen. Die verschiedenen Erklärungen bzw. Mini-Tutorials werden als Kacheln dargestellt. Wenn Sie sich für ein Thema interessieren, klicken Sie darauf.

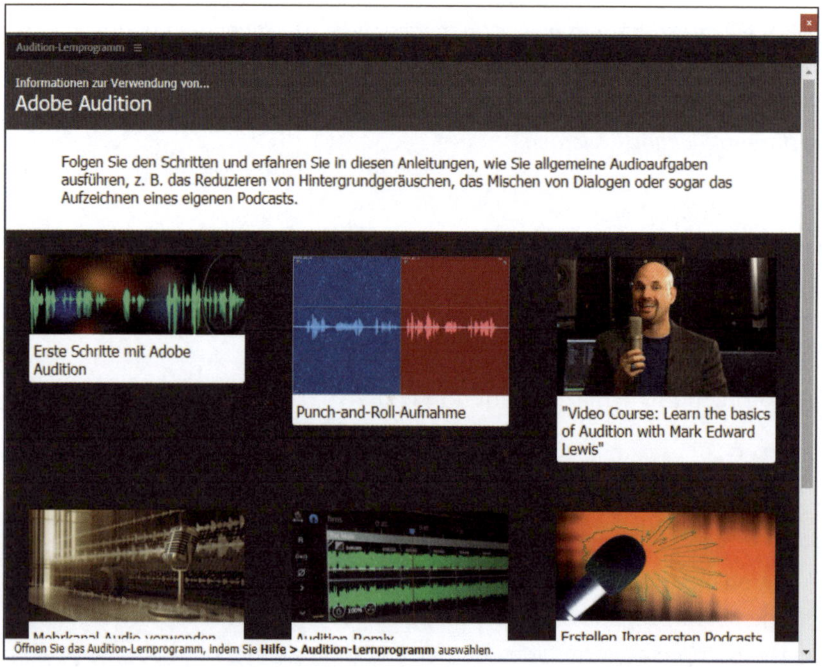

▲ **Abbildung 15.2** Das Lernprogramm wartet mit bestimmten Themengebieten auf.

Die Darstellungsform ist je nach Tutorial unterschiedlich. Zunächst einmal ist allen Kacheln eine kurze Einführung in Textform nachgeschaltet. Ein anschließender Klick auf START stellt dann jedoch unterschiedliche Lernformen zur Verfügung. Wenn Sie sich beispielsweise die PUNCH-AND-ROLL-AUFNAHME erklären lassen wollen, wird dazu ein Videoclip angeboten. Leider waren alle Filme zum Zeitpunkt der Drucklegung dieses Buches in englischer Sprache.

Entscheiden Sie sich hingegen für ERSTE SCHRITTE MIT ADOBE AUDITION, finden Sie sich nach kurzem Intro in einem interaktiven Tutorial wieder. Kleine blaue Overlay-

Tafeln weisen den Weg und zeigen genau, wo man seinen Mausklick platzieren muss.

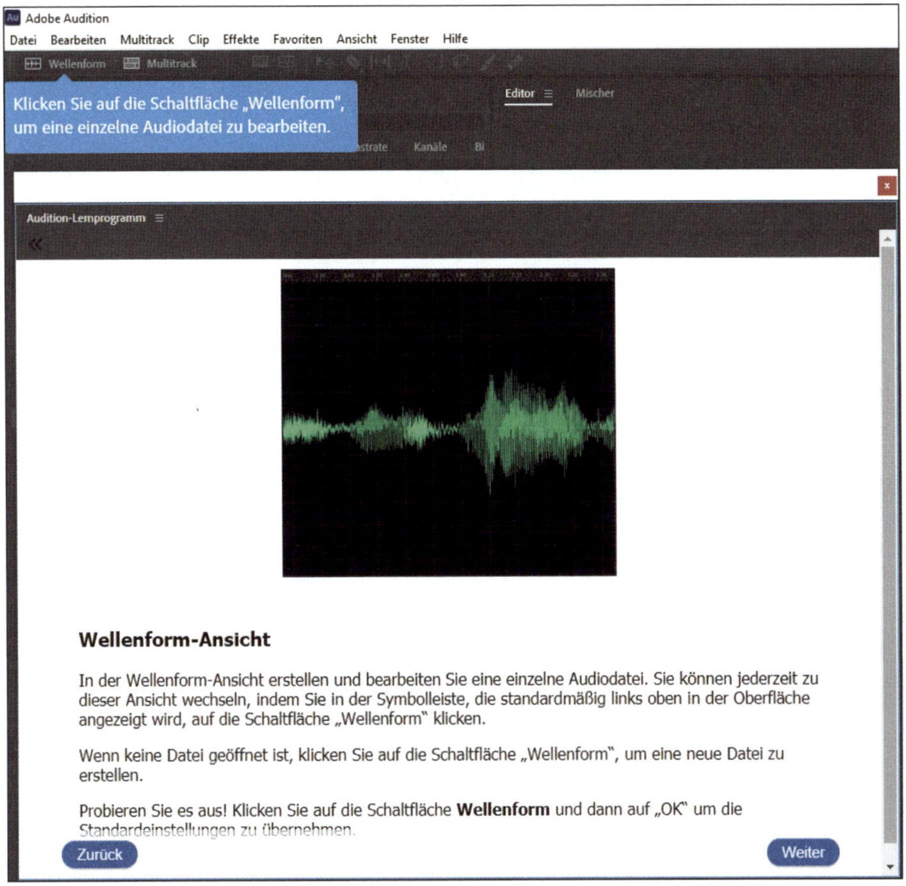

▲ **Abbildung 15.3** Hier wird beschrieben, wie man zur Wellenform-Anzeige gelangt.

Lernprogramm reaktivieren

Um jederzeit – auch nach dem Schließen des Fensters – zum Lernprogramm zurückzukehren, müssen Sie lediglich das Menü HILFE öffnen und dort AUDITION-LERNPROGRAMM anwählen.

15.2 Dateien übergeben

Beginnen wir in Premiere Pro. Meist fällt ja erst bei der Bearbeitung auf, dass eine Sounddatei nicht Ihren Anforderungen entspricht. Wenn die zur Verfügung stehenden Mittel der ESSENTIAL SOUNDS nicht ausreichen, übergeben Sie den Clip an Audition.

Dabei spielt es übrigens keine Rolle, ob sich der Clip im Schnitt- oder Projektfenster befindet. Audition hilft aber nicht nur bei der Bearbeitung einzelner Clips weiter, sondern ist auch in der Lage, eine komplette Sequenz akustisch auf Vordermann zu bringen.

15.2.1 Clips vom Schnittfenster aus übergeben

Aus dem Schnittfenster heraus transferieren Sie eine Audiodatei mittels Rechtsklick und Clip in Adobe Audition bearbeiten. Jetzt können Sie die Datei nach Herzenslust in Audition bearbeiten, ohne dass die Originaldatei verändert wird. Wie kann das sein? Im Hintergrund wird automatisch eine instanzielle Datei erzeugt, also eine Art Kopie. Diese liegt nicht nur im Projektfenster, sondern nimmt auch den Platz der ursprünglich an Audition weitergeleiteten Datei im Premiere-Pro-Schnittfenster ein. Und nicht nur das – er wird sogar während der Arbeit in Audition fortlaufend auf dem neuesten Stand gehalten. Wenn die Audiobearbeitung abgeschlossen ist, speichern Sie das Dokument (in Audition) und kehren zu Premiere Pro zurück.

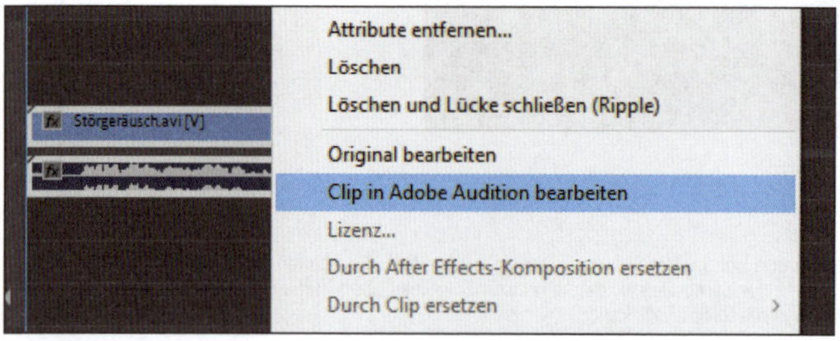

▲ **Abbildung 15.4** Beliefern Sie Audition direkt aus dem Schnittfenster heraus.

15.2.2 Clips und Sequenzen vom Projektfenster aus übergeben

Aus dem Projektfenster heraus führen Sie ebenfalls einen Rechtsklick aus und wählen In Adobe Audition bearbeiten • Clip. Interessant ist hierbei, dass Sie nicht nur einen Clip, sondern auch ein Sequenz-Asset transferieren können. So lässt sich die Projektarbeit vor der Ausgabe noch in einem Arbeitsgang akustisch aufwerten. Im Gegensatz zur Übergabe eines Schnittfenster-Clips wird sowohl beim Projektfenster-Clip als auch bei der Sequenz jedoch keine Dateiaktualisierung vorgenommen. Vielmehr fertigt Audition auch hier ein neues Asset an. Aufgrund dessen bringt die Anwendung auch noch einen zusätzlichen Dialog hervor, in dem Sie einen Speicherort für die Ergebnisdatei festlegen können. Betätigen Sie dazu Durchsuchen.

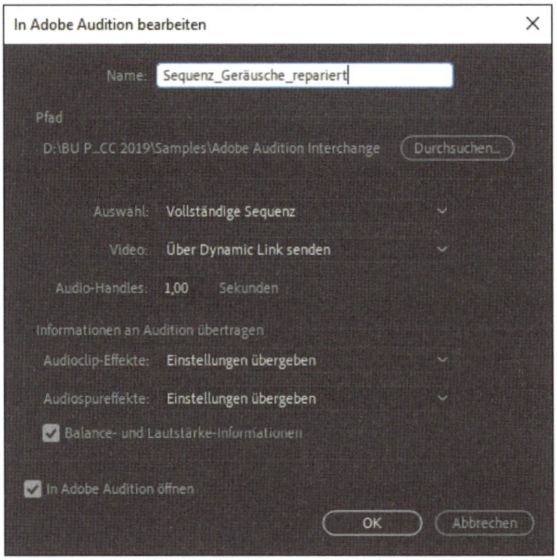

◂ **Abbildung 15.5**
Achten Sie auf den angegebenen Pfad, oder ändern Sie ihn, damit Sie das Ziel-Asset später finden.

Eine komplette Sequenz lässt sich auch ganz einfach mithilfe des Menüs BEARBEITEN in die Audiosoftware transferieren. Hierbei müssen Sie lediglich darauf achten, zuvor das Schnittfenster zu markieren. Auch hier geht es weiter mit dem Befehl IN ADOBE AUDITION BEARBEITEN, gefolgt von SEQUENZ. Sie müssen nicht die gesamte Sequenz übergeben. Wenn nur ein Teil nachbearbeitet werden soll, setzen Sie zuvor Sequenz-In- und -Out-Point ein.

Im Falle einer Sequenz muss das nachbearbeitete Ergebnis in Audition separat ausgegeben werden (z. B. über DATEI • EXPORTIEREN • MULTITRACK-ABMISCHUNG • GESAMTE SESSION) und kann anschließend als separate Tonspur in Premiere Pro integriert werden. Sollten Sie lediglich einen Clip übergeben haben, werden Sie im Projektfenster ein neues Asset vorfinden. Dazu ist noch nicht einmal das Exportieren der Datei aus Audition heraus erforderlich. Mit einem Rechtsklick und IN EXPLORER ANZEIGEN sehen Sie, wo auf der Festplatte sich nun dieses neue Asset befindet.

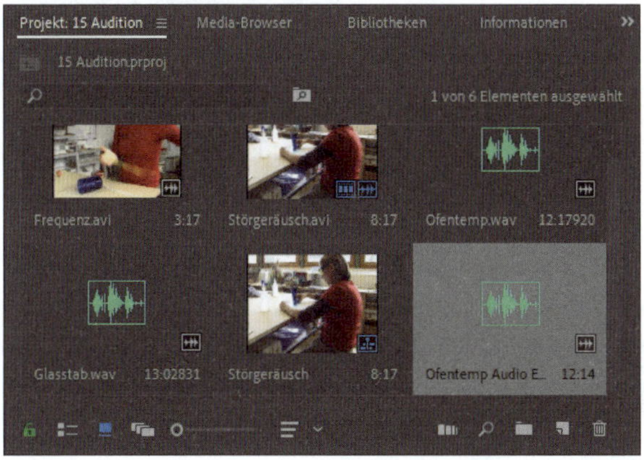

◂ **Abbildung 15.6**
Eine neue Sounddatei ist entstanden.

15.3 Arbeitsbereiche benutzen

Sie haben auch in Audition, genau wie in Premiere Pro, die Möglichkeit, verschiedene Ansichten einzustellen. Benutzen Sie dazu FENSTER • ARBEITSBEREICH, oder nutzen Sie die Arbeitsbereichsleiste, die sich nach einem Klick auf die Doppelpfeil-Schaltfläche oben rechts noch eindrucksvoll erweitert.

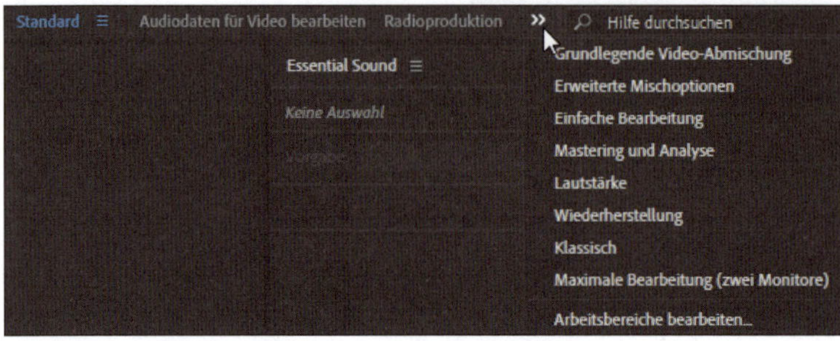

▲ **Abbildung 15.7** Auch in Audition lassen sich vordefinierte Arbeitsbereiche einstellen.

15.3.1 Wellenform und Multitrack

Des Weiteren wird unterschieden zwischen Wellenform- und Multitrack-Editor. Von Premiere Pro übergebene Sequenzen erscheinen automatisch im Multitrack-Editor (selbst wenn nur eine einzelne Audiospur vorhanden ist), während einzelne Clips in Wellenform dargestellt werden. Entsprechende Buttons befinden sich oben links (1).

▲ **Abbildung 15.8** In der Wellenform-Ansicht werden die Pegel angezeigt.

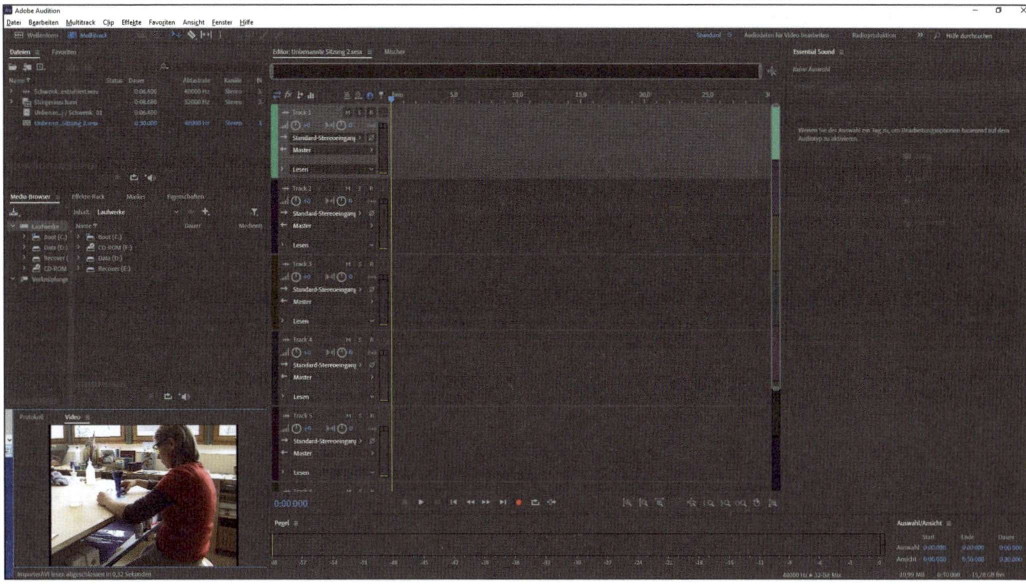

▲ **Abbildung 15.9** Die Multitrack-Ansicht liefert einen Überblick über alle vorhandenen Audiospuren einer Sequenz – auch über die unbenutzten.

15.4 Grundlagen

Bevor Sie sich um die Nachbearbeitung kümmern, müssen Sie meist einige individuelle Vorbereitungen treffen.

15.4.1 Dateien importieren

Der Import von Dateien erfolgt über das Dateimenü (Datei • Importieren • Datei), den Shortcut [Strg]/[⌘]+[I] oder per Doppelklick in einen freien Bereich des Dateien-Bedienfeldes, das prinzipiell mit dem Projektfenster von Premiere Pro vergleichbar ist. Selbstverständlich ist es auch möglich, den unterhalb des Dateien-Bedienfeldes integrierten Media-Browser zu benutzen. Bedenken Sie, dass sich hier nicht nur gängige Audio-, sondern auch Videoformate integrieren lassen. Immerhin besteht ja in Audition auch die Möglichkeit, Audios von AV-Clips zu bearbeiten. Das geht so: Nach dem Import markieren Sie beide Dateien (Audio und Video erscheinen hier nämlich getrennt) und klicken mit rechts auf eine der Zeilen. Entscheiden Sie sich für In Multitrack einfügen • Neue Multitrack-Session. Im Folgedialog vergeben Sie Name und Speicherort und bestätigen mit OK.

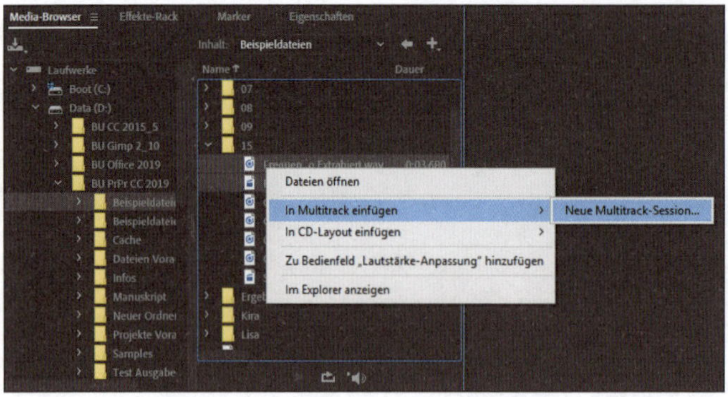

▲ **Abbildung 15.10** So erzeugen Sie eine Multitrack-Session.

Zur besseren Ansicht ist zu empfehlen, vorübergehend auf den Arbeitsbereich AUDIODATEN FÜR VIDEO BEARBEITEN umzuschalten, da Sie dann oben links auch eine Videoansicht genießen können.

15.4.2 Zoomen

Wenn Sie einen bestimmten Bereich des Clips vergrößert darstellen wollen, ziehen Sie einen der vertikal angeordneten Anfasser ❶ oberhalb der Zeitskala zur Mitte. Wollen Sie den gesamten Ausschnitt verschieben, greifen Sie den Anfasser ❷ und ziehen ihn in die gewünschte Position. Was sich jetzt in dem eingefassten Bereich befindet, sehen Sie auch unten in der Wellenform-Darstellung ❸. Ein Klick auf die Lupe ❹ stellt wieder den gesamten Clip dar. Wenn Ihnen die Bedienung mithilfe der Tastatur lieber ist (bestimmt ist es das), können Sie auch [+] und [-] verwenden. Alternativ dürfen Sie auch die Lupen-Symbole rechts unterhalb der Tracks benutzen.

▲ **Abbildung 15.11** Längere Tonstücke lassen sich prima zoomen.

15.4.3 Dateien erstellen

Über DATEI • NEU • AUDIODATEI lässt sich eine LEERE AUDIODATEI erzeugen, deren Parameter im Folgedialog festgelegt werden. Über den gleichen Menüeintrag ließe sich auch mit einer neuen MULTITRACK-SESSION beginnen.

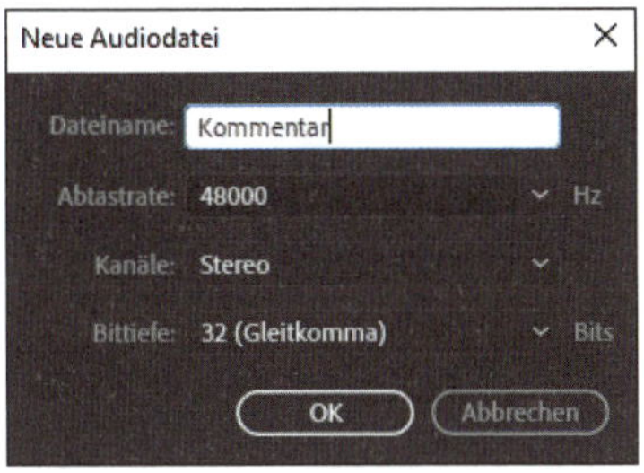

◂ **Abbildung 15.12**
Die gewünschten Einstellungen nehmen Sie gleich zu Beginn vor.

15.4.4 Speicheroptionen

Grundsätzlich müssen Sie hier (genauso wie in Premiere Pro) unterscheiden, ob Sie ein Projekt speichern oder eine Sounddatei ausgeben wollen. Das hauseigene Speicherformat für einzelne Audioclips (Wellenform) ist *.wav*, das für Multitracks *.sesx*.

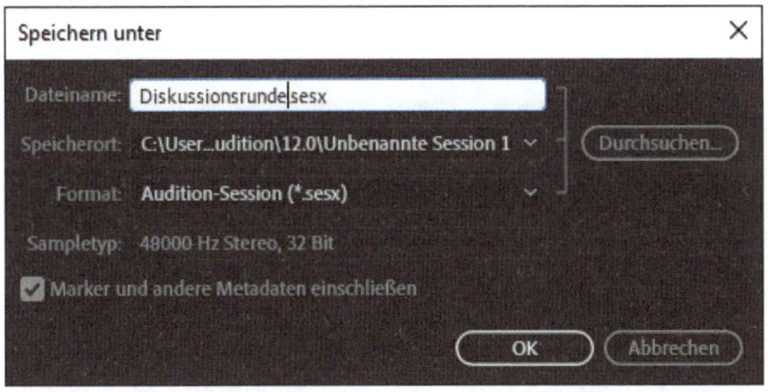

◂ **Abbildung 15.13**
Der Speichern-Dialog gestaltet sich recht übersichtlich.

15.5 Audiobearbeitung

So viel zur Vorbereitung und zur ersten Orientierung. Jetzt sind Sie wieder an der Reihe. Bestimmt wollen Sie längst eine Datei bearbeiten. Dann werden Sie nun den ersten Audioclip schneiden. Schließen Sie zunächst alle Audition-Projekte. Danach stellen Sie bitte den Arbeitsbereich STANDARD wieder ein und selektieren im Bedienfeldmenü STANDARD die Option AUF GESPEICHERTES LAYOUT ZURÜCKSETZEN.

15.5.1 Audio schneiden

Im folgenden Workshop wollen wir einen Kommentar nachbearbeiten. Ziel ist es, einen Teil des Satzes nachträglich zu entfernen.

Erneute Umstellung der Arbeitsoberfläche

Wie bereits zu Beginn dieses Kapitels angekündigt, wird ab hier wieder mit der Standard-Oberflächeneinstellung gearbeitet, um die Kontraste zwischen Wellenform und Hintergrund deutlicher hervortreten zu lassen. Wenn Sie das auch machen wollen (aus technischer Sicht ist das nicht unbedingt erforderlich), wählen Sie bitte BEARBEITEN/AUDITION CC • VOREINSTELLUNGEN • DARSTELLUNG und entscheiden sich zuletzt für STANDARD.

Schritt für Schritt: Eine Audiodatei schneiden

In diesem Abschnitt geht es ausdrücklich nicht darum, Arbeiten zu bewältigen, die sich mit Premiere Pro nicht lösen ließen, sondern vielmehr um einen intuitiven Einstieg in Audition.

1 Projekt vorbereiten

Im Ordner *15* der Beispieldateien finden Sie die Audiodatei *Ofentemp.wav*. Importieren Sie diesen Clip durch Doppelklick in den freien Bereich des Dateien-Bedienfeldes. Die Datei wird automatisch in Wellenform angezeigt. Zur kontrastreicheren Darstellung haben wir die Ansicht STANDARD aus den VORGABEN (BEARBEITEN/AUDITION CC • VOREINSTELLUNGEN • DARSTELLUNG) verwendet.

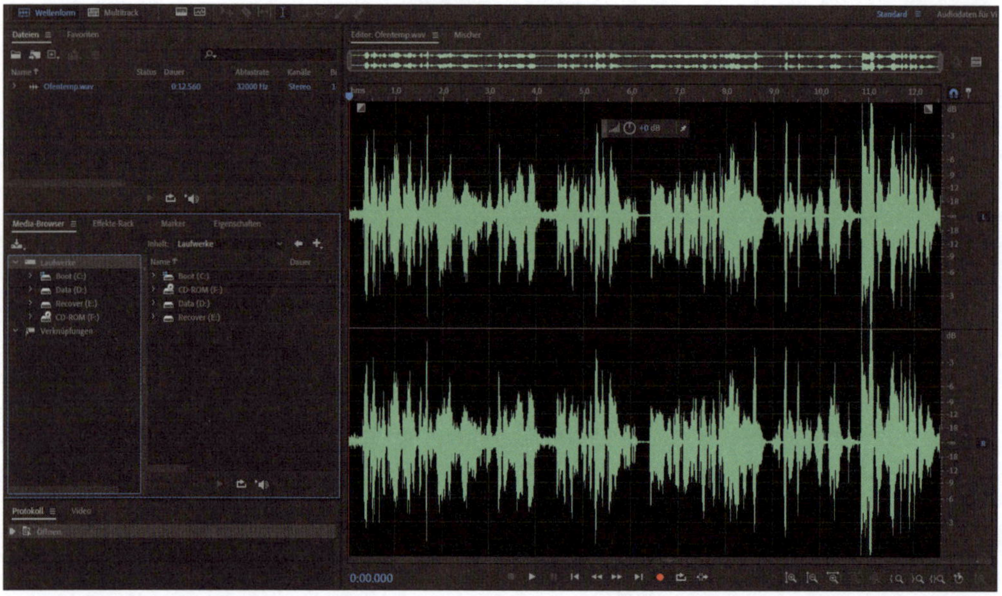

▲ **Abbildung 15.14** Die Datei befindet sich im Dateien-Bedienfeld und wird im Editor als Wellenform angezeigt.

2 Clip anhören

Spielen Sie das Audio ab. Hier reicht natürlich der Druck auf die Leertaste. Alternativ stehen Ihnen aber auch die Steuerelemente unterhalb der Wellenform zur Verfügung.

3 Bereich markieren

Der Satzteil »[…] zwischen Glas und Raumluft […]« soll entfernt werden. Versuchen Sie, auf diesen Bereich großzügig einzuzoomen. Halten Sie die Wiedergabe an, und fahren Sie mit dem Mauszeiger einmal quer über die Wellenform dieses Bereichs. Sie wird daraufhin weiß markiert. Aktivieren Sie die Schleifenfunktion (ENDLOSWIEDERGABE) ❸, und lassen Sie den Bereich permanent abspielen.

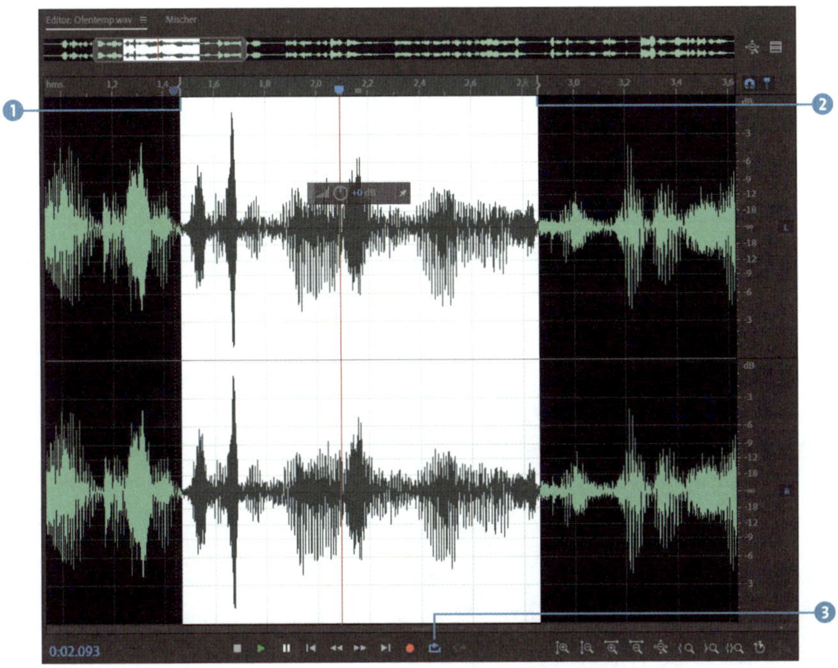

▲ **Abbildung 15.15** Diese Stelle soll entfernt werden.

4 Feintuning vornehmen

Sollte der Bereich mit dem ersten Versuch nicht exakt eingegrenzt worden sein, macht das rein gar nichts. Ziehen Sie in diesem Fall die Klammern ❶ und ❷ (sie symbolisieren den In- und Out-Point) oder die vertikalen Begrenzungen zwischen markiertem und nicht markiertem Bereich in der Wellenform so zurecht, dass Sie nur noch den erwähnten Satz hören. Beachten Sie letztendlich auch das Bedienfeld unten rechts (AUSWAHL/ANSICHT). In der oberen Zeile sind der markierte Bereich (von START bis ENDE) sowie dessen DAUER hinterlegt. Diese Hot-Text-Steuerelemente lassen sich bedienen wie in Premiere Pro.

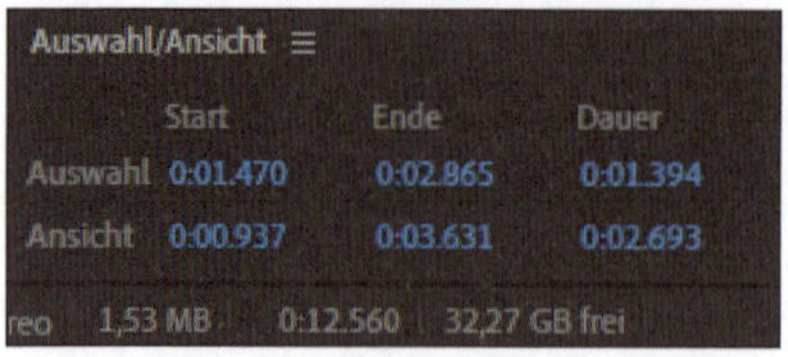

◂ **Abbildung 15.16**
Die Markierung kann sogar sampleweise verschoben werden. Genauer geht es nicht.

5 Bereich entfernen

Hören Sie die Stelle mehrfach an. Erst wenn Sie sicher sind, dass Sie genau diesen Bereich gefunden haben, drücken Sie [←] oder klicken mit rechts in die markierte Stelle, wobei Sie anschließend LÖSCHEN betätigen. Die Stelle ist nun entfernt.

> **Zwischenablage benutzen**
>
> Natürlich stehen Ihnen auch hier sämtliche Funktionen der Zwischenablage zur Verfügung. So lässt sich beispielsweise eine Stelle ausschneiden und woanders wieder einfügen.

6 Datei exportieren

Speichern Sie die Datei am besten unter einem anderen Namen, indem Sie DATEI • SPEICHERN UNTER wählen. Audition bietet Ihnen jetzt *.wav* als Ausgabeformat an. Klicken Sie auf OK. Sie finden den Anfang der bearbeiteten Datei unter *Ofentemp_fertig.wav* im Ordner *Ergebnisse* der Beispieldateien.

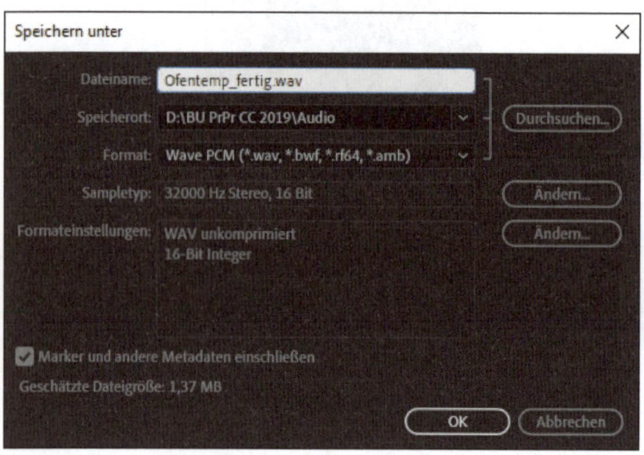

◂ **Abbildung 15.17**
Wenn Sie keine Veränderungen im Vergleich zum Original wollen, müssen Sie mit Ausnahme des Dateinamens in diesem Dialog nichts ändern.

7 Clip erneut markieren

Achten Sie darauf, dass jetzt der Zielclip im Editor sowie im Dateien-Bedienfeld zu finden ist. Wollen Sie anstelle des Ergebnisses das Original erneut bearbeiten, müssen Sie es abermals integrieren.

15.5.2 Clip-Bereich ausgeben

Anstelle des gesamten Clips lässt sich aber auch nur ein bestimmter Bereich ausgeben. Markieren Sie dazu den Teil, den Sie ausgeben wollen, wie im Workshop beschrieben.

Danach klicken Sie mit rechts in die Auswahl hinein und wählen Auswahl speichern unter.

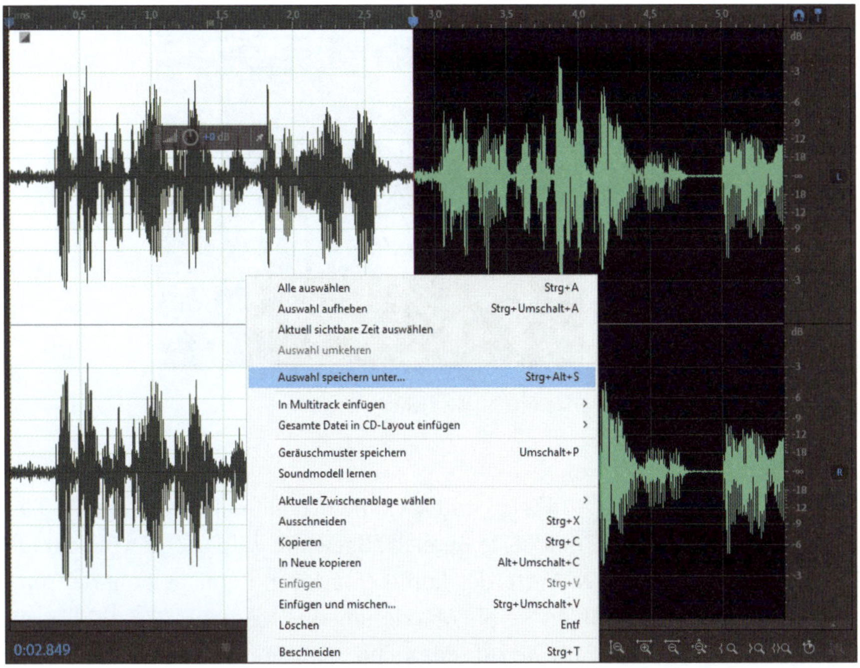

▲ **Abbildung 15.18** Mit dieser Einstellung wird nur ein Teil des Clips exportiert.

15.5.3 Pause verlängern

Im Beispielclip *Ofentemp.wav* aus dem Ordner *15* der Beispieldateien verbirgt sich eine kleine Pause, die ausgedehnt werden sollte. Lassen Sie den Clip doch einmal abspielen, und achten Sie auf die Unterbrechung hinter dem ersten Satz.

Schritt für Schritt: Sprechpause ausdehnen

Die Pause könnte an dieser Stelle eigentlich etwas verlängert werden. Auch das ist natürlich kein Problem mit Audition.

1 Bereich eingrenzen

Setzen Sie die Abspielmarke direkt hinter die Aussage »[...] dass die Glasplatte zerspringen würde [...]«. Markieren Sie einen Teil des Bereichs, in dem der Sprecher nichts sagt, wobei Sie darauf achten müssen, dass wirklich nur der inhaltlose Zeitpunkt markiert ist. Am besten lässt sich dieses Stück in der Wellenform ausmachen. Hören Sie sich den Teil in der Endlosschleife an. So können Sie prima beurteilen, ob Sie nicht versehentlich doch ein Kommentarfragment mit eingefangen haben.

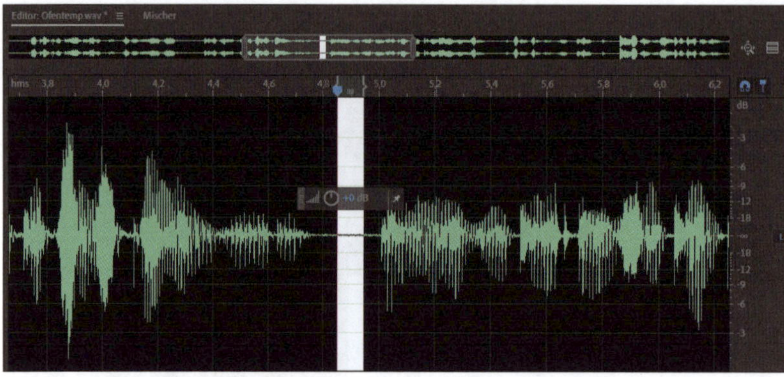

▲ **Abbildung 15.19** Bringen Sie die Markierung an die richtige Position.

2 Pause ausdehnen

Anschließend betätigen Sie [Strg]/[⌘]+[C] und klicken noch einmal kurz in die Markierung. Das hat zur Folge, dass der markierte Bereich abgewählt wird. Achten Sie darauf, dass sich die Abspielmarke in der Mitte des kommentarlosen Bereichs befindet, und betätigen Sie [Strg]/[⌘]+[V]. Wählen Sie die Markierung durch erneuten Mausklick ab, und hören Sie sich die Stelle an. Falls Sie zufrieden sind, platzieren Sie die Einfügemarke erneut in der Mitte, und betätigen Sie die letzte Tastenkombination abermals.

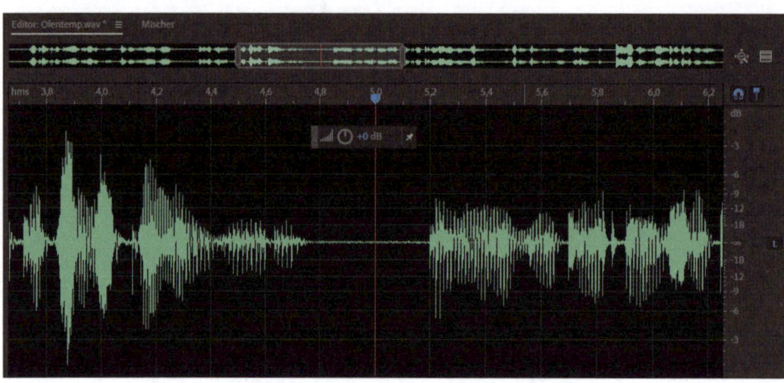

▲ **Abbildung 15.20** Am Ende dürfte die Pause lang genug sein.

15.5.4 Lautstärke regeln

Die Lautstärke ist in Audition ebenfalls intuitiv bedienbar. Allerdings gibt es dabei auch ein paar Feinheiten, die sich Einsteigerinnen und Einsteigern nicht auf den ersten Blick erschließen.

Schritt für Schritt: Lautstärke an einer bestimmten Stelle verändern

Schauen Sie sich die Wellenform im Beispielclip *Ofentemp.wav* etwas genauer an. Skalieren Sie diese dazu mit der Lupe. Die Ausschläge der Wellenformen nach oben und unten sind insgesamt in Ordnung. Am Schluss wird es jedoch zu laut. Sie sehen das auch anhand der Pegel, die bis ganz oben ausschlagen ❷. Hier ist insbesondere der Satzanfang: »Erst nach 24 Stunden […]« bemerkenswert.

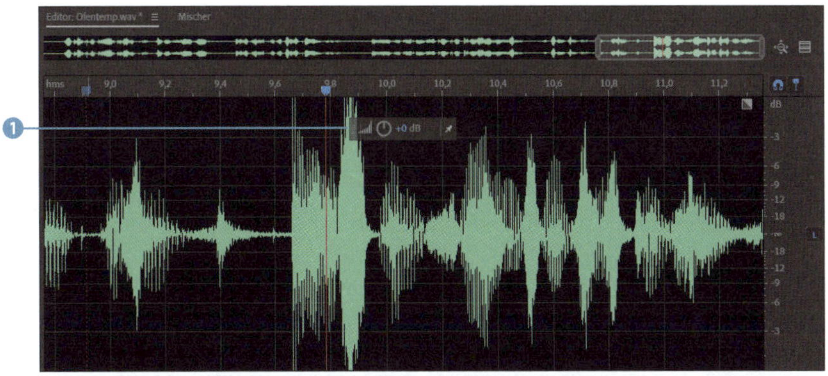

▲ **Abbildung 15.21** Hier sind die Spitzen bereits abgeschnitten.

▲ **Abbildung 15.22** An dieser Stelle verheißt auch der Pegel nichts Gutes.

1 Reduktion vorbereiten

Markieren Sie den Bereich, der bis an die Begrenzung des Fensters hochgeht, indem Sie ihn mit gedrückter Maustaste überfahren.

2 Lautstärke reduzieren

Klicken Sie auf die kleine Overlay-Schaltfläche, die aktuell 0,0 dB zeigt. Halten Sie die Maustaste gedrückt, und ziehen Sie sie nach links, bis ein Wert von etwa –1,8 angezeigt wird. An dieser Stelle lassen Sie los.

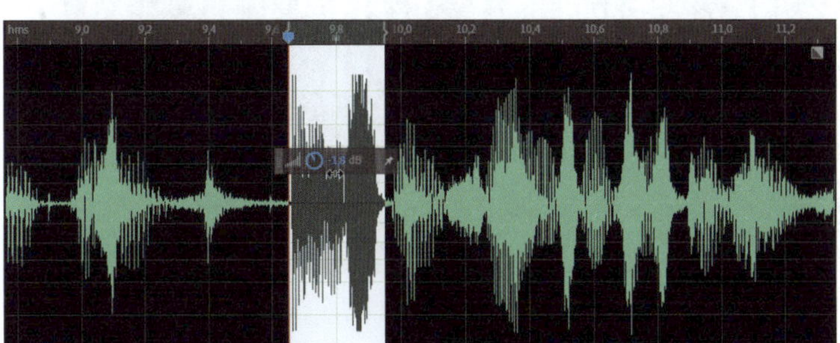

◀ **Abbildung 15.23** Die Lautstärke wird nur im markierten Bereich abgesenkt.

HUD einschalten

Sollte die kleine Overlay-Palette ❶ (Abbildung 15.21) nicht sichtbar sein, aktivieren Sie diese mit [⇧]+[U] oder über ANSICHT • HUD ANZEIGEN.

Gesamtlautstärke verändern

Wenn Sie nichts markieren und den Pegel mithilfe der Overlay-Palette korrigieren, wirkt sich das auf den gesamten Clip aus.

15.5.5 Fade-in und Fade-out

Vielfach bietet es sich an, Audiodateien am Anfang weich einzublenden bzw. am Ende langsam verstummen zu lassen. Dazu finden Sie jeweils am Anfang ❶ und am Ende ❷ der Waveform-Anzeige ein kleines Quadrat, das Sie verschieben können. Bewegen Sie den Mauszeiger bei gedrückter linker Taste horizontal, können Sie die Länge des Übergangs bestimmen. Wenn Sie die Ein- bzw. Ausblendung nicht konstant, sondern dynamisch steuern wollen (siehe Abschnitt 10.7.3, »Konstante Leistung«), bewegen Sie die Maus vertikal.

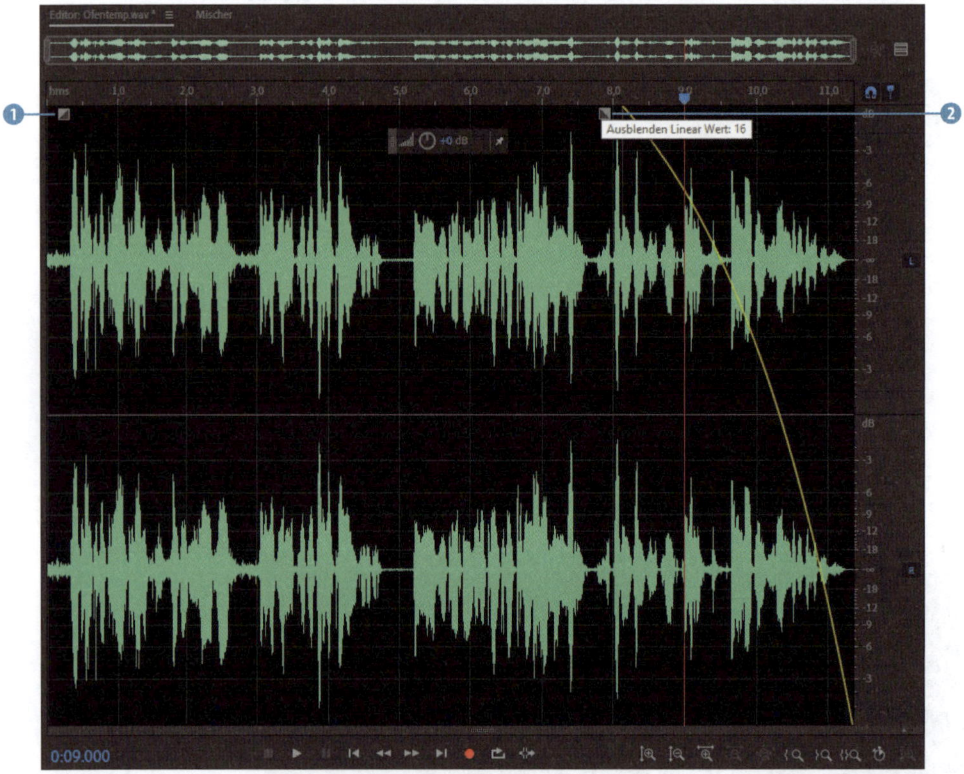

▲ **Abbildung 15.24** Beim Aufziehen eines Fades ist es entscheidend, ob Sie den Mauszeiger gleichzeitig auch nach oben oder unten bewegen.

15.5.6 Anfang und Ende kürzen

Wollen Sie nur einen bestimmten Bereich des Audios erhalten? Dann markieren Sie diesen auf die zuvor beschriebene Weise, klicken Sie mit rechts auf die Wellenform, und entscheiden Sie sich für BESCHNEIDEN, oder drücken Sie [Strg]/[⌘]+[T]. Alle Bereiche, die sich jenseits der Markierung befinden, werden daraufhin entfernt.

15.6 Stapelprozesse

Audition verfügt gewissermaßen über eine Stapelverarbeitungsfunktion. Diese ist wirklich sinnvoll, denn oft muss ja gleich eine Fülle von Clips korrigiert werden. In diesem Fall bringen Sie die relevanten Audios in das Dateien-Bedienfeld, öffnen das Bedienfeld STAPELPROZESS via Menü FENSTER und ziehen alle Clips vom Dateien-Bedienfeld aus in das Stapelprozess-Bedienfeld hinein.

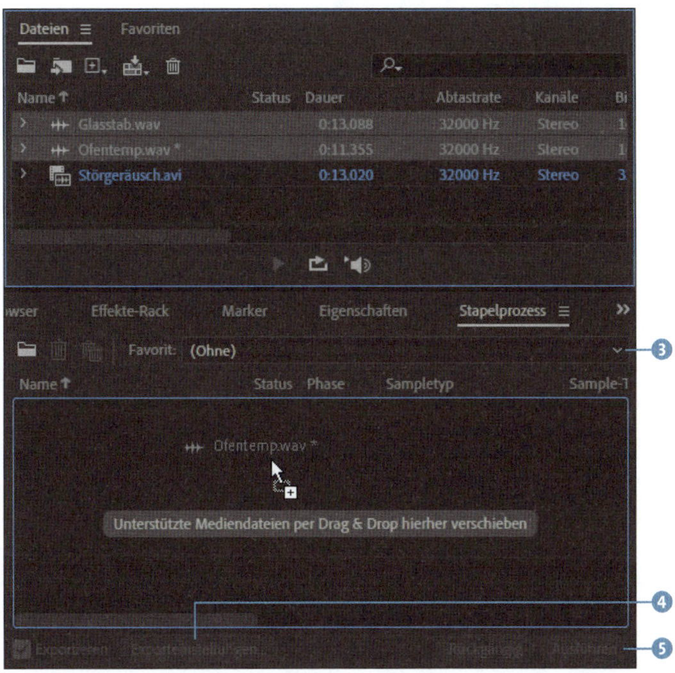

◄ **Abbildung 15.25**
Ziehen Sie die zu korrigierenden Dateien nach unten.

Falls Sie eine bloße Konvertierung von Dateien in ein anderes Format wünschen, belassen Sie das Pulldown-Menü FAVORIT 3 bei OHNE. Andernfalls weisen Sie den gewünschten Effekt zu. Danach betätigen Sie den Schalter EXPORTEINSTELLUNGEN 4. Legen Sie fest, wo und in welchem Format die Dateien abgelegt werden sollen. Falls Sie zur Ausgabe den gleichen Ordner wie den Quellordner verwenden, kann es sinnvoll sein, ein Präfix oder Suffix zu vergeben. Bei Vergabe eines Präfixes beginnen die Dateien mit dieser Bezeichnung. Das Suffix steht am Ende des Namens (vor der Dateiendung).

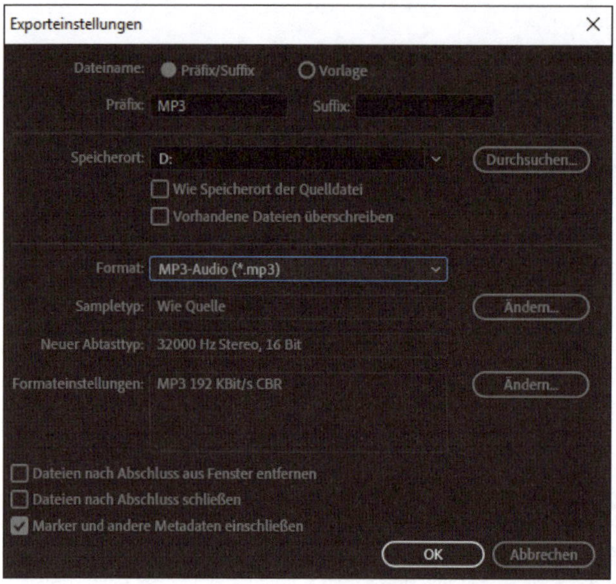

◂ **Abbildung 15.26**
Hier erfolgt eine Stapelkonvertierung in das Format »MP3«.

Damit ist aber noch nicht alles erledigt. Denn bislang sind nur die Dateien ausgesucht und die Einstellungen vorgenommen worden. Leiten Sie den Export mithilfe des Buttons AUSFÜHREN ❺ (Abbildung 15.25) in die Wege.

15.7 Restauration

Während die bisher vorgestellten Techniken mehr dazu geeignet waren, das gesamte Audiomaterial in irgendeiner Form zu verändern, geht es jetzt um die punktuelle Bearbeitung. Was ist zu tun, wenn beispielsweise ein einzelnes Geräusch entfernt werden soll? Immerhin sollen ja andere Frequenzen (z. B. Kommentar oder Sound) erhalten bleiben. Deshalb müssen Sie hier anders vorgehen.

Schritt für Schritt: Störgeräusche entfernen

In diesem Workshop wird ein kleiner Knacker innerhalb der Spektralfrequenzanzeige entfernt, ohne dass der Rest der Datei nennenswert in Mitleidenschaft gezogen wird.

1 Datei importieren

Sie benötigen die Datei *Störgeräusch.avi* aus dem Ordner *15*, deren Audiospur automatisch im Wellenform-Editor von Audition bereitgestellt wird. Dass es sich bei diesem Clip um ein AVI handelt, bleibt Audition natürlich nicht verborgen, weshalb unten links auch ein Video angezeigt wird. Doch das soll uns nicht weiter stören.

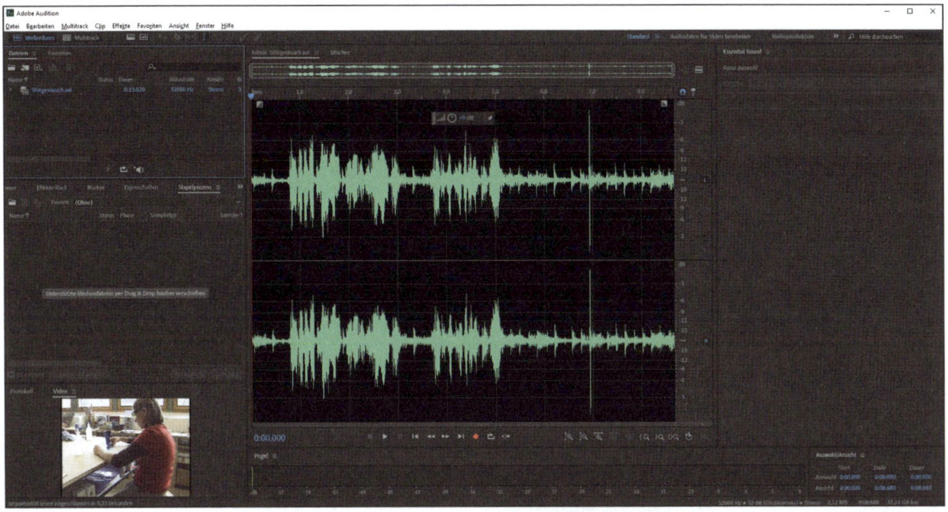

▲ **Abbildung 15.27** Uns interessiert nur die Audiodatei.

2 Knackgeräusch markieren

Richten Sie Ihr Augenmerk jetzt auf das Ende der Wellenform. Das Knackgeräusch ist nicht nur gut zu hören, sondern fällt auch optisch ins Auge (die kurze, aber sehr hohe Erhebung ziemlich am Ende). Zoomen Sie stark ein, und markieren Sie diese Stelle großzügig. Beim Abspielen in der Endlosschleife ist der Knacker deutlich wahrzunehmen.

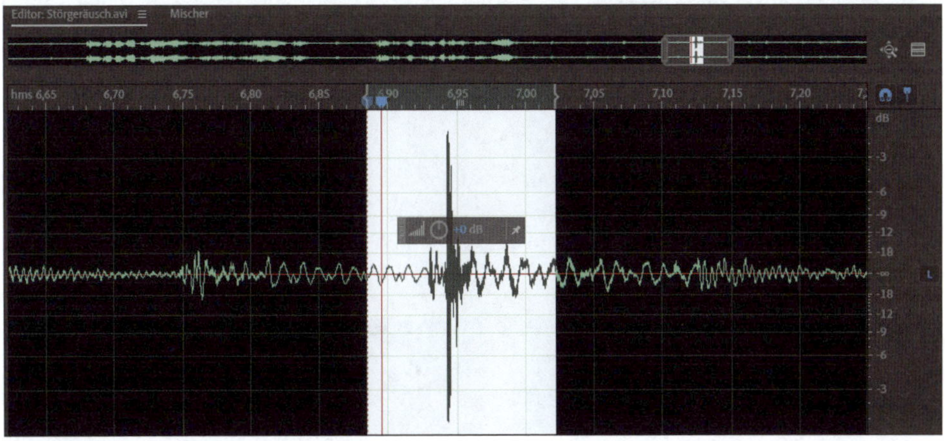

▲ **Abbildung 15.28** Dieser Knacker muss weg!

3 Lösung finden

Sie wissen bereits, dass Sie diese Stelle nun kurzerhand entfernen könnten. Durch das Herausschneiden würde aber die Zeit des Audios verändert – und somit wäre die Synchronisation zum Video nicht mehr gewährleistet. Ein folgender Dialog oder Kommentar wäre auf einmal nicht mehr lippensynchron. Die Absenkung der Lautstärke wäre ebenfalls keine Option, da dabei das dumpfe Hintergrundgeräusch unterbrochen würde. Unsere kleine Audiokosmetik fiele also auf.

4 Anzeige ändern

Deshalb muss versucht werden, das lästige Knacken zu eliminieren, ohne dass Spurlänge oder Hintergrundgeräusch in Mitleidenschaft gezogen werden. Heben Sie die Markierung der besagten Stelle auf (ansonsten funktionieren die nächsten Schritte nicht), und schalten Sie auf Spektralfrequenzanzeige um (ANSICHT • SPEKTRALFREQUENZANZEIGE ÖFFNEN bzw. [⇧]+[D]). Übrigens existiert in der Kopfleiste der Anwendung auch ein Button dafür.

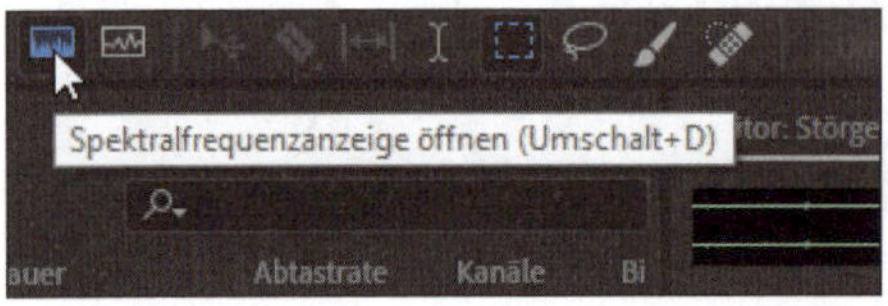

◂ **Abbildung 15.29** Jetzt ist eine andere Anzeige vonnöten.

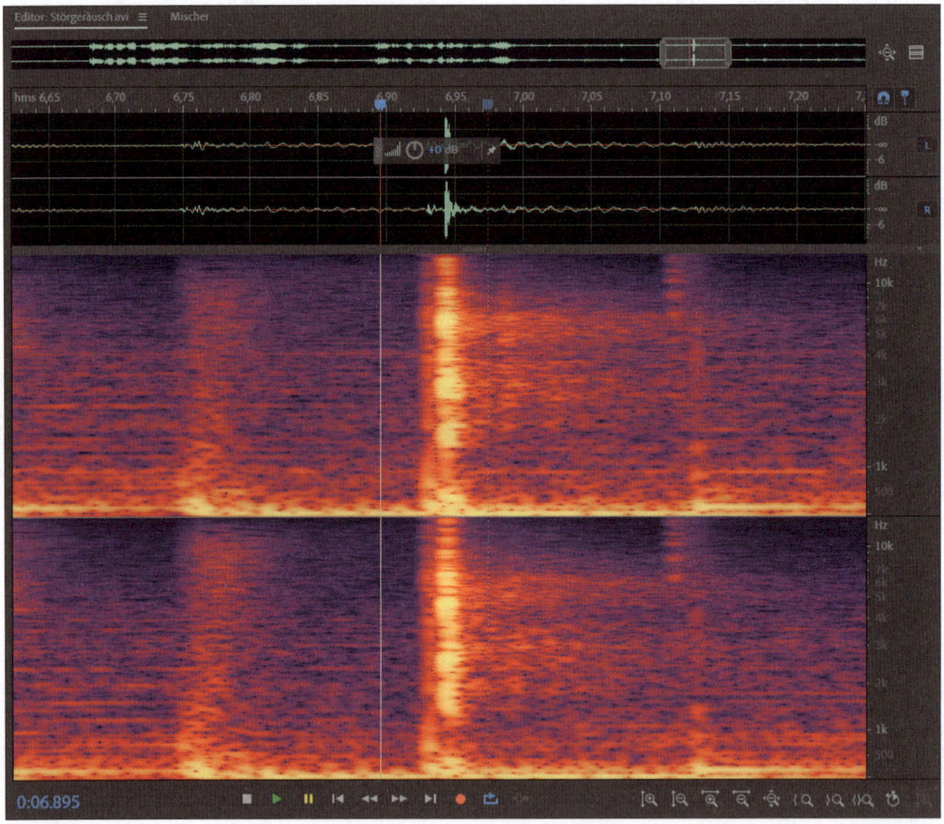

▴ **Abbildung 15.30** Der Knacker lässt sich in der Spektralanzeige gut ausmachen.

5 Frequenzbereich markieren

Aktivieren Sie das Bereichsreparatur-Pinsel-Werkzeug oben in der Werkzeugleiste. Danach klicken Sie auf das obere Ende des rot-gelben Bereichs und fahren mit gedrückter linker Maustaste über die rot-gelbe Fläche, die den Knacker repräsentiert. Lassen Sie aber das untere Ende der Spur (Gelbfärbung) außen vor. Sobald Sie loslassen, beginnt Audition mit einer kurzen Berechnung, und weg ist der Knacker. Spielen Sie die Stelle ab.

◂ **Abbildung 15.31** Zunächst muss das richtige Werkzeug aktiviert werden.

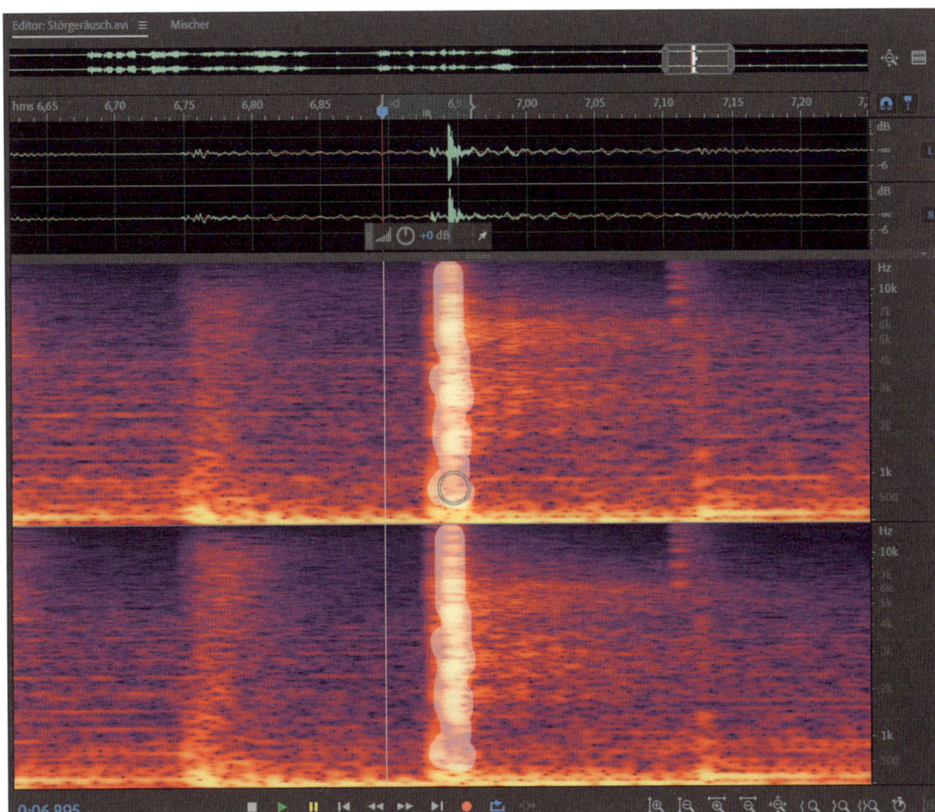

▴ **Abbildung 15.32** Wischen Sie langsam und ohne abzusetzen über die Problemstelle, wobei die horizontal durchgehende Gelbfärbung ganz unten in der Spur nicht bearbeitet wird.

6 Hinweis entfernen

Sobald Sie absetzen (also die Maustaste loslassen), reagiert Audition mit einem Hinweis. Er macht darauf aufmerksam, dass die Originaldatei nicht überschrieben wird, sondern eine neue Datei erzeugt wird, sobald Sie die Arbeit speichern. Das passt uns ausgesprochen gut, weshalb Sie mit OK bestätigen sollten.

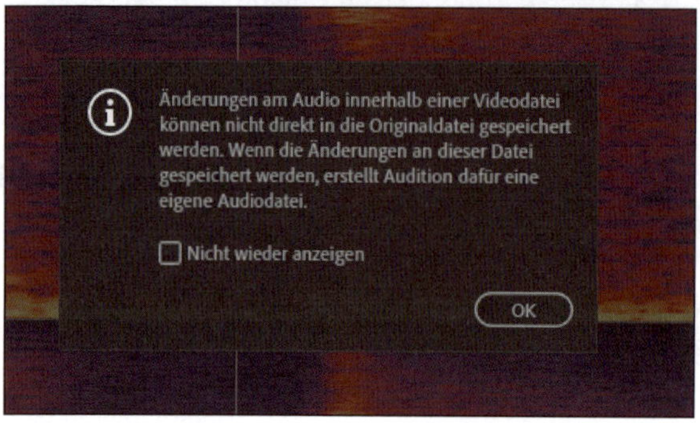

▲ **Abbildung 15.33** Perfekt – unser Original wird nicht überschrieben.

7 Stelle anhören

Zum direkten Vergleich empfiehlt sich Folgendes: Markieren Sie die Stelle großzügig (das geht derzeit nur oberhalb der SPEKTRALFREQUENZANZEIGE), und spielen Sie diesen Bereich in Schleife ab. Drücken Sie nach kurzer Zeit [Strg]/[⌘]+[Z], um den letzten Schritt rückgängig zu machen. Jetzt hören Sie den Unterschied, da jetzt wieder der Zustand vor der Korrektur wiedergegeben wird. Durch Betätigung von [Strg]/[⌘]+[⇧]+[Z] wird die Korrektur wiederhergestellt. Diesen Schritt dürfen Sie mehrfach wiederholen. Das hat doch gut geklappt, oder?

15.7.1 Korrektur mit dem Lasso

Wenn Sie sich noch ein wenig in die Technik einarbeiten wollen, öffnen Sie doch einmal *Frequenz.avi* aus dem Ordner *15*. Dort haben Sie es gleich mit mehreren Störgeräuschen zu tun. Probieren Sie auch einmal das Lasso-Auswahlwerkzeug aus.

▲ **Abbildung 15.34** Aktivieren Sie das Lasso.

Dieses wenden Sie an, indem Sie den gestörten Bereich mit gedrückter linker Maustaste umfahren. Sobald Sie loslassen, wird eine Auswahl erzeugt. Senken Sie danach die Lautstärke Stück für Stück mithilfe des HUD-Overlays ab. Achten Sie darauf, dass die roten und lila eingefärbten Frequenzbereiche erhalten bleiben. Sollte die markierte Stelle schwarz werden, machen Sie den letzten Schritt rückgängig. Am Ende heben Sie die Markierung auf, indem Sie kurz an eine andere Stelle klicken.

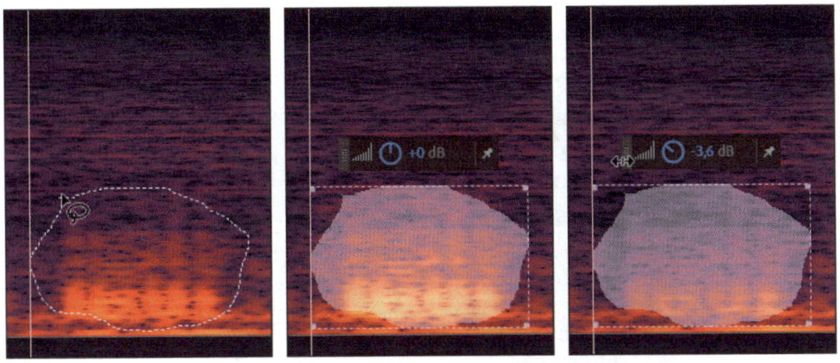

▲ **Abbildung 15.35** Hier werden drei Bearbeitungszustände gezeigt: links die Markierung mit dem Lasso, in der Mitte der Bereich nach Fertigstellung der Lassoauswahl und rechts die Absenkung der Lautstärke im markierten Bereich.

15.7.2 Audio bereinigen

Das Bereinigen von Audiodateien ist immer dann sinnvoll, wenn sich ein Störgeräusch quer über die Aufnahme erstreckt. Ein solches Geräusch punktuell herauszuarbeiten, ist fast unmöglich. Allerdings können Sie der Anwendung mitteilen, welche Bereiche nicht Inhalt des Clips sein dürfen.

Schritt für Schritt: Permanentes Störgeräusch entfernen

Vor allem monotone Geräusche werden als störend wahrgenommen. Wenn sich derartige Laute über den gesamten Clip ziehen, wie beispielsweise im Clip *Glasstab.wav*, ist das kaum hinnehmbar. Hören Sie sich die Aufnahme aus dem Ordner *15* zunächst einmal an. Im Hintergrund ist permanent das Rauschen des Gasbrenners zu vernehmen.

1 Oberfläche einstellen

Zunächst einmal ist es besser, hier wieder in der Wellenform-Ansicht zu arbeiten. Falls erforderlich, betätigen Sie also erneut den Button Spektralhöhenanzeige oben links (nicht zu verwechseln mit Spektral**ton**höhenanzeige rechts daneben!), oder drücken Sie [⇧]+[D]. Dabei wird das Lasso-Auswahlwerkzeug aus dem vorangegangenen Workshop deaktiviert und das übliche Zeitauswahlwerkzeug wieder eingestellt. Im Übrigen ließe es sich auch mittels [T] wieder aktivieren.

2 Störgeräusch suchen

Als Nächstes müssen Sie eine Stelle im Audio finden, an der ausschließlich das Störgeräusch zu hören ist. Bei rund vier Sekunden ist ein solcher Bereich. Zoomen Sie ein, und markieren Sie den Bereich vor der ersten Wellenerhebung (etwa zwischen 3,80 und 4,05).

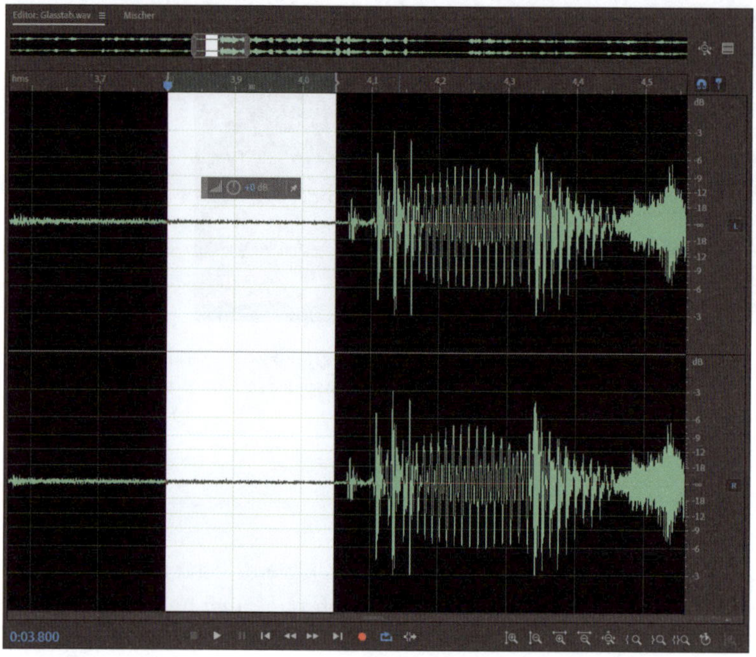

▲ **Abbildung 15.36** An dieser Position ist ausschließlich das Störgeräusch zu hören.

3 Geräuschmuster speichern

Jetzt müssen Sie nichts weiter tun, als der Anwendung mitzuteilen, dass genau dieser Frequenzbereich eigentlich gar nicht gewünscht ist. Das machen Sie, indem Sie mit rechts auf die Wellenform klicken und im Kontextmenü GERÄUSCHMUSTER SPEICHERN einstellen oder [⇧]+[P] drücken. Audition dankt es mit einer Hinweistafel.

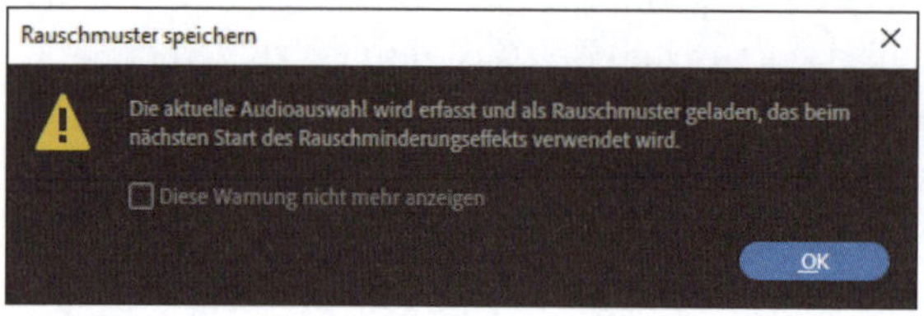

◂ **Abbildung 15.37**
Danke für den Hinweis.

4 Auswahl aufheben

Jetzt ist es ganz wichtig, dass die Markierung in der Wellenform-Anzeige wieder entfernt wird. Beließen Sie diese, würde das Geräuschmuster nur im Bereich der Markierung eliminiert.

5 Geräuschmuster anwenden

Sie könnten das Geräuschmuster mithilfe der Tastenkombi [Strg]/[⌘]+[⇧]+[P] zuweisen, wobei dann jedoch der dahinterstehende Arbeitsgang nicht deutlich wird. Daher empfehle ich (zumindest beim ersten Mal), über das Menü EFFEKTE zu gehen, auf

RAUSCHMINDERUNG/WIEDERHERSTELLUNG zu zeigen und zuletzt RAUSCHMINDERUNG (PROZESS) zuzuweisen. Der folgende Dialog sieht etwas befremdlich aus. Doch das soll uns nicht weiter stören. Klicken Sie einfach auf ANWENDEN, und hören Sie sich den Clip erneut an. Na, sind Sie zufrieden?

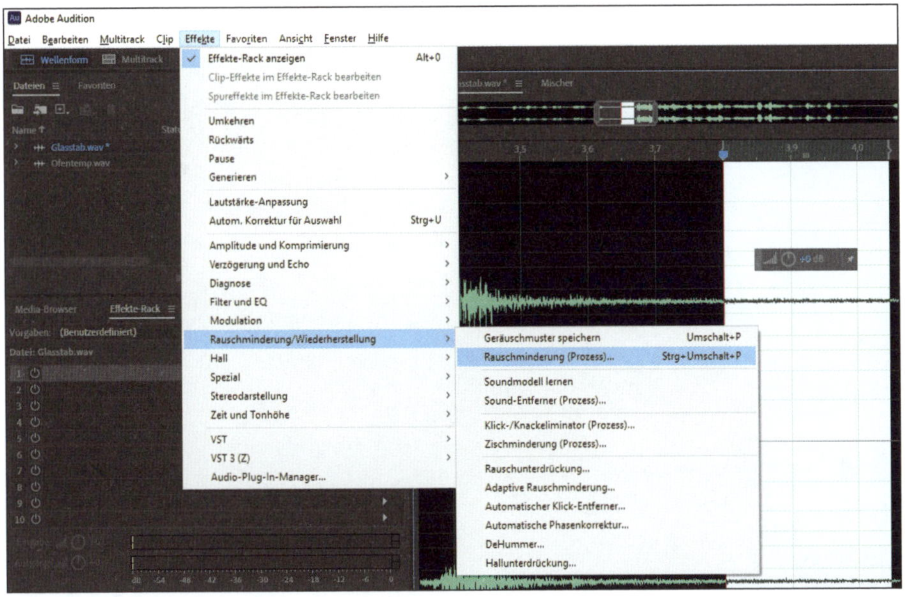

▲ **Abbildung 15.38** Wenn Sie über das Menü gehen, wird deutlich, was bei der Aktion passiert.

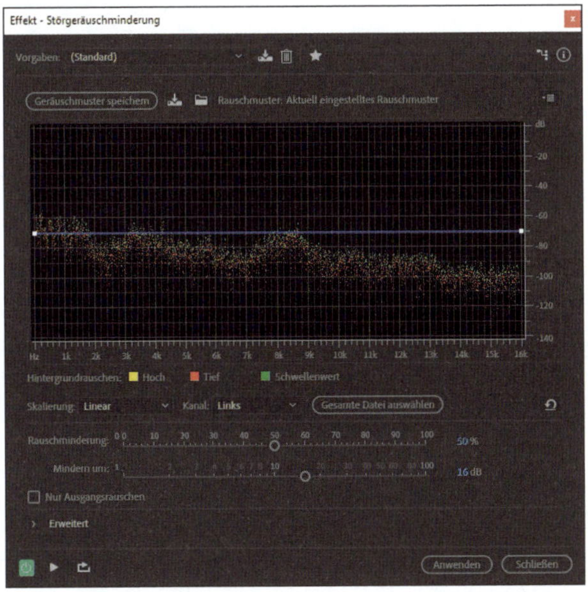

◂ **Abbildung 15.39**
Hier muss nichts eingestellt werden.

Sie finden das Resultat im Ordner *Ergebnisse*. Es ist mit *Glasstab_fertig.wav* bezeichnet.

16 Premiere Pro und die Creative Cloud

Premiere Pro ist eine leistungsfähige und intuitive Editing-Lösung, mit der viele Aufgaben des täglichen Bewegtbild-Prozesses erledigt werden. Allerdings kann die Anwendung erst ihre ganze Stärke entfalten, wenn man das Zusammenspiel mit den anderen Applikationen der Creative Cloud kennengelernt hat. Es verhält sich fast so wie beim Verhör des Kleinkriminellen Verbal Kint, der den gebannt zuhörenden Polizeibeamten minutiös von den Machenschaften des Gangsterbosses Keyzer Soze berichtet. Das Verhör erstreckt sich fast über den gesamten Film »Die üblichen Verdächtigen« und zeigt einen überragenden Kevin Spacey in der Hauptrolle. Ich will den Film nicht »spoilern«, aber das Ende ist einfach genial.

In diesem Kapitel erfahren Sie Folgendes:

- Wie läuft der Workflow mit After Effects ab?
- Wie werden After-Effects-Kompositionen aus Premiere Pro heraus erzeugt?
- Wie lassen sich Assets schnell zwischen den Programmen Premiere Pro und After Effects übergeben?

16.1 Der praktische Workflow

Mit Adobe Creative Cloud erhalten Sie eine Fülle unterschiedlichster Softwarelösungen. Nun stellt sich die Frage: Brauche ich die alle? Sie werden je nach Interessenlage auf das eine oder andere Tool verzichten können, aber wenn Sie regelmäßig und auf hohem Niveau produzieren, werden Sie über kurz oder lang an vielen Anwendungen nicht vorbeikommen.

Alle, die Videos schneiden, werden Premiere Pro im Zentrum sehen. Zusammen mit After Effects und Audition bilden sie ein starkes Produktions-Trio. Das Rohmaterial wird in der Bridge oder in Prelude archiviert, ehe es in Premiere Pro weiterverarbeitet und mithilfe des Media Encoders ausgegeben wird – vielleicht sogar auf Behance. Prinzipiell können auch andere Apps wie z. B. Photoshop, Illustrator oder Rush dazu beitragen, die gewünschten Assets bereitzustellen.

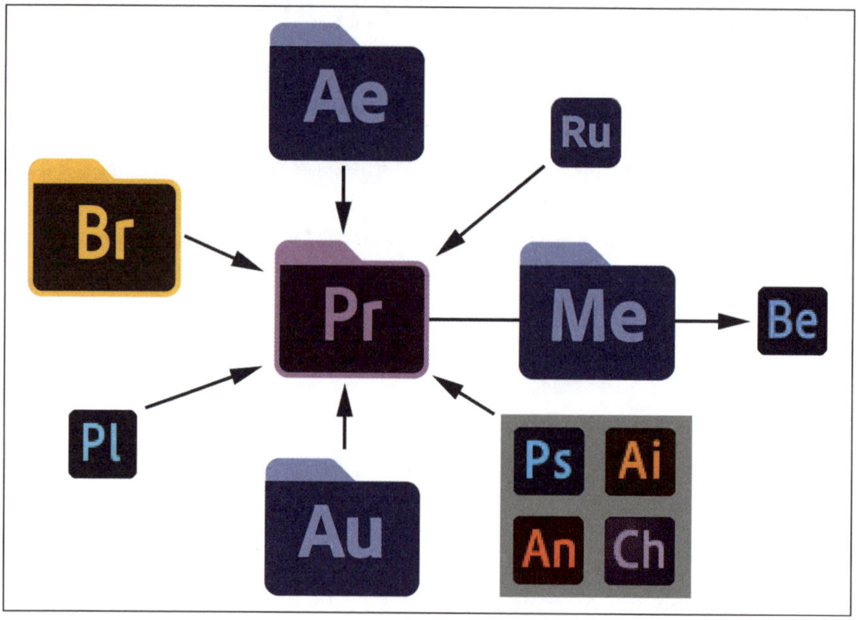

▲ **Abbildung 16.1** Premiere Pro steht für Video-Cutterinnen und -Cutter im Mittelpunkt des Geschehens.

Hier noch einmal die Wirkungsweise einzelner Apps in Kürze:

1. Sie werden geneigt sein, zunächst mit **Prelude** eine Art Rohschnitt zu bewerkstelligen. Mit dieser Anwendung können Sie aber auch auf bereits im Rechner vorhandene Dateien zugreifen.
2. Ebenso ließe sich die **Bridge** nutzen, um schnell durch Ihr Archiv zu huschen. Haben Sie das relevante Asset gefunden, ziehen Sie es per Drag & Drop in die CC-Anwendung, in der es gerade benötigt wird.
3. Danach beginnt die eigentliche Postproduktion, meist mit Premiere Pro als Dreh- und Angelpunkt. Sie stellen die Clips in Premiere Pro zusammen, übergeben einzelne Filmteile zur Weiterverarbeitung an **After Effects** (dort entwickeln Sie auch effektvolle Animationen) und führen Soundkorrekturen oder neue Arrangements mit **Audition** durch.
4. Am Schluss geben Sie das Ganze aus, wobei unterschiedlichste Zielmedien und -plattformen unterstützt werden. Die Ausgabe ist sowohl für Festplatten als auch für das World Wide Web (z. B. Facebook, YouTube) möglich. Wer möchte, kann seine Ergebnisse auch auf Adobe Behance veröffentlichen (*behance.net*). Im Zentrum dieses Arbeitsbereichs steht der **Adobe Media Encoder**, der die Projektdateien entsprechend aufbearbeitet.
5. Wenn Sie mit Ihren Arbeiten fertig sind, archivieren Sie das Premiere-Pro-Projekt, wobei Sie die Projektdaten sammeln und auf ein externes Speichermedium auslagern.

Natürlich fehlt in der Riege noch Adobe Stock, der Fundus an Vorlagen, Clips, Grafiken und Sounds, die Sie bei der Arbeit mit professionellem Material unterstützen.

16.2 Integration mit After Effects

Grundsätzlich arbeiten sämtliche Standardapplikationen der Creative Cloud hervorragend zusammen. Dabei ist die simpelste Art, Dateien untereinander zu tauschen, die Zwischenablage. Auch das direkte Herüberziehen von einer App zur anderen ist in den meisten Fällen von Erfolg gekrönt (siehe Kapitel 14, »Bridge – Ordnung im Archiv«). Dass sich Dateien auch über Kontextmenübefehle austauschen lassen, haben Sie spätestens bei der Arbeit mit Audition erlebt. So richtig beeindruckend wird der Integrationsgedanke der Suite aber erst bei der Zusammenarbeit zwischen Premiere Pro und After Effects.

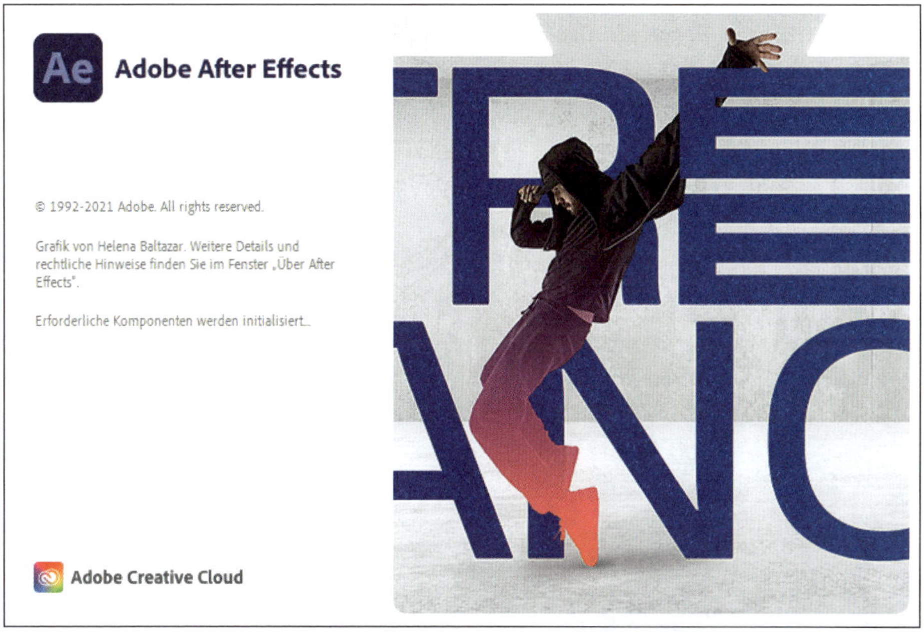

▲ **Abbildung 16.2** Jetzt kommen die After Effects ins Spiel!

16.2.1 Von Premiere Pro zu After Effects – und zurück

Wann immer Premiere Pro mit seinen integrierten Effekten an seine Grenzen stößt, ruft dies After Effects auf den Plan. Mit dieser Anwendung können Sie weit mehr realisieren als mit der Editing-Lösung von Adobe. Ursprünglich mussten Sie zunächst eine Komposition in After Effects erzeugen und diese dann als Asset in Premiere Pro einbetten. Doch das ist lange schon Geschichte. Heute lässt sich eine After-Effects-Komposition gleich in Premiere Pro erzeugen. Das wollen wir jetzt auch anhand eines einfachen Beispiels in Angriff nehmen.

Dynamic Link nur Bestandteil der Creative Cloud

Bitte beachten Sie, dass Dynamic Link nur im regulären Abonnement der Creative Cloud Unterstützung findet. In Testversionen steht Dynamic Link nicht zur Verfügung.

Schritt für Schritt: Eine After-Effects-Komposition in Premiere Pro erzeugen

Sie finden die Komposition, die hier benutzt wird, unter dem Namen *Gleitender Schriftzug.aep* im Ordner *16* der Beispieldateien.

1 Komposition in Premiere Pro öffnen

Öffnen Sie diese Datei aus Premiere Pro heraus, indem Sie auf Datei • Adobe Dynamic Link • After Effects-Komposition importieren gehen. Wählen Sie in der linken Spalte Projekt zunächst die AEP-Datei (*Gleitender Schriftzug.aep*) aus. Falls Dynamic Link erstmals benutzt wird, kann es einen Augenblick dauern, ehe in der rechten Spalte Komposition ein entsprechender Eintrag gelistet wird. Wählen Sie diesen an (test_01 Verbundene Komposition), und lassen Sie einen Klick auf OK folgen.

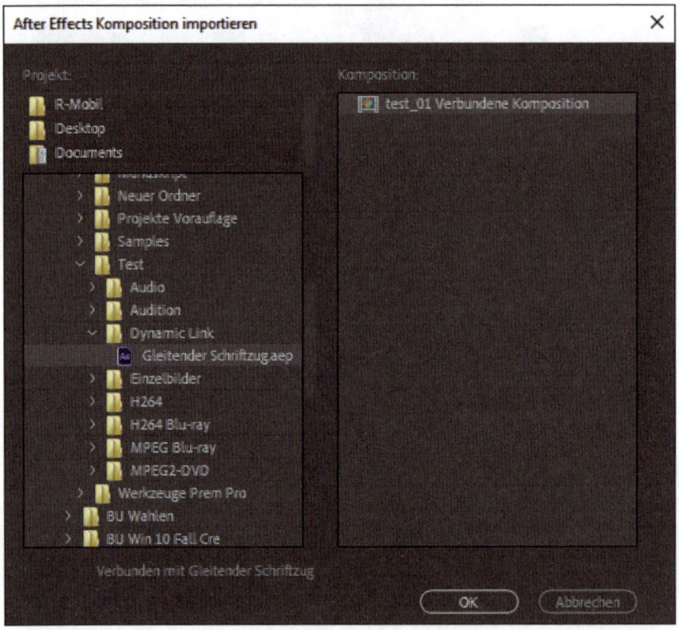

▲ **Abbildung 16.3** Jetzt kann die Komposition importiert werden.

2 Komposition in After Effects öffnen

Schauen Sie sich die Animation im Quellmonitor an. (Zugegeben – nichts Großes, aber für unser Dynamic-Link-Beispiel ist es vollkommen ausreichend.) Öffnen Sie das Kontextmenü auf dem neu hinzugefügten Asset im Projektfenster (Rechtsklick), und wählen Sie Original bearbeiten. Dadurch wird die Datei auch in After Effects geöffnet. Die Anwendung fragt nun nach, wo die Datei gespeichert werden soll. Legen Sie die gleiche Datei fest. Die Nachfrage, ob die vorhandene Datei ersetzt werden soll, beantworten Sie mit Ja.

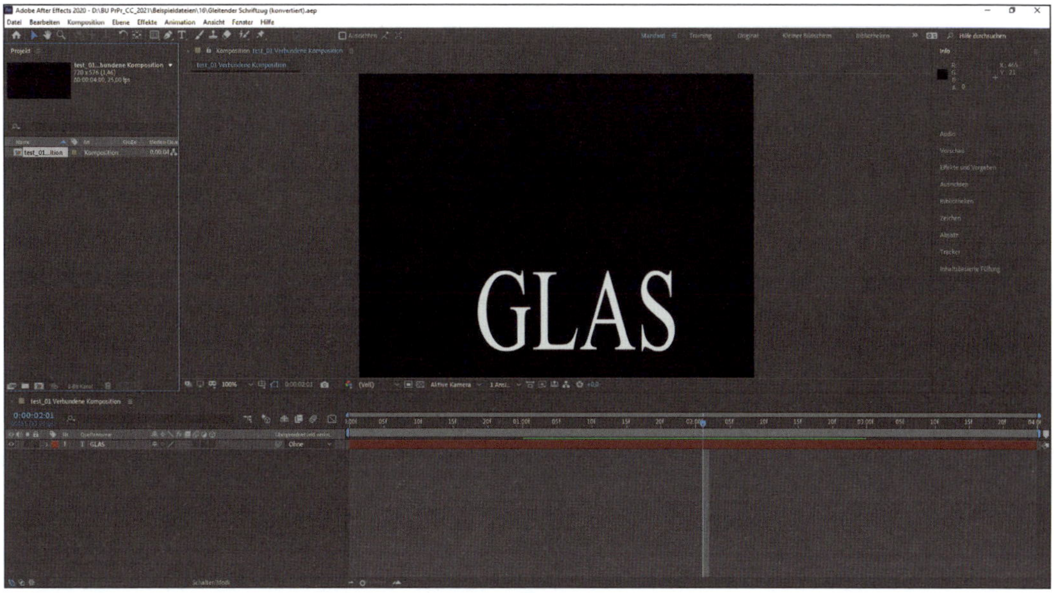

▲ **Abbildung 16.4** Die Komposition befindet sich nun auch in After Effects.

3 Optional: Neue Komposition erstellen

Falls Sie einmal mit einer komplett neuen Komposition starten wollen, gehen Sie in Premiere Pro zunächst über Datei • Adobe Dynamic Link • Neue After Effects-Komposition. Das gestattet Ihnen den Wechsel zu After Effects, nachdem Sie entsprechende Videoeinstellungen festgelegt haben.

Einstellungen ändern

Für den Fall, dass Sie noch Änderungen an den Kompositionseinstellungen vornehmen wollen (z. B. an der Dauer), müssen Sie Komposition • Kompositionseinstellungen anwählen bzw. Strg/⌘+K drücken. Ändern Sie die Dauer der Komposition, indem Sie auf das gleichnamige Eingabefeld doppelklicken, dort »400« eingeben (für 4:00 Sekunden) und mit OK bestätigen (die beiliegende Beispieldatei wurde jedoch schon auf vier Sekunden reduziert).

Helle Arbeitsoberfläche

Zur Nutzung der hellen Oberfläche auch in After Effects gehen Sie auf BEARBEITEN/AFTER EFFECTS • VOREINSTELLUNGEN • ERSCHEINUNGSBILD und ziehen den Regler HELLIGKEIT ganz nach rechts. Auch hier sei der Hinweis gestattet, dass sich die dunkle Oberfläche prinzipiell sehr gut eignet. Wir haben uns dennoch für die Umstellung entschieden, damit die Abbildungen im Buch besser zu beurteilen sind.

4 Optional: Komposition bearbeiten

Führen Sie nun eine markante Änderung an der Komposition durch. Eine ganz schnelle Möglichkeit wäre beispielsweise das Verschieben des Schriftzuges per Drag & Drop.

◂ **Abbildung 16.5**
Die Beispielkomposition kann jetzt in After Effects nach Wunsch weiter bearbeitet werden.

5 Komposition in Premiere Pro verarbeiten

Speichern Sie die Komposition nach der Änderung nicht, sondern wechseln Sie gleich zu Premiere Pro. Schauen Sie die Komposition abermals im Quellmonitor an. Verblüffend, oder? Die Änderung würde übrigens genauso übernommen, befände sich die Komposition bereits im Premiere-Pro-Schnittfenster.

6 Sequenz begutachten

Wenn Sie den Clip abspielen, werden Sie feststellen, dass hier bereits die komplette Animation aus After Effects vorliegt – ohne dass Sie die Datei jemals in After Effects nachgespeichert hätten.

16.2.2 Clips durch Komposition ersetzen

In Premiere Pro lassen sich im Schnittfenster befindliche Clips markieren und per Befehl DATEI • ADOBE DYNAMIC LINK • DURCH AFTER EFFECTS-KOMPOSITION ERSETZEN direkt in eine Komposition umwandeln. Das ist besonders deshalb praktisch, weil die involvierten Clips direkt als Assets an After Effects übergeben werden. Anstelle des/der Clips im Schnittfenster von Premiere Pro wird jetzt eine VERBUNDENE KOMPOSITION angezeigt. Ebenso verhält es sich im Projektfenster. Und auch hier werden die Änderungen, die Sie in After Effects vornehmen, direkt wirksam. Ist das cool?

◄ **Abbildung 16.6**
Im Projektfenster taucht das Asset als verbundene Komposition auf.

16.2.3 Übergabe über die Zwischenablage

Aber damit ist die Integration zwischen beiden Anwendungen noch lange nicht erschöpft. Um einen Clip in After Effects nachzubearbeiten, müssen Sie keinesfalls den Originalclip in After Effects öffnen, nachbearbeiten und dann den alten gegen den neuen in Premiere Pro austauschen. Auch die zuvor genannte Übergabe ist nicht zwingend erforderlich.

Schritt für Schritt: Clips über die Zwischenablage tauschen

Stellen Sie sich vor, Sie haben eine Fülle von Clips in Premiere Pro aneinandergehängt. Bei einem der Clips wollen Sie nun eine Nachbearbeitung in After Effects realisieren.

1 Clip in die Zwischenablage einfügen

Markieren Sie irgendeinen Clip in der Timeline von Premiere Pro, den Sie gerne mithilfe von After Effects ändern möchten. Danach drücken Sie [Strg]/[⌘]+[C] oder wählen Bearbeiten • Kopieren aus dem Premiere-Pro-Menü aus.

2 Clip in After Effects einfügen

Lassen Sie Premiere Pro im Hintergrund geöffnet, und springen Sie zu After Effects. Dort erzeugen Sie über den Menüeintrag Komposition eine Neue Komposition oder betätigen [Strg]/[⌘]+[N]. Im Anschluss sollten Sie den Inhalt der Zwischenablage an die neue Komposition übergeben: [Strg]/[⌘]+[V] oder Bearbeiten • Einfügen.

3 Clip zurückgeben

Führen Sie die gewünschten Änderungen aus, und markieren Sie den Clip im Kompositionsfenster von After Effects. Jetzt übergeben Sie den geänderten Clip mithilfe der bereits beschriebenen Methoden an die Zwischenablage, kehren zu Premiere Pro zurück und bringen die Schnittfenstermarke in Position. Fügen Sie jetzt den Inhalt der Zwischenablage in das Schnittfenster ein – fertig.

4 Clip rendern

Das wirklich Interessante an dieser Vorgehensweise ist nun: Sie müssen die Arbeit in After Effects nicht speichern. Sie können die Anwendung sogar komplett schließen, ohne das Dokument jemals abgesichert zu haben. In Premiere Pro bleibt die Bearbeitung des Clips erhalten. Danach rendern Sie den Clip in Premiere Pro, falls erforderlich. Na, wenn das nicht cool ist, dann weiß ich es auch nicht.

16.2.4 Premiere-Pro-Sequenzen in After Effects erzeugen

Sie haben eben erfahren, dass sich aus Premiere Pro heraus After-Effects-Kompositionen erzeugen lassen. Wenn Sie nun schlussfolgern, dass auch der umgekehrte Weg funktionieren müsste, liegen Sie natürlich goldrichtig. Aus After Effects heraus wählen Sie Datei • Adobe Dynamic Link • Neue Premiere Pro-Sequenz. Was folgt, ist der bereits bekannte Sequenz-Dialog, in dem Sie die Einstellungen für die Sequenz vornehmen. Nach Klick auf OK wird ein verknüpftes Sequenz-Asset im Projektfenster der Videoschnittsoftware gelistet.

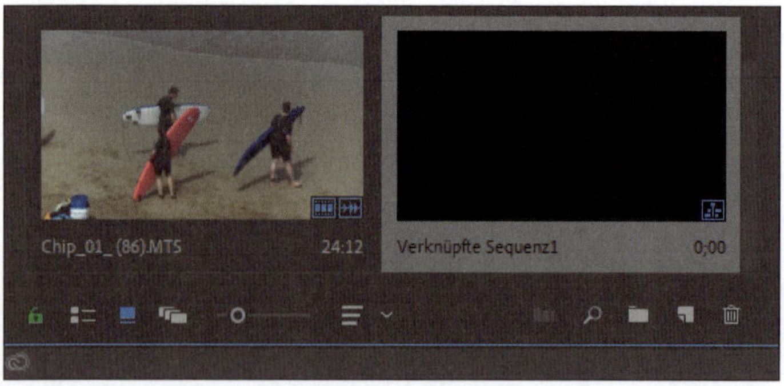

◂ **Abbildung 16.7**
Rechts das verknüpfte Sequenz-Asset

16.2.5 After-Effects-Plug-ins benutzen

Bleibt abschließend nur noch, darauf hinzuweisen, dass die meisten After-Effects-Plugins mit Premiere Pro kompatibel sind. Und wenn es doch einmal umfangreicher sein sollte, arbeiten Sie einfach mit einer dynamisch verlinkten Komposition. Damit dürfte dann auch dem ausgefeiltesten Kreativgedanken nicht mehr viel im Wege stehen.

16.2.6 Zugriff auf Premiere-Pro-Sequenzen

Sie haben auch die Möglichkeit, direkt auf Sequenzen einer Premiere-Pro-Datei zuzugreifen – nein, nicht nur auf das gesamte Projekt, sondern tatsächlich auf jede einzelne Sequenz. Dazu gehen Sie innerhalb von After Effects über den Rechtsklick in der unteren

Hälfte des Projektfensters auf IMPORTIEREN • ADOBE PREMIERE PRO-PROJEKT IMPORTIEREN. Im Anschluss daran steuern Sie die Projektdatei von Premiere Pro an und wählen sie aus. Ein unscheinbarer, aber äußerst effizienter Dialog gestattet es Ihnen nun, entweder auf alle oder exakt auf eine einzelne Sequenz der *.prproj*-Datei zuzugreifen.

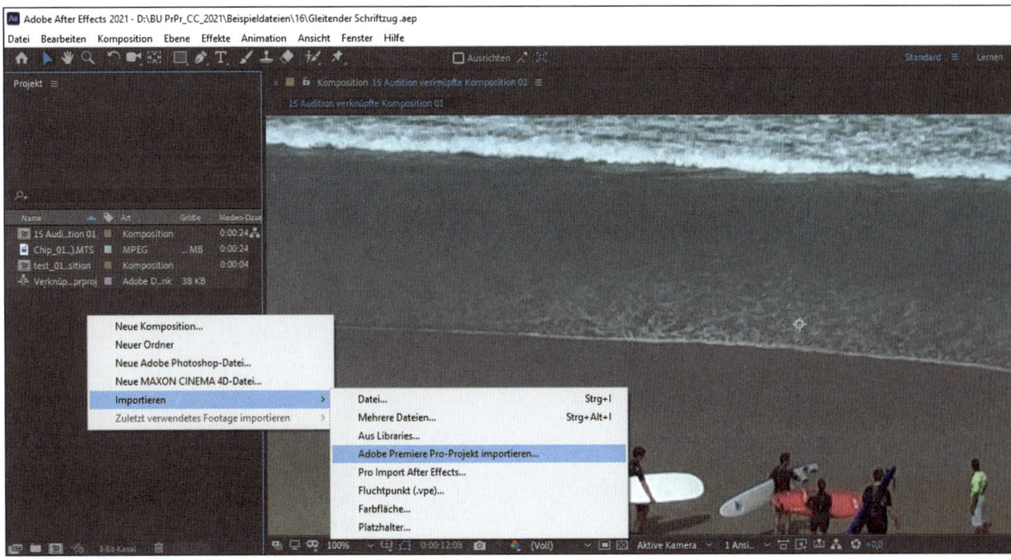

▲ **Abbildung 16.8** Arbeiten ohne Grenzen – After Effects und Premiere Pro als »Dream-Team«

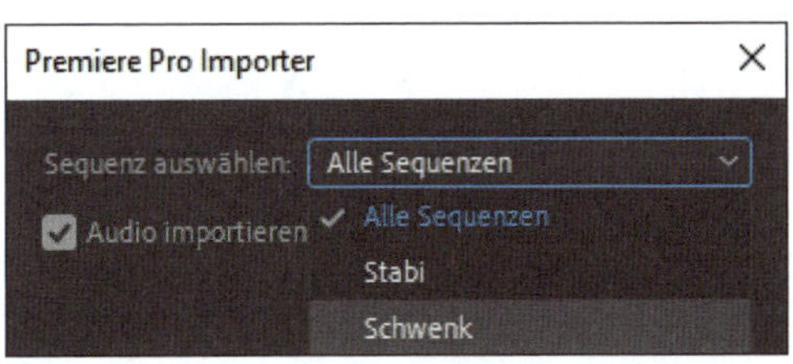

▲ **Abbildung 16.9** Suchen Sie die gewünschte Sequenz aus dem Premiere-Pro-Projekt heraus.

17 Fachkunde

Um es gleich vorwegzunehmen: Dieses Kapitel befasst sich weder mit Filmbeiträgen noch direkt mit Premiere Pro. Vielmehr finden Sie hier Hintergrundinformationen zu Normen, Datenraten & Co. Wenn Sie sich dafür interessieren, wie ein Codec funktioniert und was es mit Frame- und Pixel-Seitenverhältnissen auf sich hat, nur zu. Dieses Kapitel ist zu empfehlen, denn für Ihre Arbeit mit der Videoschnittsoftware ist die dahinterstehende Technik allemal hilfreich.

Außerdem beantwortet dieses Kapitel folgende Fragen:

- Welche Fernsehnormen gibt es?
- Was ist ein Overscan?
- Was sind Bildpunkte und Seitenverhältnisse?
- Wie werden Farben interpretiert?
- Wie funktionieren Codecs?
- Was muss ich über Bit- und Datenraten wissen?
- Welche gängigen Bildformate kann ich verwenden?

17.1 Von Fernsehnormen

Die Entwicklung von TV-Standards hat seinerzeit im wahrsten Sinne des Wortes auf den unterschiedlichsten »Baustellen« stattgefunden. Deshalb gibt es noch immer viele variierende Systeme. Die etabliertesten sind PAL (**P**hase **A**lternation **L**ine), NTSC (**N**ational **T**elevision **S**tandards **C**ommittee) und SECAM. Das erste entwickelte TV-System war NTSC. Später kam das in weiten Teilen Europas gültige PAL-System auf, das sich nicht nur in der Anzahl der Zeilen, sondern auch in der Bildwiederholfrequenz von NTSC unterscheidet.

Während PAL mit einer Frequenz von 50 Hz arbeitet, liegen NTSC 60 Hz zugrunde. Die Erklärung für diesen Unterschied ist denkbar einfach: die allgemeingültigen Frequenzen in den unterschiedlichen Stromnetzen (hierzulande 50 Hz, in den USA 60 Hz). Diese Netzfrequenzen wurden in den jeweiligen Systemen der Einfachheit halber auch für die Bildwiederholrate übernommen. Es bedeutet, dass im PAL-System eine Bildwiederholrate von 50 Einzelbildern pro Sekunde vorliegt.

17.1.1 Halbbilder

Nun wird ein Fernsehbild aber nicht auf einmal projiziert, sondern zeilenweise aufgebaut. Das bedeutet: Die einzelnen Zeilen des Bildes werden von links nach rechts »Stück für Stück« aufgebaut. Dadurch entsteht aber visuell ein Ruckeln. Das menschliche Auge nimmt diese Art der Bildwiedergabe als Störung (Flackern) wahr. Deshalb kam man auf die Idee, die Zeilen aufzuteilen. Man nahm die geraden Zeilen und die ungeraden Zeilen jeweils als eine Einheit und strahlte beide Einheiten geringfügig zeitversetzt aus.

▲ **Abbildung 17.1** Das Komplettbild wird zeilenweise in zwei Halbbilder aufgegliedert.

Das menschliche Auge nimmt diese Art der Wiedergabe erfreulicherweise als störungsfreies und vor allem ruhiges Bild wahr. Das Halbbild war geboren. Und weil sich dieses Wort nicht so schön anhört, wurden dazu gleich ein paar neue Begriffe geprägt. **Zeilensprung** und **Interlace** wurden zu gebräuchlichen Bezeichnungen. Problematisch ist jedoch, dass all dies nur im herkömmlichen TV zum Tragen kommt. Ihr PC-Monitor kommt prima ohne Interlacing zurecht. Aber dazu gleich mehr.

▲ **Abbildung 17.2** Wenn Sie Halbbildvideos am PC-Monitor betrachten, werden Sie den Effekt gut beurteilen können.

Aus der Halbbildaufgliederung in Verbindung mit dem allgemeingültigen Spannungsnetz lässt sich dann auch sehr gut ableiten, warum PAL mit 25 Einzelbildern pro Sekunde arbeitet: 50 Hz = 50 Einzelbilder macht 50 Halbbilder (also 25 Vollbilder) pro Sekunde. Beim NTSC-Verfahren werden hingegen 30 Bilder ausgesendet (weil 60 Hz). Jetzt können Sie sich vorstellen, dass es nicht unproblematisch ist, PAL- und NTSC-Clips miteinander zu verbinden, weshalb Sie schon vor Beginn Ihrer Arbeit mit Premiere Pro Projekteinstellungen definieren müssen.

17.1.2 Interlacing und Deinterlacing

Wir haben soeben den Begriff Interlace bzw. Interlacing erwähnt, der genau dieses Aufteilen von Vollbildern in Halbbilder beschreibt. Wenn Sie also eine Videoaufnahme besitzen, die aus Vollbildern besteht, können Sie diese zunächst auf Halbbilder aufteilen, ehe Sie das Ganze im herkömmlichen TV ausstrahlen. Das ist Interlacing. Der umgekehrte Weg ist das Zusammenfügen einzelner Halbbilder in ein Vollbild – **Deinterlacing**.

Beides kommt öfter zum Einsatz, als man zunächst annimmt. Nehmen wir doch die herkömmliche DV-Aufnahme. Hier werden Halbbilder in Premiere Pro importiert. Damit sind die Aufnahmen digitalisiert und kommen im Rechner eigentlich prima ohne Zeilensprungverfahren aus. Nun genießen Sie also für die weitere Arbeit (zumindest in der Ansicht) Vollbilder. Wenn Sie das Ganze zum Schluss auf eine DVD ausgeben, benötigen Sie aber möglicherweise wieder Halbbilder. Erfreulicherweise müssen Sie sich bei Ihrer Arbeit mit Premiere Pro aber nur sehr selten Gedanken darüber machen. Die Software unterstützt Sie hier nämlich nach Kräften und erledigt das im Hintergrund.

Beim HDTV-Standard kommt die Halbbild-Geschichte nicht mehr zwingend zum Tragen. Hochauflösende Videos können einem anderen Verfahren zugrunde gelegt werden – und zwar dem *Progressive Scan*. Hier werden Vollbilder angeboten. Nicht zu vergessen ist aber die Tatsache, dass auch hier das Aufsplitten auf Halbbilder prinzipiell möglich ist.

17.1.3 Halbbilddominanz

Doch zurück zum herkömmlichen TV-Standard: Wenn es bei einer fertigen Aufnahme zu Störungen kommt, könnte das an einer falschen Halbbilddominanz liegen. Grundsätzlich ist es so, dass bei analogem Video (hier mag wieder das Beispiel VHS herhalten) das obere Halbbild zuerst ausgestrahlt wird; das untere kommt etwas später. Beim Digitalvideo (z. B. DVD) ist das umgekehrt. Hier wird zunächst das untere Halbbild ausgestrahlt. Die Folge ist, dass je nach Verwendungszweck genau diese Halbbilddominanz umgekehrt werden muss, etwa wenn Sie Ihre alten VHS-Schätze für eine DVD-Ausgabe digitalisieren möchten. Wollen Sie Ihr Video hingegen als Datei ausgeben, die ausschließlich ein Rechner wiedergeben soll, werden beide Halbbilder zu einem Vollbild zusammengefügt (Progressive Scan).

17.2 Von Underscan und Overscan

Im ersten Abschnitt haben Sie bereits erfahren, dass sich ein TV-Bild zeilenweise aufbaut. In diesem Zusammenhang ist natürlich auch wichtig zu wissen, aus wie vielen Zeilen es besteht: aus 625. Das gilt zumindest für das herkömmliche TV-Bild. Bei HDTV ist die Anzahl größer. Die erwähnten 625 Zeilen entsprechen aber dem PAL-Format (sowie dem französischen SECAM). Im NTSC-Format sind es 525.

17.2.1 Overscan

Nun haben Sie allen Grund, zu widersprechen. Zumindest wenn Sie sich einmal die Mühe gemacht haben, an den Fernseher heranzutreten und die Zeilen zu zählen. Sie haben recht, es sind tatsächlich viel weniger Zeilen – aber nur viel weniger sichtbare! Am TV sehen Sie nämlich nicht alle Zeilen, die die Sendeanstalt verlassen. Diese Problematik tritt übrigens nicht nur bei Fernsehbildern auf. Legen Sie doch einmal eine DVD ein, dann werden Sie mit dem gleichen Phänomen konfrontiert. Und wer ist schuld? Der **Overscan**.

Ich möchte Sie jetzt nicht mit Kathodenstrahl, Austastlücke oder Zeilenrücklauf langweilen. Nur so viel: Diese ominöse Kathode, die für den Aufbau der Zeilen verantwortlich ist, braucht einige Zeilen, um sich neu ausrichten zu können. An diesen Zeilen kommt es zu Störungen. Und so etwas wollen wir nicht sehen. Also weg damit, indem man das Bild etwas aufskaliert (vergrößert).

▲ **Abbildung 17.3** Das Bild wird vergrößert. Wichtige Randbereiche können dadurch abgeschnitten werden.

Probieren Sie das doch einmal mit einer DVD, die Sie in Ihren Stand-alone-Player legen und am TV betrachten. Der Rand ist abgeschnitten, da es zum Overscan kommt. Danach legen Sie die DVD in Ihren Rechner. Dort werden Sie wesentlich mehr sehen als auf dem TV. Es kommt nämlich hier zum sogenannten **Underscan**, was wiederum bedeutet, dass das gesamte Video sichtbar ist. Das Prinzip des Bildaufbaus ist nämlich ein anderes als am TV.

17.2.2 Sichere Ränder

In Premiere Pro haben Sie die Möglichkeit, den Bereich, der möglicherweise später am TV abgeschnitten wird, grafisch anzeigen zu lassen. Das funktioniert sowohl im Zuschneiden-Fenster als auch im Quell- und Programmmonitor. Im Schaltflächeneditor finden Sie nämlich eine Fläche mit dem klangvollen Namen SICHERE BEREICHE, die Sie im Bedarfsfall in die Steuerelementleiste des jeweiligen Monitors integrieren sollten.

Ist dieser Button aktiv, werden innerhalb der Vorschaubereiche zahlreiche Linien angezeigt. Der größere Rechteckrahmen bezeichnet den BEREICH FÜR GESCHÜTZTE AKTION. Das bedeutet: Alles, was sich außerhalb dieses Rahmens befindet, wird möglicherweise später am TV abgeschnitten. Der innere Rahmen hingegen definiert den BEREICH FÜR GESCHÜTZTEN TITEL. Wenn Sie später mit dem Titeldesigner arbeiten, sollten Sie dafür sorgen, dass keine Schriften über diesen Rahmen hinausragen. Andernfalls bestünde die Gefahr, dass der fertige Titel im TV zu dicht an den Rand gepresst wird.

▲ **Abbildung 17.4** Achten Sie darauf, dass die für das Bild relevanten Inhalte nicht jenseits der äußeren Begrenzung liegen.

17.2.3 Sichere Bereiche definieren

Standardmäßig geht Premiere Pro von einem zehnprozentigen Bildverlust aus. Beim Bereich für den geschützten Titel sind es sogar 20%. Wenn Sie diese Werte ändern wollen, wählen Sie DATEI • PROJEKTEINSTELLUNGEN • ALLGEMEIN. Hier lassen sich die Bereiche für beide Rechtecke sowohl HORIZONTAL als auch VERTIKAL einstellen.

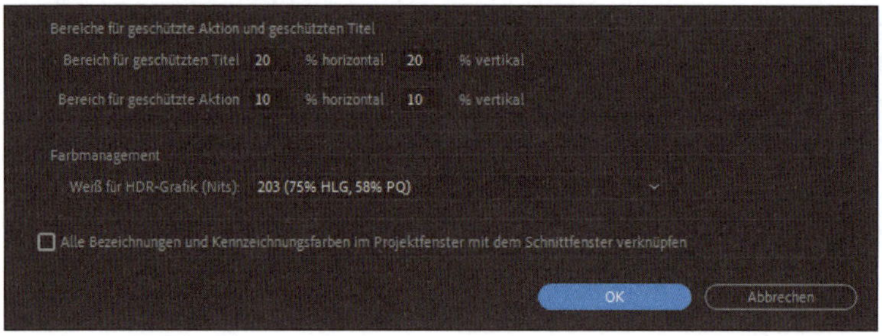

▲ **Abbildung 17.5** Legen Sie selbst fest, wie groß die Rechtecke im Monitor sein sollen.

17.3 Von Bildpunkten und Seitenverhältnissen

Jetzt wissen Sie, aus wie vielen Zeilen unser Fernsehbild besteht. Aber ist es nicht immer so: Wo es Zeilen gibt, gibt es auch Spalten? Richtig. Aber eine feste Spaltenanzahl gibt es nicht. Nicht einmal die Spaltenbreite ist identisch. Sie sehen, hier lauern schon die nächsten Probleme.

17.3.1 Bildpunkte

Im PAL-DV-Standard ist ein Bild 720 Pixel breit und 576 Pixel hoch. In NTSC ist alles ganz anders. Hier besteht das Bild aus 720×480 Pixeln. Bei Verwendung von HD-Material können prinzipiell unterschiedliche Auflösungsformate zugrunde liegen, da es hier mehrere Standards gibt. Bei der Angabe des Standards wird in der Regel die Anzahl der vertikalen Bildpunkte angegeben. Wenn Sie es also beispielsweise mit 1080i zu tun haben, besagt dies, dass von oben nach unten 1.080 Bildpunkte vorhanden sind, während es in der Horizontalen 1.920 Bildpunkte sind. Beim immer beliebter werdenden Ultra HD haben wir es sogar mit 3.840×2.160 und bei 4K sogar mit 4.096×2.160 Bildpunkten zu tun. Grundsätzlich sollten Sie bei der Projekterstellung oder bei der Erzeugung einer neuen Sequenz darauf achten, was im Zusammenhang mit der gewählten Vorlage auf der rechten Seite angezeigt wird (Vorgabebeschreibung). Hier sind sämtliche Informationen enthalten – auch die der Framegröße.

Pixel

Mit Pixel ist die kleinste sichtbare Einheit eines Bildes gemeint. In der digitalen Bildbearbeitung hat man kleine, meist quadratische Flächen, aus denen sich das Gesamtbild zusammensetzt, im TV Bildpunkte genannt.

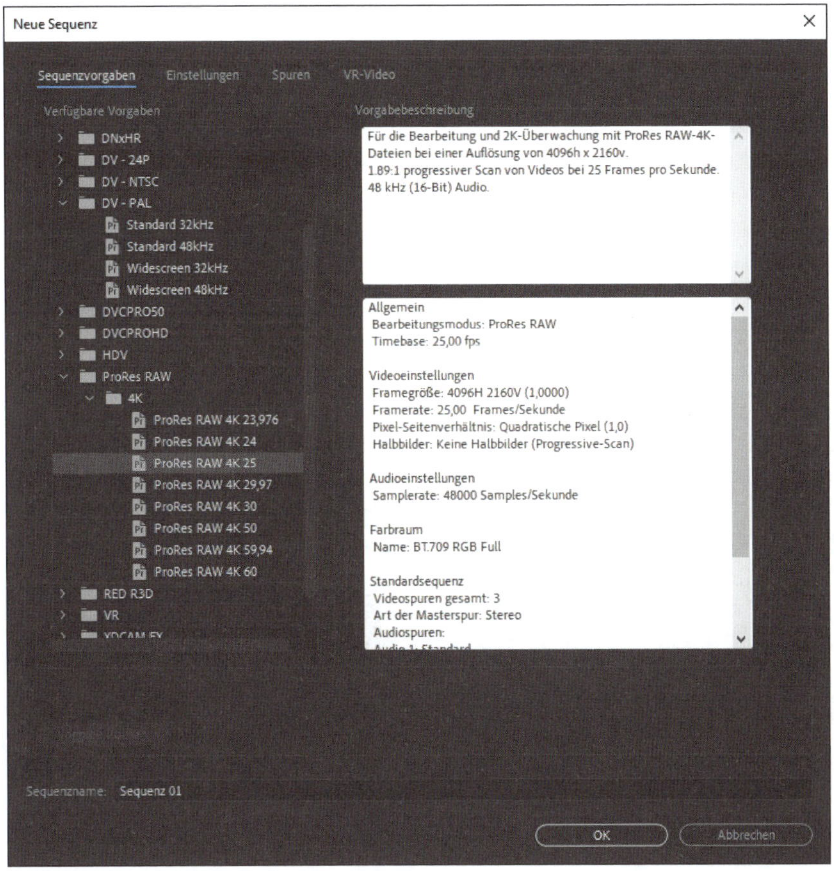

▲ **Abbildung 17.6** Die VORGABEBESCHREIBUNG (wie hier ProRes RAW 4K 25) ist besonders wichtig bei der Projekt- und Sequenzerstellung.

Und dann wären da noch die eben angesprochenen Zeilenbreiten, die gleichfalls – Sie ahnen es – völlig unterschiedlich sind. Auf einem Computermonitor werden die Pixel quadratisch dargestellt. Das Verhältnis Breite zu Höhe eines einzelnen Pixels ist demnach 1:1. Im TV weicht das ab. Hier haben wir es nicht mehr mit quadratischen, sondern mit rechteckigen Pixeln zu tun. Die Pixel-Seitenverhältnisse sind anders.

◂ **Abbildung 17.7** Quadratische Pixel an einem PC-Monitor

17.3.2 Pixel-Seitenverhältnisse 4:3

Bevor wir uns mit den Verhältnissen zueinander beschäftigen, müssen wir uns Gedanken über zwei Begriffe machen. Da ist zum einen das Bild-Seitenverhältnis und zum anderen das Pixel-Seitenverhältnis. Ersteres bezeichnet immer die gesamte Wiedergabefläche, während Letzteres das Verhältnis zwischen Breite und Höhe des einzelnen Pixels bezeichnet. Diese stehen natürlich in Abhängigkeit zueinander. Bei DV-PAL (720×576) beispielsweise sind diese Pixel aber, wie gesagt, nicht quadratisch, sondern rechteckig. Sie sind in der Breite gestreckt. Und weil das alles noch nicht genug ist, gibt es jenseits des großen Teiches wieder ganz andere Pixel-Seitenverhältnisse. Bei DV-NTSC (640×480) sind die Pixel zwar ebenfalls rechteckig, werden aber vertikal gestreckt.

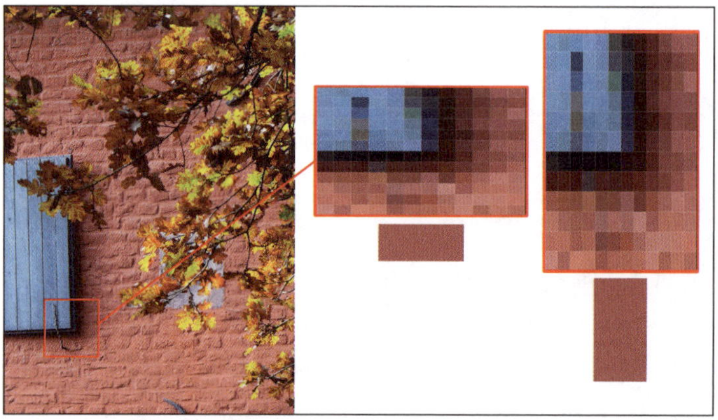

▲ **Abbildung 17.8** DV-PAL (links) und DV-NTSC (rechts)

17.3.3 Pixel-Seitenverhältnisse 16:9

Das Bildformat 16:9 hat das Format 4:3 komplett verdrängt. Ab HD ist gar kein 4:3 mehr vorgesehen. Dabei ist auch zu berücksichtigen, dass 4:3 unseren Sehgewohnheiten nicht annähernd so gut Rechnung trägt wie das breitere 16:9. Und bitte: Auch wenn Sie mit einem Handy unterwegs sind – dieses leider immer beliebter werdende »Hochkant-Filmen« braucht wirklich kein Mensch. Unsere Augen befinden sich nebeneinander, nicht übereinander!

17.3.4 16:9 und 4:3 im Team

Wie Sie bereits wissen, entscheiden Sie beim Start von Premiere Pro oder bei der Produktion eines neuen Schnittfensters mithilfe eines Clips, mit welchem Seitenverhältnis ein neues Projekt angelegt wird. Damit ist das Frame-Seitenverhältnis (also das Seitenverhältnis des gesamten Bildschirms) festgelegt. Prinzipiell können Sie aber mischen. Das bedeutet, es ist nichts dagegen einzuwenden, ein 16:9-Projekt zu erstellen und darin 4:3-Aufnahmen einzubetten. Allerdings müssen Sie dann links und rechts mit schwarzen Rändern vorliebnehmen.

◂ **Abbildung 17.9**
So sieht ein 4:3-Clip in einem 16:9-Projekt (Widescreen) aus.

17.4 Von Farben und Kanälen

Bevor wir uns anschauen, wie sich Farben an einem Monitor oder TV-Gerät aufbauen, werfen wir einen Blick auf die Grundsätze der additiven Farbmischung. So ist es möglich, mit den drei Grundfarben Rot, Grün und Blau ein Spektrum von rund 16,7 Millionen Farben darzustellen.

17.4.1 Farbtiefe

Wie setzen sich diese rund 16,7 Millionen Farben nun zusammen? Dazu müssen wir zunächst ein wenig zurückgehen, und zwar in die Elementareinheit eines Rechners. 1 Bit kann demnach zwei Zustände erlangen, und zwar »1« oder »0« (= 2^1). Auf Farben reproduziert bedeutet das Schwarz oder Weiß. Bei 2 Bit (2^2) besteht die Möglichkeit, vier Zustände (bzw. bei Farben vier Abstufungen) zu erhalten. Bei 4 Bit (2^4) sind es 16 und bei 8 Bit (2^8) 256.

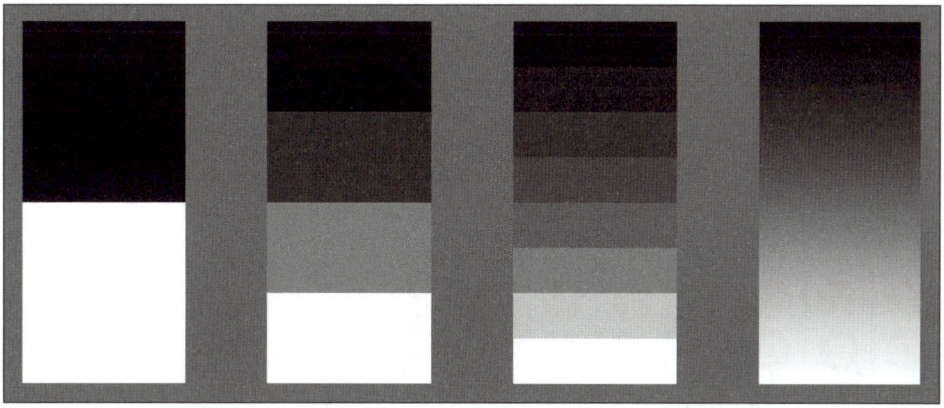

▴ **Abbildung 17.10** Die Abstufungen von links nach rechts: 1-Bit-, 2-Bit-, 4-Bit-, 8-Bit-Kanal

Nun stellt jede einzelne Grundfarbe einen 8-Bit-Farbkanal dar. Das bedeutet: In dieser Konstellation lassen sich 24 Bit (2^{24}) darstellen. Dies ergibt 16.777.216 unterschiedliche Abstufungen, sprich *True Color*. Liegen hier alle drei Grundfarben in voller Intensität vor, erhalten Sie reines Weiß. Ist keine der Farben vorhanden, sehen Sie Schwarz (also nicht Sie persönlich, selbstverständlich).

◂ **Abbildung 17.11**
Das additive Farbsystem

Grundsätzlich werden die Farben auch im Film nach diesem System erzeugt. Allerdings würde eine derartige Definition der Farben einen unzumutbar großen Speicherplatz benötigen, der das flüssige Abspielen eines Videos unmöglich machte. Die Datenmengen wären einfach zu groß. Gehen wir etwas näher darauf ein: Bei der elektronischen Bildbearbeitung verfährt man nach dem Prinzip, wonach jedes einzelne Pixel beschrieben wird. Genauer gesagt, speichert man, wie viele Anteile Rot, Grün und Blau in jedem einzelnen Bildelement enthalten sind.

Da eine derartige Beschreibung schon bei Einzelbildern zu einem nicht zu verachtenden Speicherplatzbedarf führen würde, werden Kompressionsverfahren eingesetzt. Umso wichtiger werden diese Verfahren, wenn man jede Sekunde 25 oder mehr Bilder präsentieren möchte.

17.4.2 Sampling

In Sachen Bewegtbilddarstellung ging man deshalb andere Wege. So machte man sich z. B. die Tatsache zunutze, dass das menschliche Auge wesentlich unempfindlicher auf Farbveränderungen reagiert als auf Helligkeitsveränderungen. Damit sind wir bei der **YCC-Farbgebung** (analog = YUV). Diese erlaubt, 1/3 der Informationen der Luminanz (Helligkeit) und 2/3 der Chrominanz (Farbton/Sättigung) zuzuordnen. Damit allein gäbe es aber im Vergleich zu RGB noch keine Unterschiede in Sachen Dateigröße.

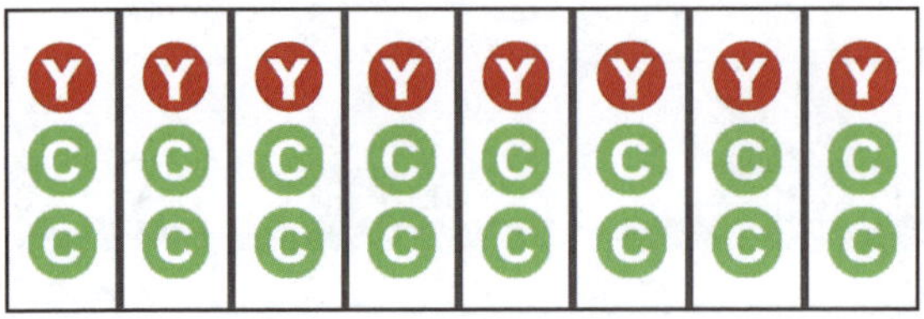

◂ **Abbildung 17.12**
Jeder Bildpunkt besteht aus drei Informationen.

Also lässt man bei der Beschreibung jedes einzelnen Pixels einfach einige Farbinformationen außer Acht, um so die Datenmenge möglichst gering zu halten. Das Auge bemerkt das Fehlen der Informationen nicht. Anders wäre das, wenn man die Helligkeit vernachlässigte. Im Klartext: Man nimmt beispielsweise vier zusammenliegende Pixel und bestimmt beim ersten sowohl die Luminanz als auch die Chrominanz. Beim zweiten, dritten und vierten Pixel lässt man die Chrominanz-Information einfach weg. Dieses Verfahren nennt sich Sampling. Um genauer zu sein, handelt es sich hierbei um das sogenannte **4:1:1-Sampling**.

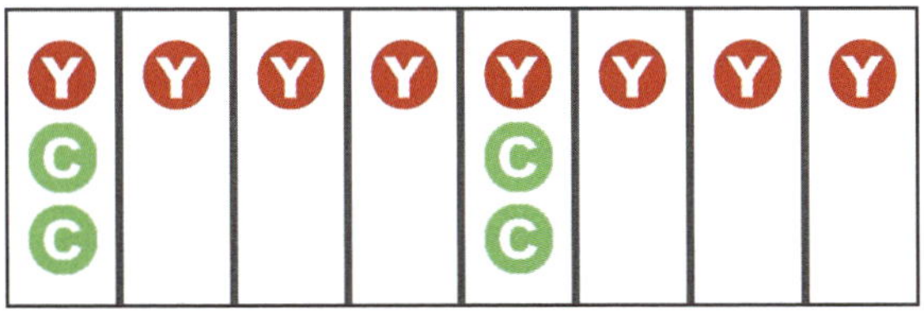

▲ **Abbildung 17.13** Nur jeder vierte Bildpunkt wird mit Farbinformationen versehen (4:1:1-Sampling).

NTSC-Farbprobleme

Aufgrund der geringen Trägerfrequenzrate des ursprünglichen NTSC-Formats kam es hier im Laufe der Zeit zu recht deutlichen Farbverfälschungen, was dem System bisweilen den Namen »**N**ever **T**he **S**ame **C**olor« (engl. für »niemals die gleiche Farbe«) eingebracht hatte. Diese Probleme gehören jedoch mittlerweile der Vergangenheit an.

Dieses Modell entspricht übrigens DV-NTSC. Man kann sich vorstellen, dass sich durch dieses Außerachtlassen von Informationen bereits eine gewaltige Speicherplatzersparnis erreichen lässt. Es gibt aber noch weitere Sampling-Modelle. Beim digitalen PAL z. B. wird 4:2:0 verwendet. Dies bedeutet, dass das erste Pixel mit einer Helligkeits- und einer Farbinformation versehen wird, während das zweite nur eine Helligkeitsinformation erhält. Das Ganze macht man viermal und greift dann den zweiten Chrominanzwert auf.

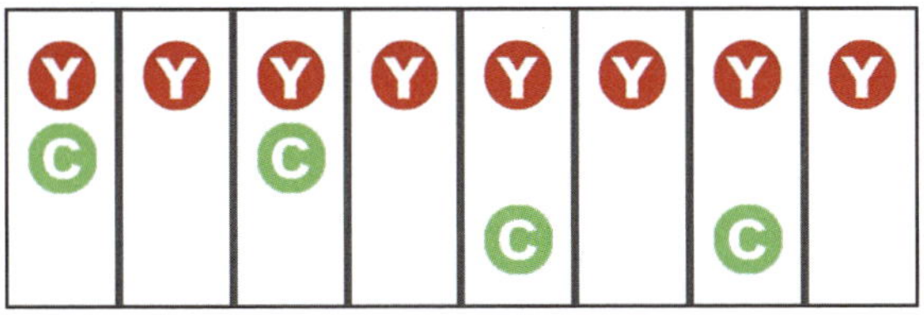

▲ **Abbildung 17.14** Weit verbreitet – das 4:2:0-Sampling, das auch bei DV und AVCHD zum Tragen kommt.

17.5 Von Kompressoren

Damit wären wir mitten in der Kompressionsthematik. Ein digitales Vollbildvideo mit einer Frequenz von 25 Bildern pro Sekunde würde rund 30 MB Speicherplatz verschlingen – und zwar jede Sekunde. Damit wäre nicht nur die DVD in null Komma nichts gefüllt, sondern auch Festplatten wären außerstande, solche Datenströme zu verarbeiten. Deshalb ist Kompression unerlässlich. Im vorangegangenen Abschnitt haben Sie ja bereits einiges darüber erfahren. Dort bestand die Möglichkeit der Dateigrößenverringerung darin, einfach einige weniger relevante Informationen wegzulassen. Damit allein ließe sich aber noch kein Staat machen. Irgendwie müssen auch die übrig gebliebenen Informationen noch weiter zusammengepresst werden.

Ein Grundprinzip dessen ist, nicht mehr jeden einzelnen Bildpunkt zu beschreiben, sondern nur einen zu definieren. Beim nächsten Pixel werden lediglich die Abweichungen beschrieben. Deshalb kommt es auch zu unterschiedlichen Dateigrößen bei im Grunde gleichen Formaten.

München – 10.00 Uhr – wolkenlos – die Frisur sitzt! Stellen Sie sich vor, wir müssten nun oben links beginnen und jedes einzelne Bildelement des durch und durch blauen Himmels farblich beschreiben. Das sähe dann folgendermaßen aus: Rot = 153, Grün = 204, Blau = 255. Danach käme das nächste Pixel an die Reihe: Rot = 153, Grün = – den Rest kennen Sie ja. Wäre es da nicht viel einfacher, wir würden das erste Pixel beschreiben und als Information für das zweite festhalten: Farben wie vorangegangenes Pixel? So könnten wir ganz schön lange fortfahren. Zumindest die ersten Zeilen lassen sich komplett ohne Veränderungen dokumentieren. Und wenn sich wirklich einmal etwas ändert, definieren wir einfach eine neue Beschreibung mit den neuen Farbwerten. Das ist das Grundprinzip einer Dateikompression (wenngleich etwas frei interpretiert).

17.5.1 Codecs

Um es gleich vorwegzunehmen: Nur mit einer Codierung ließe sich ein solches System in der Praxis nicht realisieren. Prinzipiell sind nämlich zwei Arbeitsgänge erforderlich. Stellen Sie sich vor, Sie wollen eine DVD erzeugen. Dann müssen Sie die vorhandenen Datenströme zunächst komprimieren – also codieren. Wenn das Ganze nun aber auf dem TV ausgegeben werden soll, müssen diese codierten Dateien wieder decodiert, also in den ursprünglichen Zustand zurückversetzt werden. Ermöglicht wird das durch sogenannte Codecs.

Die Erklärung liegt schon im Wort selbst: **co**dieren und **dec**odieren. Allerdings geht das nicht ohne Qualitätsverluste vonstatten. Informationen, die einmal herausgerechnet worden sind, können in der Regel nicht wiederhergestellt werden. Dennoch gibt es äußerst leistungsstarke Codecs, bei denen die Qualität nicht allzu sehr leidet.

17.5.2 MPEG-2

Wenn Sie eine Standard-DVD erzeugen, egal, welches Ausgangsmaterial Sie verwenden, werden Sie am Schluss immer ein MPEG-2 erhalten (MPEG: **M**otion **P**icture **E**xperts **G**roup). Bei einer derartigen Kompression werden mehrere Bilder zu sogenannten GOPs (**G**roup **O**f **P**ictures) gebündelt. Diese GOPs setzen sich zusammen aus:

- I-Frames
- P-Frames
- B-Frames

Ein I-Frame steht immer am Anfang einer GOP. Er wird für sich allein komprimiert und ist unabhängig von allen nachfolgenden oder vorangegangenen Einzelbildern.

In einem P-Frame hingegen werden nur jene Bereiche gespeichert, die im vorangegangenen I-Frame nicht enthalten gewesen sind. Im Prinzip sieht ein P-Frame aus wie eine Maske. Stellen Sie sich vor, der vorangegangene I-Frame zeigt eine Landschaft. Plötzlich taucht ein Vogel im Bild auf. Der Vogel wäre nun im P-Frame gespeichert – ohne die Landschaft. Demzufolge müssten natürlich auch nur diese Pixel beschrieben werden. Allerdings benötigt ein P-Frame Informationen aus dem vorangegangenen I-Frame, um überhaupt festmachen zu können, was anders ist als im I-Frame.

Ein B-Frame hingegen kann diese Änderungen (Bewegungen) sowohl aus einem P- als auch einem I-Frame ziehen. Alle diese Frames gemeinsam bilden die GOP. Wie groß sie ist, hängt von den jeweiligen Einstellungen ab.

▲ **Abbildung 17.15** Eine GOP mit I-Frame am Anfang und P- sowie B-Frames

17.5.3 MPEG-4

Eine Weiterentwicklung von MPEG-2 ist MPEG-4. Bei diesem Verfahren werden noch bessere Kompressionen bei vergleichsweise sehr guter Qualität erreicht. Das Format eignet sich besonders zur Kompression großer Datenmengen, wie sie beispielsweise bei HDV anfallen. MPEG-4 wird allerdings in einem Container untergebracht. Dieser wird als MP4 bezeichnet. Containerformate sind keine Seltenheit. Auch bei AVI beispielsweise handelt es sich um einen Container, der im Prinzip eine Ursprungsdatei ganz anderen Formats in sich trägt.

17.5.4 H.264

Des Weiteren ist in dieser Riege noch H.264 erwähnenswert. Dieses Format ist nach wie vor populär, da es noch effizienter ist – und noch wesentlich stärker komprimiert werden kann. Es war (bis zum Auftritt von H.265) geradezu ideal für HDTV und Bluray, aber auch für Multimedia und portable Geräte.

17.5.5 HEVC (H.265)

HEVC steht für High Efficiency Video Coding und ist die direkte Weiterentwicklung des H.264-Codecs. Mitunter findet man auch die Bezeichnung MPEG-H Part 2. Da davon auszugehen ist, dass Sie Ihre Videos nicht in Stückzahlen anbieten, die weitergehende Lizenzierungen erforderlich machen, möchte ich die im Gegensatz zu H.264 sehr viel höheren Kosten außen vor lassen. Das Ziel von H.265 war, einen Codec zu entwickeln, der bei gleichbleibender Qualität eine doppelt so hohe Kompressionsrate anstrebte. In der Praxis wird dieser Wert nicht erreicht, jedoch sind die Datenvolumen bei H.265 im Vergleich zu H.264 wesentlich geringer.

17.5.6 MJPEG

Auch wenn MJPEG (**M**otion **J**oint **P**hotographic **E**xperts **G**roup) gute Ergebnisse erzielt, unterscheidet sich das Prinzip der Kompression völlig von MPEG. Hier wird nämlich nicht mit GOPs o.Ä. gearbeitet, sondern jedes einzelne Bild komprimiert und gespeichert. Man kann dieses Verfahren für die Aufnahme (Digitalisierung) analoger Filme einsetzen.

17.6 Von Bit- und Datenraten

Letztendlich können wir mit Bitraten und Datenraten nahtlos an die Kompression anschließen. Die Datenrate ist nämlich entscheidend dafür, wie gut (oder wie schlecht) das Ergebnis auf der fertigen DVD ist. Grundsätzlich gilt: Je höher die Datenrate, desto besser das Ergebnis. In Premiere Pro können Sie diese Datenrate festlegen. Mehr dazu erfahren Sie in Kapitel 12, »Export«.

Wenn jedoch der zur Verfügung stehende Speicherplatz nicht ausreicht (z.B. um den gesamten Film auf eine DVD zu brennen), sind Sie gezwungen, mit der Datenrate herunterzugehen, sprich die Qualität zu verringern.

VBR und CBR | Das ist eigentlich schade, denn bei einer variablen Bitrate (VBR) besteht immerhin – im Gegensatz zur konstanten Bitrate (CBR) – die Möglichkeit, den Datenstrom an die Erfordernisse anzupassen. Prinzipiell gilt nämlich: Je mehr Bewegung in einem Video vorhanden ist, desto höher sollte die Bitrate sein. Wenn die Action-Helden wieder einmal die Welt retten müssen und dabei zahllose Nobelkarossen in Flammen aufgehen, darf es durchaus etwas mehr sein in Sachen Bitrate.

Haben Sie im Gegenzug Aufnahmen, in denen kaum eine Bewegung stattfindet (z. B. Maddin Schneider oder Rüdiger Hoffmann »hasten« über den Bildschirm), könnten Sie mit der Datenrate drastisch heruntergehen, ohne sonderliche Qualitätseinbußen in Kauf nehmen zu müssen.

Entscheidend für eine hohe oder geringere Datenrate ist aber weniger der Umstand, mit welcher Geschwindigkeit sich die Protagonisten bewegen, sondern vielmehr, wie viele Veränderungen in welcher Zeit in einem Pixel auftreten. Dazu zwei Beispiele: Stellen Sie sich hohes Gras vor, in dem die Halme vom Wind sanft hin und her geweht werden. Oder nehmen Sie das Plätschern eines Gebirgsbaches. Beides sind eher beschauliche Sequenzen. Entscheidend ist aber, dass sich die Inhalte fast jedes Bildpunktes permanent ändern – und der Encoder in diesem Moment Höchstleistungen vollbringen muss. Hier sollten Sie mit einer möglichst hohen Datenrate zu Werke gehen.

17.7 Von Einzelbildern

Wenn Sie mit Einzelbildern in Premiere Pro arbeiten, können Sie verschiedene Dateiformate nutzen. Die wichtigsten sind hier in Kurzform beschrieben.

BMP | Bitmap-Bilder, die durch gute Qualität ansprechen. Dieses Dateiformat wird überwiegend für die Anzeige am Bildschirm genutzt. Deshalb ist es auch zur Verwendung im Video gut geeignet. Die Dateigrößen sind jedoch im Vergleich zu JPEG recht hoch.

JPEG | Stark komprimiertes Bildformat, das sich aufgrund der geringen Dateigrößen vor allem für Bilder im Internet eignet. Die JPEG-Kompression ist mit Verlust behaftet. Das bedeutet: Wenn Sie eine JPEG-Datei in einem Bildbearbeitungsprogramm öffnen und anschließend neu abspeichern, wird die Qualität abermals gemindert.

PSD | Das Photoshop-Format eignet sich hervorragend, da es in Premiere Pro nahtlos integriert werden kann. Zudem werden Ebenen, Masken und Alphakanäle unterstützt. Photoshop-Dokumente sind darüber hinaus zur Erstellung von DVD-Menüs für die Weiterverarbeitung in Encore DVD geeignet.

TIFF | Gilt als verlustfreies Kompressionsverfahren. Da Alphakanäle und Transparenz unterstützt werden, eignet es sich hervorragend zur Maskenerstellung. Darüber hinaus liefert es eine erstklassige Bildqualität, die auch durch mehrmaliges Neuspeichern nicht beeinträchtigt wird.

PRTL | Hierbei handelt es sich um Titeldesigner-Dateien für Premiere Pro. Im Gegensatz zu den vorgenannten Dateiformaten lässt sich PRTL nicht anwendungsübergreifend einsetzen. Das Format eignet sich dazu, Titel zu erstellen und dort zur erneuten Verwendung abzuspeichern.

Index

B

C

M

N

O

P

T

U

V

W

X

Y

Z

Wir hoffen, dass Sie Freude an diesem Buch haben und sich Ihre Erwartungen erfüllen. Ihre Anregungen und Kommentare sind uns jederzeit willkommen. Bitte bewerten Sie doch das Buch auf unserer Website unter **www.rheinwerk-verlag.de/feedback**.

An diesem Buch haben viele mitgewirkt, insbesondere:

Lektorat Ruth Lahres, Isabella Bleissem
Korrektorat Petra Bromand, Düsseldorf
Herstellung Maxi Beithe
Typografie und Layout Vera Brauner
Einbandgestaltung Julia Schuster
Coverfoto Unsplash: Matteo Modica
Satz Christine Netzker
Druck mediaprint solutions GmbH, Paderborn

Dieses Buch wurde gesetzt aus der Linotype Syntax (9,25 pt/13 pt) in Adobe InDesign.
Gedruckt wurde es auf chlorfrei gebleichtem Offsetpapier (90 g/m²).
Hergestellt in Deutschland.

Bibliografische Information der Deutschen Nationalbibliothek:
Die Deutsche Nationalbibliothek verzeichnet diese Publikation in der Deutschen Nationalbibliografie; detaillierte bibliografische Daten sind im Internet über *http://dnb.dnb.de* abrufbar.

978-3-8362-8412-7

8. Auflage 2021

Informationen zu unserem Verlag und Kontaktmöglichkeiten finden Sie auf unserer Verlagswebsite **www.rheinwerk-verlag.de**. Dort können Sie sich auch umfassend über unser aktuelles Programm informieren und unsere Bücher und E-Books bestellen.